편집대표 **민 일 영** (전 대법관)

집필 및 편집위원 **홍 동 기** (서울고등법원 수석부장판사)
박 진 수 (의정부지방법원 고양지원장)

(2024. 10. 31. 현재)

머리말 (제 5 판)

민사집행은 판결 등에 표시된 추상적·관념적인 권리를 구체적·현실적인 권리로 승화시켜 채권자에게 실제적인 만족을 주는 한편, 보전처분을 통하여 이러한 권리를 보전함으로써 강제집행의 실효성을 확보하는 절차이다. 그리고 그 절차를 규율하는 법이 민사집행법이다. 이처럼 민사집행법은 권리 실현의 시작과 끝을 규율하는 법이기에 우리의 실생활과 가장 밀접한 법 중 하나라고 할 수 있다.

민사집행법은 본래 민사소송법 속에 '강제집행편'으로 되어 있었다가 2002. 1. 26.에 독립된 법률로 제정되어 2002. 7. 1.부터 시행되었다. 민사집행법이 민사소송법의 일부로 편입되어 있던 시절까지 합하면 65 년 가까운 세월이 흘렀고, 독립된 법으로 시행된 후로도 어느덧 20 년 이상이 지났다.

우리 땅에서 우리 손으로 만든 이 법을 우리의 실생활에 유용하게 적용하기 위해서 그동안 끊임없는 연구가 행하여졌고, 그 연구 결과를 토대로 많은 판례가 축적되었다. 이러한 연구 결과와 판례를 집대성함으로써 학자들과 실무가들에게 길잡이를 제공하겠다는 일념 아래 이영섭 전 대법원장님의 주도로 '주석 강제집행법'이 처음 탄생한 것이 1974. 5.이다.

이 '주석 강제집행법'이 첫선을 보인 후 50 년이 지나는 동안 책의 모습이 많이 바뀌었다. 처음에는 단권으로 발행되었다가 1982. 6. ~ 1983. 12. 제 2 판에서 상, 중, 하 3 권으로 분책되었고, 1993. 1. 제 3 판에서 다시 4 권으로 늘어났다. 그리고 민사집행법의 제정·시행을 계기로 책 이름 자체가 '주석 민사집행법'으로 바뀌어 2003. 10. 제 1 판(주석 강제집행법부터 계산하면 제 4 판에 해당하지만, 법이 바뀌고 책의 제목이 바뀌어 새로이 제 1 판으로 한 것이다)이 총 6 권으로 발행되었다. 이어서 사법보좌관 제도의 도입, 채무자 회생 및 파산에 관한 법률의 제정, 민사집행법의 일부 개정 등을 반영한 제 2 판이 2006. 12. 간행되었고, 민사집행법 시행 10 년을 맞이하여 그동안 다시 개정된 민사집행법 등에 맞게 내용을 수정하고 축적된 학설, 판례 및 실무례를 반영하여 총 7 권으로 된 제 3 판이 2012. 3. 발행되었다. 그 후 시대감각에 맞게 실용적인 내용 위주로 책을 재구성하고, 그동안 개정된 법령과 축적된 판례를 반영한 제 4 판이 2018. 11. 발행되었다.

이번에 이 책의 제 5 판을 내게 된 것은 무엇보다 제 4 판이 나온 후 5 년여가 흐르는 동안에 주식, 사채 등의 전자등록 제도 도입에 따라 전자등록주식 등에 대한 집행절차가 마련되고, 사법보좌관의 업무영역이 조정되었으며, 전세 사기가 심각한 사회문제로 대두하자 전세 사기 피해자 지원을 위해 경매 등에 관한 특례를 부여하기 위한 특별법이 제정되는 등 민사집행 관련 법령에 적지 않은 변화가 있었고, 배당이의와 부당이득반환청구, 작위채무의 이행과 간접강제, 소멸한 저당권에 기한 임의경매의 효력 등에 관한 3 건의 대법원 전원합의체 판결이 선고된 것을 비롯하여 다수의 판례가 새롭게 축적되었기 때문이다. 이에 최신 법령을 기준으로 실무에 실제적인 도움을 줄 수 있는 내용을 중심으로 하여 주요 학설과 판례를 가급적 빠짐 없이 소개함으로써 이 책의 주된 독자층인 법률실무가들의 기대에 부응하고자 하였다.

이를 위해 현재 대법원, 고등법원이나 지방법원에서 근무하고 있는 젊고 패기 넘치는 법관들을 새로이 필자로 영입하여 집필진의 변화를 꾀하였다(종전 판 집필자분들의 노고를 잊지 않기 위해 그 명단을 따로 첨부하였다). 집필자 대부분이 일선에서 바쁜 재판 업무에 종사하는 법관들인지라 집필에 충분한 시간을 할애하지 못함으로 인한 미흡함이 남아 있다. “살아 있는 법”의 구현을 추구하다가 “깊이 있는 법”의 연구를 게을리한 우(愚)를 범하지 않았는지 걱정된다. 이 점 독자들의 지도 편달을 기대한다.

이 책은 우리가 만든 민사집행법에 관한 우리의 주석서이고, 우리의 법이 시행된 지 60 여 년 세월이 지나는 동안 우리의 학설과 판례가 축적되었으며, 나아가 시대감각에 맞게 실용적인 내용을 중심으로 기술하고자 하였기에, 활용도가 낮은 외국의 학설, 판례 등은 과감하게 생략하거나 필요한 범위에서 최소한으로만 소개하는 데 그쳤음을 밝혀 둔다. 나아가 지난 제 4 판부터는 전통적인 종이책 형태뿐만 아니라 온라인 전자책 형태로도 제공되고 있는데, 이번 제 5 판에서는 독자들의 접근 편의성을 높이기 위해서 권수를 기존의 총 7 권 체제에서 총 5 권 체제로 줄였다.

이 책의 모습이 이처럼 변화, 발전하는 동안 편집대표도 바뀌었다. 처음에 이영섭 전 대법원장님께서 맡으셨던 것이 주석 강제집행법 제 3 판부터는 김상원, 박우동, 이재성 전 대법관님과 이시윤 전 헌법재판소 재판관님 등 네 분의 공동대표 체제로 바뀌었다. 이후 주석 민사집행법 제 2 판을 내기까지 위 네 분이 계속하여 공동으로 편집대표를 맡으셨는데, 주석 민사집행법 제 3 판을 발간하게 되면서 세대교체를 희망하시는 네 분의 간곡한 뜻에 따라 김능환 전 대법관님과 현 편집대표가 그 뒤를 이었다. 이영섭 전 대법원장님부터 김능환 전 대법관님에 이르기까지 자타가 공인하는 민사집행법의 대가이신 당신들께서는 남다른 열정으로 이 책을 탄생시키고 그 발전을 위해 헌신적인 노력을 기울이셨다. 그 결과 이 책이 현재의 모습을 갖추게 되었으니, 이는 오로지 당신들의 공이라고 하지 않을 수 없다.

그 후 김능환 전 대법관님의 고사(固辭)로, 주석 민사집행법 제 4 판부터는 현 편집대표가 홀로 중책을 맡고 있다. 당신들께서 닦아 놓으신 훌륭한 토대를 바탕으로 더욱 좋은 집을 짓기 위해 부단히 힘을 기울이고 있는바, 이로써 당신들에 대한 존경과 감사의 마음이 전해졌으면 한다.

끝으로 격무 중에도 시간을 쪼개어 원고를 작성하신 집필자 여러분들, 전폭적인 참여와 지원을 아끼지 않은 민사집행법연구회 회원님들, 편집 실무 간사로서 노고를 아끼지 않으신 홍동기 서울고등법원 수석부장판사님, 박진수 의정부지방법원 고양지원장님, 그리고 어려운 출판 여건 아래서도 주석 강제집행법이래 계속하여 이 책의 출판을 맡아 주신 한국사법행정학회의 이종균 회장님 이하 관계자 여러분께 깊이 감사드린다.

2024. 11.

편집대표　민 일 영

■ 제1판 주석 강제집행법(1974)

집필대표 : 이영섭

집 필 자 : 김상원(서울민사지방법원 부장판사, 현 변호사),
박우동(서울민사지방법원 부장판사, 현 변호사)
이시윤(서울고등법원판사 겸 재판연구관, 현 변호사)
이재성(변호사)

■ 제2판 주석 강제집행법(상 · 중 · 하)(1982)

집필대표 : 이영섭

집 필 자 : 김상원(변호사, 현 변호사)
박우동(서울가정법원장, 현 변호사)
이시윤(서울고등법원 부장판사, 현 변호사)
이영섭(변호사)
이재성(변호사)

■ 제3판 주석 강제집행법(Ⅰ~Ⅳ)(1993)

집필대표 : 김시원, 박우동, 이시윤, 이재성

집 필 자 : 강병섭(서울민사지방법원 부장판사, 현 변호사)
김능환(청주지법 충주지원장, 현 대법관)
김상원(변호사, 현 변호사)
민일영(서울고등법원 판사, 현 대법관)
박성철(인천지방법원 부장판사, 현 변호사)
박우동(대법관, 현 변호사)
박재윤(광주고등법원 부장판사, 현 변호사)
신영철(청주지방법원 부장판사, 현 대법관)
양삼승(서울형사지법 부장판사, 현 변호사)
유승정(서울고등법원 판사, 대법원 재판연구관, 현 변호사)
윤진수(전주지방법원 부장판사, 대법원 재판연구관, 현 서울대학교 교수)
이공현(서울민사지방법원 판사, 현 변호사)
이시윤(헌법재판소 재판관, 현 변호사)
이주흥(부산지방법원 부장판사, 현 변호사)
이재성(대법관, 현 변호사)

▌제1판 주석 민사집행법(Ⅰ~Ⅵ)(2003)

집필대표 : 김상원, 박우동, 이시윤, 이재성

집 필 자 : 김능환(대법원 선임재판연구관, 현 대법관)
김용덕(대전고등법원 부장판사, 현 대법관)
민일영(서울고등법원 부장판사, 현 대법관)
박삼봉(서울고등법원 부장판사, 현 서울고등법원 부장판사)
서기석(대전지방법원 수석부장판사, 현 수원지방법원장)
신영철(서울고등법원 부장판사, 현 대법관)
윤 경(사법연수원 교수, 현 변호사)
이기택(서울동부지방법원 부장판사. 현 서울고등법원 부장판사)
이인복(대전고등법원 부장판사, 현 대법관)
이주흥(서울고등법원 부장판사, 현 변호사)
조관행(서울중앙지방법원 부장판사, 현 변호사)
한 승(대법원 재판연구관, 현 대법원 선임재판연구관)

▌제2판 주석 민사집행법(Ⅰ~Ⅵ)(2006)

집필대표 : 김상원, 박우동, 이시윤, 이재성

집 필 자 : 김용덕(대법원 수석재판연구관, 현 대법관)
민일영(법원도서관장, 현 대법관)
박삼봉(서울고등법원 부장판사, 현 서울고등법원 부장판사)
서기석(서울고등법원 부장판사, 현 수원지방법원장)
윤 경(사법연수원 교수, 현 변호사)
이기택(특허법원 부장판사, 현 서울고등법원 부장판사)
이인복(서울고등법원 부장판사, 현 대법관)
이주흥(서울중앙지방법원장, 현 변호사)
조관행(전 서울고등법원 부장판사, 현 변호사)
한 승(법원행정처 인사제1심의관, 현 대법원 선임재판연구관)

▌제3판 주석 민사집행법(Ⅰ~Ⅶ)(2012)

편집대표 : 민일영, 김능환

집 필 자 : 권창영(서울서부지방법원 판사, 현 변호사)
문정일(서울고등법원 판사, 현 변호사)
문준필(서울행정법원 부장판사, 현 변호사)
서승렬(서울고등법원 판사, 현 특허법원 부장판사)
설범식(서울중앙지방법원 부장판사, 현 서울고등법원 부장판사)
성창호(대법원장 비서실 판사, 부장판사, 현 서울중앙지방법원 부장판사)
손진홍(사법연수원 교수, 판사, 현 변호사)
손흥수(서울중앙지방법원 판사, 현 변호사)
원유석(변호사)
이승영(서울고등법원 부장판사)
이우재(서울중앙지방법원 부장판사)
이 원(창원지방법원 부장판사, 현 서울중앙지방법원 부장판사)
황병하(서울고등법원 부장판사)
황진구(대법원 재판연구관, 부장판사, 현 광주고등법원 전주재판부 부장판사)

▌제4판 주석 민사집행법(Ⅰ~Ⅶ)(2018)

편집대표 : 민일영

집 필 자 : 구태회(사법연수원 교수, 판사)
김종호(서울중앙지방법원 형사수석부장판사)
노재호(서울고등법원 판사)
박진수(대법원 재판연구관, 지방법원 부장판사)
박영호(서울중앙지방법원 부장판사)
서승렬(특허법원 부장판사)
성창호(서울중앙지방법원 부장판사)
심활섭(부산고등법원 판사, 고법판사)
양진수(대법원 재판연구관, 지방법원 부장판사)
이국현(대구지방법원 포항지원 부장판사)
이영창(서울고등법원 판사, 고법판사)
이　원(서울중앙지방법원 부장판사)
임정윤(인천지방법원 판사)
전휴재(서울고등법원 판사, 고법판사)
정진아(울산지방법원 부장판사)
조용현(서울고등법원 부장판사)
홍동기(서울고등법원 부장판사)
황병하(서울고등법원 부장판사)
황진구(광주고등법원 전주재판부 부장판사)

제5판 주석 민사집행법 집필자

구 태 회	서울고등법원 판사(고법판사)
김 종 석	대법원 재판연구관(지방법원 부장판사)
박 동 규	대법원 재판연구관(지방법원 부장판사)
박 영 호	부산지방법원 부장판사
박 진 수	의정부지방법원 고양지원장
범 선 윤	서울중앙지방법원 판사
양 진 수	광주고등법원 전주재판부 판사(고법판사)
오 흥 록	부산지방법원 서부지원 부장판사
유 아 람	대전지방법원 천안지원 부장판사
유 제 민	서울고등법원 판사(고법판사)
유 형 웅	의정부지방법원 판사
이 창 민	부산지방법원 동부지원 부장판사
임 정 윤	울산지방법원 부장판사
장 두 영	광주지방법원 순천지원 부장판사
전 휴 재	성균관대학교 법학전문대학원 교수
정 진 아	수원고등법원 판사(고법판사)
홍 동 기	서울고등법원 수석부장판사
황 병 하	서울고등법원 부장판사
황 진 구	서울고등법원 부장판사

(가나다순, 2024. 10. 31. 현재)

[범 례]

Ⅰ. 서술방식

1. 원고는 횡서체로 하고 한글 전용을 원칙으로 한다. 다만 법령명이나 의미 전달에 혼란이 있는 경우 한자를 괄호안에 병기하였다.

2. 타이틀은 다음과 같이 구분하였다.

Ⅰ.

1.

가.

1)

가)

(1)

(가)

①

㉮

3. 조문은 집필당시의 개정법률을 근거로 하며 그 내용은 종합법률정보(http://glaw.scourt.go.kr)에 수록된 법령에 준하였다.

4. 조문 하단에는 집필하려는 조문과 관련된 관련조문이나 비교조문을 나열하였고, 해당 조문의 목차를 두었다.

5. 각 조문별로 주석을 서술하였고 별면으로 처리하였다. 각주의 일련번호는 각 편, 장, 절, 관, 조문별로 새롭게 번호를 부여하였다.

Ⅱ. 법령 표기

1. 법령의 인용시에는 원칙적으로 약어를 사용하지 않았다.

2. 본문속에 법령을 표기할 때에는 본문의 법령인용은 원문 그대로 사용하며 제○조 제○항 제○호 등으로 기재하였다.

※ 예) ① 본문의 경우

민사소송법 제476조 제1항, 민법 제289조의2 제1항

② ( )안의 경우

(민사소송법 제479조 제2항 제1호, 민법 제280조 제1항 제1호)

Ⅲ. 판례 표기

1. 판례의 표기는 다음과 같은 방법에 따른다.

▷ 대법원 1996. 4. 26. 선고 96다1078 판결.

▷ 대법원 1992. 5. 26. 선고 92다84 판결, 대법원 1993. 10. 26. 선고 93다6409 판결, 대법원 1996. 6. 14. 선고 96다46374 판결.

▷ 대법원 1996. 11. 16.자 95마252 결정.

▷ 대법원 1995. 11. 16. 선고 94다56852, 56853 전원합의체 판결.

☞ 사건번호는 병합, 반소, 참가 사건 구분 없이 '94다56852, 56853'과 같이 나열하였다.

▷ 부산지방법원 동부지원 2000. 1. 18. 선고 2000가합10574 판결.

▷ 헌법재판소 1994. 7. 29. 선고 92헌바49, 52 결정.

2. 외국 판결은 그 나라의 표준적인 표시방법에 따라 표시할 수 있다. 다만, 일본판결의 경우에 선고일자는 서기연도로 기재하며, 일본연호는 사용하지 않았다.

▷ 일본대심원 대정 9년 12월 20일 판결

☞ 日大判 1920. 12. 20.

▷ 일본최고재판소 소화 34년 6월 19일 판결

☞ 日最判 1959. 6. 19.

3. 판례 출처는 검색이 가능한 판례의 경우는 출처를 밝히지 않았다. 하지만 그 외의 경우는 출처를 밝히기 위한 약어는 다음과 같다. 약어로 표기된 출처는 괄호(공1988, 623)안에 넣어 표기한다.

▷ 법원공보 1988년 4월 15일 제822호 623면 → 공1988, 623

▷ 법원공보 1993년 7월 15일 제948호 1697면 → 공1993하, 1697

☞ 법원공보가 상, 하로 분리된 1993년부터는 상, 하를 구분하여 표시하였다.

▷ 판례공보 1996년 2월 1일 제3호 461면 → 공1996상, 461

▷ 대법원판례집 제43권 2집 민사편 230면 → 집43-2, 230

☞ 다만, 대법원판례집 제31권 6집까지는 편별로 면수가 독립되어 있으므로 '집31-6, 민149'와 같이 편별 표시를 하였다.

▷ 대법원판결요지집 민사·상사편 Ⅰ-2집 680-2면 65번 판결 → 요민Ⅰ-2, 680- 2(65)

☞ 형사 · 군사편은 '요형', 특별편은 '요특'으로 표시하였다.

▷ 각급법원(제1,2심) 판결공보 2005년 2월 10일 제18호 215면 → 각공18, 215

▷ 고등법원판례집 1970년 형사·특별편 20면 → 고집1970, 형특20

▷ 하급심판결집 1984년 제2권 229면 → 하집1984-2, 229

▷ 헌법재판소판례집 제3권 569면 → 헌집3, 569

▷ 헌법재판소공보 제3호 255면 → 헌공3, 255

▷ 사법논집 제25집 311면 → 사법논집(25), 311

▷ 사법연구자료 제21집 153면 → 사법연구(21), 153

▷ 재판자료 제61집 364면 → 재판자료(61), 364

▷ 대법원판례해설 1995 하반기(통권 제24호) 151면 → 판례해설(24), 151

Ⅳ. 기타 인용 표기

1. 판결, 문헌 인용시 약어는 사용하지 않으며 해당 페이지에 대한 "면", "쪽" 등의 글자 표시는 생략하였다.

2. 참고문헌의 표기는 다음과 같이 하였다.

▷ 이시윤, 민사소송법(신정보판), 박영사(1995), 232.

▷ 주석 형법, 각칙(1)(제5판), 한국사법행정학회(2017), 119(김선일).

▷ 형법주해[Ⅳ], 각칙(1), 박영사(2023), 315(김택균).

3. 저자가 2명 이상인 경우 '/ '를 사용하여 2명의 이름을 모두 밝히되, 3명 이상인 경우에는 '○○○ 외 2인' 등으로 표기하였다.

4. 논문이나 단행본, 월간지, 기타 논문집의 인용은 다음과 같이 하였다.

▷ 김기정, "집합건물의 집행을 둘러싼 몇 가지 법률문제에 대한 고찰", 사법논집(27), 5.

▷ 윤진수, "토지 임차인의 매수청구권 행사와 법원의 석명의무", 인권과 정의 236호(1996. 4.), 133~139.

5. 외국 문헌은 그 나라의 인용례에 따르는 것을 원칙으로 하되, 책 이름에 이탤릭체나 밑줄 등을 사용하지 아니하고 논문 제목에 "   " 표시를 하였다.

▷ Walter E. May, "International Equipment Leasing: The UNIDROIT Draft Convention," 105 Harv. L. Rev. 80(1991).

▷ 植田勝博, "ユ-ザ-からみた リ-ス契約の 問題點", 金融法務事情 1101號(1985. 10.), 24.

▷ 南部二三雄, リ-スの 實務, 東京: 東洋經濟新報社(1973), 178.

6. 인터넷 자료는 다음과 같이 표기하였다.

▷ 저자명, 자료제목(2009. 9. 1. 방문), <http://www.scourt.go.kr/seminar/ d-3.htm>

V. 옆번호의 표기

1. 주석서의 효율적인 정보 전달과 내용 첨가, 수정시 페이지 변동으로 인한 인용 불편을 해소하기 위해 옆번호[1]를 표기하였다.

2. 옆번호는 텍스트 위치를 신속하게 찾을 수 있고 정확한 인용을 할 수 있도록 한다. 본문 내용이 추후 첨가, 삭제, 수정되는 경우 페이지는 변경되지만 옆번호는 항상 동일하기 때문에 인용의 불편함을 해소하며, 특히 온라인에서 열람할 경우에 도움이 된다. 옆번호는 동일 내용을 담고 있는 문단에 부여한다.

< 표기 예시 >

1 일반적인 범죄론 체계에 따르면 범죄란 구성요건에 해당하고 위법하며 유책한 행위라고 정의할 수 있다. 형법 각칙은 죄형법정주의에 입각하여 범죄의 개별적 유형에 따른 구체적 구성요건의 내용을 정하고 형벌의 범위를 설정하는 일반법이다. 구성요건이란 좁은 의미에서 보면 법적으로 규정되지 않은 행위는 처벌대상이 아니라는 것이고, 넓은 의미에서 보면 범죄의 성립요건 전부를 포괄하는 것이다.

2 형법 총칙이 형법의 본질적 기초를 이루는 범죄와 형벌에 대한 일반 원칙을 다룬다면, 형법 각칙에서는 개별적인 범죄유형과 이에 대한 구체적인 형벌을 규정하고 있다.

1 독일 법률서적에서 많이 사용되는 Randnummer[Rn. 옆번호(방주)]는 본문 오른쪽 혹은 왼쪽에 적혀 있는 일련의 번호를 말한다.

[목 차]

제 2 편 강제집행

제 2 장 금전채권에 기초한 강제집행

제 2 절 부동산에 대한 강제집행

제 3 관 강제관리

제 3 절 선박 등에 대한 강제집행

제 4 절 동산에 대한 강제집행

제 1 관 통칙

제 2 관 유체동산에 대한 강제집행

제 2 편 강제집행

제 2 장 금전채권에 기초한 강제집행

제 2 절 부동산에 대한 강제집행

제 3 관 강제관리

[총설]

Ⅰ. 강제관리의 의의

1 1. 금전채권의 만족을 얻기 위하여 채무자 소유의 부동산에 대하여 하는 강제집행방법에는 강제경매와 강제관리가 있다(민사집행법 제78조 제2항). 제3관은 강제관리에 관한 절차를 규정한다.

2 강제관리는 금전채권에 기하여 채무자로부터 부동산의 소유권을 박탈하지 않고 그 부동산의 수익으로써 채권의 만족을 얻는 부동산에 대한 강제집행방법이다. 즉, 강제관리는 채무자 소유의 부동산으로부터 생기는 천연과실이나 법정과실 등을 개별적으로 유체동산이나 채권으로 압류하지 않고, 그 수익을 총괄하여 하나의 집행목적물로 삼아 그 부동산을 압류하고 국가가 채무자의 관리·수익권능을 박탈하여, 관리인으로 하여금 그 부동산을 관리하게 하고 그 수익을 추심·현금화하여 변제에 충당한다.[1] 그래서 부동산에 대한 강제경매를 원본집행이라고

[1] 강대성, 신민사집행법, 탑북스(2014), 231; 우금도, 민사집행법(개정6판), 진원사(2012), 806; 김홍엽, 민사집행법(제8판), 박영사(2024), 293; 전병서, 민사집행법(제4판), 박영사(2023), 350; 김상수, 민사집행법(제4판), 법우사(2015), 254; 김일룡, 민사집행법강의(제2판), 도서출판 오래(2018), 320; 이시윤, 신민사집행법(제8개정판), 박영사(2020), 402; 손진홍, 부동산 경매의 실무(下)(전면개정판), 법률정보센터(2017), 725; 이창형, "부동산 강제관리절차의 취소사유", 사법연수원논문집 5집(2008. 1), 183 이하.

부르고, 강제관리를 수익집행이라고 부르기도 한다.[2]

3 강제관리에서도 채무자 소유의 부동산을 압류하기는 하지만, 강제경매에서와 같이 부동산 자체를 현금화하여 그 대금으로써 채권의 만족을 얻게 하려는 것은 아닌 점에서 양자 사이에는 근본적인 차이가 있다. 그리고 부동산을 사용·수익하기 위하여 집행보조기관으로서 관리인이라고 하는 집행법원 외의 기관을 두어 대상물의 현실적 파악을 하려고 한다는 점에서는 유체동산의 집행과 유사한 면이 있고, 법정과실을 수익하는 데에서는 그 법정과실의 발생원인이 되는 법률관계에도 개입하게 되므로 이러한 면에서는 채권집행과도 유사성이 있다고 할 수 있다.

4 2. 강제관리도 강제집행의 일종이므로 집행권원을 가진 채권자가 집행채권자가 된다. 강제경매와 달리 강제관리에 의해서는 채권자가 일시에 다액의 변제를 받을 수 없으므로, 강제경매와 강제관리의 두 가지 방법이 모두 가능한 경우에는 채권자의 선택에 의하여 그 중 어느 한 가지 방법으로 집행하게 하거나 두 가지 방법을 함께 사용하여 집행하게 할 수 있도록 허용하고 있다(민사집행법 제78조 제3항).

5 가압류를 집행할 때에도 강제관리를 할 수 있다(제78조 제4항, 제294조). 저당권자가 강제관리의 집행채권자가 될 수 있는지에 관하여는 뒤에서 설명한다.

6 3. 강제관리로는 일시에 다액의 변제를 받기 어렵고, 전문관리인의 확보가 반드시 용이한 것만은 아니며, 수익의 관리를 위하여 관리인의 보수를 지급하여야 하는 등 특별한 비용을 요하게 되므로, 실무에서는 활용되는 사례가 극히 적은 실정이다.[3]

7 그러나 목적부동산의 가격이 오를 가능성이 있어 당장 강제경매를 하기 보다는 강제관리를 하여 수익을 거두면서 적절한 강제경매의 시기를 기다릴 필요가 있을 때, 임대용 빌딩이나 아파트와 같이 매각을 통한 현금화보다 임대료를 통한 고수익이 기대될 때, 선순위 채권자들 때문에 부동산의 매각대금으로는 집행의 실효성이 없을 때, 집행채권이 비교적 소액의 계속적 급부채권일 때 등에는 강제

2 이시윤, 신민사집행법(제8개정판), 박영사(2020), 402; 박두환, 민사집행법(제2판), 법률서원(2003), 428; 우금도, 민사집행법(개정6판), 진원사(2012), 806; 김일룡, 민사집행법강의(제2판), 도서출판 오래(2018), 320.

3 전국 법원에서 2020년에 접수된 강제관리 총 사건 수는 10건이고, 2021년에는 29건, 2022년에는 13건에 불과하며, 실제 배당까지 이루어지는 경우는 거의 없다. 사법연수원 사법연감(2021~2023) 참조.

관리가 적절히 활용될 수 있다.[4] 또한 부동산시장이 불황일 경우에는 강제경매가 순조롭지 않을 수 있고 경매절차에 상당한 시간이 걸리는 경우도 많으므로, 그런 점에서도 강제관리의 방법으로 집행하는 것을 고려할 수 있다.[5]

Ⅱ. 강제관리의 대상

8 1. 강제관리의 대상이 될 수 있는 부동산은 강제경매의 경우와 마찬가지로 집행법상의 부동산이다. 이에 속하는 것으로서는 토지 및 그 정착물, 건물, 부동산의 공유지분, 특별법에 의하여 독립된 부동산으로 취급되는 공장재단·광업재단·소유권보존등기가 된 입목(공장 및 광업재단 저당법 제12조, 제54조, 입목에 관한 법률 제3조), 특별법에 의하여 부동산에 관한 규정이 준용되는 광업권·어업권 등의 권리(광업법 제10조, 수산업법 제16조 제2항), 지상권(민사집행규칙 제40조) 등이 있다.

9 공동광업권은 조합관계로 보게 되어 있으므로(광업법 제17조 제6항), 공동광업권자의 지분권에 대하여는 부동산으로서의 집행은 허용되지 않는다. 이 경우에는 결국 그 밖의 재산권에 대한 집행방법(민사집행법 제251조 제1항)에 의하여 강제집행할 수밖에 없다. 부동산에 대한 임차권은 임료청구권에 대한 채권집행으로 하여야 하고 바로 부동산집행의 대상으로 삼기는 곤란하다.[6]

10 동산에 대한 집행방법으로서는 강제관리가 인정되지 않는다. 보통 수익에 비해 이를 얻기 위한 비용은 많이 들어 실익이 적기 때문이다.

11 부동산 강제경매에 관한 규정이 준용되는 등기할 수 있는 선박, 등록된 항공기·자동차·건설기계에 대한 집행방법으로도 강제관리는 인정되지 않는다. 관리인에게 그 점유를 이전하여 관리·수익시키는 것이 적당하지 않을 뿐만 아니라, 관리·수익을 위하여 많은 비용이 소요되며 또 운행상의 위험이 따르고 행정감독상의 어려움도 있기 때문이다(민사집행법 제172조, 제187조, 민사집행규칙 제106조, 제108조, 제130조 참조). 입법론으로 그러한 종류의 물건으로부터 얻을 수 있는 수익에 대하여도 강제관리를 고려할 필요가 있다는 견해가 있다.[7]

4 김정호, 민사집행법강의, 법학사(2013), 600; 김일룡, 민사집행법강의(제2판), 도서출판 오래(2018), 320.
5 전병서, 민사집행법(제4판), 박영사(2023), 351.
6 손진홍, 부동산 경매의 실무(下)(전면개정판), 법률정보센터(2017), 726.
7 신현기, 민사집행법 각론(상), 부동산집행, 법률서원(2003), 626.

12 2. 강제관리는 채무자가 소유하는 부동산의 수익을 그 집행대상으로 하는 것이므로, 당장 수익을 얻을 수 있는 부동산이어야 한다. 당장 수익을 얻을 수 있는 것인지 여부는 부동산의 성질·상태 등으로 보아 통상의 용법에 따르면 수익을 얻을 수 있는 가능성이 있으면 되고, 현실적으로 수익이 발생해 있어야 하는 것은 아니다.[8] 또 채무자가 그 부동산을 현재 점유하고 있을 필요도 없다.

13 그러나 강제관리를 실시하려면 관리인의 보수 등 비용이 출연되어야 하므로, 수익이 예상되더라도 그것이 절차비용을 지탱해 나갈 수 있을 정도의 액수가 못 된다면 그러한 부동산에 대하여는 강제관리를 실시할 수 없다.

14 3. 여기서 부동산의 수익이라 함은, 부동산을 사용함으로써 직접 발생하는 천연과실과 그 부동산을 타인에게 사용하게 함으로써 얻을 수 있는 법정과실의 양자를 포함한다. 이미 수확하였거나 수확할 과실과, 이행기에 이르렀거나 이르게 될 과실도 위 수익에 속한다.

15 그러나 법정과실 중 강제관리에 의한 압류 이전에 질권의 목적으로 된 것은 강제관리의 대상이 될 수 없다. 질권의 목적으로 된 임료채권에 대해서는 채무자가 수익권을 가지지 않기 때문에 강제관리에 의한 관리권이 미치지 않는 것이다. 강제관리에 의한 압류 이전에 동산집행, 담보권의 실행으로서의 동산경매 또는 채권집행의 방법에 의해 압류된 과실도 강제관리의 대상이 되지 않는다.

16 부동산을 물적 설비로 하는 채무자의 영업 또는 기업(예컨대 여관·목욕탕·극장 등의 영업)으로부터 생기는 수익은 영업수익 또는 기업수익이지 부동산 자체의 수익이라고는 할 수 없으므로 강제관리의 대상이 되지 않는다.[9] 부동산의 천연과실을 원료로 하여 제조된 물품도 부동산의 직접적인 수익이 아니므로 강제관리의 대상이 되지 않는다.[10]

17 4. 강제관리는 부동산의 수익에 대한 집행이지 부동산 자체를 매각하는 것이 아니므로, 강제경매에는 적합하지 않은 부동산, 예컨대 양도가 금지된 부동산이나 민사집행법 제102조에 의하여 남을 가망이 없어 경매할 수 없는 부동산도 그것

8 전병서, 민사집행법(제4판), 박영사(2023), 351.

9 강대성, 신민사집행법, 탑북스(2014), 231; 박두환, 민사집행법(제2판), 법률서원(2003), 430; 오시영, 민사집행법, 학현사(2007), 570; 김일룡, 민사집행법강의(제2판), 도서출판 오래(2018), 321.

10 신현기, 민사집행법 각론(상), 부동산집행, 법률서원(2003), 628.

으로 수익을 얻을 수 있는 한 강제관리의 대상이 될 수 있다. 반면에 과실이 생길 수 없는 토지라든지 거주에 적합할 정도에 이르지 못한 건축 중의 건물과 같이 수익이 생길 가망이 없는 부동산은 강제관리의 대상이 될 수 없다.

18 또한 채무자에게 수익의 상실 이상의 고통과 불이익을 주는 것은 강제관리의 목적에 비추어 허용될 수 없으므로, 채무자가 현재 거주하고 있는 가옥이나 채무자가 영업으로 사용하고 있는 점포 따위를 목적으로 하여 그 인도를 필요로 하는 강제관리는 실시할 수 없다.[11] 이러한 경우에는 오히려 강제경매의 방법에 의하여 집행을 하여야 한다.

Ⅲ. 강제관리절차의 개요

19 강제관리도 강제집행의 하나로서, 대체로 목적물을 압류하여 현금화한 다음 채권자의 채권을 변제하는 3단계의 절차로 진행된다.

20 먼저 채권자의 신청이 있으면 집행법원은 강제관리개시결정을 하여 목적부동산을 압류하고, 채무자에 대하여 관리사무에 대한 간섭과 부동산 수익의 처분을 금지함과 동시에, 부동산 수익을 채무자에게 지급할 제3자에 대하여는 그 후 관리인에게 지급할 것을 명하고, 관할등기소에 강제관리개시결정등기의 기입을 촉탁한 다음, 채무자와 제3자에게 강제관리개시결정 정본을 송달한다.

21 집행법원은 목적부동산을 관리·수익할 관리인을 임명하며, 관리인은 법원의 감독 아래 부동산을 관리하여 그 수익을 추심하고 현금화한다.

22 관리인은 부동산의 수익에서 그 부동산이 부담하는 조세 기타 공과금을 공제한 후 관리비용을 변제하고 그 잔액으로써 각 채권을 변제하기에 충분하면 이를 변제한다. 만약 충분하지 못한 때에는 채권자 사이에 배당에 관한 협의를 하도록 하여 배당협의가 성립되면 그 협의내용에 따라 배당을 실시하고, 배당협의가 성립되지 않으면 그 사유를 법원에 신고한다. 위 신고가 있는 때에는 법원은 강제경매의 경우에 준하여 배당표를 작성하고 관리인으로 하여금 그 배당표에 따라 각 채권자에게 지급하게 한다.

23 부동산의 수익으로써 각 채권자가 전부 변제를 받았을 때에는, 법원은 직권으로 강제관리취소결정을 하고, 그 결정이 확정되면 강제관리개시결정에 관한 기입등

11 박두환, 민사집행법(제2판), 법률서원(2003), 430; 신현기, 민사집행법 각론(상), 부동산집행, 법률서원(2003), 626; 우금도, 민사집행법(개정6판), 진원사(2012), 807.

기의 말소를 촉탁하고 강제관리절차를 종결한다.

IV. 강제관리와 담보권

1. 문제의 소재

24 담보권이 설정되어 있는 부동산의 경우, 담보권 실행을 위하여 강제관리를 할 수 있는지 여부, 부동산의 과실에 미치는 담보권의 효력(민법 제359조)과 강제관리의 효력 사이의 조정문제, 물상대위(제370조, 제342조)에 의하여 강제관리 중인 수익을 압류할 수 있는지 여부, 그리고 담보권자가 동시에 집행권원을 가지고 강제관리를 신청하거나 강제관리 중인 수익에 대하여 배당요구를 한 경우 우선변제청구권이 있는지의 여부 등이 문제된다. 아래에서는 주로 저당권이 설정되어 있는 경우를 중심으로 기술한다.

2. 담보권 실행을 위한 강제관리의 가부

25 민사집행법 제268조는 부동산을 목적으로 하는 담보권 실행을 위한 경매절차에서는 강제관리에 관한 규정들을 준용하지 않음으로써, 담보권 실행을 위하여 강제관리를 하는 것은 예정하지 않고 있다.

26 그런데 담보권이 부동산의 천연과실 또는 법정과실에 효력을 미칠 수 있으므로(예컨대 천연과실에 대하여는 민법 제359조, 법정과실에 대하여는 민법 제370조, 제342조), 이를 근거로 강제관리가 가능하다는 견해도 있을 수 있다. 민법 제342조의 압류에는 강제관리를 위한 압류도 포함되므로 부동산을 강제관리를 위하여 압류하게 되면 그 압류의 효력이 임료 등 과실에도 미치게 된다는 것이다. 그러나 물상대위의 경우 집행의 대상이 되는 청구권이 특정되어야 한다는 법리에 비추어 보면, 저당권의 효력이 부동산의 법정과실에 미치는 경우에도 그 집행은 특정된 과실, 예컨대 구체적인 임료청구권에 대하여 행해지지 않으면 안 된다고 할 것이므로, 이를 근거로 강제관리를 하는 것은 허용되지 않는다고 보아야 한다. 결국 강제관리는 집행권원을 가진 채권자에 의한 강제집행에서만 인정될 뿐이고, 담보권의 실행으로서 강제관리를 할 수는 없다.[12] 한편, 2003년 일본 개정법은 담보권실행절차에서도 강제관리를 도입하였고, 실제상의 필요나 부동산집행제도의 연혁 등에 비추어

12 강대성, 신민사집행법, 탑북스(2014), 231; 이시윤, 신민사집행법(제8개정판), 박영사(2020), 402; 손진홍, 부동산 경매의 실무(下)(전면개정판), 법률정보센터(2017), 728.

입법론으로는 담보권 실행을 위한 강제관리를 인정하여야 한다는 견해가 있다.[13]

3. 강제관리와 과실에 효력을 미치는 저당권 사이의 조정

27 민법 제359조는 저당 부동산의 압류 후 또는 제3취득자에 대한 저당권 실행통지 후에 저당권 설정자가 수취하거나 수취할 수 있는 과실에 관하여는 별도의 압류절차 없이 저당권의 효력이 미치는 것으로 규정하고 있고, 여기에서 과실에 천연과실이 포함된다는 점에 관하여는 이론이 없다.[14]

28 따라서 부동산에 대한 강제경매 또는 담보권실행을 위한 압류가 있는 때에는 저당권의 효력이 그 천연과실에도 미치게 되므로, 강제관리를 위한 압류 전에 등기된 저당권이 존재하는 경우 원본집행 개시 후에는 천연과실에 대한 관리사무의 수행은 저당권자의 우선권을 해하는 것이 된다. 이와 같이 부동산에 대한 강제경매 또는 임의경매로 인한 압류의 효력발생 후의 과실에 대하여는 그 부동산에 대한 저당권의 효력이 미치므로 그 과실은 당연히 그 경매절차에서의 부동산 매수인에게 귀속되고 채무자에게 귀속되지 않으며,[15] 따라서 이는 강제관리의 목적인 수익에 해당하지 않게 되어, 그 부동산에 대한 강제관리는 수익을 얻을 가망이 없는 것으로서 허용되지 않는다.[16]

4. 강제관리의 수익(임료)에 대한 물상대위

29 강제관리에 의한 관리행위로 받은 임료에 관하여 민법 제370조, 제342조에 의하여 우선하는 저당권자의 물상대위를 인정할 것인지 여부가 문제된다. 만약 저당권자의 물상대위를 인정한다면, 이 경우 강제관리는 집행채권자에게는 무익한 것이 될 가능성이 있다.

30 이는 저당권의 효력이 법정과실에도 미치는가 하는 실체법상의 문제와 관련이 있다. 왜냐하면 강제관리에 의한 압류가 선행되었다고 하더라도, 저당권의 효력이 임료에까지 미친다면 그 저당권자의 권리를 해할 수는 없기 때문이다.

31 이 문제에 관하여는, 민법 제359조의 과실은 천연과실만을 말하며 임료는 목적

13 일본 법개정의 경위 및 우리 법에서의 도입방법에 관한 논고로는 김상수, "저당권의 수익집행절차에 관한 연구-일민사집행법을 중심으로-", 민사소송 16권 1호(2012), 391 이하 참조.

14 다만, 법정과실도 이에 포함되느냐 여부에 관하여는 견해의 대립이 있다. 곽윤직 편집대표, 민법주해(Ⅶ), 물권(4), 박영사(2012), 57~58 참조.

15 日大判 1936. 6. 2. (民集15, 1315), 日大判 1939. 12. 2. (民集18, 1646).

16 법원실무제요, 민사집행[Ⅲ], 사법연수원(2020), 431.

부동산의 교환가치에 포함되어 구체화되는 것으로 보아야 하기 때문에 부동산에 대한 압류의 전후, 제3취득자에 대한 저당권실행의 통지 전후를 불문하고 임료도 물상대위의 목적이 되며, 피담보채권의 변제기가 도래하기 전이거나 또는 저당권의 실행이 별도로 가능한 경우에도 이 물상대위권을 행사할 수 있다는 견해(일본의 통설·판례)와,[17] 이에 반하여 ① 물상대위는 담보권이 목적물에 추급될 수 없는 경우에 목적물의 가치 감소나 멸실에 대하여 공평의 관념에서 인정되는 것이므로 임료는 물상대위의 대상이 되지 않는다거나, ② 민법 제359조의 과실에는 천연과실 뿐 아니라 법정과실도 포함되므로 부동산의 압류 또는 저당권 실행의 통지 후에는 저당권의 효력이 임료에도 미치지만 이 임료에 대한 우선권은 물상대위의 방법에 의하여 행사되어야 하고, 또 임료는 담보물 그 자체의 대위물이 아니기 때문에 피담보채권의 변제기 전에는 임료에 대한 물상대위를 인정할 필요가 없고 피담보채권의 변제기 후에는 저당권 실행의 착수 후에 한하여 임료에 대한 물상대위를 긍정하는 견해가 있다.[18]

5. 저당권자가 피담보채권에 관하여 집행권원을 가진 경우

32 저당권자가 피담보채권에 관하여 별도로 집행권원을 가지고 있어서(예컨대, 이행판결을 받았거나 집행증서를 작성한 경우) 그 집행권원에 기하여 강제관리를 신청한 경우, 그 수익에 관하여 저당권자로서의 우선권을 주장할 수 있는가 하는 점에 관하여는 의문의 여지가 있으나 소극적으로 해석할 수밖에 없다.[19] 이 경우의 강제관리절차는 담보권 실행을 위한 절차가 아니기 때문이다.

33 저당권자가 별도의 집행권원에 기하여 강제관리절차에서 배당요구(민사집행법 제163조, 제88조)를 한 경우에도 같다.

17 日大判 1913. 6. 21. (民錄19, 481);, 신현기, 민사집행법 각론(상), 부동산집행, 법률서원(2003), 629; 손진홍, 부동산 경매의 실무(下)(전면개정판), 법률정보센터(2017), 729.

18 谷口支平 외 2인, 注釈民法(9), 有斐阁(1998), 54.

19 신현기, 민사집행법 각론(상), 부동산집행, 법률서원(2003), 630.

제 163 조 [강제경매규정의 준용]

강제관리에는 제80조 내지 제82조, 제83조 제1항, 제3항 내지 제5항, 제85조 내지 제89조 및 제94조 내지 제96조의 규정을 준용한다.

[관련조문] 민사집행법 제80조, 제81조(강제관리신청서), 제82조(집행관의 권한), 제83조 제1항(부동산의 압류명령), 제83조 제3항(경매절차개시결정에 따른 조치), 제83조 제4항(압류의 효력 발생시기), 제83조 제5항(즉시항고), 제85조(현황조사), 제86조(경매개시결정에 대한 이의신청), 제87조(압류의 경합), 제88조(배당요구), 제89조(이중경매신청통지), 제94조(경매개시결정의 등기), 제95조(등기부등본의 송부), 제96조(강제경매절차의 취소)

[참고문헌] 김상수, 민사집행법(제4판), 법우사(2015); 김일룡, 민사집행법강의(제2판), 도서출판 오래(2018); 박두환, 민사집행법(제2판), 법률서원(2003); 손진홍, 부동산 경매의 실무(下)(전면개정판), 법률정보센터(2017); 신현기, 민사집행법 각론(상), 부동산집행, 법률서원(2003)

Ⅰ. 의의

1 민사집행법 제163조는 강제경매신청의 방식과 첨부서류, 경매개시결정의 방식, 현황조사, 경매개시결정에 대한 이의, 압류의 경합, 배당요구, 등기의 촉탁, 부동산의 멸실 등으로 인한 경매취소 등에 관한 규정을 강제관리의 신청과 그 개시결정 등의 절차에 준용한다는 취지를 규정한 것이다. 그러나 편의상 제163조에서는 강제관리신청에 관련된 것만을 기술하고 강제관리개시결정에 관하여서는 제164조에 대한 해설로 미루기로 한다.

Ⅱ. 강제관리의 신청

1. 신청의 방식

2 강제관리는 채권자의 신청에 의하여 개시된다(민사집행법 제78조 제1항). 강제관리의 신청은 서면으로 하여야 하며(제4조), 신청서에는 5,000원의 인지를 붙여야 한다(민사소송 등 인지법 제9조 제3항 제2호).

2. 집행법원

3 강제관리는 부동산에 대한 강제집행의 일종이므로 강제경매의 경우와 마찬가지로 그 부동산이 있는 곳의 지방법원이 집행법원으로 관할한다(민사집행법 제79조 제1항). 부동산이 여러 지방법원의 관할구역에 있는 때에는 각 지방법원에 관할권이 있고, 이 경우 법원이 필요하다고 인정한 때에는 사건을 다른 관할 지방법원으로 이송할 수 있다(제2항).

3. 신청서에 기재할 사항

4 강제경매신청서의 기재사항을 규정한 민사집행법 제80조는 강제관리의 신청에 준용된다. 따라서 강제관리의 신청서에는 강제경매신청서와 마찬가지로, 채권자·채무자와 법원의 표시, 부동산의 표시, 강제관리신청의 이유가 된 일정한 채권과 집행할 수 있는 일정한 집행권원을 기재하여야 한다.

5 그 밖에 강제관리의 신청서에는 강제관리의 성질상 다음과 같은 사항을 적어야 한다.

6 첫째, 강제관리개시결정에는 부동산의 수익을 채무자에게 지급할 제3자에 대하여 그 후 관리인에게 그 수익을 지급할 것을 명하여야 하므로(민사집행법 제164조 제1항), 수익의 지급의무를 부담하는 제3자(예컨대 임차인)가 있는 경우에는 그 제3자의 표시와 그 지급의무의 내용을 적어야 한다(민사집행규칙 제83조). 제3자의 표시는 그 제3자를 특정하기 위하여 그의 이름과 주소를 기재한다. 채권자가 강제관리를 신청할 때 수익의 지급의무가 있는 제3자가 존재하고 있는 사실만 알고 있을 뿐 그 제3자의 이름과 주소를 모를 경우에는 신청서에는 알고 있는 사항만을 적으면 된다. 다만 이 경우에는 강제관리개시결정에서 수익의 지급을 명할 수 없게 되므로, 그에 관한 기재가 없는 경우와 마찬가지로 취급되며, 관리인이 바로 조사하여 집행법원에 보고하여야 한다.

7 둘째, 채권자는 적당한 사람을 관리인으로 추천할 수 있으므로(민사집행법 제166조 제1항 단서), 특정한 관리인의 임명을 희망하는 때에는 그 취지를 적을 수 있다. 다만 이는 필수적 기재사항은 아니다.

4. 첨부서류

8 강제관리를 신청할 때에도 강제경매의 경우와 마찬가지로, 집행력 있는 정본과 강제집행개시의 요건이 구비되었음을 증명하는 서류로서, 집행권원 송달증명서

(민사집행법 제39조 제1항), 집행문 및 증명서의 송달증명서(제39조 제2항), 담보를 제공한 증명서류 및 그 증명서류 등본의 송달증명서(제40조 제2항), 반대의무의 이행 또는 제공을 증명하는 서면(제40조 제1항), 집행불능증명서(제41조 제2항) 등을 제출하여야 하고, 그 밖에도 다음과 같은 서류를 첨부하여야 한다.

가. 제81조 소정의 서류

9 강제경매신청의 첨부서류에 관한 민사집행법 제81조의 규정이 강제관리의 신청에 준용되므로, 강제관리의 신청에는 다음과 같은 서류를 첨부하여야 한다.

10 1) 강제관리의 대상인 부동산이 채무자의 소유로 등기되어 있는 경우에는 그 등기부등본을 첨부한다. 채무자의 소유가 아니더라도 채무자가 목적부동산을 이용하여 직접 수익을 얻고 있는 경우, 예컨대 부동산은 다른 사람의 소유이고 채무자가 그 부동산에 대하여 지상권 등을 가지는 경우에도 강제관리가 가능하므로, 그 지상권 등을 증명하기 위해서도 등기부등본을 첨부하여야 한다.

11 2) 강제관리의 대상인 부동산이 채무자의 명의로 등기되지 않은 때에는 즉시 그 명의로 등기할 수 있다는 것을 증명할 서류를 첨부하여야 한다. 다만, 그 부동산이 미등기 건물인 경우에는 그 건물이 채무자의 소유임을 증명할 서류, 그 건물의 지번·구조·면적을 증명할 서류 및 그 건물에 관한 건축허가 또는 건축신고를 증명할 서류를 첨부한다.

나. 그 밖의 첨부서류

12 그 밖에 자격증명서, 위임장, 강제관리개시결정등기를 위한 등록세영수필통지서 및 영수필 확인서도 첨부하여야 한다.

13 강제관리의 경우에는 강제경매와 달리 채권을 신고하도록 최고하는 절차가 없고(민사집행법 제163조에서는 제84조를 준용하지 않는다) 매각기일도 없어, 다수의 부동산목록을 필요로 하지 아니하므로 부동산목록을 별도로 제출할 필요는 없다.

14 강제경매를 하기 위하여 이미 부동산을 압류한 경우에 그 집행기록에 제81조 제1항의 서류가 붙어 있으면, 강제관리를 신청할 때에 다시 그 서류를 붙이지 않을 수 있다(민사집행법 제81조 제5항).

5. 비용의 예납

15 신청인은 강제관리절차에 소요되는 비용으로서 법원이 정하는 금액을 예납하여야 한다(민사집행법 제18조 제1항). 특히 신청시에는 송달료를 예납시킨다.

16 관리비용(부동산의 보전비용, 관리인의 보수, 부동산의 화재보험료 등)은 통상 부동산의 수익으로부터 지출되므로 신청 시에는 예납시키지 아니하나, 예납시킬 필요가 있을 때에는 수시로 예납시킬 수 있다. 특히 강제관리가 개시되었으나 부동산의 수익이 발생하기 전에 당사자 사이에 합의가 이루어지는 등의 사유로 취하되어 관리인의 보수를 지급할 수 없는 경우가 발생할 가능성이 있을 때에는, 청구금액 등을 고려하여 미리 관리인의 보수를 예납하게 한다.

17 채권자가 비용을 예납하지 아니할 때에는 집행법원은 결정으로 신청을 각하하거나 그 절차를 취소할 수 있다(민사집행법 제18조 제2항).

Ⅲ. 강제관리와 강제경매의 경합

18 여기에서는 강제관리와 강제경매가 동일 채권자 또는 서로 다른 채권자에 의하여 경합적으로 신청된 경우의 상호관계에 대하여 기술한다.

1. 동일 채권자의 신청에 의한 경합

19 강제경매는 원물인 부동산을 매각하는 것이고 강제관리는 원물을 매각하지 아니한 채 관리하여 수익을 얻으려고 하는 것으로서 양자는 집행방법에 근본적으로 차이가 있으므로, 채권자는 두 가지 방법 중 어느 하나를 선택할 수도 있고 또 두 가지 방법을 함께 사용하여 집행하게 할 수도 있다(민사집행법 제78조 제3항).

20 즉, 이미 강제관리절차가 개시되어 있는 부동산에 관하여 동일한 채권자가 다시 강제경매신청을 할 수 있을 뿐만 아니라(민사집행법 제81조 제5항 참조), 이미 강제경매절차가 개시되어 있는 부동산에 관하여 다시 강제관리신청을 할 수도 있다. 또 동일한 채권자가 동일한 채무자 소유의 동일한 부동산에 관하여 강제관리와 강제경매를 동시에 신청할 수도 있다.

21 이와 같이 강제관리와 강제경매가 경합하는 경우에는 양자는 각각 소정의 절차에 따라 병존하여 진행하게 되나, 강제관리는 채무자가 그 부동산을 소유하고 있음을 전제로 하는 것이므로 매각대금의 납부에 의하여 부동산의 소유권이 매수인에게 이전될 때까지만 강제관리절차를 진행할 수 있을 뿐이고, 소유권이 이전된 후에는 집행법원은 관리인으로 하여금 그때까지의 수익을 채권자에게 지급하도록 하고 강제관리의 취소결정을 하여야 한다(민사집행법 제96조 제1항의 준용).[1]

[1] 김일룡, 민사집행법강의(제2판), 도서출판 오래(2018), 323.

2. 다른 채권자의 신청에 의한 경합

22 동일한 채무자의 동일 부동산에 관하여 어느 한 채권자가 강제경매(또는 담보권 실행을 위한 임의경매)를 신청한 경우에도, 다른 채권자가 강제관리를 신청할 수 있음은 동일한 채권자의 경우와 같다.

23 이때 동일한 채권자가 두 가지 집행방법을 신청한 경우와 마찬가지로 대금납부에 의하여 매수인에게 부동산의 소유권이 이전될 때까지는 양 절차의 병존이 인정되나, 그 후에 있어서의 양 절차의 관계에 관하여는 견해의 대립이 있다.

24 제1설은 강제관리는 채무자가 당해 부동산을 소유하는 것을 전제로 하고, 강제관리 신청채권자도 강제경매절차에서 배당요구를 할 수 있으므로, 목적 부동산의 전 가치에 대한 집행이 되는 경매절차를 우선함이 타당하다는 이유로 대금납부에 의하여 매수인에게 소유권이 이전된 때에는 강제관리절차를 취소하여야 한다고 본다.[2]

25 제2설은 강제경매신청채권자의 채권이 강제관리신청채권자의 채권보다 우선하는 경우에는 대금납부에 의하여 소유권이 매수인에게 이전되면 법원은 강제관리를 직권으로 취소하여야 하고, 강제관리신청채권자의 채권이 우선하는 경우에는 강제관리절차의 존속을 특별매각조건으로 하는 경매만 가능하므로 대금납부에 의하여 매수인에게 소유권이 이전된 후에도 그 채권이 만족을 얻을 수 있을 때까지 강제관리를 계속할 수 있으며, 두 채권 사이에 우열이 없는 경우(모두 일반채권인 경우)에는, 먼저 압류의 효력이 발생한 절차가 뒤의 절차에 우선하게 되어 강제관리개시결정에 의한 압류의 효력이 먼저 발생하였으면 강제관리는 그대로 존속하게 된다고 본다.

26 강제관리는 부동산의 수익에 대한 집행이고 채무자의 수익권능을 국가가 박탈하는 것이기는 하지만, 그 이상으로 부동산의 소유권을 제한하는 것은 아니고 강제관리의 실시를 방해하지 않는 한 부동산의 처분도 가능할 것이므로, 강제관리 중인 부동산에 대하여 다른 채권자가 강제경매신청을 하는 것은 허용할 수밖에 없고, 그 때 경매신청채권자가 우선권을 가지고 있으면 그 경매로 인하여 강제관리를 더는 계속할 수 없는 것은 불가피하나, 강제관리를 신청한 채권자가 우선권을 가지고 있으면 이보다도 후순위인 경매신청인의 권리실현수단인 경매는 강제관리의 속행을 승인하는 전제 위에서만 가능할 것이기 때문에 제2설이

2 김상수, 민사집행법(제4판), 법우사(2015), 256.

타당하다.[3] 다만, 양 채권이 모두 일반채권인 때에는 압류의 효력발생시기의 선후를 불문하고 원본집행인 강제경매가 우선하는 것으로 보아 소유권이 매수인에게 이전된 경우에는 강제관리절차는 취소되어야 한다고 보아야 한다.

27 한편, 선행의 강제관리의 압류채권자가 자신도 모르는 사이에 후에 이루어진 강제경매에 의하여 목적부동산이 매각됨으로써 그 강제관리절차가 취소되어 예상하지 못한 손해를 입는 경우를 방지하기 위하여, 강제관리개시결정이 된 부동산에 대하여 강제경매개시결정이 있는 때에는 법원사무관 등은 강제관리의 압류채권자, 배당요구를 한 채권자와 관리인에게 그 취지를 통지하여야 한다(민사집행규칙 제43조). 채무자에게는 강제경매개시결정이 송달되므로 통지할 필요가 없다. 그리고 강제경매가 선행한 경우에는 강제관리의 압류채권자 등이 강제관리가 취소될 수도 있다는 사실을 알 수 있고 강제경매의 압류채권자도 강제관리로 인하여 불측의 손해를 입을 염려가 없으므로, 별도의 통지를 할 필요가 없다.

3. 가압류 또는 가처분집행과의 경합

28 **가.** 가압류집행이 되어 있는 부동산에 대하여 다른 채권자가 강제관리신청을 하는 경우에는, 가압류의 집행이 강제관리절차를 개시하는데 장애가 될 수 없으므로 강제관리개시결정을 할 수 있다.

29 다만, 가압류의 집행으로서 강제관리절차가 개시된 후에(민사집행법 제78조 제4항) 다른 채권자로부터 다시 강제관리신청이 있는 때에는 제87조가 적용되어 이중의 개시결정을 하게 된다. 본집행으로서 강제관리가 개시된 후에 가압류의 집행으로서의 강제관리신청이 있는 경우에도 같다.

30 **나.** 처분금지가처분이 되어 있는 경우에는 처분금지의 내용에 따라 다르게 된다. 처분금지의 내용이 채무자에 대하여 부동산 자체의 처분을 금지하고 있을 뿐이라면 강제관리가 가능하다. 그러나 가처분의 내용에 채무자에 대하여 부동산의 이용·관리와 수익을 금지하는 취지가 포함되어 있는 경우에는 가처분의 집행과 강제관리의 집행이 서로 저촉되므로, 그와 같은 가처분집행이 되어 있는 부동산에 대하여는 강제관리개시결정을 할 수 없다.[4]

3 신현기, 민사집행법 각론(상), 부동산집행, 법률서원(2003), 643; 손진홍, 부동산 경매의 실무(下)(전면개정판), 법률정보센터(2017), 772.

4 김상수, 민사집행법(제4판), 법우사(2015), 256.

31 **다.** 가압류의 집행으로서 하는 강제관리는 집행의 보전을 목적으로 하는 것이어서 채권자에게 금전채권의 만족을 얻게 할 수는 없으므로, 이 경우 관리인은 수익을 추심하여 채권자에게 배당하는 것이 아니라 청구채권액에 해당하는 금액을 공탁하여야 한다(민사집행법 제294조).

IV. 공동집행

32 강제관리에 있어서도 강제경매의 경우와 같이, 채무자 소유의 동일 부동산에 관하여 공동강제관리, 이중관리, 배당요구 등 세 가지 형태의 공동집행이 인정된다.

1. 공동강제관리

33 아직 강제관리개시결정이 되어 있지 않은 부동산에 대하여 여러 사람의 채권자가 동시에 또는 순차로 강제관리신청을 한 때에는, 그 신청이 공동으로 되었는지 여부를 묻지 않고 이를 병합하여 1개의 강제관리개시결정을 하여야 하며, 이 경우 여러 채권자들은 공동으로 압류채권자가 되며, 그 집행절차는 단독으로 강제관리신청을 한 경우에 준하여 실시하여야 한다.

34 다만, 다른 공동집행채권자에게 생긴 사유, 예컨대 집행정지, 취소, 신청의 취하 등에 의하여 영향을 받지는 아니한다.

2. 이중관리

35 강제관리개시결정이 되어 있는 부동산에 대하여 다른 강제관리의 신청이 있는 때에는, 법원은 다시 강제관리개시결정을 하고 먼저 개시결정한 집행절차에 따라 관리한다(민사집행법 제87조 제1항의 준용). 따라서 이미 강제관리개시결정을 한 부동산에 대하여도 이중의 강제관리개시결정이 허용된다.

가. 이중관리신청의 요건

36 이중관리신청을 하기 위해서는, ① 제1의 관리신청에 기하여 이미 강제관리개시결정이 되어 있을 것, ② 제2의 관리신청이 관리신청의 요건을 구비하였을 것, ③ 제2의 관리신청 당시에 부동산이 채무자의 소유일 것 등 요건이 구비되어야 한다. 대체로 강제경매의 경우에서와 같다.

37 이중관리신청을 할 수 있는 시기는 강제관리절차가 종료될 때까지라고 보아야 한다.[5]

5 박두환, 민사집행법(제2판), 법률서원(2003), 435; 손진홍, 부동산 경매의 실무(下)(전면개정판), 법률정보센터(2017), 746.

나. 이중관리개시결정의 절차와 효력

38 이중관리개시결정을 하였을 때에는 그 사유를 관리인에게도 통지하여야 한다는 점(민사집행법 제165조)을 보태는 외에는 강제경매에서 이중경매개시결정의 경우와 같다.

3. 배당요구

39 강제관리에 있어서의 배당요구는 채권자가 법원에 대하여 강제관리에 의한 부동산의 수익에 관하여 변제를 요구하는 신청이라 할 수 있다.

가. 배당요구권리자

40 1) 강제관리절차에서 배당요구를 할 수 있는 권리자는 강제경매의 경우 배당요구를 할 수 있는 채권자와 같다. 즉, 집행력 있는 정본을 가진 채권자, 강제관리개시결정이 등기된 뒤에 가압류를 한 채권자, 민법·상법, 그 밖의 법률에 의하여 우선변제청구권이 있는 채권자 등이다(민사집행법 제88조 제1항의 준용).

41 2) 우선변제청구권이 있는 채권자 중 강제관리개시결정에 의한 압류 전에 설정된 저당권, 가등기담보권, 전세권 등의 권리자나 대항력과 우선변제권을 가지고 있는 주택임대차보호법(또는 상가건물임대차보호법)상의 임차인이 강제관리의 배당절차에서 배당요구를 하지 않고 당연히 배당을 받을 수 있는지, 또한 배당받더라도 우선변제를 받을 수 있는지에 관하여는 견해가 나뉜다.

42 제1설은, 이들 권리들은 목적부동산의 교환가치를 파악하여 그 현금화 대금에서 우선변제를 받을 수 있을 뿐 채무자의 일반재산에서 우선변제를 받는 것은 아니며(민법 제356조, 주택임대차보호법 제8조, 상가건물임대차보호법 제14조 참조), 강제관리는 목적물 자체를 현금화하는 것이 아니라 목적물에서 생기는 수익에 대하여 하는 수익집행에 불과하고 또 강제관리에 의하여 이들 권리가 소멸되는 것도 아니므로, 이들 권리자들은 강제관리절차에서 당연히 배당받을 수는 없을 뿐만 아니라, 배당요구를 할 수 있는 우선변제청구권이 있는 채권자에도 해당하지 않는다는 것이다.[6]

43 제2설은, 이들이 배당요구를 할 수 있는 채권자에는 해당되나 우선변제는 받을 수 없고 일반 채권자와 평등한 비율로 배당을 받을 수 있을 뿐이라는 견해이며,

6 김일룡, 민사집행법강의(제2판), 도서출판 오래(2018), 326.

제3설은 이들 권리가 우선변제청구권이 인정되는 권리에 해당되는 이상 배당요구를 할 수 있을 뿐만 아니라, 배당요구를 하면 강제경매의 배당절차에 있어서와 마찬가지로 일반채권자보다 우선하여 배당받을 수 있다는 견해이다.

44 목적부동산의 담보권자가 그 담보권 실행을 위하여 적극적으로 강제관리를 신청할 수는 없고, 담보권의 목적은 부동산 자체의 교환가치이지 그 수익이 아니며, 담보권의 효력이 목적부동산의 천연과실에 미치는 경우(민법 제359조)에는 그 과실에 대한 별도의 집행절차 없이 과실은 당연히 담보권의 효력 범위에 속하게 되어 그에 대한 강제관리 자체가 허용되지 아니하고, 또 담보권의 효력이 법정과실에 미치게 하려면 민법 제370조, 제342조에 의하여 물상대위권을 행사하여 그 과실(임료)을 특정하여 압류하여야 하는 등(앞에서 설명한 강제관리 총설 Ⅳ. 강제관리와 담보권 참조) 담보권과 강제관리의 관계를 종합하면, 부동산의 담보권자는 부동산 그 자체를 대상으로 원본집행에 착수하든지 수익에 대하여 물상대위에 의한 별도의 집행을 하여야 하고, 담보권 그 자체를 가지고 수익을 대상으로 하는 강제관리절차에서 배당요구할 수는 없다. 뿐만 아니라 강제관리개시결정을 한 때에 조세 그 밖의 공과금을 주관하는 공공기관에는 그 사실을 통지하나(민사집행규칙 제84조) 위 권리자들에게는 별도로 통지하지 아니하는 점에 비추어 볼 때에도, 실무에서는 제1설에 의하여 처리하는 것이 타당하다.[7]

45 강제관리개시결정등기 이전에 부동산에 대하여 강제관리의 방법에 의하지 않은 일반 가압류를 한 채권자의 경우에도, 일반 가압류가 수익집행의 보전을 위한 것이 아니라는 것과 관련하여 당연히 배당을 받을 수 있는 채권자가 아니라는 견해와 일반 가압류채권자에 대하여도 당연히 배당을 인정하여야 할 것이라는 견해가 있다.

46 3) 배당요구에 따라 양수인이 인수하여야 할 부담이 바뀌는 경우 배당요구를 한 채권자는 배당요구의 종기가 지난 뒤에 이를 철회하지 못한다(민사집행법 제88조 제2항의 준용).

나. 배당요구의 방식

47 배당요구는 집행법원에 신청하여야 하며 관리인에 대하여 신청하여서는 안 된다. 관리인에 대하여 한 배당요구는 효력이 없다. 다만, 조세의 교부청구는 관리

7 법원실무제요, 민사집행[Ⅲ], 사법연수원(2020), 466~467.

인에 대하여 한다(국세징수법 제56조).

48 배당요구는 채권의 원인과 액수를 적은 서면으로 하여야 하고, 배당요구서에는 배당요구의 자격을 소명하는 서면을 붙여야 한다(민사집행법 제88조 제1항의 준용, 민사집행규칙 제94조에 의한 민사집행법 제48조의 준용).

다. 배당요구를 할 수 있는 시기

49 1) 강제관리에서 관리인의 부동산 수익처리는 법원이 정하는 기간마다 하여야 하고, 이 경우 위 기간의 종기까지 배당요구를 하지 아니한 채권자는 그 수익의 처리와 배당절차에 참가할 수 없게 되어 있다(민사집행규칙 제91조 제1항). 따라서 배당요구를 할 수 있는 시기는 법원이 정한 수익처리기간의 종기까지이다.

50 집행법원이 주기적인 배당을 명한 경우에는 법원이 정한 기간 동안에 발생한 수익에 대하여 그 기간마다 배당을 실시하게 되므로, 각 기간의 만료시까지 이중관리의 신청 또는 배당요구를 하지 아니하면 각 회의 배당에 참가할 수 없고, 이미 지나간 배당부분에 대하여는 배당요구의 효력이 미칠 수 없으므로, 항상 장차 실시하게 될 배당절차에서 배당받을 수 있음에 그치게 된다.

51 한편, 각 기의 배당재단은 법원이 정한 기간 내에 현실적으로 관리인이 수취한 금전 또는 현금화에 의하여 얻은 대금이라 할 것이므로, 예컨대 제1기에 발생한 임료, 수확한 과실이라도 그 추심·현금화의 시기가 제2기에 속하면 제2기의 수익으로 계산하여 위 임료 등은 제2기의 배당재원이 된다.

52 2) 강제관리개시결정이 발효한 후에 목적부동산이 제3자에게 양도되어 이전등기가 된 경우에, 그 양도는 강제관리개시결정에 따른 압류의 효력에 의하여 부인되므로 양도 후의 수익도 그 강제관리절차에서는 채무자 소유 부동산의 수익으로 볼 수 있어 그 채무자에 대한 다른 채권자도 배당요구를 할 수 있다는 견해가 있다. 그러나 압류의 효력에 의하여서는 제3취득자가 등기를 하기 전에 그 강제관리절차에서 채권자가 된 사람과의 관계에서만 그 처분을 부인할 수 있을 뿐 그 양도의 등기가 된 후에 배당요구를 하려는 다른 채권자에 대한 관계에서는 양도가 유효한 것이며, 강제관리절차에 있어서의 압류는 목적부동산의 양도를 금하는 것이 아니고 강제관리절차 진행 중에 목적부동산을 양수한 사람도 그 시점까지 출현한 채권자(신청채권자와 배당요구채권자)의 채권을 만족시키는 한도에서 그 수익의 제한을 인수한 것이라고 보는 것이 합리적이므로, 그 채무자

에 대한 다른 채권자는 배당요구를 할 수 없다.[8]

라. 배당요구의 통지

53 배당요구의 신청이 있으면 이해관계인에게 통지하여야 함은 물론(민사집행법 제89조의 준용), 관리인에게도 이를 통지하여야 한다(민사집행법 제165조).

마. 배당요구의 효력

54 배당요구채권자는 부동산의 수익으로부터 배당을 받을 권리가 있으며 그 밖에 관리인으로부터 계산보고를 받을 권리(민사집행법 제170조 제1항), 계산서에 대한 이의신청을 할 수 있는 권리(제170조 제2항), 배당협의기일을 서면으로 통지받고 그 때까지 채권자 사이에 배당협의를 할 권리(민사집행법 제169조 제2항, 민사집행규칙 제91조 제3항·제4항), 배당기일에 출석하여 배당표에 대한 의견을 진술할 수 있는 권리(민사집행법 제169조 제4항, 제151조), 배당요구의 통지를 받을 수 있는 권리(제89조의 준용) 등이 있다.

V. 강제관리신청의 취하

55 1. 강제관리개시결정이 있은 뒤 관리인이 선임되어 실제로 수익을 수수한 후에도 강제관리절차가 종료되기 전까지는 신청의 취하를 할 수 있다. 신청의 취하는 강제관리절차의 종료를 목적으로 하는 소송행위로서 집행법원에 대해 하여야 하며, 따라서 취하서는 집행법원에 제출할 것이고 관리인에게 제출하는 것은 아니다. 취하서의 제출에 의하여 강제관리절차는 바로 종료되며, 별도로 강제관리의 취소결정을 할 필요는 없다.

56 2. 신청이 취하되면 처음부터 강제관리가 없었던 것으로 되지만, 관리인이 천연과실을 수취하여 매각한 경우 그 매매의 효과라든지 또는 제3자의 관리인에 대한 차임지급에 의한 변제의 효과 등에는 아무런 영향을 미치지 못한다. 수수한 수익을 관리인이 보관하고 있을 때에는 그것을 채무자에게 돌려주어야 할 것이고, 이미 채권자에게 배당한 것이 있다면 그것은 채권자와 채무자간의 실체관계에 의하여 처리될 수밖에 없다. 즉, 채권이 없기 때문에 강제관리신청을 취하한

8 법원실무제요, 민사집행[Ⅲ], 사법연수원(2020), 468~469; 손진홍, 부동산 경매의 실무(下)(전면개정판), 법률정보센터(2017), 747.

것이라면 채무자는 채권자에게 부당이득반환을 청구할 수 있게 되고, 채권이 있다면 그 채권의 변제로 될 것이다.

57 3. 강제관리신청이 취하된 때에는 법원사무관 등은 관리인과 수익의 지급명령을 송달받은 제3자에게 그 사실을 통지하여야 하고(민사집행규칙 제90조 제1항), 강제관리개시결정을 송달받은 채무자에게도 그 사실을 통지하여야 한다(제16조).

58 4. 강제경매에서는 매수신고가 있은 뒤 경매신청을 취하하는 경우 최고가매수신고인 또는 매수인과 차순위신고인의 동의를 받아야 한다(민사집행법 제93조 제2항). 강제관리에서도 배당요구채권자가 없으면 언제나 신청채권자 단독으로 취하할 수 있고, 배당요구채권자가 있는 경우에는 관리인이 수익을 수취하기 전까지만 신청인 단독으로 취하할 수 있으며, 그 이후에는 배당요구채권자의 동의가 있어야 취하할 수 있다고 하는 것이 타당하다.

제 164 조 [강제관리개시결정]

① 강제관리를 개시하는 결정에는 채무자에게는 관리사무에 간섭하여서는 아니되고 부동산의 수익을 처분하여서도 아니된다고 명하여야 하며, 수익을 채무자에게 지급할 제3자에게는 관리인에게 이를 지급하도록 명하여야 한다.
② 수확하였거나 수확할 과실(果實)과, 이행기에 이르렀거나 이르게 될 과실은 제1항의 수익에 속한다.
③ 강제관리개시결정은 제3자에게는 결정서를 송달하여야 효력이 생긴다.
④ 강제관리신청을 기각하거나 각하하는 재판에 대하여는 즉시항고를 할 수 있다.

[관련조문] 민사집행법 제83조, 제163조, 제83조 제5항(즉시항고), 제166조(관리인), 민법 제101조, 제102조(과실), 민사소송법 제174조 이하(송달), 제224조 제1항(강제관리개시결정), 민사집행법 제83조 제4항(채무자에 대한 압류의 효력)

[참고문헌] 김상수, 민사집행법(제4판), 법우사(2015); 우금도, 민사집행법(개정6판), 진원사(2012); 이시윤, 신민사집행법(제8개정판), 박영사(2020); 법원실무제요, 민사집행[Ⅲ], 사법연수원(2020)

Ⅰ. 취지

1 민사집행법 제164조는 강제관리개시결정에 기재하여야 할 사항(제1항), 강제관리개시결정으로 인하여 압류의 효력이 미치는 범위(제2항), 압류의 효력이 발생하는 시기(제3항), 그리고 강제관리신청의 기각과 각하결정 및 그에 대한 즉시항고(제4항)에 관하여 규정하고 있다. 여기에서는 강제관리개시결정 전반에 관하여 설명하기로 한다.

Ⅱ. 강제관리개시결정

1. 심리

2 강제관리의 신청이 있으면 집행법원은 신청서의 기재 및 첨부서류에 의하여 강제집행의 일반적 요건과 강제관리에 필요한 요건 등에 관하여 형식적 심사를 한다. 집행권원의 내용인 청구권의 존부 등 실체적 요건의 존부는 심리의 대상이 되지 아니한다. 그 심리를 위하여 변론기일이나 심문기일을 열 수도 있으나(민사소송법 제134조 제1항·제2항), 제출한 자료 만에 의하여 서면심리를 하는 것이 일반적이다. 구체적으로 심리·조사하여야 할 사항은 강제경매의 경우와 대체로 같다.

3 다만, 강제관리의 경우에는 부동산이 수익을 발생할 수 있는 것임을 요하고, 또 수익이 있더라도 절차비용을 상환하기에도 부족할 정도의 소액이면 강제관리의 실익이 없으므로 이 점을 조사할 필요가 있으며, 반면에 강제경매나 임의경매개시결정이 되어 있는 부동산에 대하여도 강제관리개시결정을 할 수 있으므로 경매절차가 진행 중인 부동산인지 여부는 강제관리개시결정의 발령 단계에서는 조사할 필요가 없다.

4 심리한 결과 신청이 적법하고 강제관리를 하기에 적합하면 강제관리개시결정을 하고, 신청이 부적법하거나 또는 그 이유가 없으면 결정으로 신청을 각하 또는 기각한다. 신청의 적법요건을 갖추지 못한 경우 그 흠이 보정할 수 있는 것이면 보정을 명하여야 한다. 2005년 법원조직법 개정에 의한 사법보좌관제의 신설에 불구하고 강제관리는 종전처럼 지방법원 단독판사가 집행법원을 대표하여 관장한다.[1]

5 신청을 기각하거나 각하한 경우 그 결정에 대하여는 즉시항고를 할 수 있다(민사집행법 제164조 제4항).

2. 강제관리개시결정의 내용

6 강제관리개시결정에는 다음의 사항을 기재하고 판사가 서명날인한다. 다만, 서명은 기명으로 갈음할 수 있다(민사소송법 제224조 제1항).

① 채권자, 채무자의 이름과 주소
② 대리인이 있는 경우에는 대리인의 표시

1 이시윤, 신민사집행법(제8개정판), 박영사(2020), 402~403; 김일룡, 민사집행법강의(제2판), 도서출판 오래(2018), 322.

③ 부동산의 수익을 채무자에게 지급할 제3자가 있는 때에는 그 제3자의 이름과 주소
부동산의 수익을 채무자에게 지급할 제3자라 함은 목적부동산의 임차인·지상권자 등 목적부동산의 과실을 채무자에게 지급할 의무가 있는 사람을 말한다. 그 수익을 지급할 제3자가 없는 경우 또는 그 존부가 판명되지 아니하였거나 그 제3자의 이름과 주소 등이 판명되지 아니한 경우에는 개시결정에는 제3자를 기재할 필요가 없고, 개시결정 후에 그 제3자의 존재 및 그 이름과 주소가 판명되면 개시결정을 경정하여 제3자의 이름과 주소를 추가하고 그 제3자에 대하여 관리인에게 지급할 것을 명하는 문구를 기재한다.

④ 부동산의 표시

⑤ 청구금액

⑥ 집행력있는 집행권원

⑦ 부동산에 대하여 강제관리를 개시한다는 문구

⑧ 채권자를 위하여 부동산을 압류한다는 취지의 선언

⑨ 채무자에 대하여 관리사무에 대한 간섭과 부동산 수익의 처분을 금하는 문구 (제164조 제1항)

⑩ 부동산의 수익을 채무자에게 지급할 제3자에 대하여 그 후 관리인에게 지급할 것을 명하는 문구(민사집행법 제164조 제1항)

⑪ 관리인의 부동산 수익처리기간을 정하는 경우 그 기간(민사집행규칙 제91조 제1항)

⑫ 개시결정과 동시에 관리인을 임명하는 때에는 관리인의 이름과 주소
관리인은 후에 따로 임명할 수도 있는데, 그 경우에는 따로 선임결정서를 작성하고 신청인과 채무자 그리고 수익을 채무자에게 지급할 제3자가 있으면 그 제3자와 관리인에게 통지하여야 한다.

⑬ 결정년월일

Ⅲ. 강제관리개시결정의 효력

1. 처분금지의 효력

7 강제관리는 수익의 분배를 목적으로 하는 부동산에 대한 집행이므로, 그 개시결정에 의한 압류의 효력도 부동산 자체에 대한 것과 수익에 대한 것으로 나누어 고찰할 필요가 있다.

8 **가.** 부동산 자체에 대한 처분금지의 효력은 부동산 자체를 매각대상으로 하는 강제경매개시결정에 의한 압류의 경우와는 그 내용이 다를 수밖에 없다. 즉 채무자는 강제관리절차를 방해하는 내용의 처분행위를 하지 못할 뿐, 그 제한에

어긋나지 않는 한 부동산을 양도하거나 부동산에 저당권을 설정하는 것도 가능하다.[2] 다만, 양수인은 강제관리에 의한 수익권의 제한이 붙은 부동산을 취득한 것이 되므로, 그 강제관리가 계속되는 동안에는 현실적으로 수익을 할 수가 없게 될 뿐이다. 따라서 강제관리 중인 부동산의 양수인은 용익권의 부담이 있는 부동산을 취득한 것과 마찬가지이므로, 양수인의 채권자는 이 부동산에 대하여 강제관리를 매각조건으로 하여 강제경매를 신청할 수 있다. 그러나 전소유자의 채권자는 강제관리를 신청한 채권자일지라도 양도된 부동산에 대하여 강제경매를 신청할 수 없음은 물론이다(강제경매에 있어서의 처분제한의 효력도 절대적인 효력을 갖는 것이 아니고 당해 강제경매절차의 신청채권자와의 관계에서 상대적 효력이 있음에 불과하여, 강제경매개시결정의 기입등기가 되어 있는 부동산을 취득한 제3자도 그 강제경매절차에 대한 관계에서만 소유권을 주장할 수 없는 것에 그치므로, 강제경매와 강제관리의 각 압류의 효력의 차이는 제3취득자가 수인하여야 할 집행절차가 원본의 집행이냐 수익의 집행이냐에 불과할 뿐이라고 할 수도 있을 것이다).

9 **나.** 한편, 수익에 대한 처분금지의 효력은 과거 및 장래의 과실에도 미치기 때문에, 이 법률관계는 마치 수익의 지급청구권을 압류한 경우와 비슷하다.[3]

2. 채권자에 대한 효력

10 채권자는 법원에 적법한 강제관리절차의 수행을 요구할 수 있고, 만일 관리인의 관리행위가 부적법하거나 부적당한 경우에는 집행법원에 필요한 지휘·감독을 촉구하거나 경우에 따라서는 관리인의 해임을 요구할 수 있다.

11 그러나 채권자가 직접 관리인에 대하여 관리사무를 지휘할 수는 없다.[4] 관리인은 법원이 선임한 집행보조자로서 강제관리권을 행사하고 있을 뿐 독립한 집행기관은 아니며, 집행기관으로서의 책임은 집행법원에 있는 것이다. 관리인의 부당한 업무수행으로 손해를 본 채권자는 손해배상청구를 할 수 있다.

3. 채무자에 대한 효력

12 강제관리개시결정이 있으면 채무자는 그 부동산을 관리 또는 이용할 수 없게 되고, 관리를 위하여 필요한 경우에는 부동산을 관리인에게 인도할 의무를 지

2 김상수, 민사집행법(제4판), 법우사(2015), 257; 우금도, 민사집행법(개정6판), 진원사(2012), 809.
3 우금도, 민사집행법(개정6판), 진원사(2012), 809.
4 우금도, 민사집행법(개정6판), 진원사(2012), 809.

며, 관리인의 관리사무에 간섭하거나 부동산의 수익을 처분할 수도 없고 제3자로부터 수익을 추심할 수도 없다.

13 그러나 강제관리의 효력을 해하지 않는 범위 내에서는 채무자가 그 부동산 자체를 처분하는 것은 가능하다. 예컨대, 강제관리 계속 중에는 매수인이 부동산을 이용·수익하지 않는다는 조건으로라면 채무자가 이를 유효하게 매도할 수도 있는 것이다.

14 목적부동산을 채무자 이외의 제3자가 점유하고 있는 경우, 그 제3자가 임의로 관리인에게 이를 인도하지 않는 한 집행력 있는 집행권원 없이 그 인도를 강제할 수는 없다. 그러므로 강제관리를 위해 목적부동산의 점유가 필요하다면, 채권자가 미리 부동산인도청구권에 대한 집행(민사집행법 제244조)을 하거나 관리인이 인도소송을 제기하여 그 집행력으로 인도받은 후 관리할 수 있다.

4. 수익의 지급의무를 부담하는 제3자에 대한 효력

15 부동산의 수익을 채무자에게 지급할 제3자가 있는 경우에는 그 제3자도 강제관리개시결정 후에는 이를 채무자에게 지급할 수 없고 관리인에게 지급하여야 할 구속을 받게 된다. 이 제3자에 대한 구속은 채무자와 제3자 사이에 존재하는 계약관계의 효력에 변동을 가져오는 것은 아니고, 다만 기존의 계약관계에 의한 이행을 강제관리의 목적달성을 위하여 채무자의 강제적 대행자인 관리인에게 하라고 하는 것뿐이다. 제3자가 그 구속력을 무시하고 그 수익을 채무자에게 지급하더라도 변제의 효력이 생기지 아니하며, 관리인은 제3자에게 그 수익의 지급을 청구할 수 있다. 또한 압류 후에 취득한 반대채권을 자동채권으로 한 상계로써는 채권자에게 대항하지 못한다(민법 제498조).

16 제3자가 구속을 받는 범위는 강제관리개시결정을 송달받은 때를 기준으로 하며(민사집행법 제164조 제3항), 그때까지 채무자에게 지급하지 아니한 수익은 비록 강제관리가 개시되기 전에 발생된 것이라고 하더라도 이를 모두 관리인에게 지급하여야 한다.

5. 압류의 효력이 미치는 범위

17 수확하였거나 수확할 과실과 이행기에 이르렀거나 이르게 될 과실은 처분이 금지된 수익에 속한다(민사집행법 제164조 제2항).

18 천연과실의 경우 이미 수확한 것이라도 다른 것과 구별할 수 있으면 처분이 금

지된 수익에 포함되며, 아직 수확하지 않은 것은 관리인이 수확하게 된다. 법정과실 역시 이미 이행기에 이른 것이라도 아직 채무자에게 지급하지 않은 것은 관리인에게 지급하여야 하고, 채무자에게 지급하면 안 된다.

19 제3자가 그 수익을 관리인에게 지급하지 않을 경우 관리인은 수익금 지급청구나 추심의 소를 제기하여 집행권원을 받아 강제할 수 있을 뿐 집행권원 없이 그 인도를 직접 강제할 수는 없다.

6. 압류의 효력발생시기

20 **가.** 강제경매개시결정에 의한 압류의 효력 발생에 관한 민사집행법 제83조 제4항이 제163조에 의하여 강제관리에도 준용되므로, 압류는 강제관리개시결정이 송달된 때 또는 압류의 기입등기가 된 때 중 먼저 도래한 시기에 채무자에 대하여 효력이 발생한다.

21 **나.** 부동산의 수익을 채무자에게 지급할 제3자가 있는 경우에는 강제관리개시결정이 제3자에게도 송달되어야 하며, 그 때 비로소 제3자에 대하여 압류의 효력이 미치게 된다(민사집행법 제164조 제3항).

IV. 강제관리개시결정의 후속절차

1. 부동산의 침해행위를 방지하기 위한 조치

22 강제경매개시결정 후 침해행위를 방지하기 위한 조치에 관한 민사집행법 제83조 제3항의 규정이 강제관리절차에도 준용되므로(민사집행법 제163조), 법원은 강제관리개시결정 후 채무자 등이 부동산의 수익을 감소시키거나 감소시킬 우려가 있는 행위를 하는 때에는 직권으로 또는 이해관계인의 신청에 의하여 그러한 행위의 금지를 명하는 등 침해행위를 방지하기 위한 조치를 할 수 있다.

2. 현황조사명령

23 법원은 강제관리개시결정을 한 후 바로 집행관에게 부동산의 현상, 점유관계 등 현황에 관하여 조사하도록 명하여야 한다(민사집행법 제163조, 제85조). 현황조사를 하는 집행관은 민사집행법 제82조의 규정에 의한 권한을 행사할 수 있다.

24 집행관은 현황조사를 한 후 현황조사보고서를 작성하여 법원에 제출하여야 한다(민사집행규칙 제94조, 제46조 제1항·제2항).

3. 강제관리개시결정등기의 촉탁

25 **가.** 집행법원이 강제관리개시결정을 하면 법원사무관 등은 즉시 그 사유를 등기부에 기입하도록 등기관에게 촉탁하여야 하며, 등기관은 위 촉탁에 따라 등기부에 강제관리개시결정사유를 기입하여야 한다(민사집행법 제163조, 제94조). 위 등기의 촉탁은 개시결정과 동시에 또는 개시결정 직후에 하되 개시결정 정본을 채무자에게 송달하기 전에 하여야 한다.

26 등기촉탁서에는 강제경매개시결정등기의 촉탁에서와 마찬가지로, 강제관리신청사건의 번호, 부동산의 표시, 등기권리자와 등기의무자, 등기원인과 그 연월일, 등기의 목적, 과세표준, 등록세액, 첨부서류, 등기소의 표시, 촉탁연월일 등을 기재하고 법원사무관 등이 기명날인하여야 한다(부동산등기법 제22조, 부동산등기규칙 제43조).

27 첨부서류로는 강제관리개시결정 정본 1통과 등록세 영수필통지서 및 영수필확인서 등이 필요하다.

28 **나.** 등기관은 강제관리개시결정등기를 한 후에 등기부등본을 작성하고, 등기원인을 증명하는 서면으로서 촉탁서에 첨부된 강제관리개시결정 정본에 등기필의 취지를 기재하고 등기소인을 찍어 위 등기부등본과 함께 법원에 송부하여야 한다(민사집행법 제163조, 제95조, 부동산등기법 제22조 제2항, 제50조 제1항). 다만 등기관은 촉탁서에 기재된 등기부등본 작성연월일 이후에 등기부에 변동사항이 없으면 등기부등본의 송부에 갈음하여 변동사항이 없다는 취지의 통지서를 송부할 수 있다(등기예규 제1129호, 제1150호 참조).

29 **다.** 등기관은 부동산이 등기부상 채무자의 소유에 속하지 아니하거나 건물의 건평·구조 등이 등기부의 표시와 전혀 부합하지 않는 경우, 그 밖에 강제관리의 개시에 장애가 될 사실이 명백한 경우에는 기입등기의 촉탁을 각하하고 그 사유를 집행법원에 통지하여야 한다.

30 집행법원이 위 통지를 받은 때에는 강제관리의 개시에 장애가 될 사실이 확정적인 것이라면 강제관리절차를 취소하여야 하고, 그 장애사실이 상당한 기간 내에 소멸될 수 있는 것이라면 상당한 기간을 정하여 그 장애의 소멸증명을 채권자에게 명하고 그 기간 내에 증명이 되지 아니하면 강제관리절차를 취소한다(민사집행법 제163조, 제96조 제1항). 이 취소결정에 대하여는 즉시항고를 할 수 있다(제163조, 제96조 제2항).

31 다만, 강제경매개시에 장애가 될 사유와 강제관리개시에 장애가 될 사유가 반드시 공통되는 것은 아니고, 경우에 따라서는 전자의 장애사유에는 해당되나 후자의 장애사유에는 해당되지 않는 것이 있다. 예컨대, 목적부동산을 임의로 양도할 수 없도록 되어 있는 경우, 그것은 강제경매절차에서는 장애사유에 해당하나, 채무자가 그 부동산을 수익할 수 있으면 강제관리는 가능하므로 강제관리개시에는 장애사유가 되지 않는다.

32 한편, 이미 다른 강제관리개시결정등기가 되어 있는 경우에도 등기관은 그 등기촉탁을 각하하여서는 안 되고 다시 강제관리개시결정등기를 하여야 한다(민사집행법 제163조, 제87조 참조).

4. 공과금 주관 공공기관에 대한 최고

33 강제경매절차에서는 경매개시결정등기 전의 가압류채권자나 매각으로 소멸하는 우선변제권을 가지는 담보권을 가진 채권자(민사집행법 제148조 제3호·제4호)와 조세 그 밖의 공과금을 주관하는 공공기관에 대하여 채권신고의 최고를 하도록 법에 규정하고 있다(제84조 제4항). 그러나 민사집행법 제163조는 민사집행법 제84조 제4항의 규정을 준용하지 않고 있다. 이는 강제경매에서는 배당요구의 종기를 정하고 남을 가망이 있는지 여부를 결정하며 또한 매각조건을 확정하여 매각을 하기 위하여 가압류채권자 및 담보권자에게 최고를 하는 데 비하여, 강제관리에서는 담보권자는 배당을 받을 수 없다고 해석되고, 또 우선채권액의 다소에 의하여 무잉여 여부가 결정되는 것도 아니며, 매각을 하는 것이 아니어서 매각조건을 확정할 필요도 없으므로, 가압류채권자 등에 대하여도 최고를 할 필요가 없기 때문이다.

34 그러나 민사집행법 제84조 제4항의 취지는 배당요구를 할 수 있는 일반채권자와 조세채권자 등을 구별하여 특히 후자에 교부청구를 할 수 있는 기회를 부여하려는 데 있으므로, 강제관리에서도 조세채권자 등에게 교부청구를 할 수 있는 기회를 부여하는 것이 상당하다. 그래서 민사집행법 규칙 제84조는 강제관리개시결정을 한 때에는 법원사무관 등이 조세, 그 밖의 공과금을 주관하는 공공기관에게 그 사실을 통지하도록 규정하고 있다.

35 통지를 하여야 할 상대방은 조세 그 밖의 공과금을 주관하는 공공기관으로 민사집행법 제84조 제4항에서와 동일하다. 통지의 방법·시기 등도 강제경매의 경우에 준하여 처리할 것이다.

5. 강제관리개시결정의 송달

가. 채무자에 대한 송달

36 압류는 채무자에게 강제관리개시결정이 송달된 때 또는 민사집행법 제94조의 규정에 따른 등기가 기입된 때에 그 효력이 생기므로(민사집행법 제163조, 제83조 제4항), 법원은 직권으로 그 결정정본을 채무자에게 송달하여야 한다.

37 송달의 방법, 시기 등은 강제경매개시결정의 경우와 같다.

나. 채권자에 대한 고지

38 강제관리개시결정은 일반의 결정·명령의 경우와 마찬가지로 당사자에게 고지되어야 하므로(민사소송법 제221조) 채권자에 대하여도 고지의 방법으로 그 정본을 송달한다. 그러나 송달의 방법에 의하지 아니하고 적당한 방법으로 고지하여도 무방하다.

다. 수익을 지급할 의무가 있는 제3자에 대한 송달

39 1) 강제관리개시결정은 부동산의 수익을 채무자에게 지급할 제3자에게는 이를 송달하여야 그 효력이 발생하므로(민사집행법 제164조 제3항), 그러한 제3자가 있는 때에는 그 개시결정 정본을 송달하여야 한다.

40 개시결정을 송달받은 제3자는 그 수익을 채무자에게 지급하면 안 되고 관리인에게 지급하여야 할 제한을 받게 된다. 따라서 그 제3자는 개시결정을 송달받은 후에 그 수익을 채무자에게 지급하여도 관리인에 대하여 그 지급의무를 면하지 못한다. 그러나 아직 개시결정의 송달을 받지 못하여 강제관리가 개시된 사실을 모르고 그 수익을 채무자에게 지급한 경우에는, 비록 채무자에게는 이미 개시결정이 송달되어 있었다 하더라도 유효한 변제가 된다.

41 2) 부동산의 수익을 채무자에게 지급할 제3자가 강제관리개시결정 당시에 판명되면 개시결정에 그 제3자를 표시하게 되므로, 개시결정에 표시된 제3자에 대하여 그 개시결정을 송달하면 된다.

42 그러나 강제관리개시결정 후에 부동산의 수익을 채무자에게 지급할 제3자의 존재가 밝혀진 때에는, 채권자로 하여금 제3자 추가결정신청과 강제관리개시결정의 송달신청을 하게 하여 법원이 이에 기하여 제3자 추가결정을 하고 그 결정정본과 강제관리개시결정 정본을 함께 제3자에게 송달할 수도 있고, 법원이 직권

으로 추가결정을 하여도 무방하다. 이 제3자 추가결정은 실질적으로는 강제관리개시결정의 경정결정에 해당한다.

43 위 추가결정과 강제관리개시결정 정본이 그 제3자에게 송달되어야 비로소 그 제3자에 대한 강제관리개시결정의 효력이 발생한다.

44 채권자, 채무자 및 관리인에게도 위 추가결정정본을 송달한다.

V. 강제관리개시결정 등에 대한 불복

1. 강제관리개시결정에 대한 이의

45 **가.** 강제관리개시결정에 대한 불복은 집행에 관한 이의의 성질을 가진 강제관리개시결정에 대한 이의신청의 방법에 의하여야 하고, 그 이의신청에 대한 재판에 대하여 비로소 즉시항고를 할 수 있다(민사집행법 제163조, 제86조 제1항·제3항). 따라서 강제관리개시결정에 대하여 직접 즉시항고를 할 수는 없다. 강제관리개시결정에 대한 이의는 강제관리가 종결될 때까지 신청할 수 있다.

46 강제관리개시결정에 대한 이의사유, 이의신청의 방법, 이의신청권자, 심리 및 재판, 집행정지 등에 관하여는 강제경매개시결정에 대한 이의에 준한다.

47 **나.** 강제관리의 목적부동산에 대한 관리·수익에 관하여 집행채권자에 대항할 수 있는 권리를 가지고 있어 강제관리를 막을 수 있는 권리를 가진 제3자는 제168조, 제48조에 의하여 제3자이의의 소를 제기하여 다툴 수 있을 뿐이고, 강제관리개시결정 자체에 대하여 불복할 수는 없다.

2. 기각 또는 각하결정에 대한 즉시항고

48 강제관리신청을 기각하거나 각하하는 재판에 대하여는 즉시항고를 할 수 있다(민사집행법 제164조 제4항). 강제경매신청을 기각하거나 각하하는 재판에 대하여 즉시항고를 할 수 있게 한 제83조 제5항과 같은 취지이다.

VI. 가압류집행을 위한 강제관리의 본집행으로의 이행절차

49 1. 부동산에 대한 가압류의 집행방법에는 당해 가압류결정을 한 법원의 법원사무관 등에 의한 촉탁에 기하여 가압류기입등기를 하는 방법(민사집행법 제293조)과 가압류의 집행을 위한 강제관리(가압류의 집행방법으로서의 강제관리)를 하는

방법(제78조 제4항)이 있다. 전자의 경우에는 채무자는 그 부동산의 처분을 금지당하는 것에 그치고 그 사용수익권을 상실하는 것은 아니나, 후자의 경우에는 채무자가 그 사용수익권을 박탈당하며 관리인이 그 수익을 공탁하여 청구채권의 집행을 보전하게 된다(제294조).

50 가압류의 집행을 위한 강제관리를 개시하는 방법에는 두 가지가 있다.

51 첫째는 가압류기입등기에 의한 가압류집행을 한 후에 다시 가압류채권자의 신청에 의하여 강제관리를 개시하는 방법이다. 이 경우에는 양자의 집행방법이 병용된다.

52 둘째는 채권자가 처음부터 가압류의 집행을 위한 강제관리신청을 하여 강제관리를 개시하는 방법이다.

53 가압류집행을 위한 강제관리의 신청방법, 개시결정의 방법, 강제관리절차 등은 대체로 본 집행으로서의 강제관리에 준하게 된다.

54 2. 가압류집행을 위한 강제관리가 개시된 후에 그 가압류채권자가 집행권원을 취득하여 본집행으로서 강제관리신청을 한 경우에 다시 강제관리개시결정을 할 필요가 있는가에 관하여, 이미 가압류집행을 위한 강제관리개시결정이 되어 있기 때문에 동일한 개시결정을 이중으로 할 필요가 없고 본집행으로 이행하게 된다는 견해도 있었으나, 제87조에서 압류의 경합이 있는 경우에도 경매개시결정을 하게 되어 있고 본압류의 효력이 언제 발생하였는지를 명확히 하기 위하여도 다시 강제관리개시결정을 하고 기입등기를 촉탁하는 것이 타당하다.[5]

5 법원실무제요, 민사집행[Ⅲ], 사법연수원(2020), 450.

제 165 조 [강제관리개시결정 등의 통지]

법원은 강제관리를 개시하는 결정을 한 부동산에 대하여 다시 강제관리의 개시결정을 하거나 배당요구의 신청이 있는 때에는 관리인에게 이를 통지하여야 한다.

[관련조문] 민사집행규칙 제84조(개시결정의 통지), 민사집행법 제166조(관리인), 제163조, 제88조(배당요구), 제163조, 제89조(통지)

1 이미 강제관리개시결정이 되어 있는 부동산에 대하여 다른 강제관리의 신청이 있는 때에는 법원은 다시 강제관리의 개시결정을 하고 먼저 개시결정한 집행절차에 따라 관리한다(민사집행법 제163조, 제87조 제1항). 또한 집행력 있는 정본을 가진 채권자, 강제관리개시결정이 등기된 뒤에 가압류를 한 채권자, 민법·상법, 그 밖의 법률에 의하여 우선변제청구권이 있는 채권자 등은 강제관리절차에서도 배당요구를 할 수 있다(제163조, 제88조 제1항). 이와 같이 이중의 강제관리신청이나 배당요구의 신청이 있는 때에는 법원은 그 사유를 이해관계인에게 통지하여야 한다(제163조, 제89조).

2 민사집행법 제165조는 위와 같은 경우 이해관계인에게 통지하는 외에 강제관리의 집행보조자인 관리인에게도 그러한 사실을 통지하여야 한다고 규정하고 있다. 관리사무를 집행하는데 참고가 될 것이기 때문이다.

3 그러나 민사집행법 제165조의 통지가 누락되었다고 하여 이중관리개시결정이나 배당요구의 효력에 영향을 미칠 수는 없다고 할 것이다.

제 166 조 [관리인의 임명 등]

① 관리인은 법원이 임명한다. 다만, 채권자는 적당한 사람을 관리인으로 추천할 수 있다.

② 관리인은 관리와 수익을 하기 위하여 부동산을 점유할 수 있다. 이 경우 저항을 받으면 집행관에게 원조를 요구할 수 있다.

③ 관리인은 제3자가 채무자에게 지급할 수익을 추심할 권한이 있다.

[관련조문] 민사집행규칙 제85조, 제86조(관리인의 임명), 민사집행법 제167조, 제169조, 제170조(관리인의 사무), 제164조 제1항(채무자의 관리수익권박탈), 제7조(집행관에 대한 원조요구), 제164조 제1항(관리인의 추심권한)

[참고문헌] 김상수, 민사집행법(제4판), 법우사(2015); 남기정, (신)강제집행법(하), 법률문화원(1997); 박두환, 민사집행법(제2판), 법률서원(2003); 손진홍, 부동산 경매의 실무(下)(전면개정판), 법률정보센터(2017); 신현기, 민사집행법 각론(상), 부동산집행, 법률서원(2003); 오시영, 민사집행법, 학현사(2007); 이시윤, 신민사집행법(제8개정판), 박영사(2020); 민사집행규칙해설, 사법연수원(2002)

Ⅰ. 취지

1 강제관리는 부동산 자체의 현금화를 요하지 아니하고 그 수익만을 대상으로 하는 집행이므로, 강제관리를 실시하기 위해서는 부동산 수익의 관리를 구체적으로 담당할 집행법원의 집행보조기관이 필요하다. 그 집행보조기관으로서 부동산의 수익을 관리·추심하여 변제를 하는 사람이 관리인이다.

2 민사집행법 제166조는 관리인의 임명·지위·권한 등에 관하여 규정하고 있다.

Ⅱ. 관리인의 임명

3 1. 관리인은 집행법원이 임명하며, 채권자는 적당한 사람을 관리인으로 추천할 수 있다(민사집행법 제166조 제1항). 그러나 채권자의 추천이 있다고 하여 법원이 이에 구속되는 것은 아니다.

4 관리인의 자격에는 법령상 아무런 제한이 없으므로, 관리행위를 함에 적당한 능력이 있으면 누구라도 관리인이 될 수 있다. 통상 변호사나 집행관을 관리인으로 임명하는 것이 무난하다. 대형빌딩이나 그 밖에 관리에 전문적 지식과 경험

이 필요한 경우에는 법인 등에게 관리를 맡기는 것이 더 적당하다는 점에서 법인도 관리인으로 임명하는 것이 가능하다.[1] 민사집행규칙 제85조 제2항은 신탁회사, 은행, 그 밖의 법인도 관리인이 될 수 있다고 규정하고 있다.

5 채권자를 관리인으로 임명할 수 있는가에 관하여는 이론은 있으나, 관리인이 법원의 보조기관에 불과한 점에 비추어 보면 이를 굳이 부정할 이유는 없다고 할 것이다.[2]

6 관리인의 직무나 권한에 비추어 볼 때 채무자는 관리인으로 임명되기에 적당하지 아니하다.[3] 만약 농지나 과수원과 같이 채무자에게 계속 관리하도록 하는 것이 부득이한 경우에는 채무자를 포함한 여러 명의 관리인을 선임하든가 아니면 채무자를 관리인의 보조자로 두어 관리를 계속하도록 하는 것이 상당하다.[4]

7 변호사나 집행관을 관리인으로 임명하는 경우에는 그 변호사나 집행관은 정당한 이유 없이 취임을 거절하지 못한다 할 것이나(변호사법 제27조 제2항, 집행관법 제6조),[5] 그 이외의 일반인은 관리인에 취임할 의무가 없으므로 그의 승낙이 있어야 한다. 따라서 일반인을 관리인으로 임명하기 위해서는 임명결정 전에 미리 그의 승낙을 받아두는 것이 적당할 것이다.

8 필요한 경우에는 여러 사람의 관리인을 임명할 수도 있다.[6] 관리인이 여러 사람인 때에는 공동으로 직무를 수행하나, 법원의 허가를 받아 직무를 분담할 수 있다(민사집행규칙 제86조 제1항). 또 관리인이 여러 사람인 때에는 제3자의 관리인에 대한 의사표시는 그중 한 사람에게 할 수 있다(제86조 제2항).

9 2. 강제관리개시결정이 이루어지면 채무자는 사용수익권을 상실하며 부동산 수익의 지급의무를 부담하는 제3자는 채무자가 아니라 관리인에게 수익을 지급하여야 하므로, 수익을 지급받을 사람을 명확히 하고 관리사무를 원활하게 하기 위해서는 강제관리개시결정과 동시에 관리인을 임명하여야 한다(민사집행규칙 제85조 제1항). 보통은 관리인에 대한 최초의 임명결정은 강제관리개시결정과 동시에 하

1 이시윤, 신민사집행법(제8개정판), 박영사(2020), 403; 오시영, 민사집행법, 학현사(2007), 573; 손진홍, 부동산 경매의 실무(下)(전면개정판), 법률정보센터(2017), 749.
2 박두환, 민사집행법(제2판), 법률서원(2003), 435.
3 채무자도 관리인으로 가능하다는 견해로는 신현기, 민사집행법 각론(상), 부동산집행, 법률서원(2003), 646.
4 민사집행규칙해설, 사법연수원(2002) 258.
5 김상수, 민사집행법(제4판), 법우사(2015), 259.
6 이시윤, 신민사집행법(제8개정판), 박영사(2020), 403.

나의 결정서 형식으로 하면 된다. 그러나 부득이한 사정으로 관리인의 임명이 지체되어 강제관리개시결정을 한 후에 별도로 임명결정을 하거나, 관리인으로 임명된 사람이 급병 등으로 관리사무에 착수하기 전에 사임한 경우에는 개시결정 후에 개입하여도 무방하다.

10 관리인이 임명된 때에는 법원사무관 등은 압류채권자·채무자 및 수익의 지급의무를 부담하는 제3자에게 그 취지를 통지하여야 한다(민사집행규칙 제85조 제3항). 그리고 관리인은 법원의 명령에 의하여 민사집행에 관한 직무를 행하는 사람으로서 그 신분 또는 자격을 증명하는 문서를 지니고 있다가 관계인이 신청하면 이를 내보여야 하므로(민사집행법 제7조 제1항), 법원은 관리인에게 그 임명을 증명하는 문서를 교부하여야 한다(민사집행규칙 제85조 제4항).

11 3. 관리인의 임명에 불복이 있는 이해관계인은 집행에 관한 이의(민사집행법 제16조 제1항)를 신청할 수 있다. 관리인의 해임과 사임에 관하여는 민사집행법 제167조에서 설명한다.

Ⅲ. 관리인의 지위

12 1. 관리인의 지위에 관하여는 국가의 집행권을 행사하는 집행기관이라는 견해도 있으나, 강제관리는 국가가 강제집행권에 기하여 채무자로부터 박탈한 부동산의 관리·수익권을 법원이 관리인에게 수여하고 관리인은 그 수권에 기하여 관리·수익권을 행사하는 것이므로, 집행법원의 집행보조기관이라고 보아야 할 것이다.[7] 따라서 관리인은 법원의 임명에 의하여 집행보조기관으로 직무를 행하는 것이며 채권자 또는 채무자의 대리인이 아니므로, 채권자 또는 채무자의 의사에 따라서 관리행위를 할 필요는 없고 오직 집행법원의 지휘·감독에 따르면 족하다.

13 2. 관리인과 집행법원과의 관계는 집행법상의 관계이나, 채무자 및 수익을 지급할 제3자에 대한 관계에 있어서는 자기의 이름으로 부동산의 관리·수익에 필요한 행위를 할 수 있고, 관리인이 수취한 수익은 채무자의 소유가 되며, 관리인이 체결한 임대차계약의 효과도 채무자에게 귀속되므로, 부동산의 수익에 관한 개개의

7 이시윤, 신민사집행법(제8개정판), 박영사(2020), 403.

행위는 집행행위가 아니고 사법(私法)상의 행위이다.[8] 따라서 수익을 지급할 제3자가 관리인에게 지급하는 것은 채무자에 대한 변제로 되며, 관리인이 수취한 수익을 배당하는 것은 채무자의 채권자에 대한 변제로 된다.

Ⅳ. 관리인의 권한

1. 부동산의 점유

14 관리인은 관리와 수익을 하기 위하여 채무자가 점유하는 부동산을 인도받아 스스로 그 부동산을 점유할 수 있다(민사집행법 제166조 제2항 전문). 채제무자가 임의로 부동산을 인도하지 아니하고 관리인에게 저항할 때에는 집행관에게 원조를 요구할 수 있다(제166조 제2항 후문, 제7조 제2항). 이 경우 집행관은 저항을 배제하기 위하여 스스로 강제력을 사용할 수 있고, 경찰 또는 국군의 원조를 요청할 수 있으며, 또 증인을 참여하게 하여야 한다(제7조 제2항, 제5조, 제6조).

15 제3자가 부동산을 점유하고 있고 이를 관리인에게 인도할 것을 거부하는 때에는, 그 제3자가 채무자에게 인도의무를 부담하고 있는 경우에 한하여 관리인은 채무자를 대신하여 그 인도를 청구할 수 있을 뿐, 제3자에 대하여 강제력을 사용하여 직접 인도받을 수는 없다. 이 경우 관리인은 제3자를 상대로 인도를 청구하는 소를 제기할 수 있다.

16 부동산의 공유지분에 대한 강제관리의 경우에는 다른 공유자의 사용수익권을 방해하면서까지 그 인도를 청구할 수는 없다. 그러나 채무자의 지분권의 범위 내에서의 사용수익을 다른 공유자가 방해할 때에는 제166조 제2항에 의하여 이를 배제할 수 있다.

2. 제3자에 대한 수익의 추심

17 관리인은 부동산의 수익을 채무자에게 지급할 제3자가 있는 때에는 채무자에 갈음하여 그 제3자에 대하여 수익을 자기에게 지급할 것을 청구할 수 있다(민사집행법 제166조 제3항). 제3자가 임의로 지급하지 아니할 때에는 관리인은 자기의 이름으로 이행청구의 소를 제기하고 강제집행을 할 수 있다.

[8] 박두환, 민사집행법(제2판), 법률서원(2003), 436; 신현기, 민사집행법 각론(상), 부동산집행, 법률서원(2003), 649; 오시영, 민사집행법, 학현사(2007), 572.

3. 관리의 방법

가. 용법에 따른 관리·수익

18 1) 관리인은 강제관리의 목적을 달성하기 위하여 부동산의 용법에 따라 이를 관리·수익하여야 할 법률상·사실상의 권한과 책임이 있다. 관리의 방법으로는 토지를 경작하여 수확물을 적당한 방법으로 현금화하는 것, 부동산에 관하여 임차권·지상권 등 용익권을 설정하고 차임·지료 등을 받는 것, 건물의 가치보존을 위하여 수리를 하는 것 등이 있을 수 있다. 관리를 위하여 필요한 경우에 다른 사람을 보조자로 사용할 수도 있다.

19 2) 관리인은 부동산의 용법에 따라 관리·수익하여야 한다. 따라서 경작지를 택지로 전환하거나 주택을 공장으로 개조하는 등 그 성질을 변하게 하는 것은 허용되지 않는다. 채무자에 대하여 수익권의 상실 이상의 고통과 불이익을 줄 수는 없기 때문이다.

20 그리고 관리인이 민법 제619조에 정한 기간을 넘어 부동산을 임대하려면 채무자의 동의를 받아야 한다.

21 부동산의 수익이 채무자의 생활에 필수불가결한 수입인 경우, 법원은 감독권을 행사하여 수익의 일부를 채무자에게 교부하게 하거나 또는 관리의 대상을 목적부동산의 일부만으로 제한할 수 있다.

22 3) 관리의 방법이나 그 변경은 원칙으로 관리인의 판단에 맡겨져 있다. 다만, 법원은 이해관계인이나 관리인의 신청에 의하여 감독권의 행사로서 수시로 관리방법에 관한 지시를 할 수 있다.

23 4) 관리인의 개개의 관리행위에 대하여 관리인을 상대로 이의신청 등 방법으로 불복하는 것은 허용되지 않는다. 관리인은 집행보조기관에 불과하기 때문이다. 다만 그러한 관리행위로 인하여 불이익을 받은 제3자는 집행법원에 감독권의 발동을 촉구할 수 있을 것이다.

나. 강제관리와 용익권

24 1) 강제관리개시결정에 의하여 목적부동산에 대한 압류가 되기 전에 채무자가 용익권을 설정하여 압류 당시에 수익의 지급의무를 부담하는 제3자가 있는 경우에는, 관리인도 그 용익권에 구속된다(민사집행법 제166조 제3항 참조). 이 경우

채무자가 설정한 용익권에 대항요건이 갖추어져 있어야 하는지 여부에 관하여는 견해가 대립된다. 강제관리도 채권자가 행하는 부동산에 대한 강제집행인 이상 제3자가 그 부동산에 용익권이 있음을 주장하려면 대항요건을 구비하고 있어야 하는 것이 원칙이다. 그러나 대항요건을 구비하지 못한 용익권자가 목적부동산을 점유하고 있을 때에는 관리인이 이를 강제로 빼앗을 수가 없고 그 용익권이 채무자와의 사이에서 유효한 것인 이상 목적부동산의 인도를 청구할 수도 없으므로 이러한 경우에는 대항요건을 구비하지 못한 용익권도 관리인을 구속한다고 할 수밖에 없다.[9]

25 2) 목적부동산이 압류된 후에 채무자가 설정한 용익권은 관리인을 구속할 수 없다. 그러나 관리인이 이를 승인하고 그 용익권자에게 수익의 지급을 청구할 수는 있다.

26 강제관리의 방법으로서 관리인이 설정한 용익권은 강제관리의 취소 후에도 채무자를 구속하게 된다.

27 3) 공유지분에 대한 강제관리의 경우 공유자 사이에 목적부동산의 사용수익에 관한 약정이 있으면 관리인도 이에 구속된다.[10] 용익권의 설정은 공유물의 관리에 관한 사항이므로 공유자의 지분의 과반수의 찬성이 있어야 한다(민법 제265조). 이러한 경우 관리인은 채무자의 지분에 상당하는 수익만을 추심할 수 있을 뿐이다.

다. 관리행위로서의 소송

28 관리인은 수익의 지급의무를 부담하는 제3자에 대하여 채무자에 갈음하여 수익의 추심을 위한 소를 제기할 수 있고, 목적부동산을 점유하는 제3자가 채무자에 대하여 부동산의 인도의무를 부담한 때 또는 제3자가 부동산의 수익을 방해할 때 등에도 채무자에 갈음하여 인도 또는 방해배제를 청구할 수 있다.

29 이때 관리인의 소송행위는 파산관재인 등과 같이 그 자격에 의하여 당사자로서 소송을 수행하는 것으로서 이른바 제3자의 소송담당에 해당한다(민사소송법 제218조 제3항).

9 남기정, (신)강제집행법(하), 법률문화원(1997), 671; 손진홍, 부동산 경매의 실무(下)(전면개정판), 법률정보센터(2017), 756.
10 신현기, 민사집행법 각론(상), 부동산집행, 법률서원(2003), 652.

제 167 조 [법원의 지휘·감독]

① 법원은 관리에 필요한 사항과 관리인의 보수를 정하고, 관리인을 지휘·감독한다.

② 법원은 관리인에게 보증을 제공하도록 명할 수 있다.

③ 관리인에게 관리를 계속할 수 없는 사유가 생긴 경우에는 법원은 직권으로 또는 이해관계인의 신청에 따라 관리인을 해임할 수 있다. 이 경우 관리인을 심문하여야 한다.

[관련조문] 민사소송법 제134조, 제160조(심문), 민사집행법 제19조(보증), 민사집행규칙 제87조(관리인의 사임, 해임)

[참고문헌] 신현기, 민사집행법 각론(상), 부동산집행, 법률서원(2003); 법원실무제요, 민사집행[Ⅲ], 사법연수원(2020)

Ⅰ. 관리인에 대한 법원의 지휘·감독

1. 법원의 지휘·감독권

1 강제관리의 집행기관은 법원이고 관리인은 집행법원의 보조기관으로서 관리업무를 수행하는 것이므로, 법원이 관리에 필요한 사항 등을 정하고 관리인을 지휘·감독하는 것은 당연하다. 관리인은 선량한 관리자로서 주의를 다하여 직무를 수행하여야 하며, 집행법원의 지휘·감독에 복종하여야 한다.

2 지휘·감독의 방법은 법원이 판단하는 대로 적절하게 하면 된다. 법원은 관리인에 대한 지휘·감독권을 적정하게 행사하기 위하여 채권자, 채무자 그 밖의 이해관계인을 심문할 수 있고, 필요한 경우에는 전문가의 조력을 얻기 위하여 감정인을 참여하게 하여 그 의견을 듣고 관리방법을 결정할 수 있다(민사집행규칙 제2조).

3 이해관계인은 관리인의 관리사무에 관하여 직접 간섭할 수는 없으나, 관리인의 관리행위에 부적당한 점이 있으면 법원에 대하여 직권의 발동을 촉구하는 의미에서 그 시정을 요구할 수 있다.

2. 지휘·감독의 내용

4 관리인은 강제관리의 목적을 달성하기 위하여 부동산을 관리·수익하여야 할 권한과 책임이 있는데, 구체적인 관리의 방법이나 그 변경은 원칙으로 관리인의 판단에 의한다. 항상 집행법원이 관리방법을 정하여야 한다고 보는 견해도 있으나, 관리의 방법 또는 변경은 원칙적으로 관리인의 판단에 위임되어 있으므로 그렇게 볼 것은 아니라고 생각된다.[1]

5 그러나 법원은 관리인에 대하여 일반적으로 법원에 보고할 사항을 정하거나 법원의 허가를 얻어야 하는 사항을 정할 수 있고, 개별적 사무에 대하여 구체적 지시를 할 수도 있다. 예컨대, 관리사무 착수 후 가까운 시일 내에 관리비용, 관리행위를 보고하도록 하거나, 개량행위가 예상되는 경우 사전에 보고하도록 의무를 부여하고, 대리인이나 보조자를 선정함에는 집행법원의 허가를 요하는 것으로 정할 수도 있는 것이다. 법원은 형식에 구애받지 아니하고 적절한 방법으로 지휘·감독권을 행사할 수 있다.

6 지휘·감독권의 행사로서 하는 지시는 사실상의 보고를 구하는 지시, 개별적 사무처리에 관한 지도 등 대부분 관리인에 대한 사실상의 조치로서 행하여지는 것이 많겠으나, 지휘·감독사항이 채권자·채무자 그 밖의 이해관계인의 이해에 영향을 주는 것인 경우에는 결정의 형식을 취하여 당사자에게 불복의 기회를 주는 것이 바람직하다.

3. 보증제공명령

7 관리인은 선량한 관리자의 주의로 관리업무를 수행할 책임이 있다. 명문의 규정은 없으나 민법상의 수임인과 동일한 지위(민법 제681조)를 가진다고 볼 것이기 때문이다. 관리인이 그 직무를 게을리하여 채권자·채무자 그 밖의 이해관계인에게 손해를 가한 때에는 이를 배상할 책임이 있다.

8 따라서 법원은 필요하다고 인정한 때에는 관리인에게 보증을 제공하도록 명할 수 있다(민사집행법 제167조 제2항). 민법 제26조가 부재자재산관리인에게 담보를 제공하게 할 수 있다고 한 것과 같은 취지이다. 보증의 액은 사건의 성질이나 그 밖의 제반사정을 참작하여 법원이 재량으로 정한다.

9 관리인이 그 보증을 제공하지 아니하더라도 법원은 그 제공을 강제할 수는 없

1 법원실무제요, 민사집행[Ⅲ], 사법연수원(2020), 458.

고 관리인을 해임할 수 있을 뿐이다. 관리인에 대하여 손해배상청구권을 취득한 사람은 그 보증에 대한 질권자와 동일한 권리를 가진다.

10 관리인은 보증제공명령에 대하여 집행에 관한 이의를 신청할 수 있다(민사집행법 제16조 제1항).

Ⅱ. 관리인의 보수

11 관리인은 부동산을 관리·수익하고 배당절차를 행하는 사람이므로, 집행법원은 관리인에게 상당한 보수를 지급하여야 한다. 법원은 보수액을 결정할 때 필요한 경우에는 채권자와 채무자를 심문하고, 나아가 적당하다고 인정한 때에는 감정인으로 하여금 감정시킨 후에 제반사정을 고려하여 결정한다(민사집행규칙 제2조 참조).

12 관리인의 보수액에 대하여 채권자나 채무자가 불복이 있으면 법원에 집행에 관한 이의신청을 할 수 있고(민사집행법 제16조 제1항), 그 이의사유가 명백한 경우에는 법원은 직권으로 정정할 수 있다.

13 보수의 결정은 관리인뿐만 아니라 채권자, 채무자에게도 고지하여야 한다. 고지의 방법에는 아무런 제한이 없으나 통상 결정정본을 송달하는 방법에 의한다.

Ⅲ. 관리인의 해임·사임

1. 관리인의 해임

14 **가.** 관리인에게 관리를 계속할 수 없는 사유가 생긴 때에는 법원은 이해관계인의 신청에 따라 또는 직권으로 관리인을 해임할 수 있다(민사집행법 제167조 제3항 전문). 관리인에게 관리를 계속할 수 없는 사유는 집행법원의 구체적인 지시나 행동기준에 따르지 않는 경우 또는 부적임이라는 것이 판명된 경우 등이 이에 해당되나, 구체적인 경우에 따라 개별적으로 판단할 성질의 것이다.

15 해임을 신청할 수 있는 이해관계인에 강제관리 자체에 이해관계를 가지는 채권자, 채무자가 포함됨에는 이론이 없다. 그러나 개개의 관리행위에 있어서 관리인과 접촉하는 제3자(예컨대, 수익의 지급의무를 부담하는 제3자, 과실의 매수인 등)에게까지 해임신청권을 인정해야 할 것인가에 관하여는 의문이 있다.[2]

2 이를 긍정하는 견해로는 신현기, 민사집행법 각론(상), 부동산집행, 법률서원(2003), 648.

16 **나.** 법원이 관리인을 해임하는 경우에는 관리인을 심문하여야 한다(민사집행법 제167조 제3항 후문).

17 관리인이 해임된 경우 법원사무관 등은 압류채권자, 채무자 및 수익의 지급명령을 송달받은 제3자에게 그 취지를 통지하여야 한다(민사집행규칙 제87조 제2항). 따라서 객관적으로는 수익의 지급의무를 부담하고 있더라도 아직 수익의 지급명령을 송달받지 아니한 제3자에 대하여는 해임사실을 통지할 필요가 없다. 보통의 경우에는 전임자가 해임되면 바로 후임자가 임명되므로, 후임자의 임명통지서에 전임자의 해임사실을 명시하면 된다.

18 **다.** 해임결정에 대하여는 즉시항고를 할 수 있다는 규정이 없으므로 불복이 있는 자는 집행에 관한 이의를 할 수 있다(민사집행법 제16조 제1항).

2. 관리인의 사임

19 관리인은 정당한 이유가 있는 때에는 법원의 허가를 얻어 사임할 수 있다(민사집행규칙 제87조 제1항). 정당한 이유로서는 질병, 공직에의 취임 등이 이에 해당하나, 관리인의 개인적 사정과 관리절차의 진행정도, 그 관리인의 필요성 등을 종합적으로 판단하여 적절한 후임자가 내정되어 있고 원활한 사무인계가 가능하다면 사임의 정당한 이유는 넓게 해석하더라도 무방하다.

20 관리인이 사임한 때에도 해임된 때와 마찬가지로 법원사무관 등은 압류채권자, 채무자 및 수익의 지급명령을 송달받은 제3자에게 그 취지를 통지하여야 한다(민사집행규칙 제87조 제2항).

21 법원의 불허가결정에 대하여는 집행에 관한 이의가 허용된다. 허가결정에 대하여는 불복할 여지가 없다.

제 168 조 [준용규정]

제3자가 부동산에 대한 강제관리를 막을 권리가 있다고 주장하는 경우에는 제48조의 규정을 준용한다.

[관련조문] 민사집행법 제48조(제3자이의의 소)

[참고문헌] 박두환, 민사집행법(제2판),, 법률서원(2003); 손진홍, 부동산 경매의 실무(下)(전면개정판), 법률정보센터(2017); 오시영, 민사집행법, 학현사(2007); 전병서, 민사집행법(제4판), 박영사(2023)

Ⅰ. 의의

1 강제관리절차를 실시하면서 제3자의 권리를 침해할 수는 없고, 침해가 있다면 제3자는 소로써 이를 막을 수 있어야 한다. 침해의 태양으로서는 부동산에 대한 강제관리 자체에 의하여 제3자의 권리가 침해되는 경우와, 관리인의 개개의 관리행위로서의 강제집행에 의하여 침해를 받게 되는 경우를 생각할 수 있는데,[1] 민사집행법 제168조는 그 중 전자에 관하여 규정한 것이다.

2 관리인의 개개의 관리행위에 대하여 관리인을 상대로 하여 이의신청 등 불복을 할 수는 없다. 관리인은 집행보조기관에 불과하기 때문이다. 이때에는 집행법원에 감독권의 발동을 촉구할 수 있을 뿐이다. 다만, 구체적 관리행위 중 강제집행의 형식을 취하고 있는 것에 대하여는 제3자이의가 가능하다.

Ⅱ. 강제관리 자체에 대한 제3자 이의

3 부동산에 대하여 강제관리를 막을 권리로는, 예컨대 전세권이나 지상권 등 부동산을 이용할 수 있는 권리를 가지고 있는 경우를 예상할 수 있다. 강제관리개시결정이 되어 관리행위로 인하여 전세권자나 지상권자가 그 권리를 행사할 수 없게 되었을 때, 그들이 압류채권자를 상대로 한 제3자이의의 소로써 그 배제를 구할 수 있음은 당연하다.

4 부동산을 이용할 수 있는 권리를 가지고 있는 경우라도, 강제관리의 개시로 인하여 그 이용을 할 수 없게 되는 경우라야 그 배제를 구할 수 있다. 따라서 지

[1] 박두환, 민사집행법(제2판), 법률서원(2003), 439.

상권자나 임차권자가 부동산을 점유사용하고 있는데 그 소유자에 대한 채권자의 강제관리신청에 따라, 소유자에게 지급하던 지료나 임대료를 관리인에게 지급하라는 내용으로 강제관리가 실시되는 경우에는, 그 지상권자나 임차권자는 자기의 권리행사를 방해당하는 것이 아니므로 제3자이의의 소로써 강제관리를 막을 수 없다.

Ⅲ. 관리행위로서의 집행에 대한 제3자 이의

5 관리인은 관리에 필요한 범위에서 채무자의 권리를 자기의 이름으로 행사할 수 있기 때문에, 임료를 지급하지 않는 임차인에 대하여는 그 임료, 과실의 대금을 지급하지 않는 과실매수인에 대하여는 그 대금, 부동산의 불법점유자에 대하여는 그 부동산을 각각 지급 또는 인도하라는 소를 제기하고, 그 집행권원에 기하여 자신의 이름으로 강제집행을 하는 것도 가능하다.

6 제3자가 관리인의 구체적 관리행위를 막거나 또는 그 효력을 다투어야 할 경우로서는, 예컨대 목적부동산의 불법점유자에 대하여 인도를 명하거나 또는 수익의 지급의무를 부담하는 제3자에 대하여 지급을 명하는 집행권원에 기하여, 관리인이 그 집행권원에 표시된 채무자 이외의 사람의 재산에 대하여 집행한 경우 등을 생각할 수 있다. 위와 같은 경우 그 시정을 구하기 위해서는 관리인을 상대로 제3자이의의 소를 제기하여야 한다.[2]

7 관리인이 제3자의 소유물을 목적부동산의 과실이라고 하여 점유하고 있는 경우의 제3자의 반환청구 또는 수익지급청구권에 질권을 가지고 있는 자의 질권확인청구 등도 같은 이유로 관리인을 상대로 하여야 한다.

2 오시영, 민사집행법, 학현사(2007), 577; 전병서, 민사집행법(제4판), 박영사(2023), 32; 손진홍, 부동산경매의 실무(下)(전면개정판), 법률정보센터(2017), 774.

제 169 조 [수익의 처리]

① 관리인은 부동산수익에서 그 부동산이 부담하는 조세, 그 밖의 공과금을 뺀 뒤에 관리비용을 변제하고, 그 나머지 금액을 채권자에게 지급한다.

② 제1항의 경우 모든 채권자를 만족하게 할 수 없는 때에는 관리인은 채권자 사이의 배당협의에 따라 배당을 실시하여야 한다.

③ 채권자 사이에 배당협의가 이루어지지 못한 경우에 관리인은 그 사유를 법원에 신고하여야 한다.

④ 제3항의 신고가 있는 경우에는 제145조·제146조 및 제148조 내지 제161조의 규정을 준용하여 배당표를 작성하고 이에 따라 관리인으로 하여금 채권자에게 지급하게 하여야 한다.

[관련조문] 민사집행규칙 제91조(수익의 처리), 제92조(관리인의 배당액 공탁), 제93조(사유신고의 방식), 민사집행법 제84조 제4항(공과금주관공무소에의 최고), 제53조(집행비용의 부담), 제79조 제1항(집행법원), 제145조(매각대금의 배당), 제146조(배당기일), 제148~제161조(배당받을 채권자를 비롯한 배당표의 확정 및 배당실시 등)

[참고문헌] 김상수, 민사집행법(제4판), 법우사(2015); 김일룡, 민사집행법강의(제2판), 도서출판 오래(2018); 김정호, 민사집행법강의, 법학사(2013); 박두환, 민사집행법(제2판), 법률서원(2003); 오시영, 민사집행법, 학현사(2007); 이시윤, 신민사집행법(제8개정판), 박영사(2020); 법원실무제요, 민사집행[Ⅲ], 사법연수원(2020)

Ⅰ. 의의

1 강제관리도 부동산 집행의 한 방법이기는 하나 그 배당절차는 제1차적으로는 집행보조기관인 관리인이 행하는 것이므로 형식적으로는 오히려 동산집행의 배당절차와 비슷한 면이 있다.

2 민사집행법 제169조는 강제관리에서의 수익의 처리에 관하여 규정하고 있다. 구 민사소송법 제675조는 부동산 수익에서 비용을 공제한 잔액의 배당에 관하여 채권자 사이에 협의가 성립하지 못한 때에는 관리인이 그 사유를 법원에 신고하도록 간단하게 규정하고 있었는데, 민사집행법이 제정되면서 제169조가 이를

풀어 비교적 자세하게 그 절차를 규정하고 있다.

3 그리고 민사집행규칙 제91조, 제92조, 제93조는 각각 관리인이 수익을 처리하는 절차와 관리인의 배당액 공탁 및 사유신고의 방식 등에 관하여 규정하고 있다.

Ⅱ. 배당절차의 개요

4 관리인은 목적부동산으로부터 수익을 얻은 때에는 법원이 정하는 기간마다 그 수익으로부터 그 부동산이 부담하는 조세 그 밖의 공과금을 뺀 뒤에 관리비용을 변제하고 그 나머지 금액을 채권자에게 지급한다. 이 경우 모든 채권자를 만족하게 할 수 없는 때에는 관리인은 채권자 사이의 배당협의에 따라 배당을 실시하여야 한다. 채권자 사이에 배당협의가 이루어지지 못한 경우에 관리인은 그 사유를 법원에 신고하여야 하며 그 신고를 받은 법원은 민사집행법 제145조, 제146조 및 제148조 내지 제161조의 규정을 준용하여 배당표를 작성하고 그 배당표에 의하여 관리인으로 하여금 채권자에게 지급하게 하여야 한다(민사집행규칙 제91조).

5 그리고 관리인은 채권자에게 변제금을 교부하거나 또는 배당을 실시하는 경우에 배당 등을 받을 채권자의 채권에 관하여 정지조건 또는 불확정기한이 붙어 있는 때 등 민사집행법 제160조 제1항에 적은 어느 사유가 있거나, 배당 등을 수령하기 위하여 채권자 또는 채무자가 출석하지 아니한 때에는 배당 등의 액에 상당하는 금액을 공탁하고 그 사유를 법원에 신고하여야 한다(민사집행규칙 제92조).

6 배당을 받을 수 있는 채권자는 강제관리신청채권자, 이중관리신청채권자, 강제관리개시결정등기 이전의 가압류채권자, 배당요구채권자 및 조세 등의 교부청구자 등이다. 다만, 강제관리의 방법에 의하지 않은 일반 가압류채권자에 대하여는 일반가압류가 수익집행의 보전을 위한 것이 아니라는 것과 관련하여 당연히 배당을 받을 수 있는 채권자가 아니라는 견해[1]와 가압류채권자에 대하여도 당연히 배당을 인정하여야 할 것이라는 견해[2]로 나뉘어 있는데, 전자가 실무와 관련하여 유력하다(☞ 강제관리개시결정에 의한 압류 전에 설정된 저당권, 가등기담보권, 전세권 등의 권리자나 대항력과 우선변제권을 가지고 있는 주택임대차보호법 또는 상가건물임대차보호법상의 임차인이 강제관리의 배당절차에서 배당요구를 하지 않고 당연히 배당을 받을 수 있는지 또는 배당받더라도 우선변제를 받을 수 있는지에 관하여는 민사집행법 제163조에 주석 참조).

1 김상수, 민사집행법(제4판), 법우사(2015), 262; 김정호, 민사집행법강의, 법학사(2013), 608.
2 김일룡, 민사집행법강의(제2판), 도서출판 오래(2018), 325; 박두환, 민사집행법(제2판), 법률서원(2003), 435.

Ⅲ. 배당에 제공할 수익(배당재단)

7 1. 관리인이 관리업무를 수행한 결과 부동산으로부터 수익을 얻은 때에는 그 부동산이 부담하는 조세 그 밖의 공과금을 뺀 뒤에 관리비용을 변제하고, 그 나머지 금액을 채권자에게 지급(배당)하게 된다(민사집행법 제169조 제1항). 여기서의 수익은 법원이 정하는 배당기간(민사집행규칙 제91조 제1항 참조) 안에 현실적으로 수취한 금전 또는 현금화된 대금을 말하며, 수익의 발생시기 또는 변제기나 수확기를 기준으로 하는 것은 아니다.

8 부동산이 부담하는 조세는 부동산을 소유하며 수익을 계속하기 위하여 필요한 재산세 등을 말하는 것으로, 강제관리개시결정 전에 발생한 취득세, 상속세, 증여세와 같이 부동산의 취득에 부과된 조세는 포함되지 않는다. 부동산이 부담하는 조세와 공과금 이외의 조세·공과금은 교부청구에 의하여 부동산 수익으로부터 우선하여 변제받을 수 있으나, 관리비용보다 우선하여 변제받을 수는 없다(국세기본법 제35조 제1항 제2호). 따라서 부동산 수익으로부터 그 부동산이 부담하는 조세·공과금 및 관리비용을 공제한 것이 배당재단을 구성하고, 그것으로부터 그 밖의 조세 및 공과금(교부청구된 것)을 변제한 다음 그 나머지를 일반채권자에게 지급하게 된다.

9 관리비용에는 부동산의 보전비용, 관리인에 대한 보수, 부동산의 화재보험료, 유지관리를 위한 인건비, 수도광열비, 소모품비, 관리부동산이 임차지 위의 건물인 경우 그 부지의 차임 등이 포함된다. 채권자가 관리비용을 예납한 때에는 그것을 공제하여야 함은 물론이다. 강제관리신청비용, 개시결정등기를 위한 등록세 등 협의의 집행비용도 관리비용으로서 최우선적으로 공제되어야 한다(민사집행법 제53조 제1항). 따라서 관리인이 위 집행비용을 수익에서 공제할 수 있도록 집행법원은 위 집행비용액을 계산하여 배당협의기일 이전에 관리인에게 통지하여야 한다. 다만 배당요구신청비용은 공익비용이 아니므로 우선적으로 공제받을 수 있는 성질의 것이 아니다.

10 일본 민사집행법은 강제관리에 의하여 채무자의 생활이 현저하게 곤궁하게 된 때에는 채무자에게 수익 또는 환가대금의 일부를 나누어 주는 수익분여제도를 두고 있으나, 우리나라에는 이 제도가 없다.[3] 다만 채무자의 생계비로서 수익 중 일정액을 지급하라는 재판이 있는 경우에는 그것을 빼고 배당재단을 구성하여

3 이시윤, 신민사집행법(제8개정판), 박영사(2020), 404; 오시영, 민사집행법, 학현사(2007), 578.

야 한다[4]가 있으나, 실제로 채무자의 생계비로서 수익 중 일정액을 지급하라는 재판이 가능한지에 대해서는 의문이 있다.

11 2. 부동산의 수익이 금전 이외의 물건인 때에는 현금화하여야 한다. 이 경우 관리인은 집행관에게 위임하여 민사집행법 제199조에 준하여 입찰 또는 호가경매의 방법으로 매각하도록 할 수 있고, 또 법원은 민사집행법 제214조를 준용하여 관리인으로 하여금 매각하도록 명하는 등 특별현금화방법을 명할 수도 있다. 다만 민사집행법 제201조 제2항, 제208조는 준용되지 않으므로, 강제관리절차에서 수익한 유체동산을 매각하여 그 대금을 관리인이 수령하더라도 채무변제로 간주할 수는 없다.

Ⅳ. 배당절차

1. 변제금 교부

가. 변제금의 교부를 하는 경우

12 관리인은 법원이 정한 기간마다 수익을 처리하여야 하고, 이 경우 위 기간의 종기까지 배당요구를 하지 아니한 채권자는 그 수익의 처리와 배당절차에 참가할 수 없다(민사집행규칙 제91조 제1항). 채권자가 한 사람인 경우 또는 채권자가 두 사람 이상으로서 부동산 수익에서 그 부동산이 부담하는 조세 그 밖의 공과금 및 관리비용을 뺀 나머지 금액으로 각 채권자의 채권과 집행비용 전부를 변제할 수 있는 경우에는, 관리인은 채권자에게 변제금을 교부하고 나머지가 있으면 채무자에게 교부하여야 한다(제91조 제2항). 이 경우에는 배당을 둘러싼 채권자들 사이의 대립이 발생하지 않으므로, 관리인이 제1차적 배당기관으로서 채권자에게 변제금을 교부하도록 한 것이다.

13 관리인이 변제금을 교부한 때에는 각 채권자로부터 제출받은 영수증을 붙여 법원에 신고하여야 한다(민사집행규칙 제91조 제6항).

나. 교부액의 공탁

14 1) 관리인은 변제금을 교부할 때 미확정채권에 대한 교부액을 공탁하고 그 사유를 신고하여야 한다. 채권자 사이에 배당협의에 따라 배당을 실시하는 경우에 발생한 미확정채권에 대하여도 같다(민사집행규칙 제92조 제1항). 공탁 후 권리확

4 법원실무제요, 민사집행[Ⅲ], 사법연수원(2020), 472; 박두환, 민사집행법(제2판), 법률서원(2003), 440.

정 등에 따른 배당의 실시는 집행법원이 하게 되므로(민사집행법 제169조 제4항), 공탁을 하는 때에는 그 사유를 법원에 신고한다.

15 한편, 채권자 사이에 배당협의가 이루어지지 못한 경우에 관리인은 그 사유를 신고하면 되고 공탁을 하지 않는데(민사집행법 제169조 제3항), 이때에는 곧바로 집행법원에 의한 배당절차가 이루어지고, 그 때까지 권리가 확정되지 아니한 경우에 집행법원이 이를 공탁하게 된다(제169조 제4항, 제160조 제1항).

16 2) 관리인은 변제금을 교부받아야 할 채권자의 채권이 정지조건부 또는 불확정기한부 채권, 가압류채권, 일시정지 재판의 정본의 제출로 집행정지된 채권, 가등기상태의 저당권, 채무자가 배당이의의 소를 제기한 채권 등 민사집행법 제160조 제1항의 어느 사유가 있는 때에는, 그 교부액에 상당하는 금액을 공탁하고 그 사유를 법원에 신고하여야 한다(민사집행규칙 제92조 제1항). 이 경우에는 각 채권에 대한 배당액은 즉시 채권자에게 지급할 수 없거나 지급하는 것이 적당하지 아니하므로 관리인은 그 채권자에게 배당액을 직접 지급하지 않고 이를 공탁하는 것이다(교부유보공탁).

17 위 사유가 해소되지 않는 이상 그 채권자에 대하여는 민사집행규칙 제91조 제1항에 의하여 법원이 정한 기간마다의 각 교부액을 공탁하여야 한다. 여러 채권자를 위하여 공탁하는 때에는 채권자별로 공탁하는 것도 금지되는 것은 아니나, 일괄하여 공탁하는 것이 합리적이다. 공탁의 방식에 관하여는 민사집행규칙 제93조에서 규정하고 있다.

18 공탁 후 그 사유가 해소된 이후에는 법원이 민사집행법 제161조의 규정을 준용하여 배당표를 작성하고, 이 배당표에 따라 관리인으로 하여금 배당을 실시하게 한다(민사집행법 제169조 제4항).

19 3) 관리인은 채권자나 채무자가 교부액을 수령하기 위하여 출석하지 않을 때에는, 그 교부액에 상당하는 금액을 공탁하고 그 사유를 법원에 신고하여야 한다(민사집행규칙 제92조 제2항).

20 관리인은 교부받을 채권자가 출석하지 않은 경우에는 그 배당액을 지급할 수 없으므로 이를 공탁하여 배당을 완결한다(불출석공탁). 후에 그 채권자가 지급을 청구하면 법원사무관 등은 공탁된 배당액의 지급방법에 준하여 처리한다.

21 기일에 출석하지 아니한 채권자가 배당액을 입금할 예금계좌를 신고한 때에는 관리인은 위 공탁에 갈음하여 교부액을 그 예금계좌에 입금할 수 있다(민사집행규칙 제94조, 제82조 제2항).

다. 사유신고의 방식

22 사유신고는 사건의 표시, 압류채권자와 채무자의 이름, 공탁의 사유와 공탁금액을 적은 서면으로 하고, 공탁서와 함께 배당계산서가 작성된 경우에는 배당계산서를 붙여야 한다(민사집행규칙 제93조 제1항). 그러나 변제금의 교부를 하는 경우에는 협의에 의한 배당을 하는 경우와 달리 배당계산서가 작성되지 않는다.

2. 협의에 의한 배당

가. 총설

23 배당재단으로써 각 채권자의 채권을 만족시킬 수 없는 때에는 동산에 대한 배당절차에 있어서와 마찬가지로 먼저 각 채권자 사이의 협의에 의하여 배당방법, 배당액 등을 정한다.

24 즉 관리인은 수익처리에 관하여 법원이 정한 단위기간경과 후 2주 안의 날을 배당협의기일로 지정하고 채권자에게 그 일시와 장소를 서면으로 통지하여야 한다. 위 기일통지서에는 수익금·집행비용 및 각 채권자의 채권액 비율에 따라 배당될 것으로 예상되는 금액을 적은 배당계산서를 붙여야 한다(민사집행규칙 제91조 제3항). 이 배당계산서는 배당표와는 성질이 전혀 다른 것으로, 각 채권자가 배당협의에 동의할지 여부를 결정하는 데 필요한 준비자료로서 제공되는 것이다.

나. 협의성립의 요건

25 협의가 성립되기 위해서는 가압류채권자 또는 집행정지서류가 제출된 채권자를 포함하여 모든 채권자의 찬성이 필요하다. 다만 채무자의 찬성은 필요 없다.

26 관리인이 배당계산서를 작성함에 있어서는 민법·상법 그 밖의 법률에 의한 채권의 우선순위에 따라야 함은 물론이다(민사집행법 제169조 제4항, 제145조 제2항 참조).

다. 협의내용의 한계

27 모든 채권자의 찬성이 있어도 협의로 결정할 수 있는 내용에는 한계가 있다.

28 예컨대, 특정채권자의 집행채권액을 넘는 배당을 인정하는 것은 집행권원에 부합하지 않는 배당을 인정하는 것이므로 설령 채무자의 동의가 있더라도 허용되지 않으며, 가압류채권 또는 집행정지 중의 채권을 위하여 공탁되어야 할 금전

을 현실적으로 교부하는 것을 내용으로 하는 협의도 인정되지 않는다. 즉 현실적으로 교부할 것인지 또는 공탁할 것인지는 배당의 실시방법으로서 배당계산의 내용은 아니고, 이를 인정하는 것은 배당요구에 관한 일반원칙에 어긋나는 것이기 때문이다.

29 이러한 제한에 저촉되지 않는 이상 채권자 상호간에 평등주의를 깨뜨리는 내용의 협의는 가능하다.

라. 관리인의 배당실시

30 배당협의기일까지 또는 그 기일에 채권자 사이에 배당협의가 이루어지면 관리인은 그 협의에 따라 배당을 실시하여야 하고(민사집행규칙 제91조 제4항 전문), 위 배당계산서와 다른 협의가 이루어진 때에는 그 협의에 따라 관리인은 배당계산서를 다시 작성하여야 한다(제91조 제4항 후문).

31 배당에 참가한 채권 중 가압류채권 또는 정지조건 있는 채권 등이 있는 경우에는 배당협의기일을 지정하여 그 협의 내용에 따라 배당을 실시하되, 가압류채권자 등에게 교부할 금액은 이를 공탁하고 집행법원에 사유신고를 하여야 한다.

마. 관리인의 배당액 공탁과 사유신고

32 1) 배당협의가 이루어졌더라도 ① 배당받을 채권자의 채권이 불확정채권 또는 가압류채권인 등 제160조 제1항에 적은 배당금액의 공탁사유가 있는 때, ② 배당 등을 수령하기 위하여 출석하지 아니한 채권자 또는 채무자가 있는 때에는 그 배당금액에 상당하는 금액을 공탁하고, 그 사유를 법원에 신고하여야 한다(민사집행규칙 제92조, 제91조 제4항).

33 이 공탁은 관리인이 교부할 변제금을 공탁한 경우와 같다.

34 2) 사유신고의 방식도 위 변제금을 공탁한 경우와 같다.

바. 협의가 불성립한 경우의 조치

35 1) 배당에 관하여 채권자 사이에 협의가 이루어지지 못한 경우에는 관리인은 바로 그 사유를 법원에 신고하여야 한다(민사집행법 제169조 제3항, 민사집행규칙 제91조 제5항). 이 경우 사유신고는 사건의 표시, 압류채권자와 채무자의 이름, 부동산 수익에서 조세 그 밖의 공과금을 뺀 뒤에 관리비용을 변제하고 남은 민사집행법 제169조 제1항에 규정된 나머지 금액과 그 산출근거, 배당협의가 이루어지지 아니한 취지와 그 사정의 요지를 적은 서면으로 하고, 배당계산서를 붙여야 한다

(민사집행규칙 제93조 제2항).

36 2) 다만, 이 경우에는 관리인이 제1차적 배당기관으로서 배당을 실시하는 경우(즉 변제금을 교부하거나 협의에 따라 배당을 실시할 경우) 배당 등을 받을 채권자의 채권에 관하여 불확정채권 등 제160조 제1항에 적은 어느 사유가 있는 경우나 또는 유체동산에 대한 강제집행에 있어서의 집행관이 하는 사유신고(민사집행법 제222조)와는 달리, 관리인은 집행법원의 보조기관으로서 수익을 보관하고 있게 되므로 그 사유를 법원에 신고하면 되고, 배당에 충당될 금전을 공탁하지는 않는다.

3. 배당표에 의한 배당

가. 집행법원의 배당표 작성

37 법원은 관리인이 위 사유신고를 하면 배당표를 작성하고 배당기일을 정하여 채권자, 채무자에게 이를 통지하여야 한다. 다만 채무자가 외국에 있거나 있는 곳이 분명하지 아니한 때에는 통지하지 않는다(민사집행법 제169조 제4항, 제146조). 배당표의 작성방법은 강제경매의 경우와 같다(민사집행법 제169조 제4항, 제150조 제1항).

38 출석한 채권자, 채무자가 배당액에 관하여 이의 없이 동의한 때에는 이에 따라 배당표를 확정한다. 그러나 배당기일에 출석한 채권자, 채무자가 합의한 때에는 이에 따라 배당표를 작성하여야 한다(민사집행법 제169조 제4항, 제150조 제2항).

39 채무자는 민사집행법 제149조 제1항에 따라 법원에 배당표 원안이 비치된 이후 배당기일이 끝날 때까지 채권자의 채권 또는 그 채권의 순위에 대하여 서면으로 이의할 수 있고(민사집행법 제169조 제4항, 제151조 제2항), 배당기일에 출석한 채권자 또는 채무자는 배당표의 작성에 관한 절차상의 흠을 이유로 이의를 할 수 있으며(제16조), 기일에 출석한 채무자는 각 채권자의 채권 또는 그 채권의 순위에 대하여 이의할 수 있고(제169조 제4항, 제151조 제1항), 또 기일에 출석한 채권자는 자기의 이해에 관계되는 범위 안에서는 다른 채권자를 상대로 그의 채권 또는 그 채권의 순위에 대하여 이의할 수 있다(제169조 제4항, 제151조 제2항).

나. 배당의 실시

40 1) 배당표가 확정되면 법원은 그 배당표에 의하여 관리인으로 하여금 배당을 실시하게 한다(민사집행법 제169조 제4항).

41 2) 배당기일에 이의신청이 있고 그 기일에 이의가 완결되지 않은 경우에는 배당표 중 이의신청이 없는 부분에 관하여 관리인으로 하여금 배당을 실시하도록 하고, 이의 있는 배당액, 가압류채권자의 채권 또는 강제집행의 일시정지의 원인이 되는 서류(민사집행법 제49조 제2호)가 제출된 채권에 대한 배당액은 관리인으로 하여금 공탁하도록 한다(제169조 제4항, 제160조 제1항). 그러나 민사집행법 제49조 제4호의 변제수령문서나 변제유예문서가 제출된 때에는 그대로 배당한다(민사집행규칙 제50조 제3항 제3호 참조).

42 이의의 신청이 있더라도 배당기일부터 1주 이내에 집행법원에 대하여 배당이의의 소를 제기한 사실을 증명하는 서류를 제출하지 않은 때 또는 청구이의의 소를 제기한 사실을 증명하는 서류와 그 소에 관한 집행정지재판의 정본을 제출하지 않으면 배당을 실시하여야 하므로(민사집행법 제169조 제4항, 제154조), 이의 있는 채권에 대한 배당액의 공탁은 배당기일부터 1주 이내에 배당이의 또는 청구이의 소송의 제기가 증명되거나 집행정지의 재판이 제출된 경우에 행하여야 한다.

43 3) 관리인이 배당표에 의하여 배당을 실시한 때에는 각 채권자로부터 제출받은 영수증을 붙여 법원에 신고하여야 한다(민사집행규칙 제91조 제6항). 법원은 그 결과를 기록에 편철하고, 아울러 성질상 기록을 보관하고 있는 법원이 하여야 할 집행권원의 반환 또는 일부지급의 기재 등의 절차(민사집행법 제169조 제4항, 제159조)를 밟게 된다.

제 170 조 [관리인의 계산보고]

① 관리인은 매년 채권자·채무자와 법원에 계산서를 제출하여야 한다. 그 업무를 마친 뒤에도 또한 같다.
② 채권자와 채무자는 계산서를 송달받은 날부터 1주 이내에 집행법원에 이에 대한 이의신청을 할 수 있다.
③ 제2항의 기간 이내에 이의신청이 없는 때에는 관리인의 책임이 면제된 것으로 본다.
④ 제2항의 기간 이내에 이의신청이 있는 때에는 관리인을 심문한 뒤 결정으로 재판하여야 한다. 신청한 이의를 매듭지은 때에는 법원은 관리인의 책임을 면제한다.

[관련조문] 민사집행법 제166조, 제3조 제2항(집행법원의 재판), 제80조 제1호, 제163조(채권자),제11조, 제12조(송달), 제79조 제1항(집행법원), 제16조 제1항, 민사소송법 제161조(이의신청), 제134조(심문), 민법 제681조(관리인)

[참고문헌] 주석 민사집행법(제4판), 한국사법행정학회(2018); 김상수, 민사집행법(제4판), 법우사(2015); 오시영, 민사집행법, 학현사(2007)

Ⅰ. 관리인의 계산보고의무

1 1. 관리인은 민법 제681조의 수임인과 같은 지위에서 선량한 관리자의 주의로 관리업무를 수행할 책임이 있고, 직무를 게을리하여 채권자·채무자 그 밖의 이해관계인에게 손해를 가한 때에는 이를 배상할 책임이 있다(민사집행법 제167조에 대한 주석 참조).

2 관리인은 관리업무를 수행하고 매년 채권자·채무자와 법원에 관리의 수지에 관한 계산서를 제출하여야 한다. 그 업무를 마친 뒤에도 또한 같다(민사집행법 제170조 제1항). 강제관리가 여러 해 계속되는 경우에는 매 연도마다 계산서를 작성하여야 하며, 또한 업무를 마친 뒤 즉 관리인의 사임·해임시나 관리절차의 종결시에도 계산서를 작성하여야 한다.

3 채권자와 채무자에게 계산서를 제출하는 방법에 관하여는 법에 규정되어 있지 않다. 그러나 그에 대한 이의신청의 기산일을 명확히 할 필요가 있으므로, 관리

인이 직접 채권자와 채무자에게 제출하는 방법보다는 그들에게 송달할 부분을 필요한 통수만큼 일괄하여 법원에 제출하면 법원이 이를 채권자와 채무자에게 송달하는 것이 적절하다.

4 여기서 채권자는 강제관리신청을 한 채권자 외에 강제경매신청을 한 압류채권자 및 배당요구채권자 등도 모두 포함하는 것으로 보아야 한다.

5 계산서에는 관리에 의한 수익, 관리비용 및 조세 그 밖의 공과금 등의 지출 등의 명세를 구체적으로 기재하여야 한다. 수익에서 관리비용, 공과금 등을 뺀 뒤에 그 잔액을 채권자에게 교부·배당한 때는 그 내용도 기재하여야 한다.

6 2. 채권자와 채무자는 계산서를 송달받은 날부터 1주 이내에 집행법원에 이에 대한 이의신청을 할 수 있다(민사집행법 제170조 제2항). 적법한 이의신청이 있는 때에는 법원은 관리인을 심문한 뒤 결정으로 재판한다(제170조 제4항 전문).

7 관리인의 계산에 잘못된 것이 없으면 이의신청을 기각하고, 이의신청이 이유 있는 때에는 관리인에게 관리방법의 변경, 계산의 시정 등을 명할 수 있고 부당지출금의 변상을 명할 수도 있다.

8 위 이의신청은 성질상 민사집행법 제16조 제1항의 집행에 관한 이의신청의 일종이고, 이에 대한 집행법원의 결정이 민사집행법 제17조 제1항의 사유에 해당하지 아니하므로, 위 이의신청에 대한 집행법원의 결정 중 신청인에게 불리한 결정에 대하여는 신청인이 즉시항고를 할 수 없고(민사집행법 제17조 제1항 참조), 반대로 신청인에게 유리한 결정에 대하여는 상대방은 결정서를 송달받은 뒤 1주 이내에 집행에 관한 이의신청을 할 수 있다.[1]

9 3. 관리인이 계산서를 제출하지 않는 경우에 채권자나 채무자에게 그 제출청구권이 있는가? 법원은 관리인에 대하여 지휘감독권이 있으므로(민사집행법 제167조 제1항) 채권자나 채무자는 법원에 대하여 그 지휘감독권의 발동을 촉구하는 의미에서 계산서제출명령신청을 할 수 있다. 이 경우 법원은 신청이 이유 있다고 인정되는 때에는 관리인에 대하여 계산서의 제출을 명할 수 있다.

1 오시영, 민사집행법, 학현사(2007), 575; 김상수, 민사집행법(제4판), 법우사(2015), 261. 입법론으로는 즉시항고를 허용하여 집행법원이 중복재판을 하지 않도록 하는 것이 타당하다는 견해가 있다[주석 민사집행법(제4판), 한국사법행정학회(2018), 689(구태회)].

Ⅱ. 관리인의 면책

10 1. 채권자나 채무자가 관리인으로부터 계산서의 제출을 받은 날로부터 1주 이내에 집행법원에 이의신청을 하지 아니한 때에는 관리인의 계산이 정당한 것으로 인정하고 책임을 면제한 것으로 보게 된다(민사집행법 제170조 제3항). 그러나 책임이 면제되는 것은 그 계산서에 나타나 있는 것에 한한 것이고 계산서 자체에 숨긴 사실은 책임면제의 대상이 될 수 없다.

11 책임이 면제된 사항에 대하여는 후일에 그 계산이 틀렸다고 하여 손해배상청구도 할 수 없게 된다. 이 점은 배당표에 대하여 이의를 하지 아니한 경우와는 다르다.

12 2. 이의신청이 있었으나 그 신청한 이의를 매듭지은 때, 즉 이의신청이 받아들여지지 아니한 때에도 관리인의 책임이 면제된다(제170조 제4항 후문). 이때 법원이 따로 관리인의 책임을 면제하는 결정을 할 필요는 없다.

제 171 조 [강제관리의 취소]

① 강제관리의 취소는 법원이 결정으로 한다.

② 채권자들이 부동산 수익으로 전부 변제를 받았을 때에는 법원은 직권으로 제1항의 취소결정을 한다.

③ 제1항 및 제2항의 결정에 대하여는 즉시항고를 할 수 있다.

④ 강제관리의 취소결정이 확정된 때에는 법원사무관 등은 강제관리에 관한 기입등기를 말소하도록 촉탁하여야 한다.

[관련조문] 민사소송법 제134조, 제221조(취소결정), 민사집행규칙 제88조, 제89조(강제관리 취소사유), 제90조(취소의 통지), 제15조(즉시항고), 제94조, 제163조(등기말소 촉탁)

[참고문헌] 신현기, 민사집행법 각론(상), 부동산집행, 법률서원(2003)

Ⅰ. 의의

1 강제관리도 부동산에 대한 강제집행의 일종이므로, 일반적인 강제집행의 정지·취소사유가 있는 경우 또는 부동산의 멸실이나 채무자의 소유권 상실 등과 같이 부동산에 대한 강제집행에 장애될 사유가 있는 경우 강제관리절차가 정지·취소될 수 있다. 그리고 민사집행법 제171조와 같이 강제관리절차에 특유한 취소사유도 있다.

2 민사집행법 제171조는 강제관리절차를 취소할 경우와 그 절차에 관하여 규정한다. 원래 강제집행의 정지나 취소에 관해서는 총칙의 장에 규정(민사집행법 제49조, 제50조, 제51조)이 있으므로 그 규정이 적용되며, 그 이외에는 민사집행법 제171조의 특칙에 따르게 된다.

Ⅱ. 강제관리의 정지

1. 정지사유

3 **가.** 일반 강제집행의 정지사유로는, 우선 강제관리개시결정 후에 강제집행의 일시정지를 명한 취지를 적은 재판의 정본(민사집행법 제49조 제2호), 또는 집행할

판결이 있은 뒤에 채권자가 변제를 받았거나 의무이행을 미루도록 승낙한 취지를 적은 증서(민사집행법 제49조 제4호)가 집행법원에 제출된 경우가 있다. 이들 서류는 집행법원에 제출하여야 하고 관리인에게 제출하여서는 안 된다. 강제관리개시결정 전에 이들 서류가 제출되면 강제관리신청을 각하하여야 한다.

4 위 서류가 제출된 경우 배당절차를 제외한 나머지 강제관리절차는 위 서류가 제출될 당시의 상태로 계속하여 진행할 수 있다(민사집행규칙 제88조 제1항). 그러나 새로운 처분행위를 하거나 절차단계를 변경하는 것은 허용되지 않는다. 그러므로 개시결정 후 관리인이 부동산을 점유하기 전에 위 서류가 제출된 경우에는 관리인은 새로운 처분행위에 착수할 수 없으므로, 채무자의 점유를 풀고 그 부동산을 점유할 수 없다. 또 수익의 지급의무를 부담하는 제3자가 있는 경우 그에게 강제관리개시결정을 송달하기 전에 위 정지서류가 제출된 경우에는 그 송달절차를 진행할 수 없으므로, 관리인은 제3자로부터 수익을 수령할 수 없다. 그러나 제3자에게 송달한 후에 위 정지서류가 제출된 경우에는, 정지서류가 제출된 이후에 제3자에게 개시결정이 도달하였다고 하더라도 관리인은 제3자로부터 수익을 수령할 수 있게 된다. 관리인이 부동산의 점유를 취득한 후에 정지서류가 제출된 경우에는 관리인은 그 부동산을 임대할 수 있으며, 정지 중에도 임대차계약 만료 후에는 관리인이 그 계약을 갱신하거나 새로운 계약을 체결할 수 있다.

5 **나.** 파산·채무자회생절차의 개시 등 강제관리절차개시에 장애가 될 사유가 개시결정 후에 밝혀진 때에도 강제관리절차를 정지하여야 함은 강제경매의 경우와 같다.

2. 정지의 방법

6 집행정지사유가 발생하면 집행법원의 정지결정을 요하지 않고 관리절차가 정지된다. 따라서 법원은 민사집행법 제50조에 의하여 그 이후의 강제집행절차를 정지하는 조치를 취하여야 한다.

7 **가.** 민사집행법 제49조 제2호 또는 제4호의 집행정지서류가 제출된 때에는 법원사무관 등은 관리인에게 그 사실을 통지하여야 한다(민사집행규칙 제90조 제2항 전단). 같은 조 제1호·제3호·제5호 및 제6호의 서류가 제출된 경우에는 강제관리의 절차가 취소되므로(제50조 제1항) 민사집행규칙 제90조 제1항에 의하여 통지된다.

8 한편, 제출된 서류가 진정한 경우에 한하여 위 통지를 하여야 하는 것이므로, 실무상 압류채권자가 작성한 것인지 여부를 둘러싸고 종종 문제가 생기고 있는

민사집행법 제49조 제4호 문서의 경우에는 법원사무관 등은 집행법원의 확인을 받은 후 관리인에게 통지하는 것이 타당하다. 제2호의 서류는 강제관리의 정지를 구하기 위한 경우 외에 집행력 있는 정본에 기초하여 배당요구를 한 채권자에 대한 배당의 실시를 막고 그 배당금을 공탁시키기 위해서도 제출된다. 이 경우에도 관리인은 그 채권자에 대한 배당액 상당액을 공탁하고 사유서를 법원에 제출하여야 하므로(민사집행규칙 제92조 제1항), 민사집행규칙 제90조 제2항에 의하여 관리인에게 통지하여야 한다.

9 **나.** 또한 강제관리에는 강제경매절차에 관한 제89조가 준용되므로 이중강제관리 신청(민사집행법 제87조 제1항)이나 배당요구(제88조 제1항)가 있는 때에는 그 사유를 이해관계인에게 통지하며, 제1차 배당실시기관인 관리인에게도 이를 통지한다(제165조).

10 그런데 이중개시결정이 된 경우에 제87조 제4항에 따라 절차를 계속 진행한다는 결정이 있는 때에는 그 결정은 압류채권자와 채무자에 대하여 고지되는바(민사집행법 제87조 제5항, 제7조 제1항 제2호), 강제관리절차의 정지가 해소되어 절차가 속행되면 그 사실을 관리인에게 통지할 필요가 있다. 그러므로 이와 같이 민사집행법 제163조에서 준용하는 민사집행법 제87조 제4항의 재판(먼저 강제관리개시결정을 한 관리절차가 정지된 때에 신청에 따라 뒤의 강제관리개시결정에 기초하여 절차를 계속하여 진행한다는 집행법원의 결정)이 이루어진 때에도 법원사무관 등은 관리인에게 그 사실을 통지하여야 한다(민사집행규칙 제90조 제2항 후단).

3. 정지의 효력

11 **가.** 집행법원에 정지서류가 제출된 경우에는 배당절차를 제외한 나머지 절차는 그 당시의 상태로 계속하여 진행할 수 있다(민사집행규칙 제88조 제1항). 그러므로 관리인의 관리·수익권에는 영향이 없어 부동산의 압류, 관리인의 선임, 관리인의 점유와 수익, 제3자에게 명한 지급금지 등의 효력은 유지되고, 다만 채권자에 대한 부동산의 수익의 교부 또는 배당만이 정지된다. 이에 대해서는 집행법원에 정지서류가 제출되면 개시결정이 정지되어 개시결정 이전의 상태로 복귀되므로 관리인의 관리·수익권능은 정지되고 채무자의 사용수익권이 회복된다는 견해도 있으나,[1] 이는 정지가 아니라 실질적으로 취소와 다를 바 없게 된다.

1 日大決 1936. 2. 6. (民集15, 147).

12 위 규정에 따라 절차를 계속하여 진행하는 경우에 관리인은 배당에 충당될 금전을 공탁하고, 그 사유를 법원에 신고하여야 한다(민사집행규칙 제88조 제2항). 즉, 관리인이 정지 중에 수취하거나 현금화한 수익에 관하여는 법원이 정하는 기간을 단위로(제91조 제1항) 그 수익에서 부동산이 부담하는 조세 그 밖의 공과금, 관리비용을 공제한 금액(민사집행법 제169조 제1항)을 공탁하여야 한다. 이 경우 위 기간이 지난 후에는 다른 채권자는 배당요구를 할 수 없다고 해석되므로, 그 기간이 지난 후에 배당요구 내지 이중개시결정을 신청한 채권자는 그 후에 도래하는 각 기간의 공탁금에 관한 배당에만 참여할 수 있다.

13 관리인이 위와 같이 공탁한 때에는 그 사유를 집행법원에 신고하여야 한다. 이 신고는 민사집행규칙 제93조에서 정한 방식으로 한다.

14 공탁사유가 소멸한 때에는 집행법원은 민사집행법 제161조의 절차를 준용하여 배당표를 작성하여 관리인으로 하여금 채권자에게 지급하게 하여야 한다(민사집행법 제169조 제4항, 제161조).

15 **나.** 공탁된 금전으로 각 채권자의 채권과 집행비용의 전부를 변제할 수 있는 경우에는 집행법원은 직권으로 배당절차를 제외한 강제관리절차를 취소하여야 한다(민사집행규칙 제88조 제3항).

16 **다.** 강제관리개시결정 후에 집행정지 서류가 제출되면 배당절차는 실시되지 않는 것이 원칙이나, 다음 두 가지 경우에는 예외이다.

17 첫째, 배당의 실시를 위하여 집행법원이 정한 일정한 기간(민사집행규칙 제91조 제1항)의 만료 후에 정지서류가 제출된 경우에는 그 기간의 공탁금에 대하여는 배당절차를 실시하여야 한다.

18 둘째, 이중강제관리 개시결정이 있는 때에는 그 개시결정에 관한 채권자의 신청에 의하여 배당절차가 실시된다(민사집행법 제163조, 제87조 제4항). 다만, 이중개시결정에 의하여 절차가 속행되는 경우에는 그 속행 전에 만료된 기간에 관하여 공탁된 금전에 대하여는 속행된 절차는 영향을 미치지 않는다.

19 이상의 두 가지 경우에 정지서류가 집행의 일시정지를 명하는 내용의 재판의 정본(민사집행법 제49조 제2호)인 때에는 당해 신청채권자가 배당을 받을 금액에 상당하는 금원은 공탁되나(민사집행규칙 제92조 제1항, 민사집행법 제160조 제1항 제3호), 그 서류가 변제수령증서·변제유예증서(민사집행법 제49조 제4호)인 경우에는 그 채권자에게 그대로 배당한다.

20 **라.** 강제관리절차의 정지 후 정지사유가 소멸된 때에는 관리절차는 계속하여 진행된다. 관리인은 법원의 지휘에 따라 배당절차의 실시 등 관리행위를 계속하여 진행한다.

Ⅲ. 강제관리의 취소

1. 취소결정

21 강제관리에서는 집행기관과 목적부동산을 현실로 점유하고 수익을 추심하는 기관이 다르므로 관리절차의 종료시기를 엄격한 형식으로 명확히 할 필요가 있다. 따라서 강제관리절차의 취소는 법원이 결정으로 한다(민사집행법 제171조 제1항). 관리인은 취소원인이 있다고 인정하여도 임의로 관리의 폐지를 할 수는 없다.

2. 취소사유

가. 변제의 완료

22 1) 채권자들이 부동산 수익으로 전부 변제를 받았을 때에는 강제관리의 목적을 달성하였으므로 법원은 직권으로 강제관리의 취소결정을 한다(민사집행법 제171조 제2항).

23 강제경매절차에서는 경매에 의하여 채권자가 채권 전부의 변제를 받았는지 여부에 관계없이 매각허가와 대금납부에 의하여 매각목적물은 매수인의 소유가 되고 배당절차를 마치면 그로서 경매절차가 당연히 종료되므로 특별히 경매절차를 취소할 필요가 없지만, 강제관리절차에서는 목적물은 당초부터 채무자의 소유로 남아 있는 것으로 예정되고 수익권능만이 일시 박탈되었던 것에 불과하므로, 수익권능의 제한시기가 언제까지라는 것을 밝히는 의미에서도 강제관리의 취소결정이라는 형식이 필요하다. 또한 채권자가 채권 전부의 변제를 받았는지 여부는 집행법원에서 잘 알고 있을 것이므로, 그러한 경우 누구의 신청을 기다릴 필요 없이 법원이 직권으로 취소결정을 한다.

24 관리인은 채권자들이 전부 변제를 받았을 때에는 곧바로 법원에 그 취지를 보고하여야 한다.

25 2) 채권자가 채무자 또는 제3자로부터 부동산의 수익 외에서 전부변제를 받은 경우(즉 관리절차 외에서 변제받은 경우)에도 법원이 직권으로 취소결정을 하여야

하는지 여부에 관하여, 관리절차 외에서의 변제도 변제인 점에서는 부동산의 수익에 의한 변제와 다를 바 없으므로 그 사실이 판명되면 법원은 직권으로 취소결정을 하여야 한다는 견해도 있으나, 관리절차 외에서의 변제는 집행법원이 알 수가 없는 것이므로 당연히 취소사유가 되는 것은 아니고, 이 경우에는 채권자가 강제관리신청을 취하하거나 또는 채무자가 청구이의의 소의 승소판결을 제출할 때에 법원이 강제관리의 취소결정을 하여야 한다.[2]

26 3) 가압류집행으로서의 강제관리절차에서 피보전채권액에 충분할 만큼 공탁금이 누적된 경우에도 취소결정을 하여 채무자의 사용·수익권을 회복시켜 주어야 한다.[3]

나. 비용 불예납

27 강제관리의 비용은 일반적으로 수익에서 지출되는 것이 통례이지만 수익의 수취 전에 지출되어야 할 것, 예컨대 수익의 추심을 위한 소송비용 등도 있으므로, 경우에 따라서는 법원이 강제관리를 계속 진행하기 위하여 신청인에게 부족한 비용의 추가예납을 명하는 수가 있다. 이때 신청인이 위 예납명령에 따른 비용을 납부하지 아니한 때에는 법원은 강제관리절차를 취소할 수 있다(민사집행법 제18조 제1항·제2항).

다. 부동산의 멸실 등

28 강제관리의 대상인 부동산이 멸실된 때에는 관리사무수행의 여지가 없으므로 집행법원은 강제관리의 절차를 취소하여야 한다(민사집행법 제163조, 제96조).

29 멸실 이외에 부동산의 사용·수익을 방해하는 사정으로는 강제관리개시결정등기 전에 마쳐진 소유권이전청구권보전을 위한 가등기에 기하여 본등기가 마쳐진 때, 강제경매 또는 임의경매에 의해 소유권이 이전된 때 등이 있다.

30 또한 공익사업을 위한 토지 등의 취득 및 보상에 관한 법률에 의하여 목적부동산이 수용된 경우에도 사용·수익을 계속할 수 없다. 이 경우 수용보상금은 강제관리의 목적부동산에 갈음하는 재산이기는 하나, 강제관리는 수익집행이므로 보상금에 대하여 관리절차를 계속 진행할 수는 없고 보상금으로부터 변제를 받기 위해서는 채권압류 등 별도의 집행방법에 의하지 않으면 안 된다.

2 신현기, 민사집행법 각론(상), 부동산집행, 법률서원(2003), 676.
3 신현기, 민사집행법 각론(상), 부동산집행, 법률서원(2003), 676.

31 강제관리개시결정 후 강제관리의 개시에 장애사유(예컨대 강제관리개시결정등기 당시에 이미 목적부동산의 소유권이 제3자에게 이전되었거나 그 밖의 법령에 의하여 강제집행이 금지된 경우 등)가 밝혀진 때에도, 법원은 사정에 따라 즉시 강제관리를 취소하거나 또는 채권자에 대하여 일정한 기간 내에 그 장애의 소멸증명을 명하고 그 기간 내에 증명이 없으면 강제관리를 취소한다.

라. 수익의 부족

32 목적부동산의 수익에서 그 부동산이 부담하는 조세 그 밖의 공과금 및 관리비용을 빼면 남을 것이 없겠다고 인정하는 때에는 집행법원은 강제관리절차를 취소하여야 한다(민사집행규칙 제89조). 이는 무익한 강제관리를 피하기 위한 것이다.

33 관리인은 법원이 정한 기간마다 민사집행규칙 제91조 제2항의 규정에 따라 변제금을 교부한 때, 같은 조 제4항 또는 민사집행법 제169조 제4항의 규정에 따라 배당을 실시한 때에는 수익을 처리한 결과를 각 채권자로부터 제출받은 영수증을 붙여 법원에 신고하고(민사집행규칙 제91조 제6항) 매년 채권자·채무자와 법원에 계산서를 제출하여야 하므로(민사집행법 제170조 제1항 전문), 법원은 이에 의하여 수익부족을 판단할 수 있지만 관리인으로서도 장래에 있어서 비용의 증대, 수익의 감소가 예견될 때에는 수시로 이를 법원에 보고하는 것이 타당하다. 목적부동산으로부터 수익이 발생되지 않음이 밝혀진 때(예컨대 무상의 지상권이 효력을 발생하게 된 경우)에도 사실상 강제관리를 속행할 수 없으므로 직권으로 강제관리를 취소하여야 한다.

마. 집행정지서류의 제출

34 강제관리실시 도중에 민사집행법 제49조 제1호·제3호·제5호 및 제6호의 서류가 제출된 때에는 법원은 강제관리를 취소하여야 한다(민사집행법 제50조 제1항).

바. 강제관리신청의 취하와 취소결정 여부

35 채권자가 강제관리신청을 취하한 경우에 강제관리절차를 종결하기 위해서는 법원이 별도로 강제관리의 취소결정을 하여야 한다는 견해도 있으나, 당사자로부터 법원에 취하서가 제출되면 이에 의하여 즉시 강제관리절차가 종료되고 별도로 강제관리의 취소결정을 할 필요는 없다고 봄이 타당하다.[4]

4 신현기, 민사집행법 각론(상), 부동산집행, 법률서원(2003), 678.

3. 취소결정의 절차와 불복방법

36 강제관리의 취소는 법원이 결정으로 한다(민사집행법 제171조 제1항).

37 법원은 이 결정을 압류채권자 및 채무자에게 고지하여야 하며(민사집행규칙 제7조 제1항 제2호·제3호) 그 고지방법에 관하여는 아무런 제한이 없으나 통상 그 취소결정정본을 송달하는 방법에 의한다. 위 취소결정에 대하여는 즉시항고할 수 있다(민사집행법 제171조 제3항). 다만, 일반의 집행취소서류가 제출되어 제50조 제1항의 규정에 의하여 취소결정이 있은 경우에는 즉시항고가 허용되지 않는다(제50조 제2항).

38 관리인은 이해관계인이 아니므로 이에 대하여 불복신청을 할 수 없다.

39 이 결정이 확정된 때(다만, 제50조 제1항에 의한 취소결정의 경우에는 즉시항고를 할 수 없기 때문에 바로 효력이 있다)에는 법원사무관 등은 관리인과 수익의 지급명령을 송달받은 제3자에게 그 사실을 통지하여(민사집행규칙 제90조 제1항), 관리인으로 하여금 수익 추심의 중지 등 관리절차의 종결에 따른 제반조치를 취하도록 하여야 한다.

4. 취소결정의 효력

40 **가.** 강제관리의 취소결정이 확정되면 강제관리개시결정의 효력은 소멸되고 관리인의 부동산점유권 및 수익추심권도 소멸된다. 개시결정의 효력이 소멸되는 결과 압류의 효력도 소멸되므로 채무자는 부동산의 사용수익권을 회복하게 되고 관리인은 채무자에게 부동산을 인도하여야 한다.

41 그러나 취소사유가 어느 것인가를 불문하고 취소결정의 효과는 소급하지 아니하고 장래에 향하여서만 효력이 있을 뿐이므로, 취소 확정시까지의 관리인의 행위는 유효한 것으로 되어 채무자도 그 효과를 받는다.

42 정지중의 강제관리가 집행취소서면의 제출 또는 취하로 종료한 경우에는 공탁된 수익은 채무자에게 교부하게 되나, 이 경우에도 관리행위 자체의 적법성이 부정되는 것은 아니다.

43 취소결정의 확정으로 이후의 부동산의 수익에 대한 집행은 종료되나 관리인의 직무가 종료되는 것은 아니고 관리인의 지위는 잔존사무를 처리하고 계산서를 제출하는 한도에서 잔존한다.

44 **나.** 관리인이 강제관리를 위하여 제기한 소송을 계속 수행하는 것이 관리인의 잔존사무에 포함되는 것인지에 관하여, 관리절차의 취소도 잔존사무의 집행을

유보하고 있고 강제관리의 취소에 소급효가 없다는 것 등을 이유로 관리행위로서 제기한 소송은 관리인의 잔존 사무로서 수행 완결할 것이라거나, 관리인의 소송행위는 관리인으로서의 자격에 의하여 채무자에 갈음하여 원고적격을 가지고 있는 것에 불과하고 그 실질에 있어서는 파산관재인과 같은 것이므로 강제관리 취소 후에는 소송수행권이 없다는 견해 등이 있으나, 관리행위로서 제기한 소송이 관리인의 잔존사무에 포함되느냐의 여부를 일률적으로 정할 것이 아니라 사무의 내용에 따라 정하는 것이 타당하다. 예컨대, 부동산의 임차인의 일부가 차임을 지급하지 않기 때문에 차임청구소송을 제기하였는데 그 사건의 완결 전에 다른 수익에 의하여 각 채권자의 채권이 변제된 경우, 소송의 결과에 이해관계가 있는 것은 채무자뿐이므로 그 소송을 관리인의 잔무라고 할 필요는 없다. 그러나 채권자가 미지급된 차임으로부터 변제를 받을 이익이 있고 그 차임이 강제관리절차에 있어서의 배당재산을 구성하는 것일 때에는, 관리인이 계속하여 그 소송을 수행하고 차임을 추심하여 채권자에게 분배할 직책이 있으므로 잔무로 보아 관리인의 소송수행권을 인정하여야 한다. 따라서 예컨대 변제의 완료를 원인으로 강제관리가 취소되는 경우에는 관리인이 수행하던 수익추심의 소송, 부동산인도소송 등은 중단되고 채무자가 이를 수계하여야 할 것이나, 강제관리에 우선하는 가등기권자의 본등기 실현이라든지 강제관리에 우선하는 경매로 인한 소유권이전 등을 이유로 강제관리가 취소되는 경우에는, 관리인이 수행하던 위와 같은 소송은 중단되지 않고 관리인이 끝까지 소송을 수행하여야 한다.[5]

IV. 강제관리절차의 종결

45 전술한 바와 같이 강제관리절차는 강제경매절차와는 달리 항상 그 취소결정에 의하여 종결되며 당연 종결되는 것은 아니다.[6]

46 강제관리절차가 종결된 경우에는 법원사무관 등은 등기관에게 강제관리개시결정등기의 말소를 촉탁하여야 한다(민사집행법 제171조 제4항). 말소등기촉탁서의 기재내용과 촉탁의 요령은 강제경매개시결정등기의 말소촉탁의 경우에 준한다.

5 신현기, 민사집행법 각론(상), 부동산집행, 법률서원(2003), 680.

6 다만, 강제관리신청의 취하가 있는 경우에는 별도로 취소결정을 할 필요 없이 당연히 강제관리절차가 종료됨은 전항에서 본 바와 같다.

47 강제관리절차가 종결될 때에는 관리인은 관리종결의 계산서를 채권자·채무자와 법원에 제출하여야 하며(민사집행법 제170조 제1항), 보관 중인 수익 및 점유 중인 관리부동산을 채무자에게 인도하고 수익금액 중 남은 것은 채무자에게 인계하여야 한다.

제 3 절 선박 등에 대한 강제집행

[총설]

1 Ⅰ. 민사집행법이 정하고 있는 선박·자동차·건설기계·소형선박 및 항공기(이하 선박 등이라 한다)에 대한 집행에는, ① 집행권원에 기하여 금전채권의 만족을 얻기 위하여 채무자가 소유하는 선박 등에 대하여 행하는 강제집행, ② 저당권자 등의 담보권자가 피담보채권의 만족을 얻기 위하여 담보권의 실행으로서 당해 선박 등에 대하여 행하는 경매(유치권 등에 의한 경매 포함), ③ 강제경매에 의한 금전채권의 만족을 보전하기 위하여 채무자 소유의 선박 등에 대하여 행하는 가압류집행 등이 있다.

2 제3절은 그 중 위 ①(선박 등에 관한 강제집행)에 관하여만 규율하고 있다. 이는 선박 등의 인도나 명도를 목적으로 하는 청구권의 강제집행(민사집행법 제258조)이나 채무자가 가지는 선박 등의 인도 또는 권리이전을 목적으로 하는 청구권에 대한 강제집행(민사집행법 제242조, 민사집행규칙 제171조)과는 다른 것이다.

3 원래 선박 등은 민법상 동산에 속하지만, 그 가액이 일반 동산과는 달리 비교적 고가이고, 권리변동에 있어서 부동산과 유사한 등기나 등록을 그 대항요건 내지 효력요건으로 하고 있을 뿐만 아니라, 이에 대한 저당권의 설정이 인정되는 등 실체법적으로 부동산과 유사한 취급을 받고 있다.

4 이에 선박 등에 대한 강제집행절차에 있어서도, 민사집행법은 선박에 대한 집행에 관하여는, 원칙적으로 부동산의 강제경매에 관한 규정에 따르도록 하면서도 (민사집행법 제172조), 선박의 특성(이동성)에 따른 특별 규정(제172조 내지 제186조)을 두고 있고, 그 전부 또는 일부를 담보권 실행으로서의 경매(제269조) 및 가압류집행(제291조)의 경우에 준용하고 있으며, 자동차·건설기계·소형선박 및 항공기에 대한 집행에 관하여는, 부동산·선박·동산집행에 관한 규정에 준하여 대법원규칙으로 이를 정하도록 하고 있다(제187조, 제270조). 이에 따라 민사집행규칙은 자동차에 대하여 비교적 상세한 규정을 두고 있고(민사집행규칙 제108조 내지 제129조), 건설기계·소형선박에 대하여는 자동차에 대한 강제집행의 규정을 준용하도록 하고 있으며(제130조), 항공기에 대하여는 선박에 대한 강제집행의 예에 따라 실시하도록 하고 있다(제106조). 위 규정들을 종합하면 이들에 대한 집행은

특칙이 없으면 원칙적으로 부동산집행에 의하므로 준부동산집행이라고도 한다.[1]

5 Ⅱ. 따라서 선박 등에 대한 집행의 절차는 크게 선박집행절차와 자동차집행절차의 두 유형으로 나눌 수 있다. 그 중 항공기를 선박집행의 방식에, 건설기계·소형선박을 자동차집행의 방식에 의하도록 한 것은 그 이동성의 차이에 기인하는 것으로 볼 수 있다. 즉 선박 등은 모두 이동성을 가지고 있다. 그러나 선박과 항공기는 항구와 항구, 공항과 공항 사이를 점과 점을 잇는 형태로 이동한다. 반면 자동차와 건설기계는 지상의 도로를 따라 어디든지 쉽게 이동할 수 있고, 소형선박은 수상은 물론 육상에까지 쉽게 이동할 수 있다. 따라서 자동차와 건설기계 및 소형선박은 선박과 항공기보다 그 이동성이 훨씬 높다고 할 수 있고, 이러한 이동성의 차이에 따라 강제환가절차에도 차이가 생기게 된다. 다시 말하면, 선박 등은 집행절차에서 동산임에도 부동산에 준하는 취급을 받지만, 그 이동성 때문에 부동산과 달리 집행기관이 그 점유를 장악할 필요가 크고, 또 이들 사이에서도 그 이동성의 차이 때문에 자동차와 건설기계·소형선박은 선박과 항공기보다 그 점유를 장악할 필요가 더욱 크기 때문에 이에 대한 집행에 있어서는 동산집행의 요소를 더 많이 가미하고 있다. 이 점에서 선박·항공기 집행과 자동차·건설기계·소형선박 집행은 한편으로는 공통성을 가지면서도 다른 한편으로는 상당한 성격의 차이를 나타낸다.[2]

6 Ⅲ. 민사집행법은 선박에 대한 강제집행절차에 관하여는 구 민사소송법상 조문의 표현을 정확하면서도 쉽게 고치는 한편(민사집행법 제173조, 제176조, 제185조), 구 민사소송규칙에 규정되어 있던 조항 일부를 법률로 승격하고(제174조, 제183조), 보증제공에 의한 선박집행의 취소제도를 정비하였다(제181조). 그리고 자동차·건설기계·소형선박[3] 및 항공기에 대한 강제집행절차에 관하여는 구 민사소송법과 마찬가지로 대법원규칙으로 정하도록 위임하면서도 대법원규칙에서 그 절차를 정함에 있어 부동산집행절차 및 선박집행절차에 관한 규정뿐만 아니라, 구 민사소송법과 달리 동산집행절차에 관한 규정도 준용하도록 하였다(제187조).

1 김일룡, 민사집행법강의(제2판), 도서출판 오래(2018), 329.
2 박두환, 민사집행법(제2판), 법률서원(2003), 445~447; 김태업, "선박 및 자동차집행에서의 실무상 문제점", 재판실무연구(2) 민사집행소송, 한국사법행정학회(2008), 455.
3 2007. 8. 3. 개정 민사집행법 제187조에서 소형선박에 대한 강제집행절차가 추가되었다.

제 172 조 [선박에 대한 강제집행]

등기할 수 있는 선박에 대한 강제집행은 부동산의 강제경매에 관한 규정에 따른다. 다만, 사물의 성질에 따른 차이가 있거나 특별한 규정이 있는 경우에는 그러하지 아니하다.

[관련조문] 민사집행법 제172조~제186조, 제295조, 민사집행규칙 제95조~제105조(선박에 대한 강제집행), 제78조~제162조(부동산의 강제경매), 제208조(선박의 가압류), 상법 제740조, 제741조(선박), 제744조(선박의 압류)

☞ 민사집행규칙 제99조(현황조사보고서)
① 집행관이 선박의 현황조사를 한 때에는 다음 각호의 사항을 적은 현황조사보고서를 정하여진 날까지 법원에 제출하여야 한다.
1. 사건의 표시
2. 선박의 표시
3. 선박이 정박한 장소
4. 조사의 일시·장소 및 방법
5. 점유자의 표시와 점유의 상황
6. 그 선박에 대하여 채무자의 점유를 풀고 집행관에게 보관시키는 가처분이 집행되어 있는 때에는 그 취지와 집행관이 보관을 개시한 일시
7. 그 밖에 법원이 명한 사항
② 현황조사보고서에는 선박의 사진을 붙여야 한다.

☞ 민사집행규칙 규칙 제105조(부동산강제경매규정의 준용)
선박에 대한 강제집행에는 제2절 제2관의 규정을 준용한다.

[참고문헌] 강대성, 신민사집행법, 탑북스(2014); 김김일룡, 민사집행법강의(제2판), 도서출판 오래(2018); 남기정, 실무강제집행법(7), 육법사(1989); 박두환, 민사집행법(제2판), 법률서원(2003); 송옥렬, 상법강의(제11판), 홍문사(2011); 신현기, 민사집행법 각론(상), 부동산집행, 법률서원(2003); 오시영, 민사집행법, 학현사(2007); 이시윤, 신민사집행법(제8개정판), 박영사(2020); 정찬형, 선박법강의(하), 박영사(2011); 최준서, 보험법·해상법, 삼영사(2010); 권오곤, "외국선박 집행상의 몇 가지 문제점", 재판자료(34), 법원행정처(1986); 김태업, "선박 및 자동차집행에서의 실무상 문제점", 재판실무연구(2) 민사집행소송, 한국사법행정학회(2008); 문영화, "외국선박의 저당권자가 등기부에 기입된 선박 위의 권리자로서 배당요구와 상관없이 배당을 받기 위한 요건(2004. 10. 28. 선고 2002다25693 판결)", 대법원판례해설 제51호(2004); 송상현, "상법 제5편 해상법 개정의견", 민사판례연구(Ⅷ), 박영사(1986); 안철상, "선박 및 자동차에 대한 집행", 재판자료 72집, 법원행정처(1996); 이상원, "선박에 대한 강제집행에 관한 실무상 문제점", 재판자료 36집(하), 법원행정처(1987); 이원형, "선박우선특권 있는 채권과 임금우선특권 있는 채권의 배당에서의 우선순위, 대법원판례해설 제57호, 법원도서관(2006); 이정일, "외국선박에 대한 집행절차에 있어서 저당권자의 지위", 판례연구 제17집, 부산판례연구회(2006); 정해덕, "개정상법 하에서의

선박의 의의와 선박등록·등기", 법조 57권 3호(통권 제618호), 법조협회(2008); 최환, "선박가압류", 선박집행실무, 부산지방법원(2002); 한영표, "선박에 대한 가압류", 선박집행의 제문제, 부산지방법원(1999); 선박집행실무(개정판), 부산지방법원(2013); 법원실무제요, 민사집행[Ⅲ], 사법연수원(2020)

Ⅰ. 선박집행절차의 개요

1. 선박집행의 특성

1 위에서 본 바와 같이 선박은 민법상으로는 동산이지만, 일정규모 이상의 선박은 부동산과 마찬가지로 등기의 대상이 되고(선박법 제8조, 선박등기법 제2조), 일반의 유체동산에 비하여 비교적 고가일 뿐만 아니라, 그에 관하여 다수의 이해관계인이 생겨 법률관계가 복잡하게 되는 경우가 많은 등 부동산과 유사한 면이 많으며, 역사적으로도 선박은 그 자체로 독립하여 해상기업의 책임주체가 되어 왔기 때문에 각국의 입법례에서는 그 강제집행에 있어서 이를 동산과는 달리 취급하는 것이 보통이다.

2 이처럼 선박은 부동산과 유사한 면이 많으므로 민사집행법 제172조는 선박집행에 관하여는 기본적으로 부동산집행, 그 중에서도 강제경매에 관한 규정을 준용하도록 하고 있다. 이는 독일 민사소송법 제870조와 강제경매 및 강제관리에 관한 법률 제162조 이하를 계수한 것으로 평가된다.[1]

3 그러나 다른 한편으로는 선박은 부동산과는 달리 이동성을 가지고 있으므로 이 점을 고려하여 부동산에 대한 강제집행절차와는 다른 특례규정을 두고 있다. 선박국적증서 등의 수취·제출명령, 감수·보존처분 등의 선박에 대한 점유확보를 위한 규

[1] 이상원, "선박에 대한 강제집행에 관한 실무상 문제점", 재판자료 36집(하), 법원행정처(1987), 495.

정(민사집행법 제174조, 제175조, 제176조 제1항, 제178조), 압류됨으로 인하여 선박을 이용하지 못하는 데서 발생하는 선박 소유자 내지 채무자의 손해를 막기 위한 규정(제176조 제2항, 제181조), 선박의 이동에 따른 사건의 이송규정(제182조) 등이 그것이다.

2. 선박집행의 기본절차

4 선박집행절차도 부동산강제경매절차와 마찬가지로 선박의 압류, 현금화, 배당의 세 단계 절차로 진행된다.

가. 압류절차

5 등기할 수 있는 선박에 대하여 채권자의 강제집행신청이 있으면 법원은 경매개시결정을 하고, 집행관으로 하여금 선박국적증서 등 선박운행에 필요한 문서를 받아 제출하도록 명하는 한편(민사집행법 제174조 제1항), 외국선박을 제외하고 등기관에게 경매개시결정등기를 촉탁하며, 경매개시결정을 채무자에게 송달하여 목적 선박을 압류한다.

6 경매개시결정을 할 때는 개시결정과 동시에 또는 별도의 명령으로 목적 선박의 정박명령을 하고(민사집행법 제176조 제1항), 채권자는 선박의 집행신청과 동시에 또는 그 후에 선박의 감수와 보존에 필요한 처분을 신청할 수 있으며, 이 신청이 있으면 법원은 경매개시결정 전이라도 감수·보존명령을 발할 수 있다(제178조). 또 선박집행신청 전에도 필요한 경우 선박국적증서 등의 인도명령을 할 수 있다(민사집행법 제175조).

나. 현금화절차

7 현금화의 준비절차로서 공과금 주관 공공기관에 최고를 하고, 집행관에게 현황조사를 명하며, 감정인에게 선박을 평가하게 하여 그 평가액을 참작하여 최저매각가격을 정하는 것, 현금화절차로서 매각기일과 매각결정기일을 지정·공고하고, 매각기일에 매각을 실시하며, 매각결정기일에 매각의 허부를 결정하고 현금화하는 것은 부동산강제경매의 경우와 다를 바 없다.

8 다만 선박의 매각기일의 공고에 있어서는 "부동산의 표시" 대신 "선박의 표시"와 "그 정박한 장소"를 적어야 한다(민사집행법 제184조).

다. 배당절차

9 선박의 현금화대금의 변제(배당)절차 및 소유권이전등기 등의 촉탁도 부동산경매의 경우와 다를 바 없다.

Ⅱ. 선박의 국적과 선적국법

10 선박도 자연인과 마찬가지로 국적(nationality)을 가진다. 이 선박의 국적은 국기의 게양, 불개항장에의 기항, 그리고 주권행사나 섭외사법상의 준거법 결정 등과 관련하여 중요한 의미를 가지며, 강제집행에 있어서도 한국의 선박과 외국의 선박은 다르게 취급된다(민사집행법 제186조, 민사집행규칙 제95조 제2항 제2호 등).

11 선박의 국적에 관한 입법례로는 선박제조지주의, 승선원국적주의, 선박소유자국적주의 등록주의 등 여러 가지가 있으나, 우리나라는 선박법 제2조에 의하여 소유자국적주의를 원칙으로 하면서도 이를 절대적인 요건으로 하고 있지는 않다.[2]

12 어떤 선박에 관한 실체상의 권리의 내용, 효력 등은 원칙적으로 그 국적국의 법령(실체법)에 의하여야 한다(선적국법주의, 국제사법 제60조). 물론 외국의 선박이라도 우리나라의 영해 안에 있거나 우리나라의 항구에 정박하고 있을 때에는 우리나라의 집행권이 미치고,[3] 따라서 그 집행의 절차에 관하여는 법정지법인 우리나라의 절차법이 적용되지만, 실체법과 절차법의 구별이 반드시 용이한 것은 아니다.[4] 따라서 외국선박에 대한 선박우선특권은 상법 제786조에 따라 1년의 제척기간 내에 행사되어야 한다.[5]

13 특히 주의하여야 할 것은 선박의 현금화에 따르는 매각조건의 문제이다. 선박의 현금화에 의한 선박상의 권리의 인수 및 소멸의 매각조건은 절차상의 문제이므로 우리 민사집행법 제91조가 적용된다. 그러므로 가령 독일의 선박을 경매하는 경우에 원래 독일법에 의한다면 현금화에 의하여 저당권이 인수되는 것을 매각조건으로 하여야 하겠지만, 우리 법 제91조 제2항이 적용되므로 저당권은 언제나 소멸한다.[6]

14 준거법의 결정에 관한 몇 가지 판례를 소개하면 다음과 같다.

15 [판례] 대법원 2014. 10. 2.자 2013마1518 결정
선박우선특권의 성립 여부, 일정한 채권이 선박우선특권에 의하여 담보되는지 여부

2 정찬형, 선박법강의(하), 박영사(2011), 799~800; 최준서, 보험법·해상법, 삼영사(2010), 360~361; 송옥렬, 상법강의, 홍문사(2011), 325.

3 권오곤, "외국선박 집행상의 몇 가지 문제점", 재판자료(34), 법원행정처(1986), 629; 문영화, "외국선박의 저당권자가 등기부에 기입된 선박 위의 권리자로서 배당요구와 상관없이 배당을 받기 위한 요건(2004. 10. 28. 선고 2002다25693 판결)", 대법원판례해설 제51호, 569; 이정일, "외국선박에 대한 집행절차에 있어서 저당권자의 지위", 판례연구 제17집, 부산판례연구회(2006), 743~744 참조.

4 권오곤, "외국선박 집행상의 몇 가지 문제점", 재판자료(34), 법원행정처(1986), 632~633.

5 선박집행실무(개정판), 부산지방법원(2013), 182~183.

6 안철상, "선박 및 자동차에 대한 집행", 재판자료 72집, 법원행정처(1996), 370.

및 선박우선특권이 미치는 대상의 범위는 국제사법 제60조 제1호에 따라 선적국의 법이 준거법이 된다. 그리고 러시아 헌법은 제15조 제4항에서 "일반적으로 승인된 원칙, 국제법 및 러시아 연방의 국제조약은 러시아 연방 법률체계의 일부를 구성한다. 러시아 연방의 국제조약이 법률과 달리 정하고 있는 경우에는 국제조약이 적용된다." 라고 규정하고 있으므로, 러시아가 선박우선특권에 관한 국제조약에 가입하고 있는 경우에는 러시아 국적선에 대한 선박우선특권에 관하여는 국제조약이 러시아 국내법에 우선하여 적용된다.

'선박우선특권 및 저당권에 관한 1967년 국제협약'(Convention on Maritime Lien and Mortgages, 1967, 이하 '1967년 협약'이라 한다)에서 인정하던 '다른 용선자(other charterer)'에 대한 채권에 관한 선박우선특권을 '선박우선특권 및 저당권에 관한 1993년 국제협약'(Convention on Maritime Lien and Mortgages, 1993, 이하 '1993년 협약'이라 한다)에서 삭제한 것은, 선박우선특권의 경우 선박에 저당권이 이미 설정된 경우에도 저당권에 우선하여 변제받을 수 있어 선박저당권자의 권리가 침해될 수 있으므로, 선박우선특권으로 담보되는 채권을 합리적으로 축소·조정하여 선박저당권자의 지위를 강화하고 선박금융을 원활하게 하기 위하여 대외적으로 선박소유자와 같은 책임을 부담하는 선체용선자(demise charterer)를 제외한 나머지 용선자들, 즉 정기용선자(time charterer)와 항해용선자(voyage charterer)에 대한 채권을 선박우선특권의 피담보채권의 범위에서 제외한 것이다.

그리고 1993년 협약이'선박운항자(operator)'와'용선자(charterer)'가 서로 구별되는 개념임을 전제로, 용선자(charterer) 중 선체용선자(demise charterer)만을 선박운항자(operator)와 나란히 선박우선특권의 피담보채무자로 열거하고 있는 점 등에 비추어 일정 기간 동안 선박을 용선하여 이용하는 '정기용선자(time charterer)'는 1993년 협약 제4조 제1항에서 정한 '선박운항자(operator)'에 해당되지 않는다.

위와 같은 1967년 협약 제7조 제1항, 1993년 협약 제4조 제1항 등의 규정, 1993년 협약의 개정 경위 및 개정 내용, 그리고 1993년 협약상 '선박운항자(operator)' 개념에 '정기용선자'가 포함되지 않는 점 등의 사정을 종합하면, 1993년 협약의 해석상 정기용선자에 대한 채권에 관하여는 선박우선특권이 인정되지 않는다.

16 [판례] 대법원 2012. 7. 16.자 2009 마 461 결정

사안의 개요: ① 이 사건 선박에 대하여 선박우선특권의 실행을 위한 경매를 신청한 재항고인은 국내에서 선박대리점업을 영위하는 법인이고, 이 사건 경매개시결정에 대하여 이의신청을 한 상대방은 외국법인으로서 이 사건 선박의 소유자임.

② 채무자는 미합중국 워싱턴주 씨애틀시에 주소를 두고 있는 외국법인으로서 이 사건 선박의 용선자이고, 이 사건 선박의 선적국은 러시아임.

③ 재항고인은 채무자와 선박대리점계약을 체결하였는데, 그 계약에서 이 사건 선박의 입·출항시 발생하는 항비 등 비용은 이 사건 선박의 용선자인 채무자가 부담하기로 하되 재항고인이 채무자를 대신하여 우선 지급하기로 약정하였고, 이에 재항고인은 2006. 2. 28.경부터 2006. 7. 30.경까지 화물 양·적하를 위하여 부산항에 입·출항한 이 사건 선박의 입·출항료, 정박료, 도선료, 도선선비, 예선료, 강취방료, 오염방제비 등 합계 21,352,272원을 채무자를 대신하여 부산항만공사 등 이 사건 항비 등의 채권자에게 지급하였음.
판단: 국내에 영업소가 있는 선박대리점이 외국의 선박소유자 등과의 선박대리점계약에 기하여 외국 선적의 선박에 관하여 항해 등에 관한 사무의 처리를 위탁받아 그 사무를 처리하는 경우에, 그 선박대리점계약에 의하여 발생하는 채권 및 채무의 종류·내용과 효력, 그리고 변제 그 밖의 방법에 의한 소멸 등의 사항에 관하여 당사자가 준거법을 따로 선택하지 아니하였다면, 다른 특별한 사정이 없는 한 국제사법 제26조 제2항 단서에 의하여 계약과 가장 밀접한 관련이 있는 것으로 추정되는 선박대리점의 영업소가 있는 우리나라의 법이 준거법이 된다(☞ 이러한 판단에 따라 대법원은 재항고인이 자신의 출연으로 항비 등을 변제한 것은 특별한 사정이 없는 한 우리 민법 제481조에서 정한 '변제할 정당한 이익이 있는 자'의 변제에 해당하여 항비 등 채권을 당연히 대위할 수 있다고 판단하였음).

III. 집행의 대상

1. 선박의 개념

17 상법은 선박에 관하여, '선박'이란 상행위나 그 밖의 영리를 목적으로 항해에 사용하는 선박을 말한다고 규정하고 있으나(상법 제740조), 선박법은 1999년 4월 15일 개정될 때까지 선박의 정의에 관하여 명문규정을 두지 아니하였으며, 일반적으로 "수면 또는 수중을 항행하는 용도와 그 능력을 가지는 일정한 구조물로서 추진기를 장치하지 아니한 준설선등을 제외한 것"으로 정의하여 왔었다.[7] 1999년 개정된 선박법에서 선박의 정의규정을 신설하여, 현행 선박법은 '선박'이란 수상 또는 수중에서 항행용으로 사용하거나 사용될 수 있는 배종류를 말하며, 기선[機船, 기관을 사용하여 추진하는 선박(선체 밖에 기관을 붙인 선박으로서 그 기관을 선체로부터 분리할 수 있는 선박 및 기관과 돛을 모두 사용하는 경우로서 주로 기관을 사용하는

7 정해덕, "개정상법 하에서의 선박의 의의와 선박등록·등기", 법조 57권 3호(통권 제618호), 법조협회(2008), 199~200.

것을 포함)과 수면비행선박(표면효과 작용을 이용하여 수면에 근접하여 비행하는 선박)], 범선[帆船, 돛을 사용하여 추진하는 선박(기관과 돛을 모두 사용하는 경우로서 주로 돛을 사용하는 것을 포함)] 및 부선[艀船, 자력항행능력이 없어 다른 선박에 의하여 끌리거나 밀려서 항행하는 선박]으로 구분한다고 규정하고 있다(선박법 제1조의2).

18 민사집행법상의 선박은 선박법이 규정하는 선박을 기본으로 하고 있다. 이를 분설하면 다음과 같다.

19 첫째, 수상 또는 수중을 항행하는 것이어야 한다. 따라서 수중을 항행하는 잠수선이나 수면 위를 약간 떠서 항행하는 수면비행선박도 선박에 포함되지만, 주로 비행을 목적으로 하는 수상비행기나 수상비행선은 선박이라고 할 수 없다.

20 둘째, 항행용으로 사용하거나 사용될 수 있는 배종류여야 한다. 종래 선박은 사람 또는 물건을 운반하기 위하여 이용되는 것이므로 장소를 이동한다는 목적과 능력을 모두 갖출 것을 요구하였으나, 최근에는 항행용으로 사용될 수 있는 능력을 갖추고 있으면 선박으로 볼 수 있다. 일정한 장소에 고정되어 항행할 수 없는 침잠함(沈潛艦), 부표(浮漂), 등대선(燈臺船), 수상호텔, 수상창고(水上倉庫) 등은 선박이 아니다.[8] 그리고 일정한 장소에서 작업하는 골재채취선이나 기중기선(起重機船), 해상크레인선 등도 선박에 해당하지 않는다는 견해가 다수이나, 항행능력이 있다면 선박에 해당된다고 보아도 좋을 것이다.[9] 준설선(浚渫船)은 해상화물운송에 사용하기 위하여 선박법에 따른 선박으로 등록된 것을 제외하고는 건설기계로 분류된다(건설기계관리법시행령 제2조 별표 1 참조). 다만 판례는 건설기계 등록으로 선박등기가 말소되어야 함에도 말소되지 않고 남아있는 경우 기존 선박등기를 기초로 권리관계를 맺은 근저당권자 등 이해관계인이 있다면, 그 이해관계인의 승낙 없이는 선박등기를 말소할 수 없고,[10] 선박등기를 무효로 볼

8 정찬형, 선박법강의(하), 797; 최준서, 보험법·해상법, 삼영사(2010), 355; 법원실무제요, 민사집행[Ⅲ], 사법연수원(2020), 500; 김태업, "선박 및 자동차집행에서의 실무상 문제점", 재판실무연구(2) 민사집행소송, 한국사법행정학회(2008), 455.

9 2009. 12. 29. 개정된 선박법 제26조 제4호는 "총톤수 20톤 이상인 부선 중 선박계류용·저장용 등으로 사용하기 위하여 수상에 고정하여 설치하는 부선"에 대하여는 등기와 등록에 관한 규정의 적용을 배제하면서, "공유수면관리법 제5조에 따른 점용 또는 사용 허가나 하천법 제33조에 따른 점용허가를 받은 수상호텔, 수상식당 또는 수상공연장 등 부유식 수상구조물형 부선"에 대하여는 등기와 등록에 관한 규정의 적용함으로써, 공유수면이나 하천의 일정한 제한된 장소에서의 운영을 전제로 하는 이러한 수상호텔 등 부유식 수상구조물형 부선을 등기·등록의 대상으로 하고 있는 점에 비추어 장소적 제한이 있다고 하여 선박의 개념에서 제외할 것은 아니다.

10 대법원 2013. 9. 9. 자 2012마2065 결정.

수 없다고 하였다.[11] 뗏목은 뗏목을 구성하는 목재 자체의 운반을 목적으로 하는 것이므로 선박이 아니다.

21 셋째, 항행의 능력이 있는 것이라야 한다. 이 경우의 항행능력은 반드시 자력으로 항행할 수 있어야 한다는 것을 의미하는 것은 아니라는 것이 국내에서의 일반적인 학설이다.[12] 따라서 독항능력이 없는 피예인선(被曳引船) 등도 역시 선박이라고 할 수 있다.

2. 등기할 수 있는 선박

22 **가.** 이처럼 선박의 개념에는 해당하더라도 그것만으로 선박집행의 대상이 되는 것은 아니고 등기할 수 있는 선박만이 선박집행의 대상이 된다(민사집행법 제172조). 1990. 1. 13. 개정 전의 구 민사소송법 제678조가 "선박등기 있는 선박에 대한 강제집행은"이라고 규정하고 있었기 때문에 현실적으로 선박등기가 되어 있는 선박만이 선박집행의 대상인 것처럼 오인될 여지도 있었으나,[13] 1990. 1. 13. 개정된 구 민사소송법은 등기할 수 있는 선박이면 된다는 것을 명백히 하였다.

23 외국선박에도 같은 기준을 적용한다.[14] 민사집행법 제186조는 외국선박에 대한 강제집행에는 등기부에 기입할 절차에 관한 규정을 적용하지 아니한다고 규정하나, 이는 국내에 외국선박의 등기부가 있을 수 없으므로 경매개시결정 등을 촉탁할 수 없다는 취지이지, 외국선박에 대한 집행절차에서 선박에 관한 등기부초본을 제출토록 한 규정(민사집행법 제177조 제1항 제2호)의 적용을 배제하는 근거가 되지는 않는다.[15]

24 어떤 선박이 등기능력이 있는지에 관하여는 선박등기법 제2조가 규정하고 있다. 즉, 총톤수 20톤 이상의 기선과 범선 및 총톤수 100톤 이상의 부선[16](다만 선박계

11 대법원 2015. 9. 15. 선고 2015다204878 판결.

12 송옥렬, 상법강의, 홍문사(2011), 325; 최준서, 보험법·해상법, 삼영사(2010), 355; 신현기, 민사집행법각론(상), 부동산집행, 법률서원(2003), 687; 법원실무제요 민사집행(Ⅲ), 사법연수원(2020), 6. 반대견해로는 이상원, "선박에 대한 강제집행에 관한 실무상 문제점", 재판자료 36집(하), 법원행정처(1987), 497; 안철상, "선박 및 자동차에 대한 집행", 재판자료 72집, 법원행정처(1996), 369; 김태업, 선박 및 자동차집행에서의 실무상 문제점", 재판실무연구(2) 민사집행소송, 한국사법행정학회(2008), 456.

13 그러나 학설은 일반적으로 선박등기할 수 있는 선박을 말하는 것으로 해석하고 있었다. 이상원, "선박에 대한 강제집행에 관한 실무상 문제점", 재판자료 36집(하), 법원행정처(1987), 499; 남기정, 실무강제집행법(7), 육법사(1989), 116 등.

14 이시윤, 신민사집행법(제8개정판), 박영사(2020), 405.

15 대법원 2004. 10. 28. 선고 2002다25693 판결(공 2004. 12. 1.(215), 1927).

16 종래 부선은 등기능력이 없다고 해석하여 왔으나[대법원 1987. 11. 24. 선고 87누593 판결(공816, 184), 부선의 활용도 및 경제적 규모가 커지자 선박법에서 명문으로 등기능력을 부여하게 되었다. 해상법 개정 논의에서도 부선을 선박에 포함시키자는 논의가 있었으나 채택되지 못하였다고 한다(송옥렬, 상법강의, 홍문사(2011), 325).

류용·저장용 등으로 사용하기 위하여 수상에 고정하여 설치하는 부선은 제외하나, 공유수면관리 및 매립에 관한 법률 제8조에 따른 점용 또는 사용허가나 하천법 제33조에 따른 점용허가를 받은 수상호텔, 수상식당 또는 수상공연장 등 부유식 수상구조물형 부선은 포함한다)에 대하여 등기할 수 있다(선박등기법 제2조, 선박법 제26조 제4호).[17]

25 [판례] 대법원 2020. 9. 3. 선고 2018다273608 판결
등기할 수 있는 선박에 대한 강제집행은 부동산의 강제경매에 관한 규정에 따른다(민사집행법 제172조 본문).
선박등기법 제2조는 "이 법은 총톤수 20톤 이상의 기선과 범선 및 총톤수 100톤 이상의 부선에 대하여 적용한다. 다만 선박법 제26조 제4호 본문에 따른 부선에 대하여는 적용하지 아니한다."라고 정하고 있다. 선박법 제26조 제4호 본문은 '총톤수 20톤 이상인 부선 중 선박계류용·저장용 등으로 사용하기 위하여 수상에 고정하여 설치하는 부선'을 선박의 등기와 등록에 대해 정한 선박법 제8조 등 일부 규정이 적용되지 않는 선박으로 정하면서, 단서에서 "공유수면 관리 및 매립에 관한 법률 제8조에 따른 점용 또는 사용 허가나 하천법 제33조에 따른 점용허가를 받은 수상호텔, 수상식당 또는 수상공연장 등 부유식 수상구조물형 부선은 제외한다."라고 정하고 있다. 선박법 제26조 제4호 단서는 수상레저의 수요 증가 등으로 수상구조물의 설치가 활성화될 것에 대비하여 수상호텔, 수상식당 또는 수상공연장 등 부유식 수상구조물형 부선을 선박법상 등록 대상에 포함시키고 등기가 가능하도록 하는 데 그 취지가 있다. 위와 같은 선박법 제26조 제4호 단서의 문언과 취지 등을 종합하면, 선박법 제26조 제4호 단서에서 정한 수상호텔, 수상식당 또는 수상공연장은 부유식 수상구조물형 부선의 종류를 예시한 것으로 보아야 한다(☞ 대법원은 총톤수 144t의 부선인 선박 위에 10cm 두께의 콘크리트를 타설하여 수상레저사업에 사용하기 위한 난간대, 사무실, 탈의실과 몽고천막 4동 등 구조물을 설치한 사안에서, 위 선박은 선박법 제26조 제4호 단서에서 정한 부유식 수상구조물에 해당하므로, 그 강제집행은 부동산 강제경매에 관한 규정에 따라야 하고, 유체동산 경매절차에서 위 선박을 매수한 것은 민사집행법 제172조에 반하여 무효라고 판단함).

26 등기의 대상이 되지 않는 소형선박(총톤수 20톤 미만의 기선 및 범선과 100톤 미만의 부선)에 대하여는 소유자가 지방해양청장에게 등록을 신청하여야 하는바(선박법 제8조 제1항), 등록이 소형선박 소유권의 득실변경의 효력발생요건이다(제8조의2). 소형선박에 대하여는 뒤에서 보는 바와 같이 자동차집행에 관한 규정이 준용된다(민사집행법 제187조).

17 선박등기부에는 소유권·저당권·임차권의 설정, 보존, 이전, 변경, 처분의 제한 또는 소멸에 관하여 기재한다(선박등기법 제3조).

27 **나.** 등기능력은 있으나 아직 미등기인 선박에 대하여 선박집행을 함에 있어서는 미등기부동산의 경우와 마찬가지로 경매개시결정의 등기의 촉탁에 의하여 등기공무원이 선박소유권의 보존등기를 할 수 있으므로, 집행법원은 집행채권자가 채무자 명의로 즉시 채무자 명의로 등기할 수 있음을 증명하는 서류(민사집행법 제172조, 제81조 제1항 제2호)를 제출하면 경매개시결정을 하고, 이에 따라 법원사무관 등은 그 등기를 촉탁하여야 하며, 등기관은 선박소유권의 보존등기를 할 수 있는 것이다. 그러나 실무상으로는 채권자가 채권자대위권에 의하여 등기를 하고 경매신청을 하는 것이 보통이다.[18]

28 **다.** 등기능력이 없는 선박에 대하여는 유체동산집행의 방법에 의하여 집행한다.[19] 총톤수 20톤 미만의 기선과 범선 및 100톤 미만의 부선은 등기능력이 없다. 다만, 등록된 소형선박에 대하여는 자동차집행의 방법에 의한다.

3. 건조 중인 선박에 대한 강제집행의 방법

29 위에서 살펴본 선박의 개념에 비추어 볼 때 건조 중인 선박은 선박이라고는 할 수 없다. 그러나 건조 중인 선박도 선박저당권의 목적이 되고(상법 제874조), 또 이에 대하여 선박소유권의 등기를 하지 아니한 채 저당권의 등기만 할 수 있도록 되어 있으므로(선박등기처리규칙 제36조), 담보권의 실행을 위한 경매를 할 수 있음은 의문의 여지가 없다.

30 그러나 건조 중인 선박에 대한 강제집행의 방법에 관하여는 민사집행법상 명문의 규정이 없어 의문의 여지가 있고,[20] 이 점에 관하여는 선박집행설과 동산집행설이 대립하고 있다.

31 선박집행설은 민사집행법이 건축 중인 건물에 대하여 부동산집행방법에 따라 집행할 수 있는 길을 열어 놓았고(민사집행법 제81조 제1항 제2호), 건조 중인 선박에 대하여도 등기할 수 있는 방법이 있으므로(선박등기법 제5조, 선박등기규칙 제8조의3, 제8조의4), 건조 중인 선박도 선박집행의 대상이 된다고 한다.[21] 이에 대하여 동

18 법원실무제요, 민사집행[Ⅲ], 사법연수원(2020), 502.

19 이시윤, 신민사집행법(제8개정판), 박영사(2020), 405; 박두환, 민사집행법(제2판), 법률서원(2003), 447; 신현기, 민사집행법 각론(상), 부동산집행, 법률서원(2003), 689.

20 독일 민사소송법 제870조a 제1항은 건조 중인 선박(Schiffbauwerk)은 등기될 수 있는 것이면 강제집행에 있어 선박과 같이 취급한다.

21 강대성, 신민사집행법, 탑북스(2014), 234; 오시영, 민사집행법, 학현사(2007), 584.

산집행설은 건조 중인 선박은 아직 선박이라 할 수 없으므로 법률상 동산이며, 비록 저당권의 목적은 될 수 있으나 선박으로서는 아직 미완성이므로 선박소유권보존등기를 할 수 없기 때문에(선박등기규칙 제40조 참조) 경매개시결정등기가 불가능할 뿐 아니라, 선박국적증서도 발행되지 아니하므로 유체동산집행의 절차에 의하여 집행하여야 한다고 한다.[22]

32 양설을 비교하면 선박집행설은 제3자에 대하여 압류의 대항요건을 구비할 방법이 없는 데 반하여, 동산집행설은 집행관이 채무자의 점유를 인도받게 되면 채무자는 그 선박의 건조를 속행할 수 없으나 채무자가 집행관으로부터 사용허가를 받은 경우에는 건조를 속행할 수 있고, 이 경우 건조가 완료되어 등기능력 있는 선박이 되면 동산집행절차로 할 수 없어 또다시 선박집행절차를 밟아야 하는 불편이 있기는 하나[23] 집행절차가 불가능한 정도에는 이르지 아니하므로, 근래에는 동산집행설이 더욱 유력하다.[24] 다만 동산집행설에 의하면 저당권자는 배당을 받아야 하는 채권자에 포함되지 않기 때문에 저당권자에게 배당을 할 수 없고, 매수인이 저당권을 인수하여야 한다.[25]

4. 침몰선과 난파선

33 선박이 침몰되었을 때에는 소유권의 등기명의인은 그 등기의 말소를 신청하여야 한다(선박등기처리규칙 제32조 제1항 제1호). 이러한 침몰선은 원칙적으로 강제집행의 대상이 될 수 없다. 그러나 얕은 바다에 침몰되어 그 인양이 가능한 경우에는 그 선박이 물리적으로 멸실된 것은 아니므로 여전히 선박집행의 대상이 된다고 보아야 한다. 난파선의 경우에도 구조나 수리가 가능하다면 마찬가지로 취급하여야 한다.[26]

22 박두환, 민사집행법(제2판), 법률서원(2003), 447~448; 이상원, "선박에 대한 강제집행에 관한 실무상 문제점", 재판자료 36집(하), 법원행정처(1987), 497~498.

23 신현기, 민사집행법 각론(상), 부동산집행, 법률서원(2003), 690.

24 남기정, 실무강제집행법(7), 육법사(1989), 118~119; 박두환, 민사집행법(제2판), 법률서원(2003), 448; 신현기, 민사집행법 각론(상), 부동산집행, 법률서원(2003), 690.

25 신현기, 민사집행법 각론(상), 부동산집행, 법률서원(2003), 690; 김태업, "선박 및 자동차집행에서의 실무상 문제점", 재판실무연구(2) 민사집행소송, 한국사법행정학회(2008), 459; 안철상, "선박 및 자동차에 대한 집행", 재판자료 72집, 법원행정처(1996), 372; 법원실무제요, 민사집행[Ⅲ], 사법연수원(2020), 503.

26 법원실무제요, 민사집행[Ⅲ], 사법연수원(2020), 506; 남기정, 실무강제집행법(7), 육법사(1989), 120; 이상원, "선박에 대한 강제집행에 관한 실무상 문제점", 재판자료 36집(하), 법원행정처(1987), 498.

5. 기타

34 **가.** 선박의 지분에 대한 강제집행은 부동산의 지분을 부동산집행의 방법에 의하여 집행하는 것과는 달리 그 밖의 재산권에 대한 강제집행의 예에 따라 집행한다(민사집행법 제185조 제1항, 제251조). (☞ 상세한 내용은 민사집행법 제185조 주석 참조)

35 **나.** 선박의 속구, 즉 선박의 일부분을 구성하지 아니하는 별개의 물건이지만 선박의 상용에 공하기 위하여 부속시킨 단주(작은 배), 닻(얕은 바다에서 배를 정박시킬 때 사용하는 계선구로서 정 또는 묘라고 함), 돛(帆), 나침반, 구명구 등은 선박의 종물이므로(상법 제742조 참조) 선박이 압류되면 그 효력은 속구에도 미친다. 또 분리되기 전에는 속구는 선박의 종물이므로 선박에 대하여 강제집행이 행하여지는 경우에 이와 별도로 속구에 대하여 동산집행을 하는 것은 허용되지 않고, 선박에 대한 강제집행을 하고 있지 않은 경우에 속구만을 대상으로 하여 동산집행을 할 수도 없다.[27] 그러나 압류의 효력이 생기기 전에 선박에서 분리된 선박의 속구는 별도의 독립된 동산이므로 선박에 대한 경매절차를 통하여 선박의 소유권을 취득하였다 하더라도 이미 분리된 속구의 소유권까지 선박의 매수인이 취득하는 것은 아니다.[28]

36 **다.** 선박집행에는 뒤에 보는 바와 같은 억류조치(정박 또는 감수보존처분)가 불가결의 요소로 되어 있는 점에 비추어, 채무자 이외의 제3자가 점유 중인 선박은 그 제3자의 점유권원의 여하에 불구하고 선박강제경매의 대상이 될 수 없다. 이 경우에는 민사집행법 제244조의 규정에 의하여 먼저 선박의 인도청구권을 압류하여 보관인에게 인도하게 한 후에 선박강제경매로 이행하여야 한다(민사집행규칙 제171조), 다만 선박소유자에 갈음하여 선장이 집행채무자가 되는 경우에 선장이 선박을 점유하는 때에는 물론 집행에 방해가 되지 아니한다.

IV. 집행의 방법

37 민사집행법 제172조는 등기할 수 있는 선박에 대한 강제집행은 부동산의 강제경매에 관한 규정에 따르도록 하고 있어 강제경매 외에 강제관리(민사집행법 제667조

27 법원실무제요 민사집행[Ⅲ], 사법연수원(2020), 507; 남기정, 실무강제집행법(7), 육법사(1989), 120; 이상원, "선박에 대한 강제집행에 관한 실무상 문제점", 재판자료 36집(하), 법원행정처(1987), 498~499.
28 대판 1965. 3. 9. 64다1793.

이하)는 허용되지 않는다.[29]

38 이처럼 선박에 대한 강제관리가 허용되지 않는 이유는 원래 선박의 운항에 의한 이익은 강제관리가 본래 그 목적으로 하고 있는 천연과실이나 법정과실과는 본질적으로 다른 기업이익으로서 본래의 강제관리와는 성질이 다르고, 또 실질적인 이유로는 해운업은 전문적인 분야여서 관리인에게 특별한 경험이나 능력이 없으면 운항 자체가 불가능하며, 또 운항에 따르는 위험도 클 뿐만 아니라, 많은 비용이 소요되어 항상 운항에 의한 이익이 확보되지는 않는다는 데 있다.[30]

V. 집행의 절차

39 선박에 대한 강제집행에 있어서는 몇 가지 특칙이 있는 외에는 부동산강제경매에 관한 규정이 준용된다(민사집행법 제172조). 따라서 그 절차도 부동산강제경매와 대체로 같다.

1. 강제집행의 신청

40 선박에 대한 강제경매의 신청은 서면으로 하여야 한다(민사집행법 제4조). 신청서에는 소정의 사항을 적고(민사집행법 제172조, 제80조, 민사집행규칙 제95조), 소정의 서류를 붙여야 하며(민사집행법 제172조, 제81조, 제177조, 민사집행규칙 제95조), 5,000원의 인지를 붙여야 한다(민사소송 등 인지법 제9조 제3항)(☞ 자세한 내용은 민사집행법 제177조 주석 참조).

41 선박에 대한 강제경매를 신청하는 때에는 채권자는 강제집행에 필요한 비용으로서 법원이 정하는 금액을 미리 내야 한다(민사집행법 제18조 제1항). 강제집행에 필요한 비용이라 함은 선박의 감정료, 매각수수료, 현황조사비용 등의 각종 수수료와 송달료이다. 선박경매 과정에서 발생한 선박의 정박료도 선박경매를 수행하기 위한 것으로서 당해 집행사건의 집행비용에 해당한다고 보아야지 상법 제861조 제1항 제1호 소정의 선박우선특권에 해당한다고 볼 수는 없다.[31] 송달료는 송달료수납은행에 납부하여야 한다.

29 법원실무제요 민사집행[Ⅲ], 사법연수원(2020), 510; 박두환, 민사집행법(제2판), 법률서원(2003), 449, 남기정, 실무강제집행법(7), 육법사(1989), 116; 김일룡, 민사집행법강의(제2판), 도서출판 오래(2014), 331; 이상원, "선박에 대한 강제집행에 관한 실무상 문제점", 재판자료 36집(하), 법원행정처(1987), 502.
30 이상원, "선박에 대한 강제집행에 관한 실무상 문제점", 재판자료 36집(하), 법원행정처(1987), 501.
31 대법원 1998. 2. 10. 선고 97다10468 판결[공1998. 3. 15.(54), 676].

2. 경매개시결정(압류절차)

42 경매개시결정은 선박경매절차를 개시한다는 취지와 선박의 압류선언 및 정박명령과 선박국적증서등의 수취·제출명령 등이 그 내용을 이루고, 신청채권자가 경매신청과 아울러 선박감수·보존명령신청도 한 경우에는 감수·보존결정도 함께 한다.

가. 경매개시결정

1) 심리

43 선박강제경매신청에 대한 심리는 심문기일이나 변론기일을 열어 할 수도 있으나 변론이나 심문 없이 서면에 의하여 심리하는 것이 통상적이다. 심리의 결과 신청의 요건을 갖추었다고 판단되면 강제경매개시결정을 하며, 만약 요건에 흠이 있고, 그 흠이 보정될 수 없는 것이면 결정으로 신청을 각하한다. 보정할 수 있는 것이면 보정을 명한다. 신청의 이유가 없으면 기각한다. 강제경매신청을 기각하거나 각하하는 재판에 대하여는 즉시항고를 할 수 있다(민사집행법 제172조, 제83조 제5항).

44 경매개시결정에 의하여 선박이 압류됨은 부동산의 경우와 같다(민사집행법 제83조 제1항). 그러나 일단 압류의 효력이 생기면 선박은 원칙적으로 압류항에 정박하여야 하므로(제176조 제1항), 부동산의 경우처럼 압류의 효력이 생긴 후에도 채무자가 계속 관리·이용할 수 있는 것이 아니어서 민사집행법 제83조 제2항은 준용되지 않는다.

2) 압류선박의 정박

45 법원은 집행절차를 행하는 동안 선박이 압류 당시의 장소에 계속 머무르도록 명하여야 한다(민사집행법 제176조 제1항, 통상 항구 단위로 명한다). 이러한 정박의무는 압류의 효력이 생김으로써 법률상 당연히 발생하고 별도로 법원의 명령이 있어야만 발생하는 것은 아니다. 그러나 실무에서는 경매개시결정 가운데 또는 경매개시결정과 별도로 정박명령을 발하고 있다.

3) 선박국적증서등의 수취·제출명령

46 법원은 경매개시결정을 한 때에는 집행관에게 선박국적증서 그 밖에 선박운행에 필요한 문서를 선장으로부터 받아 법원에 제출하도록 명하여야 한다(민사집행법 제174조 제1항). 이는 경매개시결정과 함께 압류선박의 운행에 필요한 서류를 받게 하여 법률상 그 선박의 운행이 불가능한 상태에 둠으로써 압류의 실효성을 뒷받침하려는 규정이다.

나. 보전처분

1) 선박집행 신청 전의 선박국적증서등의 인도명령

47 선박에 대한 집행의 신청 전에 선박국적증서 등을 받지 아니하면 집행이 매우 곤란할 염려가 있는 경우에는 선적이 있는 곳을 관할하는 지방법원(선적이 없는 때에는 대법원규칙이 정하는 법원)은 신청에 따라 채무자에 대하여 선박국적증서 등을 집행관에게 인도하도록 명할 수 있다. 급박한 경우에는 선박이 있는 곳을 관할하는 지방법원도 이 명령을 할 수 있다(민사집행법 제175조 제1항). 이는 선박이 특정한 항구에 입항한 후에 경매신청을 하더라도 집행되기 전에 출항하여 버리면 선박국적증서 등을 수취할 수 없게 됨으로써 집행불능에 빠지는 수가 있기 때문에 이러한 불합리를 제거하기 위하여 마련된 일종의 보전처분으로서, 채권자로 하여금 선박집행의 신청 전에 미리 수취명령(인도명령)을 받아 선박의 입항을 기다려 곧바로 선박국적증서 등을 수취할 수 있게 한 것이다.

2) 선박의 감수·보존처분

48 선박은 경매절차 중에는 압류항에 정박시켜 두는 것을 원칙으로 한다. 그러나 부동산과 달리 이동이 가능하고, 선박 및 속구의 은닉·훼손 등에 의한 가치감소 등의 위험이 있으므로, 이를 방지하여 경매절차의 수행을 확실하게 하며, 그 가격을 유지하게 하기 위하여, 법원은 채권자의 신청에 따라 감수인을 선임하여 선박을 감수하도록 하거나 그 보존에 필요한 처분을 명할 수 있도록 하였다(민사집행법 제178조 제1항). 이는 선박국적증서등의 수취제도(제174조, 제175조)와 함께 압류의 실효성을 확보하기 위한 장치이다.

다. 경매개시결정 후의 조치

1) 압류의 효력

49 선박강제경매개시결정으로 인한 압류의 효력이 원칙적으로 경매개시결정이 송달된 때 또는 경매개시결정등기가 된 때에 생기는 것은 부동산집행의 경우와 같으나(민사집행법 제83조 제4항), 그 외에 집행관이 민사집행법 제174조 제1항의 규정에 의하여 선박국적증서 등을 받은 때(제174조 제2항) 또는 감수·보존처분을 하였을 때(제178조 제2항)에도 압류의 효력이 생기는바, 위 각 시기 중 가장 빠른 때에 압류의 효력이 생긴다.[32]

32 김일룡, 민사집행법강의(제2판), 도서출판 오래(2018), 332.

50 그 외에 선장을 채무자로 하는 집행권원에 기하여 선박을 압류하면 그 압류의 효력이 선박의 소유자에게도 미치고, 압류한 뒤에 소유자나 선장이 바뀌더라도 경매절차의 속행에는 지장이 없는 것(민사집행법 제179조)도 선박집행의 특색이라고 할 수 있다.

2) 경매개시결정등기의 촉탁

가) 등기선박의 경우

51 이미 등기되어 있는 선박의 경우 법원이 경매개시결정을 하면 법원사무관 등은 즉시 그 사유를 등기부에 기입하도록 등기관에게 강제경매개시결정등기를 촉탁하여야 함은 부동산강제경매의 경우와 같다(민사집행법 제172조, 제94조 제1항). 등기를 촉탁하였으나, 채무자의 소유명의가 다르다는 등의 이유로 등기를 할 수 없는 경우에는 민사집행법 제96조를 준용하여 선박집행절차를 취소한다(제172조).

나) 미등기선박의 경우

52 미등기선박의 경우에는 등기관이 집행법원의 촉탁에 의하여 소유권보존등기와 함께 경매개시결정 기입등기를 하게 되므로, 선박의 표시 외에 미등기선박이라는 취지를 적어 등기를 촉탁하여야 한다. 구체적 등기절차는 선박등기처리규칙 제31조에 의한다. 다만 미등기선박의 소유권보존등기를 위해서는 해운관서로부터 총톤수측정을 받아 총톤수가 기재된 선박총톤수측정증명서(선박법시행규칙 제4조)를 교부받아 제출하여야 하는바(또는 어선총톤수측정증명서를 제출하여야 한다. 선박등기처리규칙 제18조), 아직 총톤수측정절차를 마치지 아니한 미등기선박에 대하여는, 채권자는 채권자대위에 의하여 소유자를 대위하여 선적항을 정하고 선박법 제7조에 의한 총톤수측정신청을 하여 측정을 마친 후 선박총톤수측정증명서를 교부받아 경매를 신청하여야 한다.

다) 건조 중인 선박의 경우

53 건조 중인 선박에 대하여도 저당권의 설정이 허용되기 때문에(상법 제790조) "건조중의 선박등기부"에 그 등기를 할 수는 있으나 그 소유권에 관한 등기는 인정되지 아니한다. 그러므로 건조 중인 선박에 대한 강제집행에 관하여 선박집행설의 입장을 취하더라도(선박집행설보다는 동산집행설이 더 유력함은 앞서 설명한 바와 같다), 경매개시결정등기는 할 수 없다.

54 따라서 건조 중인 선박에 대한 강제경매신청을 받아들이는 경우에도 그 선박에 대하여 이미 저당권의 등기가 되어 있더라도 경매개시결정등기를 촉탁할 수 없다.

라) 외국선박의 경우

55 외국선박에 대하여 경매개시결정을 한 경우에도 그 등기의 촉탁은 하지 아니한다(민사집행법 제186조).

3) 기타

56 강제경매개시결정은 채무자(또는 그 대리인인 선장)에게 송달하여야 하고, 채권자에게 고지하여야 한다. 개시결정에 대하여는 이해관계인이 경매개시결정에 대한 이의로 불복신청을 할 수 있다(민사집행법 제172조, 제86조). 한편, 선박의 멸실 그 밖의 매각으로 말미암아 권리의 이전을 불가능하게 하는 사정이 명백하게 된 때에는 집행법원은 강제경매의 절차를 취소하여야 한다(제172조, 제96조). 개시결정 후 법원은 직권 또는 이해관계인의 신청에 따라 선박에 대한 침해행위를 방지하기 위한 조치를 할 수도 있다(민사집행법 제172조, 제83조 제3항, 민사집행규칙 제44조).

3. 운행허가

57 법원은 영업상의 필요 그 밖에 상당한 이유가 있다고 인정한 때에는 채무자의 신청에 따라 선박의 운행을 허가할 수 있다. 이 경우에는 채권자·최고가매수신고인·차순위매수신고인 및 매수인의 동의가 있어야 한다(민사집행법 제176조 제2항). 이는 선박이 압류항에 묶여 있음으로써 그 운행에 의하여 얻을 수 있는 이익을 얻지 못하게 되고, 또 많은 액의 체선료를 부담하여야 하는 손실 등을 방지하기 위한 것이다.

4. 현금화절차와 배당절차[33]

가. 총설

58 선박에 대한 강제집행에서 현금화절차와 배당절차는 부동산강제경매의 규정이 준용된다(민사집행법 제172조, 민사집행규칙 제105조). 따라서 집행법원은 경매개시결정에 따른 압류의 효력이 생긴 때(그 경매개시결정 전에 다른 경매개시결정이 있은 경우를 제외한다)에는 절차에 필요한 기간을 감안하여 배당요구를 할 수 있는 종기를 첫 매각기일 이전으로 정하고(민사집행법 제84조 제1항), 위 배당요구의 종

33 법원실무제요, 민사집행[Ⅲ], 사법연수원(2020), 548~561 참조.

기결정은 경매개시결정에 따른 압류의 효력이 생긴 때부터 1주 이내에 하여야 하며(제84조 제3항), 매각의 준비단계에서 조세 그 밖의 공과금을 주관하는 공공기관에 대하여 그 선박에 관한 채권의 유무, 그 원인 및 액수(원금·이자·비용, 그 밖의 부대채권을 포함한다)를 배당요구의 종기까지 법원에 신고하도록 최고하고(제84조 제4항), 집행관에게 선박의 현황, 점유관계 등에 관하여 조사할 것을 명하여야 하며(제85조), 감정인에게 매각선박을 평가하게 하고 그 평가액을 참작하여 최저매각가격을 정하고(제97조), 매각물건명세서를 작성, 비치하여야 한다(제105조). 또 남을 가망이 없는 경우에는 소정의 절차를 거쳐 채권자로부터 보증의 제공을 받든지 경매절차를 취소하여야 한다(제102조). 위와 같은 절차가 끝난 후에는 집행법원은 매각기일과 매각결정기일을 정하여 공고하며 이해관계인에게 통지하고(제104조), 집행관에 대하여 매각명령을 발하여 경매 또는 입찰의 방법에 의하여 압류선박이 매각되면, 대금납부 후 각 채권자에게 배당을 실시한다.

나. 현황조사보고서의 특칙

1) 보고서의 내용

59 선박집행에 있어서 선박의 현황조사에 관하여도 원칙적으로 부동산강제경매의 현황조사에 관한 민사집행법 제85조 및 민사집행규칙 제46조가 준용된다(민사집행법 제172조). 그러나 선박이라는 매각대상의 특성에 따라 민사집행규칙에 현황조사보고서의 기재사항과 첨부서류에 관하여 별도로 규정하고 있다(민사집행규칙 제99조).

2) 기재사항

60 집행관이 선박의 현황조사를 한 때에는 다음 사항을 적은 현황조사보고서를 정하여진 날까지 법원에 제출하여야 한다(민사집행규칙 제99조 제1항). 위 보고서에 적을 사항은 다음과 같다.

① 사건의 표시(제1호)

② 선박의 표시(제2호)

선박을 특정하기 위한 것이므로 선박등기부 중 선박의 표시란에 기재되어 있는 사항을 표시하면 되고, 민사집행법 제184조에 따라 매각기일의 공고에 적어야 할 사항이기도 하다.

③ 선박이 정박한 장소(제3호)

민사집행법 제184조에 따라 매각기일의 공고에는 선박이 정박한 장소를 적어야 하므로 이를 현황조사보고서의 기재사항으로 하고 있다.

④ 조사의 일시·장소 및 방법(제4호)

⑤ 점유자의 표시와 점유의 상황(제5호)

여기서 점유자란 자기를 위한 의사로 선박을 소지하는 사람을 말하고 선장과 같은 점유보조자는 포함하지 아니한다. 그런데 선박에 대한 강제집행에서는 선박국적증서 등의 수취명령은 채무자에 대하여만 집행할 수 있고, 임차인 등 제3자가 선박을 점유하고 있는 때에는 그 사람이 임의로 선박국적증서를 제출하지 아니하는 한 선박을 정박시킬 수 없으며, 선박집행절차를 취소하여야 하고 현황조사명령도 발령할 수 없다. 그러므로 선박집행의 현황조사를 명한 선박의 점유자는 채무자인 경우가 보통이다.

채무자가 점유자인 경우에는 점유의 상황, 선장의 이름, 선장 이외의 승조원, 적하의 상황 등을 간략하게 적으면 족하다. 반면, 채무자 이외의 사람이 선박을 점유하고 있는 때에는 점유의 상황을 상세하게 적어야 한다. 즉 채무자 이외의 사람이 압류 전부터 권원에 기하여 선박을 점유하고 있는 때에는 그 권원이 매수인에게 대항할 수 있는 것으로 인정되는 경우를 제외하고는 인도명령을 발할 수 있기 때문에(민사집행법 제172조, 제136조), 채무자 이외의 사람이 선박을 점유하고 있는 때에는 점유자의 점유권원의 유무 및 내용과 개시결정 전부터 점유하고 있는지 여부 등을 적어야 한다.[34]

⑥ 그 선박에 대하여 채무자의 점유를 풀고 집행관에게 보관시키는 가처분이 집행되어 있는 때에는 그 취지와 집행관이 보관을 개시한 일시(제6호)

선박집행에도 물건명세서가 작성되는데, 물건명세서에는 선박에 관한 가처분으로서 매각에 의하여 효력을 상실하는 것을 표시하여야 하므로, 당해 선박에 관하여 집행관보관의 가처분이 있는 때에는 그 취지와 집행관이 보관을 개시한 일시를 적도록 한 것이다.

⑦ 그 밖에 법원이 명한 사항(제7호)

위 사항 외에 선박을 매각하는 데 필요하다고 인정되는 사항을 말한다.

3) 불복방법

61 현황조사보고서의 내용에 관하여는 독립하여 불복을 신청할 수 없고, 다만 이에 기초하여 이루어진 그 이후의 결정 즉 최저매각가격의 결정이나 일괄매각결정 등에 중대한 흠이 있는 때에는 매각허가에 대한 이의신청을 하여(민사집행법 제121조 Ⅱ. 2. 가. 주석 참조).

34 법원행정처, 민사집행규칙해설, 294.

4) 첨부서류

62 선박의 현황조사보고서에는 선박의 사진을 붙여야 한다(민사집행규칙 제99조 제2항). 이 사진은 선박의 외관과 그 밖에 선박의 개략적인 상황을 알 수 있을 정도의 것이면 된다.

다. 매각기일 공고의 특칙

63 선박집행에 있어서 매각기일의 공고에 관하여도 원칙적으로 부동산강제경매의 공고에 관한 민사집행법 제106조 및 규칙 제56조가 준용된다(민사집행법 제172조, 민사집행규칙 제105조). 다만 경매기일의 공고를 함에 있어 선박의 표시 외에 그 정박한 장소도 적어야 한다(민사집행법 제184조). (☞ 자세한 것은 제184조 주석 참조)

라. 집행비용

64 집행비용으로는 송달료, 수수료 등 법원의 집행실시비용 외에 감수·보존비용과 항만시설사용료 등이 있다.

1) 선박감수·보존비용

65 가) 법원의 결정에 따른 감수·보존비용은 감수보존인으로 집행관이 선정된 경우이든 선박관리회사가 선정된 경우이든 집행비용에 해당한다. 그런데, 실무상 채권자가 사적으로 계약을 체결한 선박관리회사로 하여금 선박감수·보존업무를 맡도록 하는 사례가 있는바, 이 경우에도 집행비용으로 볼 수 있는지가 문제된다. 감수·보존행위는 채권자 전원의 공동이익을 위하여 한 행위이므로, 실무상 법원이 정한 기준의 범위 내에서는 이를 인정하고 있다.

66 나) 경매개시결정 전에 한 가압류의 집행에 따른 감수·보존결정에 의한 비용

67 선박가압류신청을 하면서 동시에 감수·보존신청을 하여 선박경매개시결정 전부터 감수·보존이 되었다가 그 후 경매신청에 이른 경우, 경매개시결정 전의 감수·보존비용도 집행비용에 해당하는지가 문제된다.

68 이에 대하여 판례는, 선박의 가압류 및 감수·보존에 따른 집행비용은 구 민사소송법 제707조(민사집행법 제291조), 제513조(제53조) 제1항에 의하여 집행채무자의 부담이 되고, 채권자의 본안 승소확정판결 집행시 별도의 집행권원 없이 회수할 수 있으므로 본안소송에서 이를 불법행위로 인한 손해라 하여 별도로 소구할 이익이 없다[35]고 하고 있어 집행비용이라는 견해를 취하고 있다. 가압류집행에 대하

35 대법원 1979. 2. 27. 선고 78다1820 판결[집27(1)민, 165; 공1979. 6. 15.(610), 11851].

여는 강제집행에 관한 규정이 준용되므로(제291조), 가압류의 집행에 소요된 비용은 집행비용으로 된다. 그런데 가압류집행 단계에서는 현금화 등에 의한 종국적 만족이 따르지 않기 때문에 가압류집행에 관한 비용을 추심할 수 없으므로, 우선 집행채권자가 그 비용을 예납하여 집행하고 본집행을 할 때 집행비용의 일부로 우선 변상을 받게 된다고 할 것이다(제53조). 따라서 경매개시결정 전 가압류집행 단계에서 소요된 감수·보존비용도 집행비용에 해당한다는 견해가 타당하다.

69 한편, 다른 채권자가 가압류집행을 하면서 선박에 대한 감수·보존을 한 경우 그 비용도 집행비용으로 볼 것인지가 문제인바, 그 가압류에 따른 선박감수·보존비용도 모든 채권자의 이익을 위한 것으로 공익비용에 해당하고, 가압류채권자가 아닌 다른 채권자의 신청에 의하여 선박집행이 되었다고 하여 달리 볼 것은 아니라 할 것이므로, 역시 집행비용으로 보아야 할 것이다.[36]

70 위 견해에 대하여는, 선박감수·보존비용이 통상 다액이고, 가압류집행법원이 선박경매집행법원 만큼 통제를 하지 아니함에 비추어 배당절차에서 우선 공제되는 것은 경매개시결정 후의 감수·보존비용에 한하고, 경매개시결정 전에 발생한 감수·보존비용은 선박우선특권 있는 채권[상법 제777조(구 상법 제861조) 제1항 제1호의 최후 입항 후의 선박보존비]으로 보는 것이 타당하다는 반대견해가 있다.[37]

71 다) 최저매각가격이 집행비용에 미치지 못하는 경우에는 민사집행법 제102조(남을 가망이 없는 경우의 처리규정)에 의하여 처리함이 원칙이다. 그러나 선박에 대한 강제집행의 경우 대개 절차비용 특히 감수·보존비용이 많이 들고, 여러 번 매각기일이 진행되면 최저매각가격이 절차비용에 미치지 못하는 경우가 다수 발생하고 있으며, 이러한 경우에도 신청채권자는 집행비용이라도 회수하고자 절차의 속행을 바라는 경우가 있다. 이 경우 매각대금에서 집행비용을 빼고 나면 실제 배당할 금액이 없게 되므로 배당을 할 수 없다고 보는 것이 원칙이지만, 감수·보존비용과 항만시설사용료는 성질상 집행비용으로 보기는 하나, 절차상으로는 배당요구의 형식으로 채권계산서가 제출되는 점을 감안하여, 법원의 집행실시비용을 뺀 나머지 금액을 배당할 금액으로 하여 배당을 실시하되, 감수·보존비용과 항만시설사용료를 1순위로서 우선 배당하는 방식으로 배당표를 작성하는 실무례도 있

36 법원실무제요, 민사집행[Ⅲ], 사법연수원(2020), 555; 선박집행실무(개정판), 부산지방법원(2013), 127.
37 선박집행실무(개정판), 부산지방법원(2013), 127~128 참조.

다.[38] 이때 일부 지급(배당)받지 못한 감수·보존비용에 대해서는 감수·보존업자와 감수·보존을 의뢰한 국가(혹은 경매신청권자) 사이의 민사문제로 해결하여야 할 것이라는 견해가 있다.

2) 항만시설사용료

72 선박에 대한 강제집행은 선박을 압류항에 정박시켜 두지 아니하면 매각절차를 속행할 수 없으므로, 필연적으로 정박료, 접안료, 입항료 등의 항만시설사용료가 부과된다. 이 비용 중 선박에 대한 압류의 효력이 발생한 때부터 매각대금지급시까지 선박의 정박을 위하여 발생한 정박료는 선박경매를 수행하기 위한 것으로서 집행비용에 해당한다고 할 것이지, 상법 제777조 제1항 제1호 소정의 선박우선특권 있는 채권에 해당한다고 볼 수는 없고,[39] 한편 압류효력 발생 전의 항만시설사용료는 집행의 준비 혹은 실시를 위하여 꼭 필요한 비용으로 볼 수는 없어 집행비용이 아니라 최후 입항 후의 선박보존비로서 상법 제777조 제1항 제1호 소정의 선박우선특권 있는 채권에 해당한다. 따라서 법원에서는 선박출입항신고서 등을 통해 최후 입항일자를 확인하여 해양관서의 항만시설사용료 청구를 선박에 대한 경매개시결정 전에 발생한 비용과 그 후에 발생한 비용으로 일자별로 나누어(항만시설 사용료는 선박의 톤수에 따라 같은 비율로 청구되고 있다) 배당하면 된다. 실무적으로 매각대금에서 항만시설사용료가 전부 배당될 수 있는 경우, 위와 같이 경매개시일을 기준으로 집행비용과 선박우선특권 있는 채권을 나누지 아니한 채 모두 집행비용에 포함하여 배당표를 작성하는 경우도 있으나, 이를 구별하여 배당표를 작성하는 것이 타당하다.[40]

73 부산지방법원에서는 부산지방해양수산청(또는 부산광역시 항만관리사업소)의 항만시설사용료 청구를 선박에 대한 경매개시결정 전에 발생한 비용과 그 후에 발생한 비용으로 일자별로 나누어(항만시설 사용료는 선박의 톤수에 따라 같은 비율로 청구되고 있다) 배당하고 있고, 이에 따라 해양수산청 등에서도 부산지방법원의 이러한 방침에 맞추어 애초부터 경매개시결정일을 기준으로 전과 후로 비용을 나누어 청구하고 있다(다만, 상법 제777조 제1항 제1호 소정의 선박우선특권 있는 채권으로 인정되는 부분은 최후 입항 후에 발생한 것에 한정될 것이므로, 선박출입항신고서 등을 통

38 법원실무제요, 민사집행[Ⅲ], 사법연수원(2020), 556.
39 대법원 1998. 2. 10. 선고 97다10468 판결[공1998. 3. 15.(54), 676].
40 선박집행실무(개정판), 부산지방법원(2013), 129.

해 최후 입항일자를 확인하여 그 이후 분에 대해서만 이를 인정하고 있다. 선박의 최후 입항일자는 해양수산청 등에 문의하거나 해당 홈페이지에서 확인할 수 있다)고 한다.[41]

3) 감수·보존과 관련된 보험료

74 실무상 감수·보존회사의 선원 등에 대한 산재보험료는 집행비용으로 처리하고 있고, 선박에 대한 선체보험료(청구하는 예는 많지 않음)는 상법 제780조의 규정 취지에 따라, 상법 제777조 제1항 제1호의 선박우선특권 있는 채권으로 보아 매각허가결정 이전에 배당요구가 있는 때에 한하여 배당하고 있다.[42]

마. 배당

1) 채권자들에 대한 배당의 문제

75 선박에 대한 강제집행에 있어서 채권자들에 대한 배당순위는 선박우선특권이 저당권보다 우선한다(상법 제777조 제2항, 선박우선특권의 발생 시기는 문제되지 않는다)는 점 외에는 부동산에 대한 강제집행과 동일하다. 선박우선특권 있는 채권자라도 당연히 배당받을 수 있는 것은 아니고, 배당요구의 종기 이전에 배당요구를 한 경우에만 배당받을 수 있다. 외국선박에 대한 가압류결정을 받은 가압류채권자는 가압류집행을 마쳐야 배당요구를 할 수 있다. 가압류대상인 선박에 대하여 이미 경매신청채권자 등에 의하여 감수·보존처분이 되어 있더라도 이를 원용할 수 없고 별도로 가압류 집행을 하여야 한다.[43]

2) 선박우선특권 상호간의 순위

76 가) 동일 항해(정기선의 경우 선적항으로부터 출항하여 선적항에 도착할 때까지이고, 부정기선의 경우 하나의 용선계약에 의한 항해가 개시된 때로부터 목적항에 적하작업이 완료한 때까지)에 관한 우선특권이 경합하는 경우, 상법 제777조 제1항 각 호의 순서에 의한다(상법 제782조 제1항). 동일 순위로 기재된 선박우선특권 상호간은 동일 순위로 된다. 상법 제777조 제1항 제3호의 규정에 의한 채권(구조에 대한 보수와 공동해손의 분담에 대한 채권)이 경합하는 때에는 후에 생긴 채권이 전에 생긴 채권에 우선하며, 동일한 사고로 인한 채권은 동시에 발생한 것으로 본다(제782조 제2항).

77 수회의 항해에 관한 채권의 우선특권이 경합하는 경우, 후의 항해에 관한 채권

41 선박집행실무(개정판), 부산지방법원(2013), 128.
42 선박집행실무(개정판), 부산지방법원(2013), 129.
43 대법원 2011. 9. 8. 선고 2009다49896 판결(공2011하, 2045).

이 전의 항해에 관한 채권에 우선한다(상법 제783조 제1항).

78 동일 순위의 우선특권이 경합하는 경우, 각 채권액의 비율에 따라 변제받는다(상법 제784조).

79 나) 한편, 선박우선특권 및 선박에 관한 담보권의 순위에 관하여는 선적국법에 따른다(국제사법 제60조). 외국선박의 경우에는 선박우선특권의 존부, 범위 및 순위에 관하여 파악하기 어려운 점이 있다.

80 국제사법 제60조는 해상에 관한 다음 각 호의 사항은 선적국법에 의한다고 하면서 제1호에서 선박의 소유권 및 저당권, 선박우선특권 및 그 밖의 선박에 관한 물권, 제2호에서 선박에 관한 담보물권의 우선순위, 제3호에서 선장과 해원의 행위에 대한 선박소유자의 책임범위, 제4호에서 선박소유자·용선자·선박관리인·선박운항자 그 밖의 선박사용인이 책임제한을 주장할 수 있는지 여부 및 그 책임제한의 범위, 제5호에서 공동해손, 제6호에서 선장의 대리권을 정하고 있다. 위 조항에 따라 어떤 선박에 관한 실체상의 권리의 내용, 효력 등은 원칙적으로 그 국적국의 법령(실체법)에 의하여야 한다(선적국법주의). 선박우선특권의 성립 여부와 일정한 채권이 선박우선특권에 의하여 담보되는지 여부 및 선박우선특권이 미치는 대상의 범위는 국제사법 제60조 제1호에 따라 선적국의 법, 즉 선박소유자가 선박의 등기·등록을 한 곳이 속한 국가의 법이 준거법이 되고, 선박이 나용선등록제도에 따라 선적국이 아닌 국가에 나용선등록이 되어 있는 경우에도 마찬가지이다.[44]

81 한편, 이 경우 실체법과 절차법의 구별이 반드시 용이한 것이 아니다.[45] 이에 관하여 선박우선특권이 인정되는 채권의 성립, 양도 및 임의대위에 관한 사항의 준거법이 어떻게 되는지가 문제되는데, 이는 국제사법 제60조가 '선박우선특권의 성립'에 대하여서만 선적국법이 적용된다고 규정하고 있으므로, 선박우선특권이 인정되는 채권의 성립, 양도 및 임의대위에 관한 사항까지 국제사법 제60조를 적용할 수는 없기 때문이다. 따라서 이 경우 일반원칙으로 돌아가 국제사법의 개별규정에 따라 채권의 성립, 양도 및 임의대위에 관한 준거법이 개별적으로 결정되어야 한다.[46]

44 대법원 2014. 11. 27.자 2014마1099 결정(공2015상, 22).
45 권오곤, "외국선박 집행상의 몇 가지 문제점", 재판자료(34), 법원행정처(1986), 632~633.
46 선박집행실무(개정판), 부산지방법원(2013), 181.

82 [판례] 대법원 2007. 7. 12. 선고 2005 다 39617 판결
선박우선특권은 일정한 채권을 담보하기 위하여 법률에 의하여 특별히 인정된 권리로서 일반적으로 그 피담보채권과 분리되어 독립적으로 존재하거나 이전되기는 어려우므로, 선박우선특권이 유효하게 이전되는지 여부는 그 선박우선특권이 담보하는 채권의 이전이 인정되는 경우에 비로소 논할 수 있는 것인바, 국제사법 제60조 제1호·제2호에서 선적국법에 의하도록 규정하고 있는 사항은 선박우선특권의 성립 여부, 일정한 채권이 선박우선특권에 의하여 담보되는지 여부, 선박우선특권이 미치는 대상의 범위, 선박우선특권의 순위 등으로서 선박우선특권에 의하여 담보되는 채권 자체의 대위에 관한 사항은 포함되어 있지 않다고 해석되므로, 그 피담보채권의 임의대위에 관한 사항은 특별한 사정이 없는 한 국제사법 제35조 제2항에 의하여 그 피담보채권의 준거법에 의하여야 한다. 그런데 선박우선특권에 의하여 담보되는 채권이 선원근로계약에 의하여 발생되는 임금채권인 경우 그 임금채권에 관한 사항은 선원근로계약의 준거법에 의하여야 하고, 선원근로계약에 관하여는 선적국을 선원이 일상적으로 노무를 제공하는 국가로 볼 수 있어 선원근로계약에 의하여 발생되는 임금채권에 관한 사항에 대하여는 특별한 사정이 없는 한 국제사법 제28조 제2항에 의하여 선적국법이 준거법이 되므로, 결국 선원임금채권의 대위에 관한 사항은 그 선원임금채권을 담보하는 선박우선특권에 관한 사항과 마찬가지로 선적국법에 의한다.

3) 선박우선특권의 소멸

83 선박우선특권은 채권이 생긴 날부터 1년의 제척기간 내에 실행하지 아니하면 소멸하므로(상법 제786조), 선박우선특권 있는 채권자라고 주장하며 배당요구한 경우 배당요구일을 기준으로 제척기간 경과 여부를 따져보아야 한다.

4) 선박수리비 채권과 관련한 문제

84 가) 상법 제777조 제1항 제1호가 '최후 입항 후의 선박보존비' 등에 대하여 선박우선특권을 부여하는 것은, 이러한 채권이 없으면 다른 채권자들도 선박 경매대금으로부터 변제를 받기가 불가능하게 될 것이라는 점에서 이러한 비용은 경매에 관한 비용에 준하는 성질을 가지기 때문이고, 따라서 '최후 입항 후'라는 의미는 목적하는 항해가 종료되어 돌아온 항뿐만 아니라, 선박이 항해 도중에 경매 또는 양도처분으로 항해가 중지되어 경매되는 경우의 선박보존비용도 달리 보아야 할 필요가 없으므로, 항해를 폐지한 시기에 있어서 선박이 존재하는 항도 포함하는 것으로 해석함이 타당하다.[47] 한편, 선박이 출항 준비 중에 발생한

47 대법원 1996. 5. 14. 선고 96다3609 판결(공1996하, 1854).

화재로 인한 수리를 마친 후 항해를 계속한 경우에는 그 수리비는 선박의 상태 및 가치를 유지·보존하기 위한 비용일지라도 최후의 입항 후에 발생한 것이 아니므로, 그 수리비 채권을 두고 상법 제861조 제1항 제1호 소정의 선박보존비 등에 해당한다고 볼 수는 없다.[48]

85 한편, 선박수리업자가 수리의뢰된 선박에 대하여 최후 입항 후의 선박보존비로 청구하는 선박수리비 이외에 보관비용 상당의 상가료는 선박 자체의 상태 및 기능을 유지·보존하기 위하여 지출한 비용이라고 보기 어려우므로 상법 제861조 제1항 제1호 소정의 '선박의 보존비'에 해당하지 아니한다고 판단한 사례가 있다.[49]

86 나) 최후 입항 후의 수리비에 한정되므로, 입출항 일자가 명백하지 않으면 해양수산청 등에 사실조회를 하여 최후 입항일자를 확인하여야 한다.

다) 경매개시결정 후의 수리비

87 경매개시결정에 따라 압류가 되면 선박 소유자가 선박수리를 할 여지는 없으므로, 감수·보존업자가 감수·보존에 필수적인 수리비라고 하여 법원의 허가를 얻어 수리를 한 경우(이 경우에는 집행비용으로 인정될 수 있다) 외에는 수리비로 인정할 수 없다.

88 따라서 채권자가 보존비·검사비가 선박우선특권에 해당한다고 주장하면서 임의집행신청을 한 경우, 집행법원은 그 채권의 발생시기를 명확히 하여 제척기간 도과 여부를 살펴보아야 하고, 선박의 입·출항일을 확인하여 최후 입항 후 발생한 채권인지도 살펴보아야 한다.[50]

5) 선박우선특권이 인정되는 임금채권과 관련한 문제

가) 선박우선특권이 인정되는 임금채권의 범위

89 선원법에 규정된 임금과 각종 수당(실업수당, 송환수당, 퇴직금, 유급휴가수당 등) 뿐만 아니라 단체협약서, 취업규칙, 어로계약서, 협정서 등에 의하여 인정할 수 있는 금액 및 어대금을 선주와 선원이 일정 비율로 나누는 특별상여금(이른바 보합금 내지 조업독려비라고 한다)[51] 등 근로의 대가로 지급되는 임금의 일종으로 볼 수 있는 금액은 명칭을 묻지 아니하고 모두 선박우선특권 있는 임금채권에 포함되는 것으로

48 대법원 1998. 2. 9.자 97마2525, 2526 결정(공1998상, 835).
49 대법원 2004. 3. 25. 선고 2003다35680 판결[미간행].
50 선박집행실무(개정판), 부산지방법원(2013), 161~162.
51 대법원 2008. 4. 24. 선고 2008다10006 판결[미간행].

본다. 하급심에서는 입항하여 육지로 양륙하는 비용으로 지급하는 입항비와 기관장에게 지급하는 활동비, 조업준비기간에 지급하는 조일급료채권, 연체된 선원들의 기여분에 해당하는 국민연금보험료 등을 선박우선특권으로 인정한 바 있다.[52]

90 또한, 해당 선원이 승선한 선박에 한하므로, 속칭 쌍끌이 어선을 비롯하여 복수의 선박이 선단을 이루어 어업을 하는 경우에 각 선박마다 근저당권의 설정 등 권리관계가 다르다면 여러 어선을 일괄매각하였다 하더라도 각 임금채권자들이 어느 선박에 승선하였는지 구별하여야 한다.

나) 임금 대위변제의 경우

91 선원송출계약 등에 의하여 선원의 임금을 대위변제한 자에게도 그 대위변제자가 선박소유자의 대리인[53]이라거나 그 밖에 선박소유자 본인과 동일시할 만한 사유가 없는 한 선박우선특권이 인정된다.[54]

다) 재해보상금 중 선원의 사망으로 인한 유족보상금

92 요양보상, 상병보상, 장해보상 등 선원이 직접 받는 재해보상금은 상법 제777조 제1항 제2호의 선박우선특권에 포함된다고 할 것이고, 선원이 사망하였을 때 받는 유족보상금, 장의비의 경우도 포함된다(유족 고유의 채권이라고 보아 부정하는 견해도 있다).[55]

라) 근로기준법상의 최우선변제권 있는 임금채권과의 관계

93 근로기준법 제38조 제2항은 "최종 3개월분의 임금, 재해보상금은 사용자의 총재산에 대하여 질권·저당권 또는 '동산·채권 등의 담보에 관한 법률'에 따른 담보권에 따라 담보된 채권, 조세·공과금 및 다른 채권에 우선하여 변제되어야 한다."고 규정하고 있다. 이러한 근로기준법상의 최우선변제권 있는 임금채권과 선박우선특권에 의한 선원임금채권 중 어느 것이 우선하는지가 문제된다(두 가지 채권은 서로 성립요건을 달리하므로 별개로 존재할 수도 있고, 어느 한쪽이 다른 한쪽을 전부 또는 일부 포함할 수도 있다).

52 부산지방법원 2007. 8. 22. 선고 2006가합12100 판결, 부산지판 2003. 12. 26. 선고 2002가합10380 판결.
53 대법원 1978. 5. 23. 선고 77다1679 판결(미간행).
54 법원실무제요, 민사집행[Ⅲ], 사법연수원(2020), 560; 선박집행실무(개정판), 부산지방법원(2013), 164. 김태업, "선박 및 자동차집행에서의 실무상 문제점", 재판실무연구(2) 민사집행소송, 한국사법행정학회(2008), 473.
55 법원실무제요, 민사집행[Ⅲ], 사법연수원(2020), 560; 선박집행실무(개정판), 부산지방법원(2013), 165; 김태업, "선박 및 자동차집행에서의 실무상 문제점", 재판실무연구(2) 민사집행소송, 한국사법행정학회(2008), 473.

94 이에 관하여는 동순위라는 견해와 근로기준법상 최우선임금채권이 선박우선특권보다 앞서 변제받는다는 견해가 대립하고 있었는데, 판례는 임금우선특권이 선박우선특권에 우선한다고 판결하였다.

95 [판례] 대법원 2005. 10. 13. 선고 2004다26799 판결
사안의 개요: ① 원고는 소외 ○○해운 주식회사 소유의 이 사건 선박이 원고 소유의 ○○○○호를 충돌한 사고로 인하여 손해배상채권을 취득하자 상법 제861조 제1항 제4호 소정의 선박우선특권에 기하여 이 사건 선박에 대한 임의경매신청을 하였음.
② 그 임의경매절차에서 이 사건 선박의 선원들은 아니지만 ○○해운 주식회사의 근로자들인 피고들이 근로기준법 제37조 제2항 소정의 우선변제권(이하 '임금우선특권'이라고 한다) 있는 임금 및 재해보상금 채권에 기하여 배당요구를 하였음.
③ 배당법원은 원고와 피고들의 위 채권들을 모두 동일한 순위로 보아 채권액에 따라 안분 배당하는 취지의 배당표를 작성하였는데 원고가 그 배당표에 이의하고 이 사건 배당이의의 소를 제기하였음.
판단: 대법원은 다음과 같은 판시를 들어 임금우선특권을 우선하여야 한다는 입장을 취하였다.
선박우선특권과 임금우선특권은 법률의 규정에 의하여 다른 채권보다 우선하여 그 권리를 행사할 수 있는 이른바 법정담보물권인데, 상법과 구 근로기준법(2005. 1. 27. 법률 제7379호로 개정되기 이전의 것)에 선박우선특권과 임금우선특권이 저당권·질권 및 다른 채권에 우선한다는 취지의 규정은 있으나 선박우선특권과 임금우선특권 상호간의 순위에 관한 규정은 없으므로, 이러한 경우 그 순위는 각 우선특권을 부여하게 된 공익상의 필요성을 비롯한 입법취지 등을 감안하여 합리적으로 정할 수밖에 없다.
원심도 인정한 바와 같이 선박우선특권 제도는 원래 해상기업에 수반되는 위험성으로 인하여 해사채권자에게 확실한 담보를 제공할 필요성과 선박소유자에게 책임제한을 인정하는 대신 해사채권자를 두텁게 보호해야 한다는 형평상의 요구에 의하여 생긴 제도임에 비하여, 임금우선특권 제도는 근로자의 생활안정, 특히 사용자가 파산하거나 사용자의 재산이 다른 채권자에 의해 압류되었을 경우에 사회경제적 약자인 근로자의 최저생활보장을 확보하기 위한 사회정책적 고려에서 일반 담보물권자 등의 희생 아래 인정된 제도로서 그 공익적 성격이 매우 강하므로, 양 우선특권제도의 입법취지를 비교하면 임금우선특권을 더 강하게 보호할 수밖에 없고, 나아가 상법 제861조 제2항에 의하면 선박우선특권 있는 채권을 가진 자는 다른 채권자보다 우선변제를 받을 권리가 있되 이 경우에 그 성질에 반하지 아니하는 한 민법상의 저당권에 관한 규정을 준용하도록 되어 있는 점, 조세채권우선 원칙의 예외사유를 규정한 국세기민사집행법 제35조 제1항 단서나 지방세법 제31조 제2항에서 임금우선특권은 그 예외사유로

규정되어 당해세보다도 우선하는 반면에 선박우선특권은 예외사유에서 빠져 있는 점, 구 근로기준법 제37조 제2항은 임금우선특권 있는 채권은 조세·공과금 채권에도 우선한다는 취지로 규정하고 있음에 반하여 상법에는 선박우선특권 있는 채권과 조세채권 상호 간의 순위에 관하여 아무런 규정이 없을 뿐만 아니라 오히려 상법 제861조 제1항은 '항해에 관하여 선박에 과한 제 세금'을 제1호 소정의 채권에 포함시켜 선박우선특권 내부에서 가장 앞선 순위로 규정하고 있는 점 등을 감안하면, 임금우선특권을 선박우선특권보다 우선시키는 것이 합리적인 해석이라고 할 것이다.

96 판례가 취하는 임금우선특권 우선설에 따르면 선박집행에 있어서 배당순위는 ① 집행비용 변상 ② 임금우선특권 있는 임금채권(당해 선박 및 다른 선박의 선원, 육상근로자를 불문함), ③ 선박우선특권(내부 순위는 상법 규정에 따름. 따라서 당해 선박 선원의 임금채권 중 임금우선특권의 범위를 초과한 부분은 선박우선특권으로 보호됨)의 순서가 되게 된다.[56]

6) 외화채권의 문제

97 외국선박에 있어서 선원들의 임금채권 등과 같이 외화로 지급할 것으로 약정된 외화채권의 경우, 배당기일(통상은 실제로 배당표를 작성하는 날)에 있어서의 그 외화의 대고객 전신환매매율에 의하여 외화채권액을 한화로 환산한 금액을 채권액으로 보아 배당을 실시한다. 다만 환산율은 매도율과 매입율로 견해가 나뉘나, 실무상으로는 매도율을 적용하고 있다.

5. 경매절차의 취소

98 선박집행의 경우에는 부동산에 있어서의 경매절차의 취소사유(민사집행법 제96조, 제102조) 외에도 압류 당시 선박이 집행법원 관할 내에 없음이 판명된 때(제180조), 채무자가 민사집행법 제49조 제2호 또는 제4호의 서류를 제출하고 압류채권자 및 배당요구채권자의 채권과 집행비용에 해당하는 보증을 매수신고 전에 제공한 때(제181조 제1항) 및 강제경매개시결정이 있은 날부터 2월이 지나기까지 집행관이 선박국적증서등을 넘겨받지 못하고, 선박이 있는 곳이 분명하지 아니한 때(제183조)와 같은 별도의 취소사유가 인정된다.

56 이원형, "선박우선특권 있는 채권과 임금우선특권 있는 채권의 배당에서의 우선순위, 대법원판례해설 제57호, 법원도서관(2006), 477.

6. 사건의 이송

99 선박집행에 있어서는 압류 당시에 그 선박이 있는 곳을 관할하는 지방법원을 집행법원으로 하는 한편(민사집행법 제173조), 압류된 선박이 당해 집행법원의 관할구역 밖으로 떠난 때에는 경매개시결정을 취소하지 않고 사건을 선박이 있는 곳을 관할하는 법원으로 이송하게 함으로써 집행절차의 경제를 도모하고 있다(제182조).

VI. 선박압류의 제한

1. 제도의 취지

100 상법 제744조 제1항은 "항해의 준비를 완료한 선박과 그 속구는 압류 또는 가압류를 하지 못한다. 다만 항해를 준비하기 위하여 생긴 채무에 대하여는 그러하지 아니하다."고 규정하고 있다. 이처럼 항해의 준비를 완료한 선박에 대하여 압류를 제한하고 있는 것은 항해의 준비를 완료한 선박도 압류할 수 있다고 한다면 선박소유자뿐만 아니라, 여객이나 적하의 소유자 등의 이해관계인이 발항의 지연이나 다른 배로 옮겨 타거나 옮겨 실어야 하는 등의 사유로 인하여 예측하지 못한 손해를 입게 되는 반면, 그때까지 압류를 게을리한 채권자를 보호할 필요가 없기 때문이다.[57]

101 그러나 이에 대하여는 위 압류의 제한이 인정되게 된 18~19세기에는 대체선박을 구하는 것이 거의 불가능하였고, 따라서 적하관계인 등 제3자의 이익보호를 위하여 압류의 금지가 필요하였지만, 오늘날에는 정기선들이 많이 등장하였으며, 기업 간의 경쟁으로 인하여 대체선박을 구하는 것이 용이하므로 채권자의 희생 아래 위와 같은 압류금지 규정을 계속 유지할 근거가 희박하여졌다고 하여 위 조문을 폐지하여야 한다는 비판론도 나오고 있다.[58]

57 이상원, "선박에 대한 강제집행에 관한 실무상 문제점", 재판자료 36집(하), 법원행정처(1987), 500; 김태업, "선박 및 자동차집행에서의 실무상 문제점", 재판실무연구(2) 민사집행소송, 한국사법행정학회(2008), 459; 남기정, 실무강제집행법(7), 육법사(1989), 119~120; 김홍엽, 민사집행법 제7판, 박영사(2022), 319.

58 권오곤, "외국선박 집행상의 몇 가지 문제점", 재판자료(34), 법원행정처(1986), 630과 643~644; 송상현, "상법 제5편 해상법 개정의견", 민사판례연구(Ⅷ), 박영사(1986) 407~408.

2. 항해의 준비를 완료한 선박과 그 속구

102 압류가 금지되는 것은 "항해의 준비를 완료한 선박과 그 속구"이다.

103 그런데 항해의 준비를 완료한 시점을 언제로 볼 것인지가 문제되는바, 입법례에 따라서는 선장이 그 항해를 위하여 필요한 서류를 구비한 때에는 항해준비를 완료한 것으로 본다(프랑스 상법 제215조 제2항)는 것과 같이 그 시점을 형식적으로 규정하는 경우도 있으나, 우리 상법은 그 의미를 명확히 규정하지 않고 해석에 맡기고 있다.

104 통설은 일반적으로 선박의 즉시 출발을 가능하게 하는 사실상·법률상의 전제조건을 충족한 때에 항해준비를 완료한 것으로 보고 있다.[59] 구체적으로는 선원이 모두 승선하고, 선박의장 및 운송물의 선적을 마친 다음, 발항에 필요한 서류를 구비한 때 항해준비를 완료한 것으로 보되, 항만경찰이나 세관에 제출할 서류까지 구비할 필요는 없다고 한다.[60]

3. 압류금지의 계속기간

105 압류의 제한이 계속되는 기간에 관하여는 항해의 종료, 즉 운송계약의 종료시까지이다. 다만 정기선이라도 중간항에서 운송품의 전부를 양륙한 때에는 압류가 가능하다. 다른 항구로부터 선적항에 회항하여 운송에 종사하여야 하는 선박에 대하여는 그 선적항에서 항해의 준비를 마칠 때까지는 압류할 수 있다는 견해[61]와 각 정박항마다 '항해준비의 완료' 여부를 판단하여야 한다는 견해[62]로 나뉘어 있다.

4. 압류금지의 예외

106 이와 같은 압류금지의 규정은 그 항해를 준비하기 위하여 생긴 채무에 관하여는 그 적용이 없다(상법 제744조 단서). 항해를 준비하기 위하여 생긴 채무란 예컨대 항해준비에 요한 선박의 장비, 식량과 연료 등에 관한 채무를 말하는데, 이러한 채권들은 실제로는 발항 직전에 발생한 것이어서 선박의 발항준비 완료 이전에 그 행사를 하도록 하는 것은 채권자로 하여금 권리행사에 큰 곤란을 겪

59 법원실무제요 민사집행[Ⅲ], 사법연수원(2020), 507; 이상원, "선박에 대한 강제집행에 관한 실무상 문제점", 재판자료 36집(하), 법원행정처(1987), 500; 권오곤, "외국선박 집행상의 몇 가지 문제점", 재판자료(34), 법원행정처(1986), 640; 남기정, 실무강제집행법(7), 육법사(1989), 119.

60 권오곤, "외국선박 집행상의 몇 가지 문제점", 재판자료(34), 법원행정처(1986), 641.

61 이상원, "선박에 대한 강제집행에 관한 실무상 문제점", 재판자료 36집(하), 법원행정처(1987), 500; 권오곤, "외국선박 집행상의 몇 가지 문제점", 재판자료(34), 법원행정처(1986), 642.

62 남기정, 실무강제집행법(7), 육법사(1989), 120.

게 하는 것이기 때문에 이러한 예외를 인정한 것이다.

107 이와 같은 항해준비를 위하여 생긴 채무는 최초의 출발항에서 생긴 채무뿐만 아니라, 도중항에서 발생한 채무도 포함한다고 해석하여야 한다.[63]

5. 가압류의 제한 여부

108 상법 제744조의 압류 또는 가압류의 제한과 관련하여, 민사집행법 제295조 제1항에서 "등기할 수 있는 선박에 대한 가압류를 집행하는 경우에는 가압류 등기를 하는 방법이나 집행관에게 선박국적증서 등을 선장으로부터 제출받아 집행법원에 제출하는 방법으로 하고, 이들 방법은 함께 사용할 수 있다"고 규정하고 있어, 항해준비를 완료한 선박 등에 대하여 가압류를 불허할 것인지 혹은 등기된 선박에 대하여 가압류의 기입등기를 하는 방식으로 가압류를 허용할 것인지가 문제된다. 현행법상으로는 상법 제744조를 들어 각하하여야 할 것이 원칙이겠지만, 해운업 및 통신설비의 발달에 따라 대선의 조달이나 담보의 제공에 따른 압류 등 금지를 폐지하는 것이 반드시 불합리하지는 않을 것이라는 이유로 이러한 규정을 폐지하여야 한다는 비판이 있는 점,[64] 이러한 법제가 대륙법계 국가에서 시행되고 있고 영미법계 국가에서는 없는 규정이어서 영미법이 지배하는 곳에서 국적 여부를 불문하고 손쉽게 압류할 수 있어 형평에 어긋나는 점,[65] 실무상 가압류 신청시 붙여야 하는 '항해준비미완료보고서'에 대하여 정박항에 있어서의 선박의 상태를 인식할 수 있는 자, 예컨대 중개업자, 창고업자, 해운대리점업자 등의 증명 또는 신청인 측의 조사보고서이면 족하고 반드시 세관장, 지방해양수산청장 등이 작성하는 선박입출항계출증명원 등과 같은 해운관서의 증명서일 필요는 없고, 이러한 증명서가 없다고 하여 가압류신청을 각하할 수 없다는 견해도 있는 점[66] 등을 들어 가능한 한 가압류를 널리 허용하는 쪽으로 실무를 운용할 필요가 있다고 한다.[67]

63 권오곤, "외국선박 집행상의 몇 가지 문제점", 재판자료(34), 법원행정처(1986), 642.
64 최환, "선박가압류", 선박집행실무, 부산지방법원(2002), 21.
65 한영표, "선박에 대한 가압류", 선박집행의 제문제, 부산지방법원(1999), 266.
66 법원실무제요, 민사집행[Ⅲ], 사법연수원(2020), 517~518.
67 김태업, "선박 및 자동차집행에서의 실무상 문제점", 재판실무연구(2) 민사집행소송, 한국사법행정학회(2008), 459~460.

제 173 조 [관할법원]

선박에 대한 강제집행의 집행법원은 압류 당시에 그 선박이 있는 곳을 관할하는 지방법원으로 한다.

[관련조문] 민사집행법 제3조(집행법원), 제21조(전속관할)

[참고문헌] 남기정, 실무강제집행법(7), 육법사(1989); 신현기, 민사집행법 각론(상), 부동산집행, 법률서원(2003); 오시영, 민사집행법, 학현사(2007); 이시윤, 신민사집행법(제8개정판), 박영사(2020); 법원실무제요, 민사집행[Ⅲ], 사법연수원(2020); 권오곤, "외국선박 집행상의 몇 가지 문제점", 재판자료(34), 법원행정처(1986); 김태업, "선박 및 자동차집행에서의 실무상 문제점", 재판실무연구(2) 민사집행소송, 한국사법행정학회(2008); 안철상, "선박 및 자동차에 대한 집행", 재판자료 72집, 법원행정처 (1996); 이상원, "선박에 대한 강제집행에 관한 실무상 문제점", 재판자료(36), 502~503; 남기정, 실무강제집행법(7), 육법사(1989)

Ⅰ. 의의

1 민사집행법 제173조는 선박집행에 관하여는 집행법원이 집행기관이 된다는 점, 선박집행상의 토지관할에 관하여는 소재지주의를 채택한다는 점 및 선박의 소재지는 압류 당시를 기준으로 하여 판정한다는 점을 명백히 하고 있다.

Ⅱ. 선박집행의 집행기관

2 선박집행에 관하여는 집행법원이 집행기관으로 되어 있다. 이는 선박집행의 대상이 되는 선박은 가액이 고가이고, 저당권의 설정 등에 의하여 권리관계가 복잡한 경우가 많아 집행법원이 집행기관이 되어 집행절차를 진행하는 것이 적절하다고 생각되었기 때문이다.

3 선박집행의 집행기관에 관한 외국의 입법례는 집행법원을 집행기관으로 하고 그 절차는 원칙적으로 부동산경매절차에 준하여 행하는 독일법계, 집행관을 집행기관으로 하며 그 절차는 원칙적으로 동산집행절차에 준하여 행하는 프랑스법계, 부동산·동산을 포함하여 집행관을 집행기관으로 하는 미국법계로 나뉘어 있다.

Ⅲ. 소재지주의 채택

4 선박은 고도의 이동성을 가지고 있기 때문에 선박집행의 관할법원을 선박의 소재지를 기준으로 하여 정한다면 관할이 불안정하게 될 우려가 있다. 그러나 예를 들어 선적의 소재지 등 부동의 지점을 기준으로 하여 관할을 정한다면 관할의 안정을 도모할 수 있는 한편, 선박을 신속하게 포착하여야 한다는 요청에 응할 수 없다는 흠이 있다. 따라서 어느 쪽의 요청을 중시하여 관할법원을 정할 것인지는 입법정책의 문제이다. 선박이 고도의 이동성을 가지고 있다고 하더라도 그 이동은 항구로부터 항구로의 이동이고, 선박집행의 대상이 되는 선박이 입항할 때에는 여러 가지 법령상 또는 사실상의 규제가 있는 것이 통례이므로, 선박의 소재지를 파악하는 것은 육상의 교통기관인 자동차 등의 소재지를 파악하는 것보다 용이하다. 이러한 이유로 민사집행법 제173조는 선박집행의 신청 전에 선박국적증서 등의 인도명령을 구할 수 있도록 하는 등(민사집행법 제175조) 신속히 선박을 포착하는 것을 중시하여 선박에 대한 강제집행의 집행법원은 압류 당시에 그 선박이 있는 곳을 관할하는 지방법원으로 한다고 규정함으로써 소재지주의를 채택하였다.[1] 여기서 지방법원이라 함은 지방법원 지원을 포함하는 개념이다(민사집행규칙 제98조 참조). 이는 전속관할이다(민사집행법 제21조). 2005년 사법보좌관제의 신설에도 불구하고 그가 집행법원의 직무를 수행하지 아니하고 지방법원 단독판사가 담당한다.[2]

5 '그 선박이 있는 곳'은 정박항을 말하는데,[3] 선박이 항구에 정박하고 있는 경우만을 말하는 것은 아니고, 그 외에 선박이 소재하고 있는 곳도 포함하는 것으로 넓게 해석하여야 한다. 따라서 선박이 항만 내에 입항하고 있는 경우뿐만 아니라, 항만 외에 가정박하고 있거나 좌초되어 있는 경우, 하천운행선박이 계류 중

1 항공기의 이동의 형태는 선박과 유사하기 때문에 항공기 집행의 관할에 관하여도 소재지주의를 채택하고 있다(민사집행규칙 제106조, 제173조). 이에 대하여 자동차 및 건설기계는 도로상을 자유자재로 이동할 수 있고 용적도 작아 그 소재지를 파악하기 곤란한 것이 통례이기 때문에 이들에 관하여는 등록원부에 기재된 사용본거지를 기준으로 하여 관할을 정하고 있다(민사집행규칙 제109조, 제130조). 한편, 소형선박에 관하여는 해상뿐만 아니라 육상으로의 이동도 자유로워 선박원부에 기재된 선적항을 기준으로 관할을 정하고 있다(민사집행규칙 제109조, 제130조 제3항).

2 이시윤, 신민사집행법(제8개정판), 박영사(2020), 405.

3 구 민사소송법 제679조에서는 '정박항'이라고 하였으나, 민사집행법은 이를 '그 선박이 있는 곳'으로 고쳐 정확하면서도 쉽게 표현을 다듬었다(법원행정처, 민사집행법해설-구 민사소송법(집행절차편) 개정부분(2002), 207.

인 경우의 소재지도 포함한다. 또 독(dock)에 수리를 위하여 들어가 있는 경우도 여기에 해당한다.[4] 그러나 관할구역의 해상을 운행중인 것은 그 지방법원의 관할구역에 소재하고 있다고 할 수 없다.[5]

Ⅳ. 관할판정의 기준시

6 관할판정은 '압류 당시'를 기준으로 하는바, 여기에서 '압류 당시'의 의미에 관하여는 견해가 대립한다. 종래에는 경매신청시설, 경매개시결정시설, 압류효력발생시설[6] 등이 주장되었다. 그러나 경매신청시설에 따르면 경매신청 당시에는 선박이 관할 내에 있었으나, 그 후 출항한 경우에도 관할권이 있는 경우로 되어 경매절차를 취소할 수 없다는 부당한 결과가 되고, 절차개시 이후의 시점인 압류의 효력이 발생하는 때를 기준으로 하는 것은 매우 불안정한 것으로서 불합리하므로 경매개시결정시설이 통설이다.[7] 이 견해에 따르면 경매개시결정시란 개시결정이 내부적으로 확정되어 발령된 때, 즉 결정서가 법원사무관 등에게 교부된 때를 의미한다.[8] 다만, 경매개시결정 이전에 압류의 효력이 발생하는 경우, 즉 경매개시결정 이전에 감수·보존처분이 있는 때(민사집행법 제178조 제2항)에는 그 처분 당시의 선박소재지를 관할하는 지방법원이 관할권을 가진다.[9]

4 김태업, "선박 및 자동차집행에서의 실무상 문제점", 재판실무연구(2) 민사집행소송, 한국사법행정학회(2008), 460; 이상원, "선박에 대한 강제집행에 관한 실무상 문제점", 재판자료 36집(하), 법원행정처(1987), 502~503; 남기정, 실무강제집행법(7), 육법사(1989), 121; 법원실무제요, 민사집행[Ⅲ], 사법연수원(2020), 508.

5 안철상, "선박 및 자동차에 대한 집행", 재판자료 72집, 법원행정처(1996), 373.

6 권오곤, "외국선박 집행상의 몇 가지 문제점", 재판자료(34), 법원행정처(1986), 634~635. 이 견해에 따르면 압류의 효력이 발생한 때, 즉 경매개시결정이 송달된 때 또는 경매개시결정등기가 된 때(민사집행법 제83조 제4항), 집행관이 민사집행법 제174조 제1항의 규정에 의하여 선박국적증서등을 수취한 때(민사집행법 제174조 제2항) 또는 감수·보존 처분을 하였을 때(제178조 제2항) 중 가장 빠른 때를 기준으로 하여 관할법원을 정하는 것이 법문에 충실한 해석이라고 한다. 강대성, 신민사집행법, 탑북스(2014), 237도 같은 견해로 보인다.

7 오시영, 민사집행법, 학현사(2007), 584; 김태업, "선박 및 자동차집행에서의 실무상 문제점", 재판실무연구(2) 민사집행소송, 한국사법행정학회(2008), 460; 이상원, "선박에 대한 강제집행에 관한 실무상 문제점", 재판자료 36집(하), 법원행정처(1987), 503; 남기정, 실무강제집행법(7), 육법사(1989), 121~122; 법원실무제요, 민사집행[Ⅲ], 사법연수원(2020), 12. 한편, 일본 민사집행법 제113조에서는 명문으로 경매개시결정시설을 채택하여 이를 입법적으로 해결하였다.

8 김태업, "선박 및 자동차집행에서의 실무상 문제점", 재판실무연구(2) 민사집행소송, 한국사법행정학회(2008), 461; 남기정, 실무강제집행법(7), 육법사(1989), 122; 신현기, 민사집행법 각론(상), 부동산집행, 법률서원(2003), 696; 법원실무제요 민사집행[Ⅲ], 사법연수원(2020), 509.

9 대법원 1970. 10. 23.자 70마540 결정[집18(3)민, 198]은 선박에 대한 감수명령은 이를 집행하였을 때에 비로소 압류의 효력이 발생하므로 그때 그 선박의 정박항을 관할하는 지방법원이 집행법원이 된다고 한다.

7 경매개시결정 당시에 집행목적물인 선박이 집행법원의 관할구역 내에 소재하고 있어야 하므로, 집행법원은 경매개시결정시에 그 지방법원의 관할구역 내에 당해 선박이 소재하고 있다고 인정된 경우가 아니면 개시결정을 할 수 없는 것으로 되나, 경매신청시에 선박이 그 법원의 관할구역 내에 소재한다는 취지의 증명서(정박증명서 등)가 제출되어 있는 때에는 신청 시와 개시결정 시 사이에 상당한 시간이 경과하지 아니하는 한 개시결정 시에도 소재하고 있는 것으로 하여 처리할 것이다.

8 관할구역 내에 선박이 소재하고 있지 않은 때에 이루어진 경매개시결정은 무효는 아니지만 집행이의에 의하여 취소될 수 있다(민사집행법 제172조, 제86조). 그러나 취소되기 전에 관할구역 내에 소재하게 된 경우, 또는 민사집행법 제182조에 의하여 이송을 하고 이송 받은 법원이 선박국적증서 등의 수취명령의 집행을 완료한 경우에는 하자는 치유된다.

V. 보전처분에 의한 보완

9 종래 선박집행의 관할을 위와 같이 선박소재지로 고정하는 것에 관하여는 비판이 많았다. 즉, 요즘에는 선박이 일정한 항구 내에 실질적으로 수 시간밖에 정박하지 않는 경우도 많고, 또 외국선박이 많은 점 등을 고려하면 선박의 현재 소재지만을 가지고 관할을 정하는 것은 많은 경우 경매신청을 무위로 끝나게 하는 등 현실적이 아니라는 것이다.[10] 따라서 선박의 입항에 앞서 선박의 압류를 가능하게 하는 보전조치를 미리 취할 필요가 있다. 이에 민사집행법 제175조는 선박집행의 신청 전에 선박국적증서 등을 받지 아니하면 집행이 매우 곤란할 염려가 있는 때에는 선적소재지를 관할하는 지방법원(선적이 없는 때에는 대법원규칙이 정하는 법원)에 선박국적증서 등의 인도명령을 신청할 수 있도록 함으로써 이러한 문제점을 해결하였다.

10 이상원, "선박에 대한 강제집행에 관한 실무상 문제점", 재판자료 36집(하), 법원행정처(1987), 504 참조.

제 174 조 [선박국적증서 등의 제출]

① 법원은 경매개시결정을 한 때에는 집행관에게 선박국적증서 그 밖에 선박 운행에 필요한 문서(이하 "선박국적증서등"이라 한다)를 선장으로부터 받아 법원에 제출하도록 명하여야 한다.

② 경매개시결정이 송달 또는 등기되기 전에 집행관이 선박국적증서등을 받은 경우에는 그 때에 압류의 효력이 생긴다.

[관련조문] 민사집행법 제83조, 제86조, 제172조(경매개시결정), 제94조, 제96조, 제172조(경매개시결정의 등기), 민사집행규칙 제96조(선박국적증서수취의 통지), 제97조(선박국적증서불수취의 신고)

☞ 민사집행규칙 제96조[선박국적증서등 수취의 통지]
집행관은 법 제174조 제1항과 법 제175조 제1항의 규정에 따라 선박국적증서, 그 밖에 선박운행에 필요한 문서(다음부터"선박국적증서등"이라 한다)를 받은 때에는 바로 그 취지를 채무자·선장 및 선적항을 관할하는 해운관서의 장에게 통지하여야 한다.

☞ 민사집행규칙 제97조[선박국적증서등을 수취하지 못한 경우의 신고]
집행관이 법 제174조 제1항에 규정된 명령에 따라 선박국적증서등을 수취하려 하였으나 그 목적을 달성하지 못한 때에는 그 사유를 법원에 서면으로 신고하여야 한다.

[참고문헌] 김홍엽, 민사집행법(제7판), 박영사(2022); 법원실무제요, 민사집행[Ⅲ], 사법연수원(2020); 선박집행실무(개정판), 부산지방법원(2013); 법원행정처, 민사집행법해설-구 민사소송법(집행절차편) 개정부분(2002); 홍광식, "개정강제집행법에 있어서 선박집행", 부산변호사회지 9

Ⅰ. 의의

1 선박에 대한 강제경매절차가 개시되려면 집행법원이 경매개시결정을 하여야 함은 부동산의 경우와 같다(민사집행법 제172조, 제83조 제1항). 그런데 민사집행법 제174조는 위 경매개시결정을 한 때에는 집행관에게 선박국적증서 등의 문서를 선장으로부터 받아 법원에 제출하도록 명하도록 하는 한편(제174조 제1항), 경매개시결정이 송달 또는 등기되기 전에 집행관이 선박국적증서 등을 받은 경우에는 그 때에 압류의 효력이 생긴다고 규정하고 있다(제174조 제2항).

2 그리고 민사집행규칙 제96조는 집행관이 선박국적증서 등의 수취명령 및 인도명령을 집행한 경우 채무자, 선장 및 관할 해운관서의 장에의 통지에 관하여, 민사집행규칙 제97조는 선박국적증서 등의 수취명령이 집행불능이 된 경우 집행법원에의 사유신고에 관하여 각 규정하고 있다.

Ⅱ. 선박국적증서 등의 수취·제출명령

1. 제도의 취지

3 이 제도는 압류의 실효성을 확보하기 위하여 1990. 1. 13. 구 민사소송법 개정에 의하여 신설된 조항이다(구 민사소송법 제679조의2). 이 조항이 신설되기 전에는 선박에 대한 압류는 강제경매의 신청의 기입등기에 의한 처분제한(민사집행법 제94조의 준용)과 채무자의 정박의무(제176조)의 두 가지를 포함한 억류(arrest)를 내용으로 하였다. 그러나 전자는 추상적인 것에 지나지 않고, 후자는 채무자의 위반에 대한 제재수단이 없어, 채무자가 압류된 선박을 다른 곳으로 옮김으로써 집행을 방해하는 것을 저지하기에는 불충분하였다.

4 유일하게 실효적인 것은 선박의 점유를 감수보존인에게 이전하는 감수·보존처분(민사집행법 제178조)뿐인데, 이는 우선 압류채권자에게 과다한 부담을 지우고, 또 채무자로부터 점유를 빼앗는 점에서도 압류의 의의를 감소하게 한다.

5 그리하여 민사집행법 제174조에 의하여 경매개시결정과 함께 집행관이 선장으로부터 선박국적증서 등 운행에 필요한 문서를 수취하게 하여 법률상 선박의 운행이 불가능한 상태에 둠으로써 압류의 실효성을 뒷받침하게 한 것이다.[1]

2. 수취·제출명령의 대상문서

6 민사집행법 제174조에 의한 수취·제출명령의 대상인 문서는 "선박국적증서 그 밖에 선박운행에 필요한 문서"이다.

7 '선박국적증서'는 선박의 소유자가 선박의 등록신청을 하면 해운관청(지방해양수산청장 등)이 이를 선박원부에 등록하고 신청인에게 교부하는 문서로서(선박법 제8조 제1항·제2항), 선장이 그 비치의무를 지고 있다(선원법 제20조).

1 홍광식, "개정강제집행법에 있어서 선박집행", 부산변호사회지 9, 132~133.

8 '그 밖에 선박운행에 필요한 문서'란 법에 따라 선내에 갖추어야 하는 문서로서 선원명부, 항해일지, 화물에 관한 서류 등(선원법 제20조 제1항)과 그 밖에 해양수산부령으로 정하는 서류인 선박검사증서, 항해하는 해역의 해도, 기관일지, 속구목록, 선박의 승무정원증서, 선원을 피보험자로 한 재해보상보험, 임금채권보장보험 및 송환보험 가입증서의 사본 또는 선원의 체불임금의 지급을 보장하기 위한 기금의 조성증서 사본(선원법 제20조 제1항 제5호, 선원법 시행규칙 제13조 제2항), 임시항해검사증서(선박안전법 제17조 제1항, 제8조 제2항, 제11조 제2항), 임시선박국적증서(선박법 제9조) 등이다.[2]

3. 수취·제출명령의 시기

9 선박국적증서 등의 수취·제출명령은 경매개시결정과 동시에 당사자의 신청이 없이도 직권으로 발하는 것으로서, 통상 경매개시결정 가운데 적는 경우가 보통이다. 만일 누락된 경우에는 법원은 이를 발견하는 대로 경매개시결정을 경정하거나 별도의 수취·제출명령을 발하여야 한다. 그러나 이중경매개시결정이 있고, 이미 다른 사건의 경매개시결정에 의하여 선박국적증서 등이 수취되어 있을 때에는 필요하지 않다.[3]

10 다만, 경매개시결정 이후에 수취·제출명령이 행해지는 경우가 있다. 즉 법원의 선박운행허가에 의한 선박의 운행(민사집행법 제176조 제2항)이 끝난 경우에는 집행법원은 직권 또는 이해관계인의 신청에 따라 집행관에 대하여 선박국적증서 등을 다시 수취할 것을 명할 수 있다(민사집행규칙 제101조 제1항).

4. 수취·제출명령의 내용

11 이는 집행법원의 집행관에 대한 직무명령으로서 명령에 집행관의 성명을 기재할 필요까지는 없다. 집행관은 집행법원의 통지에 의하여 사무분배에 따라 이를 집행하는 집행관이 특정된다.

12 그리고 당해 집행법원 소속의 집행관 외에 다른 법원 소속의 집행관에 대하여 이 명령을 발할 수는 없고, 또한 집행관은 소속법원의 관할구역 외에서 집행할 수 없다(집행관법시행규칙 제4조 제1항).[4] 따라서 개시결정 후 이 명령의 집행 전에

2 선박집행실무(개정판), 부산지방법원(2013), 53; 법원실무제요, 민사집행[Ⅲ], 사법연수원(2020), 524; 홍광식, "개정강제집행법에 있어서 선박집행", 부산변호사회지, 9, 133~134.

3 선박집행실무(개정판), 부산지방법원(2013), 55; 법원실무제요, 민사집행[Ⅲ], 사법연수원(2020), 524.

4 선박집행실무(개정판), 부산지방법원(2013), 55.

선박이 집행법원의 관할구역 밖으로 떠난 때에는 선박이 있는 곳을 관할하는 지방법원에 이송할 수 있으며(민사집행법 제182조), 이송을 받은 법원에서 다시 수취·제출명령을 받는 등의 방법으로 대처하여야 한다. 그러나 이 경우에도 원래의 법원의 개시결정이 있은 날부터 2월 이내에 위 이송 받은 법원의 집행관이 선박국적증서 등을 수취하지 않는 한 선박의 강제경매절차는 민사집행법 제183조에 의하여 취소될 수밖에 없으므로, 위 2월의 기간 안에 이 집행이 가능하도록 사건을 이송할 필요가 있다.

13 이 명령의 내용은 집행관에게 목적선박의 선장으로부터 그 선박의 선박국적증서 그 밖에 선박운행에 필요한 문서를 받아 집행법원에 제출할 것을 명하는 것이다. 그런데 위 명령이 집행관에 대한 직무명령임에도 실무상 집행관이 바로 위 명령에 따라 집행하지 아니하고 자동차인도명령의 집행과 같이 경매신청채권자로부터 다시 집행위임을 받아 명령을 이행하고 있는바,[5] 위 명령의 성질상 별도의 집행위임 없이 집행관이 바로 명령을 이행하도록 실무가 바뀌어야 할 것이다.

14 이 명령은 개시결정이 내려진 모든 선박 즉 한국선박뿐 아니라 외국선박이나 무국적선박에도 발령된다.

5. 수취·제출명령의 집행

가. 집행의 상대방

15 민사집행법 제177조 제1항 제1호는 강제경매를 신청함에 있어 채무자가 소유자인 경우에는 그 소유자로서 선박을 점유하고 있다는 것을, 선장인 경우에는 선장으로서 선박을 지휘하고 있다는 것을 소명할 수 있는 증서를 첨부할 것을 요구하고 있다. 따라서 선박에 대한 강제경매는 채무자가 스스로 점유하거나 혹은 선장과 같은 대리인을 개입시켜 점유하고 있는 선박에 한하여 가능하고, 채무자 이외의 자가 점유하고 있는 선박에 대하여는 그 점유가 압류채권자에게 대항할 수 있는 점유인지를 불문하고 강제경매가 허용되지 않는다.[6] 따라서 민사집행법 제174조의 수취·제출명령의 집행의 상대방도 선박을 점유하는 채무자(소유자 또는 선장)에 한정된다.

5 법원실무제요, 민사집행[Ⅲ], 사법연수원(2020), 525.
6 법원실무제요, 민사집행[Ⅲ], 사법연수원(2020), 525; 홍광식, “개정강제집행법에 있어서 선박집행”, 부산변호사회지 9, 135.

16 구체적으로는 나용선계약(Bareboat Charterparty)의 경우에는 선박임차인(용선자)이 선박의 점유자이고, 따라서 그 선박임차인에 대하여 이 명령을 집행할 수는 없다. 이 경우에는 채무자가 임차인에 대하여 가지는 선박인도청구권을 압류하는 방법으로 집행할 수밖에 없다(민사집행법 제242조). 그러나 실무상 일반적으로 행하여지고 있는 정기용선계약의 경우에는 선박의 점유는 여전히 선박소유자(채무자)에게 있다고 보아야 하므로 이 명령을 집행할 수 있다.[7]

나. 집행의 방법

17 수취·제출명령의 집행은 이 명을 받은 집행관이 선박을 점유하는 채무자(그 대리인인 선장)로부터 선박국적증서 등 선박운행에 필요한 문서를 직접 받는 방법에 의하여 이루어진다. 이 명령은 집행관에 대한 직무명령(집행권원이 아님)이어서 개시결정이 송달되기 전에도 집행이 가능하다.[8] 집행관은 채무자에 대하여 이 명령을 집행하기 위하여 필요한 경우에는 선박 내에 들어가 수색하고, 잠근 문과 기구를 여는 등 적절한 조치를 할 수 있으며, 저항을 받으면 경찰 또는 국군의 원조를 요청할 수 있다(민사집행법 제5조).

18 이 명령의 집행으로서는, 선박운행에 필요한 문서를 받을 수 있음에 그치고, 나아가 조타장치의 봉인, 엔진키의 수취 등은 할 수 없다. 선박이 항해의 준비를 종료한 경우에는 이 명령의 집행을 할 수 없으며, 다만 선박이 항해를 준비하기 위하여 생긴 채무에 기한 집행인 경우에는 그러하지 아니하다(상법 제744조).

19 집행관이 위 수취명령에 의하여 선박국적증서 등을 넘겨받은 경우에는 이를 집행법원에 제출하고, 집행법원은 선박집행절차가 속행되고 있는 동안에는 이를 보관하고 있다가 매수인이 대금을 납부한 때에는 매수인에게 교부하며, 집행절차가 취소되든지 운행허가결정이 확정된 때에는 이를 채무자에게 교부한다.

20 집행관이 강제경매개시결정이 있은 날부터 2월이 지나기까지 선박국적증서 등을 넘겨받지 못하고 선박이 있는 곳이 분명하지 아니한 때에는, 집행법원은 강제경매절차를 취소할 수 있다(민사집행법 제183조).

다. 집행의 효력

21 경매개시결정의 송달 또는 그 등기되기 전에 집행관이 선박국적증서 등을 받은

7 홍광식, "개정강제집행법에 있어서 선박집행", 부산변호사회지 9, 135~136.
8 선박집행실무(개정판), 부산지방법원(2013), 57.

경우 그 때에 압류의 효력이 생긴다(민사집행법 제174조 제2항). 선박국적증서 등의 수취는 집행관이 선박의 점유를 취득함이 없이 법률상 선박이 출항할 수 없게 되므로 실질적으로 경매개시결정에 의한 출항금지명령의 집행이라고 볼 수 있기 때문이다.[9] 감수·보존처분의 경우에도 같은 취지의 규정이 있다(제178조 제2항). 다만 선박국적증서 등의 수취 후라도 압류의 등기 전에 당해 선박에 대하여 제3자에 대한 소유권이전등기가 마쳐지면 집행절차는 취소된다(제172조, 제96조).

22 따라서 선박에 대한 압류의 효력은, ① 경매개시결정이 채무자에게 송달된 때(민사집행법 제172조, 제83조 제4항), ② 경매개시결정의 등기가 된 때(제172조, 제83조 제4항, 제94조), ③ 집행관이 선박국적증서, 그 밖에 선박운행에 필요한 문서(선적증서, 승무원명부, 항해일지 등)를 수취한 때(제174조 제2항), ④ 법원이 선박에 대한 감수·보존의 처분을 한 때(제178조 제2항) 중 어느 하나가 먼저 이루어지면 발생한다고 할 것이다.[10] 그런데 구 민사소송법은 위 ③의 경우에 관하여 아무런 규정을 두지 않고, 대신 구 민사소송규칙 제167조의2가 같은 취지를 규정하고 있었다. 그러나 이는 압류의 효력발생사유에 관한 다른 규정들과의 균형을 고려해 볼 때 법률에 직접 규정하는 것이 바람직하므로, 민사집행법은 구 민사소송규칙 제167조의2의 규정을 법률로 승격하여 위와 같이 민사집행법 제174조 제2항을 신설하게 된 것이다.[11]

23 그런데 선박국적증서 등을 수취하였음에도 불구하고 선박을 다른 항구로 이동시키는 등 그 선박이 관할구역 외의 곳에 있게 된 때에는 집행법원은 직권으로(신청은 직권발동을 촉구하는 효력을 가진다) 사건을 선박이 있는 곳을 관할하는 지방법원에 이송할 수 있고(민사집행법 제182조), 이송을 받은 법원은 이송에 의하여 관할권을 취득하게 된다.

6. 수취·제출명령의 집행 후의 조치

가. 선박국적증서 등의 수취통지

24 집행관이 선박국적증서 등을 받았을 때에는 법원에 제출하는 외에 바로 그 취지를 채무자·선장 및 선적항을 관할하는 해운관서의 장에게 통지하여야 한다(민

9 법원행정처, 민사집행법해설-구 민사소송법(집행절차편) 개정부분(2002), 209; 법원실무제요, 민사집행[Ⅲ], 사법연수원(2020), 526.
10 김홍엽, 민사집행법(제7판), 박영사(2022), 320.
11 법원행정처, 민사집행법해설-구 민사소송법(집행절차편) 개정부분(2002), 209.

사집행규칙 제96조). 채무자에 대하여 선박국적증서 등을 수취한 사실을 통지하는 것은 그 선박에 대하여 강제집행절차가 개시되었다는 것을 알려주기 위한 것이다. 민사집행법 제174조 제1항의 수취명령 또는 민사집행법 제175조 제1항의 인도명령에 기초한 선박국적증서 등의 수취는 선박집행의 개시결정이 채무자에게 송달됨에 따라 채무자에게 알려지게 되지만, 선박국적증서 등의 수취는 개시결정에 앞서 이루어지는 것이 보통이기 때문에 선박국적증서 등을 수취한 집행관으로 하여금 그 취지를 채무자에게 통지하도록 하고 있다. 다만, 보통의 경우에는 선장이 채무자 앞으로의 통지를 받을 권한을 갖고 있으므로, 선장에게 통지한 때에는 채무자에게 따로 통지할 필요가 없다.

25 선장에 대하여 선박국적증서 등을 수취한 사실을 통지하는 것은 선장은 선박국적증서 등을 선내에 비치할 의무가 있으므로(선원법 제20조 제1항), 이를 수취한 사실을 알게 하기 위한 것이다. 다만, 선박국적증서 등은 선장으로부터 수취하는 경우가 보통일 것이고, 이 경우에는 선박국적증서 등의 수취사실을 선장이 알 수 있음이 명백하므로, 다시 선장에 대하여 통지할 필요는 없다. 그러므로 채무자에 대한 통지를 받을 권한을 갖는 선장으로부터 선박국적증서 등을 수취하게 되는 통상의 경우에는 채무자 및 선장에 대하여 선박국적증서 등을 수취한 사실을 별도로 통지할 필요는 없게 될 것이다.

26 관할 해운관서의 장에 대하여 선박국적증서 등을 수취한 사실을 통지하는 것은 선박국적증서 등의 발행사무를 담당하는 관할 해운관서의 장에게 이를 통지함으로써 집행관이 선박국적증서 등을 수취한 선박에 관하여 선박소유자의 신청에 따라 선박국적증서 등이 다시 발행되는 등의 사태를 방지하기 위한 것이다. 재발행의 규정은 대한민국 선박에 대하여만 적용되므로, 외국선박의 선박국적증서 등을 수취한 경우에는 통지할 필요가 없다.[12]

나. 선박국적증서 등의 수취불능의 경우의 사유신고

27 집행관이 선박국적증서 등을 받으려 하였으나 그 목적을 달성하지 못한 때에는 그 사유를 법원에 서면으로 신고하여야 한다(민사집행규칙 제97조). 이 경우 집행관은 집행불능조서를 작성하여야 한다(민사집행법 제10조). 위 신고는 집행법원이 민사집행법 제183조에 따라 선박집행의 절차를 신속하게 취소할 수 있도록 하기 위한 것

12 민사집행규칙해설, 법원행정처(2002), 287~288.

이므로, 민사집행법 제174조 제1항에 의한 수취명령의 집행이 불능된 때에만 신고하면 족하고, 민사집행법 제175조 제1항의 인도명령의 집행이 불능된 때에는 신고할 필요가 없다. 이는 후자의 인도명령은 선박집행의 신청 전에 발령되는 것이어서 그 집행불능의 사정을 법원에 신고할 필요가 없기 때문이다.[13] 이 사유신고를 받은 집행법원은 개시결정이 있은 날부터 2월이 지나기까지 집행관이 선박국적증서 등을 넘겨받지 못하고 선박이 있는 곳이 분명하지 아니한 때에는 강제경매절차를 취소할 수 있다(민사집행법 제183조). (☞ 자세한 것은 민사집행법 제183조 주석 참조)

13 민사집행규칙해설, 법원행정처(2002), 290~291.

제 175 조 [선박집행신청 전의 선박국적증서 등의 인도명령]

① 선박에 대한 집행의 신청 전에 선박국적증서 등을 받지 아니하면 집행이 매우 곤란할 염려가 있을 경우에는 선적(船籍)이 있는 곳을 관할하는 지방법원(선적이 없는 때에는 대법원규칙이 정하는 법원)은 신청에 따라 채무자에게 선박국적증서 등을 집행관에게 인도하도록 명할 수 있다. 급박한 경우에는 선박이 있는 곳을 관할하는 지방법원도 이 명령을 할 수 있다.

② 집행관은 선박국적증서 등을 인도받은 날부터 5일 이내에 채권자로부터 선박집행을 신청하였음을 증명하는 문서를 제출받지 못한 때에는 그 선박국적증서 등을 돌려주어야 한다.

③ 제1항의 규정에 따른 재판에 대하여는 즉시항고를 할 수 있다.

④ 제1항의 규정에 따른 재판에는 제292조 제2항 및 제3항의 규정을 준용한다.

[관련조문] 민사집행법 제173조(선박집행의 관할법원), 제174조, 제183조(선박국적증서), 제15조(즉시항고), 제292조 제2항·제3항(가압류에 대한 재판과 그 집행기간), 민사집행규칙 제98조(선적이 없는 때의 관할법원)

☞ 민사집행규칙 제98조(대법원규칙이 정하는 법원)
선적이 없는 때 하는 선박집행신청 전 선박국적증서등의 인도명령신청사건의 관할법원은 서울중앙지방법원·인천지방법원·수원지방법원평택지원·춘천지방법원강릉지원·춘천지방법원속초지원·대전지방법원홍성지원·대전지방법원서산지원·대구지방법원포항지원·부산지방법원·울산지방법원·창원지방법원·창원지방법원진주지원·창원지방법원통영지원·광주지방법원목포지원·광주지방법원순천지원·광주지방법원해남지원·전주지방법원군산지원 또는 제주지방법원으로 한다.

[참고문헌] 남기정, 실무강제집행법(7), 육법사(1989); 박두환, 민사집행법(제2판), 법률서원(2003); 법원행정처, 민사집행규칙해설(2002); 법원실무제요, 민사집행[Ⅰ], [Ⅲ], 사법연수원(2020); 안철상, "선박 및 자동차에 대한 집행", 재판자료 72집, 법원행정처 (1996); 홍광식, "개정강제집행법에 있어서 선박집행", 부산변호사회지 9

Ⅰ. 의의

1 선박집행의 신청은 압류 당시 선박이 있는 곳(선박소재지)을 관할하는 지방법원에 하여야 하고(민사집행법 제173조), 앞서 본 바(☞ 민사집행법 제173조 Ⅳ. 주석 참조)와 같이 통설은 이 선박의 '소재'의 기준시를 개시결정 발령 시로 보고 있다(이론상으

로는 반드시 '신청 시'에는 소재할 필요가 없으나 신청 시와 개시결정의 발령 시와는 시간적으로도 근접하여 있는 것이 통례이므로, 일반적으로는 신청 시부터 개시결정 발령시까지 계속하여 소재할 것이 필요함). 따라서 선박집행을 신청하려고 하는 채권자는 선박의 소재지를 조사하고, 또한 그 선박이 개시결정의 발령 및 그것에 수반하는 선박국적증서 등의 수취에 필요한 일정기간 그 장소에 정박하고 있는 것을 확인하여 강제경매의 신청을 하여야 한다. 그런데 최근에는 선박의 양륙·선적작업이 기계화된 결과 입항 후 극히 단시간 중에 그 작업을 종료하고 선박이 출항하여 버리는 사례가 많게 되어 그 때문에 선박이 입항 후 그 소재지에서 선박집행의 신청을 하여 개시결정을 얻어 선박국적증서 등의 수취를 종료하는 것이 실제상 곤란한 경우가 적지 않다.

2 민사집행법 제175조는 이와 같은 사실을 고려하여 선박집행의 신청에 앞서 선박의 정박처분(그 집행에 의한 선박의 정박)을 인정할 필요가 있는 경우에 하는 일종의 보전처분으로서, 선박에 대한 집행의 신청 전에 선박국적증서 등을 받지 아니하면 집행이 매우 곤란할 염려가 있을 경우에는 선적이 있는 곳을 관할하는 지방법원(선적이 없는 때에는 대법원규칙이 정하는 법원)은 신청에 따라 채무자에 대하여 당해 선박의 선박국적증서 등을 집행관에게 인도할 것을 명할 수 있도록 하였다.[1]

Ⅱ. 인도명령의 요건

3 민사집행법 제175조 제1항은 인도명령을 발할 수 있는 경우로서 두 가지를 들고 있다. 그 하나는 선박집행의 신청 전에 선박국적증서 등을 수취하지 아니하면 집행이 현저하게 곤란한 경우이고, 다른 하나는 급박한 사정이 있는 경우이다.

4 전자의 예로는 현재 운행 중인 선박이 가까운 시일 내에 어느 항구에 입항할 예정이지만 입항 후 단시일 내에 출항하기 때문에 선박집행을 하기 어려운 경우를 들 수 있고, 후자의 예로는 선박이 현재 어느 항구에 정박 중이지만 단시일 내에 출항할 예정이어서 그동안에 선박집행을 하기 어려운 경우가 이에 해당한다.

Ⅲ. 관할법원

5 인도명령의 관할법원은 1차적으로는 선적이 있는 곳(선적소재지)을 관할하는 지방법원이다.

1 안철상, "선박 및 자동차에 대한 집행", 재판자료 72집, 법원행정처(1996), 386; 홍광식, "개정강제집행법에 있어서 선박집행", 부산변호사회지 9, 139~140.

6 그리고 선박소재지를 관할하는 지방법원이 없는 때, 즉 외국선박이거나 아직 선적이 없는 국내선박인 경우에는 대법원규칙이 정하는 법원이다.

7 그 위임에 따라 민사집행규칙 제98조는 선적이 없는 선박에 관하여 제175조 제1항의 선박집행신청 전의 선박국적증서 등의 인도명령신청사건의 관할법원을 지정하고 있다. 선적이 없는 선박은 외국선박인 경우가 통례이기 때문에 외국선박에 대한 집행의 편의를 위하여 외국선박의 입항수, 신청인이 법원에 출석하는 데 있어서의 편의, 개항질서법 제3조 및 같은법시행령 제2조에 의한 개항의 위치 등을 고려하여 서울중앙지방법원·인천지방법원·수원지방법원평택지원·춘천지방법원강릉지원·춘천지방법원속초지원·대전지방법원홍성지원·대전지방법원서산지원·대구지방법원포항지원·부산지방법원·울산지방법원·창원지방법원·창원지방법원진주지원·창원지방법원통영지원·광주지방법원목포지원·광주지방법원순천지원·광주지방법원해남지원·전주지방법원군산지원 또는 제주지방법원 등 18개 법원을 그 관할법원으로 정하였다. 그러므로 선적이 없는 선박에 대하여는 이들 중 어느 법원에도 민사집행법 제175조 제1항의 인도명령신청을 할 수 있다. 즉 위 법원들에 대하여 경합적인 전속관할을 인정하고 있다.[2]

8 급박한 사정이 있는 때에는 선박이 있는 곳을 관할하는 지방법원도 관할법원이 된다. 선박이 있는 곳을 관할하는 지방법원은 선박집행의 관할법원이지만, 선박집행을 신청함에 있어서는 각종의 첨부서류를 준비하여야 하고, 또한 법원도 이들 서류를 조사하여야 하기 때문에, 채권자가 선박집행신청의 준비를 시작하면서부터 개시결정을 얻을 때까지는 일정기간이 필요하다. 그러나 개시결정 발령 전에 우선 선박을 정박시킬 조치를 취하지 않으면 집행이 매우 곤란한 경우도 있을 수 있으므로, 급박한 사정이 있는 때에는 선박의 소재지를 관할하는 지방법원이 우선 선박국적증서 등의 인도명령을 발할 수 있도록 한 것이다.

IV. 인도명령의 절차

9 민사집행법 제175조 제1항의 인도명령은 채권자의 신청에 의하여 관할법원이 결정의 형식에 의하여 발령한다. 이는 보전적 집행권원으로서 성질상 일종의 단행적 보전처분에 해당하나, 담보의 제공을 요하지는 않는다. 담보의 제공을 요구

2 민사집행규칙해설, 법원행정처(2002), 292.

하면 이 제도가 제대로 이용되기 어렵기 때문이다. 반드시 변론을 거칠 필요도 없으며,[3] 오히려 성질상 원칙적으로 변론을 거치지 않아야 할 것이다.

10 또 명문의 규정은 없으나 신청 시에는 집행력 있는 집행권원의 정본을 붙이고, 그 신청서에 인도명령 발령의 요건을 소명하는 문서(특히 민사집행법 제175조 제1항 후문의 '급박한 경우'에는 입항 및 출항예정을 명백히 나타내는 보고서 등)[4]와 선적소재지를 증명하는 문서, 선박이 채무자 소유임을 증명하는 문서 및 선박이 집행적격 있는 선박임을 증명하는 문서를 붙여야 한다.[5]

11 민사집행법 제175조 제1항의 인도명령에 대하여는 즉시항고를 할 수 있다(민사집행법 제175조 제3항). 이 인도명령에 관하여는, 위 재판이 강제집행절차에 선행하는 준비절차 또는 일종의 보전처분이고 민사집행법 제15조 제1항 소정의 집행절차에 관한 집행법원의 재판에 해당되지 않으므로 그 재판에 대한 즉시항고에 민사집행법 제15조의 규정이 적용되지 않는다는 견해와, 위 재판에 대한 즉시항고에 민사집행법 제15조 제6항이 적용되지 않고 민사소송법 제447조가 준용된다고 보아 집행정지의 효력을 인정하는 것은 인도명령의 성질에 반하고 그 제도의 취지를 몰각시키므로 위 재판에 대한 즉시항고에 민사집행법 제15조가 적용된다고 보는 것이 타당하다는 견해가 있는데,[6] 후자가 타당하다고 생각된다(☞ 자세한 것은 민사집행법 제15조 Ⅲ. 1. 주석 참조). 따라서 이 즉시항고에는 집행정지의 효력이 없으며, 신청인에 대한 고지에 의하여 즉시 집행력이 생긴다고 보아야 할 것이다(제15조 제6항).[7] 인도명령의 신청을 기각 또는 각하한 재판에 대하여는 일반원칙에 따라 통상의 항고를 제기할 수 있다는 견해와(민사소송법 제439조의 준용),[8] 민사집행법 제175조는 재판이라고 규정함으로써 인용결정만으로 그 대상을 제한하고 있지 않으므로 여기에는 인도명령뿐만 아니라 그 신청을 기각 또는 각하하는 결정도 포함된다고 보

3 일본 민사집행법 제115조 제2항은 "전항의 규정에 의한 재판은 구두변론을 거치지 아니하고 할 수 있다"고 명문으로 규정하고 있다.

4 일본 민사집행법 제115조 제3항은 "제1항의 신청을 함에는 집행력 있는 집행권원의 정본을 제시하고 동항에 규정하는 사유를 소명하여야 한다"고 규정함으로써 이 점을 분명히 하고 있다.

5 법원실무제요, 민사집행[Ⅲ], 사법연수원(2020), 538; 남기정, 실무강제집행법(7), 육법사(1989), 140.

6 법원실무제요, 민사집행[Ⅰ], 사법연수원(2020), 539.

7 안철상, "선박 및 자동차에 대한 집행", 재판자료 72집, 법원행정처(1996), 387. 일본의 경우에는 이 인도명령에 대한 즉시항고는 집행절차상의 항고가 아니라 소송절차상의 즉시항고로 보고(그 명칭도 '집행항고'가 아닌 '즉시항고'로 하고 있다), 민사집행법 제115조 제6항에서 "전항의 즉시항고는 집행정지의 효력을 가지지 아니한다."는 특별규정을 두고 있다.

8 안철상, "선박 및 자동차에 대한 집행", 재판자료 72집, 법원행정처(1996), 388.

아야 하므로 기각, 각하결정에 대하여도 즉시항고를 할 수 있다고 보는 견해가 있다.[9]

V. 인도명령의 집행

12 민사집행법 제175조 제1항의 인도명령은 보전적 집행권원(성질은 민사집행법 제300조 제2항의 물건의 인도를 명하는 단행가처분이다)으로서, 긴급히 집행을 요하는 성질의 것이고, 위에서 본 바와 같이 즉시항고에는 집행정지의 효력이 없으므로, 신청인에 대한 고지에 의하여 곧바로 집행력이 발생하며, 집행할 때 인도명령에 집행문의 부여를 받을 것을 요하지 않는다.[10]

13 민사집행법 제175조 제1항의 인도명령은 민사집행법 제174조의 수취명령과 달리 집행관에 대한 직무명령이 아니기 때문에 집행관은 신청인(채권자)의 집행위임을 받아 집행하여야 한다. 인도명령 집행의 구체적 방법은 선박국적증서등을 집행관에게 인도할 것을 내용으로 하는 보전적 집행권원에 기하여 신청인(채권자)으로부터 집행신청을 받은 집행관이 채무자(그 대리인인 선장)로부터 선박국적증서등을 수취하는 방법으로 실시한다. 이 인도명령은 상대방에게 송달하여야 함은 물론이나, 일반의 보전명령과 마찬가지로 그 송달이 있기 전에도 집행할 수 있고(민사집행법 제175조 제4항, 제292조 제3항의 준용), 또 긴급히 발하여지는 보전처분이므로 인도명령이 상대방에게 송달된 날로부터 14일이 지나면 집행하지 못한다(제175조 제4항, 제292조 제2항의 준용).

14 집행관이 선박국적증서 등을 받은 때에는 즉시 그 취지를 채무자·선장 및 선적항을 관할하는 해운관서의 장에게 통지하여야 함은 민사집행법 제174조에 의한 수취명령의 경우와 같다(민사집행규칙 제96조). 그러나 집행관이 선박국적증서 등을 수취하려 하였으나 그 목적을 달성하지 못하였더라도 그 사유를 법원에 신고할 필요가 없다. 왜냐하면 민사집행규칙 제97조에 의한 신고서의 제출은 집행법원이 민사집행법 제183조에 의하여 선박집행의 절차를 취소할 수 있도록 하는데 의미가 있는 것인데, 위 인도명령은 선박집행의 신청 전에 발령되는 것이어서 그 집행불능의 사정을 법원에 신고할 필요가 없기 때문이다.[11]

9 선박집행실무(개정판), 부산지방법원(2013), 84; 법원실무제요 민사집행[Ⅲ], 사법연수원(2020), 539.
10 안철상, "선박 및 자동차에 대한 집행", 재판자료 72집, 법원행정처(1996), 388.
11 민사집행규칙해설, 법원행정처(2002), 291.

15 수취한 선박국적증서 등은 집행관이 이를 보관한다. 그리고 채권자의 신청에 의하여 경매개시결정이 있는 때에는 개시결정을 한 선박소재지를 관할하는 지방법원에 이를 제출한다.

16 인도명령의 신청 또는 결정의 집행에 든 비용은 공익비용(절차비용)으로서 비용을 예납한 집행채권자는 뒤에 신청한 선박집행의 배당절차에서 최우선적으로 그 비용을 변상받는다.

VI. 선박집행에의 이행

17 민사집행법 제175조 제1항의 인도명령은 장래의 선박집행을 용이하게 하기 위한 보전처분의 성질을 가지므로 인도명령이 집행되면 빠른 기간 내에 선박집행으로 이행되는 것이 바람직하다. 이에 민사집행법 제175조 제2항은 집행관이 선박국적증서 등을 인도받은 날로부터 5일 이내에 채권자가 선박집행의 신청을 한 것을 증명하는 문서를 집행관(이 집행관은 인도명령의 집행을 한 집행관이 아니라 기관으로서의 집행관이다. 따라서 선박국적증서 등의 반환의 사무도 집행관의 사무분배에 의하여 정하여진 집행관이 행한다)에게 제출하지 아니한 때에는 위 인도명령의 집행은 그 효력을 상실하는 것으로 하여 집행관은 그 선박국적증서 등을 채무자에게 돌려주도록 규정함으로써, 간접적으로 채권자의 선박집행신청을 강제하고 있다.

18 위의 선박집행신청서에는 인도명령의 집행에 의하여 선박국적증서 등을 집행관이 보관하고 있다는 취지를 기재할 필요가 있을 것이다.

19 위의 신청에 의한 경매개시결정을 함에 있어서는 이미 인도명령이 집행되었어도 민사집행법 제174조에 의한 선박국적증서 등의 수취·제출명령을 하여야 한다. 따라서 이 인도명령에 의하여 선박국적증서 등을 보관하고 있던 집행관은 민사집행법 제174조에 의하여 수취명령을 받은 집행관과 동일인이라면 자기가, 다른 사람인 때에는 그 집행관에게 그 선박국적증서 등을 인도하여 당해 집행관이 집행법원에 이를 제출하게 된다.

20 한편, 민사집행법 제174조 제2항은 경매개시결정의 송달 또는 그 등기되기 전에 집행관이 선박국적증서 등을 받은 경우에는 그 때에 압류의 효력이 생긴다고 규정하고 있으나, 이는 같은 조 제1항에 의한 수취명령의 경우에만 적용되고, 민사집행법 제175조 제1항에 의한 인도명령이 있더라도 그것만으로 압류의 효력이 발생하는 것은 아니며, 경매개시결정에 부수된 민사집행법 제174조 제1항의 수취명령이 집행된 때에 압류의 효력이 생긴다. 즉 민사집행법 제174조 제1항에 의하여 수취명령을 받

은 집행관이 선박국적증서 등을 수취한 때(자기가 보관중인 경우에는 사건의 사무분배에 의하여 당해 집행관으로 된 때)가 개시결정의 송달 또는 압류의 등기보다 먼저인 것이 통례이므로 민사집행법 제174조 제2항에 의하여 그 수취시에 압류의 효력이 생긴다.[12]

12 반면 박두환, 민사집행법(제2판), 법률서원(2003), 456은 집행신청 전의 선박국적증서 등의 인도명령의 경우에도 개시결정에 의한 제출명령의 경우와 마찬가지로 집행관이 선박국적증서 등을 인도받음으로써 압류의 효력이 생긴다고 한다.

제 176 조 [압류선박의 정박]

① 법원은 집행절차를 행하는 동안 선박이 압류 당시의 장소에 계속 머무르도록 명하여야 한다.

② 법원은 영업상의 필요, 그 밖에 상당한 이유가 있다고 인정할 경우에는 채무자의 신청에 따라 선박의 운행을 허가할 수 있다. 이 경우 채권자·최고가매수신고인·차순위매수신고인 및 매수인의 동의가 있어야 한다.

③ 제2항의 선박운행허가결정에 대하여는 즉시항고를 할 수 있다.

④ 제2항의 선박운행허가결정은 확정되어야 효력이 생긴다.

[관련조문] 민사집행법 제173조(압류항), 제15조(즉시항고), 민사집행규칙 제100조(운행허가결정), 제101조(선박국적증서의 재수취명령)

☞ 민사집행규칙 제100조[운행허가결정]

① 법원은 법 제176조 제2항의 규정에 따른 결정을 하는 때에는 운행의 목적·기간 및 수역 등에 관하여 적당한 제한을 붙일 수 있다.

② 제1항과 법 제176조 제2항의 규정에 따른 결정은 채권자·채무자·최고가매수신고인·차순위매수신고인 및 매수인에게 고지하여야 한다.

☞ 민사집행규칙 제101조[선박국적증서등의 재수취명령]

① 법 제176조 제2항의 규정에 따라 허가된 선박의 운행이 끝난 후 법원에 선박국적증서등이 반환되지 아니한 때에는, 법원은 직권 또는 이해관계인의 신청에 따라 집행관에 대하여 선박국적증서등을 다시 수취할 것을 명할 수 있다.

② 제1항에 규정된 명령에 따라 집행관이 선박국적증서등을 수취하는 경우에는 제96조와 제97조의 규정을 준용한다.

[참고문헌] 김일룡, 민사집행법강의(제2판), 도서출판 오래(2018); 남기정, 실무강제집행법(7), 육법사(1989); 박두환, 민사집행법(제2판), 법률서원(2003); 법원실무제요 민사집행[Ⅲ], 사법연수원(2020); 선박집행실무(개정판), 부산지방법원(2013); 안철상, "선박 및 자동차에 대한 집행", 재판자료 72집, 법원행정처(1996); 이상원, "선박에 대한 강제집행에 관한 실무상 문제점", 재판자료 36집(하), 법원행정처(1987); 민사집행규칙해설, 법원행정처(2002)

香川保一監修, 注釋民事執行法(5), 第一法規(1985); 條解民事執行規則(改訂版), 司法協會(1998)

Ⅰ. 의의

1 민사집행법 제176조는 압류된 선박의 정박의무(민사집행법 제176조 제1항)와 그 운행허가(제176조 제2항 내지 제4항)에 관한 규정이다. 제176조는 구 민사소송법 제680조의 규정을 쉽고도 분명하게 수정하였을 뿐이고 그 내용은 마찬가지이다.

Ⅱ. 선박의 정박

1. 압류된 선박의 정박의무

2 선박은 법률상으로는 동산이라고 할 수 있지만 이를 유체동산과 마찬가지로 취급하여 채무자로부터 그 점유를 빼앗아 버리는 것은 그 관리의 어려움 때문에 반드시 적당하지 않고, 반대로 채무자로 하여금 이를 계속 이용·관리할 수 있게 한다면 현재지의 항구로부터 출항하여 강제집행절차의 속행이 불가능하게 되는 문제점이 있다. 이에 민사집행법 제176조 제1항은 압류된 선박을 채무자의 점유 하에 있게 하는 한편, 채무자에 대하여 선박을 압류항에 정박하게 하는 의무를 부과하고 있는 것이다. 따라서 민사집행법 제83조 제2항의 규정(압류는 부동산에 대한 채무자의 관리·이용에 영향을 미치지 아니한다)은 선박집행절차에는 적용되지 아니한다.[1]

3 이러한 정박의무는 압류의 효력이 생김으로써 법률상 당연히 발생하고 별도로 법원의 명령이 있어야만 발생하는 것은 아니다. 그러나 실무상으로는 집행법원이 경매개시결정 가운데 또는 경매개시결정과는 별도의 결정으로 선박을 압류항에 정박할 것을 명하는 정박명령을 발하고 있다.[2]

2. 정박명령의 내용

4 정박명령의 내용은 집행법원의 관할구역 내에 있는 항구에, 하천운행의 선박의 경우에는 계류지에 정박할 것을 명하는 것이다. 다만, 정박할 장소를 너무 상세하게 특정하는 경우에는(예컨대 ○○항 ○번 부두) 불가피한 경우의 이동도 제한하게 되므로 일반적으로 항구 단위로 정박을 명하면 족하다.[3] 이 정박명령을 경

1 김일룡, 민사집행법강의(제2판), 도서출판 오래(2018), 332.
2 법원실무제요 민사집행[Ⅲ], 사법연수원(2020), 528; 선박집행실무(개정판), 부산지방법원(2013), 51; 남기정, 실무강제집행법(7), 육법사(1989) 144, 등.
3 법원실무제요, 민사집행[Ⅲ], 사법연수원(2020), 528.

매개시결정과 별도로 발하는 경우에는 그 정본을 채무자의 대리인인 선장에게 송달한다.[4]

3. 정박명령의 성질

5 정박명령의 성질은 민사집행법 제176조에 의한 정박의무를 확인적으로 선언하는 것에 지나지 않고, 따라서 정박명령은 독립하여 집행권원이 될 수 없으며, 또 집행법원의 집행관에 대한 직무명령(집행처분)도 아니라는 것이 일반적인 견해이다.[5] 민사집행법은 적극적인 집행처분으로서 별도로 감수·보존처분(민사집행법 제178조)을 예정하고 있기 때문이다.

6 따라서 위 정박명령 자체는 별도로 집행의 문제가 생기지 않으며, 채권자가 집행관에게 그 집행을 신청할 수도 없다.[6]

4. 정박명령의 효력

7 민사집행법 제176조에 의한 정박의무 내지 정박명령의 효력은 집행절차를 행하는 동안, 즉 압류의 효력이 발생한 때부터 그 소멸 시까지 존속한다(민사집행법 제176조 제1항).

8 이 정박명령은 채무자가 선박을 출항시키는 것을 금하는데 그치므로, 정박명령이 있어도 채무자나 그 가족 등 점유보조자가 선박을 점유하는 것은 무방하다.[7]

Ⅲ. 운행허가

1. 제도의 취지

9 민사집행법 제176조 제2항은 일정한 이해관계인의 동의를 얻는 것을 조건으로 하여 채무자의 신청에 의하여 법원이 선박의 운행을 허가할 수 있도록 규정하고 있다. 이러한 운행허가제도를 인정한 것은 선박이 압류항에 묶여 있음으로써 그 운행에 의하여 얻을 수 있는 이익을 얻지 못하게 되고, 또 많은 액의 체선료를 부담하여야 할 뿐만 아니라 현재 선적되어 있는 화물에 대한 운송계약상의

4 법원실무제요, 민사집행[Ⅲ], 사법연수원(2020), 528; 남기정, 실무강제집행법(7), 육법사(1989), 144.

5 법원실무제요, 민사집행[Ⅲ], 사법연수원(2020), 529; 이상원, "선박에 대한 강제집행에 관한 실무상 문제점", 재판자료 36집(하), 법원행정처(1987), 510~511; 남기정, 실무강제집행법(7), 육법사(1989), 144.

6 법원실무제요, 민사집행[Ⅲ], 사법연수원(2020), 529.

7 법원실무제요, 민사집행[Ⅲ], 사법연수원(2020), 529; 이상원, "선박에 대한 강제집행에 관한 실무상 문제점", 재판자료 36집(하), 법원행정처(1987), 511.

채무불이행으로 인한 손해배상책임까지 부담하여야 하는 손실 등을 방지하기 위한 것이다.

10 그런데 운행허가에 의하여 선박이 출항하게 되면 집행절차의 속행은 적어도 운행기간 동안에는 불가능하게 되며, 만일 귀항하지 않으면 항구적으로 집행이 불가능하게 되므로 운행허가는 실질적으로는 강제집행의 일시정지 내지 취소에 해당한다고 할 수도 있다. 이 점이 운행허가에 관하여 일정한 이해관계인의 동의를 필요로 하는 실질적인 이유이다.

11 민사집행법 제176조 제3항 및 제4항은 운행허가결정에 대한 불복방법과 그 효력발생시기에 관하여 규정하고 있다.

2. 운행허가결정의 요건

가. 채무자의 신청

12 집행법원이 운행허가의 결정을 하기 위해서는 채무자의 신청이 있어야 하고, 집행법원이 직권으로 운행허가결정을 하지는 못한다.

나. 영업상의 필요, 그 밖에 상당한 이유가 있을 것

13 운행허가결정의 또 다른 요건은 "영업상의 필요, 그 밖에 상당한 이유가 있다고 인정할 경우"이다. 1990. 1. 13. 개정 전의 이 조항은 "상업상의 이익을 위하여 적당하다고 인정한 때"라고 규정하고 있던 것이 1990. 1. 13. 이와 같이 개정되었고, 민사집행법 제176조는 이를 그대로 이어받았는데, 이는 압류된 선박이 상선이 아닌 경우에 상행위 이외의 목적으로 운행할 필요도 있었기 때문이다. 따라서 현행법상으로는 집행법원이 운행허가를 할 가장 전형적인 사유는 채무자에게 영업상의 필요가 있는 경우이겠으나, 이에 한하지 않고 출항을 필요로 하는 상당한 이유가 있다고 인정되면 운행허가가 될 수 있다.

14 실제로 운행허가를 하기 위해서는 주요한 이해관계인 전원의 동의를 요하기 때문에 위 요건을 지나치게 엄격히 해석할 필요는 없을 것이다.[8]

다. 채권자 등의 동의

15 운행허가결정에 있어서 가장 중요한 요건은 "채권자·최고가매수신고인·차순위매수신고인 및 매수인의 동의"가 있어야 한다는 것이다.

8 법원실무제요, 민사집행[Ⅲ], 사법연수원(2020), 530; 남기정, 실무강제집행법(7), 육법사(1989), 146.

16 1990. 1. 13. 개정 전의 이 조항은 이해관계인의 동의에 관하여는 직접 언급하고 있지 않았으나, 해석상 "이해관계인의 신청"이라는 것을 이해관계인 전원의 신청 또는 일부 이해관계인의 신청에 대하여 나머지 이해관계인 전원이 동의하여야 하는 것으로 보았었다.[9] 그러나 이처럼 모든 이해관계인의 신청 또는 동의를 얻기는 쉬운 일이 아니므로 사실상 운행허가결정이 활용되는 경우가 많지 않았다. 그리하여 1990. 1. 13. 개정법은 동의를 필요로 하는 이해관계인의 범위를 제한하였고, 민사집행법 제176조는 이를 그대로 이어받았다.

17 여기서 "채권자"라 함은 배당받을 채권자를 의미한다(민사집행법 제172조, 제148조의 준용). 따라서 위 "채권자"에는 배당요구의 종기까지 경매신청을 한 압류채권자(제148조 제1호), 배당요구의 종기까지 배당요구를 한 채권자(제148조 제2호), 첫 경매개시결정등기 전에 등기된 가압류채권자(제148조 제3호), 저당권자(제148조 제4호)[10] 등은 포함되나, 선박우선특권자라도 배당요구를 하지 않은 한 포함되지 아니한다.

18 그리고 채권자의 동의 외에 매수인, 최고가매수신고인과 차순위매수신고인의 동의도 얻어야 한다. 매수인과 최고가매수신고인 외에 차순위매수신고인까지 이해관계인으로 한 것은 매수인이 경매대금을 납입하지 아니하는 때에는 차순위매수신고인이 매수인이 될 수 있기 때문이다(민사집행법 제137조 참조).

3. 운행허가결정의 내용

19 집행법원은 채무자의 선박운행허가의 신청이 위에서 본 요건을 갖추고 있으면 결정으로 선박운행허가를 하고, 요건을 갖추고 있지 아니하면 그 신청을 기각한다.

20 운행허가결정의 내용에 관하여는 무조건적으로 허가할 것은 아니고, 허가할 운행을 특정하기 위하여 운행의 목적·기간 및 수역 등에 관하여 적당한 제한을 붙일 수 있다(민사집행규칙 제100조 제1항). 목적은 '공업제품, 사탕 등의 운반' 등과 같이 구체적으로 적어야 한다. 기간은 구체적으로 '○월 ○일부터 △△월 △△일까지'라고 특정한다. 수역은 항로(운행범위)와 귀항할 항구를 구체적으로 적으면 되는데, 항로는 '○○항과 △△항 사이의 운행'과 출발항과 목적항을 특정하여야

9 이상원, "선박에 대한 강제집행에 관한 실무상 문제점", 재판자료 36집(하), 법원행정처(1987), 512; 남기정, 실무강제집행법(7), 육법사(1989), 146.

10 일본의 경우에는 절차상대효설의 입장에서 압류등기 후의 저당권자는 배당을 받을 수 없기 때문에(민사집행법 제121조 제2항·제3항) 여기에서 말하는 채권자로 보지 않는 견해도 있다[香川保-監修, 注釋民事執行法(5), 第一法規(1985), 47].

하며 기항지를 적어도 무방하고, 귀항하여야 할 항구는 원칙적으로 선박운행허가시에 정박한 항구일 것이나 반드시 그에 한정할 필요는 없으며, 집행법원의 관할구역 안에 있는 항구이면 된다.[11]

21 위 운행허가결정은 신청인인 채무자뿐만 아니라 동의를 요하는 모든 이해관계인에게 고지하여야 한다(민사집행규칙 제100조 제2항). 이는 집행절차에서 재판을 고지받을 사람의 범위에 관한 일반규정인 민사집행규칙 제7조의 규정에 대한 특칙이다. 민사집행규칙 제7조의 규정에 따르면, 선박의 운행허가결정은 신청인인 채무자와 상대방인 압류채권자에게 고지하면 되나(민사집행규칙 제7조 제1항 제2호), 선박운행허가결정에 대하여는 동의의 부존재 또는 무효 등을 이유로 하여 압류채권자 외의 채권자, 최고가매수신고인, 차순위매수신고인 및 매수인도 즉시항고를 할 수 있으므로(민사집행법 제176조 제2항·제3항), 민사집행규칙 제100조 제2항은 이들에 대하여도 운행허가결정을 고지하도록 규정한 것이다.[12] 위 고지가 있은 날이 그들의 즉시항고기간의 기산점이 된다.[13]

4. 운행허가결정의 확정과 그 효력

22 민사집행법 제176조 제2항에 의한 운행허가결정에 대하여는 즉시항고를 할 수 있고, 위 운행허가결정은 확정되어야 효력이 생긴다(민사집행법 제176조 제3항·제4항). 즉 운행허가결정에 대한 즉시항고는 집행정지의 효력을 가진다. 실무에 있어서는 신속하게 출항을 하기 위하여 채무자는 채권자 등으로부터 운행허가의 동의를 얻을 때에 즉시항고권의 포기서를 함께 받는 것으로 운용되므로, 이 포기서가 제출됨으로써 사실상은 운행허가결정이 고지를 받아야 할 사람 전원에게 고지됨과 동시에 위 결정은 확정되고 그 효력이 생기게 된다.

23 위 운행허가결정이 확정되면 실질적으로는 선박집행절차의 일시정지 및 선박소유자에 대한 사용허가를 의미하게 되므로, 집행법원은 보관중인 선박국적증서등을 채무자 내지 그의 대리인인 선장에게 반환하여야 한다.[14]

24 이 운행허가결정을 얻어 행한 운행에 의하여 초래되는 불이익, 예컨대 선박의

11 법원실무제요 민사집행[Ⅲ], 사법연수원(2020), 531; 이상원, "선박에 대한 강제집행에 관한 실무상 문제점", 재판자료 36집(하), 법원행정처(1987), 512; 남기정, 실무강제집행법(7), 육법사(1989), 149.

12 민사집행규칙해설, 법원행정처(2002), 296.

13 법원실무제요, 민사집행[Ⅲ], 사법연수원(2020), 531.

14 법원실무제요, 민사집행[Ⅲ], 531; 남기정, 실무강제집행법(7), 육법사(1989), 151.

멸실, 훼손, 불귀항 등은 모두 그 운행허가에 동의한 채권자 등 이해관계인에게 귀속되게 된다. 반면 운행에 의하여 채무자가 얻은 수익에 대하여는 압류의 효력이 미치지 않으므로 그에 대하여는 별도로 집행절차를 밟아야 한다.[15]

5. 운행허가종료와 그 절차

25 선박이 허가기간 내에 집행법원의 관할구역 안으로 귀항한 경우에는 집행절차가 속행된다. 이 경우 채무자가 선박국적증서 등을 임의로 반환하지 아니할 때에는 집행법원은 직권 또는 이해관계인의 신청에 의하여 집행관에 대하여 선박국적증서 등을 다시 수취할 것을 명할 수 있다(민사집행규칙 제101조 제1항). 여기의 이해관계인은 부동산집행절차에서와 동일한 의미로 해석된다(민사집행법 제172조, 제90조).[16]

26 위 재수취명령은 선박이 집행법원의 관할구역 안에 있는 경우에 한하여 발령하여야 하고, 선박이 집행법원의 관할구역 밖에 있는 경우에는 집행법원은 선박이 있는 곳을 관할하는 법원에 사건을 이송하여, 이송받은 법원이 위 재수취명령을 하도록 함이 타당하다(민사집행법 제182조).[17]

27 위 재수취명령은 신청인에게 고지하면 된다(민사집행규칙 제7조 제2항). 그런데 위 재수취명령에 따라 수취명령을 집행한 경우 및 그 집행이 불가능하게 된 경우에 그 취지나 사유를 법원 또는 일정한 사람에게 통지 또는 신고할 필요가 있음은 앞서 본 선박국적증서 등의 수취명령 및 인도명령의 경우와 다를 바 없다. 따라서 집행관은 위 재수취명령에 따라 선박국적증서 등을 수취하는 경우에는 즉시 그 취지를 채무자·선장 및 선적항을 관할하는 해운관서의 장에게 통지하여야 하고(민사집행규칙 제101조 제2항, 제96조), 수취하지 못한 경우에는 그 사유를 법원에 서면으로 신고하여야 한다(제101조 제2항, 제97조).[18]

28 문제는 선박이 집행법원의 관할구역 안으로 귀항하지 않을 경우이다. 만일 선박이 국내의 다른 집행법원의 관할구역 안에 소재하고 있음이 판명된 때에는 그 법원으로 사건을 이송하면 된다(민사집행법 제182조 제1항). 그러나 선박의 소재가

15 이상원, "선박에 대한 강제집행에 관한 실무상 문제점", 재판자료 36집(하), 법원행정처(1987), 512; 남기정, 실무강제집행법(7), 육법사(1989), 150; 법원실무제요, 민사집행[Ⅲ], 사법연수원(2020), 531.

16 민사집행규칙해설, 법원행정처(2002) 298. 일본의 경우에는 신청권자를 압류채권자, 최고가매수신고인, 매수인 또는 차순위매수신고인으로 제한하고(민사집행규칙 제81조), 압류채권자 외의 채권자는 제외하였는바, 이는 압류채권자 외의 채권자는 압류채권자의 신청에 의하여 진행되고 있는 절차를 이용하고 있음에 불과하기 때문이라고 한다[條解民事執行規則(改訂版), 司法協會(1998), 281 (注1) 참조]

17 민사집행규칙해설, 법원행정처(2002), 298.

18 민사집행규칙해설, 법원행정처(2002), 298.

판명되지 않거나 또는 집행권이 미치지 아니하는 국외에 있는 경우 등 선박국적증서등을 다시 수취할 가망이 없는 때에는 매각절차를 진행하는 것이 사실상 불가능하므로 민사집행법 제172조에 의하여 준용되는 민사집행법 제96조(부동산의 멸실 등으로 말미암은 경매취소)를 적용 또는 유추적용하여 강제경매절차를 취소할 수밖에 없다.[19]

29 선박이 집행법원의 관할구역 안으로 귀항한 경우에도 집행법원은 집행관으로부터 위 재수취명령이 집행불능되었다는 신고를 받은 경우에, 선박의 재발항 등에 의하여 다시 위 재수취명령을 발령하더라도 선박국적증서 등을 수취할 가망이 없다고 인정하는 때에도 민사집행법 제172조에 의하여 준용되는 민사집행법 제96조를 적용 또는 유추적용하여 강제경매절차를 취소하여야 한다.[20]

19 민사집행규칙해설, 법원행정처(2002), 299; 안철상, "선박 및 자동차에 대한 집행", 재판자료 72집, 법원행정처(1996), 396.

20 안철상, "선박 및 자동차에 대한 집행", 재판자료 72집, 법원행정처(1996), 397. 이에 대하여 법원실무제요, 민사집행[Ⅲ], 사법연수원(2020), 569는 이 경우에는 민사집행법 제183조를 적용하여 취소할 수 있다고 한다.

제 177 조 [경매신청의 첨부서류]

① 강제경매신청을 할 때에는 다음 각호의 서류를 내야 한다.

1. 채무자가 소유자인 경우에는 소유자로서 선박을 점유하고 있다는 것을, 선장인 경우에는 선장으로서 선박을 지휘하고 있다는 것을 소명할 수 있는 증서

2. 선박에 관한 등기사항을 포함한 등기부의 초본 또는 등본

② 채권자는 공적 장부를 주관하는 공공기관이 멀리 떨어진 곳에 있는 때에는 제1항 제2호의 초본 또는 등본을 보내주도록 법원에 신청할 수 있다.

[관련조문] 민사집행법 제80조, 제81조, 제172조, 제173조(집행법원), 민사집행규칙 제95조(강제경매신청서), 상법 제746조~제766조(선박소유자), 제767조~제779조(선장), 제859조(채무자가 선장인 경우), 제743조(선박등기)

☞ 민사집행규칙 제95조[신청서의 기재사항과 첨부서류]

① 선박에 대한 강제경매신청서에는 법 제80조에 규정된 사항 외에 선박의 정박항 및 선장의 이름과 현재지를 적어야 한다.

② 아래의 선박에 대한 강제경매신청서에는 그 선박이 채무자의 소유임을 증명하는 문서와 함께 다음 서류를 붙여야 한다. <개정 2005.7.28>

1. 등기가 되지 아니한 대한민국 선박 : 선박등기처리규칙 제18조 제1항에 규정된 증명서 및 같은 규칙 제20조 또는 같은 규칙 제21조에 규정된 증명서면

2. 대한민국 선박 외의 선박 : 그 선박이 선박등기법 제2조에 규정된 선박임을 증명하는 문서

[참고문헌] 남기정, 실무강제집행법(7), 육법사(1989); 박두환, 민사집행법(제2판), 법률서원(2003); 법원실무제요 민사집행[Ⅲ], 사법연수원(2020); 민사집행규칙해설, 법원행정처(2002); 이상원, "선박에 대한 강제집행에 관한 실무상 문제점", 재판자료 36집(하), 법원행정처(1987); 선박집행실무(개정판), 부산지방법원(2013)

Ⅰ. 의의

1 민사집행법 제177조는 선박집행의 첨부서류에 관하여 규정하고 있다. 등기할 수 있는 선박에 대한 강제집행은 부동산의 강제경매에 관한 규정에 따르게 되므로(민사집행법 제172조), 강제집행신청서의 기재사항(제80조) 및 신청서에 첨부할 서류(제81조)에 관하여도 강제경매에 관한 규정이 준용되며, 민사집행법 제177조에서는 선박집행의 신청서의 고유한 첨부서류를 정하고 있다.

2 민사집행규칙 제95조는 선박집행 신청서의 고유한 기재사항과 첨부서류에 관하여 규정하고 있는바, 위 법률의 각 규정에 관한 보충적 규정이다.

Ⅱ. 경매신청의 방식

3 선박에 대한 강제경매의 신청은 서면으로 하여야 한다(민사집행법 제4조). 신청서에는 소정의 사항을 적고(민사집행법 제172조, 제80조, 민사집행규칙 제95조), 소정의 서류를 붙여야 하며(민사집행법 제172조, 제81조, 제177조, 민사집행규칙 제95조), 5,000원의 인지를 붙여야 한다(민사소송 등 인지법 제9조 제3항).

Ⅲ. 신청서에 적어야 할 사항

1. 채권자, 채무자와 법원의 표시(제80조 제1호)

4 채권자와 채무자 및 신청을 할 집행법원을 표시하는 것은 부동산강제경매신청의 경우와 다를 것이 없다.

5 대리인에 의하여 신청하는 경우에 대리인의 성명, 주소도 적어야 한다.[1]

2. 선박의 표시(제80조 제2호)

6 경매신청의 대상이 된 선박을 특정할 수 있는 사항을 상세히 적어야 한다. 통상 당해 선박의 종류 및 명칭, 선적항, 선질, 총톤수, 순톤수, 기관의 종류 및 수, 추진기의 종류 및 수, 진수년월일 등을 기재한다(선박등기처리규칙 제16조 참조). 이미 등기된 선박에 대하여는 선박등기부에 기재되어 있는 사항을 그대로 적으면 된다.[2]

1 법원실무제요, 민사집행[Ⅲ], 사법연수원(2020), 511.
2 법원실무제요, 민사집행[Ⅲ], 사법연수원(2020), 511.

3. 경매의 이유가 된 일정한 채권과 집행할 수 있는 일정한 집행권원(제80조 제3호)

7 이는 부동산강제경매의 경우와 같다.

4. 선박의 정박항 및 선장의 이름과 현재지(민사집행규칙 제95조 제1항)

가. 선박의 정박항

8 민사집행법은 선박집행의 관할법원을 압류 당시에 그 선박이 있는 곳을 관할하는 지방법원으로 규정하고 있다(민사집행법 제173조). 따라서 선박집행의 신청을 받은 법원이 그 선박집행에 관하여 관할권을 갖고 있는지를 명백히 하기 위하여 선박집행의 신청서에 선박의 정박항을 적도록 하였다. 또 집행법원은 경매개시결정을 한 때에는 집행관에게 선박국적증서 등을 선장으로부터 받아 법원에 제출하도록 명하여야 하는바(제174조 제1항), 집행관이 이 수취명령을 집행하기 위하여도 신청서에 선박의 정박항을 적을 필요가 있다. 따라서 선박의 정박항은 구체적으로 적을 필요가 있다.[3]

나. 선장의 이름과 현재지

9 선장은 선적항 외에서는 항해에 필요한 재판상 또는 재판 외의 모든 행위를 할 권한이 있으므로(상법 제773조 제1항), 선적항 외에 있는 국내선박의 경우에는 경매개시결정의 송달을 선장에 대하여 하면 된다. 또한 선박이 선적항 내에 있는 경우에도 채무자로부터 선장에 대한 위임이 있는 때에는(제773조 제2항), 선장에게 개시결정을 송달하면 된다. 집행목적물이 외국선박인 경우에도 선적국인 그 외국의 해상법 등의 규정에 따라 선장이 송달을 수령할 권한이 있는 때에는 선장에게 송달하면 된다.

10 이에 선박집행의 신청서에는 선장의 이름과 현재지를 적도록 하고 있다. 다만, 선장의 이름은 일반에게 공표되는 것은 아니므로 신청시에 선장의 이름을 알지 못하는 경우도 있을 수 있는데, 이와 같은 경우에는 신청서에 “선장의 이름과 현재지 불명”이라는 방식으로 적으면 된다. 국내선박의 선장은 재선의무를 부담하므로(선원법 제10조 제1항), 보통의 경우에는 선장의 현재지는 선내일 것이다. 이 경우에는 선장의 현재지는 “○○함내 승선중”이라는 방식 등으로 표시하면 될 것이다.[4]

3 민사집행규칙해설, 법원행정처(2002), 284~285.
4 민사집행규칙해설, 법원행정처(2002), 285.

Ⅳ. 첨부서류

11 선박강제경매신청서에는 다음의 서류를 붙여야 한다(민사집행법 제177조, 제172조, 제81조, 민사집행규칙 제95조 제2항)

1. 집행력 있는 정본(제81조)

12 이는 부동산강제경매의 경우와 같다. 경매신청을 할 때에는 집행력 있는 정본과 집행권원의 송달증명서를 제출하여야 하고(민사집행법 제81조, 제39조 제1항), 그 밖에 집행권원의 내용에 따라 각종의 집행개시요건에 관한 서류, 즉 집행문 및 송달증명서(제39조 제2항), 담보제공증명서와 그 등본의 송달증명서(제40조 제2항), 반대급부의 이행 또는 이행의 제공을 증명하는 서면과 그 송달증명서(제41조 제1항), 집행불능증명서(제41조 제2항) 등을 내야 한다.

2. 채무자가 소유자인 경우에는 그 소유자로서 선박을 점유하고 있다는 것을 소명할 수 있는 증서(제177조 제1항 제1호 전단)

13 이는 선박의 소유자인 채무자가 선박을 점유하고 있는 경우에 한하여 선박을 압류항에 정박시키든가 감수·보존처분을 하는 등으로 선박을 억류하여 선박집행을 행할 수 있고, 선박을 제3자가 점유하고 있는 경우에는 채무자의 제3자에 대한 선박인도청구권을 압류할 수밖에 없기 때문이다.

14 그러므로 선박이 임대되어 임차인이나 나용선자가 점유하고 있는 경우에는 그 점유로써 압류채권자에게 대항할 수 있는지의 여부를 불문하고 경매신청을 할 수 없다. 그러나 정기용선의 경우에는 선박소유자가 여전히 자기의 사용인인 선장, 선원에 의하여 그 선박의 점유를 보유하고 있으므로 이 경우에는 경매를 신청할 수 있다(☞ 민사집행법 제174조 Ⅱ. 5. 주석 참조). 이 증서는 반드시 공문서일 필요는 없다.[5]

15 일본의 경우 민사집행법 제177조 제1항 제1호와 동일한 규정(구 민사소송법 제720조 제1항 제1호)을 가지고 있었던 구법시대에는 실무상 등기부등본에 의하여 채무자가 선박을 소유하고 있다는 것을 소명하면 채무자가 이를 점유하고 있다는 것도 추인되도록 하여 채무자가 선박을 점유하고 있다는 것을 소명하는 증서의 제출은 구하지 않는 것이 일반적이었고, 민사집행법도 채무자가 선박을 점유하고 있는 경우에 한하여 선박집행을 행할 수 있음은 변함이 없지만, 구법과 달리 선박집행의

5 법원실무제요, 민사집행[Ⅲ], 사법연수원(2020), 512.

최초의 단계에서 집행관이 채무자로부터 선박국적증서 등을 수취하여야 하는 것으로 하였기 때문에, 신청서에 채무자 점유의 증명서를 의무적으로 첨부하도록 하지 않더라도 집행관이 선박국적증서 등을 수취집행할 때에 제3자가 선박을 점유하고 있다면 그 자가 선박국적증서 등을 임의로 인도하지 않는 한 그 집행은 불능으로 되며, 선박집행의 절차는 취소될 것이므로(일본 민사집행법 제120조, 우리나라 민사집행법 제183조), 신청서에는 채무자 점유의 증명서의 첨부를 요하지 않는 것으로 하였다고 한다. 우리의 실무나 향후 입법에 있어서 참고가 될 것으로 생각된다.

3. 채무자가 선장인 경우에는 선장으로서 선박을 지휘하고 있다는 것을 소명할 수 있는 증서(제177조 제1항 제1호 후단).

16 채무자가 선장인 경우라 함은 선장이 해난구조의 구조료의 채무자를 위하여 자기 이름으로 소송당사자가 되어(상법 제894조) 패소판결을 받은 경우, 그 선장이 당해 선박의 선장인 동안에 선박소유자에 갈음하여 채무자로서 집행을 받는 경우이다. 이 경우에 선박집행의 효력은 그 선박의 소유자에 대하여도 미친다.

17 선장 명의의 판결이 있은 후 경매신청 전에 선장이 바뀌어 새 선장에 대하여 경매신청을 하거나 또는 선박소유자에 대하여 경매신청을 하는 경우에는 승계집행문(민사집행법 제31조)의 부여를 받아야 한다.[6] 그러나 압류 후에 채무자인 선장이나 압류의 효력을 받을 소유자가 바뀌더라도 경매절차의 속행에 아무런 영향이 없다(제179조 제2항). 이 경우에는 그 경매절차의 채무자가 아닌 새 선장이나 새로운 선박소유자만이 이해관계인으로 취급된다(제179조 제3항 참조).

18 그러므로 여기서 말하는 "선장으로서 선박을 지휘하고 있다는 것을 소명할 수 있는 증서"는, ① 선장이 당사자로 된 판결의 패소피고인 선장에 대하여 집행문을 받은 집행권원에 터잡아 경매를 신청하는 경우에는, 그 선장이 현재 그 선박에 관하여 여전히 선장으로 승선하고 있는 사실, 즉 선박소유자와의 사이에 승선계약이 존재하는 사실을 소명하는 서면이 되고, ② 승계집행문을 얻어 새 선장에 대하여 경매를 신청하는 경우에는 그 새 선장에 대한 위 서면이 된다.[7] 이 증서는 반드시 공문서일 필요는 없고 고용계약서와 같은 사문서도 무방하다.

6 박두환, 민사집행법(제2판), 법률서원(2003), 450; 남기정, 실무강제집행법(7), 육법사(1989), 130; 법원실무제요, 민사집행[Ⅲ], 사법연수원(2020), 513.

7 법원실무제요, 민사집행[Ⅲ], 사법연수원(2020), 513; 이상원, "선박에 대한 강제집행에 관한 실무상 제문제", 재판자료(36), 507; 남기정, 실무강제집행법(7), 육법사(1989), 130~131.

4. 선박에 관한 등기사항을 포함한 등기부의 초본 또는 등본(제177조 제1항 제2호)

19 이는 등기된 선박의 경우에 적용된다. 등기된 선박의 경우에는 등기가 선박 소유의 대항요건일 뿐만 아니라(상법 제743조) 당해 선박에 대한 각종 권리관계를 밝히기 위하여도 선박등기부의 초본 또는 등본이 요구되는 것이다. 종래 실무상 초본 외에 등본도 허용하던 것을 이번 개정에서 명문화하였다.

20 채권자는 공적 장부를 주관하는 공공기관(등기소)이 멀리 떨어진 곳에 있을 때에는 위 등기부의 초본 또는 등본을 보내주도록 집행법원에 신청함으로써 등기부 초본 또는 등본의 첨부에 갈음할 수 있다(민사집행법 제177조 제2항). 위 송부신청을 하려면 그 초본 또는 등본의 교부에 소요되는 수수료 및 왕복우편료를 법원에 납부하여야 한다. 법원사무관 등은 위 신청이 있는 경우에는 관할등기소에 초본 또는 등본의 송부촉탁을 한다.[8] 그러나 위 초본 등이 집행법원에 도달하는 사이에 선박이 출항하여 버리면 경매개시결정을 할 수 없게 되므로 이 규정은 실제에 있어서 큰 의미는 없다.

5. 채무자의 소유로 등기되어 있지 아니한 선박에 대하여는 즉시 채무자 명의로 등기할 수 있다는 것을 증명하는 서류(민사집행법 제172조, 제81조 제1항 제2호, 민사집행규칙 제95조 제2항)

21 **가.** 전혀 미등기이거나 아직 채무자명의로 등기되지 아니한 선박에 대하여는 즉시 채무자명의로 등기할 수 있음을 증명하는 서류, 즉 그 선박이 채무자의 소유임을 증명하는 서류를 붙여야 한다. 반드시 공문서일 필요는 없다. 구체적으로는 선박등기처리규칙 제18조 제1항에 규정된 증명서(선박총톤수측정증명서 또는 어선총톤수 측정증명서) 및 같은 규칙 제20조 또는 같은 규칙 제21조의 증명서면(등기권리자가 자연인인 때에는 그가 대한민국 사람인 사실과 그 주소를 증명하는 서면, 등기권리자가 상사회사, 그 밖의 법인인 때에는 그 법인이 소유하는 선박이 선박법 제2조 제3호 또는 제4호의 요건[9]을 갖추었음을 증명하는 서면)(민사집행규칙 제95조 제2항 제1호), 그리고 그 선박이 채무자의 소유에 속하는 것임을 증명하는 문서(제95조 제2항 본문)

8 법원실무제요, 민사집행[Ⅲ], 사법연수원(2020), 514; 남기정, 실무강제집행법(7), 육법사(1989), 13.

9 선박법 제2조(한국선박) 다음 각 호의 선박을 대한민국 선박(이하 “한국선박"이라 한다)으로 한다.
1. 국유 또는 공유의 선박
2. 대한민국 국민이 소유하는 선박
3. 대한민국의 법률에 따라 설립된 상사법인이 소유하는 선박
4. 대한민국에 주된 사무소를 둔 제3호 외의 법인으로서 그 대표자(공동대표인 경우에는 그 전원)가 대한민국 국민인 경우에 그 법인이 소유하는 선박

를 붙여야 한다.

22 미등기 선박에 대하여 경매개시결정을 한 경우에는 법원사무관 등은 압류기입의 등기촉탁을 하고(민사집행법 제172조, 제94조), 촉탁을 받은 등기관은 직권으로 채무자를 위한 소유권보존등기를 하여야 하므로, 미등기 선박에 대한 경매신청의 경우에는 위 보존등기를 위하여 선박등기처리규칙상의 위 서류와 그 선박이 채무자의 소유에 속하는 사실을 증명하는 문서를 내도록 한 것이다.[10]

23 **나.** 한편 대한민국 선박 외의 선박 즉 외국선박의 경우에는 선박등기부 초본 또는 등본이 있을 수 없으므로 이를 제출할 것은 요구되지 아니하고, 대신 그 선박이 선박집행의 대상이 되는 등기할 수 있는 선박인 사실을 증명하는 문서, 즉 선박등기법 제2조에 규정된 선박임을 증명하는 문서(민사집행규칙 제95조 제2항 제2호)와 그 선박이 채무자의 소유에 속하는 것임을 증명하는 문서(제95조 제2항 본문)를 붙여야 한다.[11]

6. 정박증명서

24 정박증명서, 즉 그 선박이 집행법원의 관할구역 안에 정박하고 있다는 것을 증명하는 서면에 관하여는 명문의 규정이 없으나, 선박집행의 신청을 받은 법원이 그 선박에 대한 강제집행에 관한 관할권을 갖는 사실을 증명하기 위해서는 신청서에 붙일 필요가 있다. 선박이 관할구역 안에 정박하고 있는 경우이므로 관할구역 안을 운행하고 있는 경우를 포함하지 않는다. 정박증명서의 첨부에 관하여는 법률적 근거는 없으므로 그 부제출을 이유로 경매신청을 각하할 수는 없다.[12]

25 정박증명서는 해운관서의 증명서 등 공문서이면 좋겠으나, 관공서의 증명서를 발급받을 수 없는 경우에는 선박수리업자 등 개인이 작성한 증명서 또는 경매신청인측의 조사보고서(선박정박보고서)라도 무방하다. 실무상 각 지방해양수산청의 인터넷 홈페이지 상의 당해 선박의 선박재박현황 부분을 출력하여 제출하는 예도 있다.

10 민사집행규칙해설, 법원행정처(2002), 286~287.
11 민사집행규칙해설, 법원행정처(2002), 287.
12 법원실무제요, 민사집행[Ⅲ], 사법연수원(2020), 515; 이상원, "선박에 대한 강제집행에 관한 실무상 제문제", 재판자료(36), 508; 남기정, 실무강제집행법(7), 육법사(1989), 133.

7. 항해준비 미완료 보고서

26 항해준비를 마친 선박에 대하여는 압류를 하지 못하게 되어 있으므로(상법 제744조 제1항 본문), 경매의 신청서에는 집행목적인 선박이 항해의 준비를 완료하지 아니하였다는 사실을 증명하는 서면을 제출하여야 한다.

27 그러나 이 증명서를 제출하지 않은 경우에도 경매신청을 각하할 수는 없다는 견해가 있다.[13]

28 이 증명서는 선박이 현재 일정한 항구 또는 장소에 정박하고 있다는 정박증명서를 겸하고 있는 것('선박정박 및 항해준비미완료보고서'등)이 보통이며, 정박항에서의 선박의 상태를 인식할 수 있는 자, 예컨대 중개업자, 창고업자, 해운대리점업자 등의 증명 또는 신청인측의 조사보고서이면 족하고,[14] 반드시 세관장, 지방해양수산청장 등이 작성하는 선박입출항계출증명원 등과 같은 해운관서의 증명서일 필요는 없다. 실무상 정박증명서의 경우와 마찬가지로 지방해양수산청, 세관 등의 인터넷 홈페이지에서 당해 선박의 선박입출항신고정보를 출력하여 제출하는 예도 있다.[15]

29 그러나 선박이 그 항해를 준비하기 위하여 생긴 채권에 기한 집행인 경우에는 이 서면을 제출할 필요가 없다(상법 제744조 제1항 단서). 이 경우에는 압류금지의 제한을 받지 않기 때문이다.

8. 그 밖의 첨부서류

30 그 밖에 대리인에 의하여 경매신청을 하는 경우에는 그 대리권을 증명하는 위임장(또는 호적의 등·초본), 당사자가 법인인 경우에는 대표자의 자격증명서 등이 필요하며, 또 경매개시결정등기의 등록세 영수필통지서와 영수필확인서, 등기신청수수료, 선박목록 약 20통 등을 제출하여야 함은 부동산강제경매의 경우와 같다.[16]

13 남기정, 실무강제집행법(7), 육법사(1989), 134; 선박집행실무(개정판), 부산지방법원(2013), 47.

14 개시결정시에는 항해의 준비가 완료되지 않았어도 압류의 효력이 생기기까지 항해의 준비가 완료되면 선박집행을 할 수 없게 되므로, 항해의 준비가 완료되었는지 여부는 통상 개시결정의 송달 및 선박국적증서 등의 수취를 위해 선박이 소재하는 장소에 임한 집행관이 이를 인정하게 된다. 따라서 신청시에는 그 증명을 엄격히 요구할 것은 아니다.

15 법원실무제요, 민사집행[Ⅲ], 사법연수원(2020), 20~21; 선박집행실무(개정판), 부산지방법원(2013), 47; 법원행정처, 민사집행규칙해설, 286; 이상원, "선박에 대한 강제집행에 관한 실무상 제문제", 재판자료(36), 508; 남기정, 실무강제집행법(7), 육법사(1989), 134.

16 법원실무제요, 민사집행[Ⅲ], 사법연수원(2020), 21; 선박집행실무(개정판), 부산지방법원(2013), 48.

제 178 조 [감수·보존처분]

① 법원은 채권자의 신청에 따라 선박을 감수(監守)하고 보존하기 위하여 필요한 처분을 할 수 있다.

② 제1항의 처분을 한 때에는 경매개시결정이 송달되기 전에도 압류의 효력이 생긴다.

[관련조문] 민사집행법 제83조, 제172조(경매개시결정의 송달), 민사집행규칙 제102조(감수보존처분의 시기), 제103조(감수보존처분의 방식)

☞ 민사집행규칙 제102조[감수·보존처분의 시기]
법 제178조 제1항에 규정된 감수 또는 보존처분은 경매개시결정 전에도 할 수 있다.

☞ 민사집행규칙 제103조[감수·보존처분의 방식]
① 법원이 법 제178조 제1항의 규정에 따른 감수 또는 보존처분을 하는 때에는 집행관, 그 밖에 적당하다고 인정되는 사람을 감수인 또는 보존인으로 정하고, 감수 또는 보존을 명하여야 한다.
② 제1항의 감수인은 선박을 점유하고, 선박이나 그 속구의 이동을 방지하기 위하여 필요한 조치를 취할 수 있다.
③ 제1항의 보존인은 선박이나 그 속구의 효용 또는 가치의 변동을 방지하기 위하여 필요한 조치를 취할 수 있다.
④ 감수처분과 보존처분은 중복하여 할 수 있다.

[참고문헌] 강대성, 신민사집행법, 탑북스(2014); 김일룡, 민사집행법강의(제2판), 도서출판 오래(2018); 김홍엽, 민사집행법(제7판), 박영사(2022); 남기정, 실무강제집행법(7), 육법사(1989); 법원실무제요 민사집행[Ⅲ], 사법연수원(2020); 선박집행실무(개정판), 부산지방법원(2013); 안철상, "선박 및 자동차에 대한 집행", 재판자료 72집, 법원행정처 (1996); 이상원, "선박에 대한 강제집행에 관한 실무상 문제점", 재판자료 36집(하), 법원행정처(1987)

Ⅰ. 의의

1 선박은 경매절차 중에는 압류항에 정박시켜 두는 것을 원칙으로 한다(민사집행법 제176조 제1항). 그러나 선박은 부동산과 달리 이동이 가능하고, 또한 채무자 등에

의한 선박 및 속구의 은닉·훼손 등에 의한 가치감소 등의 위험이 있으므로, 이를 방지하여 경매절차의 수행을 확실하게 하고 그 가격을 유지하게 할 필요가 있다.

2 이에 민사집행법 제178조 제1항은 법원이 채권자의 신청에 따라 감수인을 선임하여 선박을 감수하도록 하거나 그 보존에 필요한 처분을 명할 수 있도록 함으로써, 선박국적증서 등의 수취제도(민사집행법 제174조, 제175조)와 함께 압류의 실효성을 확보하기 위한 제도적 장치를 마련하였다.

3 그러나 채권자가 실제로 감수·보존처분을 신청하려면 채권자가 비용을 예납하여야 하기 때문에 실제로 민사집행법 제178조에 의한 감수·보존처분이 자주 이용되지는 못하였다. 1990. 1. 13. 민사소송법 개정 전에는 선박국적증서 등의 수취제도(민사집행법 제174조, 제175조)가 없었으므로 감수·보존처분이 선박억류를 위한 원칙적 방법이었으나 법개정에 의하여 선박국적증서 등의 수취제도가 도입됨으로써 압류의 실효성 확보라는 면에서는 감수·보존처분의 중요성이 상대적으로 감소하였다.[1] 그러나 선박의 출항이나 점유의 이전을 물리적으로 금지하고 선박의 가치를 유지, 보존하는 등의 목적을 위하여는 감수·보존처분의 필요성이 여전히 존재한다. 일본 민사집행법도 선박국적증서의 수취제도(제114조 제1항) 외에 종래의 감수·보존처분에 상당하는 보관인의 선임제도를 규정하고 있다(제116조). 민사집행법 제178조 제2항은 법원이 감수·보존처분을 한 때에는 경매개시결정이 송달되기 전에도 압류의 효력이 생긴다는 감수·보존처분의 효력에 관하여 규정하고 있다.

Ⅱ. 감수·보존처분의 의의 및 성질

4 감수처분과 보존처분은 원래 별개의 처분이다. 감수(Bewachung)는 주로 선박이나 그 속구의 이동을 방지하기 위한 처분을 말하고(민사집행규칙 제103조 제2항 참조), 보존(Verwahrung)은 주로 선박이나 그 속구의 효용 또는 가치의 변동을 방지하기 위한 처분을 말한다(제103조 제3항 참조).[2] 따라서 전자는 성질상 감수인이 직접 선박과 그 속구를 점유할 필요가 있으나, 후자에 있어서는 반드시 그러하지 아니하다. 그러나 실제에 있어서는 감수처분과 보존처분이 중복하여 신청되고 발령되는 것이 보통이다(제103조 제4항 참조). 법원이 감수·보존처분을 명하는 결

1 김일룡, 민사집행법강의(제2판), 도서출판 오래(2018), 333.

2 법원실무제요, 민사집행[Ⅲ], 사법연수원(2020), 541; 이상원, "선박에 대한 강제집행에 관한 실무상 문제점", 재판자료 36집(하), 법원행정처(1987), 513; 남기정, 실무강제집행법(7), 육법사(1989), 152.

정을 감수·보존명령이라고 부른다.

5 감수·보존처분의 성질은 선박집행의 부수처분으로서의 일종의 집행보전절차라고 할 수 있다.[3]

Ⅲ. 감수·보존처분의 신청 및 명령

1. 신청

6 감수·보존처분은 채권자의 신청이 있어야만 발령할 수 있다. 그 신청은 서면으로 하여야 한다(민사집행법 제4조). 선박감수·보존신청서에는 1,000원의 인지를 붙여야 한다(민사소송 등 인지법 제9조 제5항).

7 그 신청은 경매개시결정 전에 하더라도 무방하나(민사집행규칙 제102조), 적어도 경매신청과 동시 또는 그 이후라야 하고, 경매신청 이전에는 신청할 수 없다.[4] 제178조의 법원은 집행법원을 의미하는데, 이는 경매신청이 있을 것을 전제로 하기 때문이다.

8 신청의 종기에 관하여는 민사집행법에 규정이 없다. 구 민사소송법(1990. 1. 13. 법률 제4201호로 개정되기 전의 것) 하에서는 감수·보존처분의 신청은 매각허가결정 선고 시까지 하여야 하고, 다만 매각허가결정이 항고심에서 취소되거나 재매각이 실시되는 경우에는 재현금화의 종료시까지 다시 감수·보존처분을 신청할 수 있다는 견해와 매각허가결정 확정 시[5]까지 신청할 수 있다는 견해가 대립하였다. 그러나 매각대금을 다 낸 때에 매수인이 선박의 소유권을 취득하도록 하고 있는 민사집행법하에서는(민사집행법 제172조, 제135조) 감수·보존처분의 신청시기를 대금납부 전의 시기로 제한할 필요는 없을 것이다.[6]

2. 비용의 예납

9 감수·보존비용은 집행비용에 속하기 때문에 채권자는 감수·보존처분의 신청을 함에 있어서 감수·보존에 필요한 비용으로서 법원이 정하는 금액을 미리 내야 하고, 법원이 부족한 비용을 미리 내라고 명하는 때에도 또한 같다(민사집행법 제18조

3 법원실무제요, 민사집행[Ⅲ], 사법연수원(2020), 541; 이상원, "선박에 대한 강제집행에 관한 실무상 문제점", 재판자료 36집(하), 법원행정처(1987), 513; 남기정, 실무강제집행법(7), 육법사(1989), 152.

4 법원행정처, 민사집행규칙해설, 300; 법원실무제요, 민사집행[Ⅲ], 사법연수원(2020), 541; 남기정, 실무강제집행법(7), 육법사(1989), 152.

5 남기정, 실무강제집행법(7), 육법사(1989), 153.

6 법원실무제요, 민사집행[Ⅲ], 사법연수원(2020), 542.

제1항 준용). 미리 내지 아니한 때에는 법원은 결정으로 신청을 각하하거나 집행절차를 취소할 수 있다(제18조 제2항 준용). 따라서 집행법원은 민사예납금 외에 선박감수보존비용이 예납되었는지 확인하여야 한다. 예납 불이행으로 인한 신청 각하, 집행절차 취소결정에 대해서는 즉시항고를 할 수 있다(제18조 제3항 준용).

10 감수·보존비용이 집행비용에서 차지하는 비중이 크기 때문에 집행법원으로서도 합리적인 비용기준을 세워 적정하게 집행할 필요가 있다. 집행법원은 매년 선박의 규모에 따른 선박감수보존비용 지급기준표를 작성하여, 그 지급기준표의 1개월 내지 2개월의 선박감수·보존비용을 미리 내게 하는 것이 바람직하다.

11 감수·보존인으로 집행관을 선정한 경우에는 집행관이 감수·보존집행을 완료한 다음 감수보존대행회사가 당해 선박에 소요되는 월간 감수보존비용예산서를 작성하여 집행법원에 제출하면, 집행법원은 이에 기초하여 예납된 감수·보존비용을 확인하여 부족한 부분이 있으면 다시 상당액의 예납을 명한다. 그 후 1개월마다 집행관은 매달 대행회사가 청구하는 1개월 동안의 감수·보존비용의 청구서를 집행법원에 제출하고, 이때 부족분이 있으면 집행법원은 채권자에게 비용납부명령을 한다.

12 그러나 실무상 대부분의 경우에는 감수·보존인으로 채권자의 위임에 따라 집행관이 아닌 자(대개 선박관리회사)를 선정하고 있는바, 이러한 경우에는 대개 채권자와 선박관리회사와의 사이에 감수·보존에 관한 계약이 체결되어 있어 그 비용의 지급이 어느 정도 확보되어 있는 셈이므로, 사안에 따라 비용의 전부 또는 일부의 예납을 받지 않는 실무례도 있다(이러한 방식은 채권자로서는 비용예납의 부담이 적고, 비용 과다청구에 대해 직접 감독이 가능하다는 점에서 유리한 점이 있으며, 법원으로서도 집행비용을 줄일 수 있다는 장점이 있다).[7]

3. 감수·보존명령의 내용

13 채권자의 감수·보존처분의 신청이 있고 비용의 예납이 있으면 법원은 감수·보존명령을 발령한다. 이는 경매개시결정 전에도 할 수 있다(민사집행규칙 제102조).

14 위 감수·보존명령의 내용은 집행관, 그 밖에 적당하다고 인정되는 사람을 감수인 또는 보존인으로 정하고, 감수 또는 보존을 명하는 것이다(제103조 제1항). 구체적으로 감수처분의 경우에는 선박이나 그 속구의 이동을 방지하기 위하여 예컨대 선박의 엔진열쇠를 빼앗아 보관한다거나, 조타장치에 봉인을 하는 것을 명

7 선박집행실무(개정판), 부산지방법원(2013), 99~100; 법원실무제요, 민사집행[Ⅲ], 사법연수원(2020), 543.

할 수 있으며, 보존처분의 경우에는 선박이나 그 속구의 가치를 유지하기 위하여 예컨대 선박의 고장부위를 수리하거나 또는 정기적으로 엔진 등의 점검을 실시할 것을 명할 수 있다.[8]

15 그러나 실무상으로는, 집행관을 감수·보존인으로 선임한 경우는 구체적인 조치를 명함이 없이 추상적으로 '별지 목록 기재 선박의 감수·보존을 명한다' 또는 '채무자의 별지 목록 기재 선박에 대한 점유를 풀고 채권자의 위임을 받은 이 법원 소속 집행관으로 하여금 감수·보존하게 한다'라는 문구를 사용하고 있다. 만약 채권자의 위임에 따라 집행관이 아닌 선박관리회사를 감수·보존인으로 지정한 경우는 '채무자의 별지 목록 기재 선박에 대한 점유를 풀고, 채권자의 위임을 받은 ○○선박 주식회사(주소)로 하여금 감수·보존하게 한다'라는 문구를 사용하고 있다.[9]

16 감수·보존명령은 채무자(또는 그 대리인인 선장)에게 송달하여야 하며, 채권자에게도 적당한 방법으로 고지하여야 한다. 실무상 감수·보존명령은 신속성, 밀행성을 위하여 채권자의 위임에 따라 집행관송달을 통하여 경매개시결정정본과 함께 송달하고 있다.

Ⅳ. 감수·보존처분의 집행

1. 집행의 방법

17 감수·보존처분의 집행방법, 특히 선박의 점유이전방법에 관하여는 그 성질과 관련하여 실무상 견해의 대립이 있다. 민사집행법 제178조의 감수·보존명령은 독립된 집행권원으로서 감수·보존명령을 얻은 채권자가 그 집행을 직접 집행관에게 신청하여야 한다는 견해도 있으나, 민사집행법 제178조의 감수·보존명령을 독립한 집행권원로 보기는 어렵고, 선박에 대한 경매개시결정에 따르는 부수적인 집행처분이라고 보는 견해가 통설이다.[10] 이에 따르면 감수·보존인은 별도의 집행위임을 기다리지 않고 스스로 선박을 점유하고 감수·보존에 해당하는 행위

8 법원실무제요, 민사집행[Ⅲ], 사법연수원(2020), 543; 이상원, "선박에 대한 강제집행에 관한 실무상 문제점", 재판자료 36집(하), 법원행정처(1987), 514~515; 남기정, 실무강제집행법(7), 육법사(1989), 154.

9 법원실무제요, 민사집행[Ⅲ], 사법연수원(2020), 543.

10 이상원, "선박에 대한 강제집행에 관한 실무상 문제점", 재판자료 36집(하), 법원행정처(1987), 514; 선박집행실무(개정판), 부산지방법원(2013), 109.

를 할 권한을 가진다. 다만 감수·보존인을 채권자가 위임하는 집행관으로 정한 명령이 발하여진 경우에는 그 명령의 취지에 따라 채권자의 특정집행관에 대한 집행위임이 필요하다.

18 문제는 채무자가 임의로 선박을 인도하지 않는 경우에 어떻게 집행하는가 하는 점인데, 감수인은 독립된 집행기관은 아니므로 직접 강제력을 사용하여 채무자로부터 선박의 점유를 취득할 수는 없고, 채권자 또는 감수인이 집행관에게 선박의 인도집행을 위임하여야 한다. 다만 감수인 자신이 집행관인 때에는 굳이 다른 집행관에게 위임할 필요 없이 스스로 인도집행을 할 수 있다고 볼 것이다.[11] 집행관이 인도집행 중 선장 등의 저항을 받은 때에는 민사집행법 제5조의 규정에 따른 강제력을 사용할 수도 있다.

2. 집행의 내용

19 **가.** 감수명령의 집행은 채무자의 점유를 풀고 감수인이 선박을 점유하여 선박이나 그 속구의 이동을 방지하기 위하여 필요한 조치를 하게 되므로(민사집행규칙 제103조 제2항), 예컨대 선박을 일정한 장소에 계류시키고 그 무단이동을 방지하기 위하여 조타장치를 봉인하거나 엔진의 열쇠를 보관하는 등의 조치를 취하는 방법으로 한다. 실제로는 감수인이 직접 점유를 계속하는 데에는 기술적으로 어려움이 따르므로 감수보존회사에 감수를 대행하게 하는 것이 보통이다. 실무상 법원별로 선박관리회사를 등록받아 매년 심사를 거쳐 등록된 선박관리회사 중에서 대행자를 선임한다. 이 경우 대행자에 대한 보수도 감수비용에 포함된다.[12]

20 **나.** 보존명령의 집행에 있어서는 보존인이 반드시 선박을 점유할 필요는 없고 선박이나 그 속구의 효용 또는 가치의 변동을 방지하기 위하여 필요한 조치를 하게 되므로(민사집행규칙 제103조 제3항), 예컨대 선박이나 그 속구가 손괴된 경우에 이를 독(dock)에서 수리하게 하는 등의 조치를 하면 된다. 또 그러한 구체적 집행처분의 필요 여부를 결정하기 위하여 보존인이 정기적으로 선박을 점검하는 것도 보존명령의 집행에 해당한다.

11 법원실무제요, 민사집행[Ⅲ], 사법연수원(2020), 545; 이상원, "선박에 대한 강제집행에 관한 실무상 문제점", 재판자료 36집(하), 법원행정처(1987), 514; 남기정, 실무강제집행법(7), 육법사(1989), 156; 선박집행실무(개정판), 부산지방법원(2013), 110.

12 법원실무제요, 민사집행[Ⅲ], 사법연수원(2020), 545.

21 **다.** 감수·보존명령을 중복하여 한 보통의 경우에는(민사집행규칙 제103조 제4항) 감수·보존인이 위와 같은 집행처분을 적당하게 실시할 수 있다.

22 실제로 집행과정을 보면, 감수·보존인으로 집행관이 지정된 경우 집행관이 채권자(또는 대리인), 대행자인 감수보존회사 직원 및 선원과 함께 승선하여 당해 선박의 선장(또는 당직사관)에게 법원의 감수·보존결정문을 제시하면서, 당해 선박은 집행관이 점유하게 되었음을 통지하고, 선박감수보존회사에 당해 선박의 관리를 위임함으로써 선박의 점유가 확보된다. 집행을 마친 뒤에는 감수·보존인은 집행요지를 기재한 공시서를 선박에 게시하여 집행사실을 공고할 필요가 있다.

23 위 집행시 감수·보존인은 당해 선박에 대하여 유치권 행사를 할 제3자가 있는지를 면밀히 검토하여야 할 것이다.

24 **라.** 감수·보존인은 선박을 점검한 결과 특별한 조치를 취할 필요가 있으면 집행법원에 그 보고서와 비용청구서를 제출할 수 있다.

25 또 채권자나 감수인의 집행위임에 의하여 선박의 인도집행을 한 집행관은 집행조서(감수보존처분집행조서)를 작성하여야 하고, 선박을 점검한 때에는 점검조서를 작성하여야 한다.

V. 감수·보존처분의 효력

1. 압류의 효력발생

26 원래 선박에 대한 압류의 효력은 경매개시결정의 송달 시 또는 압류결정의 등기 시에 발생하는 것이 원칙이다(민사집행법 제172조, 제83조 제4항, 제94조). 그런데 감수·보존처분에 의하여 채무자는 보통 선박의 점유를 상실하게 되어 압류의 집행과 동일한 효과가 있으므로, 감수·보존처분이 있는 때에는 경매개시결정이 송달되기 전에도 압류의 효력이 생기게 된다(제178조 제2항). 한편 집행관이 경매개시결정이 송달 또는 등기되기 전에 선박국적증서 등을 받은 경우에는 그 때에도 압류의 효력이 생긴다(제174조 제2항). 그러므로 선박압류의 효력은 개시결정의 송달 시나 압류의 등기 시 또는 감수·보존처분의 집행 시나 선박국적증서 등의 수취 시 중 가장 빠른 시점에 발생하는 것이 된다.[13]

13 법원행정처, 민사집행법해설(2002), 209.

27 따라서 선박의 감수명령을 집행하였을 때에는 압류의 효력이 발생하므로 그때 그 선박의 정박항을 관할하는 지방법원이 집행법원이 된다.[14]

28 그러나 감수·보존처분의 집행에 의하여 압류의 효력이 생겼다 하더라도 압류의 등기가 없는 한 이를 제3자에게 대항할 수 없으므로, 감수·보존처분의 집행 후라도 압류의 등기 전에 선박이 제3자에게 양도되어 그 이전등기가 된 때에는 집행법원의 경매개시결정등기의 촉탁은 각하되어야 하고, 집행법원은 경매절차를 취소하여야 한다(민사집행법 제172조, 제96조).[15]

2. 감수·보존처분의 효력지속시기

29 감수·보존처분의 종기가 언제까지인가에 대해서는 대금지급시설과 매각허가결정시설로 견해가 나뉜다. 대금지급시설은 만일 매각허가결정시설에 의한다면 매각허가결정 전에 감수인을 선임하였다고 하더라도 매각허가결정 시부터 대금지급 시까지 사이에 민사집행법 제136조 제2항에 의하여 관리인을 선임하여야 하는데, 이는 같은 취지의 조치라는 점에서 절차의 번거로움을 가져오는 것이어서 불합리하다고 한다.[16] 매각허가결정시설은 감수·보존처분은 어디까지나 선박과 그 속구를 제대로 매각하기 위해 필요한 조치이므로 될 수 있는 한 이를 허용하는 범위를 좁게 한정할 필요가 있고, 매각허가결정 이후에는 민사집행법 제136조 제2항의 준용에 따라 관리인이 선박을 관리할 수 있으므로 그 이후에는 감수·보존처분이 필요 없다고 한다.[17] 감수·보존처분은 매각허가결정이 확정된 후 매수인이 매각대금을 납부하여 소유권을 취득할 때까지 존속한다고 보아야 한다.[18]

3. 감수명령에 위반한 발항의 효력

30 감수명령의 집행에 의하여 감수인이 압류된 선박을 감수하고 있는 동안에 선박이 압류항으로부터 발항한 경우에는 감수인은 당해 선박을 회항하게 하여 이를 다시 점유할 수 있다. 반드시 집행법원의 회항명령을 필요로 하는 것은 아니나,

14 대법원 1970. 10. 23.자 70마540 결정[집18(3)민, 198].

15 법원실무제요 민사집행[Ⅲ], 사법연수원(2020), 547; 남기정, 실무강제집행법(7), 육법사(1989), 15; 선박집행실무(개정판), 부산지방법원(2013), 115.

16 김홍엽, 민사집행법 제7판, 박영사(2022), 321; 박두환, 민사집행법(제2판), 법률서원(2003), 459; 이시윤, 신민사집행법(제8개정판), 박영사(2020), 407.

17 강대성, 신민사집행법, 탑북스(2014), 238~239.

18 남기정, 실무강제집행법(7), 육법사(1989), 158; 이상원, "선박에 대한 강제집행에 관한 실무상 문제점", 재판자료 36집(하), 법원행정처(1987), 515; 법원실무제요, 민사집행[Ⅲ], 사법연수원(2020), 547.

실무례에 따라서는 집행법원이 회항명령을 발하기도 한다.[19] 이러한 회항의 현실적인 집행을 위하여는 집행관에게 집행위임을 하여야 할 것이다.

31 그러나 선박의 소재가 불명하거나 소재가 확인되더라도 국외에 있을 때에는 선박의 감수명령의 집행은 사실상 불가능하므로 집행법원은 채권자에게 일정한 기간 내에 이를 회항시킬 것을 명하고, 그 기간 내에 회항되지 않으면 선박의 멸실로 보아 민사집행법 제172조에 의하여 준용되는 민사집행법 제96조에 의하여 경매절차를 취소할 수밖에 없다.[20]

4. 감수·보존비용의 적정화

32 감수·보존비용의 총액은 매월 발생하는 감수·보존비용의 수액과 감수·보존 집행시부터 감수·보존 종료시까지의 기간 즉 감수·보존기간에 의하여 결정된다.

33 그런데, 현재 선박경매실무상 집행관으로부터 감수·보존집행을 위임받은 선박관리회사가 매월 청구하는 감수·보존비용의 수액이 많은데다가 선박집행절차의 개시로부터 종료에 이르기까지 소요되는 기간이 짧게는 6월, 길게는 2년여까지로 장기화됨에 따라 감수·보존기간이 늘어남으로써 과다한 감수·보존비용이 발생하게 된다.

34 따라서 선박경매에 있어 집행비용의 거의 대부분을 차지하고 있는 감수·보존비용을 가능한 한 줄이는 것이 선박경매제도의 실효성 및 신뢰성을 확보하는 데 있어 가장 중요한 문제라고 할 수 있다.[21] 선박감수·보존비용 자체의 저감을 위하여 선박의 보존명령은 신청하지 않고, 감수명령만을 신청함으로써 그 비용을 저감하는 방법도 생각할 수 있다. 왜냐하면 일반적으로 선박의 감수는 선박에 대한 점유만을 확보하는 것으로서 선박의 엔진시동열쇠의 수취, 봉인 등을 하는 것으로 설명하고 있으므로 보전처분이 없는 감수처분도 가능하다고 할 수 있기 때문이다. 그러나 현실적으로는 육지나 선박수리용 도크에 옮겨 선박을 보관하는 경우를 제외하고는 보존조치 없는 감수결정만은 적절하지 않다. 왜냐하면, 첫째 선박직원법 등 해운항만관계법규가 선박이 해상에 정박하는 한 선박충돌이나 천재지변으로 인한 항만시설 및 다른 선박에 대한 위해를 방지하기 위하

19 법원실무제요, 민사집행[Ⅲ], 사법연수원(2020), 547.
20 법원실무제요, 민사집행[Ⅲ], 사법연수원(2020), 547; 남기정, 실무강제집행법(7), 육법사(1989), 124; 이상원, “선박에 대한 강제집행에 관한 실무상 문제점”, 재판자료 36집(하), 법원행정처(1987), 516.
21 안철상, “선박 및 자동차에 대한 집행”, 재판자료 72집, 법원행정처(1996), 392~393.

여 필요 최소한의 선원의 승선과 위험에 대비한 선박의 이동 등을 요구하고 있고, 둘째 경매선박이 보존조치를 받지 못한 채 단순히 소유자의 점유만 박탈되어 있는 경우에는 선박가치의 급격한 하락을 막을 수 없어 선박가치에 대한 소유자와 모든 채권자들의 이익을 해치기 때문이다.[22]

35 부산지방법원에서는 선박감수·보존비용의 절감대책의 일환으로서 선박경매의 경우에는 부동산경매와는 달리 저감율을 40%로 정하여 시행하여 빠르게 매각이 될 수 있게 함으로써 전체 경매기간을 줄이는 등의 노력을 하고, 선박감수보존비용 지급비준표에 따라 감수·보존비용의 적정성을 심사하고 있다고 한다.[23]

22 안철상, "선박 및 자동차에 대한 집행", 재판자료 72집, 법원행정처(1996), 393.
23 선박집행실무(개정판), 부산지방법원(2013), 116.

제 179 조 [선장에 대한 판결의 집행]

① 선장에 대한 판결로 선박채권자를 위하여 선박을 압류하면 그 압류는 소유자에 대하여도 효력이 미친다. 이 경우 소유자도 이해관계인으로 본다.
② 압류한 뒤에 소유자나 선장이 바뀌더라도 집행절차에는 영향을 미치지 아니한다.
③ 압류한 뒤에 선장이 바뀐 때에는 바뀐 선장만이 이해관계인이 된다.

[관련조문] 민사집행법 제90조(이해관계인), 상법 제859조(선장에 대한 판결), 제861조~제874조(선박채권자), 제746조~제766조(선박소유자)

[참고문헌] 남기정, 실무강제집행법(7), 육법사(1989); 박두환, 민사집행법(제2판), 법률서원(2003); 법원실무제요 민사집행[Ⅲ], 사법연수원(2020)
Zeller, 166 Rdnr. 2; Steiner/Riedel, 166

Ⅰ. 선장에 대한 판결과 그 집행절차

1. 선장에 대한 판결과 그 집행

1 해난구조가 있는 경우 해난구조료의 채무자인 구조된 선박·적하 기타의 물건의 소유자는 구조료의 채권자인 해난구조에 종사한 사람에 대하여 구조료를 지급할 의무를 부담하고(상법 제886조), 피구조선박의 선장은 구조료 채무자에 갈음하여 그 집행에 관한 재판상·재판 외의 모든 행위를 할 권한을 가지며(제894조 제1항), 구조료에 관한 소에 있어서 선장은 스스로 원고 또는 피고가 될 수 있고, 이 경우 그 소에 관하여 선고한 확정판결은 구조료 채무자에 대하여도 그 효력이 있다(제894조 제2항). 제179조 제1항에서 "선장에 대한 판결에 의하여 선박채권자를 위하여 선박을 압류"한 때는 상법 제894조 제1항에 의하여 선장이 해난구조료의 채무자의 하나인 선박소유자를 위하여 자기 이름으로 소송당사자로 되어 패소판결을 받은 경우만을 말한다.[1] 이때에는 그 확정판결은 구조의 보수액의 채무자에 대하여도 효력이 있으므로(제894조 제2항), 구조료의 채권자는 위 판결로써 선박에 대하여 강제집행을 할 수 있다. 민사집행법 제177조 제1항 제1호

1 법원실무제요, 민사집행[Ⅲ], 사법연수원(2020), 535.

도 이를 예정하고 있다. 따라서 위 판결에 기한 선박의 압류는 선박소유자에 대하여도 효력이 미치는 것이다. 이 경우에는 선박소유자도 당연히 이해관계인이 된다(민사집행법 제179조 제1항).

2 만일 판결을 받은 후 경매개시신청 전에 선장이 바뀐 때에는 승계집행문을 필요로 한다.[2]

3 다만, 이처럼 선장을 상대로 판결을 받았더라도 선장을 채무자로 하여 선박에 대한 강제집행을 하는 대신 직접 선박소유자를 채무자로 하여 선박에 대한 강제집행을 할 수도 있다. 그 경우에도 승계집행문의 부여를 받아야 한다.[3]

2. 압류 후의 선박소유자 및 선장의 변경

4 채무자의 변동이 있으면 집행개시 후라도 새로운 당사자에 대한 승계집행문을 부여받아 집행하여야 하는 것이 원칙인데, 민사집행법 제179조 제2항은 이러한 원칙에 대한 예외를 규정하고 있다. 즉 선장을 상대방으로 하는 판결에 기하여 당해 선장을 채무자로 하여 선박집행의 신청을 한 경우에 있어서는 압류 후의 선장의 변경은 집행채무자의 승계에 해당되어 본래는 승계집행의 문제가 되겠지만, 이미 집행절차가 개시되었고 또 위 판결의 효력도 선박소유자에게 미치므로 소송담당자인 선장의 변동은 실체상 절차의 속행을 방해할 사유가 되지 못하기 때문에 이 경우에는 그대로 절차의 속행을 인정하고, 다만 새로운 선장을 이해관계인으로 하는 것이다(민사집행법 제179조 제3항).[4] 원래 신탁재산에 대한 강제집행은 수탁자의 변동에도 불구하고 속행할 수 있는바(신탁법 제27조), 제179조의 경우도 그와 유사하다고 볼 수 있다.

5 또 선장을 상대방으로 하는 판결에 기하여 선장을 채무자로 하는 선박집행이 개시된 후에 선박소유자의 변경이 있더라도 위 판결의 기판력이나 집행력은 새로운 선박소유자에게도 미치므로, 민사집행법 제179조 제2항은 선박소유자의 변경도 집행절차의 속행에 영향을 미치지 아니한다고 규정하였다.

2 박두환, 민사집행법(제2판), 법률서원(2003), 450; 남기정, 실무강제집행법(7), 육법사(1989), 130; 법원실무제요, 민사집행[Ⅲ], 사법연수원(2020), 535.

3 박두환, 민사집행법(제2판), 법률서원(2003), 450; 남기정, 실무강제집행법(7), 육법사(1989), 130; 법원실무제요, 민사집행[Ⅲ], 사법연수원(2020), 535. 한편, 일본의 경우 구 민사소송법 제722조는 제179조와 같은 규정을 두고 있었으나, 그 후의 민사집행법에는 제179조에 해당하는 규정이 없으므로, 선장을 상대로 판결을 받았더라도 집행에 있어서는 선박소유자를 채무자로 하여야 한다.

4 독일에는 명문의 규정이 없으나 해석상 동일한 결과가 인정된다(Zeller, 166 Rdnr. 2: Steiner/Riedel, 166 Bem 5).

Ⅱ. 선박집행에 있어서의 이해관계인

6 선박집행에 관여할 수 있는 이해관계인은 일반적으로 민사집행법 제172조에 의하여 준용되는 민사집행법 제90조의 규정에 의하지만, 민사집행법 제179조는 그 이외의 자도 이해관계인으로 하고 있다.

1. 제90조의 준용에 의한 이해관계인

① 압류채권자 및 집행력 있는 정본에 의하여 배당을 요구한 채권자(제1호)

② 채무자 및 소유자(제2호)

상법 제764조 소정의 선박공유자에 의하여 선임된 선박관리인도 선박소유자에 준하여 이해관계인으로 볼 수 있을 것이다.[5]

③ 선박등기부에 기입된 선박 위의 권리자(제3호)

이에 해당하는 자로서는 선박저당권자 및 선박임차인이 있다.

④ 선박 위의 권리자로서 그 권리를 증명한 사람(제4호)

선박우선특권을 가진 사람이나 조세 등의 교부청구를 한 공공기관이 이에 해당한다.[6]

2. 제179조에 의한 이해관계인

가. 선장

7 민사집행법 제179조 제1항에 의하여 선장에 대한 판결에 기하여 선박을 압류한 때에는 선장도 이해관계인이 된다. 집행권원의 성립 후 집행개시 전에 바뀐 선장도 이해관계인이다.

8 압류한 뒤에 선장이 바뀐 때에는 바뀐 선장만이 이해관계인이 되고(민사집행법 제179조 제3항), 이 경우 이전 선장은 이해관계인에서 제외된다. 새로운 선장이 직무를 집행하는 이상 새로운 선장 외에 이전 선장을 이해관계인으로 할 필요는 없기 때문이다.

9 다만, 압류 후의 선장의 변경은 신고가 없는 한 집행법원으로서는 알 수 없으므로 새로운 선장이 이해관계인이 되기 위해서는 신고를 하여야 한다.[7]

5 법원실무제요, 민사집행[Ⅲ], 사법연수원(2020), 534.
6 법원실무제요 민사집행[Ⅲ], 사법연수원(2020), 534.
7 법원실무제요, 민사집행[Ⅲ], 사법연수원(2020), 535.

나. 선박소유자

10 선박집행에 있어서 선장을 채무자로 하여 선박을 압류하면 그 압류는 선박소유자에 대하여도 효력을 미치므로, 이 경우 선박소유자도 이해관계인이 된다(민사집행법 제179조 제1항 후문).

제 180 조 [관할위반으로 말미암은 절차의 취소]

압류 당시 선박이 그 법원의 관할안에 없었음이 판명된 때에는 그 절차를 취소하여야 한다.

[관련조문] 민사집행법 제173조(선박집행의 관할법원), 제182조(사건의 이송), 제183조(경매절차의 취소)

[참고문헌] 남기정, 실무강제집행법(7), 육법사(1989); 법원실무제요 민사집행[Ⅲ], 사법연수원(2020)

Ⅰ. 의의

1 민사집행법 제173조 해설에서 본 바와 같이 선박집행의 관할법원은 압류 당시에 그 선박이 있는 곳을 관할하는 지방법원이다. 그리고 통설은 '압류 당시'의 의미를 경매개시결정시로 보고 있다. 그러므로 경매개시결정 당시에 선박이 그 법원의 관할구역 안에 있지 않는다면 법원은 경매신청을 각하하여야 한다.

2 문제는 법원이 경매개시결정 당시에는 선박이 그 관할구역 안에 있는 것으로 믿고 결정을 하였으나 나중에 그 당시에 이미 선박이 그 관할구역 안에 있지 않았던 것으로 판명된 경우이다. 만일 그 선박이 국내의 다른 법원의 관할구역 안에 있는 것으로 판명된 때에는 민사집행법 제182조에 의하여 이송이 가능할 것이나, 그 소재가 불분명하거나 또는 국외에 있음이 판명된 때에는 그러한 이송도 불가능하므로, 민사집행법 제180조는 그러한 경우 집행절차의 불능으로 보아 경매절차를 취소할 수 있도록 하였다.

3 그러나 개시결정 당시에는 관할구역 안에 없었더라도 그 취소의 결정 전에 선박이 관할구역 안으로 들어왔다면 관할 부존재의 하자는 치유되어 경매절차의 취소는 할 수 없는 것으로 보아야 한다.[1]

4 민사집행법 제180조에 의한 경매절차의 취소는 개별 집행처분의 취소뿐만 아니라 개시결정을 포함한 경매절차 전체의 취소를 말한다.[2]

1 법원실무제요, 민사집행[Ⅲ], 사법연수원(2020), 562; 남기정, 실무강제집행법(7), 육법사(1989), 123.
2 법원실무제요, 민사집행[Ⅲ], 사법연수원(2020), 562.

Ⅱ. 적용범위

5 위에서 본 바와 같이 민사집행법 제180조의 적용범위는 그다지 넓지 않다. 즉 채권자가 경매신청을 할 때에는 선박의 정박증명서를 첨부하는 것이 원칙이므로(☞ 민사집행법 제177조 Ⅳ. 6. 주석 참조), 경매신청 당시에는 선박이 관할구역 안에 있었으나 발령 당시에는 없는 경우란 드물 수밖에 없다. 그리고 사건의 이송에 관한 민사집행법 제182조에 의하여 이송할 수 있는 경우에는 제180조에 의한 취소는 할 수 없다.

6 뿐만 아니라, 강제경매개시결정이 있은 날부터 2월이 지나기까지 집행관이 선박국적증서 등을 넘겨받지 못하고, 선박이 있는 곳이 분명하지 아니한 때에는 법원은 강제경매절차를 취소할 수 있으므로(민사집행법 제183조), 민사집행법 제180조의 적용범위는 사실상 거의 없게 되었다. 즉 민사집행법 제183조에 의한 취소는 압류 당시 선박이 관할구역 안에 있었는지의 여부를 묻지 않으므로, 압류 당시에 선박이 관할구역 안에 없었던 경우라도 실무상으로는 대부분 민사집행법 제183조에 의하여 처리될 것이기 때문이다.[3]

Ⅲ. 압류 후 선박의 발항

7 압류 당시에는 선박이 압류법원의 관할구역 안에 있었으나, 그 후 선박이 관할구역을 벗어난 경우, 예컨대 운행허가를 얻어 발항하였으나 그 기간이 지나도록 복귀하지 않은 경우나 선박국적증서 등을 수취하였음에도 불구하고 발항한 경우 등의 처리에 관하여는 명문의 규정이 없다.

8 이때에도 선박이 국내의 다른 법원의 관할구역 안에 있음이 판명된 때에는 그 법원으로 이송할 수 있을 것이나(민사집행법 제182조), 그러한 이송이 불가능한 경우는 문제이다. 이때에는 민사집행법 제172조에 의하여 준용되는 민사집행법 제96조에 의하여 그 선박에 대한 강제집행절차를 취소할 수밖에 없을 것이다[4](☞ 민사집행법 제176조 Ⅲ. 5. 및 제178조 Ⅴ. 3. 주석 참조).

3 실무상으로도 압류 당시 선박이 관할구역 안에 없었더라도 바로 민사집행법 제180조에 따라 절차를 취소하지 아니하고 민사집행법 제183조의 나머지 요건을 충족해야 강제경매절차를 취소하는 것으로 운영하고 있다. 법원실무제요, 민사집행[Ⅲ], 사법연수원(2020), 563 참조.

4 법원실무제요, 민사집행[Ⅲ], 사법연수원(2020), 509.

제 181 조 [보증의 제공에 의한 강제경매절차의 취소]

① 채무자가 제49조 제2호 또는 제4호의 서류를 제출하고 압류채권자 및 배당을 요구한 채권자의 채권과 집행비용에 해당하는 보증을 매수신고전에 제공한 때에는 법원은 신청에 따라 배당절차 외의 절차를 취소하여야 한다.

② 제1항에 규정한 서류를 제출함에 따른 집행정지가 효력을 잃은 때에는 법원은 제1항의 보증금을 배당하여야 한다.

③ 제1항의 신청을 기각한 재판에 대하여는 즉시항고를 할 수 있다.

④ 제1항의 규정에 따른 집행취소결정에는 제17조 제2항의 규정을 적용하지 아니한다.

⑤ 제1항의 보증의 제공에 관하여 필요한 사항은 대법원규칙으로 정한다.

[관련조문] 민사집행법 제49조 제2호(집행정지를 명하는 재판정본의 제출), 제49조 제4호(채권자의 변제수령증서), 제18조, 제53조(집행비용), 제15조(즉시항고), 제17조 제2항(즉시항고와 집행정지의 효력), 민사집행규칙 제104조(보증의 제공에 따른 강제경매절차의 취소)

☞ 민사집행규칙 제104조[보증의 제공에 따른 강제경매절차의 취소]

① 법 제181조 제1항의 규정에 따른 보증은 다음 각호 가운데 어느 하나를 집행법원에 제출하는 방법으로 제공하여야 한다. 다만, 제2호의 문서를 제출하는 때에는 채무자는 미리 집행법원의 허가를 얻어야 한다.

1. 채무자가 금전 또는 법원이 상당하다고 인정하는 유가증권을 공탁한 사실을 증명하는 문서
2. 은행등이 채무자를 위하여 일정액의 금전을 법원의 최고에 따라 지급한다는 취지의 기한의 정함이 없는 지급보증위탁계약이 채무자와 은행등 사이에 체결된 사실을 증명하는 문서

② 법 제181조 제2항의 규정에 따라 보증을 배당하는 경우 집행법원은 보증으로 공탁된 유가증권을 제출받을 수 있다.

③ 제1항과 법 제181조 제1항의 규정에 따른 보증제공에 관하여는 법 제19조 제1항·제2항의 규정을, 위 보증이 금전공탁 외의 방법으로 제공된 경우의 현금화에 관하여는 제80조의 규정을 각 준용한다.

[참고문헌] 법원실무제요 민사집행[Ⅲ], 사법연수원(2020); 민사집행규칙해설, 법원행정처(2002); 홍광식 "선박채권의 담보와 실행" 재판자료 52집 (상), 법원행정처(1991)

Ⅰ. 의의

1 선박집행에서는 이동성이 강한 선박의 특성상 부동산이나 동산의 집행과는 달리 압류된 선박의 소유자는 이를 이용할 권리를 상실하게 되어 매우 큰 손실을 받게 된다. 이러한 손실의 방지를 위하여 일정한 이해관계인의 동의를 얻어 운행허가를 받는 방법이 있으나(민사집행법 제176조 제2항), 이는 사실상 그 요건을 갖추기가 어려워 잘 활용되지 못하고 있다.

2 그리하여 민사집행법 제181조는 채무자가 집행정지문서(민사집행법 제49조 제2호·제4호)를 제출하고 압류채권자 및 배당을 요구한 채권자의 채권과 집행비용에 해당하는 보증을 매수신고 전에 제공한 때에는 법원은 신청에 따라 배당절차 외의 절차를 취소하도록 하여 선박집행으로 인한 채무자의 손해를 줄일 수 있는 길을 열어 놓음으로써, 선박의 운행이 금지됨으로 인하여 불이익을 입는 채무자와 채권의 변제를 구하는 각 채권자의 이해의 조정을 도모하고 있다.

3 민사집행법 제181조는 압류채권자 및 배당요구채권자의 배당 등을 받을 수 있는 권리를 그대로 유지하면서도, 선박을 압류로부터 해방시켜 운행할 수 있도록 하는 데에 그 주안점이 있다. 이를 위하여 선박의 압류를 취소시키는 대신 집행의 목적을 채무자가 제공한 '보증'에로 이행되게 한 것이다. 즉 선박집행의 대상을 선박으로부터 '보증'(금액 등)으로 전환시켜 선박 자체의 압류를 해방하여 그 운행을 허용하는 것으로서, 이는 가압류에 있어 해방공탁금의 제공에 의하여 가압류를 취소하는 제도와 유사하다고 할 수 있다.[1]

Ⅱ. 강제경매절차취소의 요건

1. 제49조 제2호 또는 제4호 서류의 제출

4 민사집행법 제181조에 의하여 선박집행을 취소하기 위해서는 민사집행법 제49조 제2호 또는 제4호의 서류를 제출하여야 한다. 즉 채무자는 청구이의의 소, 채무부존재확인의 소 등을 제기하거나 집행에 관한 이의, 경매개시결정에 대한 이의를 하고 그에 따른 집행정지를 명하는 재판의 정본을 받아 이를 제출하거나(민사집행법 제49조 제2호) 또는 채권자의 변제수령 내지 변제유예의 증서(제49조 제4호)

1 법원실무제요, 민사집행[Ⅲ], 사법연수원(2020), 564.

를 제출하는 등 선박에 대한 강제경매절차의 진행을 저지할 수 있는 수단을 취하여야 한다.

2. 매수신고 전 보증의 제공

가. 보증의 액

5 채무자가 제공하여야 하는 보증의 액은 압류채권자의 채권과 배당을 요구한 채권자의 채권 및 집행비용에 해당하는 총액이다. 여기에서 배당을 요구한 채권자의 채권은 일본 민사집행법 제117조와 같은 명문의 규정은 없으나, 원칙적으로 보증의 제공시까지 배당요구를 한 채권자의 채권에 한정되고, 만약 보증의 제공시가 배당요구의 종기 이후이면 배당요구의 종기 이전에 배당을 요구한 채권자의 채권에 한정된다.[2]

6 선박에 관한 저당권, 그 밖의 담보권을 가지는 자의 채권은 강제경매절차가 취소되더라도 어떠한 불이익을 받는 것은 아니므로 담보제공의 대상이 되지 않는다.

나. 보증의 제공방법

7 1) 민사집행법 제정 이전에는 이러한 보증으로 현금공탁만을 예정하고 있었으나, 그 경우 채무자가 보증제공에 의한 선박경매절차의 취소를 구하기 위해서는 집행정지결정의 조건으로 담보제공(전액 현금공탁 원칙)을 한 외에, 다시 압류채권자 및 배당을 요구한 채권자의 채권과 집행비용에 해당하는 금액을 공탁하여야 하기 때문에 현실적으로 과중한 담보(보증)제공의 부담을 안고 있었다. 또한 실무상 선박경매사건의 대부분을 차지하고 있는 선박수리비채권(선박우선특권)에 기한 경매신청에서는 채권자가 제출한 서류에 의한 채권 존재의 소명만으로 경매개시결정이 이루어지고, 선박의 기동성 때문에 추가 소명을 요구하기도 어려운 실정인데, 이로 인하여 선박이 일단 압류되면 채무자나 소유자는 선박을 사용하지 못할 뿐만 아니라 선적된 물건을 운송하지 못하여 많은 손해를 입게 되는 문제점이 있었다. 이에 반하여, 채무자나 소유자가 채무부존재확인의 본안소송을 제기하고 집행정지결정을 받아 그 집행이 정지된 경우에는, 그 소송이 확정되기까지 많은 시간이 걸리는 관계로, 그 사이에 엄청난 집행비용(특히 감수·보존비용)을 부담하여야 하는 문제점도 있었다.[3]

2 법원실무제요, 민사집행[Ⅲ], 사법연수원(2020), 564.
3 법원실무제요, 민사집행[Ⅲ], 사법연수원(2020), 565.

8 2) 이에 민사집행법 제181조 제5항은 이러한 문제점을 개선하여 채권자를 보호하면서도 선박이 압류에서 빨리 해방될 수 있는 길을 열어준다는 취지에서, 대법원규칙으로 보증의 제공방법을 다양하게 정할 수 있도록 위임하였고, 그 위임에 따라 민사집행규칙 제104조는 현금공탁 이외에도 다른 방법의 보증을 제공할 수 있는 길을 열어 놓았다.[4]

9 즉 민사집행법 제181조 제1항의 규정에 따른 보증은, ① 채무자가 금전 또는 법원이 상당하다고 인정하는 유가증권을 공탁한 사실을 증명하는 문서(민사집행규칙 제104조 제1항 제1호), ② 은행등이 채무자를 위하여 일정액의 금전을 법원의 최고에 따라 지급한다는 취지의 기한의 정함이 없는 지급보증위탁계약이 채무자와 은행등 사이에 체결된 사실을 증명하는 문서(제104조 제1항 제2호) 가운데 어느 하나를 집행법원에 제출하는 방법으로 제공하도록 하여야 한다.

10 위 규정에 따른 보증제공에 관하여는 민사집행법 제19조 제1항·제2항의 규정을 준용하므로(민사집행규칙 제104조 제3항 전단), 제1호의 경우 금전이나 유가증권은 채권자나 채무자의 보통재판적이 있는 곳의 지방법원 또는 집행법원에 공탁하는 방법으로 하여야 하며(민사집행법 제19조 제1항), 그에 관한 증명서(제19조 제2항)를 공탁법원으로부터 받아 집행법원에 제출하면 된다.

11 제2호의 문서를 제출하는 방법으로 보증을 제공하는 때에는 금전공탁의 방법에 의한 보증제공과 비교할 때 절차면 등에서 다소 불편하므로 채무자는 미리 집행법원의 허가를 받아야 한다(민사집행규칙 제104조 제1항 단서). (☞ 자세한 것은 제19조 Ⅲ. 1. 가. (3) 주석 참조)

다. 보증의 제공시기

12 이 보증은 매수신고 전에 제공하여야 한다(민사집행법 제181조 제1항). 매수신고가 있은 후에 강제경매의 취소를 인정하면 매수신고인의 권리 내지 기대를 무시하는 것이 되기 때문이다.[5] 매수신고가 있은 후에는 채무자는 매수신고인의 동의를 얻어 운행허가결정을 받아 출항할 수밖에 없다.

4 민사집행규칙해설, 법원행정처(2002), 304.

5 홍광식 “선박채권의 담보와 실행” 재판자료 52집 (상), 법원행정처(1991), 721; 법원실무제요, 민사집행[Ⅲ], 사법연수원(2020), 564.

Ⅲ. 집행법원의 취소결정

13 위와 같은 요건이 갖추어지면 집행법원은 채무자의 신청에 의하여 강제경매절차를 취소하여야 한다. 다만, 배당절차는 그 취소의 대상에서 제외되는데(민사집행법 제181조 제1항), 이것까지 취소한다면 채무자가 제공한 보증금에 대하여 채권자를 위한 배당을 실시할 수 없게 되기 때문이다.[6] 강제경매절차를 취소하는 재판은 결정의 형식에 의한다(제17조 제1항).

14 그리고 채무자의 취소신청을 기각하는 재판에 대하여는 즉시항고를 할 수 있고(민사집행법 제181조 제3항), 채무자의 신청에 따라 강제집행절차를 취소하는 결정에 대하여도 즉시항고를 할 수 있으나(제17조 제1항), 후자의 경우에는 일반적인 강제집행절차를 취소하는 경우와는 달리 집행정지의 효력이 없다(제181조 제4항에 의한 제17조 제2항의 배제). 채무자가 채권액 전액의 보증을 제공하므로 굳이 즉시항고의 제기에 의한 집행정지를 인정하면서까지 채권자를 보호할 필요가 없기 때문이다. 따라서 채무자는 취소결정이 있으면 집행법원으로부터 선박국적증서 등을 반환받아 곧바로 선박을 출항시킬 수가 있다.[7]

Ⅳ. 집행법원의 후속조치

1. 보증금에 대한 배당 등의 실시

15 채무자가 제공한 보증금은 원래의 집행대상이었던 선박에 갈음하여 집행의 대상이 되게 된다. 따라서 민사집행법 제49조 제2호 또는 제4호의 서류제출에 의한 집행정지가 효력을 잃은 때, 즉 채무자가 제기한 청구이의의 소 등에서 채무자 전부 또는 일부패소의 판결이 확정된 때에는 집행법원은 위 보증금을 그 효력을 잃은 범위 안에서 배당을 실시하여야 한다(민사집행법 제181조 제2항).

16 이 경우에 채무자가 제공한 보증이 금전인 때에는 집행법원은 공탁소에 대하여 압류채권자 및 배당을 요구한 채권자의 배당액에 상당하는 금전을 지급하도록 지급위탁을 하며, 채무자가 제공한 보증이 유가증권인 때에는 공탁소로부터 이를 제출받아(민사집행규칙 제104조 제2항) 집행관에게 현금화하게 한 후(제104조 제3항,

6 법원실무제요, 민사집행[Ⅲ], 사법연수원(2020), 567.
7 법원실무제요, 민사집행[Ⅲ], 사법연수원(2020), 567.

제80조 제1항·제3항·제4항) 현금화된 금전에 관하여 배당을 실시한다. 또한 보증이 지급보증위탁계약체결증명서를 제출하는 방법으로 제공된 때에는 집행법원은 은행 등에 대하여 보증금액의 납부를 최고하여 그 최고에 따라 납부된 금전에 관하여 배당을 실시한다(제104조 제3항, 제80조 제5항).[8]

17 다만 이 보증은 위에서 본 압류채권자, 배당요구채권자의 청구를 위하여 제공된 것이므로, 매각대금과는 달리 이 보증에 대하여 배당에 참가할 수 있는 자는 위에서 본 압류채권자 및 보증제공시(보증제공이 배당요구의 종기보다 후인 때에는 배당요구의 종기)까지 배당을 요구한 채권자에 한정된다.

18 [판례] 대법원 2012. 12. 26. 선고 2011다43655 판결
사안의 개요: ①이 사건 선박에 관하여, 근저당권자 A는 1997. 10. 13. 채권최고액을 6억 8,000만 원으로 한 근저당권설정등기를 마친 후 2002. 10. 28. B에 계약양도를 원인으로 하여 그 다음날 위 근저당권의 이전등기를 마쳤음.
② 피고 회사는 1998. 3. 7. 채권최고액을 3,850만 원으로 한 근저당권설정등기를, 피고 2는 2002. 5. 22. 채권최고액을 7,000만 원으로 한 근저당권설정등기를, 피고 3은 2006. 2. 8. 채권최고액을 4억 원으로 한 근저당권설정등기를 각 마쳤음.
③ 피고 3이 대구지방법원 경주지원 2007타경2080호로 3억 5,000만 원 및 이에 대한 지연이자금을 청구금액으로 하여 이 사건 선박에 관하여 담보권 실행을 위한 경매신청을 하여 2007. 4. 23. 위 법원으로부터 경매개시결정을 받았고, 2007. 5. 30. 1순위 근저당권자인 A가 배당요구를 하는 취지에서 채권계산서를 제출하였음.
④ 당시 이 사건 선박의 소유자였던 소외 1은 피고 3 명의의 위 근저당권의 피담보채무가 소멸하였다는 이유를 들어 그를 상대로 ○○지방법원 ○○지원에 근저당권말소등 청구의 소를 제기하였음.
⑤ 소외 1은 그 무렵 선박집행절차의 취소신청을 하였고, 위 법원은 2007. 6. 14. 소외 1로 하여금 담보로 2억 1,500만 원의 공탁보증보험증권을 제출하도록 하는 담보제공명령을 하였고, 이에 소외 1은 서울보증보험 주식회사로부터 2억 1,500만 원의 공탁보증보험증권을 발급받아 위 법원에 제출하였음.
⑥ 위 법원은 2007. 6. 18. 위 보증 제공을 이유로 민사집행법 제269조 및 제181조 제1항에 의하여 선박집행절차의 취소결정을 하였음.
⑦ 그 후 위 근저당권말소등 청구 소송에서 소외 1의 패소판결이 확정되어 민사집행법 제181조 제2항에 따라 위 선박경매 사건의 배당절차가 진행되자, 위 법원은 2009.

8 민사집행규칙해설, 법원행정처(2002), 305.

12. 29. 서울보증보험 주식회사로부터 위 2억 1,500만 원의 공탁보증보험증권을 환가하여 그 환가금액 2억 1,500만 원과 이자 144,521원을 합산한 215,144,521원에서 5,847,050원을 집행비용으로 공제한 후 나머지 209,297,471원을 모두 1순위 근저당권자인 A에게 배당하였음.

⑧ 원고는 소외 1 소유이던 이 사건 선박에 관하여 소외 2를 거쳐 2008. 12. 5. 원고명의의 소유권이전등기를 마쳤음.

판단: 선박경매절차 취소 제도는 경매개시결정으로 압류가 집행되어 선박의 출항이 금지되는 경우에 채무자 또는 소유자(이하'채무자 등'이라 한다)가 받게 되는 손실은 매우 커서 다툼이 있는 집행권원이나 담보권에 기하여 압류가 집행된 경우에 채무자 등이 받는 손실의 회복이 어려우므로, 채무자 등이 집행권원이나 담보권을 다투면서 집행정지 서류를 제출하고 압류채권자 및 배당요구채권자의 채권 및 집행비용의 총액에 상당한 보증을 제공하여 채권회수조치가 강구된 경우에는 집행법원이 경매절차를 취소하여 선박에 대한 압류를 풀어 선박을 운행할 수 있도록 해주는 대신, 채무자 등의 위 다툼이 이유 없는 것으로 밝혀지는 등으로 위 집행정지가 효력을 잃은 때에는 위와 같이 제공된 보증금을 압류채권자와 배당요구채권자에게 배당하는 절차를 규정한 것이다. 위와 같은 선박경매절차 취소 제도의 취지와 규정 내용 등에 비추어 보면, 보증의 제공에 의한 선박경매절차의 취소는 강제집행 또는 담보권 실행의 목적물인 선박 자체를 경매함에 따른 매각절차와는 달리 선박소유자가 선박에 관한 소유권을 상실하지 아니하여 그 성격이 다르므로,"매각부동산 위의 모든 저당권은 매각으로 소멸한다."라는 민사집행법 제91조 제2항이 적용되지 아니한다. 그리고 선박경매취소절차에서 보증을 제공받아 배당의 대상이 된 압류채권자(담보권 실행을 위한 경매의 경우 경매를 신청한 담보권자)나 배당요구채권자의 권리는 민사집행법 제181조 제2항에 따른 보증금의 배당절차가 종료됨으로써 소멸하지만, 그 밖에 배당을 요구하지 아니하여 배당절차에 관여하지 아니한 담보권자의 경우에는 선박경매절차의 취소로 인하여 아무런 영향을 받지 않으므로 보증금의 배당절차가 종료된다고 하더라도 그 담보권은 소멸하지 않는다[☞ 위 법리에 따라 피고 회사, 피고 2의 각 근저당권은 이 사건 선박경매취소에 이은 배당절차가 종료되었다고 하더라도 소멸하지 않는다고 할 것이고, 다만 피고 3의 경우 이 사건 선박경매취소절차에서 제공된 보증에 대하여 경매를 신청한 담보권자로서 배당의 대상이 된 이상, 보증이 부족하여 선순위 근저당권자에 밀려 배당을 받지 못하였다고 하더라도(선박집행취소를 위하여 제공된 보증이 부족하다면 민사집행법 제17조 제1항에 따라 즉시항고를 제기할 수 있었음에도 이를 제기하지 않아 이 사건 선박경매취소결정이 확정된 이상 부족한 보증에 대해서는 더 이상 다툴 수 없다), 피고 3의 근저당권은 이 사건 선박경매취소에 이은 배당절차가 종료됨으로써 소멸되었다고 판단하였음].

2. 보증의 반환

19 채무자가 보증을 제공하여 강제경매절차가 취소된 후 채무자가 청구이의의 소 등에서 승소하여 선박집행에 관한 전부 또는 일부의 집행을 불허하는 판결을 얻은 때에는, 위 보증의 제공은 효력을 잃으므로 집행법원은 보증의 전부 또는 일부를 취소하는 결정(담보취소)을 하여야 하고, 채무자는 그 보증의 전부 또는 일부의 반환을 청구할 수 있다.

20 구체적으로는, 금전공탁인 경우에는 채무자는 위 보증취소결정의 정본 및 그 확정증명서를 첨부하여 위 공탁금의 회수청구를 하면 되고, 유가증권공탁인 경우에는 ① 채무자가 돌려 줄 것을 요구하지 못하는 금액이 배당할 금액에 산입되는 때에는 법원이 집행관에게 현금화하게 하여 그 비용을 뺀 금액 가운데 채무자가 돌려 줄 것을 요구하지 못하는 금액을 배당할 금액에 산입하고 나머지가 있을 경우 이를 채무자에게 반환하며, ② 집행관이 그 유가증권을 현금화하기 전에 채무자가 법원에 돌려 줄 것을 요구하지 못하는 금액에 상당하는 금전을 지급한 때에는 그 유가증권을 채무자에게 반환하고 채무자가 납부한 금전을 배당할 금액에 산입하여야 한다(민사집행규칙 제104조 제3항 후단, 제80조 제2항).[9] 또한 지급보증위탁계약체결증명서의 제출인 경우에는 지급보증위탁계약은 그 전부 또는 일부가 효력을 잃게 된다.[10]

9 법원실무제요, 민사집행[Ⅲ], 사법연수원(2020), 568.
10 민사집행규칙해설, 법원행정처(2002), 305.

제 182 조 [사건의 이송]

① 압류된 선박이 관할구역 밖으로 떠난 때에는 집행법원은 선박이 있는 곳을 관할하는 법원으로 사건을 이송할 수 있다.

② 제1항의 규정에 따른 결정에 대하여는 불복할 수 없다.

[관련조문] 민사집행법 제173조(집행법원), 민사소송법 제34조 이하(소송의 이송)

[참고문헌] 남기정, 실무강제집행법(7), 육법사(1989); 법원실무제요 민사집행[Ⅲ], 사법연수원(2020); 이상원, "선박에 대한 강제집행에 관한 실무상 문제점", 재판자료 36집(하), 법원행정처(1987)

Ⅰ. 의의

1 선박집행의 관할법원은 압류 당시에 그 선박이 있는 곳을 관할하는 지방법원이므로(민사집행법 제173조) 압류 당시에 선박이 그 집행법원의 관할구역 안에 있지 않거나 또는 압류 후에 집행법원의 관할구역 밖으로 떠난 때에는 원칙적으로 집행법원은 경매절차를 취소하여야 한다(제180조). 그러나 선박이 국내의 다른 법원의 관할구역 안에 있는 때에도 경매절차를 취소한다면 채권자는 다시 새로운 관할법원에 집행의 신청을 하여야 하는 부담을 지게 될 뿐만 아니라, 신속한 집행이라는 측면에서 보아도 바람직하지 못하다. 이에 제182조는 이러한 경우 사건을 선박이 있는 곳을 관할하는 법원으로 이송할 수 있도록 함으로써 집행절차의 계속성을 유지하고 신속한 집행절차를 수행할 수 있도록 하였다.

Ⅱ. 이송의 요건

2 민사집행법 제182조 제1항에 의한 이송의 요건은 선박의 압류가 있었을 것과, 그 선박이 국내의 다른 집행법원의 관할구역 안에 있을 것의 두 가지이다.

3 민사집행법 제182조 제1항의 규정만을 본다면 경매개시결정 당시에는 선박이 그 관할구역 안에 있었으나, 그 후 관할구역 밖으로 떠난 때에만 이송이 가능하고 경매개시결정 당시에 이미 선박이 관할구역 안에 있지 않았을 때에는 이송할 수 없는 것처럼 해석될 여지도 있으나, 개시결정 당시에 이미 선박이 관할구역

안에 있지 않았을 때에도 제182조에 의한 이송이 가능하다고 볼 것이다.[1]

Ⅲ. 불복신청의 금지

4 민사집행법 제182조 제1항의 규정에 의한 이송결정에 대하여는 불복신청을 할 수 없다(민사집행법 제182조 제2항). 이는 이송에 의한 절차의 안정을 도모한다는 점 외에도 선박의 소재지에서 집행절차가 속행되므로 이해관계인에게 불이익을 줄 염려가 없기 때문이다.[2]

5 이송결정에 재심사유가 있는 때에는 준재심은 신청할 수 있다(민사집행법 제23조, 민사소송법 제461조).

Ⅳ. 이송결정의 운용

1. 선박국적증서 등의 수취 전의 이송

6 선박국적증서 등의 수취 전에 선박이 관할구역 밖으로 떠난 경우에는 강제경매개시결정이 있은 날로부터 2월이 지나기까지 집행관이 선박국적증서 등을 넘겨받지 못하고 선박이 있는 곳이 분명하지 아니한 때에는 강제경매절차를 취소하여야 하나(민사집행법 제183조), 그 취소결정이 있기 전에 선박의 소재가 판명되는 등 강제경매개시결정이 있은 날로부터 2월이 지나기까지 선박국적증서 등을 넘겨받을 가망이 있는 때에는 집행법원은 사건을 선박이 있는 곳을 관할하는 지방법원에 이송할 수 있다(제182조 제1항). 이 경우 이송받은 법원은 민사집행법 제174조 제1항에 준하여 집행관에 대하여 선박국적증서 등의 수취·제출명령을 발하여야 한다[3](☞ 민사집행법 제174조 Ⅱ. 4. 주석 참조).

7 그러나 선박의 소재가 판명되더라도 국내가 아니고 우리나라의 집행권이 미치지 아니하는 공해상이나 외국에 있을 때에는 민사집행법 제182조에 의한 이송은 불가능하며, 선박이 멸실된 경우에 준하여 민사집행법 제172조에 의하여 준용되는 민사집행법 제96조에 의하여 경매절차를 취소하는 수밖에 없다.[4]

1 법원실무제요, 민사집행[Ⅲ], 사법연수원(2020), 509.
2 법원실무제요 민사집행[Ⅲ], 사법연수원(2020), 510.
3 법원실무제요, 민사집행[Ⅲ], 사법연수원(2020), 510.
4 민사집행법 제180조의 요건에 해당하는 때에는 동조에 의하여도 집행절차를 취소할 수 있음을 물론이다 [법원실무제요, 민사집행[Ⅲ], 사법연수원(2020), 510].

2. 선박국적증서 등의 수취 후의 이송

8 집행관이 선박국적증서 등을 수취한 때에는 선박은 운행을 하여서는 안 되지만, 채무자 등이 공법상의 제한을 무시하고 선박을 출항시킨 경우가 있을 수 있다. 또 민사집행법 제176조 제2항의 규정에 의하여 운행허가를 받은 선박이 허가를 받은 운행을 종료하고도 집행법원의 관할구역 안으로 돌아오지 않는 경우도 있을 수 있다. 이들 경우에 있어서 사건을 다른 법원에 이송하면 선박을 포착할 수 있는 가망이 있는 때에는 사건을 이송함이 타당하다(☞ 민사집행법 제174조 Ⅱ. 5. 다., 제176조 Ⅲ. 5., 제180조 Ⅲ. 주석 참조).

3. 감수처분 후의 출항에 의한 이송

9 감수명령의 집행에 의하여 감수인이 압류된 선박을 감수하고 있는 동안에 선박이 압류항으로부터 발항한 경우에는 그 선박이 국내의 다른 법원의 관할구역 안에 있음이 판명된 때에는 사건의 이송에 의하여 대처할 수도 있고, 감수인이 당해 선박을 회항하게 하여 이를 다시 점유할 수도 있다.

10 그러나 선박의 소재가 불명하거나 소재가 확인되더라도 국외에 있을 때에는 선박의 감수명령의 집행은 사실상 불가능하므로, 집행법원은 채권자에게 일정한 기간 내에 이를 회항시킬 것을 명하고, 그 기간 내에 회항되지 않으면 선박의 멸실로 보아 민사집행법 제172조에 의하여 준용되는 민사집행법 제96조에 의하여 경매절차를 취소할 수밖에 없다[5](☞ 민사집행법 제178조 Ⅴ. 3. 주석 참조).

5 남기정, 실무강제집행법(7), 육법사(1989), 124; 법원실무제요, 민사집행[Ⅲ], 사법연수원(2020), 563; 이상원, "선박에 대한 강제집행에 관한 실무상 문제점", 재판자료 36집(하), 법원행정처(1987), 516.

제 183 조 [선박국적증서 등을 넘겨받지 못한 경우의 경매절차취소]

경매개시결정이 있은 날부터 2월이 지나기까지 집행관이 선박국적증서 등을 넘겨받지 못하고, 선박이 있는 곳이 분명하지 아니한 때에는 법원은 강제경매 절차를 취소할 수 있다.

[관련조문] 민사집행법 제83조, 제86조, 제172조(경매개시결정), 제175조(선박국적증서 인도명령)

[참고문헌] 법원실무제요 민사집행[Ⅲ], 사법연수원(2020); 민사집행법해설-구 민사소송법(집행절차편) 개정부분 법원행정처(2002)

Ⅰ. 의의

1 민사집행법은 선박집행에서 개시결정 및 이에 기한 압류등기에 의한 추상적 처분제한뿐만 아니라, 집행관이 선박국적증서 등을 넘겨받는 방법에 의하여 선박을 압류항에 정박시키는 것을 그 요건을 하고 있다(민사집행법 제174조). 선박국적증서 등이 없으면 법률상 선박은 출항할 수 없으므로 선박국적증서 등의 수취는 실질적으로 경매개시결정에 의한 정박명령의 집행이라고 할 수 있는 것이다.[1] 그래서 다른 한편으로 제183조는 집행관이 개시결정이 있은 날부터 2월이 지나기까지 선박국적증서 등을 넘겨받지 못하고, 선박이 있는 곳이 분명하지 아니한 때에는 집행법원이 직권으로 강제경매절차를 취소하도록 하였다. 이는 위와 같은 경우 선박집행사건이 집행불능 상태에 빠진 것으로 보아 그 사건을 빨리 종결시킬 수 있도록 하기 위한 것이다.[2] 따라서 집행관이 선박국적증서 등을 넘겨받지 못한 때에는 그 사유를 법원에 서면으로 신고하여 위 절차를 취할 수 있도록 하여야 한다(민사집행규칙 제97조).

2 민사집행법 제183조는 구 민사소송규칙 제170조의2의 규정을 법률로 승격시킨 것으로서, 압류 당시 선박이 법원의 관할구역 안에 없었음이 판명된 경우의 경매취소(민사

1 법원행정처, 민사집행법해설-구 민사소송법(집행절차편) 개정부분(2002), 209.
2 법원실무제요, 민사집행[Ⅲ], 사법연수원(2020), 569.

집행법 제180조)와의 균형상 법률에 직접 규정하는 것이 바람직하였기 때문이다.[3]

Ⅱ. 요건

1. 경매개시결정이 있은 날부터 2월이 지나기까지 집행관이 선박국적증서등을 넘겨받지 못할 것

가. 수취불능이라 할 수 있는 경우

3 집행관은 선박국적증서 등의 수취명령을 받은 때에는 선박이 있는 곳에 임하여 선박의 출항을 금지하는 데에 가장 유효한 서류를 넘겨받아야 한다. 선박의 운행을 위하여 필요한 서류는 다수 있지만, 가장 중요한 것은 선박국적증서이고, 선박국적증서와 선박검사증서 정도를 넘겨받으면 선박의 운행을 금지하기에 충분하다. 그러나 상황에 따라서는 선박국적증서나 선박검사증서 어느 것도 넘겨받을 수 없는 경우도 있을 수 있다. 이와 같은 경우에는 선박의 운행을 금지하는 데에 충분하지는 않지만 선박의 운행에 필요한 어떠한 서류를 넘겨받으면 민사집행법 제183조는 적용되지 않는다고 보아야 할 것이다. 따라서 민사집행법 제183조에서 말하는 선박국적증서 등을 넘겨받지 못한 경우라 함은 선박의 운행에 필요한 서류를 전혀 넘겨받지 못한 경우라 할 수 있다.

나. 수취불능의 시기

4 민사집행법 제183조는 강제경매의 개시결정에 기한 선박국적증서 등의 수취명령에 의하여 선박국적증서를 넘겨받지 못하는 경우에 적용되는 규정이고, 일단 선박국적증서 등을 넘겨받은 후에 운행허가결정(민사집행법 제176조 제2항) 등에 의하여 이를 채무자에게 반환한 경우에는 허가받은 운행의 종료 후에 이를 수취할 수 없는 사태가 생기더라도 민사집행법 제183조는 적용되지 않는다. 운행허가결정에 의하여 선박국적증서 등을 채무자에게 반환하였는데, 허가받은 운행이 종료되었음에도 불구하고 선박국적증서 등의 제출되지 않는 경우에는 민사집행규칙 제101조에 의하여 선박국적증서 등의 재수취명령을 발하는 등의 방법에 의하여 대처하여야 하고, 곧바로 민사집행법 제183조를 적용할 수는 없다(☞ 민사집행법 제176조 Ⅲ. 5. 주석 참조).

3 법원행정처, 민사집행법해설-구 민사소송법(집행절차편) 개정부분(2002), 209.

2. 선박이 있는 곳이 분명하지 아니할 것

5 선박이 있는 곳이 분명하지 아니하다고 함은 선박의 소재가 판명되지 아니하는 것을 말한다. 선박의 소재가 판명되기만 하면, 그 선박이 관할구역 안에 있든, 관할구역 밖에 있든, 공해상에 있든, 외국에 있든 민사집행법 제183조가 적용되지 않는다.

6 따라서 선박의 소재가 판명되는 등 강제경매개시결정이 있은 날로부터 2월이 지나기까지 선박국적증서 등을 넘겨받을 가망이 있는 때에는 집행법원은 민사집행법 제183조에 의하여 경매절차를 취소할 수 없고, 사건을 선박이 있는 곳을 관할하는 지방법원에 이송하여야 한다(민사집행법 제182조).[4]

7 그러나 선박의 소재가 판명되더라도 국내가 아니고 우리나라의 집행권이 미치지 아니하는 공해상이나 외국에 있을 때에는 이송을 할 수 없으며, 선박이 멸실된 경우에 준하여 민사집행법 제172조에 의하여 준용되는 민사집행법 제96조에 의하여 경매절차를 취소할 수밖에는 없다(☞ 민사집행법 제182조 Ⅳ. 1. 주석 참조).

Ⅲ. 불복방법 및 취소결정 후의 조치

8 민사집행법 제183조에 의한 취소결정에 대하여는 즉시항고를 할 수 있다(민사집행법 제17조 제1항). 따라서 민사집행법 제183조에 의하여 선박집행절차를 취소한 때에는 이를 선박집행의 신청채권자 및 채무자에게 고지하여야 한다(민사집행규칙 제7조 제1항 제2호). 이 결정은 확정되어야 효력을 가지므로(제17조 제2항), 법원사무관 등은 신청채권자에게 위 결정을 고지한 날부터 1주간의 기간 안에 즉시항고가 없음을 확인한 후 압류등기말소등기의 촉탁을 하여야 한다.

4 법원실무제요, 민사집행[Ⅲ], 사법연수원(2020), 509~510.

第 184 조 [매각기일의 공고]

매각기일의 공고에는 선박의 표시와 그 정박한 장소를 적어야 한다.

[관련조문] 민사집행법 제172조, 제106조, 민사집행규칙 제56조(매각기일의 공고)

[참고문헌] 남기정, 실무강제집행법(7), 육법사(1989); 법원실무제요 민사집행[Ⅲ], 사법연수원(2020)

Ⅰ. 매각기일의 공고의 내용

1 선박집행에서는 매각기일의 공고에 관하여도 원칙적으로 부동산강제경매에 있어서의 매각기일의 공고에 관한 민사집행법 제106조 및 민사집행규칙 제56조의 규정이 각 준용된다(민사집행법 제172조, 민사집행규칙 제105조).

2 민사집행법 제184조는 민사집행법 제106조 소정의 공고사항 중 제1호의 "부동산의 표시" 대신 "선박의 표시와 그 정박한 장소"를 공고하도록 한 것이다.

3 선박의 표시를 공고할 때에는 선박을 특정할 수 있도록 선박등기부 표제란의 기재사항, 즉 선박의 종류와 그 명칭, 선적항, 선질, 총톤수, 기관의 종류와 그 수, 추진기의 종류와 그 수, 범선의 범장, 진수년월일, 국적취득의 연월일 등을 기재하여야 한다(선박등기처리규칙 제8조 제3항, 제19조, 제16조 제1항·제2항).[1]

4 정박장소로서는 정박항(하천항행의 선박에 관하여는 그 계류지)을 기재하는데, 정박항구의 이름이나 계류지의 최소행정구역 이름 외에 그 정박지를 구체적으로 인식할 수 있도록 부두의 이름이나 계류지의 지번과 위치(예컨대 ○○번지 끝 해안), 기타 통칭명(예컨대 ○○갑 남해안) 등을 기재하여 주는 것이 바람직하다. 선박의 정박장소를 공고하게 한 것은 경매에 참가하려는 자가 선박을 직접 확인하여 적정한 평가를 할 수 있도록 하기 위한 것이다.

5 그 이외의 공고사항은 원칙적으로 민사집행법 제106조 제2호 내지 제9호 및 민사집행규칙 제56조와 같다. 다만, 민사집행법 제106조 제8호의 "등기부에 기입할 필요가 없는 부동산에 대한 권리를 가진 사람은 채권을 신고하여야 한다는 취지" 대신에 "등기부에 기입할 필요가 없는 선박에 대한 권리를 가진 사람은 채권을 신고하여야 한다는 취지"를 공고하면 된다(☞ 자세한 것은 민사집행법 제106조 주석 참조).

1 법원실무제요, 민사집행[Ⅲ], 사법연수원(2020), 552; 남기정, 실무강제집행법(7), 육법사(1989), 161.

Ⅱ. 매각기일공고의 방법

6 매각기일공고의 방법에 관하여는 민사집행규칙 제11조의 규정이 준용된다. 그러므로 특별한 규정이 없으면, ① 법원게시판에 게시, ② 관보·공보 또는 신문 게재, ③ 전자통신매체를 이용한 공고 방법으로 행하고, 이 경우 필요하다고 인정하는 때에는 적당한 방법으로 공고사항의 요지를 공시할 수 있다(민사집행규칙 제11조 제1항). 법원사무관등은 공고한 날짜와 방법을 기록에 표시하여야 한다(제11조 제2항). 집행법원이 매각기일 공고 서류를 게시하는 경우, 공고내용을 게시판에서 읽을 수 있는 한 법원 게시판이 철창문으로 잠가져 있다 해서 위법하다고 할 수 없다.[2]

7 매각결정기일은 매각기일부터 1주 이내로 정하여야 하는데(민사집행법 제109조 제1항), 이는 훈시규정이다.[3] 매각기일 및 매각결정기일의 지정은 원칙적으로 매각을 실시할 때마다 하여야 하나, 3~4회 정도의 기일을 일괄하여 지정할 수도 있다(☞ 자세한 것은 민사집행법 제106조 주석 참조).

2 대법원 1995. 9. 6.자 95마596 결정[공1995. 11. 1.(1003), 3503].
3 대법원 1984. 8. 23.자 84마454 결정[공1984. 11. 15.(740), 1707].

제 185 조 [선박지분의 압류명령]

① 선박의 지분에 대한 강제집행은 제251조에서 규정한 강제집행의 예에 따른다.
② 채권자가 선박의 지분에 대하여 강제집행신청을 하기 위하여서는 채무자가 선박의 지분을 소유하고 있다는 사실을 증명할 수 있는 선박등기부의 등본이나 그 밖의 증명서를 내야 한다.
③ 압류명령은 채무자 외에 상법 제764조에 의하여 선임된 선박관리인(이하 이 조에서 "선박관리인"이라 한다)에게도 송달하여야 한다. <개정 2007.8.3>
④ 압류명령은 선박관리인에게 송달되면 채무자에게 송달된 것과 같은 효력을 가진다.

[관련조문] 민사집행법 제251조(부동산외의 다른 재산권에 대한 집행), 제251조, 제225조(선박지분에 대한 강제집행의 신청), 제11조, 제12조, 민사소송법 제174조 이하(송달), 상법 제743조(선박등기), 제760조(선박관리인)

[참고문헌] 남기정, 실무강제집행법(7), 육법사(1989); 방순원, 민사소송법(하). 한국사법행정학회(1987); 송옥렬, 상법강의, 홍문사(2011); 오시영, 민사집행법, 학현사(2007); ; 법원실무제요 민사집행[Ⅲ], 사법연수원(2020); 이영섭, 민사소송법(하)(제7개정판), 박영사(1980); 정찬형, 상법강의(하), 박영사(2011); 최준서, 보험법·해상법, 삼영사(2010); 김태업, "선박 및 자동차집행에서의 실무상 문제점", 재판실무연구(2) 민사집행소송, 한국사법행정학회(2008)

Ⅰ. 의의

1 해상법상 선박공유자는 선박을 공유하고 이것을 공동의 해상기업에 이용하는 자를 말하고, 선박공유의 법적 성질은 민법상의 공유가 아니라 공동기업형태의 하나이다.[1] 이러한 선박공유자의 1인인 채무자가 가지는 선박지분에 대한 강제집행의 방법에 관하여는 1990. 1. 13. 개정 전의 구 민사소송법에는 명문의 규정이 없었다. 그래서 그 당시 이에 관하여는 부동산의 공유지분을 부동산의 경매절차

1 정찬형, 상법강의(하), 박영사(2011), 804; 최준서, 보험법·해상법, 삼영사(2010), 380. 그러나 오늘날 해상기업은 대부분 주식회사 형태로서 대규모의 자본을 조달하는 문제는 해결되었기 때문에, 선박공유는 연혁적 의미만 있을 뿐 이제는 거의 이용되지 않는다고 한다[송옥렬, 상법강의, 홍문사(2011), 328].

에 의하여 강제집행하는 것과 마찬가지로 선박집행의 방법에 의하여 강제집행하여야 한다는 견해가 유력하였으나,[2] 판례[3]는 무체재산권에 대한 예에 의하여 집행하여야 한다고 하여 기타 재산권에 대한 집행방법(구 민사소송법 제584조)에 의하여야 한다는 견해를 취하였다.

2 그래서 구 민사소송규칙 제172조는 판례의 견해를 명문화하여 선박지분에 대한 강제집행은 기타 재산권에 대한 강제집행의 예에 의한다고 하였고, 1990. 1. 13. 개정 민사소송법은 그 제687조 제1항을 신설하여 위 규칙의 내용을 수용하였으며, 제185조는 이를 그대로 이어받았다.

3 원래 선박의 공유는 민법상의 공유와는 달라서 단순한 물적지분을 공유하는 데 그치지 않고 조합 또는 사단에 유사한 단체법적인 성격을 가지므로(상법 제753조 이하), 선박지분에 대한 강제집행에 있어서 부동산의 공유지분과 마찬가지로 취급하는 것은 의미가 없고, 또 공유자 1인의 지분에 대한 강제집행을 위하여 선박을 정박시켜 운항하지 못하게 하는 것은 다른 공유자를 해치는 결과를 초래하기 때문에 그 강제집행은 그 밖의 재산권에 대한 강제집행의 예에 의하도록 한 것이다.[4]

Ⅱ. 선박의 지분에 대한 집행절차

1. 집행법원

4 선박지분에 대한 집행을 관할하는 집행법원에 대하여는 법에 명문의 규정이 없다. 이에 관하여는 선적항을 관할하는 법원이 집행법원이 된다는 견해[5]와 그 밖의 재산권에 대한 강제집행의 일반원칙에 따라 채무자의 보통재판적이 있는 곳의 지방법원(민사집행법 제251조 제1항, 제224조 제1항)이 집행법원이 된다는 견해,[6] 원칙적으로 선적항을 관할하는 지방법원이 집행법원이 되고, 선적항이 없는 경우에는 그 밖의 재산권에 대한 강제집행의 원칙에 따라 채무자의 보통재판적이

2 이영섭, 민사소송법(하)(제7개정판), 박영사(1980), 234; 방순원, 민사소송법(하). 한국사법행정학회(1987) 250.

3 대법원 1967. 11. 14. 선고 67다2074 판결[집15(3)민, 290].

4 김태업, "선박 및 자동차집행에서의 실무상 문제점", 재판실무연구(2) 민사집행소송, 한국사법행정학회(2008), 460; 이상원, "선박에 대한 강제집행에 관한 실무상 문제점", 재판자료 36집(하), 법원행정처(1987), 517; 법원실무제요 민사집행(Ⅲ), 사법연수원(2020), 575.

5 이상원, "선박에 대한 강제집행에 관한 실무상 문제점", 재판자료 36집(하), 법원행정처(1987), 518.

6 남기정, 실무강제집행법(7), 육법사(1989), 165.

있는 곳의 지방법원이 집행법원이 된다는 견해[7]로 나뉘어 있다. 마지막 견해가 타당하다고 본다.

5 외국선박의 지분은 민사집행법 제185조에 의한 집행이 불가능하므로 따로 집행법원이 문제되지 않는다.[8]

2. 강제집행의 신청

6 선박지분에 대한 강제집행의 신청에 대하여는 채권집행의 신청에 관한 민사집행법 제225조가 준용되므로(민사집행법 제251조 제1항), 채권자는 압류명령신청서에 압류할 채권의 종류와 액수를 명시하여야 한다.

7 신청서에는 채무자가 선박의 지분을 소유하고 있다는 사실을 증명할 수 있는 선박등기부의 등본이나 그 밖의 증명서를 내야 한다(민사집행법 제185조 제2항). 이처럼 채무자의 지분 소유를 증명하는 서류를 제출하게 하고 있는 것은 선박의 지분은 단순한 채권과는 달라서 그의 압류에는 선박 자체의 물적 공유지분의 압류도 포함되고, 따라서 그 압류를 등기할 필요가 있기 때문이다.[9]

3. 압류명령

8 선박지분의 압류명령을 발함에 있어서는 채무자를 심문하지 아니하고 한다(민사집행법 제185조 제1항, 제251조, 제226조). 이 압류명령에는 채무자에 대하여 당해 지분의 매매, 양도 그 밖의 일체의 처분을 금지한다는 취지를 적는다.

9 그리고 집행법원이 등기된 선박의 지분을 압류하는 때에는 법원사무관 등은 즉시 등기관에게 그 압류를 등기부에 기입할 것을 촉탁하여야 한다(민사집행법 제94조의 준용).

4. 압류명령의 송달

10 선박지분의 압류명령은 채무자 외에 상법 제760조에 의하여 선임된 선박관리인이 있으면 그에게도 송달하여야 한다(민사집행법 제185조 제3항). 선박관리인은 선박의 이용에 관한 재판상 또는 재판 외의 모든 행위를 할 권한이 있는(상법 제761조 제1항) 선박공유자들의 대리인이기 때문이다. 또 압류명령은 선박관리인에게 송달되면 채무자에게 송달된 것과 같은 효력이 있으므로(민사집행법 제185조 제4항), 압류명령이

7 법원실무제요, 민사집행[Ⅲ], 사법연수원(2020), 575; 오시영, 민사집행법, 학현사(2007), 594.
8 법원실무제요, 민사집행[Ⅲ], 사법연수원(2020), 575.
9 법원실무제요, 민사집행[Ⅲ], 사법연수원(2020), 575.

채무자보다 먼저 선박관리인에게 송달되면 그 때에 압류의 효력이 발생한다. 그러나 선박관리인에게만 송달하고 채무자에게 송달하지 않아도 된다는 뜻은 아니다.[10]

11 선박지분에 대한 강제집행절차에서는 성질상 선박국적증서 등의 제출명령(민사집행법 제174조)이나 인도명령(민사집행법 제175조), 감수·보존처분에 관한 규정(제178조) 등이 적용되지 않는다.

5. 현금화 및 변제절차

12 선박지분의 현금화에는 양도명령, 매각명령, 관리명령과 그 밖의 현금화방법 등 민사집행법 제241조에 의한 특별한 현금화방법이 주로 이용된다(민사집행법 제185조 제1항, 제251조 제1항). 채권자는 특별한 현금화방법을 신청하여야 한다.

13 선박의 지분에 대한 집행에 있어서의 배당절차는 그 밖의 재산권집행에 있어서의 변제절차에 적용되는 동산집행에 있어서의 배당절차의 규정이 적용된다(민사집행법 제185조 제1항, 제251조 제1항).

6. 지분이전등기

14 선박의 지분에 관하여 등기가 있는 경우 집행법원은 양도명령이 확정되거나 매각명령에 의한 매각이 종료한 때에는, 법원사무관 등으로 하여금 즉시 등기관에게 지분의 이전등기와 압류등기의 말소를 촉탁하도록 하여야 한다(민사집행규칙 제175조 제5항, 민사집행법 제144조).

15 만약 압류명령신청이 취하되거나 집행절차가 취소되는 등 현금화에 이르지 아니하고, 집행절차가 완결된 때에는 집행법원은 법원사무관 등으로 하여금 등기관에게 압류등기의 말소를 촉탁하도록 하여야 한다.

10 법원실무제요 민사집행[Ⅲ], 사법연수원(2020), 577.

第 186 조 [외국선박의 압류]

외국선박에 대한 강제집행에는 등기부에 기입할 절차에 관한 규정을 적용하지 아니한다.

[관련조문] 민사집행법 제172조, 제174조, 제175조, 선박등기법 제2조(선박의 국적), 상법 제743조(선박국적증서)

[참고문헌] 법원실무제요 민사집행[Ⅲ], 사법연수원(2020); 권오곤, "외국선박 집행상의 몇 가지 문제점", 재판자료(34), 법원행정처(1986); 김태업, "선박 및 자동차집행에서의 실무상 문제점", 재판실무연구(2) 민사집행소송, 한국사법행정학회(2008); 문영화, "외국선박의 저당권자가 등기부에 기입된 선박 위의 권리자로서 배당요구와 상관없이 배당을 받기 위한 요건(2004. 10. 28. 선고 2002다25693 판결)", 대법원판례해설 제51호(2004); 박영호, "편의치적선의 경우 국제사법 제8조에 의하여 가장 밀접한 관련이 있는 다른 국가의 법을 준거법으로 볼 수 있는지 여부", 대법원판례해설 101호(2015); 이정일, "외국선박에 대한 집행절차에 있어서 저당권자의 지위", 판례연구 제17집, 부산판례연구회(2006); 정진세, "법인격부인과 기판력·집행력", 상사판례연구: 정진세 교수 정년기념(2001.9)

Ⅰ. 의의

1 외국의 선박이라도 우리나라의 주권이 미치는 우리나라의 영해 내에 있을 때에는 우리나라의 법원이 그에 대하여 집행권을 행사할 수 있음은 당연하다.[1] 민사집행법 제186조도 이를 당연한 것으로 전제하면서, 다만 외국선박의 등기부는 국내에 존재하지 아니하여 압류등기나 매각으로 인한 소유권이전등기 등의 촉탁을 하는 것이 현실적으로 불가능하므로 등기부에 기입할 절차에 관한 규정을 적용하지 않는다고 규정하고 있으나, 이 또한 당연한 사항을 규정한 것에 불과하다.

Ⅱ. 외국선박의 범위

2 외국선박은 외국의 국적을 가진 선박이다(☞ 선박의 국적에 관하여는 민사집행법

[1] 외국선박에 대한 강제집행에 관하여는 권오곤, "외국선박 집행상의 몇 가지 문제점", 재판자료(34), 법원행정처(1986), 623; 문영화, "외국선박의 저당권자가 등기부에 기입된 선박 위의 권리자로서 배당요구와 상관없이 배당을 받기 위한 요건(2004. 10. 28. 선고 2002다25693 판결)", 대법원판례해설 제51호, 569; 이정일, "외국선박에 대한 집행절차에 있어서 저당권자의 지위", 판례연구 제17집, 부산판례연구회(2006), 743~744 참조.

제172조 Ⅱ. 주석 참조). 그러나 민사집행법 제186조의 외국선박에는 외국국적을 가진 선박뿐 아니라 무국적선도 포함된다.[2] 또 국적국에서의 등기유무를 불문한다. 다만, 외국선박으로서 총톤수 20톤 미만의 기선과 범선 및 선박계류용·저장용 등으로 사용하기 위하여 수상에 고정하여 설치하는 부선, 총톤수 100톤 미만의 부선은 유체동산집행의 방법에 의하게 된다(선박등기법 제2조 참조).

3 외국선박의 범위와 관련하여 편의치적선(Vessel of flag of convenience)을 외국선박으로 보아야 하는지 여부가 문제된다. 편의치적이란 세무, 노동, 해운정책 등에 기한 국가의 각종 규제를 회피하려는 목적으로 규제가 느슨한 국가에 형식상의 회사(paper company)를 설립한 뒤 그 회사 명의로 선박의 소유권을 귀속시킨 다음 그 국가의 국적을 유지하는 것을 말한다. 우리나라 국민 또는 법인이 형식상 회사의 사실상 소유자인 경우 편의치적선은 경제적인 기능 면에서는 사실상 대한민국선박으로 볼 여지가 있으나, 집행절차의 안전성, 신속성이라는 이념에 비추어 볼 때 외국에 선적되어 있는 선박을 대한민국선박으로 보아 집행하기는 어렵다고 할 것이다.

4 선박을 편의치적시켜 소유, 운영할 목적으로 설립한 형식상의 회사(Paper Company)가 그 선박의 실제소유자와 외형상 별개의 회사이더라도 그 선박의 소유권을 주장하여 그 선박에 대한 가압류집행의 불허를 구하는 것은 편의치적이라는 편법행위가 용인되는 한계를 넘어서 채무를 면탈하려는 불법목적을 달성하려고 함에 지나지 아니하여 신의성실의 원칙에 위반하거나 법인격을 남용하는 것으로서 허용되어서는 아니 된다.[3] 그러나 이것과 판결의 기판력 및 집행력의 범위와는 별개의 문제로서, 예컨대 갑 회사와 을 회사가 기업의 형태·내용이 실질적으로 동일하고, 갑 회사는 을 회사의 채무를 면탈할 목적으로 설립된 것으로서 갑 회사가 을 회사의 채권자에 대하여 을 회사와는 별개의 법인격을 가지는 회사라는 주장을 하는 것이 신의성실의 원칙에 반하거나 법인격을 남용하는 것으로 인정되는 경우에도, 권리관계의 공권적인 확정 및 그 신속·확실한 실현을 도모하기 위하여 절차의 명확·안정을 중시하는 소송절차 및 강제집행절차에 있어서는 절차의 성격상 판결의 기판력 및 집행력의 범위를 다른 회사에까

2 법원실무제요, 민사집행[Ⅲ], 사법연수원(2020), 504.

3 대법원 1988. 11. 22. 선고 87다카1671 판결[공1989. 1. 1.(839), 17], 대법원 1989. 9. 12. 선고 89다카678 판결[공1989. 11. 1.(859), 1467], 대법원 2004. 11. 12. 선고 2002다66892 판결 [공2004. 12. 15.(216), 2013].

지 확장하는 것은 허용되지 않는다.[4]

5 한편, 국제사법 제8조는 이 법에 의하여 지정된 준거법이 해당 법률관계와 근소한 관련이 있을 뿐이고, 그 법률관계와 가장 밀접한 관련이 있는 다른 국가의 법이 명백히 존재하는 경우에는 그 다른 국가의 법에 의한다고 규정하고 있는바, 이를 근거로 편의치적선에 대하여 선적국법이 아닌 밀접한 관련이 있는 법률인 우리나라 법률을 준거법으로 보아야 한다고 판시한 판결이 선고되었다. 다만, 위 예외조항을 함부로 적용할 경우 국제사법에서의 법적안정성을 해할 우려가 있으므로, 그 요건을 엄격하게 해석할 필요가 있다.[5]

6 [판례] 대법원 2014. 7. 24. 선고 2013다34839 판결

국제사법 제8조 제1항, 제60조 제1호·제2호의 내용과 취지에 비추어 보면, 선원의 임금채권을 근거로 하는 선박우선특권의 성립 여부나 선박우선특권과 선박저당권 사이의 우선순위를 정하는 준거법은 원칙적으로 선적국법이라고 할 것이나, 선박이 편의치적이 되어 있어 그 선적만이 선적국과 유일한 관련이 있을 뿐이고, 실질적인 선박 소유자나 선박 운영회사의 국적과 주된 영업활동장소, 선박의 주된 항해지와 근거지, 선원들의 국적, 선원들의 근로계약에 적용하기로 한 법률, 선박저당권의 피담보채권을 성립시키는 법률행위가 이루어진 장소 및 그에 대하여 적용되는 법률, 선박경매절차가 진행되는 법원이나 경매절차에 참가한 이해관계인 등은 선적국이 아닌 다른 특정 국가와 밀접한 관련이 있어 앞서 본 법률관계와 가장 밀접한 관련이 있는 다른 국가의 법이 명백히 존재하는 경우에는 다른 국가의 법을 준거법으로 보아야 한다(☞ 파나마국에 편의치적 되어 있는 선박의 선장 갑 등이 선박의 근저당권자인 주식회사 을 은행을 상대로 '선박에 관한 임의경매절차에서 을 은행의 근저당권이 갑 등의 임금채권보다 선순위임을 전제로 작성된 배당표'의 경정을 구한 사안에서, 선박우선특권의 성립 여부 등과 가장 밀접한 관련이 있는 법은 선적국인 파나마국 법이 아니라 대한민국 상법이고, 국제사법 제8조 제1항에 따라 대한민국 상법을 적용하면 갑 등의 임금채권이 선박우선특권 있는 채권으로서 을 은행의 근저당권보다 우선하므로, 위 배당표가 위법하다고 본 원심판단을 정당하다고 판단하였음).

4 대법원 1995. 5. 12. 선고 93다44531 판결[공1995. 6. 15.(994), 2090]. 이 판결에 대한 판례평석으로는 정진세, "법인격부인과 기판력·집행력", 상사판례연구: 정진세 교수 정년기념(2001.9). 69~73이 있다.

5 박영호, "편의치적선의 경우 국제사법 제8조에 의하여 가장 밀접한 관련이 있는 다른 국가의 법을 준거법으로 볼 수 있는지 여부", 대법원판례해설 101호(2015), 299.

Ⅲ. 미등기의 선박에 대한 등기절차규정의 적용 여부

7 민사집행법 제186조에는 직접 규정이 없으나, 외국선박은 아니지만 미등기의 선박에 대하여 강제집행을 하는 경우에는 등기절차에 관한 규정이 적용되는지가 문제된다.

8 먼저 등기능력이 없는 선박, 즉 총톤수 20톤 미만의 기선과 범선 및 선박계류용·저장용 등으로 사용하기 위하여 수상에 고정하여 설치하는 부선, 총톤수 100톤 미만의 부선(선박등기법 제2조)은 유체동산집행의 방법에 의하므로(☞ 민사집행법 제172조 Ⅲ. 2. 주석 참조), 이 경우에는 등기는 전혀 문제되지 않는다.

9 반면 등기능력은 있으나 아직 등기가 되지 않은 선박의 경우에는 미등기부동산의 경우와 마찬가지로 경매개시결정의 등기의 촉탁에 의하여 등기공무원이 선박소유권의 보존등기를 할 수 있으므로, 집행법원은 집행채권자가 즉시 채무자 명의로 등기할 수 있음을 증명하는 서류(민사집행법 제172조, 제81조 제1항 제2호)를 제출하면 경매개시결정을 하고, 이에 따라 법원사무관 등은 그 등기를 촉탁하여야 하며, 등기관은 선박소유권의 보존등기를 할 수 있는바,[6] 그 이후에는 등기된 선박으로서 취급하여야 하므로 특별한 문제는 없다.

Ⅳ. 적용범위

10 대한민국 선박 외의 선박에 대하여 강제경매신청을 하는 때에는 그 선박이 채무자의 소유임을 증명하는 문서와 그 선박이 선박등기법 제2조에 규정된 선박임을 증명하는 문서를 붙여야 한다(민사집행규칙 제95조 제2항 제2호). 외국선박의 등기부는 국내에 존재하지 아니하여 압류등기나 매각으로 인한 소유권이전등기 등의 촉탁이 현실적으로 불가능하므로, 외국선박에 대한 강제집행에는 등기부에 기입할 절차에 관한 규정을 적용하지 아니한다(민사집행법 제186조).

11 외국선박의 집행에서 배제하는 것은 등기촉탁에 관한 규정만인지[7] 아니면 등기

6 법원실무제요, 민사집행[Ⅲ], 사법연수원(2020), 502.

7 김태업, "선박 및 자동차집행에서의 실무상 문제점", 재판실무연구(2) 민사집행소송, 한국사법행정학회(2008), 457~458; 문영화, "외국선박의 저당권자가 등기부에 기입된 선박 위의 권리자로서 배당요구와 상관없이 배당을 받기 위한 요건(대법원 2004. 10. 28. 선고 2002다25693 판결)", 대법원판례해설 제51호(2014), 579.

를 전제로 한 모든 규정인지에 대하여 견해의 대립이 있다.[8]

12 [판례] 대법원 2004. 10. 28. 선고 2002다25693 판결
사안의 개요: ① 러시아국 회사 소유의 이 사건 선박에 대하여 선원으로서 러시아국 법률에 의하여 선박우선특권이 있는 채권자들이 ○○지방법원 ○○지원 99타경○○○○○호로 이 사건 선박에 대하여 선박임의경매신청을 하였음.
② 집행법원은 1999. 9. 1. 경매절차개시결정을 하였고, 원고는 낙찰기일인 2000. 3. 31.을 지난 후인 2000. 6. 9. 집행법원에 이 사건 선박에 관한 근저당권자로서 미화 408,301.62달러의 채권이 있다고 주장하면서 권리신고 및 배당요구신청을 하였음.
③ 집행법원은 2000. 6. 14. 매각대금에서 집행비용을 공제한 716,205,925원을 배당하면서 1순위로 신청채권자들에게 195,064,422원을, ○○외 1명에게 11,524,887원을, 2순위로 주식회사 ○○○○에게 8,090,407원을, ○○해운 주식회사에게 15,070,595원을, 3순위로 배당요구권자인 피고들에게 청구취지 기재와 같이 배당을 하는 것으로 배당표를 작성하여 배당을 실시하였음.
④ 원고는 피고들에 대하여 3순위로 배당한 배당액에 대하여 배당이의를 제기하였음.
판단: 외국선박에 대한 집행절차에서 등기부 기입절차에 관한 규정의 적용을 배제한 것은 경매개시결정 등을 촉탁할 수 없는 현실적인 사정을 고려한 것으로, 이후 절차에서 등기부가 제출되어 그 외국선박에 대한 근저당권자 등이 우선변제권을 주장하면서 집행절차에 참가하는 것까지 막는 것은 아니고, 따라서 외국선박에 대하여 선적국의 법률에 따라 저당권을 설정하고 등기(공시절차)를 갖춘 적법한 저당권자를 같은 법 제605조에서 규정하고 있는 법률상 우선변제권이 있는 채권자와 동일시할 수는 없으므로, 외국선박에 대한 집행절차에 있어서 경매개시결정등기 전에 선적국의 법률에 따라 저당권을 설정하고 등기(공시절차)를 갖춘 저당권자가 배당표 확정 이전에 이러한 사실을 입증하였다면 이러한 외국선박의 저당권자도 등기부에 기입된 선박 위의 권리자로서 배당요구와 상관없이 배당을 받을 수 있다.

8 이정일, "외국선박에 대한 집행절차에 있어서 저당권자의 지위", 판례연구 제17집, 부산판례연구회(2006), 757~760은 외국선박의 경우 선박등기부 등·초본을 제출하여야 한다는 입장과 그 제출을 요하지 않는다는 입장으로 나누어, 전자의 입장에 서면 민사집행법상 선박등기부를 전제로 하는 규정들이 적용되므로 외국선박저당권자를 집행절차상 이해관계인으로 보아야 하고, 후자의 입장에 서면 민사집행법상 선박등기부를 전제로 하는 규정들이 적용되지 아니하므로 외국선박저당권자를 이해관계인으로 보아서는 아니 될 것인데, 외국선박의 경우에는 선박등기부 등·초본의 제출을 요하지 아니하므로 그 저당권자를 이해관계인으로 취급하여서는 아니되고, 배당요구종기까지 배당요구를 하지 아니하면 배당받을 수 없을 뿐만 아니라 부당이득반환청구도 할 수 없다고 한다.

제 187 조 [자동차 등에 대한 강제집행]

자동차·건설기계·소형선박(자동차 등 특정동산 저당법 제3조 제2호에 따른 소형선박을 말한다) 및 항공기(자동차 등 특정동산 저당법 제3조 제4호에 따른 항공기 및 경량항공기를 말한다)에 대한 강제집행절차는 제2편 제2장 제2절부터 제4절까지의 규정에 준하여 대법원규칙으로 정한다. <개정 2007.8.3, 2009.3.25, 2015.5.18>

[관련조문] 자동차관리법 제6조, 민사집행규칙 제108조~제129조, 제210조(자동차에 대한 강제집행), 민사집행규칙 제130조, 제211조(건설기계에 대한 강제집행), 제106조, 제107조, 제209조(항공기에 대한 강제집행)

[참고문헌] 주석 강제집행법(IV)(제3판), 한국사법행정학회(1993); 강대성, 신민사집행법, 탑북스(2014); 남기정, 실무강제집행법(7), 육법사(1989); 박두환, 민사집행법(제2판), 법률서원(2003); 오시영, 민사집행법, 학현사(2007); 이시윤, 신민사집행법(제8개정판), 박영사(2020); 법원실무제요 민사집행[III], 사법연수원(2020); 법원행정처, 민사집행규칙해설(2002); 권혁재, "민사집행절차상 자동차 인도명령 집행의 효율적 실행방안 연구", 한국민사집행법학회 2014년도 동계학술대회 발표논문집(2014); 김영훈, "자동차강제집행에 관한 실무상의 문제점", 재판자료(36), 법원행정처(1987); 김태업, "선박 및 자동차집행에서의 실무상 문제점", 재판실무연구(2) 민사집행소송, 한국사법행정학회(2008); 안철상, "선박 및 자동차에 대한 집행", 재판자료 72집, 법원행정처(1996); 이윤철, "소형선박 공시제도에 관한 연구 - 항공기·건설기계·자동차 등록제도와의 비교를 중심으로 - ", 해사법연구 17권 2호, 한국해사법학회(2005)

Ⅰ. 의의

1 1990. 1. 13. 개정 전의 구 민사소송법에는 자동차, 중기 및 항공기에 대한 강제집행절차에 관하여 규정한 조문이 없었다. 원래 이들은 민법상으로는 동산으로 취급되지만, 그 권리변동에 있어서 부동산과 유사하게 등록을 그 효력발생요건

으로 하고 있고,[1] 또 그 가액도 일반적으로 고가여서 이들을 강제집행에 있어 보통의 동산과 같이 취급하는 것은 부적절하다.

2 그래서 처음에는 대법원의 예규로서 자동차 및 항공기에 관하여는 부동산 및 선박에 관한 민사소송법의 규정을 준용하게 하였으나,[2] 이들 예규에는 중기에 관하여 아무런 규정도 없었다. 그러다가 1983. 9. 1. 시행된 구 민사소송규칙은 제173조 이하에서 자동차에 대한 강제집행에 관하여, 그 제189조에서 중기에 대한 강제집행에 관하여, 제190조에서 항공기에 대한 강제집행에 관하여 각 규정하여 그 법적 근거를 마련하였다.

3 1990. 1. 13. 개정된 구 민사소송법은 제688조의2에서 자동차, 중기 및 항공기에 대한 강제집행절차는 부동산 및 선박에 대한 강제집행절차에 준하여 대법원규칙으로 정하도록 규정함으로써, 비로소 민사소송법에 위 구 민사소송규칙에 대한 법률상의 근거를 갖추게 되었다.

4 그 후 1993. 6. 11. 중기관리법이 건설기계관리법으로 전문개정됨에 따라 중기라는 명칭은 사라지고 건설기계라는 명칭이 새로이 등장하였고, 자동차와 건설기계의 집행에 있어서는 선박과 항공기에 비하여 그 이동성이 보다 크기 때문에 동산집행의 요소를 더 많이 가미할 필요가 있어, 민사집행법 제187조는 자동차·건설기계 및 항공기에 대한 강제집행절차에 관하여는 구 민사소송법과 마찬가지로 대법원규칙으로 정하도록 위임하면서도, 대법원규칙에서 그 절차를 정함에 있어 부동산집행절차 및 선박집행절차에 관한 규정 외에 구 민사소송법과 달리 동산집행절차에 관한 규정도 준용하도록 하였다.

5 한편, 2007. 8. 3. 개정된 민사집행법은 제187조에 소형선박에 대한 집행절차도 부동산 및 선박에 대한 강제집행절차에 준하여 대법원규칙으로 정하도록 규정하고, 2008. 2. 18. 개정된 민사집행규칙 제130조에 소형선박의 집행절차는 자동차집행절차에 관한 규정을 준용한다고 규정하여, 자동차집행절차에 따르도록 하였다.

1 자동차에 관하여는 자동차관리법 제6조, 항공기에 관하여는 항공법 제5조 제1항, 소형선박에 대하여는 선박법 제8조의2 참조, 건설기계에 관하여는 직접적인 법률규정이 없으나 판례는 건설기계관리법 제3조 제1항이 정하는 바에 따라 등록을 마친 건설기계의 소유권의 득실변경은 등록을 마침으로써 그 효력이 발생한다고 한다[대법원 1977. 6. 7. 선고 77다201 판결(공564, 10154), 대법원 1991. 8. 9. 선고 91다13267 판결(공905, 2320)].

2 대법원 1963. 1. 13. 조사 제46호 질의회답, 송민 64-16 예규.

Ⅱ. 항공기에 대한 강제집행

1. 항공기집행의 취지 및 근거규정

6 항공기[3]는 그 성질상 고도의 이동성을 가지고 있고, 이동의 방법도 비행장에서 비행장까지로 제한되어 항구에서 항구로 이동하는 선박과 비슷하며, 그 운항 및 보관에 전문적 지식과 기술을 요하는 점 등에서 선박과 유사한 점이 많다. 다만, 항공기에 대한 물권의 득실변경은 등록하여야 효력이 생기는 점에서(항공법 제5조 제1항) 선박의 경우에는 등기가 대항요건인 것과 다르나, 그 기능면에서는 거의 같다고 볼 수 있다.

7 그리하여 민사집행규칙 제106조는 항공법에 따라 등록된 항공기에 대한 강제집행은 선박에 대한 강제집행의 예에 따라 실시한다고 규정하면서, 다만 그 특성에 따라 다소 용어를 바꾸고 있는 데 그치고 있다.

2. 집행의 대상

8 민사집행규칙 제106조는 그 적용대상이 항공법에 의하여 등록된 항공기에 국한하고 있고, 외국항공기와 등록대상이기는 하지만 아직 등록을 하지 않은 미등록 항공기에 대한 집행절차에 관하여는 아무런 규정이 없다. 따라서 이들에 대하여는 어떤 방법에 의하여 강제집행하여야 할 것인지가 문제된다.

9 이에 관하여는 특별한 규정이 없는 이상 원칙으로 돌아가서 동산에 대한 집행방법에 의하여야 한다는 견해,[4] 민사집행법 제186조가 준용되므로 외국항공기나 미등록항공기도 모두 선박집행에 준하여 집행할 수 있다는 견해,[5] 외국항공기에 관하여는 민사집행법 제186조가 준용되므로 선박집행에 준하여 집행할 수 있지만,[6] 미등록항공기는 미등록자동차에 준하여 동산집행의 방법에 의하여야 한다는 견해[7]로 나뉘어 있다. 민사집행규칙 제106조에서 민사집행규칙 제95조 제2항

3 항공기란 비행기, 비행선, 활공기, 회전익항공기, 그 밖에 대통령령으로 정하는 것으로서 항공에 사용할 수 있는 기기를 말하고(항공법 제2조 제1호), "그 밖에 대통령령으로 정하는 것으로서 항공에 사용할 수 있는 기기"란 1. 최대이륙중량, 속도, 좌석 수 등이 국토해양부령으로 정하는 범위를 초과하는 동력비행장치(동력비행장치)와 2. 지구 대기권 내외를 비행할 수 있는 항공우주선을 말한다(항공법 시행령 제9조).

4 민사집행규칙해설, 법원행정처(2002), 308; 법원실무제요, 민사집행[Ⅲ], 사법연수원(2020), 583; 박두환, 민사집행법(제2판), 법률서원(2003), 464~465.

5 남기정, 실무강제집행법(7), 육법사(1989), 168.

6 독일 강제경매및강제관리에관한법률 §171 h 참조.

7 주석 강제집행법(Ⅳ)(제3판), 한국사법행정학회(1993), 105(윤진수).

의 적용을 배제하고 있으므로, 그 적용대상은 항공법에 따라 등록된 항공기에 국한되고, 따라서 항공법 제6조의 규정에 따라 등록의 대상에서 제외되어 있는 항공기와 우리나라 외에 등록 또는 등기되어 있는 항공기에 대한 강제집행은 동산집행의 방법을 따라 실시하여야 한다는 견해가 타당하다고 생각된다.[8]

3. 집행의 절차

10 항공기집행은 물건명세서 및 현황조사서를 작성하지 않고 매각절차를 실시하는 점 외에는 선박집행과 동일한 절차로 진행된다(민사집행규칙 제106조). 즉 항공기의 소재지를 관할하는 법원이 집행법원이 되며, 강제경매개시결정을 함과 동시에 집행관에 대하여 항공기등록증명서 그 밖에 항공기의 운항에 필요한 서류를 채무자로부터 수취하여 집행법원에 제출할 것을 명하고, 이에 의하여 항공기를 일정한 장소에 정지시켜 평가인을 선임하여 평가를 시킨 다음, 평가서 사본을 일반에 보여주게 된다. 이어 최저매각가격을 정하여 부동산의 매각과 동일한 매각방법에 의하여 매각한다. 또한 선박집행에 있어서 인정되고 있는 신청 전의 선박국적증서등인도명령은 신청 전의 항공기등록증명서 인도명령으로서 인정되며, 보증의 제공에 의한 강제집행절차의 취소, 운행허가(항공기의 경우에는 운항허가), 사건의 이송, 운행(항공기의 경우에는 운항)에 필요한 서류를 넘겨받지 못하는 경우의 강제집행절차의 취소 등의 조항도 모두 적용된다.[9]

4. 선박집행과의 차이

11 이처럼 선박집행에 관한 규정이 준용된다 하더라도 선박과 항공기의 차이에 따라 다음 몇 가지 점에서는 차이가 있다.

가. 민사집행규칙 제106조

12 위 규정은 선박에 대한 강제집행에 관한 규정을 준용함에 있어 선박에 관한 다음의 용어를 항공기에 맞추어 고쳐 적용하도록 하였다.

13 1) "등기"는 "등록"으로, "등기부"는 "항공기등록원부"로, "등기관"은 "국토해양부장관"으로(항공법 제3조 이하 참조),

14 2) "정박"은 "정류 또는 정박"으로, "정박항" 또는 "정박한 장소"는 "정류 또는

8 민사집행규칙해설, 법원행정처(2002), 308.
9 민사집행규칙해설, 법원행정처(2002), 307~308; 법원실무제요, 민사집행[Ⅲ], 사법연수원(2020), 579.

정박하는 장소"로,

15 여기서 "정류"라 함은 항공기가 육상에 정지하고 있는 상태를, "정박"이라 함은 수륙양용의 항공기 등이 수면 위에 정지하고 있는 상태를 말한다.[10]

16 3) "운행"은 "운항"으로, "수역"은 "운항지역"으로,

17 4) "선박국적증서"는 "항공기등록증명서"(항공법 제9조)로,

18 항공기를 항공에 사용하려는 자 또는 소유자 등은 해당 항공기에 국토해양부령으로 정하는 서류를 탑재하여 운용하여야 하는바(항공법 제41조), 이들 서류가 민사집행법 제174조, 제175조의 준용에 따라 수취·제출명령과 인도명령의 대상이 된다.

19 여기서 "국토해양부령으로 정하는 서류"라 함은 항공기등록증명서, 감항증명서, 탑재용항공일지, 운용한계지정서 및 비행교범, 운항규정(항공법 제280조 및 제283조에 따른 교범 중 훈련교범·위험물교범·사고절차교범·보안업무교범·항공기 탑재 및 처리교범은 제외한다), 항공운송사업의 운항증명서 사본 및 운영기준 사본(국제운송사업에 사용되는 항공기의 경우에는 영문으로 된 것을 포함한다), 소음기준적합증명서, 각 운항승무원의 유효한 자격증명서 및 조종사의 비행기록에 관한 자료, 무선국허가증명서(radio station license), 탑승한 여객의 성명, 탑승지 및 목적지가 표시된 명부(passenger manifest)(항공운송사업용 항공기만 해당한다), 해당 항공운송사업자가 발행하는 수송화물의 화물목록(cargo manifest)과 화물 운송장에 명시되어 있는 세부 화물신고서류(detailed declarations of the cargo)(항공운송사업용 항공기만 해당한다), 해당 국가의 항공당국 간에 체결한 항공기 등의 감독 의무에 관한 이전협정서 사본(항공법 제2조의2에 따른 임대차 항공기의 경우만 해당한다), 비행 전 및 각 비행 단계에서 운항승무원이 사용해야 할 점검표, 그 밖에 국토해양부장관이 정하여 고시하는 서류 등을 말한다(항공법시행규칙 제130조).

20 5) "선적항" 또는 "선적이 있는 곳"은 "정치장"(항공법 제8조 제1항 제4호)으로,

21 6) "선적항을 관할하는 해운관서의 장"은 "국토해양부장관"(항공법 제3조)으로,

22 7) 민사집행법 제174조 제1항 중 "선장으로부터 받아"는 "받아"로,

23 8) 민사집행규칙 제95조 제1항에 의한 강제경매신청의 기재사항 중 "및 선장의 이름과 현재지를 적어야 한다"는 "를 적어야 한다"로 각 고쳐 적용한다.

10 법원실무제요, 민사집행[Ⅲ], 사법연수원(2020), 579.

나. 그 밖의 차이

1) 선장에 관한 것

24 항공기에는 기장이 있기는 하나(항공법 제50조), 그에게는 선박의 선장과 같은 포괄적 대리권이 부여되지 않으므로 기장에 대한 집행권원으로써 항공기에 대하여 강제집행을 할 수는 없다. 따라서 선장에 대한 집행권원으로써 선박에 대하여 강제집행을 하는 것을 전제로 하는 민사집행법 제177조 제1항 제1호 후단과 제179조는 준용될 여지가 없다.

2) 선박관리인에 관한 것

25 항공기는 여러 사람의 공유인 경우에도 선박처럼 관리인을 따로 선임하여야 한다는 규정이 없으므로, 민사집행법 제185조 제4항은 준용되지 아니한다.

3) 현황조사와 물건명세서에 관한 것

26 항공기에 대하여는 질권을 설정할 수 없다(자동차 등 특정동산 저당법 제9조). 또한 항공기에 대한 유치권은 매각에 의하여 소멸하지는 않으나, 유치권자가 임의로 제출에 응하지 아니하는 한 항공기등록증명서를 수취할 수가 없고, 이 경우에는 항공기에 대한 강제집행절차는 취소된다(민사집행규칙 제106조, 민사집행법 제183조). 따라서 항공기집행에 있어서 유치권의 문제는 고려하지 않아도 무방하다. 한편, 항공기에 대한 임차권을 등록한 때에는 제3자에게 대항할 수 있지만(항공법 제5조 제2항), 주택과 같이 그 점유가 대항요건이 되는 것은 아니다.

27 이와 같이 항공기 집행에 있어서는 매수인에게 대항할 수 있는 권리가 존재하지 않는 것이 보통이며, 대항력 있는 임차권이 있는 경우라도 등록 여부만으로 권리관계를 손쉽게 확인할 수 있다. 또한 부동산이나 선박과 달리 항공기 내에 독립된 점유자가 있는 상황도 통상의 경우라면 상정하기 어렵다.

28 민사집행규칙 제106조는 위와 같은 점을 고려하여, 항공기 집행에 있어서는 매수인에게 대항할 수 있는 권리의 조사를 주된 목적으로 하는 현황조사를 실시하지 않고, 또한 매수희망자에게 매각에 의하여 효력을 잃지 않는 권리의 존부를 알려주는 것을 주된 목적으로 하는 물건명세서도 작성하지 않도록 하였다. 그 대신 매각기일의 1월 전까지 평가서의 사본을 비치하고 열람에 제공하도록 함으로써 매수희망자들에게 필요한 정보가 제공되도록 하였다(민사집행규칙 제107조).[11]

11 민사집행규칙해설, 법원행정처(2002), 308; 법원실무제요, 민사집행[Ⅲ], 사법연수원(2020), 583.

4) 평가서의 사본에 관한 것

29 항공기 집행에서는 현황조사보고서와 물건명세서를 작성하지 않고 매수희망자들에게 필요한 정보를 제공하기 위하여 평가서만을 일반의 열람에 제공하여 매각을 실시하는바, 민사집행규칙 제107조는 법원은 매각기일(기간입찰의 방법으로 진행할 경우에는 입찰기간의 개시일)의 1월 전까지 평가서의 사본을 법원에 비치하고 누구든지 볼 수 있도록 하여야 하며(제1항), 법원사무관 등은 평가서의 사본을 비치한 날짜와 그 취지를 기록에 적도록 규정하고 있다(제2항). 민사집행규칙 제107조가 없더라도 매각물건명세서, 현황조사서 및 평가서 사본의 비치·열람에 관한 민사집행법 제105조 제2항, 제116조 제1조 제3호, 제55조의 규정 중 평가서의 사본에 관한 부분은 항공기집행절차에 그대로 준용된다고 해석할 여지가 있지만(민사집행규칙 제106조, 민사집행법 제172조), 민사집행규칙 제107조에서는 그 절차를 명확하게 규정하면서 아울러 현황조사보고서와 물건명세서에 대한 열람이 생략되는 점 등을 고려하여 평가서 사본의 비치기간을 부동산이나 선박의 경우(1주일)보다 긴 1월 이상이 되도록 하고 있다.[12]

30 부동산과 선박의 경매절차에서는 평가서의 사본 비치에 갈음하여 전자통신매체로 공시할 수 있도록 하고 있으나(민사집행규칙 제55조 단서, 제105조 참조), 항공기의 경우에는 매수희망자가 특수한 계층으로 제한되어 있을 가능성이 많으므로 전자통신매체를 통한 평가서의 사본 비치에 관하여는 별도로 규정하지 않고 있다.

Ⅲ. 자동차에 대한 강제집행

1. 자동차집행의 취지 및 근거규정

31 자동차에 대한 강제집행절차는 부동산집행, 선박집행 및 동산집행의 규정에 준하여 대법원규칙으로 정하게 되어 있고(민사집행법 제187조), 이에 따라 민사집행규칙은 제2편 제2장 제5절에서 자동차에 대한 강제집행을 규정하고 있다.

32 자동차는 민법상으로는 동산으로 취급되지만, 그 권리변동에 있어서는 부동산과 유사하게 등록을 그 효력발생요건으로 하고 있고(자동차관리법 제6조 참조), 또 그 가액도 일반적으로 고가이어서 이들을 강제집행할 때 보통의 동산과 같이 취급하는 것은 부적절하다.

12 민사집행규칙해설, 법원행정처(2002), 308.

33 이에 따라 자동차관리법에 따라 등록된 자동차에 대한 강제집행은 민사집행규칙에 특별한 규정이 없으면 부동산에 대한 강제경매의 규정을 따르도록 하고 있다(민사집행규칙 제108조).[13]

2. 집행의 대상

34 **가.** 자동차집행의 대상이 되는 자동차는 자동차관리법에 의하여 등록된 자동차에 한한다(민사집행규칙 제108조). 따라서 건설기계관리법에 의한 건설기계, 농업기계화촉진법에 의한 농업기계, 군수품관리법에 의한 차량, 궤도 또는 공중선에 의하여 운행되는 차량은 자동차집행의 대상에서 제외된다(자동차관리법 제2조 제1호, 같은 법 시행령 제2조). 그 중 건설기계관리법에 의한 건설기계는 건설기계에 대한 강제집행의 방법에 의하게 된다(민사집행규칙 제130조 참조).

35 자동차의 종류에는 승용자동차, 승합자동차, 화물자동차, 특수자동차 및 이륜자동차가 있는데(자동차관리법 제3조), 이 중 이륜자동차는 등록의 대상이 아니므로(자동차관리법 제5조) 이륜자동차를 제외한 나머지 자동차가 자동차집행의 방법에 의한 강제집행의 대상이 된다.

36 **나.** 이륜자동차를 제외한 자동차는 등록 후가 아니면 원칙적으로 운행할 수 없으므로(자동차관리법 제5조), 등록요건을 갖추었더라도 아직 등록되지 아니한 미등록의 자동차 또는 등록이 말소된 자동차는 자동차집행의 대상이 될 수 없다.[14] 그러므로 경매개시결정이 있기 전에 자동차의 등록이 말소된 경우에는 경매신청을 각하하여야 할 것이나, 등록된 자동차에 대하여 경매개시결정이 있은 후 등록이 말소된 경우에는 매각절차를 진행하는 것이 불가능하므로 민사집행규칙 제108조, 민사집행법 제96조에 의하여 강제경매절차를 취소하거나, 경매개시결정을 취소하고 경매신청을 각하하여야 한다.[15]

37 이처럼 민사집행법 제187조에 의한 강제집행의 대상에서 제외되는 이륜자동차나 미

13 자동차집행을 부동산집행에 준한 것은 시대상에 맞지 않으며 민사집행법에 규정하지 않고 대법원규칙에 미루어둔 것도 입법론상 문제가 있다는 지적으로는 이시윤, 신민사집행법(제8개정판), 박영사(2020), 409.

14 민사집행규칙해설, 법원행정처(2002), 311; 법원실무제요, 민사집행[Ⅲ], 사법연수원(2020), 586; 박두환, 민사집행법(제2판), 법률서원(2003), 466; 남기정, 실무강제집행법(7), 육법사(1989), 175; 김영훈, "자동차강제집행에 관한 실무상의 문제점", 재판자료(36), 531; 안철상, "선박 및 자동차에 대한 집행", 재판자료 72집, 법원행정처(1996), 403.

15 안철상, "선박 및 자동차에 대한 집행", 재판자료 72집, 법원행정처(1996), 406; 김영훈, "자동차강제집행에 관한 실무상의 문제점", 재판자료(36), 531; 법원실무제요, 민사집행[Ⅲ], 사법연수원(2020), 586.

등록자동차 또는 등록이 말소된 자동차에 대한 강제집행은 동산집행의 예에 의한다.[16]

38 그리고 소유권유보부 매매계약에 의하여 구입한 자동차는 그 매수인이 자동차의 권리를 이전할 수 없으므로 자동차집행의 대상이 되지 않는다.

39 한편 자동차의 공유지분에 대한 강제집행은 유체동산의 공유지분에 대한 강제집행과 마찬가지로, 민사집행법 제251조에 규정된 그 밖의 재산권에 대한 강제집행의 예에 따라 실시한다(민사집행규칙 제129조).[17]

3. 부동산에 대한 강제경매규정의 준용

가. 원칙

40 민사집행규칙 제108조는 등록된 자동차에 대한 강제집행은 이 규칙에서 특별한 규정이 없으면 부동산에 대한 강제경매의 규정을 따르도록 하고, 민사집행규칙 제109조부터 제127조까지 이에 대한 특칙을 규정하고 있다. 또한 민사집행규칙 제128조 제1항은 항공기집행과 동산집행에 관한 조항 중 일부를 자동차집행에 준용하고 있으며, 그 제2항은 부동산강제집행에 관한 민사집행법과 민사집행규칙의 규정 중 자동차집행에 준용되지 않는 조항을 개별적으로 열거하고 있다.

41 따라서 민사집행규칙 제128조나 이 규칙의 다른 조항(예컨대 양도명령에 관한 규칙 제124조 제3항)에서 준용을 배제하지 않는 부동산에 대한 강제경매에 관한 나머지 조항은 모두 자동차집행에 준용하되, 다만 부동산강제경매에 관한 규정을 준용함에 있어서 "등기"라고 규정된 것은 "등록"으로, "등기부"라고 규정된 것은 "자동차등록원부"로, "등기관"이라고 규정된 것은 "특별시장·광역시장 또는 도지사"로 본다(민사집행규칙 제108조).

나. 추가 준용규정(민사집행규칙 제128조 제1항)

1) 평가서 사본의 비치(민사집행규칙 제107조의 준용)

42 자동차 소유권의 득실변경은 자동차등록원부에 등록하여야 그 효력이 생기고(자동차관리법 제6조), 자동차에 대하여는 질권을 설정할 수 없으며(자동차 등 특정동

16 민사집행규칙해설, 법원행정처(2002), 311; 법원실무제요, 민사집행[Ⅲ], 사법연수원(2020), 586; 강대성, 신민사집행법, 탑북스(2014), 241; 오시영, 민사집행법, 학현사(2007), 596; 이시윤, 신민사집행법(제8개정판), 박영사(2020), 410; 남기정, 실무강제집행법(7), 육법사(1989), 175; 김영훈, "자동차강제집행에 관한 실무상의 문제점", 재판자료(36), 법원행정처(1987), 531.

17 강대성, 신민사집행법, 탑북스(2014), 241. 민사집행규칙 제129조는 실질적으로는 자동차의 공유지분에 관한 강제집행에 관하여 부동산공유지분의 집행에 관한 민사집행법 제139조, 제140조가 준용되지 않는다는 점을 명확히 한다는 의미도 있다(민사집행규칙 제108조 참조).

산 저당법 제9조), 자동차에 대한 임차권은 동산임차권으로서 매수인에게 대항할 수 없는 등 자동차에 관한 권리관계는 항공기에 대한 권리관계와 유사한 점이 있다(☞ Ⅱ. 5. 나. (3) 주석 참조).

43 이에 따라 자동차집행에서는 항공기에 대한 강제집행과 마찬가지로 현황조사와 물건명세서를 작성하지 아니하고(민사집행법 제85조, 민사집행규칙 제128조 제2항, 제105조, 제46조, 제55조), 평가서 사본만을 일반인에게 열람시킨 후 매각을 실시하게 된다(민사집행규칙 제128조 제1항). 자동차집행에서 평가서 사본의 비치절차에 관하여는 항공기집행에 관한 민사집행규칙 제107조가 준용되므로 그 절차는 이에 준하여 처리된다.[18] 다만, 자동차의 평가서 사본을 매각기일의 1주 전까지 법원에 비치하면 되고(제128조 제1항), 그 자동차의 평가를 감정인이 한 경우에는 감정인이 작성하여 제출한 평가서 사본(제51조), 집행관이 한 경우에는 집행관이 작성하여 제출한 평가서 사본을 비치할 수 있다(제121조)는 점에서 차이가 있다.

2) 직무집행구역 밖에서의 자동차의 회수(민사집행규칙 제138조의 준용)

44 자동차집행에서는 동산집행에 관한 민사집행규칙 제138조의 규정이 준용되므로, 집행관이 일단 점유를 취득한 자동차가 그 후 어떤 사정으로 직무집행구역 밖으로 나가게 된 경우에, 이를 회수하기 위하여 필요한 때에는 집행관은 직무집행구역 밖에서도 그 직무를 행할 수 있게 된다(민사집행규칙 제128조 제1항).

다. 준용이 배제되는 규정(민사집행규칙 제128조 제2항)

1) 관할법원에 관한 조항(민사집행법 제79조)

45 민사집행규칙 제109조에 특칙이 있으므로 준용되지 않는다.

2) 강제관리에 관련된 조항(민사집행법 제163조 내지 제171조, 민사집행규칙 제43조, 제83조 내지 제94조)

46 자동차집행에서는 강제관리의 방법이 허용되지 않으므로 준용될 여지가 없다.

3) 신청서의 첨부서류에 관한 조항(민사집행법 제81조)

47 민사집행규칙 제110조에 특칙이 있으므로 준용되지 않는다.

18 구체적인 절차에 관하여는 [Ⅱ. 5. 나. (4) 참조].

4) 부동산을 채무자가 점유·사용함을 전제로 하는 조항(민사집행법 제83조 제2항·제3항, 제136조, 민사집행규칙 제44조)

48 자동차집행에서는 집행의 초기단계부터 집행관이 자동차를 인도받아 점유하게 되므로 채무자에게 목적물의 점유·사용을 허용하는 것을 전제로 하는 조항은 준용되지 않는다.

5) 지료 등의 지급허가에 관한 조항(민사집행규칙 제45조)

49 이 조항은 부동산집행에 특유한 제도이므로 준용되지 않는다.

6) 현황조사의 실시와 물건명세서의 작성에 관한 조항(민사집행법 제85조, 제105조, 민사집행규칙 제46조, 제55조)

50 자동차집행에서는 현황조사와 물건명세서의 작성절차는 생략되므로 준용되지 않는다.

7) 유치권의 인수에 관한 조항(민사집행법 제91조 제5항)

51 부동산강제경매에서는 유치권은 부동산의 매각에 의하여 소멸하지 않고, 매수인이 인수하도록 되어 있다(민사집행법 제91조 제5항). 이에 반하여 자동차강제경매에서는 유치권자가 있는 때에는 그로부터 자동차를 강제적으로 수취할 수 없기 때문에, 그가 자동차를 임의로 집행관에게 제출하지 아니하는 한 강제집행을 할 수 없다. 유치권자가 임의로 자동차를 제출한 때에는 동산집행에 있어서 질권자가 집행관에게 질물을 제출하더라도 곧바로 질권이 소멸하지 않는 것과 마찬가지로 유치권을 곧바로 상실하는 것은 아니지만, 그 유치권자는 유치적 효력을 주장하여 채권의 변제를 받을 이익을 포기한 것으로 보는 것이 상당하므로, 그 이후의 절차에서는 유치권을 고려할 필요 없이 매각절차를 진행하여야 할 것이다. 이에 따라 유치권의 인수에 관한 민사집행법 제91조 제5항은 준용하지 않도록 규정하였다. 그러므로 자동차를 임의로 제출한 유치권자는 배당요구의 종기 전까지 집행력 있는 정본을 얻거나 가압류의 등록을 하여 배당요구를 하거나(민사집행법 제88조, 제148조), 또는 배당요구의 종기 전까지 유치권의 실행으로서의 경매를 신청하여야 배당을 받을 수 있다.[19] 즉 이 경우 유치권은 매각에 의하여 소멸한다고 할 것이다.

8) 평가서에 관한 조항(민사집행규칙 제51조 제1항 제4호 내지 제6호, 제2항)

52 이 조항들은 부동산평가서에 고유한 사항이므로 준용되지 않는다.

19 민사집행규칙해설, 법원행정처(2002), 360; 박두환, 민사집행법(제2판), 법률서원(2003), 471~472.

9) 매수신청 등의 제한에 관한 조항(민사집행규칙 제60조, 제56조 제2호)

53 자동차에 관하여는 그 매수자격을 제한하는 특별한 규정이 없으므로 준용되지 않는다(민사집행규칙 제60조). 또 민사집행규칙 제60조가 준용되지 않는 이상, 그 제한의 내용을 매각기일의 공고내용으로 하고 있는 민사집행규칙 제56조 제2호도 준용되지 않는다.

10) 기간입찰에 관한 조항(민사집행규칙 제68조 내지 제71조, 민사집행법 제103조 제2항)

54 자동차는 부동산, 선박, 항공기와 비교하여 가격이 저렴한 것이 통례이고, 또한 그 가격이 제작연도, 형식 등에 따라 보통 일정하며, 더욱이 시일의 경과에 따라 가격이 급속하게 하락하는 경향이 있으므로, 기간입찰 대상으로 적당하지 않다. 따라서 입찰방법에 의한 매각 중 기간입찰에 관한 규정을 준용하지 않고 있다.[20]

4. 집행법원

가. 원칙(사용본거지주의)

55 자동차집행의 집행법원은 원칙적으로 자동차등록원부에 기재된 사용본거지를 관할하는 지방법원이다(민사집행규칙 제109조 본문). 자동차집행은 2005년 법원조직법의 개정에 의하여 사법보좌관의 업무로 되었다(사법보좌관규칙 제2조 제1항 제7호). "사용본거지"라 함은 자동차의 소유자가 자동차를 주로 보관·관리 또는 이용하는 곳으로서, 자동차소유자가 개인인 경우에는 그 소유자의 주민등록지, 자동차소유자가 법인 또는 법인이 아닌 사단 또는 재단인 경우에는 그 법인 등의 주사무소소재지를 말한다(자동차등록령 제2조 제2호, 자동차등록규칙 제3조 제1항). 이처럼 사용본거지주의를 원칙으로 한 것은 자동차가 도로상을 자유자재로 이동할 수 있는 고도의 기동성을 가지고 있어 자동차집행의 집행법원을 선박 또는 항공기에 대한 강제집행과 동일하게 목적물이 있는 곳을 기준으로 정하게 되면 관할의 존부를 확정하기가 매우 곤란하게 되고, 관할이 극히 우연적이고 부동(浮動)적인 것이 되기 때문이다.[21] 집행신청 후 자동차의 변경등록 등에 의하여 채무자의 주소가 변경된 경우에도 관할에는 영향을 미치지 않는다.[22]

20 민사집행규칙해설, 법원행정처(2002), 361.

21 민사집행규칙해설, 법원행정처(2002), 312.

22 안철상, "선박 및 자동차에 대한 집행", 재판자료 72집, 법원행정처(1996), 407; 김태업, "선박 및 자동차 집행에서의 실무상 문제점", 재판실무연구(2) 민사집행소송, 한국사법행정학회(2008), 483.

56 선박·항공기에 대한 강제집행에서 소재지주의를 채택하고 있는 것은 선박·항공기의 기동성을 고려하여 목적물을 신속하게 확보하려는 데 그 취지가 있는바, 자동차에 관하여는 사용본거지주의를 채택하고 있기 때문에 소재지주의를 채택하는 경우와 비교하여 목적물의 신속한 확보에는 지장이 생기는 경우가 있다. 그리하여 민사집행규칙 제113조에서는 강제경매신청 전에 자동차를 집행관에게 인도하지 않으면 강제집행이 현저히 곤란하게 될 우려가 있는 때에는 그 자동차의 소재지를 관할하는 지방법원에 대하여 자동차인도명령을 구할 수 있도록 함으로써, 자동차를 그 소재지에서 우선 확보하는 방법을 마련하고 있다.[23]

나. 예외 제110조(소재지주의)

57 자동차집행에 관하여 사용본거지주의의 원칙을 일관한다면 사용본거지와 자동차의 소재지가 일치하지 않을 경우 자동차에 대한 신속한 점유의 확보가 곤란하게 될 우려가 있다. 그리하여 민사집행규칙은 두 가지 경우에 사용본거지주의에 대한 예외로서 소재지주의에 의한 관할을 인정하고 있다.

1) 사건을 이송 받은 경우

58 집행법원은 다른 법원 소속의 집행관이 자동차를 점유하고 있는 경우에 자동차를 집행법원 관할구역 안으로 이동하는 것이 매우 곤란하거나 지나치게 많은 비용이 든다고 인정하는 때에는 사건을 그 법원으로 이송할 수 있는바(민사집행규칙 제119조 제1항), 이 경우 이송을 받은 법원은 민사집행규칙 제109조 제1항 단서에 의하여 관할권을 가지게 된다.

2) 강제경매신청 전의 인도명령

59 강제경매신청 전에 자동차를 집행관에게 인도하지 않으면 강제집행이 현저히 곤란하게 될 우려가 있는 때에는 그 자동차가 있는 곳을 관할하는 지방법원은 신청에 의하여 채무자에게 자동차를 그 소속 집행관에게 인도할 것을 명할 수 있는바(민사집행규칙 제113조 제1항), 위 인도명령에 기초하여 집행관이 자동차를 인도받은 경우에는 자동차가 있는 곳을 관할하는 법원도 집행법원으로 관할권을 가지게 된다(제109조 제2항).

다. 관할의 조사와 관할 흠결의 경우의 조치

60 자동차강제집행의 관할은 전속관할로서(민사집행법 제21조), 법원은 직권으로 관

23 민사집행규칙해설, 법원행정처(2002), 312.

할권의 유무를 조사하여 관할권이 없으면 사건을 관할법원에 이송하여야 한다(민사집행법 제23조, 민사소송법 제32조, 제34조 제1항).

5. 경매절차의 개시

가. 강제경매의 신청

1) 신청서 기재사항

61 신청은 서면으로 하여야 하고(민사집행법 제4조), 신청서에는 부동산강제경매와 마찬가지로 민사집행법 제80조에 규정된 사항, 즉 ① 채권자·채무자와 법원의 표시(제1호), ② 자동차의 표시(제2호), ③ 경매의 이유가 된 일정한 채권과 집행할 수 있는 일정한 집행권원(제3호)을 적는 외에 자동차등록원부에 기재된 사용본거지를 적어야 한다(민사집행규칙 제110조 전단). 이는 사용본거지가 집행법원을 결정하는 표준이 되기 때문이다.

62 자동차의 표시는 등록번호·차대번호·차명, 형식 및 연식, 원동기의 형식, 사용본거지, 등록연월일 등 자동차등록원부에 적혀 있는 사항을 상세히 적어 특정이 가능하도록 하여야 한다. 실무상 자동차의 표시에 관하여는 자동차등록원부등본의 갑구란을 사본하여 목록으로 활용할 수 있을 것이다.

2) 신청서의 첨부서류

63 자동차집행의 신청서에는 집행력 있는 정본 외에 자동차등록원부등본을 붙여야 한다(민사집행규칙 제110조 후단). 이는 부동산경매에서 부동산등기부등본을 제출하도록 정하고 있는 것에 대응하는 것으로, 관할법원을 정하고 당해 자동차의 소유명의인이 채무자인 사실 및 저당권 설정의 유무를 확인하기 위하여 필요하다. 미등록자동차는 여기의 집행의 대상이 되지 않으므로 미등기부동산에 관한 민사집행법 제81조 제1항 제2호는 준용될 여지가 없다.

64 그 외에 강제집행개시의 요건이 갖추어졌음을 증명하는 문서를 붙여야 하는 것은 다른 강제집행의 경우와 동일하다(민사집행법 제39조 내지 제41조 참조).

나. 강제경매개시결정

1) 개시결정의 내용

65 자동차에 대한 강제집행은 강제경매의 방법으로 실시하므로, 자동차집행의 신청이 있는 때는 집행법원은 강제경매신청이 집행의 요건, 집행개시의 요건, 관할의

유무 등을 심사하여 그 신청이 적법한 경우에는 신청권자에게 집행절차에 필요한 비용을 예납시킨 후 강제경매개시결정을 하고, 그렇지 않은 경우에는 자동차의 집행신청을 각하하거나 기각한다. 각하 또는 기각결정은 이를 채권자에게 고지한다.

66 자동차에 관하여는 공적장부에 의한 권리공시제도가 채택되어 있으므로, 자동차 집행은 집행법원이 강제경매개시결정을 하고, 공적장부상에 압류의 등록을 촉탁하는 방법에 의하여 개시된다(민사집행규칙 제111조, 제108조, 민사집행법 제94조). 그런데 자동차는 부동산과 달리 고도의 기동성을 가지고 있으므로, 부동산강제경매에서와 같이 압류의 선언 및 등록에 의한 처분금지만으로는 충분하지 않다. 또한 선박·항공기에 비하여 기동성이 훨씬 높고, 크기도 작아서 은폐하기도 쉬우므로, 선박·항공기에 대한 강제집행과 같이 운행 또는 운항에 필요한 문서를 수취하여 운행을 금지하는 것만으로도 충분하지 않다. 그리하여 자동차집행에 관하여는 강제경매개시결정을 하고 압류의 등록을 하는 외에 채무자에 대하여 자동차를 집행관에게 인도할 것을 명하고, 자동차를 집행관에게 보관시킨 후에 절차를 진행하도록 하고 있다.

67 개시결정서에는 자동차의 표시를 자동차등록원부의 기재에 따라 특정이 가능하도록 적어 별지로 붙여야 한다.

2) 개시결정의 절차

68 개시결정은 채권자와 채무자에게 고지하여야 하고(민사집행규칙 제111조 제4항, 제7조 제1항 제2호), 채무자에 대한 고지는 송달의 방법에 의하여야 한다(민사집행규칙 제108조, 민사집행법 제83조 제4항). 실무에서는 개시결정의 발령 후 신속히 그 정본을 채권자에게 교부하고, 집행관에 의하여 개시결정에 기한 자동차의 인도집행이 완료되었다는 보고서가 제출된 후 채무자에게 송달하고 있다. 이는 채무자에 의한 집행방해를 방지하기 위한 것이다.[24]

69 개시결정이 된 때에는 법원사무관 등은 바로 특별시장·광역시장 또는 도지사에게 압류의 등록을 촉탁하여야 한다(민사집행규칙 제108조, 민사집행법 제94조 제1항).

3) 인도명령의 발령

70 자동차집행의 개시결정을 하는 때에는 그 개시결정에서 채권자를 위하여 자동차를 압류한다는 것을 선언하는 외에 채무자에 대하여 자동차를 집행관에게 인도할

24 안철상, "선박 및 자동차에 대한 집행", 재판자료 72집, 법원행정처(1996), 410.

것을 명하여야 한다(민사집행법 제83조 제1항, 민사집행규칙 제111조 제1항 본문). 다만 그 자동차에 대하여 민사집행규칙 제114조 제1항의 규정에 따른 신고가 되어 있는 때에는 채무자에 대하여 자동차인도명령을 할 필요가 없다(민사집행규칙 제111조 제1항 단서). (☞ 자동차인도명령에 대하여 상세한 것은 뒤의 Ⅲ. 6. "자동차인도명령" 참조).

4) 즉시항고

71 자동차집행의 개시결정에 대하여는 즉시항고를 할 수 있다(민사집행규칙 제111조 제4항).

72 부동산강제경매개시결정에 대하여는 즉시항고를 할 수 없는데(민사집행법 제86조), 이는 부동산의 압류가 채무자의 부동산에 대한 사용·수익의 권능을 빼앗는 것이 아니기 때문에 이의신청을 허용하는 것으로 충분하고, 즉시항고는 매각허가결정이 된 단계(제129조) 또는 사용·수익의 권능을 박탈하는 단계(제44조 제5항)에서 인정하면 충분하기 때문이다. 이에 반하여 자동차집행의 개시결정은 채무자에 대하여 자동차를 집행관에게 인도할 것을 명하는 인도명령을 포함하고 있어 채무자로부터 자동차의 사용·수익의 권능을 빼앗는 것이 되기 때문에 이에 대하여 즉시항고를 인정하고 있는 것이다.[25]

73 한편 자동차집행의 신청을 기각하거나 각하하는 재판에 대하여도 즉시항고를 할 수 있다(민사집행규칙 제108조, 민사집행법 제83조 제5항).

다. 압류의 효력발생시기

74 압류의 효력은 개시결정이 채무자에게 송달된 때에 생기는데, 다만 압류등록이 개시결정의 송달 전에 된 때에는 등록시에 압류의 효력이 생기게 된다(민사집행규칙 제108조, 민사집행법 제83조 제4항). 그리고 강제경매개시결정이 송달되거나 등록되기 전에 집행관이 자동차를 인도받은 경우에는 그 때에 압류의 효력이 생긴다(민사집행규칙 제111조 제3항). 이는 선박국적증서 등의 수취 등에 관한 민사집행법 제174조 제2항과 같은 취지로서, 자동차의 인도가 사실상 경매개시결정의 집행이라고 볼 수 있기 때문이다. 따라서 경매개시결정이 채무자에게 송달된 시기, 경매개시결정등록이 된 시기 또는 자동차가 집행관에게 인도된 시기 중 가장 먼저 도래한 시기에 자동차에 대한 압류의 효력이 생기는 것이다.[26]

25 민사집행규칙해설, 법원행정처(2002), 317~318.
26 법원실무제요, 민사집행[Ⅲ], 사법연수원(2020), 596.

6. 자동차인도명령

가. 인도명령의 필요성

75 자동차는 고도의 이동성과 은닉의 용이성이라는 특성이 있어 단순한 압류의 선언과 그 등록만으로는 처분금지의 실효를 거둘 수 없으므로, 현실적인 점유확보 절차를 필요로 한다. 그리하여 자동차집행에 있어서는, ① 강제경매개시결정을 하는 때에 압류의 명령 외에 채무자에 대하여 자동차를 집행관에게 인도할 것을 명하여야 하고(민사집행규칙 제111조 제1항), ② 압류의 효력이 생긴 후에 압류의 효력 발생 당시 채무자가 점유하던 자동차를 제3자가 점유하게 된 때에는 그 제3자에 대하여 인도명령을 발할 수 있도록 하는 한편(민사집행규칙 제112조, 민사집행법 제193조), ③ 강제경매신청 전에도 일정한 요건 아래 채무자에게 인도명령을 발할 수 있도록 하고 있다(민사집행규칙 제113조). 이는 선박집행에 있어 선박국적증서 등의 수취명령과 기능상 유사한 제도라고 할 수 있다.[27]

나. 인도명령의 종류와 절차

1) 민사집행규칙 제111조 제1항 본문의 인도명령

가) 인도명령의 발령

76 자동차집행의 개시결정을 하는 때에는 그 개시결정에서 채권자를 위하여 자동차를 압류한다는 것을 선언하는 외에 채무자에 대하여 자동차를 집행관에게 인도할 것을 명하여야 한다(민사집행법 제83조 제1항, 민사집행규칙 제111조 제1항 본문). 이 인도명령은 채권자의 신청이 없더라도 법원이 직권으로 발령하여야 하고, 채무자에 대하여만 발령할 수 있으며, 자동차를 점유하고 있는 제3자에 대하여는 인도명령을 할 수 없다.[28] 그러므로 자동차를 점유하고 있는 제3자가 있는 경우에

27 다른 점 중 하나는 수취명령은 직무명령이나, 자동차인도명령은 직무명령이 아니라는 점이다.

28 최근에는 명의자와 운행자가 다른 이른바 '대포차'가 많아지면서, 이와 관련한 입법개혁의 필요성이 있음을 제시하는 견해가 있다. 대포차의 경우 자동차등록부를 기준으로 하여 경매개시결저을 받지만 그 점유자가 달라 그 후속조치인 집행관 인도명령이 집행불능에 이를 수밖에 없고, 리스차도 리스이용자로 등록명의이전을 한 경우가 아니면 같은 집행불능에 이를 수 있으며, 자동차집행불능 비율이 50%를 넘어서고 있다는 것이다. 이와 같이 문제가 심각하다면 독일·프랑스처럼 유체동산으로 보아 등록부집행이 아닌 점유집행으로 제도의 근본개혁을 하는 것이 집행의 간소화, 신속화의 길이라고 주장한다[이시윤, 신민사집행법(제8개정판), 박영사(2020), 410~411]. 한편, 자동차등록원부상 소유자인 채무자를 상대로 경매개시결정을 하되 자동차인도명령의 집행력의 주관적 범위를 확장하여 집행관이 해당 자동차를 발견하면 인도명령을 즉시 집행할 수 있도록 하여야 한다는 견해로는, 권혁재, "민사집행절차상 자동차 인도명령 집행의 효율적 실행방안 연구", 한국민사집행법학회 2014년도 동계학술대회 발표논문집(2014), 29.

그 자가 집행관에게 자동차를 임의로 제출하지 아니하면 강제경매의 절차는 취소된다(민사집행규칙 제116조). 채권자로서는 유체동산청구권집행(민사집행법 제243조)의 절차를 밟아 강제경매를 하여야 한다. 다만, 압류의 효력이 발생한 때에 채무자가 점유하고 있던 자동차를 제3자가 점유하게 된 때에는 그 제3자에 대하여 자동차의 인도명령을 발할 수 있다(민사집행규칙 제112조, 민사집행법 제193조).

77 한편 목적 자동차에 대하여 민사집행규칙 제114조 제1항의 규정에 따른 신고가 되어 있는 때에는 채무자에 대하여 자동차 인도명령을 할 필요가 없다(민사집행규칙 제111조 제1항 단서). 이는 다른 채권자의 신청에 의하여 이미 자동차집행의 개시결정이 되고, 집행관이 채무자로부터 자동차의 인도를 받았다는 사실이 법원에 신고되어 있기 때문이다. 이 경우 집행법원은 이중개시결정을 하고 법원사무관등으로 하여금 압류의 등록을 촉탁하도록 한 다음, 먼저 이루어진 개시결정에 기하여 자동차집행을 속행하게 된다(민사집행규칙 제108조, 민사집행법 제87조).

나) 인도명령의 성질 및 집행

78 개시결정에서 채무자에게 명한 자동차인도명령은 집행권원에 준하여 취급된다.[29] 따라서 전국 어디서나 그 집행이 가능하다. 집행법원이 인도명령의 주문을 기재함에 있어서 "당원소속 집행관"으로 한정하게 되면 집행법원 관할구역 외에서는 인도집행을 할 수 없게 되므로 그냥 "집행관"으로만 표시하여야 한다.[30]

79 그 집행방법은 집행관이 집행의 목적물을 보관하는 방법에 의한 동산의 인도집행을 하는 경우와 동일하다(민사집행법 제257조). 그러나 인도명령은 자동차집행절차에서 이루어지는 집행처분의 일종으로서, 보전처분과 마찬가지로 긴급성을 요하므로 개시결정이 채무자에게 송달되기 이전에도 집행을 할 수 있고(민사집행규칙 제111조 제2항), 보전명령에 준하여 집행문의 부여를 필요로 하지 않는다.[31] 이 점에 있어서는 보전처분의 집행 및 압류부동산의 보전처분(민사집행법 제292조, 제301조, 민

29 민사집행규칙해설, 법원행정처(2002), 317; 법원실무제요, 민사집행[Ⅲ], 사법연수원(2020), 597; 김태업, "선박 및 자동차집행에서의 실무상 문제점", 재판실무연구(2) 민사집행소송, 한국사법행정학회(2008), 486; 오시영, 민사집행법, 학현사(2007), 597.

30 안철상, "선박 및 자동차에 대한 집행", 재판자료 72집, 법원행정처(1996), 409. 이 경우의 주문은 "별지 기재 자동차에 대한 경매절차를 개시하고 채권자를 위하여 이를 압류한다. 채무자는 위 자동차를 채권자의 위임을 받은 집행관에게 인도하라."는 방식이 된다.

31 김태업, "선박 및 자동차집행에서의 실무상 문제점", 재판실무연구(2) 민사집행소송, 한국사법행정학회(2008), 486; 김영훈, "자동차강제집행에 관한 실무상의 문제점", 재판자료(36), 법원행정처(1987), 543; 법원실무제요, 민사집행[Ⅲ], 사법연수원(2020), 598.

사집행규칙 제44조)과 동일하나, 집행기간의 제한(민사집행법 제292조 제2항, 민사집행규칙 제44조 제7항)이 없다는 점에서는 차이가 있다. 다만, 강제경매개시결정이 있은 날로부터 2월이 경과하기까지 집행관이 자동차를 인도받지 못한 때에는 집행절차를 취소하여야 하므로(민사집행규칙 제116조), 그 기간이 사실상의 집행기간이 된다.

2) 제3자에 대한 인도명령

가) 취지

80 압류의 효력발생 당시 채무자가 점유하던 자동차를 제3자가 점유하게 된 때에는 민사집행법 제193조를 준용하여 법원은 채권자의 신청에 따라 그 제3자에 대하여 자동차를 집행관에게 인도할 것을 명할 수 있다(민사집행규칙 제112조). 개시결정에 따른 인도명령은 채무자에 대하여서만 집행할 수 있는 것이지만, 압류의 효력이 생긴 후에 채무자로부터 제3자에게 점유가 이전된 경우에는 그 제3자로부터 자동차를 수취할 필요가 있다. 이에 압류된 동산을 제3자가 점유하게 된 경우의 인도명령의 규정(민사집행법 제193조)을 준용하도록 하고 있는 것이다.[32]

나) 절차

81 위 인도명령의 신청권자는 압류채권자이다(민사집행법 제193조 제1항). 압류채권자는 압류의 효력 발생 당시 채무자가 점유하던 자동차를 제3자가 점유하고 있다는 사실을 주장하고, 집행관의 개시결정에 따른 인도명령의 집행불능의 집행조서등본을 첨부하여 자동차집행의 개시결정을 한 집행법원에 인도명령을 신청한다. 집행법원은 신청을 적법하다고 인정하면 인도명령을 발한다.

82 이 인도명령은 집행절차의 안정을 위하여 인정되는 것으로서, 집행절차를 위한 편의절차이기 때문에 압류채권자는 제3자가 점유하고 나서 장기간이 지난 후에 이 신청을 인정하는 것은 상당하지 않으므로, 제3자가 자동차를 점유하고 있는 것을 안 날로부터 1주 안에 신청하여야 한다(민사집행법 제193조 제2항).

83 이 인도명령의 관할법원은 자동차집행의 개시결정을 한 지방법원이다.

84 위 인도명령은 집행관이 인도받은 자동차를 제3자가 점유하게 된 경우 외에, 집행관이 자동차를 점유하기 전에 압류의 등록 혹은 개시결정이 채무자에게 송달

32 민사집행규칙해설, 법원행정처(2002), 318~319. 개시결정에서 명하는 인도명령은 집행권원에 준하여 취급되므로, 압류의 효력이 생긴 후의 승계인에 대하여는 승계집행문을 부여받아 집행할 수 있지만, 승계의 입증이 곤란한 경우도 많고, 또한 이 경우에는 불법점유자에 대한 집행이 불가능하므로 민사집행법 제193조를 준용하여 그 난점을 해결하려고 한 것이다.

되어 압류의 효력이 생긴(민사집행규칙 제111조 제3항, 민사집행법 제83조 제4항) 자동차에 대하여 채무자로부터 제3자로 점유가 이전된 경우에도 신청할 수 있다.[33] 그리고 채권자가 가압류를 한 자동차에 대하여 본집행으로서 강제경매를 신청함에 있어서 가압류의 등록 후 소유권 취득의 등록을 하여 점유를 취득한 제3자에 대하여도 자동차를 채권자가 위임한 집행관에게 인도할 것을 명하는 취지의 인도명령을 신청할 수 있다.[34]

다) 인도명령의 성질 및 집행

85 위 인도명령도 집행권원에 준하는 성질을 갖는 것으로 취급된다. 그러므로 전국 어디서나 그 집행이 가능하고, 그 집행은 원칙적으로 집행관이 보관하는 방법에 의한다.[35]

86 한편 물건의 인도를 명하는 단행가처분에 준하여 집행되므로, 제3자에게 송달되기 전에도 집행할 수 있고(민사집행법 제193조 제3항), 신청인에게 고지된 날부터 2주가 지난 때에는 집행할 수 없다(제193조 제4항). 이와 같이 위 인도명령은 보전처분에 준하여 집행되므로, 당사자의 승계가 없는 한 집행문을 부여받을 필요가 없다. 인도명령을 집행한 집행관은 그 취지와 자동차의 보관장소 및 보관방법 등을 자동차집행의 집행법원에 신고하여야 한다(민사집행규칙 제114조).

87 그리고 이 인도명령은 압류된 자동차를 제3자가 점유하고 있다는 사실만으로 발하여지기 때문에 선의취득한 제3자에 대하여도 집행을 할 수 있고, 이 경우 제3자는 일단 자동차를 집행관에게 인도한 다음, 제3자이의의 소를 제기할 수밖에 없다.[36]

3) 강제경매신청 전의 인도명령

가) 취지

88 강제경매신청 전에 자동차를 집행관에게 인도하지 않으면 강제집행이 매우 곤란할 염려가 있는 때에는 그 자동차가 있는 곳을 관할하는 지방법원은 신청에 따라 채무자에게 자동차를 그 소속 집행관에게 인도할 것을 명할 수 있다(민사집행규칙 제113조 제1항). 이는 자동차집행에 관하여 사용본거지주의를 채택한 결

33 민사집행규칙해설, 법원행정처(2002), 319.
34 日東京地決 1992. 10. 15. (判タ796, 284); 日東京高決 1994. 8. 10. (判時1508, 122).
35 법원실무제요, 민사집행[Ⅲ], 사법연수원(2020), 601. 위 인도명령의 주문은 "위 점유자는 그 점유중인 별지 목록 기재의 자동차를 채권자의 위임을 받은 집행관에게 인도하라."는 방식이 된다.
36 안철상, "선박 및 자동차에 대한 집행", 재판자료 72집, 법원행정처(1996), 412.

과 생길 수 있는 채권자의 권리행사상의 곤란을 고려하여 강제경매신청 전에 인도명령을 신청할 수 있도록 한 것으로서, 선박집행에 있어서 선박집행신청 전의 선박국적증서등의 인도명령제도(민사집행법 제175조)에 상응한다.

나) 관할

89 위 인도명령은 자동차가 있는 곳을 관할하는 법원에 신청할 수 있다(민사집행규칙 제113조 제1항). 즉 채권자가 집행법원의 관할구역 밖에서 집행대상인 자동차를 발견한 경우에, 이에 대한 경매를 신청하기에 앞서 그 현재지의 법원에 일종의 보전처분으로서 인도명령을 신청하여 인도명령을 받은 다음, 그곳 집행관에게 위임하여 자동차를 인도받을 수 있도록 한 것이다. 위 인도명령에 의하여 자동차를 인도받은 때에는 그 소재지 관할법원도 집행법원이 된다(제109조 제2항).

다) 절차

90 채권자는 위 인도명령을 신청하는 때에는 집행력 있는 정본을 제시하고, 신청의 사유를 소명하여야 한다(민사집행규칙 제113조 제2항). 신청을 받은 법원에서 인도명령을 발령한 후에는 그 집행정본을 즉시 채권자에게 반환하여야 한다.

91 위 인도명령은 일종의 집행을 위한 보전처분으로서 잠정적인 것이므로, 집행관은 자동차를 인도받은 날부터 10일 안에 채권자가 강제경매신청을 하였음을 증명하는 문서를 제출하지 아니하는 때에는 자동차를 채무자에게 돌려주어야 한다(민사집행규칙 제113조 제3항). 이 10일이 지난 후 집행관이 채무자에게 자동차를 돌려주기 전에, 채권자가 채무자에 대하여 집행관에게 자동차를 인도할 것을 명하는 경매개시결정의 정본을 집행관에게 제출한 때에는, 집행관은 이 결정정본에 기하여 새로 자동차를 인도받은 것으로 보고, 바로 민사집행규칙 제114조 제1항에 의하여 그 취지·보관장소·보관방법 및 예상되는 보관비용을 법원에 신고하여야 한다.[37]

라) 인도명령의 성질 및 집행

92 위 인도명령은 집행권원에 준하는 성질을 갖는 것으로 취급된다. 그러므로 전국 어디서나 그 집행이 가능하고, 그 집행은 원칙적으로 집행관이 보관하는 방법에

37 민사집행규칙해설, 법원행정처(2002), 321; 법원실무제요, 민사집행[Ⅲ], 사법연수원(2020), 602; 김태업, "선박 및 자동차집행에서의 실무상 문제점", 재판실무연구(2) 민사집행소송, 한국사법행정학회(2008), 487~488; 김영훈, "자동차강제집행에 관한 실무상의 문제점", 재판자료(36), 법원행정처(1987), 543~544; 안철상, "선박 및 자동차에 대한 집행", 재판자료 72집, 법원행정처(1996), 413.

의한다.[38]

93 한편 위 인도명령은 채무자에게 송달하여야 하나(민사집행법 제57조, 제39조), 채무자에게 송달하기 전에도 집행할 수 있다(민사집행규칙 제113조 제5항, 민사집행법 제292조 제3항). 그 이유는 채무자가 인도명령을 송달받으면 자동차의 은닉을 꾀하는 등 인도명령의 목적을 이룰 수 없게 될 염려가 있기 때문이다. 위 인도명령은 그 집행절차가 보전처분에 준하여 이루어지므로 집행문을 부여받을 필요가 없다.

94 또한 위 인도명령은 채권자에게 고지하거나 송달한 날부터 2주를 넘긴 때에는 집행하지 못한다(민사집행규칙 제113조 제5항, 민법 제292조 제2항). 그 이유는 인도명령은 긴급한 필요 때문에 발하여지므로 가급적 빨리 집행하지 아니하면 발령 당시의 사정이 변경되어 부당한 집행이 될 가능성이 많기 때문이다.

다. 인도명령에 대한 불복

95 자동차강제경매개시결정과 동시에 하는 인도명령에 대하여는 개시결정에 대하여 즉시항고를 할 수 있으므로(민사집행규칙 제111조 제4항), 별도로 인도명령에 대하여만 즉시항고를 할 수는 없다고 할 것이다.[39]

96 그러나 제3자가 점유하게 된 자동차에 대한 인도명령(민사집행규칙 제112조, 민사집행법 제193조)과 강제경매신청 전의 자동차인도명령(민사집행규칙 제113조)에 대하여는 즉시항고를 할 수 있고(민사집행법 제193조 제5항, 민사집행규칙 제113조 제4항), 다만 이 즉시항고에 집행정지의 효력은 인정되지 아니한다(민사집행법 제15조).

38 법원실무제요, 민사집행[Ⅲ], 사법연수원(2020), 위 인도명령의 주문은 "채무자(소유자)는 채권자의 위임을 받은 집행관에게 별지 목록 기재 자동차를 인도하라."는 방식이 된다.

39 법원실무제요, 민사집행[Ⅲ], 사법연수원(2020), 602. 이에 대하여 안철상, "선박 및 자동차에 대한 집행", 재판자료 72집, 법원행정처(1996), 410 주42)는, 자동차에 대한 강제집행에 있어서는 부동산에 대한 강제집행에 있어서와 마찬가지로 절차상의 사유를 원인으로 하여 경매개시결정에 대한 이의를 할 수 있으나(민사집행규칙 제108조, 민사집행법 제86조 제1항), 자동차에 대한 경매개시결정은 부동산에 대한 경매개시결정과 달리 채무자에 대하여 자동차를 집행관에게 인도할 것을 명하는 부분을 포함하고 있기 때문에 채무자로부터 자동차의 사용·수익의 권능을 빼앗는 것이 되고, 한편 자동차에 대한 개시결정시에 발하는 자동차인도명령은 선박에 대한 경매개시결정시에 발하는 집행관의 직무명령인 선적국적증서 등의 수취명령과 달리 집행권원에 준하여 취급되고 있으므로, 자동차에 대한 경매개시결정 중 자동차인도명령 부분은 즉시항고가 인정되는 강제경매 신청 전의 자동차인도명령(민사집행규칙 제113조)과 그 성질이 같은 점, 자동차인도명령이 집행권원으로 되기 위해서는 항고로만 불복을 신청할 수 있는 재판이어야 하는 점(민사집행법 제56조 제1호), 실무상 경매개시결정에 대한 이의가 있는 경우 그 이의가 이유 없다고 인정하는 때에는 경락허가결정시까지 그에 대한 결정을 보류하고 있기 때문에 그 사용·수익의 권능을 박탈당하고도 경락허가결정시까지 항고심의 판단을 받을 수 없는 결과로 되는 점 등에 비추어, 민사집행규칙 제113조 제4항을 유추적용하여 자동차에 대한 경매개시결정 중 자동차인도명령 부분에 대하여 즉시항고를 인정하는 것이 타당하다고 한다.

라. 집행관의 인도집행 신고

97 자동차집행의 집행기관은 집행법원이지만, 집행목적물인 자동차는 집행개시단계부터 대금을 납부한 매수인에게 인도되기까지 집행관이 보관하게 된다. 그런데 법원은 감정인에게 자동차의 평가를 명하거나 매각공고를 하는 때에는 자동차의 보관장소와 보관방법 등을 알 필요가 있고, 보관장소와 보관방법 등이 변경된 때에는 변경 후의 것을 알 필요가 있다.

98 이에 따라 민사집행규칙 제114조는, ① 집행관이 강제경매개시결정에 따라 자동차를 인도받은 경우, ② 제3자에 대한 자동차 인도명령에 따라 자동차를 인도받은 경우(민사집행규칙 제112조, 민사집행법 제193조), ③ 강제경매신청 전의 인도명령(민사집행규칙 제113조)에 따라 인도받은 자동차에 대하여 강제경매개시결정이 있는 경우 등에는 바로 그 취지·보관장소·보관방법 및 예상되는 보관비용을 법원에 신고하고(제1항), 집행관이 위 신고를 한 후에 보관장소·보관방법 또는 보관비용이 변경된 때에는 법원에 신고하도록 하였다(제2항). 그 중 강제경매신청 전의 인도명령(위 ③의 경우에는 그 집행단계에서는 집행법원이 확정되지 않으므로 신고를 할 필요가 없으며, 또한 채권자가 인도집행 후 10일 안에 강제경매신청을 하지 아니하는 때에는 자동차를 채무자에게 돌려주게 되므로(민사집행규칙 제113조 제3항), 강제경매개시결정이 있은 때에 신고하도록 하였다.

99 민사집행규칙 제114조 제1항의 신고는 자동차집행절차의 취소결정을 위해서도 필요하다. 즉 집행관이 자동차집행의 개시결정이 있은 날부터 2월이 지나기까지 자동차를 인도받지 못한 때에는 법원은 집행절차를 취소하여야 한다(민사집행규칙 제116조). 그러므로 법원은 개시결정이 있은 후 위 기간과 신고에 필요한 상당한 기간이 지난 후에도 집행관으로부터 위 신고가 없는 때에는 자동차집행절차를 취소하여야 한다.

100 그리고 선박집행에 있어서는 선박국적증서등을 수취하려 하였으나 그 목적을 달성하지 못한 때에는 집행관은 그 사유를 법원에 서면으로 신고하여야 하지만(민사집행규칙 제97조), 자동차집행에 있어서는 자동차인도명령의 집행이 불능하게 된 경우에 집행법원에 신고할 의무가 없다. 이는 선박강제경매개시결정에서 명하는 선박국적증서등의 인도명령은 집행관에 대한 직무명령이고, 사무분배의 정함에 의하여 이를 집행할 집행관이 특정되어, 그 집행관의 집행불능의 신고가 있으면 강제경매개시결정이 있은 날부터 2월이 지남으로써 바로 강제경매절차

를 취소하게 되기 때문에(민사집행법 제183조) 집행불능의 신고를 하도록 할 실익이 있으나, 자동차의 인도명령은 집행권원에 준하여 취급되므로, 어느 지방법원의 집행관에 대하여도 집행의 신청을 할 수 있기 때문에, 어느 집행관에 대하여 신청한 집행이 불능이더라도 강제경매개시결정을 한 날부터 2월이 지나기 전에 채권자는 그 집행관으로부터 강제경매시결정(인도명령)의 정본을 반환받아 다른 장소에서 다른 집행관에 대하여 자동차의 인도집행의 신청을 할 수 있으므로, 어느 집행관으로부터 집행불능의 신고가 있더라도, 다른 집행관으로부터 자동차를 인도받았다는 취지의 신고가 있을 가능성이 있는 기간을 기다려야 할 필요가 있어, 집행불능의 신고를 하도록 할 실익이 없기 때문이다.[40]

마. 인도집행불능으로 인한 집행절차의 취소

101 강제경매개시결정이 있은 날부터 2월이 지나기까지 집행관이 자동차를 인도받지 못한 때에는 집행법원은 집행절차를 취소하여야 한다(민사집행규칙 제116조). 즉 이 경우에 법원은 경매개시결정을 취소하고 경매신청을 기각하여야 한다. 이는 집행목적물인 자동차가 집행관의 점유 하에 들어오지 않은 상태에서 경매절차를 진행한다는 것이 불가능할 뿐만 아니라 절차의 안정을 해할 염려가 있기 때문이다.[41]

102 여기에서 규정한 "2월"은 경매개시결정이 있은 날부터 집행관이 자동차를 인도받을 때까지의 기간을 의미하므로, 집행법원은 강제경매개시결정이 있은 날부터 2월이 지났다고 하여 바로 취소할 것이 아니고, 2월의 기간 외에 집행관이 보고를 함에 필요한 상당한 기간이 지난 후에도 보고가 없는 경우에 한하여 취소를 하여야 할 것이다.[42]

103 그리고 위 취소할 수 있는 기간이 지난 후에도 현실적으로 취소결정이 있기 전에 인도가 된 때에는 취소할 수 없다고 봄이 상당하다.[43]

40 민사집행규칙해설, 법원행정처(2002), 323~324.

41 민사집행규칙해설, 법원행정처(2002), 327; 김태업, "선박 및 자동차집행에서의 실무상 문제점", 재판실무연구(2) 민사집행소송, 한국사법행정학회(2008), 488.

42 김영훈, "자동차강제집행에 관한 실무상의 문제점", 재판자료(36), 법원행정처(1987), 544; 김태업, "선박 및 자동차집행에서의 실무상 문제점", 재판실무연구(2) 민사집행소송, 한국사법행정학회(2008), 488~489.

43 남기정, 실무강제집행법(7), 육법사(1989), 187; 법원실무제요, 민사집행[Ⅲ], 사법연수원(2020), 603.

바. 인도명령의 실효와 자동차의 반환

104 집행관이 자동차를 인도받은 뒤 경매신청이 취하되는 등의 사유로 인도명령이 실효되면, 집행관은 보관하고 있던 자동차를 채무자에게 돌려주어야 할 것이다.[44]

7. 자동차의 보관·이전과 사건의 이송

가. 자동차의 보관방법

1) 집행관의 직접 보관 원칙

105 집행관은 인도명령에 기하여 자동차를 인도받은 때에는 원칙적으로 자신이 직접 점유·보관하여야 하고(집행관 직접 점유·보관 원칙), 그 보관장소·보관방법 및 예상되는 보관비용을 집행법원에 신고하여야 하며, 그 변경이 있는 때에도 이를 신고하여야 한다(민사집행규칙 제114조 제1항·제2항).

2) 보조자의 사용

106 그러나 현실상 보관장소 등의 문제로 집행관이 직접 점유하는 것은 곤란한 경우가 많으므로 보조자의 사용 등을 허용하고 있는바, 집행관은 상당하다고 인정한 때에는 인도받은 자동차를 압류채권자, 채무자, 그 밖의 적당한 사람에게 보관시킬 수 있도록 하고 있다(민사집행규칙 제115조 전문). 이 경우 보관자는 집행관이 자동차를 점유하기 위한 보조자이다. 집행관이 위 사람들에게 자동차를 보관시킨 경우에는 동산집행에서 압류물을 보관자에게 보관시키는 경우와 마찬가지로, 보관에 관한 조서를 작성하고, 보관자의 기명날인 또는 서명을 받아두는 것이 상당하다(제136조 참조).

107 실무상으로는 보관장소 및 보관비용의 부담이 문제되는 경우가 많은데,[45] 인도받은 자동차의 보관을 자동차인도명령의 신청인에게 맡기는 것도 하나의 방법이 될 것이다. 이 경우 인도와 동시에 보관을 맡기는 때에는 인도명령의 집행조

44 법원실무제요, 민사집행[Ⅲ], 사법연수원(2020), 604; 대법원 1990. 7. 27. 선고 90다카10244 판결[공1990. 9. 15.(880), 1789].

45 실무상 주차장업자에게 보관시키는 경우가 많은데 주차장업자가 다변화되지 못하여 주차료가 고정되는 경향이 있고, 목적차량 사이에 경제적 가치가 달라 차량에 따라서는 장기간 방치하다시피 보관되는 경우가 생겨, 배당절차에서도 보관료가 비용의 대부분을 차지하고 심지어 자동차감정가액을 상회하여 남을 가망이 없어 경매절차를 취소하여야 하는 사례도 생긴다고 한다[김태업, "선박 및 자동차집행에서의 실무상 문제점", 재판실무연구(2) 민사집행소송, 한국사법행정학회(2008), 489]. 이에 따라 경매전용 주차장을 확보할 필요성을 제기하는 분도 있다[안철상, "선박 및 자동차에 대한 집행", 재판자료 72집, 법원행정처(1996), 432].

서에 자동차의 보관에 관한 사항을 적고, 신청인으로부터 기명날인 또는 서명을 받으면 되며, 보관에 관한 별도의 조서를 작성할 필요는 없다.[46]

3) 공시

108 집행관이 자동차를 다른 사람에게 보관시킨 때에는 공시서를 붙여 두거나 그 밖의 방법으로 그 자동차가 집행관의 점유 하에 있음을 분명하게 표시하여야 한다(민사집행규칙 제115조 후문). 이는 집행관의 점유를 확실하게 하기 위한 수단으로서, 이 규정에 의하여 집행관이 한 표시는 형법 제140조 제1항에서 말하는 "압류의 표시"에 해당되므로, 이를 손상하거나 또는 그 밖의 다른 방법으로 그 효용을 해하는 행위는 공무상비밀표시무효죄를 구성한다.[47]

4) 운행금지 조치

109 집행관은 자동차를 보관자에게 보관시킨 때에는 민사집행규칙 제117조의 규정에 따라 운행이 허가된 경우를 제외하고는, 자동차를 운행하지 못하도록 적당한 조치를 취하여야 한다(민사집행규칙 제115조 후문). 적당한 조치로는, 예를 들어 핸들을 봉인하거나 자동차 열쇠를 집행관이 보관하는 등의 조치를 취하는 것이 통례이다. 이와 같은 조치를 취하도록 하는 것은 자동차는 고도의 기동성을 가지고 있을 뿐만 아니라 운행에 의한 손상, 소모 등의 위험성이 있기 때문이다.[48]

5) 보관장소와 보관방법

110 자동차의 보관장소와 보관방법은 집행관의 재량사항이므로, 집행관이 재량으로 정하고, 자동차의 보관을 위하여 필요한 때에는 재량으로 보관장소 또는 보관방법을 변경할 수 있다.[49] 다만, 자동차의 보관장소는 집행법원의 관할구역 안이어야 한다(집행관법시행규칙 제4조 제1항). 이는 집행법원의 관할구역 안에서 집행관이 그 자동차에 대한 점유를 취득한 후가 아니면 이에 대한 매각을 실시할 수 없으므로(민사집행규칙 제120조), 관할구역 밖에 보관하도록 인정하게 되면 자동차의 이동(제118조 제2항) 또는 사건의 이송(제119조) 절차를 필요로 하게 되는 등

46 민사집행규칙해설, 법원행정처(2002), 325; 김태업, "선박 및 자동차집행에서의 실무상 문제점", 재판실무연구(2) 민사집행소송, 한국사법행정학회(2008), 489.

47 민사집행규칙해설, 법원행정처(2002), 325; 김영훈, "자동차강제집행에 관한 실무상의 문제점", 재판자료(36), 법원행정처(1987), 547.

48 민사집행규칙해설, 법원행정처(2002), 326.

49 집행관이 보관장소나 보관방법을 변경한 때에는 민사집행규칙 제114조 제2항의 규정에 따라 집행법원에 신고하여야 한다.

절차가 오히려 번잡하여지기 때문이다.[50] 그러나 보관장소가 집행법원의 관할구역 밖이더라도 그와 같은 집행관의 직무행위는 위법이기는 하나, 당연무효는 아니고, 집행이의의 사유가 됨에 그치며, 집행이의의 신청이 없는 채 집행절차가 종료한 때에는 더이상 그 위법을 다툴 수 없게 된다.[51]

나. 운행허가

1) 취지

111 법원은 영업상의 필요 그 밖의 상당한 이유가 있다고 인정하는 때에는 이해관계를 가진 사람의 신청에 따라 자동차의 운행을 허가할 수 있다(민사집행규칙 제117조 제1항). 이는 필요적 인도명령제도를 취하고 있어서 자동차의 인도를 그 절차의 진행요건으로 규정하고 있는 자동차집행절차에 있어서, 집행관이 자동차를 점유함으로 말미암아 채무자 등 이해관계인이 자동차를 사용하지 못함으로써 필요 이상의 영업상의 손실 등을 입게 되는 경우가 생길 수 있으므로 이를 합리적으로 조정하기 위한 것으로서, 선박에 대한 운행허가를 규정하고 있는 민사집행법 제176조 제2항 내지 제4항에 대응하는 규정이다.[52]

2) 절차

112 운행허가의 신청권자는 이해관계를 가진 사람이다. 여기서 '이해관계를 가진 사람'이라 함은 민사집행법 제90조 소정의 이해관계인과는 다른 의미로서, 자동차의 운행에 따라 이익을 받을 지위에 있는 사람을 가리킨다. 주로 채무자일 것이나 자동차를 집행관에게 임의제출한 임차인도 포함될 수 있을 것이다.[53] 선박의 운행허가에는 채권자 등 일정한 이해관계인의 동의를 요건으로 하고 있으나(민사집행법 제176조 제2항), 자동자의 운행허가에는 이러한 동의가 필요 없다.[54]

113 허가권자인 법원은 집행법원을 의미한다. 따라서 강제경매신청 전의 인도명령(민사집행규칙 제113조)이 집행된 후 집행법원이 정해지기 전(즉 채권자가 경매신청

50 민사집행규칙해설, 법원행정처(2002), 326.

51 김영훈, "자동차강제집행에 관한 실무상의 문제점", 재판자료(36), 법원행정처(1987), 547.

52 민사집행규칙해설, 법원행정처(2002), 328; 김태업, "선박 및 자동차집행에서의 실무상 문제점", 재판실무연구(2) 민사집행소송, 한국사법행정학회(2008), 490.

53 민사집행규칙해설, 법원행정처(2002), 328; 김영훈, "자동차강제집행에 관한 실무상의 문제점", 재판자료(36), 법원행정처(1987),, 547~548; 김태업, "선박 및 자동차집행에서의 실무상 문제점", 재판실무연구(2) 민사집행소송, 한국사법행정학회(2008), 490; 남기정, 실무강제집행법(7), 육법사(1989), 194.

54 박두환, 민사집행법(제2판), 법률서원(2003), 471.

을 하기 전)에는 아직 집행법원이 정해지지 아니하였으므로, 운행허가신청을 할 수 없게 되는 문제가 생기나, 그 기간은 집행관이 자동차를 인도받은 날부터 10일 이내일 것이므로(제113조 제3항 참조), 민사집행규칙에서 따로 조치를 취하지 아니하고 있다.[55]

114 집행법원은 운행허가를 하는 때에는 운행에 관하여 적당한 조건을 붙일 수 있다(민사집행규칙 제117조 제2항). 예컨대 운행의 기간(어느 날부터 어느 날까지), 시간(매일 몇 시부터 몇 시까지), 또는 장소(일정구역 범위 내 또는 어느 지점에서 어느 지점까지)에 조건을 붙이는 것은 물론 허용되고, 계속적인 운행의 허가뿐만 아니라 특정목적을 위한 단 1회의 운행을 허가하는 것도 가능하다.[56]

115 운행허가 후에 채무자 등이 그 허가조건 등에 위반하였거나, 혹은 사정의 변경으로 은닉할 염려가 생겼거나, 그 밖에 필요한 경우에는, 명문규정은 없으나 법원이 운행허가를 취소할 수 있다고 할 것이다.[57] 운행허가가 취소된 경우에는 점유자는 다시 집행관에게 자동차를 인도하여야 하는바, 점유자가 임의로 인도하지 아니하는 경우에 다시 집행관에게 인도할 것을 명하여야 하는지, 아니면 운행허가취소로 당연히 인도집행을 할 수 있는지가 문제되나, 선박운행허가의 경우 운행허가종료시 선박국적증서 등을 다시 수취할 것을 명할 수 있다는 민사집행규칙 제101조 제1항에 비추어 다시 인도명령을 발하는 것이 실무이다.[58]

3) 즉시항고

116 운행허가결정에 대하여는 즉시항고를 할 수 있다(민사집행규칙 제117조 제3항). 위 즉시항고에는 집행정지의 효력이 없으므로(민사집행법 제15조 제6항), 운행허가결정은 바로 효력이 생기는바, 이 점에서 선박에 대한 운행허가결정과는 다르다(제176조 제4항). 선박의 운행허가가 확정되어야 효력이 생김에 반하여 자동차의 운행허가에 이러한 요건을 요구하지 아니한 이유는 자동차가 선박에 비하여 저가의 물건이고, 그 이해관계가 비교적 복잡하지 않기 때문이다.[59]

55 민사집행규칙해설, 법원행정처(2002), 328; 김태업, "선박 및 자동차집행에서의 실무상 문제점", 재판실무연구(2) 민사집행소송, 한국사법행정학회(2008), 491.

56 법원실무제요, 민사집행[Ⅲ], 사법연수원(2020), 607; 남기정, 실무강제집행법(7), 육법사(1989), 194.

57 민사집행규칙해설, 법원행정처(2002), 328; 남기정, 실무강제집행법(7), 육법사(1989), 195.

58 법원실무제요, 민사집행[Ⅲ], 사법연수원(2020), 608.

59 박두환, 민사집행법(제2판), 법률서원(2003), 471.

다. 자동차의 이동 및 인계

1) 자동차의 이동명령

117 집행법원은 필요하다고 인정하는 때에는 집행관에게 자동차를 일정한 장소로 이동할 것을 명할 수 있다(민사집행규칙 제118조 제1항). 이는 매수희망자들에게 자동차를 보여주기 위한 목적 등으로 자동차를 다른 장소로 이동시킬 필요가 있는 경우에 행해진다. 집행관이 소속하는 법원이 집행법원인 경우에는 집행법원은 집행관으로부터 자동차의 보관장소 및 보관방법에 대한 신고를 받고(제114조), 자동차의 운행을 허가하는(제117조) 등의 간접적인 감독권을 가지고 있는데, 자동차의 보관장소에 관하여는 집행법원에 직접적인 명령권을 부여하고 있는 것이다. 위 명령에 따라 자동차를 이동한 집행관은 새로운 보관장소·보관방법 또는 보관비용을 집행법원에 신고하여야 한다(제114조 제2항).

2) 인계명령의 촉탁

118 경매개시결정에 따른 인도명령은 자동차의 소재지에서 집행하게 되는데, 자동차 집행의 관할에 관하여 사용본거지주의를 채택하고 있으므로(민사집행규칙 제109조), 집행법원 이외의 지방법원에 소속하는 집행관이 자동차를 점유하게 되는 경우도 있을 수 있다. 이 경우 집행법원은 민사집행규칙 제119조 제1항의 규정에 따라 사건을 이송하는 때가 아니면 그 집행관 소속법원에 대하여 그 자동차를 집행법원 관할구역 안의 일정한 장소로 이동하여 집행법원 소속 집행관에게 인계하도록 명할 것을 촉탁하여야 한다(제118조 제2항). 강제경매개시결정을 한 법원은 개시결정에 따라 자동차의 인도를 받은 집행관으로부터 자동차의 보관장소·보관방법 및 예상되는 보관비용에 관한 신고를 받는데(제114조 제1항), 보관장소가 집행법원의 관할구역 밖인 때에는 자동차를 운반하는 것이 통상 곤란할 것이므로, 원칙적으로 사건을 자동차의 소재지를 관할하는 법원으로 이송함이 타당할 것이다(제119조 제1항). 다만, 운반에 특별한 어려움이 없는 경우에는 자동차를 인계받아 매각하는 것이 타당하므로, 자동차의 소재지를 관할하는 법원에 대하여 소속 집행관에게 자동차를 집행법원 관할구역 내의 일정한 장소로 이동하여 집행법원 소속 집행관에게 인계하도록 명할 것을 촉탁하도록 한 것이다. 위 촉탁을 받은 소재지 관할법원은 자동차를 점유하는 집행관에게 그 이동과 인계를 명하여야 하고, 그 명령을 받은 집행관은 자동차를 지정된 장소로 이동하여 집행법원 소속 집행관에게 인계하여야 한다. 이를 위하여 집행관은 자기의 직무집행구역 밖으로 출장

하여 직무집행을 할 수 있다(집행관법시행규칙 제4조에 대한 특칙).

3) 자동차를 인계받은 경우의 신고

119 자동차를 인계받은 집행법원 소속 집행관은 자동차의 인수사실, 보관장소·보관방법 및 예상되는 보관비용을 집행법원에 신고하여야 한다(민사집행규칙 제118조 제3항, 제114조 제1항). 이 경우 집행관은 집행법원의 관할구역 안에서 자동차를 보관하여야 한다(집행관법시행규칙 제4조).

라. 사건의 이송

1) 취지

120 자동차에 대한 매각을 실시하는 경우에는 법원이 그 자동차를 사실상 지배하고 있는 것이 상당하므로, 그 관할구역 안에서 집행관이 자동차의 점유를 취득한 후가 아니면 집행관에게 자동차를 매각하도록 할 수 없다(민사집행규칙 제120조). 그런데 집행법원 아닌 다른 법원 소속의 집행관이 자동차를 점유하고 있는 경우 민사집행규칙 제118조의 규정에 의하여 자동차를 집행법원의 관할구역 안으로 반드시 이동시키도록 한다면, 이동이 매우 곤란하거나 이동에 지나치게 많은 비용이 들게 되는 경우가 생기게 되어 바람직하지 못하므로, 이러한 경우에는 절차의 경제성과 관계인의 편의를 위하여 집행법원은 사건을 위 다른 법원으로 이송할 수 있도록 하고 있다(민사집행법 제119조).[60] 이는 전속관할에 대하여 재량이송을 인정하는 점에서 민사소송법의 일반원칙(민사소송법 제34조 제4항)에 대한 예외에 해당한다.

2) 이송의 사유

121 이송의 사유는 자동차를 집행법원 관할구역 안으로 이동하는 것이 매우 곤란하거나 지나치게 많은 비용이 드는 경우이다. 이는 소재지와의 거리, 교통사정이나 자동차의 현상 등에 비추어 이동이 곤란하거나 이동에 지나치게 많은 비용이 드는 경우를 말하는데, 이에 해당하는지의 여부는 사건을 이송함으로써 관계인이 입는 불이익[61]과 자동차의 이동에 필요한 비용 등을 비교하여 판단해야 한다.[62]

60 민사집행규칙해설, 법원행정처(2002), 331~332.

61 예컨대, 배당을 받을 채권자가 배당기일에 출석하기 위하여 여비를 추가로 지출하게 되는 경우 등.

62 민사집행규칙해설, 법원행정처(2002), 332; 법원실무제요, 민사집행[Ⅲ], 사법연수원(2020), 610; 김영훈, "자동차강제집행에 관한 실무상의 문제점", 재판자료(36), 법원행정처(1987), 550; 김태업, "선박 및 자동차집행에서의 실무상 문제점", 재판실무연구(2) 민사집행소송, 한국사법행정학회(2008), 493; 남기정, 실무강제집행법(7), 육법사(1989), 193.

3) 이송의 절차

122 이송결정은 집행법원이 직권으로 하는 것이므로 당사자의 신청을 필요로 하지 않음은 물론이고 당사자에게 신청권도 없다. 따라서 이송신청이 있더라도 이는 집행법원의 직권발동을 촉구하는 의미밖에 없으므로 집행법원은 이에 대하여 판단할 필요가 없다.[63]

123 이송결정은 압류채권자 및 채무자에게 고지하여야 한다(민사집행규칙 제7조 제1항 제1호). 저당권자와 배당요구를 한 채권자에게는 고지할 필요가 없다. 이들은 매각기일의 통지 등에 의하여 이송의 사실을 알 수 있기 때문이다.[64]

124 이송을 받은 법원은 당해 자동차집행에 관하여 관할을 갖게 된다(민사집행규칙 제109조 제1항 단서).

125 위 이송결정에 대하여는 불복할 수 없다(민사집행규칙 제119조 제2항). 이는 집행절차를 신속하게 진행하기 위한 것이다.

126 이송결정은 이송의 사유에 관하여 이송을 받은 법원을 구속하므로(민사집행법 제23조 제1항, 민사소송법 제38조), 이송을 받은 법원은 이송의 사유가 없다고 판단한 경우에도 사건을 이송한 법원에 다시 이송할 수 없다. 다만 이송을 받은 후에 자동차가 다른 법원의 관할구역 안으로 이동된 경우로서 이송의 요건을 갖춘 경우에는 다시 사건을 자동차가 있는 곳을 관할하는 법원에 이송할 수 있다고 해석된다.[65]

8. 현금화 및 만족절차의 특칙

127 자동차에 대한 현금화 및 변제(만족)절차는 원칙적으로 부동산에 대한 그것과

63 민사집행규칙해설, 법원행정처(2002), 332; 법원실무제요, 민사집행[Ⅲ], 사법연수원(2020), 610; 김영훈, "자동차강제집행에 관한 실무상의 문제점", 재판자료(36), 법원행정처(1987), 550; 김태업, "선박 및 자동차집행에서의 실무상 문제점", 재판실무연구(2) 민사집행소송, 한국사법행정학회(2008), 493; 남기정, 실무강제집행법(7), 육법사(1989), 193; 안철상, "선박 및 자동차에 대한 집행", 재판자료 72집, 법원행정처(1996), 418.

64 민사집행규칙해설, 법원행정처(2002), 332; 법원실무제요, 민사집행[Ⅲ], 사법연수원(2020), 610; 김태업, "선박 및 자동차집행에서의 실무상 문제점", 재판실무연구(2) 민사집행소송, 한국사법행정학회(2008), 493; 남기정, 실무강제집행법(7), 육법사(1989), 193. 민사집행규칙 제7조 제1항 제1호가 신설되기 전에는 구 민사소송법 제607조(현행 민사집행법 제90조) 소정의 이해관계인에게 고지하여야 한다는 견해가 있었다[김영훈, "자동차강제집행에 관한 실무상의 문제점", 재판자료(36), 법원행정처(1987), 550; 주석 강제집행법(IV)(제3판), 한국사법행정학회(1993), 101(윤진수)].

65 민사집행규칙해설, 법원행정처(2002), 333; 김영훈, "자동차강제집행에 관한 실무상의 문제점", 재판자료(36), 법원행정처(1987), 550~551; 김태업, "선박 및 자동차집행에서의 실무상 문제점", 재판실무연구(2) 민사집행소송, 한국사법행정학회(2008), 493; 남기정, 실무강제집행법(7), 육법사(1989), 193.

갈다. 다만 다음 몇 가지의 특칙이 인정된다. 예컨대, 부동산경매절차에서 요구되는 현황조사(민사집행법 제85조, 민사집행규칙 제46조), 매각물건명세서(민사집행법 제105조, 민사집행규칙 제55조), 매수신청자격제한(민사집행규칙 제55조 제2호), 채무자 등 매수신청금지(민사집행규칙 제60조), 기간입찰(민사집행법 제103조, 민사집행규칙 제68조~제71조), 부동산인도명령(민사집행법 제136조) 등의 제도는 자동차매각절차에는 적용되지 않는다(민사집행규칙 제126조). 그리고 최저매각가격의 특례(민사집행규칙 제121조), 입찰이나 경매 외의 매각방법(제123조), 양도명령(제124조), 집행정지 중의 매각(제126조), 신청취하의 특례(제127조) 등은 자동차매각절차에서 채택하고 있는 중요한 특칙이다.

가. 매각의 실시시기

128 법원은 그 관할구역 안에서 집행관이 자동차를 점유하게 되기 전에는 집행관에게 매각을 실시하게 할 수 없다(민사집행규칙 제120조). 이는 집행관이 자동차를 인도받은 후가 아니면 최저매각가격을 결정하기도 어려울 것이고, 매수인이 대금을 납부한 후에도 목적물을 인도하지 못할 우려가 있는 등 매각절차가 불안정하게 될 것이므로, 자동차의 동산으로서의 특성상 매각을 실시하는 단계에서는 목적물에 대한 사실상의 지배를 확보하는 것이 상당하기 때문이다.[66] 집행법원에 소속하는 집행관이 자동차의 점유를 취득하기 전에 자동차를 매각할 수 있는 것은 민사집행규칙 제124조에 의하여 압류채권자에게 매각허가결정(양도명령)을 하는 방법에 의한 경우에 한정된다.[67]

나. 최저매각가격결정의 특례

1) 특례의 필요성

129 법원은 상당하다고 인정하는 때에는 집행관에게 거래소에 자동차의 시세를 조회하거나 그 밖의 상당한 방법으로 매각할 자동차를 평가하게 하고, 그 평가액을 참작하여 최저매각가격을 정할 수 있다(민사집행규칙 제121조 제1항). 자동차집행에 관하여는 민사집행규칙에 다른 규정이 없으면 부동산에 대한 강제경매의 규정을 따르게 되므로(제108조), 법원은 감정인에게 자동차를 평가하게 하고, 그 평가액을 참작하여 최저매각가격을 결정하는 것이 원칙일 것이다(제97조 제1항).

66 민사집행규칙해설, 법원행정처(2002), 333.
67 민사집행규칙해설, 법원행정처(2002), 333; 법원실무제요, 민사집행[Ⅲ], 사법연수원(2020), 611.

130 그런데 자동차는 차종이나 사용연도에 따라 가격이 높지 않은 경우가 많고, 중고자동차시장 등에 일정한 거래시세가 형성되어 있는 경우가 많으므로 간이한 방법으로 자동차를 평가하게 하여 최저매각가격을 정할 수 있도록 한 것이다.[68]

2) 요건 및 평가방법

131 위와 같이 간이절차에 따라 평가할 수 있는 경우에 관하여 민사집행규칙 제121조 제1항은 "법원이 상당하다고 인정하는 때"라고 규정하여, 그 해석 및 운용을 법원에 맡기고 있다. 대상 차량이 비교적 저가이고, 공개시장에서 널리 거래되고 있어서 시장가격이 형성되어 있는 경우 등을 상정할 수 있을 것이다. 반면 고가의 수입차량 혹은 차량에 특수한 결함 등이 있는 차량은 위 규정에 의한 평가는 적절하지 아니할 것이다.

132 법원이 민사집행규칙 제121조 제1항의 규정에 따른 평가명령을 함에 있어서는 구체적인 평가방법을 지정할 수도 있고,[69] 단순히 간이평가만을 명함으로써 구체적인 절차는 집행관에게 맡기는 방법도 있을 수 있다. 평가를 명받은 집행관은 평가명령에서 구체적인 평가방법이 지정된 경우에는 그 절차에 따라, 평가명령에서 구체적인 평가방법이 지정되지 아니한 경우에는 집행관이 매각할 자동차의 시세를 말이나 서면으로 거래소에 조회하는 방법이나 그 밖의 상당한 방법으로 자동차를 평가하면 될 것이다. "그 밖의 상당한 방법"은 일간지나 자동차 전문잡지의 평가액을 참고하는 방안, 인터넷으로 다른 경매시장에서의 최근 거래가격을 조회하는 방안 등 객관성이 보장되는 한도 내에서 집행관이 재량에 따라 여러 방안을 선택할 수 있다. 다만, 그 취지상 집행관이 다시 감정인에게 평가를 맡기는 것은 허용되지 아니한다.[70]

3) 평가서의 제출

133 민사집행규칙 제121조 제1항의 규정에 따라 자동차를 평가한 집행관은 사건의 표시(제1호), 자동차의 표시(제2호), 자동차의 평가액과 평가일(제3호), 거래소에 대한 조회결과 또는 그 밖의 평가근거(제4호)를 적은 평가서를 정하여진 날까지 법

68 민사집행규칙해설, 법원행정처(2002), 334; 강대성, 신민사집행법, 탑북스(2014), 242; 김태업, "선박 및 자동차집행에서의 실무상 문제점", 재판실무연구(2) 민사집행소송, 한국사법행정학회(2008), 494; 오시영, 민사집행법, 학현사(2007), 600.

69 예컨대, "○○중고자동차 거래소에 거래시가를 조회하는 방법으로 평가할 것을 명한다."는 방식.

70 법원실무제요, 민사집행[Ⅲ], 사법연수원(2020), 613; 김태업, "선박 및 자동차집행에서의 실무상 문제점", 재판실무연구(2) 민사집행소송, 한국사법행정학회(2008), 495.

원에 제출하여야 한다(민사집행규칙 제121조 제2항). 이는 집행관이 민사집행규칙 제121조 제1항의 규정에 따라 자동차를 평가한 경우에는 간이한 방식의 평가서를 제출하도록 함으로써 절차의 편의를 도모하기 위한 것이다.

134 위 제1호와 제2호는 사건의 특정을 위하여 필요한 사항이고, 위 제3호는 민사집행법 제51조 제1항 제3호와 같은 취지이다.

135 위 제4호의 경우 민사집행규칙 제121조의 취지에 비추어 볼 때 조회결과나 평가의 근거를 적은 후 중고거래소에 대한 조회회보서, 일간지나 잡지의 중고시세표 등을 붙이는 방법으로 간략하게 그 근거를 밝히면 충분하다. 그러므로 민사집행규칙 제51조 제1항 제7호에 규정된 "평가액의 산출과정"은 따로 적을 필요가 없다.

136 한편, 부동산경매절차에서 평가서의 기재사항에 관하여는 민사집행규칙 제51조에 규정되어 있으므로, 민사집행규칙 제121조에 의하지 아니하고 부동산강제경매절차의 규정에 따라 감정인을 선정하여 평가를 하는 경우(민사집행규칙 제108조, 제128조)에는 민사집행규칙 제51조에 정하는 방식에 따라 평가서를 작성하여 제출하여야 한다.[71]

4) 불복방법

137 위 평가명령에 대하여는 즉시항고가 허용되지 아니하므로, 집행에 관한 이의신청으로 불복할 수 있다.

138 그러나 최저매각가격의 결정에 대한 불복방법에 관하여는, 민사집행법 제16조 제1항을 근거로 집행에 관한 이의를 신청할 수 있다는 견해[72]와 민사집행법 제121조 제5호를 근거로 매각허가에 대한 이의나 항고사유로 삼을 수 있으므로 집행에 관한 이의를 인정할 필요가 없다는 견해[73]로 나뉘어 있다. 매각허가 이전에도 집행이의를 허용할 필요가 있으므로 집행이의를 할 수 있다는 견해가 타당하다. 다만 이 견해에 의하더라도 집행에 관한 이의는 매각기일까지만 할 수 있고, 매각기일 이후에는 매각허가에 대한 이의 또는 매각허가결정에 대한 즉시항고로 다투어야 한다고 보아야 할 것이다[74](☞자세한 것은 제16조 Ⅳ. 4. 나. 및 제97조 주석 각 참조).

71 다만, 이 경우에도 평가서에 민사집행규칙 제51조 제1항 제4호 내지 제6호에 규정된 사항은 적을 필요가 없고, 민사집행규칙 제51조 제2항에 규정된 도면 등을 붙일 필요도 없다(민사집행규칙 제128조 제2항 참조).

72 민사집행규칙해설, 법원행정처(2002), 335; 법원실무제요, 민사집행[Ⅲ], 사법연수원(2020), 613.

73 日東京高決 1965. 3. 31. (東京民時報16-3, 67).

74 법원실무제요, 민사집행[Ⅲ], 사법연수원(2020), 614; 김태업, "선박 및 자동차집행에서의 실무상 문제점", 재판실무연구(2) 민사집행소송, 한국사법행정학회(2008), 495.

다. 매각기일의 공고

139 매각기일의 공고의 기재사항은 자동차의 표시 및 자동차가 있는 장소, 강제집행으로 매각한다는 취지와 그 매각방법(민사집행법 제106조 제2호), 매각기일의 일시·장소, 매각기일을 진행할 집행관의 이름(제4호), 최저매각가격(제5호), 매각결정기일의 일시·장소(제6호), 평가서의 사본을 매각기일 전에 법원에 비치하여 누구든지 볼 수 있도록 제공한다는 취지(제7호), 이해관계인은 매각기일에 출석할 수 있다는 취지(제9호), 일괄매각의 결정을 한 때에는 그 취지(민사집행규칙 제56조 제1호), 매수신청의 보증금액과 보증제공방법(민사집행규칙 제56조 제3호), 자동차의 표시 및 자동차가 있는 장소 등이다(제122조). 이 경우 민사집행법 제106조 제4호 중 "기간입찰의 방법으로 매각할 경우에는 입찰기간·장소" 부분과 같은 조 제7호 중 "매각물건명세서와 현황조사보고서의 사본" 부분은 자동차집행절차에는 적용되지 아니한다(제128조 제2항 참조). 자동차가 있는 장소를 공고사항으로 한 것은 매수희망자들의 현물참관에 도움을 주기 위함이다.[75]

140 부동산집행절차에서의 공고사항(민사집행법 제106조, 민사집행규칙 제56조) 중에서 자동차 매각기일의 공고대상에서 제외된 것은, 점유 및 차임에 관한 사항(민사집행법 제106조 제3호), 등록되지 아니한 권리를 가진 사람의 채권신고에 관한 사항(제106조 제8호), 매수신청인 자격의 제한에 관한 사항(민사집행규칙 제56조 제2호) 등이다(제122조). 이 사항들은 자동차집행의 특성상 공고할 필요가 없기 때문이다.[76]

라. 특별매각방법

1) 취지

141 법원은 상당하다고 인정하는 때에는 집행관에게 입찰 또는 경매 외의 방법으로 자동차의 매각을 실시할 것을 명할 수 있다(민사집행규칙 제123조 제1항 전문). 자동차경매에서 목적물의 가액은 부동산에 비하여 저가로서, 동산에 준하는 정도의 가액에 불과한 경우가 많다. 따라서 부동산경매절차와 마찬가지로 그 매각절차를 지나치게 엄격하게 규정하는 것은 집행절차의 신속성을 저해할 우려가 있고, 이해관계인의 이익을 해칠 우려가 있으므로, 이를 방지하게 위하여 부동산경매절차에서 인정되고 있는 입찰 또는 경매 이외의 매각방법으로서 특별매각

75 법원실무제요, 민사집행[Ⅲ], 사법연수원(2020), 614.
76 민사집행규칙해설, 법원행정처(2002), 338.

절차를 인정하고 있는 것이다.[77]

142 한편 민사집행법 제241조는 채권의 현금화절차에 관하여 양도명령, 매각명령, 관리명령 및 그 밖에 적당한 방법 등을 구체적으로 규정하고 있는바, 위 민사집행규칙 제123조는 이와는 달리 매각의 구체적인 유형과 방법은 정하지 아니하고 있다. 다만, 특별매각방법 중 하나로 볼 수 있는 양도명령에 관하여는 민사집행규칙 제124조에 따로 규정을 두고 있는데, 이는 그 절차에 관하여 몇 가지 특례를 규정할 필요가 있었기 때문이다.[78]

2) 특별매각의 실시명령

가) 특별매각의 요건

143 법원은 상당하다고 인정하는 때에는 집행관에게 입찰 또는 경매 외의 방법으로 자동차의 매각을 실시할 것을 명할 수 있다(민사집행규칙 제123조 제1항 전문). 매각의 요건에 관하여 다른 제한은 없으므로, 입찰 또는 경매의 방법에 의하여 매각을 먼저 실시해 보아야 하는 것은 아니다.[79]

나) 실시기관

144 위 특별매각은 법원의 집행관에 대한 매각실시명령에 기초하여 집행관이 실시한다. 따라서 법원이 집행관 이외의 다른 사람에게 매각의 실시를 명하거나, 매각의 실시를 명받은 집행관이 다시 다른 사람에게 매각의 실시를 위탁하는 것은 허용되지 아니한다.

다) 조건의 부가

145 법원은 매각의 실시방법과 기한, 그 밖의 다른 조건을 붙일 수 있다(민사집행규칙 제123조 제1항 후문). 민사집행규칙 제123조 제1항은 특별매각의 내용에 관하여 '입찰 또는 경매 이외의 방법'이라고만 규정하고 있으므로, 실제로 아무런 조건도 붙이지 않고 특별매각의 실시를 명하는 것은 곤란하다 할 것이다. 매각조건으로는 매각실시의 방법 및 기한 등을 설정하는 것을 상정할 수 있는데, 특히 매각

77 민사집행규칙해설, 법원행정처(2002), 339; 김태업, "선박 및 자동차집행에서의 실무상 문제점", 재판실무연구(2) 민사집행소송, 한국사법행정학회(2008), 495; 이시윤, 신민사집행법(제8개정판), 박영사(2020), 411.

78 민사집행규칙해설, 법원행정처(2002), 339; 김태업, "선박 및 자동차집행에서의 실무상 문제점", 재판실무연구(2) 민사집행소송, 한국사법행정학회(2008), 496.

79 민사집행규칙해설, 법원행정처(2002), 339; 김태업, "선박 및 자동차집행에서의 실무상 문제점", 재판실무연구(2) 민사집행소송, 한국사법행정학회(2008), 495; 오시영, 민사집행법, 학현사(2007), 600.

실시의 방법은 보통의 경우라면 정하는 것이 옳을 것이다. 예를 들어, 특정인 또는 불특정인과 개별적인 절충을 통하여 매매계약을 체결하는 방법이라든지, 자동차에 정가를 붙여 광고를 하고 최초의 신청자에게 매각하는 방법, 인터넷 경매 등 매각실시의 방법은 앞으로의 운용성과와 사회실정을 반영하여 점차 그 폭을 넓힐 수 있을 것이다.

146 매각실시의 기한에 관하여는, 매각기일을 따로 열어 매각을 실시하는 경우를 제외하고는, 집행관에게 특별매각을 명하는 때에 미리 정하여 두는 것이 절차를 명백히 한다는 점에서 타당할 것이다.

147 특별매각절차에서 입찰 또는 경매의 방법으로 복귀할 것인지 여부의 결정은 법원의 재량에 속하는 것이다.[80]

3) 압류채권자의 의견청취

148 법원은 특별매각의 실시를 명하는 때에는 미리 압류채권자의 의견을 들어야 한다(민사집행 규칙 제123조 제2항). 이는 특별매각의 성질상 압류채권자의 이익을 해칠 우려가 있기 때문이다. 법원이 압류채권자의 의견에 구속되지 아니하는 것은 당연하지만, 실제로는 압류채권자의 반대의견을 무시하면서까지 특별매각을 할 경우는 드물 것으로 생각된다. 의견을 듣는 방법은 제한이 없으므로, 출석을 요구하거나 서면으로 의견을 묻는 방식 등이 모두 가능하다.[81]

4) 매수신고의 보증

149 특별매각에도 매수신청의 보증에 관한 민사집행법 제113조가 준용되는데(민사집행규칙 제108조), 그 위임에 따라 민사집행규칙 제123조 제3항에서 법원은 특별매각의 실시를 명하는 때에는 매수신고의 보증금액을 정하고 아울러 그 보증의 제공은 금전 또는 법원이 상당하다고 인정하는 유가증권을 집행관에게 제출하는 방법으로 하도록 정하여야 한다고 규정하고 있다.

150 우선, 특별매각에서의 보증금액은 집행법원이 재량으로 자유롭게 정할 수 있다. 매수의사 및 대금납부의 확실성, 물건의 가액 등을 고려하여 적당한 액을 정하면 된다. 보증의 액수에 관계없이, 대금을 납부하지 아니하는 경우에는 매수인

80 민사집행규칙해설, 법원행정처(2002), 340; 김태업, "선박 및 자동차집행에서의 실무상 문제점", 재판실무연구(2) 민사집행소송, 한국사법행정학회(2008), 497.

81 민사집행규칙해설, 법원행정처(2002), 340; 김태업, "선박 및 자동차집행에서의 실무상 문제점", 재판실무연구(2) 민사집행소송, 한국사법행정학회(2008), 497.

은 보증을 돌려 줄 것을 요구할 수 없고(민사집행법 제138조 제4항), 보증은 매각대금에 충당된다(제147조 제1항 제5호).

151 다음으로, 특별매각에서 보증의 제공방법은 금전 또는 법원이 상당하다고 인정하는 유가증권을 집행관에게 제출하는 방법에 한정된다. 법원이 상당하다고 인정하는 유가증권은 민사집행규칙 제54조 제1항 제2호와 같은 의미이다. 특별매각에서는 지급보증위탁계약의 체결에 의한 보증의 제공은 인정되지 아니한다.

152 보증으로 제공된 유가증권의 현금화절차는 민사집행규칙 제80조에 규정되어 있다.

5) 특별매각의 통지

153 특별매각결정이 있는 때에는 법원사무관등은 각 채권자와 채무자에게 그 취지를 통지하여야 한다(민사집행규칙 제123조 제4항). 특별매각의 실시명령은 그 성질상 명령대상자인 집행관에게는 고지되나, 일반원칙에 의하면 그 밖의 사람에 대하여는 고지할 필요가 없게 된다(제7조). 그러나 특별매각에 부치는 결정은 그 성질이나 중요도에 비추어 이해관계를 갖는 자에게 통지하여, 집행이의신청(민사집행법 제16조)을 제기할 기회를 부여하는 것이 타당하다. 따라서 각 채권자 및 채무자에게 이를 통지하도록 하고 있는바, 여기에서 '각 채권자'라 함은 배당을 받을 채권자(제148조)와 같은 의미이다.[82]

6) 특별매각조서

154 집행관은 특별매각결정에 기초하여 자동차를 매각하는 경우에 매수신고가 있는 때에는 바로 자동차의 표시·매수신고를 한 사람의 표시 및 매수신고의 액과 일시를 적은 조서를 작성하여, 보증으로 제공된 금전 또는 유가증권과 함께 법원에 제출하여야 한다(민사집행규칙 제123조 제5항). 특별매각절차에서 조서를 작성하는 것은 매수신고가 있는 때에 한정된다. 예를 들어 집행법원이 지정한 사람과 개별교섭을 행한 결과, 성과가 없었을 때에는 그 취지를 적당한 방법으로 집행법원에 알리면 족하고, 조서를 작성할 필요가 없다. 이 점에서 입찰 또는 경매절차와 구별된다.

155 조서에는 최고가매수신고인 및 차순위매수신고인과 출석한 이해관계인이 서명날인하여야 하고, 그들이 서명날인할 수 없을 때에는 집행관이 그 사유를 적어야 한다(민사집행규칙 제123조 제8항, 민사집행법 제116조 제2항). 공중의 면전에서 이

82 민사집행규칙해설, 법원행정처(2002), 341; 김태업, "선박 및 자동차집행에서의 실무상 문제점", 재판실무연구(2) 민사집행소송, 한국사법행정학회(2008), 498.

루어지는 입찰, 경매의 경우에 비하여, 특별매각의 경우에는 매수신고인에게 서명날인을 시키는 것은 매우 중요한 의미를 가지게 된다.

156 집행관은 매수신고가 있는 때에는 지체 없이 조서를 작성하여, 보증으로 제공된 현금 또는 유가증권과 함께 법원에 제출하여야 한다. 특별매각에서는 미리 매각결정기일이 정하여져 있는 것은 아니므로, 이로 인한 시간적 제약은 없지만, 기일입찰조서보다 기재사항도 간략하고, 다수의 사건을 같은 날 처리할 필요성도 없으므로, 보다 신속히 작성하여야 할 것이다.

157 집행관은 조서와 함께 보증으로 제공된 금전 또는 유가증권을 집행법원에 제출하여야 한다. 특별매각에서는 보증을 집행관이 직접 반환할 필요가 없으므로, 모든 보증을 집행법원에 제출하도록 하고 있는 것이다. 보증은 될 수 있는 한 빨리 법원에 제출하여야 하는데, 이 점에서도 특별매각조서의 신속한 작성이 요망되는 것이다.[83]

7) 매각결정기일의 지정과 통지

158 법원은 특별매각조서가 제출된 때에는 바로 매각결정기일을 지정하여야 한다(민사집행규칙 제123조 제6항). 조서가 제출된 시점과 정해진 기일 사이의 간격에 관하여는 특별한 규정은 없지만, 절차의 신속한 처리, 사정변경의 방지 등의 관점에 비추어 볼 때, 될 수 있는 한 단기간 안에 매각결정기일을 지정하여야 할 것이다. 또한 매각결정기일을 지정함에는 특별매각결정기일의 통지가 도달하는 데 필요한 기간을 고려하여야 할 것이다.

159 특별매각결정기일이 정하여진 때에는 법원사무관 등은 이해관계인과 매수신고를 한 사람에 대하여 매각결정기일의 일시와 장소를 통지하여야 한다(민사집행규칙 제123조 제7항). 입찰절차에서 입찰기일 등을 이해관계인에게 통지하는 것과 같은 취지이다. 이해관계인의 범위는 민사집행법 제90조에 규정되어 있다.[84]

마. 양도명령에 따른 매각

1) 취지

160 법원은 상당하다고 인정하는 때에는 압류채권자의 매수신청에 따라 그에게 자동차의 매각을 허가할 수 있다(민사집행규칙 제124조 제1항). 강제집행의 대상으로서 자동

83 민사집행규칙해설, 법원행정처(2002), 342.
84 민사집행규칙해설, 법원행정처(2002), 342~343.

차는 일반의 동산과 같은 정도로 가격이 저렴한 경우가 많고, 제조연도·형식 등에 따라 시장가격이 대체로 일정하게 형성되어 있으며, 반대로 시간이 지날수록 가격이 급속히 하락하는 경향이 있기 때문에 일반의 동산과 같은 정도로 간편한 절차에 따라 신속하게 매각할 필요가 있어 양도명령제도[85]를 마련하게 된 것이다.[86]

161 이러한 양도명령제도는 1999. 5. 24. 자동차저당법 제6조의2 규정이 신설됨으로써 자동차를 목적으로 하는 저당권 실행을 위한 경매절차에서 처음 도입되었고, 그 위임에 따라 구 민사소송규칙 제207조의2 내지 제207조의6 규정이 신설되어 그 구체적인 절차를 규정하고 있었다.

162 민사집행법 제187조는 자동차에 대한 강제집행절차를 대법원규칙에서 정하도록 포괄적으로 위임하고 있는바, 이에 따라 민사집행규칙은 종전의 담보권 실행을 위한 경매절차상의 양도명령제도를 강제집행절차에 도입하여 규정하고(민사집행규칙 제124조), 동 조항을 담보권 실행을 위한 경매에 준용하는 형식(제197조 제2항)으로 체제를 정비하였다.[87]

2) 양도명령의 신청

163 자동차양도명령의 신청은 압류채권자가 매수신청의 액을 정하여 자기에게 매각허가결정을 하여달라는 취지를 분명히 표시하여야 한다.

164 매수신청에 관하여 보증을 제공할 필요는 없다(민사집행규칙 제124조 제3항, 민사집행법 제113조). 이는 양도명령제도의 취지와 압류채권자의 대금납부가 어느 정도 담보되어 있는 점 등을 고려한 것이다. 매수신고의 액은 최저매각가격 이상의 액이어야 한다(민사집행규칙 제108조, 제128조, 민사집행법 제97조). 압류채권자가 두 사람 이상인 경우(민사집행법 제87조)에는 먼저 신청을 한 사람에게 매각허가결정을 하여야 한다. 다만, 먼저 신청을 한 압류채권자에 대하여 매각허가결정이 이루어지기 전에, 그 매수신청의 액을 넘는 가격으로 다른 압류채권자가 양도명령의 신청을 한 때에는 집행법원은 고액의 매수의 신청을 한 사람에게 매각허가결정을 함이 상당하다.[88] 그러나 이와 같이 여러 사람 사이에 경쟁이 생기는 때

85 압류채권자에게 목적재산을 양도하는 점에서 채권집행에 있어서의 양도명령(제241조)과 유사하므로 이를 편의상 '자동차양도명령'이라 한다.

86 김태업, "선박 및 자동차집행에서의 실무상 문제점", 재판실무연구(2) 민사집행소송, 한국사법행정학회(2008), 499.

87 민사집행규칙해설, 법원행정처(2002), 345.

88 민사집행규칙해설, 법원행정처(2002), 346.

에는 입찰 또는 경매의 방법이 보다 높은 가격으로 매각할 수 있는 방법이므로, 양도명령의 신청에 의한 매각을 허가하는 방법은 상당하지 않고, 입찰이나 경매의 방법에 의하여야 할 것이다.[89]

165 매수신청의 시기에 관하여는 특별한 제한이 없는데,[90] 최저매각가격 이상의 가액으로 매수신청을 하여야 하므로, 최저매각가격이 결정된 후에 신청하는 것이 보통이다. 다만, 그 이전에도(예컨대, 강제경매의 신청서와 함께) "최저매각가격으로 매수한다"는 취지의 신고를 하는 것도 허용된다고 해석된다.[91]

3) 대금납부신고

166 매각허가결정을 받은 압류채권자는 배당 받아야 할 금액을 제외한 대금을 납부하겠다는 신고를 할 수 있다(민사집행법 제143조 제2항). 다만 이 신고는 매각허가결정이 있을 때까지 하여야 하므로(제143조 제2항), 차액만을 납부하려는 압류채권자는 자동차양도명령을 신청하는 때에 그 취지도 함께 신고하여야 할 것이다.

4) 매각허가결정

167 압류채권자에 대한 매각허가결정은 매각결정기일을 열지 않고 할 수 있고, 결정의 선고 또는 공고의 절차도 필요 없다(민사집행규칙 제124조 제3항에 의한 민사집행규칙 제74조, 민사집행법 제109조, 제126조 제1항·제2항, 제128조 제2항의 적용배제). 따라서 위 매각허가결정은 고지에 의하여 그 효력을 가진다(민사집행법 제23조 제1항, 민사소송법 제221조 제1항).[92] 그 시기는 자동차를 평가하여 최저매각가격이 정하여진 이후여야 하는 점 이외에는 특별한 제한이 없다.

168 압류채권자의 매수신청에 대한 허가 여부는 법원의 재량에 속하나,[93] 입찰 또는

89 김태업, "선박 및 자동차집행에서의 실무상 문제점", 재판실무연구(2) 민사집행소송, 한국사법행정학회(2008), 500.

90 구 민사소송규칙 제207조의2에서는 양도명령 신청의 종기를 경매기일 공고 이전으로 제한하였는데, 그 이유는 경매기일 공고로 인하여 발생한 경매기일 지정, 배당요구의 종기가 되는 경락기일의 공고, 이해관계인에 대한 경매·경락기일 통지의 효과를 해하지 않고, 절차를 간명하게 하기 위한 것이었다고 한다. 그러나 자동차 등 특정동산 저당법 제8조에서 그 신청의 종기를 제한하고 있지 아니할 뿐 아니라, "법원이 상당하다고 인정하는 때"에만 양도명령의 방법으로 현금화할 수 있게 되어 있으므로, 종기를 굳이 제한할 필요는 없다고 할 것이고, 오히려 법원의 재량에 따라 당해 경매절차의 진행상황과 매수신청의 가망 여부 등에 따라 적절하게 판단할 수 있도록 하는 것이 상당하다고 보아 민사집행규칙 제124조에서는 그 종기를 제한하지 않았다고 한다[민사집행규칙해설, 법원행정처(2002), 346 주190) 참조].

91 민사집행규칙해설, 법원행정처(2002), 346; 법원실무제요, 민사집행[Ⅲ], 사법연수원(2020), 619.

92 박두환, 민사집행법(제2판), 법률서원(2003), 475; 오시영, 민사집행법, 학현사(2007), 601.

93 김태업, "선박 및 자동차집행에서의 실무상 문제점", 재판실무연구(2) 민사집행소송, 한국사법행정학회(2008), 500.

호가경매에 의한 방법에 의하여 매각하는 경우 당해 압류채권자의 매수신청액보다 고액의 매수신고가 있을 것으로 예상되는 때에는 원칙적으로 매각허가결정을 해서는 안 될 것이다.[94] 자동차가 집행법원의 관할구역 안에 있지 않은 경우에도 압류채권자에 대한 양도명령은 가능하다(민사집행규칙 제120조 참조).

5) 불복방법

169 압류채권자에 대한 매각허가결정은 이해관계인에게 고지하여야 한다(민사집행규칙 제124조 제2항). 선고 또는 공고의 절차가 필요 없음은 앞서 본 바와 같다.

170 압류채권자에 대한 매각허가결정도 일반의 매각허가결정과 다름이 없으므로, 그 결정에 따라 손해를 보게 되는 이해관계인은 즉시항고를 제기할 수 있다(민사집행법 제129조). 양도명령신청을 기각하는 결정은 압류채권자에게 고지하면 되고(민사집행규칙 제7조 제2항), 압류채권자는 집행에 관한 이의로 다툴 수 있다.[95]

6) 매각허가결정의 확정 이후 절차

171 매각허가결정이 확정된 때에는 집행법원은 압류채권자에게 대금을 납부하게 하고, 배당을 실시한다. 대금을 납부한 압류채권자는 집행법원으로부터 이에 관한 증명서를 받아, 이를 집행관에게 제출하여 자동차를 인도받게 된다(민사집행규칙 제125조). 이러한 절차는 통상의 자동차집행절차와 같다. 다만 압류채권자는 배당을 받을 사람에 해당되므로, 대금을 차액납부의 방법에 의하여 납부하는 경우가 많을 것이다.

바. 매수인에 대한 자동차의 인도

1) 민사집행규칙 제125조 내지 제127조의 입법취지

172 민사집행규칙 제125조부터 제127조까지의 규정 취지는 다음과 같다. 즉 자동차집행에는 부동산집행에 관한 규정이 대부분 준용되지만(민사집행법 제108조, 제128조), 자동차는 부동산과 달리 고도의 기동성을 가지고 있으므로 그에 대한 집행절차는 채무자에 대하여 자동차를 집행관에게 인도할 것을 명하여 집행관에게 자동차를 보관시킨 후에 절차를 진행하며(민사집행규칙 제111조 제1항), 또한 자동차는 비교적 단기간 내에 가치가 감소할 수 있는 등 동산과 유사한 성질도 가지고 있다. 그리하여 이 규칙은 동산집행에서 매수인에 대한 동산의 인도(민사집행법 제205조 제1항), 집행정지 중의 긴급현금화(제198조 제3항·제4항) 및 압류취소의 방법 등에

94 민사집행규칙해설, 법원행정처(2002), 347.
95 민사집행규칙해설, 법원행정처(2002), 347; 박두환, 민사집행법(제2판), 법률서원(2003), 475.

관한 규정(제142조) 등에 상응하여 위 조항들을 두게 된 것이다.[96]

2) 인도의 시기

173 자동차집행에서 매각허가결정이 확정된 때에는 매수인은 집행법원이 정하는 기한까지 대금을 납부하여야 한다(민사집행법 제142조). 매수인은 대금을 납부한 때에 자동차의 소유권을 취득하고(제135조), 자동차의 인도를 구할 수 있게 된다. 자동차집행에서는 집행목적물인 자동차는 집행관이 보관하고 있으므로, 인도청구는 집행관에게 하게 된다.[97]

174 그런데 대금의 납부는 집행법원에 하는 것이므로, 집행관으로서는 대금의 납부 여부를 알 수 없게 된다. 이에 민사집행규칙 제125조 제1항 전문은 집행관이 매수인에 대하여 자동차를 인도할 시기를 '매수인이 대금을 납부하였음을 증명하는 서면을 집행관에게 제출한 때'로 하였다. 매수인이 집행법원의 보관금취급은행에 대금을 납부한 때에는 매수인에게 보관금수령증서를 교부하므로, 매수인은 이 보관금수령증서를 집행법원의 법원사무관 등에게 제시하여, 대금납부증명서를 교부받아 이를 집행관에게 제출하면 된다.

3) 자동차의 인도방법과 집행법원에 대한 신고

175 자동차의 인도방법은 현실의 인도가 원칙이나(민사집행규칙 제125조 제1항 전문), 그 자동차를 집행관 외의 사람이 보관하고 있는 때에는, 집행관은 매수인의 동의를 얻어 보관자에 대하여 매수인에게 그 자동차를 인도할 것을 통지하는 방법으로 인도할 수 있다(민사집행규칙 제125조 제1항 후문). 이는 인도할 자동차를 제3자가 보관하고 있는 경우 목적물반환청구권의 양도(민법 제190조)에 의한 점유이전방법을 명시적으로 인정한 것으로서, 매수인의 동의를 얻도록 함으로써 매수인의 이익이 침해되지 않도록 한 것이다.[98] 따라서 매수인의 동의가 없는 때에는 집행관이 보관자로부터 자동차를 인도받아 이를 매수인에게 인도하여야 할 것이다(민사집행규칙 제125조 제1항 전문).

176 집행관은 매수인에게 자동차를 인도한 때에는 그 취지와 인도한 날짜를 집행법원에 신고하여야 한다(민사집행규칙 제125조 제2항). 목적물반환청구권의 양도에 의한 점유이전방법(제125조 제1항 후문)으로 인도한 때에는 그 취지도 신고하여야 한다.

96 민사집행규칙해설, 법원행정처(2002), 348 주194).

97 부동산의 경우에는 민사집행법 제136조에 따라 매수인이 대금납부 후에 집행법원에 부동산점유자에 대한 인도명령을 신청한다.

98 민사집행규칙해설, 법원행정처(2002), 349.

사. 집행정지 중의 매각(긴급 현금화)

1) 취지

177 자동차는 매년 가격이 큰 폭으로 하락하고, 보관에 상당한 비용이 드는 것이 보통이어서 유체동산(민사집행법 제198조 제3항·제4항)에 못지 않게 긴급 현금화의 필요성이 있으므로, 일정한 경우 압류채권자 또는 채무자의 신청이 있는 때에는 긴급 현금화를 인정하고 있다(민사집행규칙 제126조).[99]

2) 집행관에 대한 통지

178 강제집행의 일시 정지를 명한 취지를 적은 재판의 정본(민사집행법 제49조 제2호) 또는 집행할 판결이 있은 뒤에 채권자가 변제를 받았거나 의무이행을 미루도록 승낙한 취지를 적은 증서(민사집행법 제49조 제4호)가 제출된 때에는 자동차집행을 정지하여야 한다. 이 경우 집행관은 그 정지사유가 소멸될 때까지 인도받은 자동차를 계속 보관하는 것이 원칙이지만, 예외적으로 자동차의 가격이 크게 떨어질 염려가 있는 때 또는 그 보관에 지나치게 많은 비용이 드는 때에는 압류채권자 또는 채무자의 신청에 따라 자동차를 긴급 현금화하게 된다(민사집행규칙 제126조 제3항).

179 그런데 위 집행정지서류는 집행법원에 제출되는 것으로서, 집행관은 집행정지서류의 제출사실을 알 수 없게 된다. 따라서 민사집행규칙 제126조 제1항은 위 서류가 제출된 때에는 법원사무관등은 집행관에게 그 사실을 통지하도록 하고 있다. 또한 압류채권자와 채무자 역시 위 조항에 따른 긴급 현금화의 요건이 갖추어져 있는 사실을 알 수 없으므로, 민사집행규칙 제126조 제2항은 압류채권자와 채무자에게 긴급 현금화를 신청할 기회를 주기 위하여 집행관이 이들에게 그 사실[100]을 통지하도록 하고 있다.

180 아울러 이 경우에 자동차의 저당권자가 있는 때에는 그에게도 위 사실을 통지하여야 한다(민사집행규칙 제126조 제2항). 이것은 저당권자에게 별도로 경매신청을 하는 등 자신의 권리를 보호하기 위한 조치를 취할 수 있는 기회를 부여하는 것이 상당하기 때문이다.[101]

99 민사집행규칙해설, 법원행정처(2002), 350.

100 구체적으로는 법원사무관등으로부터 집행정지서류가 제출되었다는 통지를 받은 사실과 집행정지사유가 소멸될 때까지 자동차를 계속 보관하는 경우에는 자동차의 가격이 크게 떨어질 염려가 있거나 그 보관에 지나치게 많은 비용이 든다는 사실 등을 가리킨다.

101 민사집행규칙해설, 법원행정처(2002), 351.

3) 긴급 현금화의 절차

181 민사집행규칙 제126조 제1항의 규정에 따른 통지 후의 긴급 현금화절차는 일반 자동차집행절차를 따르게 된다. 다만, 이 경우에는 이미 강제경매개시결정이 내려져 있으므로 다시 경매개시결정을 할 필요는 없고, 압류채권자 또는 채무자의 신청이 있는 때 자동차를 매각한다는 취지(긴급 현금화를 한다는 취지)의 결정을 하면 된다. 자동차에 저당권이 설정되어 있는 경우에도 매각할 수 있다. 이것은 저당권이 설정되어 있는 경우에 저당권자의 경매신청이 없는 이상 자동차를 매각할 수 없도록 하면, 긴급 현금화제도의 입법취지를 달성할 수 없게 되기 때문이다.[102]

4) 상대방에 대한 통지

182 긴급 현금화결정은 신청인에 대하여는 당연히 고지되는데(민사집행규칙 제7조 제2항), 그 신청인의 상대방은 긴급 현금화결정에 대하여 집행이의로 다툴 수 있으므로,[103] 그 기회를 부여하기 위하여 긴급 현금화결정이 있는 때에는 법원사무관 등은 그 신청을 하지 아니한 압류채권자 또는 채무자에게 그 사실을 통지하도록 하고 있다(제126조 제4항).

5) 매각대금의 공탁

183 긴급 현금화결정에 기초하여 자동차가 매각되어 그 대금이 집행법원에 납부된 때에는 법원사무관 등은 매각대금을 공탁하여야 한다(민사집행규칙 제126조 제5항). 매각대금은 압류된 자동차의 변형물이므로, 이 경우의 공탁은 집행법원의 금전보관의 수단으로서 이루어지는 보관공탁의 일종이다. 후에 자동차집행이 속행되면, 집행법원은 공탁금에 관하여 배당을 실시하게 되며, 신청이 취하되거나 또는 절차가 취소되어 자동차집행이 종료되면, 공탁금은 채무자에게 교부하게 된다.[104]

9. 집행신청이 취하된 경우의 특칙

가. 집행관에 대한 통지

184 자동차집행의 신청이 취하된 때 또는 강제경매절차를 취소하는 결정의 효력이

102 민사집행규칙해설, 법원행정처(2002), 351. 일본 민사집행규칙 제97조의3 제3항 단서에서는 명문으로 저당권이 설정되어 있는 경우에는 긴급 현금화를 할 수 없도록 규정하고 있다. 다만 여기에서의 저당권은 압류등록 이전에 등록된 저당권만을 의미한다.

103 박두환, 민사집행법(제2판), 법률서원(2003), 476; 김태업, "선박 및 자동차집행에서의 실무상 문제점", 재판실무연구(2) 민사집행소송, 한국사법행정학회(2008), 502.

104 민사집행규칙해설, 법원행정처(2002), 352.

생긴 때에는 집행관은 강제경매개시결정에 기초하여 인도받아 보관중인 자동차를 채무자, 그 밖에 자동차를 수취할 권리가 있는 사람에게 인도하여야 한다(민사집행규칙 제127조 제3항). 신청의 취하는 집행법원에 대하여 하는 것이고, 강제경매의 절차를 취소하는 결정도 집행법원이 하는 것이므로, 이러한 사유가 생긴 때에는 그 사실을 집행관에게 알릴 필요가 있다. 그리하여 법원사무관등은 이러한 사유가 생긴 사실을 집행관에게 통지하도록 하고 있다(제127조 제1항).[105]

나. 집행관의 통지와 자동차의 인도

185 위와 같은 사유가 생긴 때에는 채무자에 대하여는 신청취하의 통지(민사집행규칙 제16조), 또는 취소결정의 고지(제7조 제1항 제2호)가 이루어지지만, 그 이외의 사람에 대하여는 이러한 사실을 통지하지 아니한다. 그래서 집행관이 위 통지를 받은 경우 자동차를 수취할 권리를 갖는 사람이 채무자 외의 사람인 때에는, 집행관은 그 사람에게 자동차집행의 신청이 취하되었다거나 또는 강제경매절차가 취소되었다는 취지를 통지하여야 하고(제127조 제2항), 자동차를 수취할 권리를 갖는 사람에게 자동차가 있는 곳에서 이를 인도하여야 한다(제127조 제3항 본문). 다만 자동차를 수취할 권리를 갖는 사람이 자동차를 보관하고 있는 경우에는 인도할 필요가 없다(제127조 제3항 단서). 집행관은 자동차를 인도한 때에는 그 취지를 기록상 명백하게 표시하여 두는 것이 상당하다.[106]

다. 인도불능시 자동차의 매각

1) 취지

186 사건이 종료되었음에도 집행관이 자동차를 인도할 수 없는 때에는 법원은 집행관의 신청을 받아 자동차집행의 절차에 따라 자동차를 매각한다는 결정을 할 수 있다(민사집행규칙 제127조 제4항). 이는 사건이 종료되었음에도 자동차를 인도할 수 없는 경우에 집행관으로 하여금 자동차의 보관의무로부터 벗어나게 함으로써 절차의 원활한 진행을 도모하고자 하는 데에 그 취지가 있고, 동산집행에 있어서 집행관이 압류를 취소한 경우에, 동산을 채무자, 그 밖에 동산을 수취할 권리를 갖는 사람에 대하여 인도할 수 없는 때에는 집행관이 집행법원의 허가를 받아 동산을 매각할 수 있도록 하고 있는 것(민사집행규칙 제142조, 민사집행법

105 민사집행규칙해설, 법원행정처(2002), 354.
106 민사집행규칙해설, 법원행정처(2002), 354.

제258조 제6항 참조)과 유사한 기능을 한다.[107]

2) 매각의 요건

187 자동차를 매각하기 위하여는 자동차집행의 신청이 취하되거나 혹은 강제경매절차를 취소하는 결정의 효력이 생긴 경우로서, 집행관이 자동차를 채무자나 그 밖에 자동차를 수취할 권리를 갖는 사람에 대하여 인도할 수 없는 경우이어야 한다(민사집행규칙 제127조 제4항). 예컨대 자동차를 수취할 사람이 소재불명이든지, 수취를 거부하는 경우 등이 그 예이다.[108]

188 집행정지 중의 긴급 현금화결정(민사집행규칙 제126조)과 같이 자동차의 가격이 크게 떨어질 염려가 있거나 그 보관에 지나치게 많은 비용이 드는 경우 등의 요건은 필요하지 아니하다.[109] 이는 민사집행규칙 제127조 제4항의 입법취지가 사건이 종료되었음에도 자동차를 인도할 수 없는 경우에 집행관을 자동차의 보관의무로부터 해방시키는 데에 있기 때문이다.

189 그리고 자동차에 저당권이 설정되어 있는 경우에도 매각할 수 있다.[110] 이는 사건이 종료되었음에도 저당권이 설정되어 있다 하여 저당권자의 경매신청이 없는 이상 자동차를 매각할 수 없도록 한다면, 앞서와 같은 입법취지를 달성할 수 없게 되기 때문이다.[111]

3) 매각의 신청

190 위 자동차의 매각은 집행관의 신청에 의하여 행한다(민사집행규칙 제127조 제4항). 집행관은 채무자 그 밖에 자동차를 수취할 권리를 갖는 사람을 상대방으로 하여 강제경매의 신청을 하게 된다.

4) 매각의 절차

191 집행관의 신청을 받은 집행법원은 민사집행규칙 제127조 제4항의 매각을 한다는 결정과 강제경매개시결정을 한다. 자동차는 집행관이 이미 보관하고 있으므로, 개시결정에서 자동차를 인도할 것을 명할 필요는 없다(민사집행규칙 제111조 제1항 단서 참조).

107 민사집행규칙해설, 법원행정처(2002), 354; 법원실무제요, 민사집행[Ⅲ], 사법연수원(2020), 624.

108 박두환, 민사집행법(제2판), 법률서원(2003), 477.

109 김태업, "선박 및 자동차집행에서의 실무상 문제점", 재판실무연구(2) 민사집행소송, 한국사법행정학회(2008), 503.

110 민사집행규칙해설, 법원행정처(2002), 355~356; 김태업, "선박 및 자동차집행에서의 실무상 문제점", 재판실무연구(2) 민사집행소송, 한국사법행정학회(2008), 503.

111 이는 긴급 현금화결정의 경우와 마찬가지이다.

192 강제경매개시결정이 된 때에는 법원사무관 등은 그 개시결정에 기한 압류의 등록을 촉탁하여야 하며, 채무자와 저당권자에게 그 취지를 통지하여야 한다(민사집행규칙 제127조 제5항). 그들이 매각절차에 관여할 수 있는 기회를 주기 위한 것이다. 매각절차는 통상의 자동차집행의 경우와 동일하다. 집행법원은 평가인에게 평가를 명하여 최저매각가격을 정하여야 하는데, 취하 혹은 취소된 사건에서 이미 평가가 되어 있는 때에는 그 평가서를 이용하는 것이 가능하다. 또한 위의 매각에서는 집행관이 압류채권자가 되므로, 자동차양도명령은 통상 적합하지 않을 것이다.[112]

5) 매각대금의 교부절차

193 위 매각결정에 기초하여 자동차가 매각되어 그 대금이 법원에 납부된 때에는 법원은 그 대금에서 매각과 보관에 든 비용(집행관이 절차수행을 위하여 지출한 비용을 포함한다)을 빼고, 나머지가 있는 때에는 매각대금의 교부계산서를 작성하여 저당권자에게 변제금을 교부하고, 그 나머지를 채무자에게 교부하여야 한다(민사집행규칙 제127조 제6항). 위 매각은 집행관을 보관의무에서 해방시키려는 데 그 본래의 취지가 있는 것이므로, 그 매각대금에 관하여 배당을 하는 것까지 예정되어 있는 것은 아니지만, 자동차가 매각되면, 그 위에 존재하는 저당권이 소멸되기 때문에, 저당권자의 보호를 위하여 매각대금에서 비용을 공제한 잔여가 있는 때에는 먼저 저당권자에게 교부하도록 하는 것이다.[113]

194 저당권자와 채무자에게 변제금과 잉여금을 교부하는 경우에는 변제금 교부일을 정하여, 저당권자 및 채무자에 대하여 통지하여야 한다(민사집행규칙 제127조 제7항, 민사집행법 제146조). 법원사무관등은 저당권자에 대하여 계산서를 제출할 것을 최고하고(제127조 제7항, 제81조), 그것에 기하여 변제금과 잉여금의 교부절차를 실시하게 된다(민사집행규칙 제127조 제7항, 제82조 제1항). 저당권자 또는 채무자가 출석하지 아니한 경우에는 변제금 또는 잉여금에 대한 공탁절차를 밟게 되는데, 출석하지 아니한 저당권자에 대한 공탁은 민사집행법 제160조 제2항에 의한 공탁이며, 출석하지 아니한 채무자에 대한 공탁은 민법상의 변제공탁(민법 제487조) 이다.[114] 위 변제금 또는 잉여금의 공탁에는 부동산 강제경매절차 중 배당금액의 공탁 및 그에 대한

112 법원실무제요, 민사집행[Ⅲ], 사법연수원(2020), 625; 민사집행규칙해설, 법원행정처(2002), 356.
113 민사집행규칙해설, 법원행정처(2002), 356~357.
114 법원실무제요, 민사집행[Ⅲ], 사법연수원(2020), 625; 김태업, "선박 및 자동차집행에서의 실무상 문제점", 재판실무연구(2) 민사집행소송, 한국사법행정학회(2008), 504.

배당의 실시에 관한 민사집행법 제160조, 제161조 제1항의 규정을 준용한다(제127조 제7항). 다만 저당권자나 채무자가 변제금 등을 입금할 예금계좌를 신고한 때에는 공탁에 갈음하여 신고된 예금계좌에 입금할 수 있다(제127조 제7항, 제82조 제2항).

10. 자동차지분에 대한 경매

195 자동차의 공유지분에 대한 강제집행은 유체동산의 공유지분에 대한 강제집행과 마찬가지로, 민사집행법 제251조에서 규정한 그 밖의 재산권에 대한 강제집행의 예에 따라 실시한다(민사집행규칙 제129조). 이는 선박지분의 집행방법을 정한 민사집행법 제185조와 같은 취지로서, 부동산 공유지분의 집행에 관한 민사집행법 제139조, 제140조가 준용되지 아니한다는 점을 명확히 한다는 의미도 있다(민사집행규칙 제108조 참조).[115]

IV. 건설기계에 대한 강제집행

196 건설기계관리법에 따라 등록된 건설기계에 대한 강제집행절차에 관하여는 민사집행규칙 제108조 이하의 자동차에 대한 강제집행에 관한 규정을 준용하도록 하되, 다만 "자동차등록원부"라고 규정된 것은 "건설기계등록원부"로 본다(민사집행규칙 제130조).

197 여기서 건설기계라 함은 건설공사에 사용할 수 있는 기계로서 대통령령이 정하는 것을 말하는데(건설기계관리법 제2조 제1호), 건설기계는 등록의 대상이 되고(같은 법 제3조 제1항), 등록된 건설기계는 저당권의 목적물로 할 수 있으며(자동차 등 특정동산 저당법 제3조), 건설기계는 그 자체가 고도의 기동성을 가지고 있는 등 그 물리적 성질이 자동차와 유사할 뿐만 아니라, 등록된 건설기계 소유권의 득실변경은 등록을 마침으로써 그 효력이 생기는 등[116] 그에 관한 권리관계도 등록된 자동차와 비슷하기 때문에, 그 집행절차에 관하여 자동차집행에 관한 규정을 전면적으로 준용하도록 한 것이다.[117]

115 민사집행규칙해설, 법원행정처(2002), 362.

116 대법원 1977. 6. 7. 선고 77다201 판결[공1977. 7. 15.(564) 10154], 대법원 1991. 8. 9. 선고 91다13267 판결[공1991. 10. 1.(905), 2320].

117 민사집행규칙해설, 법원행정처(2002), 362~363.

198 건설기계집행의 대상이 되는 것은 건설기계관리법에 따라 등록된 건설기계에 한하고, 미등록의 건설기계는 동산집행의 방법으로 집행한다.[118]

V. 소형선박에 대한 강제집행

199 1. 2007. 8. 3. 개정 전 선박법은 선박의 소유권과 저당권 등을 공시하는 선박등기제도와 선박의 국적과 국기게양권 등을 부여하는 행정상의 목적 달성을 위한 선박등록제도를 두고 있었다. 즉 총톤수 20톤 이상의 선박에 대하여는 선박등기법에 근거하여 선박등기부에 등기를 함으로써 선박에 대한 권리관계 득실변경의 효력을 부여하고 있고, 선박법에 근거한 선박원부에 등록을 함으로써 선박운항의 요건으로서의 효력을 부여하고 있었다.[119] 그러나 소형선박인 ① 총 톤수 20톤 미만의 기선, ② 총 톤수 5톤 이상 20톤 미만의 범선, ③ 총 톤수 20톤 이상 100톤 미만의 부선(선박계류용·저장용 등으로 사용하기 위하여 수상에 고정하여 설치하는 부선은 제외)에 대해서는 선박법에 근거하여 선적증서원부에 기재를 함으로써 선박운항의 요건으로서의 효력만을 부여하고 있을 뿐, 선박에 대한 권리관계의 득실변경의 요건으로서의 효력은 전혀 부여하고 있지 않았다. 게다가 소형선박에 대한 특례에 포함되지 않는 선박, 즉 총 톤수 5톤 미만의 범선, 총 톤수 20톤 미만의 부선, 기선·부선·범선 이외의 선박(예컨대 모터보트)에 대해서는 해사법령상 선박운항의 요건으로서의 효력과 선박에 대한 권리관계의 득실변경의 요건으로서의 효력은 전혀 부여되어 있지 않은 실정이었다.[120]

200 2007. 8. 3. 선박법의 개정으로 소형선박도 등록의 대상으로 되었고, 이러한 등록에 소형선박에 대한 권리관계의 득실변경의 요건으로서의 효력을 부여하였다. 현행 선박법의 규정에 의하면, 총 톤수 20톤 미만의 기선 및 범선과 총 톤수 100톤 미만의 부선을 소형선박으로 정의하고 있고(선박법 제1조의2 제2항), 한국선박의 소유자는 선적항을 관할하는 지방해양항만청장에게 그 선박의 등록을 신청하여야 한다고 규정하여(제8조 제1항) 소형선박에 대해서도 원칙적으로 등록신청을 의무화하고 있고, 소형선박의 소유권의 득실변경은 등록을 하여야 그 효력

118 법원실무제요, 민사집행[Ⅲ], 사법연수원(2020), 628~629; 남기정, 실무강제집행법(7), 육법사(1989), 202.
119 이윤철, "소형선박 공시제도에 관한 연구 - 항공기·건설기계·자동차 등록제도와의 비교를 중심으로 -", 해사법연구 17권 2호(2005), 한국해사법학회, 145~146.
120 이윤철, "소형선박 공시제도에 관한 연구 - 항공기·건설기계·자동차 등록제도와의 비교를 중심으로 -", 해사법연구 17권 2호(2005), 한국해사법학회, 146.

이 생긴다고 규정하여(제8조의2) 등록을 소형선박에 대한 소유권 득실변경의 효력발생요건으로 하고 있다. 다만, 즉 총 톤수 5톤 미만의 범선 중 기관을 설치하지 아니한 범선, 총 톤수 20톤 미만의 부선, 총 톤수 20톤 이상의 부선 중 선박계류용·저장용 등으로 사용하기 위하여 수상에 고정하여 설치하는 부선, 노와 상앗대만으로 운전하는 선박, 어선법[121] 제2조 제1호 각 목의 어선, 수상레저안전법[122] 제2조 제4호에 따른 동력수상레저기구 중 같은 법 제30조에 따라 수상레저기구로 등록된 수상오토바이·모터보트·고무보트 및 요트에 대하여는 선박법상의 등록에 관한 규정을 적용하지 아니한다(제26조).

121 어선의 등록과 등록의 효력에 대하여는 어선법에 별도의 규정이 있다.
제13조 (어선의 등기와 등록) ① 어선의 소유자나 농림수산식품부령으로 정하는 선박의 소유자는 그 어선이나 선박이 주로 입항·출항하는 항구 및 포구(이하 "선적항"이라 한다)를 관할하는 시장·군수·구청장에게 농림수산식품부령으로 정하는 바에 따라 어선원부에 어선의 등록을 하여야 한다. 이 경우 선박등기법 제2조에 해당하는 어선은 선박등기를 한 후에 어선의 등록을 하여야 한다.
② 제1항에 따른 등록을 하지 아니한 어선은 어선으로 사용할 수 없다.
③ 시장·군수·구청장은 제1항에 따른 등록을 한 어선에 대하여 다음 각 호의 구분에 따른 증서 등을 발급하여야 한다.
1. 총톤수 20톤 이상인 어선: 선박국적증서
2. 총톤수 20톤 미만인 어선(총톤수 5톤 미만의 무동력어선은 제외한다) : 선적증서
3. 총톤수 5톤 미만인 무동력어선: 등록필증
④ 선적항의 지정과 제한 등에 필요한 사항은 농림수산식품부령으로 정한다.
제13조의2 (소형어선 소유권 변동의 효력) 총톤수 20톤 미만의 소형어선에 대한 소유권의 득실변경은 등록을 하여야 그 효력이 생긴다.

122 선박법 제8조에 따라 등록된 선박을 제외한 동력수상레저기구의 등록과 등록의 효력에 관하여는 수상레저안전법에 규정되어 있다.
제30조(등록) ① 동력수상레저기구(선박법 제8조에 따라 등록된 선박은 제외한다. 이하 이 조에서 같다)의 소유자(이하 "소유자"라 한다)는 주소지를 관할하는 시장·군수·구청장(구청장은 자치구의 구청장을 말하며, 특별자치도의 경우 특별자치도지사를 말한다. 이하 이 장에서 같다)에게 동력수상레저기구를 소유한 날부터 1개월 이내에 등록신청을 하여야 한다.
② 시장·군수·구청장은 다음 각 호의 어느 하나에 해당하는 경우 등록신청을 거부할 수 있다.
1. 등록신청 사항에 거짓이 있는 경우
2. 수상레저기구의 구조와 장치가 제37조 제1항에 따른 신규검사기준에 맞지 아니한 경우
③ 제1항에 따라 등록의 대상이 되는 동력수상레저기구는 수상레저활동에 이용하거나 이용하려는 것으로서 다음 각 호의 어느 하나에 해당하는 것을 말한다.
1. 수상오토바이
2. 선내기 또는 선외기인 모터보트로서 대통령령으로 정하는 모터보트
3. 공기를 넣으면 부풀고 접어서 운반할 수 있는 고무보트를 제외한 대통령령으로 정하는 고무보트
4. 총톤수 20톤 미만으로 대통령령으로 정하는 요트
④ 제1항에 따른 등록의 요건 및 신청절차 등 등록에 필요한 사항은 대통령령으로 정한다.
제33조의2(모터보트 소유권 변동의 효력) 자동차 등 특정동산 저당법 제3조 제2호다목에 따라 저당권의 목적이 되는 모터보트(이하 "모터보트"라 한다)에 대한 소유권의 득실변경은 해당 등록원부에 등록을 하여야 그 효력이 생긴다.

201 2. 자동차 등 특정동산 저당법 제3조 제2호[123]에 따른 소형선박에 대한 강제집행절차에 관하여는 민사집행규칙 제108조 이하의 자동차에 대한 강제집행에 관한 규정을 준용하도록 하되, 다만 "자동차등록원부"라고 규정된 것은 ""선박원부·어선원부·수상레저기구등록원부"로 본다(민사집행규칙 제130조 제1항).

202 여기서 소형선박이라 함은 선박법상의 소형선박을 말하는 것이 아니라, 자동차 등 특정동산 저당법 제3조 제2호의 적용을 받은 소형선박을 말한다. 즉, ① 선박법 제1조의2 제2항의 소형선박 중 같은 법 제26조 각 호의 선박을 제외한 선박, ② 어선법 제2조 제1호 각 목의 어선 중 총 톤수 20톤 미만의 어선, ③ 수상레저안전법 제2조 제4호의 동력수상레저기구 중 같은 법 제30조에 따라 등록된 모터보트를 말한다. 이러한 소형선박은 등록의 대상이 되고(선박법 제8조, 어선법 제13조, 수상레저안전법 제30조), 등록된 소형선박은 저당권의 목적물로 할 수 있으며(자동차 등 특정동산 저당법 제3조), 소형선박은 고도의 기동성을 가지고 있고 해상에서 뿐만 아니라 육상에서의 운반과 보관이 가능하며, 자산가치도 자동차와 유사하다. 또한 등록된 소형선박 소유권의 득실변경은 등록을 마침으로써 그 효력이 생기는 등[124] 그에 관한 권리관계도 등록된 자동차와 비슷하기 때문에, 그 집행절차에 관하여 자동차집행에 관한 규정을 전면적으로 준용하도록 한 것이다.

203 소형선박 집행의 대상이 되는 것은 선박법, 어선법, 수상레저안전법에 따라 등록된 소형선박에 한하고, 미등록의 소형선박은 동산집행의 방법으로 집행한다.

204 3. 민사집행규칙 제130조는 자동차에 대한 강제집행에 관한 규정을 준용함에 있어 자동차에 관한 다음의 용어를 소형선박에 맞추어 고쳐 적용하도록 하였다. 민사집행규칙 제108조 내지 제110조에 규정된 "자동차등록원부"는 "선박원부·어선원부·수상레저기구등록원부"로 보고, 민사집행규칙 제108조에 규정된 "특별시장·광역시장 또는 도지사"는 "지방해양수산청장(지방해양수산청출장소장을 포함)"이나 "시장·군수 또는 자치구의 구청장"으로 보며, 민사집행규칙 제109조 및 제110조에 규정된 "사용본거지"는 "선적항" 또는 "보관장소"로 본다.

123 자동차 등 특정동산 저당법 제3조(저당권의 목적물) 다음 각 호의 특정동산은 저당권의 목적물로 할 수 있다.
2. 선박등기법이 적용되지 아니하는 다음 각 목의 선박(이하 "소형선박"이라 한다)
가. 선박법 제1조의2제2항의 소형선박 중 같은 법 제26조 각 호의 선박을 제외한 선박
나. 어선법 제2조 제1호 각 목의 어선 중 총톤수 20톤 미만의 어선
다. 수상레저안전법 제2조 제4호의 동력수상레저기구 중 같은 법 제30조에 따라 등록된 모터보트

124 선박법 제8조의2, 어선법 제13조의2, 수상레저안전법 제33조의2.

제 4 절 동산에 대한 강제집행

[총설]

Ⅰ. 개설

1 민사집행법 제2편 제2장 제4절은 금전채권에 기초한 집행권원에 기하여 이루어지는 동산에 대한 집행절차를 규정하고 있다. 동산집행에 대한 제4절은 제1관에서 통칙을, 제2관에서 유체동산에 대한 강제집행을, 제3관에서 채권과 그 밖의 재산권에 대한 강제집행을, 제4관에서 배당절차를 각각 규정하고 있다.

Ⅱ. 민사집행법상 동산의 의미

2 여기서 말하는 동산은 부동산 및 이에 준하여 취급되는 것(입목에 관한 법률에 따라 소유권보존등기가 된 입목, 공장재단, 광업재단, 광업권, 어업권, 등기할 수 있는 선박, 등록된 항공기·자동차·건설기계·소형선박 등) 이외의 것을 말하며, 유체동산뿐만 아니라 채권 그 밖의 재산권을 포함한다. 부동산 이외의 유체물 및 전기 기타 관리할 수 있는 자연력을 의미하는 민법의 동산과는 개념과 범위가 다르다. 이는 독일 민사소송법의 용어인 동적 재산(das bewegliche Vermögen, 독일 민법상 동산은 die bewegliche Sache)을 일본 민사소송법 제정 당시 동산으로 번역하여 사용하였고, 우리도 이를 따르면서 나타난 현상이다.

Ⅲ. 민사집행법상 동산 집행절차의 개요

3 동산에 관한 집행절차 역시 부동산 및 이에 준하여 취급되는 것에 대한 집행에서와 마찬가지로, ① 집행할 대상인 채무자 소유의 동산을 압류하여 채무자의 처분권을 박탈하고 이를 국가에 이전시키는 압류절차, ② 유체동산의 경우 호가경매·입찰 등과 같은 매각절차나 특별한 현금화 방법, 채권 그 밖의 재산권의 경우 추심명령·전부명령이나 특별한 현금화 방법을 통해 이를 현금화하는 절차, ③ 현금화된 집행재산을 채권자에게 교부 또는 배당하는 절차로 진행된다.

제1관 통칙

[총설]

1 통칙에서는 유체동산과 채권 그 밖의 재산권에 대한 집행절차 모두에 통용될 내용을 규정하고 있다. 동산에 대한 집행절차는 압류에 의하여 개시되고 초과압류와 무잉여압류는 금지된다는 내용이다.

2 2002년 전부 개정 되기 전의 구 민사소송법은 통칙에서 압류할 물건에 제3자의 물상담보권이 있는 경우의 압류에 관하여 별도의 규정을 두고 있었으나 해당 규정은 삭제되었다. 유체동산에 대한 강제집행에 있어서는 민법, 상법 그 밖의 법률에 따라 우선변제청구권이 있는 채권자만 배당요구를 할 수 있으므로(민사집행법 제217조), 물상담보권자도 그에 의하면 충분하고, 우선변제청구의 소로 매각대금에 대한 우선변제를 청구하도록 하는 등 물상담보권자를 달리 취급할 이유가 없기 때문이다.[1]

1 법원행정처, 민사집행법 해설(2002), 214.

제 188 조 [집행방법, 압류의 범위]

① 동산에 대한 강제집행은 압류에 의하여 개시한다.
② 압류는 집행력 있는 정본에 적은 청구금액의 변제와 집행비용의 변상에 필요한 한도안에서 하여야 한다.
③ 압류물을 현금화하여도 집행비용 외에 남을 것이 없는 경우에는 집행하지 못한다.

[관련조문] 민사소송법 제265조, 민사집행법 제16조, 제17조, 제49조, 제92조, 제189조, 제194조, 제195조, 제200조, 제223조~제227조, 제237조, 제246조, 제258조, 민법 제99조, 제168조, 제175조, 제413조, 제648조, 제650조, 형법 제140조, 민사집행규칙 제17조, 제132조, 제140조, 제141조, 제142조, 집행관규칙 제19조

[참고문헌] 민법주해(Ⅲ) 총칙(3), 박영사(1992); 곽윤직/김재형, 민법총칙(제9판), 박영사(2013); 김일룡, 민사집행법강의(제2판), 오래(2018); 김홍엽, 민사집행법(제7판), 박영사(2022); 박두환, 민사집행법, 법률서원(2002); 이시윤, 신민사집행법(제8개정판), 박영사(2020); 전병서, 민사집행법(제4판), 박영사(2023); 김성균/강병훈, "채권집행에 있어서 소멸시효중단사유에 관한 소고", 이화여자대학교 법학논집 21권 3호(2017. 3.); 노재호, "민사집행절차와 소멸시효중단", 사법논집 제70집, 사법발전재단(2020); 배태연, "부동산의 압류·가압류 후에 설정된 담보물권의 효력과 배당우선순위", 사법논집 제21집, 법원도서관(1990) 青山善充, 不動産假押留の效力, 裁判實務大系4, 青林書院(1999)

Ⅰ. 개설

1 동산에 대한 강제집행은 압류에 의하여 개시된다. 유체동산의 경우는 집행관이 대상물의 점유를 취득하는 사실적·실력적 방법으로, 채권이나 그 밖의 재산권의 경우 집행법원이 압류명령을 하여 이를 송달하는 관념적 방법으로 한다.

2 유체동산 및 채권이나 그 밖의 재산권에 대한 압류에는 두 가지 일반원칙이 적용된다. 초과압류는 금지되므로, 압류는 집행력 있는 정본에 기재된 청구금액의 변제와 집행비용의 변상에 필요한 한도 안에서 하여야 한다. 무잉여압류도 금지되므로, 압류물을 현금화하여도 집행비용 외에 남을 것이 없는 경우에는 집행하지 못한다.

Ⅱ. 입법취지 및 입법례

1. 입법취지

3 초과압류의 금지는 채권자의 만족을 위하여 채무자에게 치명적 희생을 주지 않게끔 채권자의 만족과 채무자의 희생 사이에 비례의 원칙이 존중되도록 하기 위한 원칙이다. 무잉여압류의 금지 역시 유사한 취지로, 집행비용을 변상하고 잉여가 발생할 가망이 없는 경우면 압류를 실시하여도 압류채권자에게 실익이 없고 채무자에게 무익한 집행비용을 부담시키는 것이 되므로 압류를 금지한 것이다. 무잉여압류의 금지는 채무자 보호뿐만 아니라 무의미한 집행을 방지하는 공익적 측면도 고려한 원칙이다.

2. 입법례

4 독일 민사소송법과 일본 민사집행법에서도 초과압류의 금지 원칙과 무잉여압류의 금지 원칙을 정하고 있다. 초과압류의 금지 원칙과 관련하여서는, 이는 압류우선주의를 취하는 독일의 원칙을 옮겨온 것인데 채권자평등주의를 취하고 있는 우리나라 법제와 맞지 않는 측면이 있으므로 실무를 운용함에 있어 초과압류의 금지 원칙을 너무 엄격하게 적용하지 않아야 한다는 견해가 있고,[1] 채권자평등주의를 택하고 있는 프랑스와 이탈리아는 초과압류의 금지를 정하고 있지 않다.

Ⅲ. 압류 개설

1. 압류의 개념 및 집행기관

5 압류는 집행채권의 변제에 충당하기 위하여 국가가 강제적으로 채무자의 특정재산을 확보해 놓는 국가작용을 말한다. 그 본질은 채무자의 처분권을 박탈하는 데 있다.

6 동산에 대한 강제집행은 먼저 동산을 압류하고 나서 이에 기하여 현금화를 한 다음 이를 집행채권의 변제에 충당하는 것이 그 순서이다. 압류의 목적물이 유체동산일 때에는 집행관이, 채권 그 밖의 재산권일 때는 집행법원이 압류를 하는 집행기관이 된다. 이처럼 유체동산은 집행관의, 그 밖의 것은 집행법원의 직분관할로 되어 있고 또 집행방법도 다르므로 이를 위배한 집행은 무효로 되고

1 박두환, 민사집행법, 법률서원(2002), 479.

비록 집행이 종료되더라도 그 하자는 치유되지 아니한다. 예컨대, 건축 중인 건물로서 부동산으로 보아야 할 건물을 동산으로 보아 집행법원이 아닌 집행관이 압류하여 강제집행을 개시하였다면 그 집행은 무효가 된다.

2. 압류의 방법

7 유체동산에 있어서는 집행관이 그 물건을 점유함으로써 압류함이 원칙이고, 예외적으로 채무자에게 보관하게 할 수 있으나, 이때에는 봉인, 그 밖의 방법으로 압류물임을 명확히 하여야 한다(민사집행법 제189조 제1항 단서). 채권과 그 밖의 재산권에 대한 강제집행에 있어서는 집행법원이 압류명령을 채무자 및 제3채무자에게 송달함으로써 하되(제223조 내지 제227조), 지시채권(증권채권)의 경우에는 집행법원의 압류명령으로 집행관이 그 증권을 점유하여 한다(제233조).

3. 압류의 효력

가. 처분권의 상실 및 이전

1) 처분금지의 효력

8 압류가 되면 채무자는 그 재산에 대한 처분권을 상실하고 국가로 처분권이 이전된다. 따라서 채무자에 대해 처분금지의 효과가 발생한다. 이와 같은 취지가 채권과 그 밖의 재산권에 대한 압류의 경우는 압류명령에 기재되고(민사집행법 제227조 제1항), 부동산에 대한 압류의 경우는 채무자에 대한 처분금지의 효력이 있음을 당연한 전제로 하여 압류 후 목적부동산에 대한 권리를 취득한 제3자는 압류에 대항하지 못한다는 취지를 규정하고 있으며(제92조), 유체동산의 압류에 있어서는 채무자의 점유를 박탈함으로써 사실상 처분의 가능성을 없애고 또 형사상의 제재(형법 제140조 제1항 등)를 통하여 처분금지의 효과를 간접적으로 보장하고 있다.

2) 처분금지효력의 범위

9 이와 같이 압류에는 처분금지의 효력이 따르기 때문에 원칙적으로 채무자가 압류를 무시하고 그 재산을 양도하거나 제한물권의 설정과 같은 처분을 하면 무효로 되며, 채권압류의 경우 그 추심이나 제3채무자의 변제가 무효로 된다. 처분금지의 효력을 어느 범위에서 인정할 것인가에 관하여는 아래와 같이 견해가 나뉜다.[2]

2 각 설의 구체적 차이점에 관하여는 배태연, “부동산의 압류·가압류 후에 설정된 담보물권의 효력과 배당우선순위”, 사법논집 제21집, 법원도서관(1990), 401 이하 참조.

가) 절대무효설

10 먼저 처분금지의 효력을 가장 넓은 범위에서 인정하는 '절대무효설'이 있다. 압류에 위반되는 채무자의 처분행위는 절대적으로 무효이고 따라서 압류가 취소되거나 실효되더라도 유효로 되지 아니한다는 견해이다. 그러나 이 견해에 의할 경우 목적물을 환가하여 금전적 만족을 얻고자 하는 압류의 목적 달성에 필요한 범위를 넘어서까지 채무자의 처분행위를 금지함으로써 채무자의 이익 내지 일반 거래상의 안전을 지나치게 해하게 된다. 따라서 현재 이 견해를 취하는 입장은 찾아보기 어렵다.

나) 상대무효설

11 압류의 목적은 압류물의 환가에 의한 집행채권의 만족에 있으므로 그 범위 내에서만 처분금지에 저촉되는 행위의 효력을 부인하면 된다고 보아 처분금지에 위반되는 채무자의 처분행위라도 그 당사자 사이에서는 유효하고 집행채권자에 대한 관계에서만 무효라고 보는 견해이다. 이 견해에 의하면 처분금지에 위반되는 채무자의 행위라도 그 당사자 사이에서는 유효하고 집행채권자에 대한 관계에서만 무효라고 보게 된다. 상대무효설은 압류에 의하여 보호받는 집행채권자의 범위를 어떻게 볼 것인가에 따라 절차상대효설과 개별상대효설로 그 입장이 나뉜다.

(1) 절차상대효설

12 압류에 의한 집행절차가 존속하는 한 배당요구 등을 통하여 그 집행절차에 참가하는 모든 채권자에 대하여 채무자의 처분행위가 무효로 되고, 다만 압류가 취소나 취하 등에 의하여 실효된 경우에만 유효하게 될 뿐이라는 견해이다. 일본 민사집행법은 이를 입법화한 것이라 평가된다.[3]

(2) 개별상대효설

13 압류 후 채무자의 처분행위가 있으면 그 처분행위는 처분행위의 당사자 사이에서는 전적으로 유효하고, 압류채권자 및 채무자의 처분행위 이전에 집행절차에 참가한 채권자에 대한 관계에서는 무효이나 그 밖의 채권자에 대하여는 처분행위의 효력을 주장하여 대항할 수 있다는 견해이다.

3 이시윤, 신민사집행법(제8개정판), 박영사(2020), 274; 青山善充, 不動産假押留の效力, 裁判實務大系4, 青林書院(1999), 344 이하. 일본 민사집행법 시행 이전 일본의 통설 및 판례는 개별상대효설이었다.

다) 통설 및 판례

14 통설[4]과 판례는 개별상대효설이다. 민사집행법이 절차상대효설을 입법하였다고 볼 수 없으므로, 현행법의 해석으로는 개별상대효설이 타당하다.

15 [판례] 대법원 2004. 9. 3. 선고 2003다22561 판결
압류의 처분금지 효력은 절대적인 것이 아니고, 이에 저촉되는 채무자의 처분행위도 그 압류채권자와 처분 전에 집행절차에 참가한 압류채권자나 배당요구채권자에게 대항하지 못한다는 의미에서의 상대적 효력을 가지는데 그치므로 압류의 효력발생 전에 채무자가 처분한 경우에는 그보다 먼저 압류한 채권자가 있어 그 채권자에게는 대항할 수 없는 사정이 있더라도 그 처분 후에 집행에 참가하는 채권자에 대하여는 처분의 효력을 대항할 수 있는 것이고, 이는 가압류의 경우에도 마찬가지이므로 동일한 채권에 관하여 가압류명령의 송달과 확정일자 있는 양도통지가 동시에 제3채무자에게 도달함으로써 채무자가 가압류의 대상인 채권을 양도하고 채권양수인이 채권양도의 대항요건을 갖추었다면 다른 채권자는 더 이상 그 가압류에 따른 집행절차에 참가할 수는 없다.

3) 처분금지효력의 내용

가) 멸실 등으로 인한 위험부담

16 압류에는 처분금지의 효력이 있을 뿐, 이에 의하여 곧바로 재산의 귀속관계가 변경되는 것은 아니며 환가될 때까지 그 소유권은 채무자에게 속한다. 따라서 압류물이 멸실되거나 제3채무자의 무자력에 의해 손실이 생긴 경우에는 원칙적으로 채무자가 그 위험을 부담한다. 다만, 금전채권에 대한 전부명령에 있어서는 전부명령의 성격상 집행채권자가 그 위험을 부담하고, 집행관이 매각대금을 영수한 때에는 채무자가 지급한 것으로 보아 그 위험이 채권자에게 이전된다 (☞ 이에 관한 상세는 민사집행법 제208조 주석 참조).

나) 위반행위의 효력

17 처분권의 박탈은 강제집행을 실현하는데 필요한 범위 내의 제약이므로, 채무자가 압류 중에 압류물에 대하여 행한 처분은 압류가 취소되거나 해제되면 절대적으로 유효한 것으로 된다.

4 김일룡, 민사집행법강의(제2판), 오래(2018), 352; 김홍엽, 민사집행법(제7판), 박영사(2022), 327; 전병서, 민사집행법(제4판), 박영사(2023), 371. 향후 절차상대효의 입법으로 가야 한다는 견해로는 이시윤, 신민사집행법(제8개정판), 박영사(2020), 274~275 참조.

다) 처분금지효력의 주관적 범위

18 처분금지의 효력은 압류당한 채무자와 그 승계인에 대해서만 생기고 그 밖의 제3자에 대해서는 미치지 않는다. 따라서 채무자의 소유에 속하지 않는 물건이 잘못 압류되어도 압류의 당사자가 아닌 제3자는 처분권을 제한받지 않고, 제3자는 압류 중이라도 유효하게 이를 처분할 수 있고 양수인은 그 물건의 소유권을 취득한다.

나. 시효의 중단

19 압류하면 집행채권에 관하여 소멸시효중단의 효력이 발생한다(민법 제168조 제2호). 압류로 인한 시효중단의 효력이 언제 발생하는지에 관해서는 민법이나 민사집행법에 명시적인 규정이 없다.

20 통설은 압류로 인한 시효중단의 효력은 '압류를 신청한 때'에 생긴다고 한다.[5] 다만 구체적으로는 ① 압류의 집행에 착수하면 압류를 신청한 때 소급하여 시효중단의 효력이 생긴다고 보는 견해,[6] ② 압류를 신청하면 일단 시효중단의 효력이 발생하고 이후 압류의 집행에 착수하지 않으면 소급하여 시효중단의 효력이 소멸한다고 보는 견해[7]로 나뉜다.

21 판례는 가압류로 인한 시효중단의 효력발생시기와 관련하여, 가압류채권자의 권리행사는 가압류를 신청한 때에 시작된다는 등의 이유로 민사소송법 제265조를 유추 적용하여 가압류의 효력이 발생하면 '가압류를 신청한 때 소급하여' 시효중단의 효력이 생긴다고 하면서(대법원 2017. 4. 7. 선고 2016다35451 판결), 유체동산에 대한 가압류집행절차에 착수하지 않은 경우에는 시효중단의 효력이 없고, 집행절차를 개시하였으나 가압류할 동산이 없기 때문에 집행불능이 된 경우에는 집행절차가 종료된 때부터 시효가 새로이 진행된다고 본다(대법원 2011. 5. 13. 선고 2011다10044 판결). 이에 비추어 보면, 판례는 압류에 관하여도 일단 압류의 집행에 착수하면 압류를 신청한 때 소급하여 시효중단의 효력이 생긴다고 보는 입장으로 이해할 수 있다.

22 참고로 일본 판례는 집행을 신청한 때 일단 시효중단의 효력이 발생하되 이후 신청이 취하, 각하되거나 집행에 착수하지 못하면 소급하여 시효중단의 효력이

5 민법주해(Ⅲ) 총칙(3), 박영사(1992), 485(윤진수).
6 곽윤직/김재형, 민법총칙(제9판), 박영사(2013), 442; 전병서, 민사집행법(제4판), 박영사(2023), 374.
7 민법주해(Ⅲ) 총칙(3), 박영사(1992), 526(윤진수); 김성균/강병훈, "채권집행에 있어서 소멸시효중단사유에 관한 소고", 이화여자대학교 법학논집 21권 3호(2017. 3.), 7.

소멸한다는 태도를 취하고 있다.[8]

23 압류로 인한 시효중단은 압류의 집행이 착수되면 채권자가 압류를 신청한 때에 소급하여 효력이 발생한다고 봄이 타당하다. 채권자가 압류를 신청한 때 집행절차에서 채권을 행사하기 시작한 것으로 볼 수 있고, 집행기관의 집행절차가 지연되어 그 사이 소멸시효가 완성되도록 하는 것은 합리적이지 않다. 또한, 그와 같이 보는 것이 재판상 청구에 대해 시효가 중단된다고 보는 민사소송법 제265조와 균형이 맞는다. 단지 민법 제168조가 시효중단사유로 제1호의 '청구'와 구별하여 제2호에서 '압류' 등을 규정하고 있어서, 압류가 집행되지도 않았는데 압류의 신청만으로 바로 시효중단의 효력이 생긴다고 보는 것은 무리가 있으므로, 위와 같이 새기는 것이 적절하다.[9]

24 시효중단의 효력이 발생하였더라도 신청취하, 집행취소문서(민사집행법 제49조 제1호·제3호·제5호·제6호)의 제출에 의하여 집행절차가 취소된 때에는 중단의 효력이 없다(민법 제175조).

25 한편, 이미 채권의 소멸시효가 완성된 후에는 그 채권이 소멸되고 시효중단을 인정할 여지가 없으므로, 시효로 소멸된 채권을 청구채권으로 하여 채무자의 재산을 압류하더라도 이를 채권을 실현하기 위한 적법한 권리행사로 볼 수 없어, 그 압류에 의하여 소멸시효가 중단된다고 볼 수 없다(대법원 2010. 5. 13. 선고 2010다6345 판결). 다만, 이미 소멸시효가 완성된 어음채권을 원인으로 하여 집행력 있는 집행권원을 가진 채권자가 채무자의 유체동산에 대한 강제집행을 신청하고, 그 절차에서 채무자의 유체동산 매각대금이 채권자에게 교부되어 그 채무의 일부변제에 충당될 때까지 채무자가 아무런 이의를 진술하지 아니하였다면, 그 강제집행 절차의 진행을 채무자가 알지 못하였다는 등 다른 특별한 사정이 없는 한 채무자는 어음채권에 대한 소멸시효 이익을 포기한 것으로 볼 수 있고, 그 때부터 그 원인채권의 소멸시효 기간도 다시 진행하지만, 이렇게 소멸시효 이익을 포기한 것으로 보기 위해서는 채무자의 유체동산 매각대금이 채권자에게 교부되어 그 채무의 일부변제가 이루어졌음이 증명되어야 한다(대법원 2010. 5. 13. 선고 2010다6345 판결).

8 日最判 1984. 4. 24. (民集 38-6, 687).

9 이에 관한 상세한 논의는 노재호, "민사집행절차와 소멸시효중단", 사법논집 제70집, 사법발전재단 (2020) 참조.

다. 압류질권

26 우리 민사집행법은 동산집행에 있어 평등주의를 취하고 있는 까닭에 원칙적으로 압류에 압류질권의 효력이 따르지 않는다. 우선주의를 택하고 있는 독일 민사소송법이 동산에 대한 압류의 경우에 일반적으로 집행채권자는 그 대상인 동산에 대하여 압류질권(Pfändungspfandrecht)을 취득하고 압류채권자가 다른 채권자에 비해 우선변제를 받을 권리를 인정하고 있는 것과 대비된다(독일 민사소송법 제804조 제1항·제3항). 예외적으로 다음과 같은 경우에는 압류에 질권과 동일한 효력을 인정한다. ① 토지임대인이 임대차에 관한 채권에 의하여 임차지에 부속 또는 그 사용의 편익에 제공한 임차인의 소유동산 및 그 토지의 과실을 압류한 때(민법 제648조), ② 건물 기타 공작물의 임대인이 임대차에 관한 채권에 의하여 그 건물 기타 공작물에 부속한 임차인 소유의 동산을 압류한 때(제650조)에는 압류채권자에게 압류목적물로부터 우선변제받을 권리를 인정함으로써 평등주의에 대한 예외가 인정된다.

라. 압류의 무효

1) 압류의 적법요건

27 압류가 유효하려면 강제집행의 형식적 요건을 갖추어야 한다. ① 유효한 집행권원이 존재하고 그 송달이 유효할 것, ② 강제집행을 위해 집행문이 필요한 경우 집행문이 부여되어 있을 것, ③ 집행에 조건이나 기한이 있는 경우 그 조건이 성취되거나 기한이 도래할 것, ④ 집행장애사유의 부존재, ⑤ 직분관할을 갖는 집행기관에 의하여 집행이 이루어질 것, ⑥ 봉인 그 밖의 방법으로 압류물임을 명확히 할 것, ⑦ 유체동산에 있어서는 채무자 또는 채권자가 점유하거나 제3자가 점유하는 경우에는 그 제3자가 제출을 거부하지 않을 것 등이 그와 같은 요건이다. 압류의 효력은 압류가 이와 같은 법률상의 요건을 갖추었을 경우에 비로소 적법·유효하게 된다. 그러나 이와 같은 형식적 요건이 아닌 실체적 요건, 예컨대 압류의 근거가 된 집행권원에 표시된 채권이 실제 존재하는지, 압류물이 실제 채무자의 소유이거나 그 책임재산에 속하는지는 압류의 효력요건이 아니다. 또한 집행개시의 요건을 갖추지 못하였어도 취소되기까지는 압류의 효력에 아무런 영향이 없다.

2) 압류의 유효요건

가) 기준

28 압류가 법률상 요건을 위배하였다고 하여 어느 경우에나 당연히 무효로 되는 것은 아니고, 강제집행의 기본적 요건 또는 방식에 위반한 경우에 한하여 무효로 된다. 그렇지 못한 경우에는 집행에 관한 이의 등을 거쳐 취소될 수 있을 뿐이다.

나) 무효로 되는 경우

29 압류가 기본적 요건을 갖추지 못하였거나 기본적 방식을 위반하여 당연무효로 되는 경우는 다음과 같다. ① 집행권원이 없는데도 집행문이 부여되어 이에 의하여 압류한 때, ② 치외법권자에 대하여 압류한 때, ③ 집행법원의 소관인 것을 집행관이 집행한 경우와 같이 직분관할권이 없는 집행기관에 의하여 압류가 이루어진 때, ④ 유체동산의 압류에 있어서 압류물에 대한 점유나 봉인이 이루어지지 않은 경우, ⑤ 채권과 그 밖의 재산권을 압류함에 있어서 제3채무자에게 압류명령을 송달하지 아니한 경우에는 압류가 무효이다. 이와 같이 압류가 무효일 때에는 처분권의 상실이란 압류의 효력 또한 처음부터 발생하지 않는다.

30 [판례] 대법원 1984. 8. 21. 선고 84 도 855 판결

유체동산압류에 있어 봉인 그 밖의 방법으로 압류를 명백히 하였다면 그 압류는 유효하고, 압류조서의 작성 자체는 압류사실을 기록·증명하는 것에 불과하여 압류처분의 효력발생요건이라 할 수 없으므로, 압류조서목록에 압류대상 물건의 기재가 누락되었어도 그 압류는 유효하다.

다) 무효로 볼 수 없는 경우

31 이처럼 강제집행의 기본적 요건 또는 방식에 위반한 경우가 아닌 때에는 압류가 무효로 되지는 않고 이를 취소할 수 있음에 그친다. 예컨대, ① 압류금지물에 대하여 압류가 된 경우(집행에 관한 이의사유가 될 뿐이다), ② 집행권원의 송달 없이 압류한 경우(이 경우 집행 계속 중에 집행권원을 송달하면 하자가 치유된다)를 들 수 있다.

마. 압류의 소멸

1) 목적 달성으로 인한 소멸

32 압류는 현금화의 전제이기 때문에 현금화 절차가 완결됨으로써 소멸한다. 매각물을 매수인에게 인도한 경우가 이에 해당한다.

2) 압류의 해제

33 집행신청의 취하 그 밖의 집행취소사유에 기하여 집행기관이 압류를 해제한 경우에도 압류는 소멸한다. 압류된 채권이 기본계약관계의 해지·실효 또는 소멸시효 완성 등으로 인하여 소멸된 경우(대법원 2017. 4. 28. 선고 2016다239840 판결)나 압류된 유체동산이 멸실, 부합 또는 가공된 경우에도 압류가 소멸한다. 그러나 집행채권이 소멸하거나 집행기관이 그 의사에 반하여 목적물의 점유를 상실한 경우, 권한 없이 압류표시가 훼손된 때에는 압류가 소멸하지 않는다. 집행불허의 판결이 있는 경우에도 그 정본이 제출되어 이에 따라 집행기관이 압류를 해제하여야 비로소 압류가 소멸한다.

Ⅳ. 압류의 일반적 제한

1. 강제집행의 공통된 원칙

34 민사집행법 제188조 제2항은 초과압류의 금지를, 민사집행법 제188조 제3항은 무잉여압류의 금지를 규정하고 있다. 이와 같은 압류의 일반적 제한은 동산에 대한 집행에 국한되지 않고 널리 부동산이나 선박 등에 대한 집행에 있어서도 인정되고 있다(민사집행법 제91조 제1항 등). 이러한 압류의 금지는 원칙적으로 집행처분을 하기 전에 있어서의 압류에 대한 제약이지만, 압류 후에 잉여의 가망이 없음이 밝혀지거나 매각의 가망이 없는 경우에도 압류를 취소하여야 한다.

2. 초과압류의 금지

가. 의의

35 압류는 집행력 있는 정본에 적은 청구금액의 변제와 집행비용의 변상에 필요한 한도 내에서 이루어져야 한다. 채권자의 만족과 채무자의 희생 사이에 비례의 원칙이 존중되도록 하기 위한 원칙으로, 강제집행절차의 목적에서 나오는 귀결이라 볼 수 있다. 초과압류금지의 적정한 실천을 위해서는 당해 압류물의 가액을 적절히 평가하는 것이 선행되어야 하므로 민사집행법은 값이 비싼 고가물인 경우에는 매각에 앞서 필요적으로 적당한 감정인으로 하여금 이를 평가하도록 하고 있고(민사집행법 제200조), 민사집행규칙은 집행관으로 하여금 유체동산을 압류함에 있어서는 스스로 그 물건의 가액을 평가하여 이를 압류조서에 적도록 하고 있으며(민사집행규칙 제134조 제2항), 집행관규칙은 고가물이 아니더라도 필

요하다고 인정되는 때에는 감정인에게 평가를 하게 할 수 있도록 규정하고 있다(집행관규칙 제19조).

나. 내용

36 민사집행법 제188조 제2항의 '청구금액'이란 집행력 있는 정본에 적은 원금, 이자, 지연손해금의 합계금액을 의미한다. 압류의 경합이나 배당요구가 있는 경우에는 이중압류채권자 또는 배당요구채권자의 청구금액까지 아울러 의미한다. '집행비용'이란 강제집행에 필요한 것으로서 강제집행에 의하여 우선적으로 변상받을 수 있는 비용 전액을 가리킨다. 집행비용은 소송비용과 달리 집행권원에 기재되지 않으나, 집행권원상 채무자가 당연히 부담하여야 하는 성질의 것으로, 먼저 집행채권자가 그 비용을 예납한 후 집행종료 시(즉 배당 시)에 집행기관이 직권으로 실제 소요된 비용을 계산하여 매각대금으로부터 집행채권에 우선하여 변상받게 되므로, 이에 관하여는 별도의 집행권원이 필요하지 않다.

다. 적용범위

37 초과압류의 금지 규정은 채무자의 수개의 동종 재산 또는 다른 종류인 수개의 재산에 대하여 동시에 압류하는 때에 적용된다. 수개의 유체동산 또는 채권에 대하여 집행하는 경우뿐만 아니라 유체동산과 채권을 동시에 압류하는 경우에도 적용된다. 또한 청구금액과 집행비용을 고려할 때 강제집행에 적당한 재산이 있음에도 그보다 훨씬 고가의 재산에 대하여 압류를 신청하면 이는 허용되지 않는다. 그러나 채무자에게 압류할 수 있는 재산이 불가분적인 한 개의 물건·권리밖에 없는 때에는 그 가액이 집행채권의 만족과 집행비용의 변상에 필요한 범위를 초과하여도 압류할 수 있다.

38 제3채무자가 연대채무자인 경우에는 하나의 집행채권으로 여러 연대채무자를 상대로 채권압류를 하더라도 그 채권의 압류는 초과압류가 될 수 없다. 제3채무자가 연대채무자인 경우에는 채권자가 그중 어느 한 사람으로부터 만족을 얻으면 그 효력이 다른 연대채무자에게 미쳐(민법 제413조) 다른 연대채무자는 청구이의의 소를 통하여 채권자의 집행을 정지 또는 취소시킬 수 있기 때문이다.

39 여러 연대채무자에 대한 유체동산압류에 있어서는 최초에 압류한 물건의 가액이 채권액을 넘어서면 다른 연대채무자에 대한 압류를 계속할 수 있는지 문제될 수 있는데, 압류는 채무자별로 독립적으로 행하는 것이고 압류의 한도와 매각의 한도는 구별되어야 하므로 연대채무자 각자에 대하여 채권액에 달하기까

지 동시 또는 순차로 압류할 수 있다고 봄이 타당하다. 합동채무와 부진정연대채무도 연대채무와 같다.

라. 효력

40 초과압류의 금지는 효력규정은 아니다. 따라서 이에 위반하여 압류하여도 그 압류가 당연히 무효가 되는 것은 아니다. 초과압류에 해당하는 때에는 채무자는 집행에 관한 이의로 다툴 수 있다. 이의사유의 유무의 판단은 결정 당시를 기준으로 할 것이고, 압류 시가 기준이 되지는 않는다. 초과압류에 해당한다는 사실에 대한 입증책임은 채무자가 부담한다. 채권자 또는 집행관이 고의로 초과압류를 감행한 경우에는 채무자에 대한 불법행위가 될 수 있다.[10]

마. 초과압류의 취소

41 집행관은 집행착수 단계에서 채권자의 신청이 있더라도 초과압류에 해당하면 그 집행의 신청을 거절하여야 하고, 압류 후에 그 압류가 민사집행법 제188조 제2항의 한도를 넘는 사실이 분명하게 된 때에는 넘는 한도에서 압류를 취소하여야 한다(민사집행규칙 제140조 제1항). 초과압류금지의 제한은 집행착수의 한계를 정한 것이다. 초과압류의 의심이 생긴 것만으로는 부족하므로 그와 같은 경우라면 매각을 실시하여야 하고, 초과압류인 사실이 분명하게 된 때 이를 취소하여야 한다. 압류 후에 초과압류임이 분명하게 되는 경우로는 원시적인 사유에 의한 경우와 후발적인 사유에 의한 경우가 있는데, 집행관이 압류 당시 그 한도내인 것으로 판단하여 압류하였으나 압류 당시의 평가가 과소평가였다거나 채권액을 잘못 계산한 것 등이 전자의 사유에 해당하고, 압류물의 가치가 압류 후 상승한 경우나 경합채권자 중 1인이 집행신청을 취하한 경우 등이 후자의 사유에 해당한다. 초과압류의 취소는 집행관의 재량이 아니므로, 원시적인 사유이든 후발적인 사유이든 초과압류인 것이 분명하게 된 때에는 집행관은 직권으로 이를 반드시 취소해야 한다.

42 취소의 범위를 정함에 있어서는, 압류채권자의 채권액뿐 아니라 배당요구채권자의 채권액도 고려하여야 한다.

43 초과압류금지 규정에 따른 압류 취소는 압류물 전부에 대하여가 아니라 그 초과한 한도에서 이루어진다. 따라서 이 경우 압류물 중 압류를 취소할 동산을 선

10 RGZ 143, 118, 123, BGH JR 1956, 186.

택할 필요가 생기는데, 선택의 여지가 있는 때에는 압류 대상 동산을 선택하는 경우와 마찬가지로 채권자의 이익을 해치지 아니하는 범위 안에서 채무자의 이익을 고려하여야 한다(민사집행규칙 제132조 참조).

44 집행관이 초과압류금지 규정에 따라 압류를 취소한 때에는 채권자에게 그 취지와 취소의 이유를 통지하여야 하고(민사집행규칙 제17조), 압류물을 수취할 권리를 갖는 사람에게 압류취소의 취지를 통지하고 압류물이 있는 장소에서 이를 인도하여야 하며, 압류물을 수취할 권리를 갖는 사람이 이미 압류물을 보관 중인 때에는 그에게 압류취소의 취지만 통지하면 된다(제142조 제1항). 압류물을 수취할 권리를 갖는 사람이 채무자 외의 사람인 때에는 채무자에게도 압류가 취소되었다는 취지를 통지하여야 한다(제142조 제2항). 압류가 취소된 유체동산을 인도할 수 없는 경우에는 집행관은 집행법원의 허가를 받아 입찰 또는 호가경매의 방법으로 이를 매각하고 비용을 뺀 뒤 나머지 대금을 공탁하여야 한다(민사집행규칙 제142조 제3항, 민사집행법 제258조 제6항).

45 집행관의 압류취소처분에 대하여 채권자는 집행에 관한 이의로써 다툴 수 있다(민사집행법 제16조). 집행이 완료된 이후에는 집행에 관한 이의가 허용되지 않지만, 초과압류취소의 경우에는 취소되지 않고 남은 부분의 압류에 기하여 집행절차가 계속되므로 집행에 관한 이의가 허용된다. 따라서 유체동산 매각에 있어 집행관은 매각기일에 초과압류라는 채무자의 이의신청이 이유 있다고 판단되면 그 초과 부분의 매각을 허가하지 아니하고, 그 부분의 압류를 해제하면 된다.

46 만일 초과압류에 해당하지 않음에도 압류 취소가 이루어진 때에는 집행법원이 다시 압류를 명하게 된다. 집행법원이 채권자의 집행이의 신청을 기각·각하한 때에는 즉시항고를 할 수 있다(민사집행법 제17조 제1항).

3. 무잉여압류의 금지

가. 의의

47 압류한 재산을 현금화하여도 집행비용 외에 남을 것이 없으면 압류는 단지 채무자를 괴롭히는 것일 뿐 채권자에게 아무런 도움을 주지 못하므로 이러한 압류는 금지된다(민사집행법 제188조 제3항). 민사집행법 제188조 제3항은 채무자를 보호함과 더불어 무의미한 집행을 피한다는 공익적 목적의 달성에도 그 취지가 있다. 집행비용 외에 남을 것이 있느냐는 집행기관인 집행관이 판단한다. 집행비용 외

에 남을 것이 있는지의 여부를 판단함에 있어서는 압류채권자의 채권에 우선하는 채권의 액수도 고려하여야 한다(민사집행규칙 제140조 제2항). 압류물이 수개인 때에는 그 전체를 현금화하였을 때 얻을 수 있는 가액을 기준으로 한다. 현금화할 수 있는 교환가치가 없는 물건인 경우에도 이 규정에 따라 압류가 금지된다.

나. 효력

48 무잉여압류금지 규정도 효력규정이 아니라고 해석되므로 이에 위반한 압류도 당연무효가 아니고 집행에 관한 이의사유로 될 뿐이다.

다. 무잉여압류의 취소

49 집행관이 압류할 당시 잉여의 가망이 없다고 인정하는 때에는 집행관은 그 압류를 하지 않고 집행신청을 거절하면 된다. 이 경우는 압류취소의 문제가 생기지 않는다. 그러나 압류 당시에는 잉여의 가망이 있다고 판단하여 압류를 하였더라도 우선권자의 배당요구나 압류물의 일부에 대하여 집행정지서류가 제출되는 등의 사유로 인하여 후발적으로 잉여의 가망이 없게 된 때에는 그 압류를 유지하여 현금화까지 나아갈 필요가 없으므로 이미 실시한 압류를 취소하고 집행절차를 종료하면 된다. 무잉여의 사유가 압류물 전체에 대해 발생한 경우에는 압류를 전부 취소하고, 무잉여의 사유가 압류물 중 일부에 대해서만 발생한 경우(예컨대 특정한 압류물에만 질권이 설정되어 있고 그 질권의 피담보채무가 압류물의 가액을 상회하는 경우)에는 해당 동산에 대하여만 압류를 취소한다. 무잉여압류의 취소에 있어서도 취소의 통지, 압류물의 인도, 불복방법 등은 초과압류의 취소 방법과 같다(민사집행규칙 제17조, 제142조).

4. 매각의 가망이 없는 경우의 압류 취소

가. 의의

50 집행관은 압류물에 관하여 상당한 방법으로 매각을 실시하였음에도 매각의 가망이 없는 때에는 그 압류물의 압류를 취소할 수 있다(민사집행규칙 제141조). 이는 현금화 가능성이 없는 무용한 압류물을 무제한 압류한 뒤 장기간에 걸쳐 매각하지 않고 방치하는 폐해를 방지하기 위함이다. 채무자에게 주관적 가치나 사용가치는 있어도 시장가치가 없어 현금화할 수 없는 유체동산에 대한 압류를 계속 유지하는 것은 채무자에게 불편과 고통을 주는 것일 뿐 강제집행의 목적 달성에는 아무런 도움이 되지 않기 때문이다.

51 매각의 가망이 없는 압류를 금지하는 취지에 비추어 볼 때 압류 당시 현금화 가능성이 없음이 명백한 동산은 압류하여서는 안 된다. 현금화가 가능하더라도 그 가액이 현재의 경제실정과 거래통념에 비추어 무의미할 정도의 저가일 것으로 예상되는 경우에도 압류의 대상으로 삼지 않는 것이 바람직하다.

나. 요건

52 집행관이 압류된 물건의 현금화를 위하여 상당한 노력을 하여도 현금화를 할 수 없는 경우 그 취소가 허용되는 것이고, 집행관의 자의에 의한 압류의 취소가 허용되는 것은 아니다. 매각의 가망이 없는 경우의 압류 취소는 '상당한 방법으로 매각을 실시하였을 것'을 요건으로 하므로 단순히 매각기일의 연기·변경이 여러 차례 이루어졌다거나 압류 후 오랜 시간이 지났다는 것만으로는 여기에 해당하지 않는다. 상당한 방법이란 압류물의 종류·형상·용도·보관장소·형태·수요의 정도 등을 고려한 적정한 매각방법을 말하고, 호가경매나 입찰 등에 한정되는 것은 아니고 집행관이 적절하게 판단하여 그 매각방법을 결정한 경우에도 이에 해당한다. 매각의 가망이 없는 때란 위와 같은 방법으로 매각기일을 열었으나 적법한 매수신청이 없는 것을 말한다. 매수신청이 있어도 그 금액이 사회통념상 상당하지 않을 정도로 낮은 가액인 때에는 매각을 허용하지 않을 수 있으므로, 이 경우도 매각의 가망이 없는 것으로 본다.

다. 절차

53 집행관이 매각의 가망이 없어 압류를 취소함에 있어 집행법원의 허가는 필요하지 않다. 민사집행규칙 제140조 제1항·제2항과 달리 압류의 취소가 의무적인 것은 아니다. 매각의 가망이 없는 경우의 취소에 있어서도 취소의 통지, 압류물의 인도, 불복방법 등은 초과압류의 취소방법과 같다(민사집행규칙 제17조, 제142조).

V. 압류의 개별적 제한

1. 민사집행법에 의한 개별적 제한

54 민사집행법 제188조 제2항·제3항에서 정한 압류의 제한은 집행채권과 압류물의 가액을 총체적으로 대비하여 그 한계를 정하고 있는 것이라 할 수 있다. 이에 비하여 채무자와 그 가족의 최저생활과 영업활동 등을 보호하고 보장하기 위한 사회정책적 배려에서 개별적으로 압류가 제한되는 경우가 있다. 민사집행법 제195조

의 압류금지물, 제246조의 압류금지채권 등이 이에 해당한다(☞ 상세는 민사집행법 제195조, 제246조 주석 참조).

55 국가에 대한 강제집행의 경우 국유재산 중 어느 것이나 압류의 대상이 되는 것이 아니고 국고금만 압류할 수 있다(민사집행법 제192조)(☞ 상세는 민사집행법 제192조 주석 참조).

2. 특별법에 의한 압류 등

56 공장 및 광업재단 저당법에 의한 공장재단 또는 광업재단의 구성물에 대하여는 공장재단 또는 광업재단과 분리하여 압류하지 못하는 것(공장 및 광업재단 저당법 제14조, 제54조)과 같이, 정책적 이유로 특별법에서 개별적으로 강제집행이나 압류 또는 양도 등을 금지하거나 제한하고 있는 경우가 다수 있다(☞ 상세는 민사집행법 제195조 주석 참조).

제 2 관 유체동산에 대한 강제집행

[총설]

1 민사집행법 제2편 제2장 제4절 제2관에서는 금전채권에 기초한 강제집행 중 유체동산을 대상으로 하는 강제집행절차에 관하여 규정한다. 유체동산에 대한 집행의 특색은 다른 집행절차에서와 달리 집행관이 원칙적인 집행기관이라는 데 있다. 그 절차를 개관하면 다음과 같다. 채권자가 집행관에 대하여 집행신청(집행위임)을 하면 집행관은 채무자 소유의 유체동산 중 압류금지물을 제외하고 압류를 한 뒤 압류물을 입찰 또는 호가경매, 그 밖에 적당한 매각의 방법으로 현금화한다. 다만 집행법원은 직권 또는 압류채권자, 배당요구채권자나 채무자의 신청으로 특별한 방법으로 현금화하도록 명할 수 있다. 집행관은 채권자가 단일한 경우에는 압류한 금전 또는 압류물을 현금화한 대금을 압류채권자에게 인도하여야 한다. 이중압류, 공동집행 또는 배당요구의 결과 채권자가 다수인 경우 집행관은 압류금전 또는 매각대금이 모든 채권자를 만족시킬 수 있는 때에는 각 채권자에게 채권액에 해당하는 금액을 교부하고 나머지를 채무자에게 인도한다. 모든 채권자를 만족하게 할 수 없는 경우 채권자 사이에 배당협의가 이루어지면 협의의 결과에 따라 교부하고, 협의가 이루어지지 않으면 집행관이 현금화한 대금을 공탁하고 그 사유를 집행법원에 신고하여 집행법원이 배당절차를 실시한다.

[유체동산 집행절차의 도해][1]

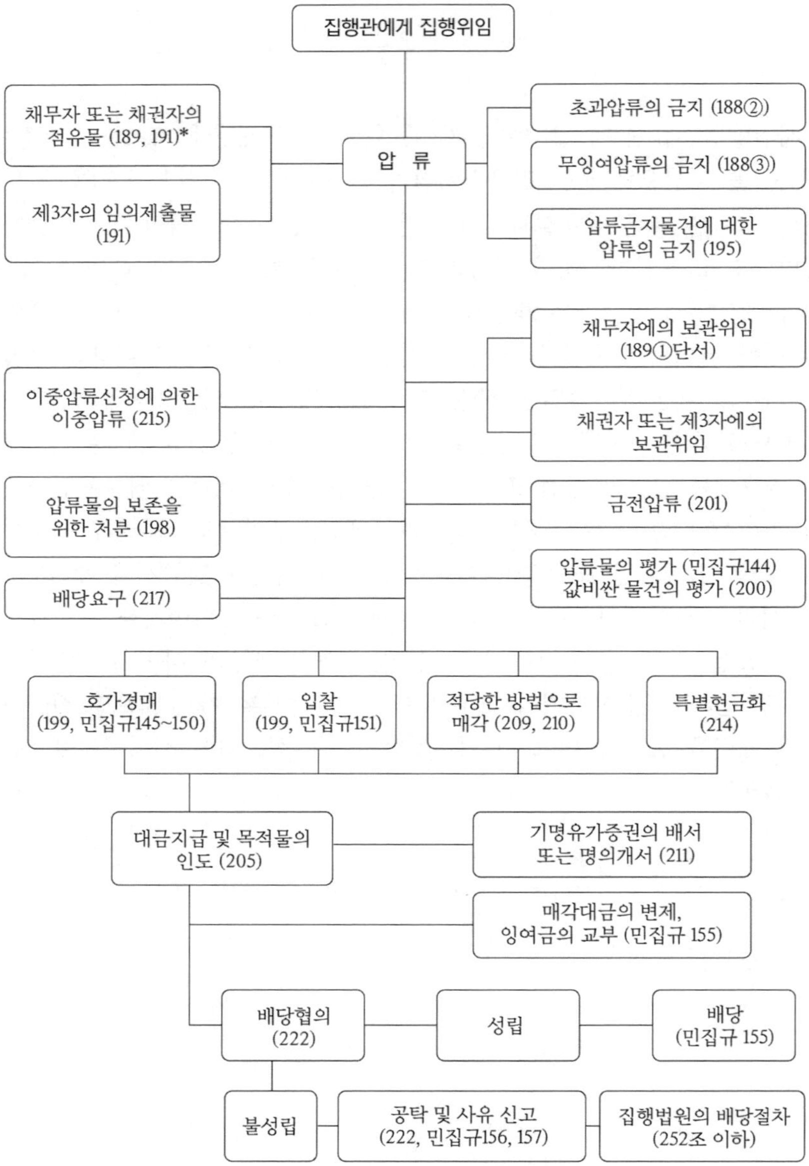

* ( ) 안은 해당 조문임

1 법원실무제요, 민사집행[Ⅳ], 사법연수원(2020), 5.

제 189 조 [채무자가 점유하고 있는 물건의 압류]

① 채무자가 점유하고 있는 유체동산의 압류는 집행관이 그 물건을 점유함으로써 한다. 다만, 채권자의 승낙이 있거나 운반이 곤란한 때에는 봉인(封印), 그 밖의 방법으로 압류물임을 명확히 하여 채무자에게 보관시킬 수 있다.

② 다음 각호 가운데 어느 하나에 해당하는 물건은 이 법에서 유체동산으로 본다.

1. 등기할 수 없는 토지의 정착물로서 독립하여 거래의 객체가 될 수 있는 것
2. 토지에서 분리하기 전의 과실로서 1월 이내에 수확할 수 있는 것
3. 유가증권으로서 배서가 금지되지 아니한 것

③ 집행관은 채무자에게 압류의 사유를 통지하여야 한다.

[관련조문] 민사집행법 제4조~제12조, 제28조, 제159조, 제172조, 제187조, 제191조, 제193조, 제198조, 제202조, 제205조, 제213조, 제215조, 제220조, 제233조, 제234조, 제251조, 제256조,, 민법 제99조, 제100조, 제101조, 제102조, 제194조, 제195조, 제204조~제206조, 제526조, 형법 제140조, 법원조직법 제55조, 집행관법 제2조, 공장 및 광업재단 저당법 제12조, 제54조, 입목에 관한 법률 제2조, 제3조, 동산·채권 등의 담보에 관한 법률 제2조, 민사집행규칙 제3조, 제6조, 제106조, 제108조, 제130조~제138조, 제145조, 제148조, 제151조, 집행관수수료규칙 제25조, 집행관규칙 제4조, 제16조, 제18조, 정보처리시스템에 의한 집행관 사무처리 규칙 제3조

[참고문헌] 강대성, 신민사집행법, 탑북스(2014); 김홍엽, 민사집행법(제7판), 박영사(2022); 박두환, 민사집행법, 법률서원(2002); 이시윤, 신민사집행법(제8개정판), 박영사(2020); 전병서, 민사집행법(제4판), 박영사(2023); 법원실무제요, 민사집행[IV], 사법연수원(2020); 이혜정 외 2인, 가상자산에 대한 민사집행 연구, 사법정책연구원(2022)

Badstuber, “Bitcoin und andere Kryptowährungen in der Zwangsvollstreckung”, DGVZ 2019, 246; Effer-Uhe, “Kryptowährungen in Zwangsvollstreckung und Insolvenz am Beispiel des Bitcoin”, ZZP 2018, 513; Koch, “Die Zwangsvollstreckung in virtuelle Währungen”, DGVZ 2020, 85; 高松 志直, “電子マネ―および仮想通貨に対する強制執行 (実務研究会報告)”, 金融法務事情 第2067号(2017); 片岡 義広, “ビットコイン等のいわゆる仮想通貨に関する法的諸問題についての試論”, 金融法務事情 第1998号(2014); 菅野百合/高田和貴, “仮想通貨と債権保全·回収に関する実務的考察”, NBL No.1131(2018)

Ⅰ. 개설

1 민사집행법 제189조 제1항·제3항은 유체동산에 대한 압류의 방법에 관한 원칙적인 규정이다. 유체동산에 대한 강제집행은 압류에 의하는데, 그 압류는 집행관이 집행기관으로서 그 물건을 점유함으로써 하며, 채무자에게 압류의 사유를 통지하여야 한다.

2 민사집행법 제189조 제2항은 유체동산으로 보아 그 강제집행의 방법을 유체동산집행절차에 따르도록 하는 대상을 민법상 동산 개념보다 확장하여 정하고 있다. 민사집행법은 강제집행의 대상을 유체동산, 채권 그 밖의 재산권, 부동산, 선박, 자동차, 중기, 항공기로 분류하여 그 집행방법을 달리 하고 있는 등 강제집행에 있어서의 취급이 반드시 민법상 동산, 부동산의 개념에 따라 정해지는 것은 아니다. 어느 재산에 대한 강제집행을 어떠한 집행방법에 의하여 할 것인가는 입법정책에 달린 일이고 그 재산에 대한 실체법상의 분류와 반드시 연동하는 것은 아니다.

Ⅱ. 입법취지

3 민사집행법 제189조 제1항·제3항이 채무자가 점유하고 있는 유체동산을 압류할 수 있도록 규정한 것은 채무자의 재산에 속하는지의 판단은 물건이 채무자의 소지에 있는가를 일응의 표준으로 하여 결정한다는 취지로, 형식주의 내지 점유외관주의에 따른 것이다. 채무자가 소지하는 물건은 어느 것이나 압류하여도 무방하다거나 위 각 조항에 따라 압류하면 어느 경우나 유효하게 된다는 의미가 아니다. 물건의 소지자가 원칙적으로 해당 물건의 소유자라 봄이 경험칙에 맞다. 또한 채무자의 재산에 속하는지를 소지라는 외관적 사실을 표준으로 삼아 결정하도록 하지 않으면 집행관이 압류를 하면서 실체적 귀속관계를 가려야 하는데, 이는 집행관의 직책에 적합하지 않고 집행의 간이성·신속성을 위해서도 바람직하지 않다. 채무자가 소지하면 그 재산에 속하는 것으로 보는 것은 사실상의 추정일 뿐 민법 제200조와 같은 법률상 추정은 아니다. 따라서 집행관은 채무자가 소지하고 있더라도 채무자의 재산에 속하는 것이 아님이 명백하거나 이를 알고 있으면 압류를 하여서는 안 된다. 대법원은 '집행관이 채무자 아닌 제

3자의 재산을 압류한 경우에 채권자가 압류 당시 그 압류목적물이 제3자의 재산임을 알았거나 알지 못한 데 과실이 있다면 집행관이 채무자 아닌 제3자의 재산을 압류함으로써 받은 제3자의 손해에 대하여 불법행위자로서 배상책임을 진다'고 판시하고 있다(대법원 2003. 7. 25. 선고 2002다39616 판결). 채무자가 소지하는 유체동산은 타인의 소유에 속하는 것이라도 압류 자체는 적법하게 할 수 있고, 이때 진실한 소유자는 제3자 이의의 소로써 자기 권리를 지킬 수 있다.

4 민사집행법 제189조 제1항·제3항은 유체동산에 대한 집행의 집행기관이 집행관이라 정하고 있는데, 유체동산은 귀금속과 같이 큰 금액의 것도 있지만, 일반적으로는 가치가 크지 않고, 압류물에 대한 사실적 지배가 적합하며, 대체로 권리관계도 복잡하지 않으므로 집행관을 집행기관으로 정한 것이다.[1]

5 토지의 정착물은 민법상 부동산이나, 등기할 수 없는 토지의 정착물로서 독립하여 거래의 객체가 될 수 있는 것은 유체동산 집행의 대상이다. 등기할 수 없어 부동산집행절차에 의하기 어려우나 독립하여 거래의 객체가 될 수 있어 현금화가 가능한 물건에 대하여 유체동산집행절차에 따라 강제집행을 할 수 있도록 한 것이다. 과실은 토지에서 분리하기까지는 토지의 정착물로(민법 제98조 제1항, 제101조 제1항, 제102조 제1항) 독립하여 거래의 대상이 되지 않고 그에 대한 강제집행은 토지에 대한 강제집행에 부수할 수밖에 없다. 그러나 미분리과실이라도 독립하여 거래의 대상이 되는 거래현실을 고려하여 이 역시 유체동산 집행의 대상으로 정한 것이다. 유가증권으로서 배서가 금지되지 아니한 것도 유체동산 집행의 대상이다. 채권 그 밖의 재산권에 대한 집행방법에 의하지 않고 유체동산집행절차에 의하여도 강제집행을 용이하게 할 수 있기 때문이다. 1990년 민사소송법 개정 전에는 어음·수표 등 지시채권을 채권집행의 대상으로 하였는데, 집행관이 유체동산의 집행 시 금고 등에서 어음·수표를 발견하여도 채권집행의 대상이라 바로 압류하지 못하는 불편이 문제되어 유체동산과 마찬가지로 집행관의 직분관할로 한 것이다.[2]

1 전병서, 민사집행법(제4판), 박영사(2023), 366.
2 이시윤, 신민사집행법(제8개정판), 박영사(2020), 415.

Ⅲ. 압류의 대상

1. 유체동산일 것

가. 민법상 동산

6 민법상 동산은 원칙적으로 유체동산집행의 대상이다. 그러나 다른 법령에 특별한 규정이 있는 경우에는 아래와 같이 유체동산집행의 대상에서 제외된다.

1) 선박, 자동차, 건설기계, 항공기

7 선박법 및 선박등기법에 의하여 등기할 수 있는 선박[총톤수 20톤 이상의 기선과 범선 및 총톤수 100톤 이상의 부선(다만 선박계류용·저장용 등으로 사용하기 위하여 수상에 고정하여 설치하는 부선은 제외되나, 공유수면 관리 및 매립에 관한 법률 제8조에 따른 점용 또는 사용 허가나 하천법 제33조에 따른 점용허가를 받은 수상호텔, 수상식당 또는 수상공연장 등 부유식 수상구조물형 부선은 포함된다)]은 선박집행(민사집행법 제172조)의, 자동차관리법에 의하여 등록된 자동차와 자동차 등 특정동산 저당법에 따른 소형선박은 자동차집행(민사집행법 제187조, 민사집행규칙 제108조, 제130조)의, 건설기계관리법에 따라 등록된 건설기계는 건설기계집행(민사집행법 제187조, 민사집행규칙 제130조)의, 항공안전법에 의하여 등록된 항공기와 경량항공기는 항공기집행(민사집행법 제187조, 민사집행규칙 제106조)의 대상으로 되므로 유체동산집행의 대상에서 제외된다. 등기의 대상이 아닌 선박, 등록대상이지만 등록되지 아니하였거나 등록이 말소된 항공기, 자동차, 건설기계, 소형선박 등은 유체동산으로서 압류할 수 있다.[3]

2) 공장재단 및 광업재단

8 공장 및 광업재단 저당법에 의한 공장재단 또는 광업재단을 구성하는 기계, 기구, 차량, 선박, 전주, 전선, 배관, 레일 그 밖의 부속물 등은 1개의 부동산으로 보므로(공장 및 광업재단 저당법 제12조, 제54조), 유체동산집행의 대상이 아니다.

3) 입목

9 입목은 일반적으로 토지의 정착물로서 부동산의 일부 또는 종물에 해당하지만, 특히 입목에 관한 법률에 의하여 소유권보존등기가 된 입목은 독립된 부동산으로 취급되므로(입목에 관한 법률 제2조, 제3조), 유체동산집행의 대상이 아니다.

3 법원실무제요, 민사집행[Ⅳ], 사법연수원(2020), 6.

4) 배서가 금지된 유가증권

10 유가증권 그 자체는 민법상의 동산이지만, 배서가 금지된 것은 그 증권에 화체된 권리를 집행대상으로 보아야 하므로 채권 그 밖의 재산권의 집행방법에 의하여야 한다.

5) 천연과실

11 부동산에서 분리된 천연과실이나 구성 부분(석등, 떼어낸 문 등)은 독립된 동산으로서 유체동산집행의 대상이다. 분리되기 전의 천연과실은 일정한 요건을 갖춘 것에 한하여 민사집행법 제189조 제2항 제2호에 따라 유체동산집행의 대상으로 된다.

6) 종물

12 종물은 주물의 처분에 따르므로(민법 제100조 제2항) 주물에 대한 압류의 효력은 종물에도 미친다. 주물과 종물의 관계는 부동산과 부동산 사이, 동산과 동산 사이에서 성립함이 보통이지만, 동산이 부동산의 종물이 될 수도 있다. 종물은 주물의 상용에 이바지 하는 관계에 있어야 하고, 주물의 상용에 이바지 한다 함은 주물 그 자체의 경제적 효용을 다하게 하는 것을 말하는 것으로서 주물의 소유자나 이용자의 상용에 공여되고 있더라도 주물 그 자체의 효용과 직접 관계가 없는 물건은 종물이 아니다. 따라서 기존의 폐수시설과 새로 설치된 폐수시설이 기능면에서 전체적으로 결합하여 유기적으로 작용함으로써 하나의 폐수처리장을 형성하고 있더라도 새로운 폐수시설이 기존 폐수시설 그 자체의 효용을 다하게 하는 시설이라고는 할 수 없으므로 새로운 폐수시설을 구폐수시설의 종물이라 할 수 없다(대법원 1997. 10. 10. 선고 97다3750 판결). 호텔건물에 부착되어 고정되어 있는 것이 아니라 단순히 객실에 비치되어 있는 전화기, 텔레비전, 세탁기 등은 호텔건물의 종물이 아니다(대법원 1985. 3. 26. 선고 84다카269 판결). 축사의 통로로 이용되는 축사 부지 밖의 소독시설은 종물이 아니고(대법원 2007. 12. 13. 선고 2007도7247 판결), 주물과 다른 사람의 소유에 속하는 물건은 종물이 될 수 없다(대법원 2008. 5. 8. 선고 2007다36933, 36940 판결). 이와 달리 백화점 건물의 지하 2층에 설치되어 있는 전화교환설비는 위 건물의 상용에 제공된 종물이고(대법원 1993. 8. 13. 선고 92다43142 판결), 주유소의 주유기는 주유소건물의 종물이다(대법원 1995. 6. 29. 선고 94다6345 판결).

나. 등기할 수 없는 토지의 정착물로서 독립하여 거래의 객체가 될 수 있는 것

13 민법상 토지 및 그 정착물은 부동산이고, 부동산 이외의 물건은 동산이다(민법 제99조). 그러므로 동산은 토지 및 그 정착물이 아닌 것을 말한다. 민사집행법은 이러한 구분에 변경을 가하여, 토지의 정착물로서 독립하여 거래의 객체가 될 수 있는 것은 유체동산집행의 대상으로 규정하고 있다. 이와 달리 토지의 정착물로서 토지와 별개로 등기되어 있는 것은 독립된 부동산이므로 부동산집행의 대상으로 될 뿐이고, 완성되었으나 사용승인을 받지 않아 보존등기를 하지 못하고 있는 건물과 같이 아직 등기되지 아니하였더라도 언제든지 등기할 수 있는 요건을 갖추고 있는 것 역시 부동산으로서 유체동산집행의 대상이 아니며(대법원 1994. 4. 12.자 93마1933 결정), 부동산집행절차에 따라야 한다(민사집행법 제81조 제1항 제2호 단서).

14 이처럼 토지의 정착물 중에서 부동산집행의 대상으로 되는 것을 제외하면 등기할 수 없는 것이 남게 되는데, 민사집행법 제189조 제2항 제1호는 그 가운데서도 토지와는 독립하여 거래의 객체가 될 수 있는 것만을 유체동산집행의 대상으로 규정하고 있는 것이다. 독립하여 거래의 객체가 될 수 있다는 것은, 토지에의 정착성은 있으나 현금화한 후 토지로부터 분리하는 것을 전제로 하여 거래의 대상으로서의 가치를 가지는 것을 의미하고(대법원 1995. 11. 27.자 95마820 결정), 이는 그 물건의 경제적 가치 및 일반적인 거래의 실정이나 관념에 비추어 판단하여야 한다(대법원 2003. 9. 26. 선고 2001다52773 판결). 송신용 철탑, 정원석이나 정원수, 벽돌이나 옹기를 굽는 가마, 주유소의 급유기 등이 그 대표적인 예이다. 입목에 관한 법률에 의한 등기가 되지 아니하거나 명인방법을 갖춘 입목으로서 식재된 토지에 부합되지 않은 것도 이에 해당할 수 있다. 독립된 부동산으로서의 건물이라고 하기 위해서는 최소한의 기둥과 지붕, 그리고 주벽을 갖출 것을 요구하므로(대법원 2001. 1. 16. 선고 2000다51872 판결), 건축 중인 건물로서 이에 이르지 아니한 것은 부동산으로 취급할 수 없음은 물론 독립하여 거래의 객체가 될 수 없어 유체동산으로도 취급할 수 없다. 판례는 지하 1층, 지상 15층으로 설계된 아파트 건물 중 9층까지의 기둥, 벽체 등이 완성된 상태에 있는 건물(앞서 본 대법원 1995. 11. 27.자 95마820 결정), 지상 7층 규모로 설계된 구분건물 중 지하 1, 2층과 지상 1층까지의 골조 및 기둥과 천장공사가 완료되어 있는 건물(대법원 2001. 1. 16. 선고 2000다51872 판결) 등은 등기할 수 없는 토지의 정착물이기는 하

나 현금화한 후 토지로부터 분리하는 것을 전제로 하여 거래의 대상으로서의 가치를 가지는 것이라 보기 어려우므로 유체동산집행의 대상이 될 수 없다고 판시하였다. 또한 판례는 과목(대법원 1971. 12. 28. 선고 71다2313 판결), 식재된 수목(대법원 1967. 3. 7. 선고 66다353, 354 판결), 임야 내의 자연석을 조각하여 제작한 석불(대법원 1970. 9. 22. 선고 70다1494 판결)은 독립하여 거래의 객체가 될 수 있으나, 건물의 지붕(대법원 1960. 8. 18. 선고 4292민상859 판결), 논둑(대법원 1964. 6. 23. 선고 64다120 판결), 시설부지에 정착된 레일(대법원 1972. 7. 27.자 72마741 결정)은 독립하여 거래의 객체가 될 수 없다고 보았다.

다. 토지에서 분리하기 전의 과실로서 1월내에 수확할 수 있는 것

1) 의의 및 취지

15 원래 과실은 토지에서 분리하기까지는 토지의 정착물로서(민법 제99조 제1항, 제101조 제1항, 제102조 제1항) 독립하여 거래의 대상으로 되지 아니하고, 그에 대한 강제집행은 토지에 대한 강제집행에 부수할 수밖에 없다. 그러나 미분리과실이라도 독립하여 거래의 대상으로 됨이 거래 현실이므로 이를 반영하여 유체동산압류의 대상으로 규정한 것이다. 여기에서의 과실은 천연과실을 의미하지만, 민법상 천연과실의 범위와 일치하지는 않는다. '1월 이내에 수확할 수 있는 것'이란 요건에서 알 수 있듯 성숙기가 경과하면 원물로부터 분리되는 것을 전제하므로 토지에 생육하는 식물로서 수확을 목적으로 하는 것에 한정된다고 해석함이 타당하다. 벼·보리·감자·고구마 등의 경작물, 사과·배·감·귤 등의 과실류, 엽연초, 뽕잎 등이 이에 해당한다. 석탄, 석괴, 광물 등은 천연과실이지만 성숙기에 수확할 것에 해당하지 아니하므로 여기서의 과실에 포함되지 않는다.

2) 요건

16 미분리과실에 대한 압류는 채무자가 점유하고 있는 때 또는 이를 점유하는 제3자가 압류를 거부하지 않는 때에 한하여 압류할 수 있다. 미분리과실의 점유 여부는 토지의 점유를 기준으로 하여 판단할 수밖에 없다. 토지의 점유자는 특별한 사정이 없는 한 그 토지의 산출물에 대해 소유권을 가지는 것이 경험칙에 부합하기 때문이다. 토지의 점유자이면 족하고 반드시 그가 토지의 소유자일 것을 요하지 아니하며 농지의 경우에는 권원 없이 경작하며 점유하여도 무방하다. 타인의 농지를 권원 없이 경작하는 경우라도 그 생산물은 이를 경작배양한 사람

의 소유에 속한다는 것이 확립된 판례이기 때문이다(대법원 1979. 8. 28. 선고 79다874 판결). 다만 경작자의 지위가 농지 소유자의 고용인에 불과한 경우에는 농지의 소유자를 채무자로 하는 집행권원으로 압류할 수 있을 뿐 경작자를 채무자로 하는 집행권원으로는 압류할 수 없다.

17 '1월 이내에 수확할 수 있는 것'으로 한정한 것은 그 이전 시기에 압류를 허용하는 것이 당사자뿐 아니라 일반경제상으로도 불이익하기 때문이다. 1월 이내에 수확할 수 있는지는 압류한 때를 기준으로 판단할 것이지만, 그 지방의 과실의 평균적인 성숙기를 고려하여야 하고, 필요한 경우에는 감정인의 감정에 의할 수 있다.

3) 압류의 방법

18 압류의 방법은 유체동산의 압류에 관한 일반원칙에 따라 집행관이 이를 점유함으로써 한다. 토지 그 자체는 압류의 대상이 아니므로 이론상 채무자의 토지에 대한 점유를 침해하여서는 안 될 것이다. 그러나 실제로는 토지의 점유를 어느 정도 제약하지 않을 수 없고, 또 성질상 다른 곳에 반출할 수도 없으므로, 일반적으로는 미분리과실이 생육하고 있는 토지의 일정범위에 압류의 표시를 하고 채무자의 보관에 맡기는 것이 적당하다. 이와 같이 압류된 미분리과실은 성숙 후에 매각하여야 하고, 압류 중에 성숙한 때에는 집행관이 직접 또는 제3자로 하여금 이를 수확하게 할 수 있다(민사집행법 제213조 제2항).

라. 유가증권으로서 배서가 금지되지 아니한 것

19 1) 유가증권으로 배서가 금지되지 아니한 것은 성질상 동산일 뿐 아니라 거래에 있어 현금이나 동산과 차별할 이유도 없으므로 유체동산집행의 대상이 된다. 유가증권의 개념과 배서가 금지된 것인지 여부 등은 실체법의 해석에 따른다. 예컨대 유체동산집행의 대상인 유가증권이라도 공시최고 중 또는 제권판결 후의 유가증권은 유체동산집행이 아니고 채권집행의 방법에 의한다.

가) 유가증권에 해당하는 것

20 ① 어음, 수표, 화물상환증, 창고증권, 선하증권, 기명주식 등의 지시증권, ② 국채, 지방채, 공채, 사채, 외국의 정부·공공단체·외국법인이 발행한 채권, ③ 무기명주권과 상품권, 승차권, 입장권 등의 무기명채권증권(소지인출급식증권)이 여기서 말하는 유가증권에 해당한다.

나) 유가증권에 해당하지 않는 것

21 면책증권(민법 제526조)은 유가증권이 아니므로 민사집행법 제189조 제2항 제2호의 적용을 받지 않는다. 면책증권은 증권 자체에 권리가 화체된 것이 아니라 그 증서의 소지인에게 변제하면 그 자가 비록 진정한 채권자가 아닌 경우에도 채무자가 선의인 한 그 책임을 면하는 것에 그치기 때문이다. 철도수화물인환증, 휴대물예치증, 은행예금증서, 적하수도증(積荷受渡證), 신발표 등이 해당한다. 이러한 증권에 표시된 권리에 대하여서는 채권집행의 방법에 의하여야 한다.

22 또, 순수한 증거증권에 대해서도 민사집행법 제189조 제2항 제2호가 적용되지 않는다. 예컨대, 차용증서나 유한회사가 그 사원에게 발행한 지분에 관한 증서, 신용금고가 그 회원에게 발행한 출자증권, 건설공제조합출자증권 등이 대표적인 예다. 이러한 증서들은 채권압류 후 강제집행의 방법으로 집행관이 그 증서를 인도받을 수 있을 뿐이다(민사집행법 제234조).

23 2) 유가증권이 배서가 금지된 것일 때에는 법원의 압류명령에 의하여 집행관이 그 증권을 점유하여야 한다(민사집햅법 제233조). 이러한 유가증권은 채권 그 밖의 재산권에 대한 집행의 대상이고 유체동산집행의 대상이 아니다.

24 3) 유가증권으로서 배서가 금지되지 않은 것이 압류된 경우 그 압류의 효력은 그 증권 자체만이 아니라 증권에 화체된 권리에 대해서까지 미친다. 그러나 그 권리의 목적인 물건(예컨대 화물상환증의 목적인 화물) 자체에 대해서까지 압류의 효력이 미치는 것은 아니다.[4]

25 4) 유가증권에 대한 강제집행과 관련하여서는, 주식·사채 등의 전자등록에 관한 법률이 시행된 2019. 9. 16.부터 유가증권의 발행을 금융기관의 디지털 등록에 의하도록 하는 전자증권제도가 시행되어 종이 유가증권을 발행하지 않게 되었으므로, 제도 전반을 재검토하여야 한다는 지적이 있다.[5] 종이증권의 배서·양도가 아니라 전자등록계좌부에 계좌 간 대체의 전자등록을 하는 것으로 양도방식이 바뀌기 때문이다.

마. 가상자산

26 최근의 기술 변화에 따라 유체동산집행의 대상이 되는지 문제되는 것으로 비트

4 日大判 1935. 3. 26. (民集 14, 408).
5 이시윤, 신민사집행법(제8개정판), 박영사(2020), 415.

코인 등 가상화폐 내지 가상자산이 있다.

27 이에 관하여 학설은 대체로 채무자의 가상자산을 채무자가 가상자산지갑으로 관리하는지, 아니면 제3자가 관리하는지로 크게 나누고, 각각의 경우에 가상자산의 성질을 유체동산으로 보아 유체동산집행절차에 의할지 아니면 그 밖의 재산권으로 보아 민사집행법 제251조 제1항에 의한 채권집행절차에 의할지로 나뉜다.[6]

28 실무상으로는 대부분 가상자산사업자를 제3채무자로 하고 가상자산 반환 또는 이전청구권을 피압류채권으로 하는 압류명령 신청과 그에 대한 결정의 형태로 강제집행이 이루어지고 있다. 이때 결정문 제목이 '가상자산반환청구권 압류명령'인 경우도 있고, '채권압류명령'이면서 피압류채권으로 '가상자산반환청구권'을 기재한 경우도 있다.

29 가상자산의 성격, 현행 규정 체계를 고려할 때 가상자산에 대하여는 그 밖의 재산권에 대한 집행절차에 의할 수밖에 없을 것으로 보인다. 일본에서도 채무자의 가상자산지갑에 의해 가상자산이 관리되는 경우 가상자산을 '그 밖의 재산권'으로 보아 채권집행방식에 의하여야 한다는 견해가 다수설이고,[7] 암호자산교환업자가 가상자산을 관리하는 경우 채무자가 암호자산교환업자에 대하여 가지는 암호자산반환청구권을 '그 밖의 재산권'으로 보는 것이 실무이다.[8] 독일의 경우도 가상재산은 무형의 재산으로서 유체성이 없으므로 유체동산 압류에 관한 규정을 적용할 수 없고, 금전채권이나 비트코인이 생성되는 네트워크 참가자에 대한 채권도 아니므로 채권압류도 할 수 없으며, 가상자산 자체는 권리가 아니므로 원칙적으로 기타 재산권에 대한 강제집행에 관한 규정(독일 민사소송법 제857조)도 적용될 수 없으나, 이는 규정의 흠결이므로 채무자의 가상자산으로의 도주를 차단하기 위해 독일 민사소송법 제857조를 유추 적용하여 강제집행을 할 수 있다는 견해가 다수이다.[9]

6 상세는 이혜정 외 2인, 가상자산에 대한 민사집행 연구, 사법정책연구원(2022), 201~208 참조.

7 高松 志直, "電子マネーおよび仮想通貨に対する強制執行 (実務研究会報告)", 金融法務事情 第2067号(2017), 56; 片岡 義広, "ビットコイン等のいわゆる仮想通貨に関する法的諸問題についての試論", 金融法務事情 第1998号(2014), 46; 菅野百合, 高田和貴, "仮想通貨と債権保全·回収に関する実務的考察", NBL No.1131(2018), 39.

8 이혜정 외 2인, 가상자산에 대한 민사집행 연구, 사법정책연구원(2022), 189.

9 Badstuber, "Bitcoin und andere Kryptowährungen in der Zwangsvollstreckung", DGVZ 2019, 246(250); Effer-Uhe, "Kryptowährungen in Zwangsvollstreckung und Insolvenz am Beispiel des Bitcoin", ZZP 2018, 513(524 ff.); Koch, "Die Zwangsvollstreckung in virtuelle Währungen", DGVZ 2020, 85(87).

2. 채무자가 점유하고 있는 유체동산일 것

30 민사집행법 제189조에 따라 집행기관인 집행관이 압류할 수 있는 것은 채무자가 점유하고 있는 유체동산이다.

가. 점유의 개념

31 여기에서 말하는 점유란 민법상의 점유를 말하는 것이 아니라 물건에 대한 순수한 사실상의 지배 상태인 소지를 의미한다(대법원 1996. 6. 7.자 96마27 결정). 시간적 계속 여부나 점유주체의 의사가 자기를 위한 것인가 타인을 위한 것인가, 즉 자주점유인지를 불문한다. 간접점유(민법 제194조)는 여기에서 말하는 점유에 해당되지 않는 반면, 점유보조자(제195조)라 하여도 외관상 명백하게 타인의 지배하에 있는 것으로 보이지 않는 경우에는 여기의 소지자로서 여기의 점유자에 해당할 수 있다. 타주점유인 수임인, 수탁자, 운송인, 위탁매매인, 사무관리자의 경우에도 사실상 지배력을 가지므로 원칙적으로 여기의 점유자에 해당한다.[10] 점유취득에 하자가 있느냐도 불문한다. 채무자가 제3자로부터 임차하여 사용 중인 유체동산과 같이 타인이 그 물건에 대하여 간접점유를 하고 있어도 무방하다. 채무자가 제3자와 함께 공동점유를 하고 있는 경우에는 그것이 부부공유 유체동산에 해당하지 않는 이상, 민사집행법 제191조에 따라 그 제3자가 물건의 제출을 거부하지 않는 때에 한하여 압류할 수 있다.

나. 점유 인정의 기준

32 점유를 인정할 것인가는 사안마다 구체적으로 판단하여야 한다. 일응의 기준은 다음과 같다.

1) 채무자 소지물품

33 의복, 지갑, 손목시계 등과 같이 채무자가 직접 신체에 지니고 있는 물건은 그가 점유하고 있는 물건에 해당한다.

2) 채무자 소유물 또는 주거 속에 보관된 물품

34 지갑이나 가방의 소유자는 그 속에 들어 있는 물건도 소지하고 있는 것이고, 주거나 그 밖의 공작물을 지배하고 있는 사람은 소유권자인지 임차인인지 불문하고 원칙적으로 그 안에 있는 물건을 소지하고 있다고 볼 것이다. 그러나 주거 내에 있는 물건이라 하여도 외관 자체로 보아 제3자의 물건임이 명백한 경우에는

10 법원실무제요, 민사집행[Ⅳ], 사법연수원(2020), 13.

집행관은 그 주거의 지배자에 대한 집행권원에 의하여 압류할 수 없다. 예컨대, 임차인이나 전차인이 사용하고 있는 방, 가정부가 이용하는 방실 내에 있는 물건, 다른 가족이 개인용으로 쓰는 물건(처의 의복이나 아동의 완구, 책 등), 도서관의 장서인이 있는 대출도서 등이 이에 해당한다. 물론 채무자의 주소 이외의 장소에 있는 물건도 채무자의 소지에 속하는 것으로 인정할 수 있으면 압류할 수 있다.

3) 사업주의 점유

35 사업체의 업주는 그 사업체 내의 물건과 사업용품을 점유하고 있는 것이라 볼 수 있다. 소유관계는 문제되지 않는다. 직원, 근로자 등 고용인은 외관상 명백히 타인의 지시를 받아 물건을 사실상 지배하는 점유보조자이므로 여기의 점유자라 할 수 없다. 업주가 직원, 근로자에게 가공하도록 맡긴 물건도 이들이 점유하고 있다고 할 수 없다. 또 사업주가 누구인가는 반드시 영업명의만을 기준으로 판단할 것이 아니다. 영업명의인이 처라 하여도 제반사정을 종합할 때 영업의 진실한 사업주가 남편이라 인정되면 그 영업소에 있는 영업용품이나 상품을 남편의 점유물로 보아 압류할 수 있다.

4) 법인의 점유

36 법인은 그 기관을 통해서만 물건을 사실상 지배하므로, 기관이 법인을 위하여 지배하고 있는 경우 법인의 점유나 그 소지에 속하는 것이고 해당 기관이 점유하는 것이 아니다. 따라서 이 경우 법인에 대한 집행권원으로 집행할 수 있고 기관에 대한 집행권원을 따로 필요로 하지 않는다.

5) 법정대리인의 점유

37 법정대리인은 무능력자의 법률행위에 관하여 대리권이 있으므로 그에 관계되는 범위 내에서는 무능력자의 재산을 관리하고 점유하는 법률상의 권한을 갖는다. 따라서 법정대리인이 미성년자인 무능력자의 재산을 관리하고 있으면 무능력자 자신이 소지하고 있는 것이므로 무능력자에 대한 집행권원으로 이를 압류할 수 있다.

6) 시정장치가 된 금고의 점유

38 시정장치가 된 금고의 경우에는 그 금고를 열 수 있는 열쇠를 소지하고 있는 자가 점유하고 있다고 보아야 할 것이다. 따라서 금고를 제3자에 매도하고도 아직 그 열쇠를 그대로 소지하고 있는 경우에는 매도인의 점유가 매수인에게 이전되었다고 볼 수 없어 매도인이 아직 금고를 점유하고 있다고 볼 수 있다.

다. 실체적 권리관계의 확인의무

1) 일반적 기준

39 집행관은 압류를 행함에 있어서 압류목적물이 채무자의 재산에 속하는가에 관하여 조사, 확인할 의무가 있지 않고, 현실적으로 이를 조사할 수도 없다. 원칙적으로 채무자가 압류대상물을 점유하고 있느냐만을 판단하여 압류하면 된다. 만일 점유관계를 오인하여 압류한 때에는 제3자는 집행에 관한 이의 또는 제3자 이의로써 다툴 수 있다. 그러나 채무자가 점유, 즉 소지하는 것이 인정되는 이상 실제로는 제3자가 그 물건에 대하여 소유권이나 그 밖의 권리를 갖고 있다 하여도 압류가 위법하게 되지는 않는다. 따라서 이 경우 집행관의 직무상 불법행위 문제도 성립될 여지가 없다. 그러나 채권자의 경우에는 압류 당시 그 압류물이 제3자의 소유임을 알았거나 알지 못한 데 과실이 있으면 불법행위자로서 배상책임을 질 수 있다. 채권자의 고의·과실이 압류목적물이 채무자 아닌 제3자의 소유였다는 사실 자체에서 곧바로 추정된다고 할 수는 없다. 그러나 채권자가 압류 당시에는 고의·과실이 없었더라도 그 후 압류목적물이 제3자의 소유임을 알았거나 용이하게 알 수 있었음에도 그 압류상태를 계속 유지한 때에는 압류목적물이 제3자의 소유임을 알았거나 용이하게 알 수 있었던 때부터 불법집행으로 인한 손해배상책임을 질 수 있다(대법원 1999. 4. 9. 선고 98다59767 판결, 대법원 2003. 7. 25. 선고 2002다39616 판결[11]). 채무자의 점유 중에 있는 물건이 명백하면 제3자가 그에 대한 소유권을 주장한다 하더라도 압류할 수 있다. 제3자의 소유에 속하는 것에 관하여 양도담보 공정증서 등 증거서류를 제시하더라도 마찬가지이다.[12] 그것만으로 제3자의 소유에 속함을 외관상 용이하게 인지할 수 있다고 할 수 없기 때문이다. 이때 제3자는 제3자이의의 소를 제기하여 압류의 효력을 배제시킬 수 있고, 집행이 종료된 후에는 제3자이의의 소를 제기할 소의 이익이 없으므로 부당이득반환의 문제로 해결하여야 한다. 다만, 이러한 경우 압류하는 것이 적법하더라도 나중에 제3자이의의 소 등이 제기될 수 있어 반드

11 불법 압류집행 시의 손해배상액과 관련하여, 목적물의 시가를 넘는 일실이익액(위 사건에서는 젓갈류가 압류물이었고, 원심은 압류물 시가를 넘어 반제품인 젓갈류 제품을 완제품으로 가공·판매하여 얻을 수 있었던 이익을 손해배상액으로 인정하였다)은 불법행위의 직접적인 대상에 대한 손해가 아닌 간접적·소극적 손해로서 특별한 사정으로 인한 손해이므로, 가해자가 그와 같은 사정을 알았거나 알 수 있었을 것이라고 인정되는 경우에만 배상책임이 있다고 판단하였다.

12 법원실무제요, 민사집행[IV], 사법연수원(2020), 12.

시 채권자의 이익이 되는 것은 아니므로 그 밖의 압류를 함에 적당한 물건이 있으면 그것을 채권액에 달하기까지 압류를 실시하고 위와 같이 제3자가 소유권을 주장하는 물건에 대한 압류는 피하는 것이 바람직할 것이다.

2) 예외

40 아래와 같은 경우에는 비록 채무자가 점유하고 있다고 하더라도 집행관은 압류에 신중을 기하여야 한다.

가) 외관상 용이하게 타인의 소유임을 알 수 있는 경우

41 채무자가 점유하고 있기는 하지만 제3자의 소유에 속하는 것임이 외관상 명백한 경우에는 압류를 하지 않아야 한다. 예컨대, 수하인의 명찰이 붙은 운송품, 수리업자에게 맡긴 수선품, 장서인이 있는 도서관의 대출도서가 이에 해당한다. 이 경우 제3자는 제3자이의의 소뿐 아니라 집행에 관한 이의도 신청할 수 있다.

나) 제3자의 소송담당에 따른 점유

42 집행관은 채무자의 점유상태만을 확인하고 압류하면 된다는 원칙에 대한 또 하나의 예외는 파산관재인, 회생절차에서 채무자의 관리인, 유언집행자와 같이 제3자의 소송담당에 따라 타인의 재산에 대한 관리인의 자격에서 자기의 이름으로 소송수행을 한 제3자를 상대방으로 하여 판결을 받은 경우이다. 이때는 제3자가 그 지위에서 관리하는 재산만이 책임재산의 범위에 속하기 때문에 집행관은 압류에 앞서 목적물이 그의 관리재산에 속하는지를 조사하여 이에 해당하는 재산에 대해서만 압류할 수 있다.

다) 채권자의 의사표시 등

43 채무자가 점유하고 있더라도 채권자의 다른 의사표시가 있거나 이에 대신할 다른 적당한 압류물이 있을 때에는 이를 압류하지 않는 것이 타당하다.[13]

3) 구제조치

44 채무자가 점유하는 물건을 압류한 후에 집행관이 그 물건이 제3자의 소유임을 알게 되었다고 하더라도, 집행관 스스로 압류를 해제할 수는 없다. 이러한 경우에는 집행관이 채권자에게 사유를 설명하고 집행신청을 취하하게 하거나 제3자로 하여금 제3자이의의 소를 제기하도록 권유하는 등의 조치를 함이 바람직하다.

13 법원실무제요, 민사집행[IV], 사법연수원(2020), 12.

라. 압류물의 선택

45 동산집행에 있어서는 집행관이 집행기관이므로 구체적인 집행에 있어 채무자의 점유에 속하는 유체동산 중 어느 것을 압류할 것인가는 그의 자유재량에 맡겨져 있음이 원칙이다. 그러나 이해관계가 다양하게 대립되는 집행장소에서 생길 수 있는 불필요한 분쟁을 피하려면 객관적 기준이 필요하므로 민사집행규칙 제132조는 집행관이 압류할 물건을 선택하는 때에는 채권자의 이익을 해하지 아니하는 범위 안에서 채무자의 이익을 고려하여야 한다고 정하고 있다. 동산압류에 관하여는 초과압류의 금지, 무잉여압류의 금지 등의 제한이 있으므로, 집행관은 이들 규정의 취지를 고려하여 금전 그 밖의 현금화 가능성이 높은 물건부터 선택하고 현금화 가능성이 낮은 물건은 되도록 선택하지 않되, 현금화 가능성이 같다면 채무자의 생활에 불편을 주지 않는 물건부터 압류하는 것이 적정하다.

Ⅳ. 압류의 실시

1. 채권자의 집행신청(집행위임)

가. 신청서의 기재사항

46 유체동산의 집행은 채권자가 집행기관인 집행관에게 집행신청을 함으로써 개시된다. 집행신청은 서면으로 하여야 한다(민사집행법 제4조). 유체동산에 대한 강제집행의 신청서에는 채권자·채무자와 그 대리인의 표시, 집행권원의 표시, 강제집행 목적물인 유체동산이 있는 장소, 집행권원에 표시된 청구권의 일부에 관하여 강제집행을 구하는 때에는 그 범위 등을 기재하여야 하고, 집행력 있는 정본을 붙여야 한다(민사집행규칙 제131조). 동산경매신청서의 양식은 아래와 같다.

[양식] 동산경매신청서

<table>
<tr><td colspan="7">동 산 경 매 신 청 서
○○지방법원 ○○지원 집행관사무소 집행관 귀 하</td></tr>
<tr><td rowspan="4">채
권
자</td><td rowspan="2">성 명</td><td rowspan="2"></td><td rowspan="2">주민등록번호
(사업자등록번호)</td><td rowspan="2"></td><td>전화번호</td><td></td></tr>
<tr><td>우편번호</td><td>□□□□□</td></tr>
<tr><td>주 소</td><td colspan="5"></td></tr>
<tr><td>대리인</td><td colspan="2">성명(   )</td><td>전화번호</td><td colspan="2"></td></tr>
<tr><td rowspan="3">채
무
자</td><td rowspan="2">성 명
(회사명)</td><td rowspan="2"></td><td rowspan="2">주민등록번호 1)
(법인등록번호 및
사업자등록번호)</td><td rowspan="2"></td><td>전화번호</td><td></td></tr>
<tr><td>우편번호</td><td>□□□□□</td></tr>
<tr><td>주 소</td><td colspan="5"></td></tr>
<tr><td colspan="2" rowspan="2">집행목적물
소재지</td><td colspan="5">□ 채무자의 주소지와 같음</td></tr>
<tr><td colspan="5">□ 채무자의 주소지가 다른 경우
소재지 :</td></tr>
<tr><td colspan="2">집 행 권 원</td><td colspan="5"></td></tr>
<tr><td colspan="2">청 구 금 액</td><td colspan="5">원(내역은 뒷면과 같음)</td></tr>
<tr><td colspan="7">위 집행권원에 기한 집행을 하여 주시기 바랍니다.
※ 첨부서류
1. 집행권원 1 통 2○○○. ○. ○.
2. 송달증명서 1 통 채권자 (인)
3. 위임장 1 통 대리인 (인)</td></tr>
<tr><td colspan="7">※특약사항
1. 본인이 수령할 예납금잔액을 본인의 비용부담 하에 오른쪽에 표시한 예금계좌에 입금하여 주실 것을 신청합니다.
채권자 (인)

<table>
<tr><td rowspan="3">예금
계좌</td><td>개설은행</td><td></td></tr>
<tr><td>예금주</td><td></td></tr>
<tr><td>계좌번호</td><td></td></tr>
</table>

2. 집행관이 계산한 수수료 기타 비용의 예납통지 또는 강제집행 속행의사 유무 확인 촉구를 2 회 이상 받고도 채권자가 상당한 기간 내에 그 예납 또는 속행의 의사표시를 하지 아니한 때에는 본건 강제집행 위임을 취하한 것으로 보고 완결처분하여도 이의 없음.
채권자 (인)</td></tr>
</table>

주 1 : 굵은 선으로 표시된 부분은 반드시 기재하여야 합니다(금전채권의 경우 청구금액 포함).
2 : 1) 주민등록번호가 없는 재외국민과 외국인의 경우에는 부동산등기법 제 49 조 제 1 항 제 2 호

또는 제 4 호에 따라 부여받은 부동산등기용등록번호를 기재합니다.

* 집행관사무소에 비치할 각종 문서의 양식에 관한 예규(행정예규 제 1200 호) [별지 3] 양식 3-1-1

47 강제집행 목적물인 유체동산이 있는 장소를 기재하도록 한 것은, 유체동산집행은 이중압류(민사집행법 제215조) 등의 규정에서 알 수 있듯이 목적물마다 1개의 사건을 이루는 것이 아니라 일정한 장소에 있는 동산마다 하나의 사건을 이루기 때문이다. 유체동산이 있는 장소는 사회통념상 다른 장소와 구별되는 하나의 장소, 즉 집행관이 그 표시로부터 집행의 장소를 인식할 수 있는 정도의 것을 가리킨다. 보통은 압류될 수 있는 동산이 있는 토지의 지번, 건물번호 등에 의하여 표시하게 되는데, 집행관이 그 표시를 통하여 집행장소를 인식할 수 있는 정도로 적으면 충분하다.[14] 동산집행에 있어서는 채무자가 어떤 동산을 가지고 있는가를 보통 채권자가 알지 못하기 때문에 부동산집행에서와 같이 목적물을 특정시키는 것이 곤란하므로 압류할 목적물까지 특정할 필요는 없다.[15] 집행관은 신청서에 기재된 유체동산이 있는 장소에서 압류를 실시하면 족하고, 채무자가 다른 장소에서 동산을 점유 또는 소유하고 있는지 조사할 필요는 없다.[16]

나. 첨부서류

48 유체동산에 대한 강제집행신청서에는 집행력 있는 정본을 붙여야 하는데, 강제집행은 집행력 있는 정본이 있어야 할 수 있기 때문이다(민사집행법 제28조 제1항). 신청을 받은 집행관은 집행력 있는 정본을 사건기록에 붙여 두었다가 사건이 종료된 후에 압류채권자 또는 채무자에게 교부한다(제256조, 제159조). 대리인에 의한 신청의 경우에는 대리권한을 증명하는 서면(위임장)을 붙여야 한다. 대리인에 관하여는 자격제한이 없으므로 변호사 이외의 자도 무방하다. 소송구조를 받은 자는 구조를 받았음을 증명하는 서면(예컨대 소송구조결정 정본 등)을 제출하여야 한다.

2. 집행관의 조치

49 집행관은 집행위임을 받으면 집행사건기록표지를 작성하여 집행기록을 조제한다. 집행사건기록표지의 양식은 아래와 같다.

14 법원실무제요, 민사집행[Ⅳ], 사법연수원(2020), 38.
15 전병서, 민사집행법(제4판), 박영사(2023), 367.
16 법원실무제요, 민사집행[Ⅳ], 사법연수원(2020), 38.

[양식] 기록표지 등

<table>
<tr><td colspan="4">○○지방법원 집행관사무소
집 행 사 건 기 록</td></tr>
<tr><td colspan="2">사건번호</td><td></td><td>담 당
집행관</td><td></td></tr>
<tr><td colspan="2">사 건 명</td><td colspan="3"></td></tr>
<tr><td colspan="2">관련사건</td><td colspan="3"></td></tr>
<tr><td colspan="2" rowspan="2">채 권 자</td><td colspan="3"></td></tr>
<tr><td>대리인</td><td colspan="2"></td></tr>
<tr><td colspan="2">채 무 자</td><td colspan="3"></td></tr>
<tr><td colspan="2">집행장소</td><td colspan="3"></td></tr>
<tr><td colspan="2">보관인등</td><td colspan="3"></td></tr>
<tr><td colspan="2">접수일자</td><td colspan="3">년 월 일</td></tr>
<tr><td rowspan="2">종
결</td><td>일 자</td><td colspan="3">년 월 일</td></tr>
<tr><td>결 과</td><td colspan="3"></td></tr>
<tr><td rowspan="2">보
존</td><td>일 자</td><td colspan="3">년 월 일
(질)</td></tr>
<tr><td>종 기</td><td colspan="3">년</td></tr>
</table>

관련사건 확 인 필	(인)

담당집행관	대표집행관

기 일	
일 시	종 류
. . :	
. . :	
. . :	
. . :	
. . :	
. . :	
. . :	

촉구통지	
1	. . .
2	. . .
3	. . .

완 결	(인)

* 집행관사무소에 비치할 각종 문서의 양식에 관한 예규(행정예규 제1200호) [별지 2] 2-2

50 집행관은 집행신청을 받은 때에는 신청인에게 수수료, 기타 비용의 계산액을 예납시킬 수 있고 예납을 하지 않으면 위임에 응하지 아니하거나 사무를 행하지 아니할 수 있다(집행관수수료규칙 제25조 제1항 본문). 집행관이 예납을 받은 때에는 영수증을 교부하여야 하고, 그 양식은 아래와 같다.

[양식] 영수증

<table>
<tr><td colspan="4">영 수 증
발행번호</td></tr>
<tr><td colspan="4">귀하</td></tr>
<tr><td>사 건 번 호</td><td>사 건 명</td><td>수수료 또는 배당금</td><td>비 고</td></tr>
<tr><td></td><td></td><td></td><td></td></tr>
<tr><td></td><td></td><td></td><td></td></tr>
<tr><td></td><td></td><td></td><td></td></tr>
<tr><td></td><td></td><td></td><td></td></tr>
<tr><td colspan="2">계</td><td></td><td></td></tr>
<tr><td colspan="4">위 금액을 틀림없이 영수하였습니다.
2○○○. ○. ○.
○○지방법원 집행관사무소
집행관 ㊞</td></tr>
</table>

주 1 : 용지규격은 32 절지
2 : 2 통을 작성하여 1 통은 위임자에게 교부할 것
* 집행관사무소에 비치할 각종 문서의 양식에 관한 예규(행정예규 제 1200 호) [별지 2] 2-47

51 집행관은 명령 또는 신청인의 승낙이 없으면 위임받은 사건의 처리를 다른 집행관에게 다시 위임하지 못한다(집행관규칙 제16조).

52 집행신청이 있는 때에는 집행관은 바로 집행을 개시할 일시를 정하여 신청인에게 통지하여야 하고, 신청인이 통지가 필요 없다는 취지의 신고를 한 때에는 통지하지 아니할 수 있다(민사집행규칙 제3조 제1항). 그 집행을 개시할 일시는 부득이한 사정이 없으면 신청을 받은 날부터 1주 안의 날로 정하여야 한다(제3조 제2항).

가. 집행관의 관할구역

1) 원칙(관할구역 안에서의 직무집행)

53 집행관은 각 지방법원 및 그 지원에 소속되어 있고(법원조직법 제55조, 집행관법 제2조), 그 임명받은 본원 또는 지원의 관할구역 내에서만 직무집행을 할 수 있음이 원칙이다(집행관규칙 제4조 제1항). 동시에 집행할 수개의 물건이 동일 지방

법원 관할구역 내인 본원과 지원 또는 지원 상호간의 관할에 산재해 있는 경우에는 소속 지방법원장의 허가를 얻어 이를 집행할 수 있다(집행관규칙 제4조 제2항).

2) 특칙(관할구역 밖에서의 직무집행)

54 관할구역에 관한 원칙을 관철하는 경우에는 구체적인 집행에 있어 부당한 결과가 초래될 수 있으므로 집행관이 관할구역 밖에서 압류를 할 수 있도록 정한 특칙이 있다.

55 우연히 채무자 소유의 집이나 공장 등이 두 개 이상의 행정구역에 걸쳐 있고 그 행정구역이 각각 다른 법원의 관할에 속하는 때에는 사회통념상 동일 장소에 있는 것이라고 인식됨에도 불구하고 집행관 소속법원의 관할구역 내에 속하지 아니하는 것에 대하여 집행할 수 없는 결과에 이르게 되어 부당하다. 따라서 민사집행규칙 제133조는 집행관이 동시에 압류하고자 하는 여러 개의 유체동산 가운데 일부가 소속 법원의 관할구역 밖에 있는 경우에는 관할구역 밖의 유체동산에 대하여도 압류할 수 있다고 규정하여, 집행관의 직무집행관할을 확장하고 있다.

56 압류물의 채무자 또는 제3자 보관의 경우에 집행관은 특히 필요하다고 인정하는 때에는 압류물 보관자로 하여금 관할구역 밖에서 압류물을 보관하게 할 수 있다(민사집행규칙 제135조). 집행관은 압류한 유체동산을 그 관할구역 안에서 보관하는 것이 원칙이나, 대량의 냉동식품과 같이 압류물의 특성상 그 보관에 특수한 설비를 요하나 관할구역 내에서 적당한 보관자를 발견할 수 없는 경우 또는 관할구역 내로 이동하는 데 지나치게 많은 비용이 드는 경우 등에는 집행관은 압류물 보관자로 하여금 압류물을 관할구역 밖에서 보관하게 할 수 있도록 한 것이다. 이때에는 그 보관장소에서 압류물을 점검하고(제137조), 매각할 동산을 열람시키며(제148조), 매수인에게 매각물을 인도하게 된다(민사집행법 제205조 제2항). 관할구역 밖에 보관된 압류물을 그 보관장소에서 매각하는 때에는 집행법원의 허가를 받아야 한다(민사집행규칙 제145조 제2항, 제151조 제3항).

57 압류물이 압류한 집행관이 소속하는 법원의 관할구역 밖에 있게 된 경우에도 이를 회수하기 위하여 필요한 때에는 집행관은 소속 법원의 관할구역 밖에서 그 직무를 행할 수 있다(민사집행규칙 제138조 제1항). 다만, 이 규정이 집행관에게 아무리 멀리 떨어진 곳이라도 그곳까지 가서 압류물을 회수하여 올 의무를 부과하는 것은 아니고, 집행관은 이 규정에 따라 압류물을 회수하기 위하여 지나치게 많은 비용이 든다고 인정하는 때에는 압류채권자의 의견을 들어 압류물이 있는

곳을 관할하는 법원 소속 집행관에게 사건을 이송할 수 있다(제138조 제2항).

나. 독일의 집행위임방식

58 한편, 독일은 2013. 1. 1.부터 집행위임에 있어 서식(Formular)도입을 하였다(독일 민사소송법 제753조 제3항). 서식강제주의는 집행관의 위임내용을 쉽게 파악하기 위한 집행위임의 표준화로, 일단 서식에 의한 집행위임을 하면, 집행불능에 이르렀을 때 채권자의 별도 신청이 없어도 우리의 재산명시절차에 해당하는 채무자의 재산정보제공절차에 회부할 수 있고, 채무자가 정보제공기일에 불출석하거나 정보제공을 거부하면 별도의 신청 없이 감치명령신청까지 한 것으로 보아 채권자의 편의를 도모하고 있다. 우리나라의 강제집행절차는 세계유례 없이 복잡다단하여 고비용, 장시간을 소요하게 하고 있으므로, 입법론적으로 위와 같은 방식의 구조개혁이 필요하다는 견해가 있다.[17]

3. 압류의 방법

가. 집행관의 점유

1) 직접점유

59 압류는 원칙적으로 채무자가 점유하고 있는 유체동산을 집행관이 점유함으로써 한다. 여기서의 점유는 압류물에 대한 채무자의 점유를 전면적으로 배제하고 집행관이 이를 직접 지배, 보관하는 것을 뜻한다. 유체동산에 관하여는 선의취득이 인정되므로 목적물을 집행관의 직접 지배하에 두지 않으면 채무자의 처분행위에 의하여 타인이 선의취득하는 경우가 생겨 압류의 실효성을 상실케 될 우려가 있기 때문이다. 따라서 집행관이 단순히 압류를 선언하는 것만으로는 부족하다. 집행관규칙 제18조는 집행관이 그 직무상 보관하는 금전 기타 귀중품은 금고 또는 자물쇠 장치가 되어 있는 견고한 용기에 넣어서 보관하여야 한다고 규정하고 있는데, 이는 집행관의 직접 지배를 전제로 한 것이다. 다만, 집행관이 압류물을 지배·보관하기에 적당한 시설이나 장소를 가지고 있지 않은 경우에는 민사집행법 제198조에 따라 창고업자 등 제3자로 하여금 이를 보관하게 할 수 있다. 집행관은 압류를 함에 있어 압류목적물이 아닌 채무자의 다른 재산에 피해가 생기지 않도록 주의하여야 한다.

17 이시윤, 신민사집행법(제8개정판), 박영사(2020), 416, 429.

2) 집행관 점유의 성질

60 집행관이 압류목적물을 점유하는 경우에 그 점유의 성질을 어떻게 볼 것인가에 관하여는 견해가 나뉜다.

가) 공법상 점유설(공법설)

61 집행관이 압류물을 점유하는 것은 민사집행법이 압류의 실현형태로 목적물의 점유를 필수요건으로 하기 때문이고, 그 점유에 시효취득이나 권리의 적법의 추정(민법 제200조)과 같은 법률상 효과가 모두 인정되는 것이 아니므로, 집행관의 점유는 민사집행법에 근거한 공법상의 점유이고 압류물에 대한 사법상의 점유는 여전히 채무자에게 있다는 견해이다.[18]

나) 사법상 점유설(사법설)

62 집행관의 점유도 민법상 점유로 파악하는 견해로, 집행관이 압류물을 직접 보관하는 경우 집행관이 직접점유자, 채무자가 간접점유자이고, 압류물을 채무자에게 보관시킨 경우에는 채무자가 직접점유자, 집행관이 간접점유자가 된다고 본다.[19]

다) 판례

63 오래 전의 것이나, 집행관의 점유를 공법상의 점유로 본 판례가 있다. 일본의 판례도 같은 취지이다.[20]

64 [판례] 대법원 1959. 12. 3. 선고 4292 민상 596 판결

집행관이 유체동산을 압류하여 직접 보관하다가 압류를 해제하였으나 그 사후조치로서 압류물을 원래의 점유자인 채무자에게 인도, 반환하지 아니한 채 방치하던 중 다른 채권자의 강제집행에 의하여 동일한 압류물이 그 채권자에게 인도되자 그 채권자의 압류물에 대한 점유의 적법성이 다투어진 사안에서, 집행관이 유체동산을 압류하였을 경우에 공법상의 점유는 집행관에게 있고 사실상의 점유는 원래의 점유자에게 있음은 소론과 같으나, 집행관의 점유는 강제집행의 목적물인 물건의 환가를 위한 강제집행상의 절차이고 민법상의 점유 관념과 달리 채권자, 채무자 등의 권리를 배제하고 사실상 그 물건을 지배하는 것이므로, 집행관이 유체동산압류 해제의 경우 그 압류물을 다시 원점유자에게 인도하지 않는 한 그 점유는 집행관에게 있고 집행관으로부터 인도 집행을 받은 다른 채권자의 압류물에 대한 점유는 적법하다는 취지로 판시하였다.

18 박두환, 민사집행법, 법률서원(2002), 500.
19 강대성, 신민사집행법, 탑북스(2014), 249.
20 日最判 1959. 8. 28. (集 13-10, 1336).

65 [판례] 대법원 1966. 11. 22. 선고 66 다 1545, 1546 판결
집행관이 어느 유체동산을 가압류하였다 하더라도 집행관이 종전의 점유자에게 계속하여 그 보관을 명한 경우에는 점유자의 사법상의 점유가 소멸되는 것이 아니고, 그 물건을 점유하는 소유자가 이를 타인에게 매도하고 그 타인이 선의로 점유인도를 받은 경우 그 타인은 그 물건의 소유권을 적법히 취득한다.

66 [판례] 대법원 1963. 10. 10. 선고 63 다 309 판결
동산에 대한 가압류가 있다 하여 채무자가 그 동산의 점유를 당연히 상실하는 것은 아니고 집행관이 그 가압류한 동산을 다른 곳으로 가져가지 않는 이상 채무자의 점유는 계속된다.

라) 검토

67 집행관의 압류에 따른 점유가 민법상의 점유와 동일하다고 보기는 어려우므로, 이를 판례와 같이 공법상의 점유로 파악하여도 무리가 없을 것이다.

3) 집행관의 선관주의의무

68 집행관이 압류물을 직접 점유, 보관하는 경우 집행관은 선량한 관리자로서의 주의의무를 다하여야 한다. 만일 집행관의 고의 또는 과실로 압류물이 멸실, 훼손된 때에는 집행관은 직무상의 불법행위로 인한 손해배상책임을 진다. 불가항력에 의한 멸실, 훼손의 경우에는 소유자인 채무자가 위험을 부담한다. 집행관이 그 점유를 침탈당한 경우에는 자력구제를 하거나 점유회복의 소를 제기할 수 있다. 압류물을 제3자가 점유하게 된 경우 채권자는 법원에 그 물건을 집행관에게 인도할 것을 명하도록 신청할 수 있다(민사집행법 제193조 제1항).

69 [판례] 대법원 1966. 7. 26. 선고 66 다 854 판결
집행관이 소성로(燒成爐)를 받치고 있는 높이 약 4m 50㎝의 철주 70개에 대한 유체동산압류를 하면서 철주 전부를 절단하여 압류함으로써 소성로가 무너져 파괴된 경우 집행관으로서 강제집행을 함에 있어 채무자의 재산에 필요 이상의 손해를 발생시키지 않을 주의의무를 현저히 게을리한 잘못이 있다고 하여 국가의 손해배상책임을 인정하였다.

나. 압류물의 채무자 보관

1) 요건

70 가) 채권자의 승낙이 있거나 운반이 곤란한 때에는 집행관은 압류물을 채무자에게 보관하게 할 수 있다. 민사집행법 제189조 제1항의 규정체제상 이는 예외적

인 압류의 방법이지만, 집행관이 따로 보관소를 갖고 있지 않기 때문에 실무상으로는 현금, 귀금속, 유가증권 등이 아닌 이상은 채무자 보관이 일반적인 압류의 방법으로 사용되고 있다. 이 경우에도 보관에 앞서 먼저 집행관이 물건에 대한 직접적인 지배를 취득한 다음 이러한 조치를 하여야 한다.

71 [판례] 대법원 2020. 1. 30. 선고 2019 다 265475 판결
갑 주식회사가 관리하는 항만에 장치된 유체동산(5개의 컨테이너에 있는 LPG-20㎏ 액화석유가스통 4,425개)에 관하여 채권자인 을 주식회사가 집행관에게 유체동산에 관한 인도청구권에 대한 압류명령에 부수한 인도명령 및 추심명령에 따라 유체동산을 임의로 인도받을 수 있는 권한을 위임하였고, 또 다른 채권자인 병 주식회사가 집행관에게 유체동산 강제집행신청을 하였는데, 이에 집행관이 유체동산을 임의로 인도받는 것과 유체동산 강제집행신청에 따른 유체동산 압류를 동시에 실시하면서, 제3채무자인 정 주식회사로부터 유체동산의 점유를 넘겨받은 것으로 처리한 다음 을 회사의 승낙을 받아 정 회사로 하여금 유체동산을 보관하도록 하였는데, 이러한 집행관의 압류가 유효한 것인지 문제된 사안이다. 집행관이 유체동산에 대한 압류 등을 실시할 당시 이를 직접 점유하는 자가 갑 주식회사와 정 주식회사 중 누구였는지를 명확하게 하지 아니한 이상 집행관이 직접점유자의 점유를 전면적으로 배제하고서 유체동산에 대한 직접 점유를 개시하였다고 단정할 수 없다. 집행관이 유체동산에 대한 압류 당시 직접 점유를 개시한 것이 아니라면 집행관이 압류의 성립요건으로서의 점유를 하였다고 볼 수 없으므로 이에 대한 압류는 처음부터 성립하지 않았거나 무효이고, 따라서 이를 기초로 하여 진행된 경매절차 역시 무효이므로 그 경매절차의 매수인은 유체동산에 대한 어떠한 권리도 취득할 수 없다.

72 나) 채권자의 승낙은 반드시 명시적일 필요는 없고 묵시적이라도 무방하다. 운반이 곤란한 때란 물리적으로 운반이 곤란한 경우뿐 아니라 압류물의 가격에 비하여 운반에 과다한 비용이 소요되는 경우(예컨대 가재도구)를 포함한다. 압류물의 채무자 보관을 채무자의 의사에 반하여서도 할 수 있는지에 관하여는 견해가 나뉠 수 있으나, 채무자의 의사에 반하여 보관하는 경우란 대부분의 경우 운반이 곤란한 때에 해당한다고 볼 여지가 크므로 이에 해당하지 않는 경우에만 부정하여야 할 것이다.

2) 보관의 방법

가) 개요

73 압류물을 채무자에게 보관시키는 경우에는 봉인 그 밖의 방법으로 압류물임을 명확히 하여야 한다. 압류의 표시는 명확하여야 하며 통상의 주의력에 비추어 쉽게 인지할 수 있는 방법이어야 한다. 부동산의 경우에는 등기가 압류의 공시방법이나 유체동산에 있어서는 봉인 그 밖의 방법이 압류의 공시방법이다. 따라서 압류의 표시는 유체동산집행의 효력발생요건이므로 압류의 표시가 명확하지 아니하면 압류는 무효일 뿐 아니라 불성립한 것이고(대법원 1982. 9. 14. 선고 82누18 판결), 이와 같은 하자를 추후 집행관이 보정하여 경매하였다고 하여 그 흠이 치유되는 것도 아니다(대법원 1991. 10. 11. 선고 91다8951 판결). 봉인이나 그 밖에 압류물임을 명확히 하는 압류의 표시는 그 압류물의 공시방법일 뿐 아니라 그 표시가 있는 시점을 기준으로 압류가 성립하고 효력이 발생하게 되는 중요한 의미가 있고, 이를 훼손한 경우에는 공무상비밀표시무효죄(형법 제140조)를 구성한다.

나) 압류물의 표시방법

74 (1) 압류표시의 방법이 특별히 한정되어 있는 것은 아니나 일반적으로 봉인표 또는 압류물임을 명백히 한 공시서를 붙이는 방법에 의한다. 실무상 사용되는 봉인표와 공시서의 양식은 아래와 같다. 본압류 시에는 적색의 가압류 시에는 녹색의 봉인표를 사용한다.[21]

[양식] 봉인표

압 류 표
20 년본제 호 ○○지방법원 집행관 ○ ○ ○ 2○○○. ○. ○. 이 표시를 파기하거나 무효로 되게 하면 형벌을 받습니다.

21 법원실무제요, 민사집행[Ⅳ], 사법연수원(2020), 48.

[양식] 공시서

<table>
<tr><th>공 시 서</th></tr>
<tr><td>사 건 : 20 (부)
채 권 자 :
채 무 자 :
집행권원 :

아래 물건은 위 당사자 사이의 유체동산 강제집행 사건에 대하여 오늘 본 집행관이 압류한 것입니다.
누구든지 아래 물건을 처분하거나 이 공시서를 손상 또는 은닉하거나 그 밖의 방법으로 효용을 해하여서는 아니 되며, 이를 위반한 사람은 형벌(형법 제 140 조, 제 142 조, 재 323 조)을 받을 수 있습니다.

압류물건 :
2○○○. ○. ○.
○○지방법원 ○○지원
집행관 ○ ○ ○</td></tr>
</table>

* 문의전화 : ○○지방법원 집행관사무소 (○○○) 123-4567

* 집행관사무소에 비치할 각종 문서의 양식에 관한 예규(행정예규 재 1200 호) [별지 2] 2-49

75 (2) 봉인표에는 압류번호와 압류일자, 봉인표를 파기하거나 무효로 되게 하면 형사처벌을 받는다는 취지, 집행관의 성명을 기재하고 그 직인을 날인하며, 1개의 압류물마다 별도로 붙여야 한다. 하나의 물건의 개폐장소에 붙이면 그 안의 물건 전부에 압류한 것이 된다. 차량 안에 봉인을 하는 것과 같이 구성물 내부에 봉인을 하여도 무방한 경우가 있으나, 가구의 내부나 장롱 안처럼 눈에 띄지 않는 곳에 봉인하는 것은 불충분하다.

76 (3) 공시서는 압류물 자체 또는 쉽게 눈에 띌 장소에 채권자, 채무자의 성명, 집행권원, 압류물건을 처분하거나 공시서를 손상, 은닉하거나 그 밖의 방법으로 효용을 해하여서는 아니 되고 이를 위반하여 형사처벌을 받는다는 취지, 압류물건, 압류연월일, 집행관의 성명 등을 기재하고 집행관의 직인을 찍어서 게시한다. 다량의 동종 상품이나 목재, 석탄, 철강 등을 압류하는 경우에 이와 같은 방법이 적

당하다. 압류의 목적물마다 봉인을 하는 대신에 소량의 동종의 물건에 1개의 압류공시서를 붙여도 무방하지만 어떠한 물건이 압류되었는가를 명확히 인식할 수 있도록 하여야 한다. 저장품이나 상품창고의 일부에 대하여 압류한 경우에는 압류한 부분을 유형적으로 구별하여 놓아야 한다. 창고 안에 있는 덩굴차 150상자 중 70상자를 압류하면서 이를 유형적으로 구별하여 놓지 아니하고 일괄공시의 방법으로 품목과 수량을 기재한 데 그친 공시서를 창고 왼쪽벽에 붙여서 한 압류는 무효이다(대법원 1991. 10. 11. 선고 91다8951 판결). 일반적인 사례를 보면, 다수의 선철 중 일부를 압류함에 있어서 각 품목과 수량을 기재한데 그친 공시서를 사무소의 벽에 붙인 경우, 저장품 가운데 일부를 유형적으로 구별하지 않고 약 90kg에 해당하는 분량을 압류한다는 취지의 공시서를 붙인 경우, 상품창고의 저장품 일부를 압류하면서 대략적으로만 간단히 기재하여 공시서를 붙인 경우, 침실 속에 있는 일정한 물건을 압류한다고만 기재한 공시서를 붙인 경우는 다른 특별한 사정이 없는 한 무효라 할 것이다. 장롱 속에 보관된 물건을 압류함에 있어서는 물건의 종류와 수량을 표시한 공시서를 장롱 앞에 붙이는 것으로 족하다.

77 [판례] 대법원 2001. 1. 16. 선고 2000 도 1757 판결

가압류집행 당시 농장의 축사 10개 안에 채무자 영농조합이 점유하는 비육돈 3,100여 마리가 사육되고 있었는데, 집행관은 가압류집행을 하면서 비육돈의 정확한 숫자를 세어보거나 중량을 측정하여 보지 않은 채 집행에 참여한 채권자와 채무자 측 직원의 진술을 토대로 전체 비육돈 중 100여 마리는 곧 폐사할 것으로 판단하고 가압류할 전체 비육돈의 수를 3,000마리로 보아, 농장의 축사 안에 있는 비육돈을 무게에 따라 세 분류(30~40kg, 40~60kg, 60~90kg)로 나누어 각 1,000마리씩을 가압류목적물로 한다는 취지로 기재한 공시서를 축사에 붙여 놓은 사안에서, 그와 같은 가압류가 목적물이 특정되어 유효하다고 볼 수 있는지, 그 공시서가 공무상표시무효의 대상인지 문제되었다. 대법원은 위 사안에서, 가압류집행 당시 공무상표시무효로 기소된 피고인들도 현장에 참여하여 채권자 및 채무자와 함께 위와 같은 가압류집행의 과정을 모두 알고 있었음에도 가압류된 비육돈을 수회에 걸쳐 농장 밖으로 반출하고는 그 대신 중량 30kg 이하의 새로운 자돈을 축사에 입사시키면서 농장 직원들에게 전체적으로 3,000마리는 항상 유지하라고 지시한 사실이 인정되고, 이와 같은 가압류집행의 상황, 당시 이 사건 농장에서 사육되고 있던 비육돈 전체의 수와 가압류공시서상 목적물의 전체적인 기재 내역, 그 후 피고인들의 행동 등을 종합하면, 가압류는 농장에서 사육되고 있던 비육돈 전부를 그 목적물로 특정하여 집행이 된 것으로 유효하

고, 가압류공시서에 다소의 흠이 있다고 하더라도 가압류공시서의 기재 내용을 전체적으로 보면 이 사건 농장 안에 있던 비육돈 전체가 가압류목적물이 되었음을 알 수 있으므로, 가압류공시서가 여전히 공무상표시무효죄의 객체로 된다고 판단하였다.

78 (4) 봉인표 등을 부착하기 어려운 경우에는 금속이나 나무판에 그 취지를 기재하여 두거나 쉽게 지워지지 않는 페인트로 기재하는 것을 생각할 수 있고, 가축의 경우 축사의 출입구를 봉인하고 축사 바깥에 공시서를 붙여놓을 수도 있다.

다) 지속성

79 봉인 그 밖의 압류의 표시는 압류기간 중 자연히 훼멸되거나 쉽게 떨어지지 않을 정도의 지속성이 있어야 한다. 따라서 봉인 등이 그대로 놓아두면 자연적으로 쉽게 떨어져 목적물로부터 이탈될 수 있는 경우 압류는 그 효력이 없다. 봉인 그 밖의 방법에 의하여 압류물임을 명확하게 인지할 수 있고 또 쉽게 떨어지지 않을 정도의 지속성이 있는 것으로 압류표시를 하였다면, 그 뒤에 권한 없는 자에 의하여 봉인 등이 손상되거나 자연적으로 탈락·소멸되었더라도 압류의 효력에는 영향이 없다. 그러나 집행관의 동의를 얻어 그 표시를 제거한 경우에는 압류의 효력은 소멸된다.

3) 보관의 효과

80 집행관이 압류물을 채무자에게 보관시킨 경우 채무자는 집행관의 점유보조기관인 동시에 직접점유자이다. 따라서 채무자의 압류물에 대한 취득시효의 완성은 압류에 의하여 중단되지 아니한다. 그러나 이때 간접점유자는 집행관이므로 채무자는 집행관에 대하여 점유보호청구권(민법 제204조~제206조)을 주장할 수 없다.

81 압류의 본질에 비추어 압류물을 채무자에게 보관시킨 경우라도 채무자가 당연히 압류물을 사용할 수 있는 것은 아니나, 채무자의 사용이 목적물의 가치감소를 초래하지 않거나 목적물의 보존방법으로 인정되는 경우에는 압류표시를 훼손하지 않는 한도에서 점유 중인 물건을 사용할 수 있다(대법원 1969. 6. 24. 선고 69도481 판결). 사용하더라도 소모의 정도가 적은 가구, 가전제품 등이 여기에 해당할 수 있다. 압류물을 보관하는 채무자는 압류물의 보존에 적당한 처분이 필요한 경우에 집행관에게 그러한 조치를 할 것을 촉구할 의무가 있다. 채무자가 이를 게을리하여 압류물이 멸실 또는 훼손된 경우에는 채무자는 손해배상책임을 지게 된다. 채무자가 집행관의 위탁으로 보관하게 된 철망을 장기간 채무자의 창고에 보관하면서 철망에 녹이 슬게 될 것을 예견하면서도 이를 방지하기 위한 적당한 처분을 할 것을 집행관에게 촉구하지 않은 경우 채무자는 채권자에게 철망에 녹

이 슬어 발생한 손해를 배상할 책임이 있다(대법원 1975. 2. 25. 선고 74다1590 판결).

다. 압류물의 채권자·제3자 보관

82 집행관은 채권자가 점유하고 있는 유체동산을 압류하는 경우 압류물을 자신이 점유·보관하지 않고 그 채권자에게 보관하게 할 수 있고, 제출을 거부하지 아니하는 제3자가 점유하고 있는 유체동산을 압류하는 경우 압류물을 그 제3자에게 보관하게 할 수 있다(민사집행법 제191조, 제189조) (☞ 상세는 민사집행법 제189조, 제191조 주석 참조).

라. 집행현장에서의 구체적 절차 및 동산담보등기 관련 확인 절차

83 압류를 실시함에 있어 집행현장에서의 제반 절차, 예컨대 임의이행의 촉구, 채무자 및 집행목적물의 조사, 수색, 저항의 배제, 증인의 참여, 야간·휴일에 있어서의 집행 등에 관하여서는 집행실시에 관한 일반적인 절차에 관한 내용이 그대로 적용된다(☞ 상세는 민사집행법 제5조 내지 제8조 주석 참조).

84 다만 집행관은 유체동산을 압류할 때 동산·채권 등의 담보에 관한 법률 제2조 제7호에 따른 동산담보등기의 존재 여부를 담보등기부를 통하여 확인하여야 하고, 담보등기가 있는 경우에는 등기사항전부증명서(말소사항 포함)를, 담보등기가 없는 경우에는 등기기록미개설증명서(법인·상호등기를 하지 않아 등기기록미개설증명서를 발급받을 수 없는 경우에는 이를 확인할 수 있는 자료)를 집행기록에 편철하여야 한다(민사집행규칙 제132조의2 제1항). 만일 집행관이 담보등기부를 통해 담보권의 존재를 확인한 경우에는 그 담보권자에게 매각기일에 이르기까지 집행을 신청하여 이중압류를 할 수 있게 하거나 민사집행법 제220조에서 정한 시기까지 배당요구를 하여 매각대금의 배당절차에 참여할 수 있음을 고지하여야 한다(제132조의2 제2항). 이는 유체동산 집행절차상 동산·채권 등의 담보에 관한 법률에 따른 동산담보권자의 절차적 보호방안으로 마련된 것으로 원칙적으로 동산담보권자가 이중압류나 배당요구를 해야만 배당받을 수 있음을 전제로 한 것으로 이해된다. 그러나 집행관의 압류 전에 등기된 동산담보권을 가진 채권자는 다른 채권자의 신청에 의한 유체동산 강제집행절차에서 배당요구를 하지 않아도 당연히 배당에 참가할 수 있다는 것이 판례여서, 위와 같은 집행관의 동산담보권자에 대한 고지의무는 그 제도적 효용이 크지 않게 되었다.[22]

22 김홍엽, 민사집행법(제7판), 박영사(2022), 326.

85 [판례] 대법원 2022. 3. 31. 선고 2017다263901 판결
동산담보권이 설정된 유체동산에 대하여 다른 채권자의 신청에 의한 강제집행절차가 진행되는 경우 집행관의 압류 전에 등기된 동산담보권을 가진 채권자가 배당요구를 하지 않아도 당연히 배당에 참가할 수 있는지가 문제된 사안이다. 동산·채권 등의 담보에 관한 법률에 따라 동산을 담보로 제공하기로 하는 담보약정을 하고 담보등기를 마치면 동산담보권이 성립하며(동산·채권 등의 담보에 관한 법률 제7조), 동산담보권자는 담보목적물에 대하여 다른 채권자보다 자기채권을 우선변제를 받을 권리가 있는데(제8조), 등기를 통해 공시되는 동산담보권을 창설한 위 법률의 입법취지, 부동산집행절차에서 등기된 담보권자를 당연히 배당받을 채권자로 정한 민사집행법 제148조 제4호의 취지, 동산담보권자와 경매채권자 사이의 이익형량 등을 고려하면, 동산담보권이 설정된 유체동산에 대하여 다른 채권자의 신청에 의한 강제집행절차가 진행되는 경우 민사집행법 제148조 제4호를 유추 적용하여 집행관의 압류 전에 등기된 동산담보권을 가진 채권자는 배당요구를 하지 않아도 당연히 배당에 참가할 수 있다.

마. 압류조서의 작성

86 집행관이 유체동산을 압류한 때에는 압류조서를 작성하여야 한다. 압류조서에는 집행한 날짜와 장소, 집행의 목적물과 그 중요한 사정의 개요, 집행참여자의 표시, 집행참여자의 서명날인 또는 서명무인, 집행참여자에게 조서를 읽어 주거나 보여 주고, 그가 이를 승인하고 서명날인한 사실, 집행관의 기명날인 또는 서명 등을 적어야 한다(민사집행법 제10조 제2항, 민사집행규칙 제6조 제2항). 집행참여자가 서명날인을 할 수 없는 경우에는 그 이유를 적어야 한다(민사집행법 제10조 제3항). 채무자가 자기 소유가 아니라는 진술이나 담보가 설정되어 있다는 진술을 한 압류물에 관하여는 그 취지를 적어야 한다(민사집행규칙 제134조 제1항). '중요한 사정의 개요'는, 집행에 착수한 일시와 종료한 일시, 실시한 집행의 내용, 집행에 착수한 후 정지한 때에는 그 사유, 집행에 저항을 받은 때에는 그 취지와 이에 대하여 한 조치, 집행의 목적을 달성할 수 없었던 때에는 그 사유, 집행을 속행한 때에는 그 사유 등을 말한다(제6조 제1항). 집행조서에 집행의 목적물을 적는 때에는 압류물의 종류·재질, 그 밖에 압류물을 특정하는 데 필요한 사항과 수량 및 평가액을 적어야 하고, 토지에서 분리하기 전의 과실에 대하여는 그 과실의 수확시기·예상수확량과 예상평가액을 적어야 한다(제134조 제2항). 압류물의 평가액을 기재하도록 한 것은 초과압류 또는 무잉여압류의 판단기준이 되기 때문이다.

87 그러나 압류조서의 작성은 압류사실을 기록, 증명하는 것일 뿐 압류의 효력발생

요건이 아니므로 압류조서목록에 압류한 물건의 기재를 누락하였더라도 그 물건에 대한 압류처분은 유효하고 그 압류물을 대상으로 이루어진 공매절차에서 이를 매수한 사람이 그 소유권을 취득한다(대법원 1984. 8. 21. 선고 84도855 판결).

88 압류조서는 집행기록의 일부이므로 이해관계 있는 자의 신청이 있으면 열람을 허가하고 등본을 교부하여야 한다(민사집행법 제9조).

압류조서와 압류목록의 양식은 아래와 같다.

[양식] 압류조서

○ ○ 지방법원

유체동산압류조서

사 건 : 200 본

채 권 자 :

채 무 자 :

집 행 권 원 :

청 구 금 액 : 원금 원, 이자 원

집 행 일 시 : 200 . . . :

집 행 장 소 :

1. 위 집행권원에 의한 채권자의 위임에 의하여 집행장소에서 채무자 을 만나 임의로 변제할 것을 고지하였으나 이에 불응하므로, 위 청구금액 및 집행비용의 변제에 충당하기 위하여 을 참여시키고 별지 목록 기재 물건을 압류하였다.
2. 압류물건은 집행관이 점유하고 봉인( )의 방법으로 압류물임을 명확히 한 후, 채권자의 승낙을 얻어 채무자에게 보관시켰다.
3. 보관자에게는 이 압류물의 점유는 집행관에게 옮겼으므로 누구든지 이를 처분하지 못하며, 이를 처분 또는 은닉하거나 압류표시를 훼손하는 경우에는 벌을 받을 것임을 고지하였다.
4. 이 절차는 같은 날 : 에 종료하였다.

이 조서는 현장에서 작성하여 집행참여자에게 읽어 준(보여 준) 즉 승인하고, 다음에 서명날인하였다.

2○○○. ○. ○.

집행관 (인)

채권자	(인)	
채무자	(인)	
참여자　성명	(인)	주민등록번호
주소		
참여자　성명	(인)	주민등록번호
주소		

주 : 1. 다음 각 호에 해당하는 경우에는 그 사항을 조서에 기재한다.

① 집행에 착수한 후 정지한 때에는 그 사유

② 집행에 저항을 받은 때에는 그 취지와 이에 대하여 한 조치

③ 집행의 목적을 달성할 수 없었던 때에는 그 사유

④ 집행을 속행한 때에는 그 사유

⑤ 채무자가 자기 소유가 아니라는 진술을 한 압류물에 관하여는 그 취지

⑥ 압류물을 보관시키면서 특별한 보관조건을 정한 때에는 그 보관조건

2. 채권자나 채무자가 아닌 제 3 자에게 압류물을 보관시킨 경우에는 조서 말미에 보관자의 주소·성명을 기재한 후 서명날인을 받아야 한다.

* 집행관사무소에 비치할 각종 문서의 양식에 관한 예규(행정예규 제 1200 호) [별지 2] 2-26

[양식] 압류목록

압 류 목 록							
번호	압류물	규격	수량	평가액	보관장소 (압류물소재)	압류표시의 방법	비 고
1						봉인	
2							
3							
4							
5							
6							
7							
8							
9							

10							
11							
12							
13							
14							
15							

* 집행관사무소에 비치할 각종 문서의 양식에 관한 예규(행정예규 제 1200 호) [별지 2] 2-27

89 집행관은 민사집행법 제10조의 집행조서를 개인휴대정보단말기(PDA) 등을 이용하여 정보처리시스템에 의하여 작성하고(정보처리시스템에 의한 집행관 사무처리지침), 이와 같이 집행조서를 작성하는 경우 조서내용이 기록된 전자적 정보를 집행조서로 본다(정보처리시스템에 의한 집행관 사무처리규칙 제3조 제1항). 또한 이 경우 정보처리시스템에 서명을 입력한 때에는 그 입력정보를 민사집행법 제10조 제2항 제4호·제6호(이 조항들이 준용되거나 그 예에 따르는 경우를 포함한다)에 규정된 서명날인 또는 서명으로 본다(정보처리시스템에 의한 집행관 사무처리규칙 제3조 제2항). 다만 압류물 종류의 과다, 그 밖에 부득이한 사정이 있는 경우에는 정보처리시스템에 의하여 작성하지 아니할 수 있고, 이 경우에도 압류 내역 및 정보처리시스템에 의하여 작성하지 아니한 취지를 정보처리시스템에 입력하여야 한다(정보처리시스템에 의한 집행관 사무처리지침).

바. 채무자에 대한 압류사유의 통지

90 집행관이 유체동산을 압류한 때에는 그 사유를 채무자에게 통지하여야 한다. 채무자에게 적절한 대응조치를 취할 기회를 보장하기 위함이다. 그러나 채무자에 대한 통지는 압류의 효력발생요건은 아니어서, 압류의 사유를 통지하지 아니하였다고 해서 압류의 효력에 어떠한 영향을 미치지는 않는다. 채무자가 압류에 참여한 때에는 구술로 통지하고 압류조서에 적으면 되고(민사집행법 제11조 제1항), 채무자가 외국에 있거나 있는 곳이 분명하지 아니한 때에는 통지할 필요가 없다(민사집행법 제12조). 유체동산압류통지서의 양식은 아래와 같다.

[양식] 유체동산압류통지서

<table>
<tr><td>
통 지 서
20 본 (부)
채 권 자
채 무 자
위 당사자 사이의 유체동산 강제집행사건에 관하여 별지 목록 기재 물건을 압류하였음을 통지합니다.
2○○○. ○. ○.
○○지방법원 집행관
채무자 귀하
</td></tr>
</table>

사. 압류물의 보존

91 집행관은 선량한 관리자로서 압류물을 보존하여야 한다. 집행관은 채권자 및 채무자의 이익을 종합적으로 고려하여 압류물의 보존을 위한 필요한 조치를 내릴 수 있고(민사집행법 제198조 제1항), 경우에 따라 조기매각과 긴급매각을 할 수도 있다(제202조, 제198조 제3항) (☞ 상세는 민사집행법 제198조, 제202조 주석 참조).

아. 압류물의 점검

92 집행관이 압류물을 직접 점유, 보관하지 아니하고 채무자 또는 채권자나 제3자에게 보관시킨 경우에는 압류채권자 또는 채무자의 신청이 있거나 그 밖에 필요하다고 인정하는 때에는 압류물의 보관상황을 점검하여야 한다(민사집행규칙 제137조 제1항). 이 경우 집행관은 압류물의 부족 또는 손상의 유무와 정도 및 이에 관하여 집행관이 취한 조치를 적은 점검조서를 작성하고, 부족 또는 손상이 있는 경우에는 보관자가 아닌 채권자 또는 채무자에게 그 취지를 통지하여야 한다(제137조 제2항).

93 압류물의 부족 또는 손상의 경우에 집행관이 취할 수 있는 조치로서는 부족이나 손상의 원인규명, 부족물의 탐색, 발견한 부족물의 회수, 보관인에 대한 손상부분의 수리 권고, 보관인의 계속보관이 부적당하다고 인정하는 경우 집행관의 직접 점유로 옮기거나 다른 보관방식을 취하는 방안 등을 예로 들 수 있다.

제 190 조 [부부공유 유체동산의 압류]

채무자와 그 배우자의 공유로서 채무자가 점유하거나 그 배우자와 공동으로 점유하고 있는 유체동산은 제189조의 규정에 따라 압류할 수 있다.

[관련조문] 민법 제200조, 제830조~제832조 민사집행법 제189조, 제206조, 제221조

[참고문헌] 김주수/김상용, 친족·상속법(제19판), 법문사(2023); 박두환, 민사집행법, 법률서원(2002)

Ⅰ. 개설

1 민법은 부부별산제를 취하면서 부부의 누구에게 속한 것인지 분명하지 아니한 재산을 부부의 공유로 추정하고(민법 제830조 제2항), 특유재산은 부부 각자가 관리, 사용, 수익한다(제831조)고 규정하고 있다. 부부의 일방에 대한 채권자가 강제집행을 하려는 경우에 재산의 소유명의가 등기부 등 공부에 의하여 공시되는 부동산 등에 있어서는 집행대상물을 정함에 아무런 문제가 없지만, 유체동산에 있어서는 점유를 표준으로 하여 압류함이 원칙이고(민사집행법 제189조 제1항), 점유에 권리추정력이 있지만(민법 제200조) 그 추정이 소유권의 귀속과 항상 일치하는 것은 아니므로 일률적으로 집행대상물을 정하기 곤란하다. 더욱이 부부는 그 공유에 속하는 물건을 공동으로 점유함이 일반적일 뿐만 아니라 부부 일방의 특유재산에 속하는 것이라도 이를 다른 일방이 점유, 사용하거나 부부가 공동으로 점유, 사용하는 경우가 생기게 된다.

2 우리 민사집행법은 민법상 부부재산관계에 관한 규정은 그대로 둔 채 집행법상으로만 특별규정을 두어 부부공유재산에 대해서도 일정한 경우 압류할 수 있게 하고 있다. 실체관계는 수정하지 아니하고 절차법 내에서 채권자를 위한 정책적 배려를 하고 있는 것으로, 자기의 공유지분에 관하여 집행권원에 기하지 아니한 강제집행을 수인하여야 하는 채무자 아닌 배우자의 보호를 위하여 배우자의 우선매수권(민사집행법 제206조)과 그 공유지분에 해당하는 매각대금의 지급요구권(제221조)을 인정하고 있다.

Ⅱ. 입법취지 및 입법례

1. 입법취지

3 민사집행법 제190조는 부부의 일방에 대한 채권자의 집행편의를 목적으로 한다. 그러나 부부의 일방이 일상의 가사로 인하여 제3자와 법률행위를 한 때에는 다른 일방의 부부가 연대채무를 지므로(민법 제832조), 이에 해당하는 경우에는 민사집행법 제190조의 규정이 아니더라도 부부 쌍방에 대한 집행권원을 얻어 부부의 공동소유재산에 집행할 수 있다. 또한, 채무자와 그 동거가족을 위한 생활필수품은 압류금지물로 되어 있고 생활필수품의 개념이 사회 및 경제사정의 변화에 따라 확대되어 가는 추세인 사정을 고려하면, 민사집행법 제190조의 적용범위가 넓다고 하기는 어렵다.

2. 입법례

4 부부생활과 재산소유 및 점유관계의 특수성을 집행법상 어떻게 취급할 것인가는 입법례에 따라 차이가 있다.

5 **가.** 독일에서는 애초에 실체법에서 부부 일방 또는 쌍방의 점유에 속하는 유체동산을 부부 일방의 채권자에 대한 관계에서 그 채무자인 부 또는 처의 단독소유로 추정하고(독일 민법 제1362조 제1항[1]), 집행법에서는 위와 같이 추정을 받는 물건에 대하여는 채무자만을 해당 물건의 소지자 및 점유자로 본다는 규정(독일 민사소송법 제739조 제1항)을 둠으로써 채권자의 보호에 보다 비중을 두고 있다.

6 **나.** 일본도 우리와 동일하게 부부별산제를 원칙으로 부부 중 누구에게 속하는지 명확하지 않은 재산을 부부 공유재산으로 추정하고 있는데(일본 민법 제762조), 일본 민사집행법에서는 우리와 달리 그 강제집행에 관하여 특별한 규정을 두고 있지 않다. 이에 대하여는 다음과 같은 비판이 있을 수 있다. 부부의 재산관계가 대외적으로 반드시 명백한 것이 아니다. 그럼에도 채권자로서는 직접 부부 일방 또는 쌍방의 점유에 속하는 물건을 유체동산압류의 방법으로 집행할 수 없고 채무자인 부부 일방의 공유지분권을 채권 그 밖의 재산권의 집행방법에 따라

1 부부의 일방 또는 쌍방이 점유하는 동산은 배우자 일방의 채권자의 이익을 위하여 채무자에 속하는 것으로 추정한다. 다만, 부부가 별거 중이고 채무자 아닌 배우자가 그 물건을 점유하는 경우에는 그러하지 아니하다. 무기명증권 및 백지배서 있는 증권은 동산으로 본다.

집행할 수밖에 없게 된다. 또한, 채권자가 물건 자체를 압류한 때에는 채무자 아닌 부부 일방이 그 공유지분권에 기하여 제3자이의의 소로써 다툴 수 있게 되어, 결국 채권자의 보호에 미흡하게 된다.

Ⅲ. 부부공유 유체동산의 압류

1. 압류할 수 있는 경우

7 부부의 공유에 속하는 유체동산으로서 채무자가 점유하거나 그 배우자와 공동점유하는 것인 때에는 이를 압류할 수 있다. 이는 부부 일방에 대한 채권자, 즉 부부의 일방에 대하여서만 집행권원을 가지고 있는 채권자가 강제집행하는 경우를 전제한다. 부부 쌍방에 대하여 집행권원을 가지고 있는 때에는 부부의 특유재산과 공동재산 모두 가리지 아니하고 강제집행의 대상으로 삼을 수 있으므로 민사집행법 제190조가 적용될 여지가 없다. 부부공유 유체동산의 압류에 관한 민사집행법 제190조의 규정은 체납처분의 경우에도 유추 적용된다(대법원 2006. 4. 13. 선고 2005두15151). 부부공유재산이 아닌 유체동산의 공유지분의 경우 유체동산집행의 대상이 아니므로 그 밖의 재산권에 대한 집행의 방법에 따라 압류한다.

가. 부부의 공유에 속하는 유체동산

8 민법은 부부별산제를 원칙으로 하고 부부의 누구에게 속한 것인지 분명하지 아니한 귀속불명재산에 한하여 부부의 공유로 추정하고 있으므로(민법 제830조) 특유재산에 대하여는 그 소유자인 배우자에 대한 집행권원으로써 집행할 수 있을 뿐이다. 집행하고자 하는 유체동산이 특유재산인가 부부의 공유에 속하는가의 여부는 실체법에 따라 정하여진다. 다만, 유체동산의 압류는 점유, 즉 소지를 기준으로 하여 행하는 것으로 실체법상 소유권 귀속관계를 고려할 것은 아니므로, 집행관이 압류함에 있어 그 유체동산이 실제 부부의 공유에 속하는지를 조사할 필요는 없다. 채무자가 단독으로 또는 그 배우자와 공동으로 소지하고 있는지 살피고 외관상 부부 공유에 속한다고 볼 수 있으면 이를 압류할 수 있다고 볼 것이다. 민사집행법 제190조가 적용되는 것은 유체동산에 한한다. 부동산이나 선박, 자동차, 항공기 등에 있어서는 그 등기부 또는 등록원부상의 소유명의자에 대한 집행권원이 있어야 하고, 채권 그 밖의 재산권에 있어서는 집행방법이

다르기 때문이다. 유체동산의 범위는 민사집행법 제189조 제2항의 규정에 따른다.

9 부부는 일반적으로 법률혼관계를 전제로 한다. 사실혼관계에도 민사집행법 제190조가 적용되는지에 관하여 부정설[2]도 있으나, 사실혼관계에도 부부재산에 관한 민법 규정이 준용 또는 유추 적용되므로,[3] 사실혼관계에 있는 부부가 공유하는 유체동산에 대하여도 민사집행법 제190조가 준용된다고 봄이 타당하다(대법원 1997. 11. 11. 선고 97다34273 판결). 부부공유재산의 추정과 부부공유의 유체동산에 대한 압류는 혼인관계가 유지되고 있는 부부를 전제로 하므로, 협의이혼한 경우에는 사실상 부부관계가 유지되고 있다는 등의 특별한 사정이 없는 한 공유로 추정할 수 없다(대법원 2013. 7. 11. 선고 2013다201233 판결).

나. 채무자의 점유 또는 채무자와 배우자의 공동 점유

10 부부의 특유재산은 각자가 관리, 사용, 수익하는 것이고(민법 제831조), 공유재산은 부부가 공동으로 관리, 사용, 수익함이 일반적이므로 부부공유 유체동산은 보통 그 공동점유에 속한다. 그러나 부부가 일시 별거하고 있는 경우와 같이 실체법상 공유에 속하면서 점유, 즉 소지는 채무자만이 하고 있는 경우도 있을 수 있다. 채무자 아닌 부부 일방의 특유재산이면서 채무자가 배타적으로 점유하는 경우, 예컨대 부부 사이의 임대차계약 등에 기초하여 부부 일방이 타방의 유체동산을 점유, 사용하는 경우에는 민사집행법 제189조가 적용되고 민사집행법 제190조가 적용될 것은 아니다.

2. 압류의 절차·방법·효과

11 압류는 민사집행법 제189조의 규정에 따라 하고, 그 효과도 동일하다. 다만, 공동점유에 속하는 물건에 대한 압류는 그 공동점유자가 제출을 거부하지 아니하여야 압류할 수 있음에 반하여, 부부공유 유체동산일 경우에는 그러한 제약이 없다.

Ⅳ. 채무자 아닌 배우자의 구제

1. 특유재산이 압류된 경우

12 민법 제190조는 부부공유인 유체동산에 한하여 적용되므로 압류물이 채무자 아닌 배우자의 특유재산에 속하는 경우에는 위 조항이 적용되지 아니하고 제3자

2 박두환, 민사집행법, 법률서원(2002), 529.
3 김주수/김상용, 친족·상속법(제19판), 법문사(2023), 280.

소유물의 압류문제로 돌아간다. 채무자 아닌 배우자의 특유재산을 압류하는 것은 그 물건을 채무자가 점유하거나 채무자 아닌 배우자가 제출을 거부하지 아니한 경우에만 있을 것인데, 이 경우 채무자 아닌 배우자로서는 집행에 관한 이의를 할 수는 없고, 제3자이의의 소에 의하여 소유권을 주장할 수 있다. 이때 특유재산이라는 사실에 대한 증명책임은 이를 주장하는 배우자에게 있다. 귀속불명재산은 공유로 추정되기 때문이다(민법 제830조 제2항).

2. 부부 공유재산이 압류된 경우

13 민사집행법 제190조는 채무자 아닌 배우자의 공유지분권 또는 공동점유권을 압류단계에서 무시함을 전제하고 있으므로, 민사집행법은 채무자 아닌 배우자를 위하여 우선매수권과 매각대금 지급요구권을 인정하고 있다.

14 우선매수권은 민사집행법 제190조에 의하여 압류된 유체동산의 현금화절차에서 채무자 아닌 배우자로 하여금 매각기일에 출석하여 최고가매수신고인에 우선하여 최고가매수신고가격과 동일한 가격으로 매각받을 수 있도록 하는 것이다(☞ 상세는 민사집행법 제206조의 주석 참조). 매각대금의 지급요구권은 민사집행법 제190조에 의하여 압류된 유체동산을 현금화하여 그 매각대금을 얻은 경우에 채무자 아닌 배우자로 하여금 그 매각대금 중 자기의 공유지분에 해당하는 몫을 배당요구에 준하여 자기에게 지급하여 줄 것을 구할 수 있는 권리이다(☞ 상세는 민사집행법 제221조의 주석 참조).

15 부부 공유재산이 민사집행법 제190조에 따라 압류된 경우에는 채무자 아닌 배우자는 제3자이의의 소로써 압류의 효력을 배제시킬 수는 없다.

제 191 조 [채무자 외의 사람이 점유하고 있는 물건의 압류]

채권자 또는 물건의 제출을 거부하지 아니하는 제3자가 점유하고 있는 물건은 제189조의 규정을 준용하여 압류할 수 있다.

[관련조문] 민사집행법 제189조, 제217조, 민사집행규칙 제132조, 제134조

[참고문헌] 김상수, 민사집행법(제4판), 법우사(2015); 남기정, 실무강제집행법, 육법사(1989); 박두환, 민사집행법, 법률서원(2002); 방순원/김광년, 민사소송법(하), 한국사법행정학회(1993); 법원실무제요, 민사집행[Ⅳ], 사법연수원(2020)
Musielak/Voit, ZPO(20. Aufl.), Vahlen(2023); 兼子一, 增補 强制執行法, 酒井書店(1967)

Ⅰ. 개설

1 강제집행은 채무자의 책임재산을 그 대상으로 한다. 그런데 민사집행법 제189조는 채무자의 점유(소지)를 기준으로 하여 압류할 수 있다고 규정하고 있으므로, 실체법상 채무자의 소유물로서 채무자의 책임재산이라 하더라도 채무자 이외의 자가 점유하고 있을 때의 압류방법을 규율할 필요가 있다. 민사집행법 제191조는 그러한 경우 점유자가 임의로 그 물건을 제출한 때에 이를 압류할 수 있다고 규정하고 있다.

Ⅱ. 입법취지 및 입법례

2 민사집행법 제189조 제1항 본문은 채무자의 책임재산인지를 채무자의 점유란 외관에 의하여 판별하여 압류하도록 하고 있는데, 채무자의 책임재산이더라도 채무자 아닌 자가 점유하는 경우가 있을 수 있다. 이러한 경우 점유 대신 채권자나 제3자의 제출이라는 외관에 기초하여 압류를 실시할 수 있도록 함으로써 채무자가 직접 점유하지 않고 있는 책임재산에 대한 강제집행을 가능하게 하는 동시에 해당 유체동산을 점유하고 있는 사람의 권리 보호를 꾀하는 것이다. 일본 민사집행법 제124조는 '전조[1] 제1항 및 제3항부터 제5항까지의 규정은 채권자

[1] 채무자가 점유하는 동산의 압류에 관한 조문이다.

또는 제출을 거부하지 아니하는 제3자가 점유하는 동산의 압류에 대하여 준용한다'고 하여 같은 내용을 규정하고 있다.

Ⅲ. 채권자가 점유하고 있는 물건에 대한 압류

3 1. 채무자 소유의 재산이면 채권자가 점유하고 있는 경우라도 민사집행법 제189조를 준용하여 압류할 수 있다. 채권자가 아무런 권원 없이 우연히 채무자 소유의 유체동산을 점유하고 있는 경우나 임차물 또는 임치물로서 점유하고 있는 경우 그 목적물을 채권자가 집행관에게 제출하여 압류할 수 있음은 의문의 여지가 없다. 채권자가 자기가 점유하는 동산을 제출하며 채무자의 소유에 속하는 책임재산임을 전제로 집행관에게 강제집행을 신청한 때에는 집행관은 그것이 채무자의 소유에 속하는지 심사할 필요도 없고 그럴 권한도 없다. 민사집행법 제191조에 따라 이를 압류하면 족하다.

가. 채권자가 제출을 거부하는 경우

4 한편 채권자가 제출을 거부하는 경우 압류할 수 있는지에 관한 견해의 대립이 있을 수 있다.[2] 실제로는 채권자가 자기가 점유하는 물건이 채무자의 책임재산이라고 임의로 제출하며 집행위임을 하여야 그에 대한 압류가 가능할 것이고, 채권자가 제출을 하지 않는 이상 현실적으로 압류를 하여 강제집행을 개시할 수 없는데다가, 채권자로서는 채무자 소유 유체동산을 제출하여 집행위임을 하였다가 집행종료 전 언제든지 그 신청을 취하하여 강제집행을 종료시킬 수 있는 것이어서 견해 대립의 실익이 크다고 보기는 어렵다. 채무자의 점유에 대신하여 채권자의 제출이란 외관에 기초하여 압류를 실시할 수 있도록 한 민사집행법 제189조의 취지를 고려할 때 채권자가 제출을 거부하면 압류할 수 없다고 보는 견해가 타당하다.

나. 채권자가 질권 또는 유치권에 기하여 점유하고 있는 경우

5 채권자가 질권이나 유치권의 목적물로서 스스로 점유하고 있는 채무자 소유 물건에 대하여 압류를 신청한 때에 민사집행법 제191조에 의한 압류를 허용할 것이라는 견해(채권자는 배당요구에 준하여 질권 등의 신고를 하거나 담보권을 유보하고

2 박두환, 민사집행법, 법률서원(2002), 489는 압류긍정설의 입장이다.

목적물을 제출함으로써 우선변제권을 확보할 수 있다고 본다)[3]와 채권자가 목적물에 대한 우선변제권을 포기한다는 명백한 의사표시를 하지 않은 이상 그 집행신청을 담보권실행을 위한 매각의 신청으로 보아야 한다는 견해가 있을 수 있는데, 앞의 견해가 국내 다수설이다.[4] 채권자가 질권 등의 담보권을 가진 경우라도 담보권실행을 위한 경매가 아니라 민사집행법 제191조에 의한 압류 및 그에 기초한 강제집행을 신청하는 것을 허용하지 않을 이유는 없을 것이다. 이는 결국 담보권실행을 위한 경매절차나 강제집행절차를 선택할 수 있는 채권자의 의사에 달린 문제이다. 다만, 민사집행법 제191조의 압류에 기초한 강제집행절차로 진행하는 경우에도 채권자의 담보권에 대한 영향이 없는지는 다툼이 있을 수 있으므로,[5] 채권자가 질권 등 담보권을 가지고 있음이 분명하면 그 집행신청을 담보권실행을 위한 경매절차를 원하는 의사로 보고 처리함이 채권자의 일반적인 의사에 부합할 것으로 보인다.[6]

다. 채권자가 양도담보 등에 의하여 점유하고 있는 경우

6 양도담보 또는 소유권유보부매매의 경우엔 그 목적물을 채권자가 점유하든 채무자가 점유하든지 간에 채권자의 강제집행 신청을 법률적으로는 그 자신의 소유물에 대한 강제집행의 신청으로 볼 수 있어서 그 허용 여부가 문제되는데, 허용된다는 데에는 별다른 다툼이 없다. 다만 세부적으로 채권자는 자기의 소유권을 포기하고 압류할 수 있다는 견해와 소유권 포기 여부와 무관하게 압류할 수 있다는 견해[7]가 있을 수 있는데, 뒤의 견해가 국내 다수설이다.[8] 이러한 경우 채권자의 목적물 임의 제출에 기초한 강제집행 신청이 있으면 족하지 굳이 채권자로 하여금 소유권 포기 의사를 별도로 밝히도록 하거나 집행관으로 하여금 이를 확인하도록 할 필요가 없으므로 다수설이 타당하다. 압류할 수 있더라도

3 방순원/김광년, 민사소송법(하), 한국사법행정학회(1993), 241.
4 법원실무제요, 민사집행[IV], 사법연수원(2020), 15.
5 대법원 1990. 12. 26. 선고 90다카24816 판결에서는, 저당권에 기한 물상대위권을 갖는 채권자가 동시에 집행권원을 가지고 있으면서 집행권원에 의한 강제집행의 방법을 선택하여 채권의 압류 및 전부명령을 얻은 경우에는, 비록 그가 물상대위권을 갖는 실체법상의 우선권자라 하더라도 원래 일반 집행권원에 의한 강제집행절차와 담보권의 실행절차는 그 개시요건이 다를 뿐만 아니라 다수의 이해관계인이 관여하는 집행절차의 안정과 평등배당을 기대한 다른 일반 채권자의 신뢰를 보호할 필요가 있는 점에 비추어, 압류가 경합된 상태에서 발부된 전부명령은 무효로 볼 수밖에 없다고 판시하였다.
6 김상수, 민사집행법(제4판), 법우사(2015), 289.
7 방순원/김광년, 민사소송법(하), 한국사법행정학회(1993), 241.
8 법원실무제요, 민사집행[IV], 사법연수원(2020), 15.

이 경우 채권자의 우선변제권이 유지되는지에 관하여도 견해가 나뉘는데,[9] 아래에서 보는 것처럼 판례는 양도담보권의 우선변제권이 유지된다는 취지이다.

7 양도담보에 관하여 판례는, 동산에 대하여 양도담보권설정계약이 이루어진 경우에 양도담보권자는 양도담보권설정자를 제외한 제3자에 대한 관계에서는 자신이 그 동산의 소유자임을 주장하여 권리를 행사할 수 있다고 보면서(대법원 1999. 9. 7. 선고 98다47283 판결, 대법원 1971. 3. 23. 선고 71다225 판결), 동산을 목적으로 하는 양도담보계약을 체결함과 동시에 채무불이행 시에는 강제집행을 수락한다는 내용의 공정증서를 작성한 경우에는, 채무자가 채무를 불이행할 때에는 채권자로서는 양도담보권을 실행하기 위하여 담보목적물인 동산을 환가함에 있어 공정증서에 기하지 아니하고 양도담보의 약정내용에 따라 이를 사적으로 타에 처분하거나 스스로 취득한 후 정산하는 방법으로 환가할 수도 있고, 담보목적물을 공정증서에 기하여 압류하고 강제경매를 실시하는 방법으로 환가할 수도 있으나, 이때의 강제경매는 자기 소유물에 대한 강제집행이라고는 볼 수 없는 것이고, 그 강제경매는 제3자가 그 목적물이 양도담보물임을 인식할 수 있었는지에 관계없이 형식적으로는 강제경매절차에 따르지만 그 실질은 강제집행절차가 아니라 동산양도담보권 실행을 위한 환가절차라고 할 것이므로, 그 압류절차에 압류를 경합한 다른 채권자는 양도담보권자에 대한 관계에서 압류경합권자나 배당요구권자로 인정될 수 없고, 따라서 그 환가로 인한 매각대금에서 환가비용을 공제한 잔액은 양도담보권자의 채권변제에 전액 충당함이 당연하고, 양도담보권자와 압류경합자 사이에 각 채권액에 따라 안분비례로 배당할 것이 아니라고 본다(대법원 2005. 2. 18. 선고 2004다37430 판결, 대법원 1994. 5. 13. 선고 93다21910 판결). 판례는 양도담보권의 실질적인 기능에 주목하여 양도담보권자의 담보목적물에 대한 환가를 위한 강제경매가 자기 소유물에 대한 강제집행이라 허용될 수 없다고 볼 것은 아니고, 양도담보권 설정 당시 작성한 집행증서에 기하여 압류 및 강제집행절차가 진행되더라도 그 역시 양도담보권 실행을 위한 현금화절차로 보아야 한다는 취지이다. 판례에 따르면 집행증서를 소지한 동산양도담보권자는 양도담보설정자의 다른 채권자가 목적물을 압류한 경우 제3자이의의 소를 제기하지 않고 이중압류의 방법으로 선행 절차에 참가하여 양도담보

9 방순원/김광년, 민사소송법(하), 한국사법행정학회(1993), 241; 일본의 경우 兼子一, 增補 强制執行法, 酒井書店(1967), 173이 긍정설을 취하고 있다.

설정자의 일반채권자에 우선하여 배당을 받을 수 있다.

8 소유권유보부매매의 경우 매도인이 우선변제권을 가지는 것은 아니므로 양도담보에 관한 판례의 법리가 그대로 적용된다고 볼 수는 없다. 다만, 이 경우 채권자가 대외적으로 소유권을 주장할 수 있는 점유물을 채무자에 대한 강제집행의 목적물로 임의로 제출하는 것 자체가 더는 소유권을 주장하지 않겠다는 의사표시라 볼 수 있고, 이러한 권리행사를 거부할 합리적 이유도 없으므로, 앞서 본 바와 같이 소유권유보부매매의 매도인도 그 목적물을 압류할 수 있다고 봄이 타당하다.

IV. 제3자가 점유하고 있는 물건에 대한 압류

9 제3자가 채무자의 소유물을 점유하고 있는 경우 그가 물건의 제출을 거부하지 않으면 민사집행법 제189조의 규정을 준용하여 이를 압류할 수 있다.

1. 제3자

10 제3자가 점유하고 있는 한 채무자의 소유물인 것이 명백하다 하더라도 집행관은 그것만으로 이를 압류할 수 없고, 제3자가 제출을 거부하지 아니하는 경우에 한하여 이를 압류할 수 있다. 여기서의 제3자란 집행권원에 기재된 채무자나 채권자가 아닌 자를 말한다. 채무자의 법정대리인은 무능력자인 채무자를 위하여 점유하는 것이기 때문에 민사집행법 제191조의 제3자에 해당되지 않는다. 가압류금전 등을 점유하고 있는 집행관이 민사집행법 제191조의 제3자에 해당하는가에 관하여 견해가 나뉠 수 있다. 그러나 집행관의 지위나 역할, 민사집행법 제215조에서 압류의 경합을 허용하고 있는 점 등에 비추어 볼 때 집행관이 여기의 제3자에 해당한다고 보기는 어렵다.

11 채무자와 제3자가 공동점유하는 물건도 그 제3자가 제출을 거부하지 않는 때에 한하여 압류할 수 있다. 점유는 민사집행법 제189조에서와 같이 사실상의 점유, 즉 소지를 의미한다.

2. 제출을 거부하지 아니하는 의사표시

12 제3자가 제출을 거부하지 않으면 충분하고 반드시 별도의 승낙을 필요로 하는 것은 아니다. 즉 제출을 거부하지 아니하는 의사표시는 명시적이든 묵시적이든 관계없으며, 다만 여기에 조건을 붙이는 것은 허용되지 아니한다.

13 제출불거부의 의사표시는 소송행위에 해당하므로 나중에 이를 철회할 수 없다. 채무자의 소유에 속하지 아니하는 것으로서 제3자가 점유하고 있는 경우에, 그가 압류를 승낙하여 제출하면 그 물건을 압류할 수 있는가의 문제가 있다. 일본의 학설과 판례[10]는 이때 채무자가 소지하고 있는 것과 같이 보아 압류하여도 무방하다고 하면서 창고증권이 발행되어 있는 임치물에 대해서도 창고업자가 압류를 거부하지 않는 한 누가 현재 증권을 소지하고 있는가에 관계없이 압류할 수 있다고 하여 긍정적인 태도를 취하고 있다. 독일의 학설은 제3자가 점유하는 물건의 제출을 거절하지 않는 경우에 집행관은 그 물건이 채무자의 소유에 속하는 것으로서 채무자 이외의 다른 사람에 속하는 물건이 아님을 확실히 조사하고서 압류할 것이라는 소극적 견해를 취하고 있다. 우리나라의 학설은 긍정설이 다수의 견해이다.[11] 민사집행법 제191조의 취지는 채무자의 점유가 아니라 물건을 소지하고 있는 제3자의 임의 제출을 외관으로 하여 압류를 할 수 있도록 하는 데 있다. 또한 집행관으로 하여금 압류대상물의 실제 소유관계를 조사하도록 하는 것은 무리이고 신속하고 효율적인 압류를 위해서도 바람직하지 않다. 따라서 외관상 채무자의 책임재산이 아님이 명백한 예외적인 경우가 아닌 한, 채무자의 소유에 속하지 아니하는 의문이 있는 정도의 상황에서라면 물건을 점유하고 있는 제3자가 제출하는 이상 민사집행법 제191조에 따라 압류할 수 있다고 봄이 타당하다.

14 채무자에 대한 집행을 면탈하기 위해 제3자가 채무자와 공모하여 물건을 그 제3자의 점유 아래에 둔 경우에는 비록 제3자가 물건의 제출을 거절한다 하여도 예외적으로 이를 압류할 수 있다는 견해도 있을 수 있으나,[12] 집행관이 그와 같은 공모 여부에 관하여 조사·판단하도록 하는 것은 무리이고 집행관의 역할에 부합한다고 보기도 곤란하므로 그와 같이 새기기는 어렵다.

15 제3자가 실체법상 이유로 채권자 또는 채무자에게 인도할 의무 있는 물건임이 명백한 경우이면 제3자가 제출을 거절하여도 압류할 수 있는가에 관하여서도 견해가 대립될 수 있다. 집행관이 그와 같은 실체법상 권리관계에 관하여 조사·판단하도록 하는 것은 무리이고, 민사집행법 제191조의 문언에도 부합하지 않으

10 兼子一, 增補 强制執行法, 酒井書店(1967), 174, 日大判 1935. 3. 26. (民集 14, 408).
11 남기정, 실무강제집행법, 육법사(1989), 103.
12 Musielak/Voit, ZPO(20. Aufl.), Vahlen(2023), § 809 Rn. 5.

므로 부정설이 타당하다. 이 경우 채권자로서는 채무자가 목적물을 점유하고 있는 제3자에 대하여 가지는 물건인도청구권을 채권집행절차에 의하여 집행할 수 있을 것이다.[13]

16 목적물에 대하여 우선변제권이 있는 물상담보권을 갖고 있는 제3자가 그 점유하는 물건에 대하여 압류를 할 수 있도록 집행관에게 이를 제출한 경우, 종전에는 2002년 전부 개정되기 전의 구 민사소송법 제526조에 따라 우선변제청구의 소를 제기하여 우선변제를 받을 수 있었는데, 민사집행법 제정 시 위 조항이 삭제되었으므로 제3자는 민사집행법 제217조에 따라 배당절차에서 배당요구를 하여 우선변제를 받을 수 있다.

3. 위반에 대한 구제수단

17 민사집행법 제191조를 위반하여 제3자인 점유자의 의사에 반하여 압류하였을 때에 그 압류는 당연무효가 아니고 취소할 수 있을 뿐이다. 이때 제3자는 집행에 관한 이의를 할 수 있는 외에, 그 물건에 대한 실체법상 권리를 주장하여 제3자이의의 소를 제기할 수도 있다. 민사집행법 제191조는 제3자의 소지의 보호를 목적으로 하고 있기 때문에 민사집행법 제191조를 위반하여 압류하여 제3자의 소지를 침해했을 때에는 제3자 이외의 자는 비록 채무자라도 이를 들어 집행에 관한 이의를 할 수 없다. 제3자가 압류를 승낙하여 목적물을 제출함에도 불구하고 집행관이 압류를 거절하는 때에는 채권자가 집행에 관한 이의를 할 수 있다.

18 제3자가 그 점유하는 물건의 제출을 거절하는 때에는 이를 압류할 수 없다. 이 경우 채무자가 제3자에 대하여 인도청구권을 가지는 때에는 채권자는 그 청구권을 채권 그 밖의 재산권에 대한 강제집행의 방법으로 압류할 수 있다.

13 박두환, 민사집행법, 법률서원(2002), 490.

제 192 조 [국고금의 압류]

국가에 대한 강제집행은 국고금을 압류함으로써 한다.

[관련조문] 민사집행법 제191조, 제36조, 공탁법 제3조, 국고금 관리법 제2조, 국고금 관리법 시행령 제86조

[참고문헌] 김일룡, 민사집행법(제2판), 오래(2018); 남기정, 실무강제집행법, 육법사(1989); 박두환, 민사집행법, 법률서원(2002); 이시윤, 신강제집행법(제8개정판), 박영사(2020)

Ⅰ. 개설

1 원래 금전채권에 관한 강제집행에 있어서는 원칙적으로 채무자에 속하는 총재산이 책임재산이 된다. 따라서 채무자에 속하는 재산이면 유체동산이건 채권 그 밖의 재산권이건 부동산이나 부동산에 준하는 것이건 가리지 않고 그 집행의 대상이 된다. 민사집행법 제192조는 그와 같은 원칙에 대한 특례를 규정하여, 국가에 대한 강제집행에 있어서는 국가의 책임재산의 범위를 오로지 국고금에 한정시키고, 그 밖의 국가재산에 대하여서는 집행할 수 없도록 하고 있다. 이에 따라 국가에 대한 집행채권에 의하여는 채무자인 국가가 국고금의 한도 내에서만 집행을 당하게 되기 때문에 유한책임의 일례라고 할 수 있다.[1]

Ⅱ. 입법취지 및 입법례

2 국가에 대한 강제집행에 있어서도 채무자의 모든 재산에 대하여 강제집행을 할 수 있다는 법리를 적용하여 국유재산 중 어느 재산에 대하여도 집행할 수 있도록 하면, 경우에 따라서는 국가기능의 수행에 지장을 초래하고 그 기능을 마비시킬 수도 있다. 이를 고려하여 민사집행법 제192조는 공공복리의 견지에서 하나의 특례를 둔 것이다.[2]

3 독일 민사소송법 제882a조는 다음과 같이 정하고 있다. ① 채권자가 국가에 대하여 강제집행을 함에 있어서는 주무관청에 대하여 국가에 강제집행할 의사가 있음을 예고하여야 하고, 그 예고일부터 4주가 경과된 때에 비로소 집행을 개시

1 박두환, 민사집행법, 법률서원(2002), 496.
2 박두환, 민사집행법, 법률서원(2002), 496.

할 수 있다. ② 국가의 공적인 임무수행에 필요불가결한 재산과 처분하는 것이 공공복리에 위배되는 재산에 대해서는 집행이 허용되지 않는다. ③ 이와 같은 제한은 공법상의 사단 또는 재단과 영조물법인에 준용(공법상 은행이나 금융기관은 제외)된다. ④ 다만, 채권자가 가처분을 하는 경우에는 그 집행의 사전예고나 예고 후 4주의 제한 없이 이를 할 수 있다.

4 독일 민사소송법에서는 위와 같은 국가에 대한 강제집행의 특례조항을 동산, 부동산에 대한 강제집행에 관한 규정들과 별도의 절(제8편 강제집행 제5절 공법인에 대한 강제 집행)에 두고 있다. 우리 민사집행법에서는 민사집행법 제192조를 유체동산에 대한 강제집행의 관 아래에 두고 있는데, 위 조항의 내용은 유체동산에 대한 강제집행에만 적용되는 것이 아니고 금전채권에 기초한 강제집행에 모두 적용되는 것이므로, 입법론으로는 위 조항을 별도의 절에 규정함이 적절하다.

Ⅲ. 국고금

5 국고금이란 법령 또는 계약 등에 따라 국가의 세입으로 납입되거나 기금에 납입된 모든 현금 및 현금과 같은 가치를 가지는 것으로서 대통령령으로 정하는 것 등의 자산을 말한다(국고금 관리법 제2조 제1호). 세입금, 세출금, 세입세출외현금이 이에 속한다. 세입세출외현금은 세입세출예산에 계상할 확정된 수입이 아니고 국가가 일시적으로 받았다가 후에 반환할 의무를 지는 현금으로서 우편송금, 보관금, 공탁금, 일시차입금 등이 있다. 그 중 공탁금은 대법원장이 지정하는 은행 등에 납입하므로(공탁법 제3조) 제3자인 은행 등이 점유하는 경우에 해당하여 그 제3자가 제출을 거부하지 아니하는 경우에 한하여 압류할 수 있게 된다(민사집행법 제191조).

6 국가에 대한 집행권원으로 집행하는 이상 정부의 어느 부서에서 보관하는 국고금이든 이를 압류할 수 있다. 종래 국고금 압류 예규(재민61-2, 대법원 재판예규 제866-21호)에서 같은 내용을 정하고 있었는데, 성질상 재판예규로 정함이 적절하지 않은 내용이고 그 내용도 당연한 것이란 이유로 2022. 2. 8. 폐지되었다. 채무자가 국가라 하여도 집행권원의 내용에 표시된 담당 관서나 그 소송사건의 소관부처기관(예컨대 국방부, 우정사업본부, 세무서 등)에서 관장하는 국고금에 한하여 압류하여야 하는지도 문제될 수 있으나, 별도의 법적 근거 없이 그와 같은 제한을 둘 수는 없을 것이다. 이에 관하여도 위 예규와 국고금압류에 관한 협조

(재민72-4, 대법원 재판예규 제93호)에서 제한을 둘 수 없다는 내용을 정하고 있었으나, 앞서 본 바와 같은 이유에서 폐지되었다.

7 한국은행의 국고금계정에 입금되어 있는 금전은 예금의 성질을 가지므로 민사집행법 제192조에 의한 국고금압류의 방법으로 집행할 수 없고, 한국은행을 제3채무자로 하는 채권압류, 전부명령에 의하여 집행하여야 하며, 실무도 이에 따르고 있다. 이에 대하여는 한국은행이 국가에 속하는 현금을 소지하고 있는 것으로 보아 압류가 가능하다는 반대의 견해가 있으나,[3] 국고금 관리법 제36조, 같은 법 시행령 제86조의 규정 내용 등에 비추어 보면 한국은행 소관의 국고금은 소비임치의 성질을 가진 예금의 일종으로 볼 것이므로, 현행 실무가 타당하다.

IV. 적용범위

8 민사집행법 제192조는 국가에 대한 금전채권에 관한 집행의 경우에만 적용된다. 바꾸어 말하면 집행권원의 내용이 국가에 대한 금전지급청구권일 때에 한한다. 국가에 대한 금전채권 이외의 채권, 즉 유체물의 인도청구권, 작위·부작위청구권이나 소유권이전등기청구권 등 국가의 의사표시의무를 구하는 청구권의 집행에 있어서는 민사집행법 제192조가 적용될 여지가 없다.

9 민사집행법 제192조는 국가에 대한 강제집행의 경우에 한하여 적용된다. 따라서 국가 이외의 공법인, 예컨대 지방자치단체, 공공조합, 영조물법인에 대해서는 적용되지 않는다.[4] 이러한 공법인에 대하여는 일반원칙에 따라 그 모든 재산이 집행의 대상으로 된다.

3 남기정, 실무강제집행법, 육법사(1989), 137.
4 김일룡, 민사집행법(제2판), 오래(2018), 348; 이시윤, 신강제집행법(제8개정판), 박영사(2020), 418.

제 193 조 [압류물의 인도]

① 압류물을 제3자가 점유하게 된 경우에는 법원은 채권자의 신청에 따라 그 제3자에 대하여 그 물건을 집행관에게 인도하도록 명할 수 있다.

② 제1항의 신청은 압류물을 제3자가 점유하고 있는 것을 안 날부터 1주 이내에 하여야 한다.

③ 제1항의 재판은 상대방에게 송달되기 전에도 집행할 수 있다.

④ 제1항의 재판은 신청인에게 고지된 날부터 2주가 지난 때에는 집행할 수 없다.

⑤ 제1항의 재판에 대하여는 즉시항고를 할 수 있다.

[관련조문] 민사집행법 제15조, 제53조, 제191조, 제292조 제2항, 제15조, 민사집행규칙 제2조, 제7조, 제132조, 제139조, 사법보좌관규칙 제2조, 제4조

[참고문헌] 강대성, 신민사집행법, 탑북스(2014); 박두환, 민사집행법, 법률서원(2002); 전병서, 민사집행법(제4판), 박영사(2023)
永田誠一, 差押物の引渡命令と善意取得者, 裁判實務大系7, 青林書院(1986)

Ⅰ. 개설

1 압류물을 집행관이 직접 점유하는 경우에 제3자가 그 점유를 침탈한 때에는 집행관이 자력구제를 하거나(예컨대 집행 시 제3자가 채무자와 통모하여 집행을 방해하는 경우나 제3자의 침해행위의 도중 또는 그 직후에 자구행위로서 그 침해를 배제할 수 있는 경우 집행관은 제3자에게 실력을 행사하여 압류물을 회수할 수 있다)[1] 점유회수의 소를 제기하여 이를 회수할 여지가 있다. 그러나 채무자나 채권자 또는 제3자의

1 이에 대하여는 압류 중 제3자가 압류물을 점유한 경우 현대법의 체계상 집행관이 자력구제로 이를 회복할 수 없다는 견해가 있다. 강대성, 신민사집행법, 탑북스(2014), 249.

보관에 맡긴 압류물을 제3자가 점유하게 된 때에는, 그 제3자가 선의취득하는 것과 같은 특별한 경우를 제외하고는 압류의 효력이 당연히 소멸되는 것은 아니어서 집행관이 그 점유를 회복할 필요가 있지만, 회복할 방법이 뚜렷하지만은 않다. 종래 이러한 경우 ① 집행관이 직접 압류물을 회수할 수 있다는 견해, ② 자력구제가 인정되는 경우에 한하여 회수할 수 있다는 견해, ③ 점유회수의 소에 의하여야 한다는 견해 등이 있었다.[2] 1990년 개정법률 이후 집행절차의 안정을 위하여 간이·신속한 방법으로 압류물을 회수하는 제도가 도입되었다. 집행법원의 인도명령이 규정됨으로써 제3자가 압류물에 대한 집행관의 점유를 배제하고 이를 점유하게 된 경우에는 그 사유 여하를 불문하고 집행법원의 인도명령에 의하여 압류물을 간편하게 회수할 수 있는 길이 생겼다. 이와 같은 인도명령에 대한 집행법원의 사무는 사법보좌관의 업무이다(사법보좌관규칙 제2조 제1항 제8호).

Ⅱ. 입법취지 및 입법례

1. 입법취지

2 민사집행법 제193조는 제3자가 압류물에 대한 집행관의 점유를 배제하고 이를 점유하게 된 경우 집행법원의 인도명령을 활용할 수 있도록 함으로써, 동산집행에 있어서 압류의 사실상 효력을 지속·유지시킴과 아울러 절차의 실효성을 확보하고, 집행관이 자력구제나 점유회수의 소에 의하여 점유를 회복하기 어려운 경우에도 공백이 있지 않도록 하는 취지이다.

2. 입법례

3 일본 민사집행법 제127조에서도 압류물의 인도명령제도를 규정하고 있다. 압류물을 제3자가 점유하게 된 때에는 집행법원은 압류채권자의 신청에 의하여 그 제3자에 대하여 압류물을 집행관에게 인도하라고 명할 수 있고(일본 민사집행법 제127조 제1항), 압류채권자의 신청은 압류물을 제3자가 점유하고 있음을 안 날부터 1주 내에 하여야 하며(제127조 제2항), 신청에 대한 재판에 대해서는 집행항고를 할 수 있는(제127조 제3항) 등 민사집행법 제193조와 거의 같은 내용이다.

2 일본에서의 논의는 永田誠一, 差押物の引渡命令と善意取得者, 裁判實務大系7, 青林書院(1986), 350 참조.

Ⅲ. 인도명령의 성질

4 1. 민사집행법 제193조의 인도명령은 압류집행 후 그 압류가 실효되거나 취소되는 등 해제됨이 없이 제3자가 압류물을 점유하게 된 경우에 집행관의 압류물에 대한 점유를 회복하기 위하여 행하여지는 것으로서 압류의 사실상의 효력을 유지하고자 하는 것이다. 그 법적 성질은 침탈된 압류물을 제3자로부터 회수하기 위하여 법이 특별히 인정한 보전처분 유사의 제도로 볼 수 있고, 따라서 인도명령을 발령함에 있어서는 실체상 권리관계를 문제 삼을 여지가 없다.

5 2. 인도명령이 집행권원인가 집행법원의 집행처분인가(인도명령에 있어 채권자에게 인도청구권이 있는 것은 아니고 인도명령은 집행관의 점유회수 조치에 지나지 않음을 이유로 한다[3])에 관하여 견해가 나뉠 수 있다. 그러나 집행처분으로 보는 견해에서도 인도명령이 보전처분적 성질이 있는 집행권원이 됨을 부인하지는 않고, 인도명령의 집행에 별도의 집행문이 있어야 하는 것은 아니란 데에도 이견이 없어, 논의의 실익이 크지 않다.

Ⅳ. 당사자

1. 신청인

6 인도명령을 신청할 수 있는 자는 채권자이다(민사집행법 제193조 제1항). 여기의 채권자는 압류채권자를 말한다. 압류채권자인 한 집행정지 중이라도 무방하고 이중압류채권자를 포함한다. 배당요구채권자는 스스로 집행절차를 수행하는 것은 아니므로 여기의 신청인에 해당하지 아니한다.

2. 상대방

7 인도명령의 상대방은 집행관의 압류물에 대한 점유를 배제하고 압류물을 점유하고 있는 자이다. 인도명령은 보전처분적인 성질의 것이므로 그 제3자의 선악, 실체법상 점유권원의 유무 등은 문제되지 않는다. 그러나 점유보조자는 상대방이 될 수 없다. 집행관의 점유를 배제한 경우여야 하므로 집행관이 압류의 방법

3 전병서, 민사집행법(제4판), 박영사(2023), 373.

으로 채무자 또는 제3자에게 압류물을 보관케 한 경우의 채무자나 제3자는 인도명령의 상대방이 될 수 없다.

V. 인도명령의 절차

1. 관할

8 인도명령은 집행절차상의 부수처분으로서의 성질을 가지므로 원래 압류집행을 한 집행관이 소속되어 있는 집행법원의 관할에 속한다. 압류물의 현재지를 기준으로 할 것은 아니다.

2. 신청

9 인도명령의 신청은 채권자가 압류물을 제3자가 점유하고 있는 것을 안 날부터 1주 이내에 하여야 한다. 이는 인도명령이 간편한 절차임을 고려하고 제3자가 압류물을 점유하면 그 물건에 여러 권리관계가 생기는 것도 예상되므로 그 신청기간을 단기로 제한한 것이다.[4] 기간의 계산은 민법의 일반원칙에 따라 초일은 산입되지 않는다. '압류물을 제3자가 점유하고 있는 것을 안 날'은 채권자가 인도명령을 신청할 때 특정이 필요한 사항, 즉 상대방과 목적물, 소재장소 등을 채권자가 구체적으로 알게 된 때를 의미한다.

3. 재판

가. 심리방식

10 인도명령은 채권자의 신청에 의하여 하는 것으로 집행법원의 직권으로는 할 수 없다. 집행법원이 심리함에 있어서는 압류조서에 의하여 목적물이 압류물인가를 확인하고, 상대방이 집행관의 점유를 배제하고 점유하고 있는지를 심리하여야 한다. 서면심리가 원칙이나 필요한 경우에는 집행관, 신청채권자 그 밖의 참고인 등을 심문할 수 있다(민사집행규칙 제2조). 제3자의 점유권원의 유무 등은 심리의 대상이 아닐 뿐 아니라 인도명령에는 어느 정도의 밀행성이 요구되므로 상대방을 심문하는 것은 적절하지 아니하다.

나. 재판의 내용

11 심리의 결과 신청이 이유 없을 때에는 이를 기각하고, 이유 있을 때에는 인도명령

4 전병서, 민사집행법(제4판), 박영사(2023), 372.

을 하여야 한다. 인도명령에는 상대방, 목적물, 그 소재장소 등을 특정하여야 하고, 상대방에 대하여 목적물을 집행관에게 인도하라는 취지를 기재하여야 할 것이다.

다. 재판의 고지

12 신청을 기각한 결정은 신청인에게 고지하고, 신청을 인용한 결정, 즉 인도명령은 신청인과 상대방에게 고지하여야 한다(민사집행규칙 제7조).

VI. 인도명령의 집행

13 1. 인도명령은 집행권원이므로 신청인이 집행관에게 집행위임을 하여 집행하게 된다. 집행은 인도명령이 상대방에게 고지되기 전에도 할 수 있으나, 신청인에게 고지된 날부터 2주가 지난 때에는 집행할 수 없다. 이 기간의 성질은 보전처분의 집행에 관한 민사집행법 제292조 제2항의 기간과 동일하다. 즉 이 기간은 법정기간이나 불변기간이 아니므로 추완의 대상이 아니고, 이 기간 내에 집행에 착수하면 충분하고 이를 완료할 것까지 요구되지는 않는다.

14 2. 인도명령은 동산인도청구의 집행에 준하여 집행하여야 할 것이다. 인도명령은 집행관의 압류물에 대한 점유회복의 수단으로 행하여지는 것이므로 집행관은 필요한 경우 그 목적물을 일단 수취한 후 제3자에게 다시 보관을 명할 수도 있다.

15 3. 압류물이 압류를 한 집행관이 소속하는 법원의 관할구역 밖에 있는 경우에는, 채권자가 그 압류물의 소재지를 관할하는 법원에 소속되어 있는 집행관에게 인도명령의 집행을 위임하여 집행하여야 할 것이다. 이와 같이 압류를 한 집행관과 인도명령의 집행을 한 집행관의 소속 법원이 다른 경우에는, 인도명령을 집행한 집행관은 압류를 한 집행관에게 인도명령을 집행하였다는 사실을 통지하여야 하고(민사집행규칙 제139조 제1항), 그 통지를 받은 집행관은 압류물을 인수하여야 한다. 다만, 그 인수에 지나치게 많은 비용이 든다고 인정하는 때에는 압류채권자의 의견을 들어 사건을 인도명령을 집행한 집행관에게 이송할 수 있다(제139조 제2항).

16 4. 인도명령의 집행에 소요된 비용은 이른바 공익비용으로서 압류물의 매각대금으로부터 우선변제된다(민사집행법 제53조 제1항).

Ⅶ. 불복절차

1. 즉시항고

가. 절차

17 인도명령의 신청에 대한 재판에 관하여는 즉시항고를 할 수 있다. 인도명령신청을 기각한 결정에 대하여는 신청인이, 인도명령에 대하여는 상대방이 즉시항고할 수 있다. 인도명령에 대한 즉시항고에는 집행정지의 효력이 없다(민사집행법 제15조 제6항). 인도명령은 사법보좌관이 하므로 이에 대하여는 즉시항고에 앞서 사법보좌관규칙 제4조에 따른 이의신청절차를 거쳐야 한다.

나. 즉시항고이유

18 인도명령은 압류물이 제3자에게 점유이전되었다는 외형적 사실에만 기초하여 발령되는 것이므로, 항고이유는 이 명령의 절차상 하자에 국한된다. 인도명령에 대한 즉시항고에서는 실체법상의 이유를 항고사유로 삼을 수 없고, 인도명령 자체의 하자, 즉 목적물이 압류물이 아니라는 것, 신청인이 압류채권자가 아니라는 것, 신청기간을 도과한 신청이라는 것 등을 주장할 수 있을 뿐이다.

2. 압류집행 후 압류물을 선의취득한 자의 불복방법

19 압류집행 후 압류물을 선의취득한 자의 불복방법에 관하여는 견해가 나뉜다. ① 인도명령에 대한 즉시항고를 하여 실체법상 권원을 주장하고 인도명령의 취소를 구할 수 있다는 견해, ② 인도명령에는 신청인의 인도청구권이 있음이 전제되어 있으므로 선의취득자는 청구이의의 소를 제기하여 인도명령의 배제를 구할 수 있다는 견해, ③ 선의취득자가 원래의 압류집행에 대하여 목적물의 소유권을 주장하여 제3자이의의 소를 제기하고 그 승소판결에 기하여 압류집행의 부수처분으로서의 인도명령을 실효시킬 수 있다는 견해[5] 등이 있다. 인도명령에 대한 즉시항고는 인도명령절차의 하자에 한정되는 것이고 압류물에 대한 실체상의 권리나 압류절차 자체의 하자를 불복의 사유로 삼을 수 없다고 봄이 실무이므로, 즉시항고나 인도명령 자체에 대한 청구이의의 소 제기로는 이와 같은

[5] 박두환, 민사집행법, 법률서원(2002), 502. 각 견해에 관한 일본에서의 논의에 관하여는 永田誠一, 差押物の引渡命令と善意取得者, 裁判實務大系7, 青林書院(1986), 354 참조.

경우 권리구제로서 불충분할 수 있다. 원래의 압류집행에 대하여 제3자이의의 소를 제기하는 방안이 적절하고 통설이다.[6] 제3자이의의 소 판결이 나기 전이어도, 압류물을 선의취득한 자가 제3자이의의 소를 제기하고 수소법원으로부터 강제집행정지의 잠정처분을 받아 그 잠정처분에 의하여 인도명령의 집행을 저지할 수 있다.

6 선의취득자가 인도명령에 대한 구제수단으로 제3자이의의 소를 활용하였다고 볼 수 있는 하급심 판례로는 인천지방법원 2020. 1. 17. 선고 2018가단235926 판결 참조.

제 194 조 [압류의 효력]

압류의 효력은 압류물에서 생기는 천연물에도 미친다.

[관련조문] 민사집행법 제188조, 민법 제101조, 제102조, 제323조

Ⅰ. 개설

1 천연물은 원물로부터 분리되면 분리와 동시에 원물로부터 독립한 물건이 된다. 본래 원물에 압류가 되어 있다고 하여 압류 이후 원물로부터 분리됨으로써 독립한 물건인 천연물에까지 당연히 그 압류의 효력이 미친다고 보기 어렵다. 민사집행법 제194조에서 특례를 두어 이와 같은 경우에 대해서도 압류의 효력을 확장하고 있다.

Ⅱ. 입법취지 및 입법례

1. 입법취지

2 천연과실은 원물로부터 분리되는 때에 이를 수취할 권리자에게 속한다(민법 제102조 제1항). 원물로부터 분리됨과 동시에 독립하여 권리의 객체가 된다. 압류는 채무자의 처분권을 박탈할 뿐 그 소유권에는 영향이 없으므로, 이를 관철하면 원물이 압류되더라도 그 천연과실은 채무자(정확히는 그 천연과실의 수취권자)의 소유로 되어 처분이 가능하게 된다. 그러나 이러한 결론은 일반적 통념에 반할 뿐 아니라 천연물에 대하여 일일이 원물과는 별도의 압류절차를 밟도록 하여 절차를 지나치게 번잡하게 하므로, 원물에 대한 압류의 효력을 천연물에도 미치게 한 것이다. 원물에 대한 압류가 그 소유권의 귀속에는 영향을 미치지 않는 것과 마찬가지로, 그 압류의 효력이 천연물에 미친다 하더라도 소유권의 귀속은 민법 제102조 제1항에 따라 결정된다.

2. 입법례

3 일본 민사집행법 제126조도 압류의 효력은 압류물로부터 발생하는 천연의 산출물에 미친다고 정하여 민사집행법 제194조와 같은 내용을 규정하고 있다.

Ⅲ. 천연물의 개념

4 민사집행법 제194조의 천연물이 민법 제101조 제1항의 천연과실과 반드시 일치하지는 않는다. 민법상 천연과실은 '물건의 용법에 의하여 수취하는 산출물'을 말하고, '용법에 의하여'라 함은 '그 물건의 경제적 용도에 좇아서'라는 의미로 해석된다. 그에 비하여 민사집행법 제194조의 천연물은 원물의 용법이 무엇이냐를 고려할 필요가 없다. 민법 제101조 제1항에 따라 천연과실에 해당하는 것은 물론, 화분의 분재에서 생긴 열매, 승마전용인 말의 새끼 등도 여기서 말하는 천연물에 포함되므로, 천연물은 천연과실보다 넓은 개념이다. 이러한 의미에서 민사집행법 제194조의 천연물은 민법 제323조의 '과실'과도 다른 개념이다.

5 원물에 대한 압류 당시에 이미 분리된 천연과실은 원물과 별개의 물건이므로 이에 대하여는 민사집행법 제194조가 적용되지 않는다.

Ⅳ. 압류의 표시 등

6 민사집행법 제194조의 적용을 받는 천연과실에 대하여는 법률상 당연히 원물에 대한 압류의 효력이 미치므로 원물을 압류하는 외에 천연과실에 대하여 별도로 봉인 그 밖의 방법으로 압류물임을 표시할 필요는 없다. 다만, 천연과실이 원물에서 분리된 때에는 독립하여 권리의 객체로 되므로, 원물의 압류 후에 천연과실이 생겨 원물로부터 분리가 가능한 상태에 이른 경우에는 집행관은 그 천연과실에 대하여 봉인 그 밖의 방법으로 압류의 효력이 미침을 명백히 하여 둘 필요가 있다.

7 민사집행법 제194조에 의하여 압류의 효력을 받는 천연물은, 채무자가 압류물을 보관하고 그 사용허가를 받은 경우에도 채무자가 그 천연물을 수확할 수 없고, 천연물에 대해 별도의 압류절차를 밟을 필요 없이 집행관이 이를 원물과 함께 매각하여 현금화할 수 있다.

Ⅴ. 제3자의 구제수단

8 민사집행법 제194조는 법률상 간주규정이므로 민사집행법 제194조의 적용을 받는 천연물이 채무자 아닌 제3자의 소유에 속하는 경우에도 제3자가 집행에 관한 이의로 그 효력을 다툴 수는 없다. 이 경우 제3자는 제3자이의의 소에 의하여 구제받아야 할 것이다.

제 195 조 [압류가 금지되는 물건]

다음 각호의 물건은 압류하지 못한다.

1. 채무자 및 그와 같이 사는 친족(사실상 관계에 따른 친족을 포함한다. 이하 이 조에서 "채무자등"이라 한다)의 생활에 필요한 의복·침구·가구·부엌기구, 그 밖의 생활필수품
2. 채무자등의 생활에 필요한 2월간의 식료품·연료 및 조명재료
3. 채무자등의 생활에 필요한 1월간의 생계비로서 대통령령이 정하는 액수의 금전
4. 주로 자기 노동력으로 농업을 하는 사람에게 없어서는 아니될 농기구·비료·가축·사료·종자, 그 밖에 이에 준하는 물건
5. 주로 자기의 노동력으로 어업을 하는 사람에게 없어서는 아니될 고기잡이 도구·어망·미끼·새끼고기, 그 밖에 이에 준하는 물건
6. 전문직 종사자·기술자·노무자, 그 밖에 주로 자기의 정신적 또는 육체적 노동으로 직업 또는 영업에 종사하는 사람에게 없어서는 아니될 제복·도구, 그 밖에 이에 준하는 물건
7. 채무자 또는 그 친족이 받은 훈장·포장·기장, 그 밖에 이에 준하는 명예증표
8. 위패·영정·묘비, 그 밖에 상례·제사 또는 예배에 필요한 물건
9. 족보·집안의 역사적인 기록·사진첩, 그 밖에 선조숭배에 필요한 물건
10. 채무자의 생활 또는 직무에 없어서는 아니 될 도장·문패·간판, 그 밖에 이에 준하는 물건
11. 채무자의 생활 또는 직업에 없어서는 아니 될 일기장·상업장부, 그 밖에 이에 준하는 물건
12. 공표되지 아니한 저작 또는 발명에 관한 물건
13. 채무자등이 학교·교회·사찰, 그 밖의 교육기관 또는 종교단체에서 사용하는 교과서·교리서·학습용구, 그 밖에 이에 준하는 물건
14. 채무자등의 일상생활에 필요한 안경·보청기·의치·의수족·지팡이·장애보조용 바퀴의자, 그 밖에 이에 준하는 신체보조기구
15. 채무자등의 일상생활에 필요한 자동차로서 자동차관리법이 정하는 바에 따른 장애인용 경형자동차
16. 재해의 방지 또는 보안을 위하여 법령의 규정에 따라 설비하여야 하는 소방설비·경보기구·피난시설, 그 밖에 이에 준하는 물건

[관련조문] 민사집행법 시행령 제2조, 국세징수법 제41조, 제42조, 민법 제777조, 농업·농촌 및 식품산업 기본법 제3조, 제28조, 농업·농촌 및 식품산업 기본법 시행령 제2조, 수산업법 제2조, 실용신안법 제2조, 저작권법 제2조, 장애인복지법 제2조, 제39조, 제65조, 자동차관리법 시행규칙 제2조 [별표 1], 국민기초생활 보장법 제35조, 아동복지법 제64조, 사회복지사업법 제48조, 장애인복지법 제82조, 한부모가족지원법 제27조, 우편법 제7조, 제8조, 신탁법 제22조, 건설산업기본법 제88조, 공장 및 광업재단 저당법 제3조, 제4조, 제8조, 제14조, 제54조, 전통사찰의 보존 및 지원에 관한 법률 제14조, 의료법 제13조, 마약류 관리에 관한 법률 제3조, 제4조, 화학물질관리법 제22조, 식물방역법 제36조, 정부보관금에 관한 법률 제3조, 여신전문금융업법 제15조, 문화유산의 보존 및 활용에 관한 법률 제66조, 산업안전보건법 제117조, 총포·도검·화약류 등의 안전관리에 관한 법률 제10조, 약사법 제61조, 향교재산법 제4조, 사립학교법 제28조, 제51조, 사립학교법 시행령 제12조, 인삼산업법 제19조, 소금산업 진흥법 제51조

[참고문헌] 남기정, 실무강제집행법, 육법사(1989); 방순원/김광년, 민사소송법(하), 한국사법행정학회(1993); 법원실무제요, 민사집행[IV], 사법연수원(2020)
Baumbach/Lauterbach/Albers/Hartmann, ZPO(74. Aufl.), C.H.Beck(2016); Musielak/Voit, ZPO(20. Aufl.), Vahlen(2023); 東孝行, “動産執行における差押禁止利益の放棄”, 判例タイムズ No.446, 判例タイムズ社(1981)

Ⅰ. 개설

1 채무자에게 속한 재산이라도 무제한적인 압류가 허용되는 것은 아니다. 민사집행법 제195조는 국세징수법 제41조, 제42조 등의 규정을 참고하여 채무자의 최저생활의 보호, 직업유지, 품위의 보전, 공공복리 등 사회정책적 측면 등을 고려하여 압류금지물의 범위를 상세히 규정하고 있다.

2 민사집행법 제195조는 유체동산 압류의 경우뿐 아니라 가압류의 경우에도 적용된다. 그러나 유체물의 인도청구권에 대한 집행에는 적용되지 아니한다. 따라서 채권자가 유체물의 인도청구권을 집행하는 경우에는 채무자는 목적물이 민사집행법 제195조의 압류금지물임을 주장할 수 없다.

Ⅱ. 입법취지 및 입법례

1. 입법취지

3 민사집행법 제195조는 채무자의 최저한의 생활보장 등 채무자 보호뿐 아니라 사회문화적 고려, 공공복리의 도모라는 사회정책적 요청에도 근거한다. 근대법치국가에서는 채권자가 스스로 권리를 실현하는 자력구제를 금지하고 국가가 그 작용의 일환으로 채권자의 권리를 실현하여 주는 것을 원칙으로 한다. 이처럼 국가가 강제집행을 함에 있어 채권자의 권익만을 지나치게 치중하면 결국 채무자의 경제적 생존은 파국을 면할 수 없게 되고 채무자의 일신에 전속하는 정신적 가치를 가진 물건에 대한 권리도 유지할 수 없게 된다. 이와 같은 상황으로부터 채무자를 보호하는 것은 모든 시민의 인간으로서의 존엄과 가치를 최대한 보장할 책무를 진 국가에 부과된 당연한 과제이므로, 일정한 물건에 대해서는 강제집행을 자제하도록 한 것이다.

4 따라서 민사집행법 제195조를 해석함에 있어서는 이러한 입법취지를 참작하여 목적론적인 해석을 하여야 하지만, 채권자의 정당한 이익 또한 무시할 수 없으므로 무리한 유추해석이나 확대해석을 하여서는 안 된다.

2. 입법례

5 독일 민사소송법 제811조 제1항 제1호부터 제13호까지에서도 압류금지물을 규정하고 있다. 이와 별도로 독일 민사소송법 제811c 조에서 '가정에서 수입을 목적으로 사육되지 않는 동물'도 압류금지물로 규정하고 있는데, 이에 관해서는 아래 관련 항목에서 별도로 본다. 독일 민사소송법 제811조 제2항은 '제1항 제1호[1]·

[1] 채무자가 그의 직업활동과 부채에 맞는 검소한 생계 및 가사를 운영하는 데에 필요한 범위에서, 개인적 사용 또는 가사에 쓰이는 물건, 특히 의복, 속옷, 침대, 가구와 부엌기구. 그 밖에 정원에 있는 별채, 정자 및 이와 유사한 주거 목적에 쓰이는 설비로서 동산에 대한 강제집행의 대상이 되고 채무자 또는 그의 가족의 일상적인 숙박을 위하여 필요한 물건

제4호[2]·제5호부터 제7호까지[3]에 기재된 물건은 매도인이 매매에서 소유권유보로 담보된 금전채권을 기초로 집행하는 때에는 압류할 수 있다. 소유권유보의 합의는 문서로써 증명되어야 한다.'고 정하여 소유권유보부매매에 관한 특칙을 두고 있는 특색이 있다. 독일 민사소송법 제811a조에서 교환압류(Austauschpfändung)를 규정하고 있는 것도 민사집행법 제195조와 다른 부분이다. 독일 민사소송법 제811조 제1항 제1호·제5호·제6호에 따라 압류할 수 없는 물건의 압류는 채권자가 채무자에게 그 물건을 수거하기 전에 보호되는 사용목적을 충족시킬 수 있는 대체물 또는 그러한 대체물을 마련하는 데에 필요한 금액을 교부한 때에 이를 허가할 수 있고, 채권자가 적시에 대체물을 마련할 수 없거나 마련하는 것을 기대할 수 없는 경우에는 채무자에게 대체물을 마련하는 데에 필요한 금액을 집행매각대금에서 교부하는 것을 조건으로 하여 압류를 허용할 수 있다(독일 민사소송법 제811a조 제1항). 집행법원은 채권자의 신청이 있는 때에 교환압류의 적법성에 대하여 결정으로 재판한다(제811a조 제2항 제1문). 집행법원의 허가를 예상할 수 있는 때에는 사전에 법원의 재판이 없는 경우에도 임시적으로 교환압류를 할 수 있고, 집행관은 집행매각대금이 대체물의 가격을 현저히 초과할 것을 예상할 수 있을 때에만 교환압류를 하여야 한다(제811b조 제1항).

6 일본 민사집행법 제131조 제1호부터 제14호까지도 압류금지동산을 규정하고 있다. 민사집행법 제195조 제15호에 해당하는 조항이 없는 등 일부 차이를 제외하면 압류금지물로 정하고 있는 대상은 대부분 유사하다. 일본 민사집행법 제132조에서 집행법원이 신청에 따라 압류금지동산의 범위를 변경할 수 있도록 정하고 있는 것도 우리와 같다.

2 농업종사자의 경우, 농업에 필요한 도구, 가축, 이에 필요한 비료 및 농작물. 단, 그것이 채무자, 그의 가족 및 피용인의 생계를 확보하기 위하여 필요하거나 동일 또는 유사한 생산물의 다음 수확기까지 농업을 계속하기 위하여 필요한 경우에 한한다.

3 5. 육체적 또는 정신적 노동 또는 그 밖의 인적 급부에 기초하여 수입을 얻는 사람에 있어서 그 생업을 계속하기 위하여 필요한 물건
6. 제5호에 기재된 사람의 미망인 및 미성년의 상속인이 자기의 계산으로 대리인을 통하여 생업을 계속하는 경우에 그 생업을 계속하기 위하여 필요한 물건
7. 채무자가 사용하는 직업상의 의복과 장비 및 공무원, 성직자, 변호사, 공증인, 의사 및 조산원의 경우에 적절한 의복을 포함하여 직무를 수행하는 데에 필요한 물건

Ⅲ. 일반원칙

1. 판단의 기준시점

7 압류금지물인지는 집행관의 압류 시점을 표준으로 하여 판단하여야 하고 집행에 관한 이의나 항고에 대한 결정 시점을 표준으로 할 것은 아니다. 그렇지 않으면 채무자가 압류 후 자기의 재산을 제3자에게 처분하고 압류물만 남겨 이를 필요불가결한 물건으로 만들 우려가 있기 때문이다. 압류 시 민사집행법 제195조에 해당하지 아니한 물건이었으면 뒤에 채무자의 사정이 악화되어 민사집행법 제195조에 해당하는 물건이 되더라도 그에 대한 압류가 소급하여 부적법하게 되지는 않는다. 이에 반하여 압류 시점에는 민사집행법 제195조에 해당하는 물건이었더라도 사후적으로 이에 해당하지 않게 되었다면 민사집행법 제195조의 입법취지에 비추어 볼 때 압류 당시의 하자가 치유되었다고 봄이 타당하다.

2. 강행규정

가. 위반한 압류의 효력

8 민사집행법 제195조의 압류금지규정은 강행규정이다. 따라서 압류금지물인지는 집행기관의 직권조사사항이다. 당사자의 이의가 없어도 집행기관은 이를 조사하여야 한다. 따라서 채권자의 압류신청이나 채무자의 동의에 불구하고 압류금지물이면 압류를 거부하여야 한다. 채무자가 계약에 의하여 담보를 제공한 경우라도 압류할 수 없다. 집행관이 고의로 압류금지규정을 어긴 경우에는 직무상 불법행위가 될 수 있다.

9 민사집행법 제195조의 압류금지규정에 위배한 압류의 효력에 관하여는 당연무효라는 견해와 당연무효는 아니고 불복신청에 의하여 취소할 수 있다는 견해[4]가 대립되어 있다. 강행규정에 위반한 압류라 하여 그 효력이 당연무효라 보아야 할 논리적 필연은 없다. 집행관에 의하여 이루어진 집행행위를 당연무효라고 보면 절차의 안정성이나 매수인의 지위를 지나치게 불안하게 할 수 있다. 여기에 압류금지물의 범위는 압류금지물을 정하는 재판에 의하여 그 확장이나 축소가 가능하다는 사정까지 고려하면 뒤의 견해가 타당하다. 따라서 집행관은 민사

4 방순원/김광년, 민사소송법(하), 한국사법행정학회(1993), 245; 남기정, 실무강제집행법, 육법사(1989), 186.

집행법 제195조에 위반하여 압류한 때에도 법원의 취소 재판이 있거나 채권자의 집행 해제신청이 있기 전에는 그 압류를 취소하여서는 안 되고, 압류물이 매각된 때에는 매수인은 유효하게 소유권을 취득하며, 그 매각대금으로 채권자가 변제받더라도 부당이득이 되지 않는다.

나. 채무자의 압류금지물에 대한 압류 승낙의 효력

10 채무자가 압류금지물에 대한 압류를 승낙하는 경우 압류를 허용할 것인가 하는 문제가 있다. 압류에 앞서 이루어진 채무자의 사전승낙은 무효라 보아야 할 것이다. 그렇지 않으면 채권자가 우월적 지위를 이용하여 사전에 채무자로부터 승낙을 받아 두거나 압류금지조항에 따른 보호를 포기하게 하여 해당 조항을 사문화시킬 위험이 있기 때문이다. 문제는 압류 시점이나 그 이후에 채무자가 승낙 또는 압류금지조항에 의한 보호를 포기하는 것이 허용되는가이다. 예컨대, 30만 원의 채권을 가진 채권자의 집행위임을 받아 집행관이 채무자의 주거에 이르러 채무의 임의이행을 최고하였으나 채무자가 불응하자 고가의 텔레비전을 압류하려 하자, 채무자가 그 채무액과 집행비용에 해당하는 현금(30만 원을 약간 상회하는 액수로 민사집행법 제195조 제3호의 압류금지물에 해당할 수 있다)을 제출하면서 채무의 임의이행은 아니라고 하면서 텔레비전에 대하여는 압류하지 말아 달고 현금을 압류해 달라고 요청하는 경우 그 현금을 압류할 수 있을 것인가의 문제이다.

11 민사집행법 제195조가 강행규정으로서 당사자가 임의로 처분할 수 없는 권리관계를 규정한 것이라면 압류 시 또는 그 이후 채무자의 승낙이나 보호의 포기도 원칙적으로 무효라고 보아야 할 것이다.[5] 이와 달리 채무자의 단순한 집행 감수는 압류금지규정을 모르는 데서 기인한 것일 수 있으므로 그 보호를 포기한 것이라 볼 수 없지만, 채무자가 압류금지물임을 알면서도 압류금지규정의 적용에 따른 보호를 명시적으로 포기한 것이라면 압류 시점이나 그 뒤의 포기는 유효하다고 보는 견해도 있다.[6]

12 이 문제는 민사집행법 제196조의 규정과의 관계에서 생각해 볼 필요가 있다. 민사집행법 제196조는 법원이 당사자의 신청에 의하여 사정에 따라 적절히 압류금

5 이러한 견해를 따르는 일본 문헌으로는 東孝行, "動産執行における差押禁止利益の放棄", 判例タイムズ No.446, 判例タイムズ社(1981), 42 참조. Musielak/Voit, ZPO(20. Aufl.), Vahlen(2023), §811 Rn. 9도 압류금지는 국가의 강제집행에 대한 공법적 제한이란 측면을 강조하여 같은 견해를 취하고 있다.

6 이러한 견해로는 Baumbach/Lauterbach/Albers/Hartmann, ZPO(74. Aufl.), C.H.Beck(2016), Rn. 5 참조.

지물을 압류하게 하거나 이를 취소, 변경할 수 있도록 규정하고 있다. 즉 민사집행법 제195조의 압류금지규정은 절대적인 것이 아니다. 그렇다면 사전 승낙 내지 보호의 포기와 달리 비교적 그 폐해가 크지 않을 것으로 보이는 사후 승낙 내지 보호의 포기는 허용된다고 봄이 타당하다.[7]

3. 불복방법

13 민사집행법 제195조에 위반한 집행행위에 대한 불복방법은 집행에 관한 이의이다. 집행관이 압류금지물임에도 압류를 한 경우 집행관은 집행에 관한 이의에 대한 법원의 결정이나 채권자의 신청에 의하지 아니하고는 스스로 압류를 해제할 수 없다(대법원 2003. 9. 26. 선고 2001다52773 판결). 불복의 주체에 따라 이를 구체적으로 살펴보면 아래와 같다.

가. 채무자의 불복방법

14 채무자는 집행관이 민사집행법 제195조의 압류금지규정을 어겨 압류한 때에 집행에 관한 이의를 할 수 있다. 이 경우 채무자가 압류물이 압류금지물인 사실을 증명하여야 한다. 이의신청은 압류가 종료된 이후라도 집행이 종료되기 전까지, 즉 유체동산을 현금화하여 매각대금을 채권자에게 교부하기 전까지 할 수 있다. 집행관이 매각대금을 공탁한 경우에도 채권자에게 교부되기 전이면 이의신청을 할 수 있다. 매각대금이 채권자에 교부되어 집행이 종료된 경우의 구제방법에 관하여는 ① 채무자가 채권자를 상대로 부당이득반환을 구하거나 손해배상을 구할 수밖에 없다는 견해, ② 집행종료 후에는 절차상의 하자를 이유로 채권자를 상대로 부당이득반환청구나 손해배상청구를 할 수 없고 오로지 집행관의 불법행위를 이유로 국가 또는 집행관을 상대로 손해배상청구를 할 수 있을 뿐이라는 견해, ③ 채무자는 채권자를 상대로 부당이득반환청구를 할 수 없고 집행관을 상대로도 불법행위에 기한 손해배상청구를 할 수 없다는 견해[8]가 있는데, 앞서 본 바와 같이 민사집행법 제195조에 위반한 압류를 당연무효라고 볼 수는 없으므로, 그에 대한 유체동산집행절차가 취소되지 않고 매각이 마무리되면 매

7 한편, 東孝行, "動産執行における差押禁止利益の放棄", 判例タイムズ No.446, 判例タイムズ社(1981), 43은 압류금지물의 압류에 대한 불복방법은 집행에 관한 이의이므로 채무자의 압류금지이익의 포기를 집행에 관한 이의권의 포기로 이론을 구성할 수 있다고 한다. 그러나 집행에 관한 이의권의 포기 문제는 집행관이 압류금지물임을 고의·과실로 간과하고 이를 압류하는 상황에서 나타나는 것으로, 채무자가 그와 무관하게 적극적으로 압류금지이익을 포기하는 것과는 그 국면을 달리한다고 할 것이다.

8 남기정, 실무강제집행법, 육법사(1989), 187.

수인이 유효하게 소유권을 취득하고 채권자가 그 대금을 교부·배당받더라도 이를 부당이득으로 볼 수 없고, 압류금지물인지의 판단을 집행 시 집행관이 하는 것이란 사정에 비추어 보면, ②견해가 타당하다. 판례는 '특별한 사정이 있는 경우가 아니라면 집행관에게는 유체동산집행에 관한 관계 법규나 필요한 지식을 충분히 갖출 것이 요구되므로, 집행관으로서 당연히 알아야 할 관계법규를 알지 못하거나 필요한 지식을 갖추지 못하였고, 또한 조사를 게을리하여 법규의 해석을 그르쳤고 이로 인하여 타인에게 손해를 가하였다면 불법행위가 성립한다'고 보고 있다(대법원 2003. 9. 26. 선고 2001다52773 판결).

15 [판례] 대법원 2003. 9. 26. 선고 2001다52773 판결
채권자가 집행관에게 유체동산의 압류 또는 가압류의 집행을 위임하였는데, 집행관이 채무자 회사 공장에 있던 건조 중인 20t 미만의 선박에 대하여는 환가가능성이 없다는 이유로 압류를 하지 아니하였고, 압류한 다른 유체동산에 대해서는 채무자가 타인에게 양도담보로 제공한 것이라거나 공장저당의 목적물이라고 주장하자 임의로 압류를 해제하였으며, 채무자 회사 정원에 식재된 수목에 대하여는 토지에 부합된 물건이어서 유체동산집행의 대상이 아니라는 이유로 압류집행을 거부하고, 압류한 물건에 대하여 매각절차를 진행하다가 채무자 회사가 재감정신청을 하자 재감정을 이유로 매각기일을 변경한 후 압류 후 약 8개월 경과한 시점에 매각절차를 진행하였으며, 결국 채권자는 배당을 전혀 받지 못한 사안에서, 다음과 같이 판단하면서 채권자의 국가배상청구를 기각한 원심을 파기하였다. ① 집행관은 유체동산집행에 관한 법률전문가로서 집행의 근거로 삼는 법령에 대한 해석이 복잡, 미묘하여 워낙 어렵고, 이에 대한 학설, 판례조차 귀일되어 있지 않는 등의 특별한 사정이 있는 경우가 아니라면 유체동산집행에 관한 관계 법규나 필요한 지식을 충분히 갖출 것이 요구되는 한편, 압류하려는 물건이 환가가능성이 있는지 여부는 통상적인 거래관행과 사례를 기초로 합리적으로 판단하여야 할 것이며, 만일 집행관으로서 당연히 알아야 할 관계 법규를 알지 못하거나 필요한 지식을 갖추지 못하였고 또한, 조사를 게을리하여 법규의 해석을 그르쳤고 이로 인하여 타인에게 손해를 가하였다면 불법행위가 성립한다. ② 공장저당의 목적인 동산은 공장저당법에 의하여 이른바 압류금지물에 해당하므로 집행관은 압류하여서는 안 되지만, 금지규정을 어겨 압류한 경우 집행관은 집행에 관한 이의에 의한 법원의 결정이나 채권자의 신청에 의하지 아니하고는 스스로 압류를 해제할 수 없는 것이고, 압류의 부당해제의 경우 집행관의 처분에 대한 이의로서 구제받을 것을 예정하고 있다고 하더라도, 그러한 구제절차를 취하지 아니하였다는 사유만으로 부당한 압류해제로 인한 손해발생을 부정할 수는 없다. ③ '등기

할 수 없는 토지의 정착물로서 독립하여 거래의 객체가 될 수 있는 것'은 유체동산집행의 대상이 되는 것으로, 사안의 정원수의 경우 거래의 실정이나 관념에 비추어 이에 해당한다고 볼 수 있는데 원심이 그에 관하여 살펴보지 않고 특별한 사정이 없는 한 정원수는 토지에 부합한다고 판단한 것은 위법하다. ④ 압류일과 매각일 사이에 1주의 기간을 두기만 하면 언제를 경매기일로 정하느냐 하는 것은 집행관의 재량이라고 할 것이나, 경매기일은 함부로 이를 변경 또는 연기할 수 없는 것이고, 다만 매각목적물이 적정한 가격에 매각되는 것은 이해관계인 모두에게 이익이 되는 것이므로 재감정의 필요성에 합리적인 이유가 있다면 경매기일의 연기는 수긍할 수 있으나 그렇다고 하더라도 그 연기기간은 합리적인 범위로 제한되어야 한다.

나. 채권자의 불복방법

16 압류금지물이 아님에도 불구하고 집행관이 압류를 거부하는 때에는 채권자는 집행에 관한 이의를 할 수 있다.

다. 제3자의 불복방법

17 제3자는 원칙적으로 압류금지물에 사실상 또는 법률상 이해관계가 있다고 하여도 민사집행법 제195조 위반을 이유로 집행에 관한 이의를 할 수 없다. 그러나 그 제3자가 채무자와 같이 사는 가족이나 친족으로서 압류금지의 이익을 받는 경우(민사집행법 제195조 제1호 내지 제3호, 제13호 내지 제15호)에는 예외적으로 집행에 관한 이의가 허용된다.

4. 적용범위

18 **가.** 민사집행법 제195조의 규정은 어디까지나 압류를 금지하는 데 그치고, 채무자의 사법상 처분행위를 금지하는 것은 아니다. 따라서 채무자는 민사집행법 제195조에 해당하는 유체동산을 자유롭게 처분할 수 있고, 질권이나 양도담보의 목적물로 제공할 수 있다.

19 **나.** 민사집행법 제195조에 해당되는 물건이 누구의 소유에 속하는가는 압류금지물인지 판단하는 데에 아무런 영향이 없다. 민사집행법 제195조는 채무자 등의 그 물건에 대한 점유와 사용가능성을 보호하는 것이기 때문이다. 따라서 압류금지물이 제3자의 소유에 속하는 때에도 집행관이 이를 압류하면 채무자는 압류금지물임을 들어 집행에 관한 이의를 할 수 있다. 이러한 상황은 기술자의 생업에 필요한 기계가 소유권유보부로 매도(할부판매)되었거나 양도담보의 목적물로 되었는데 채권자가 그 물건에 대하여 집행하는 경우에 생길 수 있다. 그 물건이

강제집행을 하려는 채권자 자신의 소유인 경우에는 채권자 소유물에 대한 압류가 가능한지의 문제가 될 것이다(☞ 민사집행법 제191조 주석 참조).[9]

IV. 개별적 고찰

1. 제1호

20 '채무자 및 그와 같이 사는 친족(사실상 관계에 따른 친족을 포함한다. 이하 이 조에서는 "채무자등"이라 한다)의 생활에 필요한 의복·침구·가구·부엌기구, 그 밖의 생활필수품'

21 채무자 및 그와 같이 사는 친족의 최저한도의 생활유지를 위하여 그들이 개인적으로 사용하는 물건 및 공동생활을 위한 필수품을 압류금지물로 규정하고 있다.

22 친족의 범위는 민법 제777조에 따라 8촌 이내의 혈족, 4촌 이내의 인척, 배우자를 말한다. 친족은 사실상의 관계에 따른 친족을 포함한다. 사실상 관계에 따른 친족에는, 자연혈족의 관계에 있으나 법정 절차의 미이행으로 인하여 법률상 친족으로 인정되지 못하는 자(예를 들어 인지 전의 혼인 외의 출생자와 생부 사이), 법정혈족관계를 맺고자 하는 의사의 합치 등 법률이 정하는 실질관계는 모두 갖추었으나 신고 등 법정절차의 미이행으로 인하여 법률상의 친족으로 인정되지 못하는 자(예를 들어 사실상의 양자와 양부 사이), 법률이 정한 혼인의 실질관계는 모두 갖추었으나 법률이 정한 방식, 즉 혼인신고가 없기 때문에 법률상 혼인으로 인정되지 않는 이른바 사실혼으로 인하여 형성되는 인척(예를 들어 의붓아버지와 딸 사이) 등이 있다. 이들 친족은 채무자와 같이 사는 자이어야 한다. 같이 산다는 것은 하나의 생활단위로서 생계를 같이 한다는 의미이다.

23 생활필수품인지는 일반적인 생활수준과 채무자등의 구체적인 생활상황을 고려하여 집행관이 판단할 수밖에 없다. 민사집행법 제195조 제1호가 열거하는 의복·침구·가구와 부엌기구라 하여도 대체할 수 있는 상당수의 물건이 있을 때에는 압류가 허용된다. 별장이나 주말주택에 있는 물건이라면 생활필수품이라 할

9 독일의 다수설은 민사집행법 제195조에 해당하는 물건이 채권자 자신의 소유인 때에도 압류금지물로서의 지위를 상실하는 것이 아니므로 압류할 수 없다고 하고, 일부 학설은 채무자가 압류에 대하여 다투지 않는 경우에는 채권자가 인도청구권에 관한 집행권원을 가지는 경우와 다를 바 없으므로 압류를 허용할 것이라고 한다. 한편, 앞서 본 바와 같이 독일 민사소송법 제811조 제2항은 일부 압류금지물에 대해서는 소유권유보부매매에 관한 특칙을 두어, 그 매매목적물이 압류금지물이더라도 소유권유보부매매의 매도인은 매매대금채권으로 이를 압류할 수 있다고 규정하고 있다.

수 없으므로 압류금지물에 해당하지 않는다. 주거지가 둘 이상인 때에는 어디가 상주지인가를 표준으로 하여야 하고, 상주지 아닌 곳에 있는 물건은 압류금지물이 아니다. 하나뿐인 주거에 있는 단벌의 양복, 가방내의 하나뿐인 시계, 최소한의 식생활을 유지하는데 필요한 식품, 찬장 등은 압류가 금지된다. 종래 유일한 재봉기, 자전거, 라디오는 압류금지물이고, 텔레비전, 냉장고, 전축, 세탁기, 전기청소기는 비록 하나뿐이라도 압류금지물에 해당되지 아니한다고 본다는 것이 일반적이었다. 그러나 생활수준의 향상, 정보화시대의 도래 등을 고려하면, 냉장고, 세탁기, 휴대전화기는 생활필수품으로 봄이 타당하다. 생활필수품인지를 정함에 있어 그 물건과 동종의 기능과 효과가 있는 전시대의 물건이 있느냐도 하나의 기준이 될 수 있다.

2. 제2호

24 '채무자등의 생활에 필요한 2월간의 식료품·연료 및 조명재료'

25 여기의 식료품·연료 및 조명재료도 채무자의 생활수준 등을 고려하여 판단할 것이다. '식료품'은 주·부식을 포함하고, '연료'는 프로판가스, 석유, 연탄, 장작 등을 포함하는 것으로 취사용·난방용을 가리지 않으며, '조명재료'는 일반적으로 전기 조명과 관련된 제품을 가리킨다. 식료품·연료 또는 조명재료가 여러 종류일 때에는 집행관이 채무자의 이익을 고려하여 압류하지 아니할 범위를 정하여야 할 것이다. 도시생활의 경우 2월간의 식료품 등을 저장해 두지 않고 매일 그날 분의 식료품 등을 매입하거나 공급받는 경우가 많아 민사집행법 제195조 제2호에 따른 보호를 받기 어려울 수 있는데, 이러한 경우 민사집행법 제195조 제3호에 의하여 보호받을 수 있다.

3. 제3호

26 '채무자등의 생활에 필요한 1월간의 생계비로서 대통령령이 정하는 액수의 금전'

27 민사집행법 제195조 제3호 역시 채무자등의 생활보장을 목적으로 한다. 민사집행법 제195조 제2호에서 정하고 있는 식료품이나 연료, 조명재료 등을 비축하고 있지 않은 경우를 위한 보완적 규정의 성질을 가진다고 볼 여지도 있지만(독일 민사소송법 제811조 제2호는 '채무자, 그 가족 및 가사를 돕는 가사보조인에게 필요한 4주간의 식료품, 연료 및 조명재료 또는 그 기간 동안 필요한 그와 같은 비축물이 없거나 다른 방법으로 마련하는 것이 확실하지 않은 때에는 그것을 마련하는 데에 필요한 금액'이라 규정하고 있다), 민사집행법 제195조 제2호와 제3호가 별도로 규정되어 있는

취지와 문언을 고려할 때 두 조항은 병렬적인 것으로 봄이 옳다. 민사집행법 제195조 제2호·제3호에 의하여 채무자등의 총 3월간의 최저생활이 보장되는 셈이나, 민사집행법 제2호 소정의 물건을 비축하고 있지 않은 경우에는 민사집행법 제195조 제3호에 의한 보호를 받게 되는데 그친다.

28 민사집행법 제정 당시에는 구체적인 액수를 대법원규칙으로 정하도록 되어 있었으나, 1월간의 생계비 등은 실체적인 권리에 관한 내용이므로 소송에 관한 절차를 규정하는 대법원규칙으로 정하는 것은 부적절하다는 이유로 2005. 1. 27. 대통령령으로 정하는 것으로 개정되었다. 민사집행법 시행령이 정하는 액수는 185만 원이다(민사집행법 시행령 제2조 본문). 다만, 민사집행법 제246조 제1항 제8호에 따라 압류하지 못한 예금 등이 있으면 185만 원에서 그 예금 등의 금액을 뺀 금액으로 한다(제2조 단서).

4. 제4호

29 '주로 자기 노동력으로 농업을 하는 사람에게 없어서는 아니될 농기구·비료·가축·사료·종자, 그 밖에 이에 준하는 물건'

30 민사집행법 제195조 제4호는 농업에 종사하는 자의 생활유지의 보호를 목적으로 한다.

31 농업이라 함은 농작물재배업, 축산업, 임업 및 이들과 관련된 산업으로서 대통령령이 정하는 것을 말한다(농업·농촌 및 식품산업 기본법 제3조 제1호). 여기서 농작물재배업은 식량작물 재배업, 채소작물 재배업, 과실작물 재배업, 화훼작물 재배업, 특용작물 재배업, 약용작물 재배업, 버섯 재배업, 양잠업 및 종자·묘목 재배업(임업용 종자·묘목 재배업은 제외)을, 축산업은 동물(수생동물 제외)의 사육업·증식업·부화업 및 종축업(種畜業)을, 임업은 육림업(자연휴양림·자연수목원의 조성·관리·운영업 포함), 임산물 생산·채취업 및 임업용 종자·묘목 재배업을 말한다(농업·농촌 및 식품산업 기본법 시행령 제2조 제1호 내지 제3호)

32 영농조합법인 및 농업회사법인(농업·농촌 및 식품산업 기본법 제28조)도 민사집행법 제195조 제4호의 요건을 갖추면 농업을 하는 사람으로 인정할 수 있다.

33 농업은 주식을 경작하는 경우에 한하지 아니하고, 농지를 경작하는 농민뿐 아니라 과실재배업자, 목축업자, 원예업자, 양봉업자, 양계업자를 포함한다. 반드시 농업을 전업으로 함을 요하지 아니하고 겸업농가라도 그 생활의 중요한 부분이 농업에 의하여 유지되는 자이면 족하다. 그러나 양조업에 부대하여 농업을 경영

하는 경우와 같이 농업이 영업상의 부대업무에 불과한 때에는 민사집행법 제195조 제4호의 보호를 받을 수 없다. 농업을 하는 자가 토지의 소유자임을 요하지 아니하고 타인 토지의 경작자라도 무방하다. 이러한 농업은 주로 자기의 노동력에 의하여 영위되는 것이어야 한다. 따라서 농지의 임대인은 여기서의 농업을 하는 사람이라 할 수 없다.

34 농기구 또는 가축 중 어느 범위의 것을 농업상 없어서는 아니 될 것으로 볼 것인가는 농업경영의 실태, 즉 채무자의 영농규모, 다른 대체물의 존부, 그 지방의 일반적인 영농상황 등을 고려하여 결정할 문제이다. 현재 영농에서는 기계화가 확대되어 가고 있으므로 과거와 달리 경운기, 트랙터, 탈곡기, 벼베는 기계, 모심는 기계 등의 농업용 기계도 여기의 농기구에 해당한다고 볼 수 있을 것이다. 물론 채무자의 영농규모에 비추어 불필요한 기계인 경우에는 민사집행법 제195조 제4호의 적용을 받지 않는다. 가축은 주로 경작에 사역되는 소나 말을 가리키고 낙농업자의 가축은 이에 해당되지 않는다고 보는 것이 일반적이다. 한편, 독일 민사소송법 제811c조 제1항에서는 '가정에서 수입을 목적으로 사육되지 않는 동물은 압류할 수 없다'고 정하여 비영리목적의 애완동물에 대한 압류를 금지하는 특칙을 두고 있는데(다만 같은 조 제2항에 따라 동물이 고가이고 압류금지가 채권자에게 가혹한 경우에는 집행법원이 채권자의 신청에 따라 압류를 허가하게 된다), 애완동물의 증가 및 애완동물에 대한 최근의 사회적 인식 변화 등을 고려할 때 이와 같은 조항의 도입을 검토해 볼 필요가 있다.

35 비료나 사료에는 천연적인 것뿐만 아니라 인공적인 것도 포함된다. 종자는 다음의 파종을 위하여 필요한 종자를 말하는 것으로, 독일 민사소송법 제811조 제4호에서는 '다음 수확기까지 농업을 계속하기 위하여 필요한 경우'라 규정하고 있다. 식용으로 남겨 둔 것과의 구별이 문제될 수 있는데, 채무자의 영농의 종류와 규모에 비추어 판단하여야 할 것이다.

5. 제5호

36 '주로 자기의 노동력으로 어업을 하는 사람에게 없어서는 아니될 고기잡이도구·어망·미끼·새끼고기, 그 밖에 이에 준하는 물건'

37 민사집행법 제195조 제5호는 어업을 하는 자의 생활유지의 보호를 목적으로 한다. 어업은 수산동식물을 포획·채취하는 사업을 말하고(수산업법 제2조 제2호), 수산동식물을 양식하는 사업인 양식업(제2조 제3호)도 여기서의 어업에 포함된다.

어선이 고기잡이도구에 해당하는지는 어업이 이루어지는 위치와 어업의 규모 등을 종합하여 판단하여 정하여야 할 것이다. 민사집행법 제195조 제5호의 일반적인 해석원리는 민사집행법 제195조 제4호와 같다.

6. 제6호

38 '전문직 종사자, 기술자, 노무자, 그 밖에 주로 자기의 정신적 또는 육체적 노동으로 직업 또는 영업에 종사하는 사람에게 없어서는 아니 될 제복·도구, 그 밖에 이에 준하는 물건'

가. 보호대상 직업 또는 영업

39 민사집행법 제195조 제6호는 생업유지의 보호를 목적으로 한다.

40 주로 자기의 정신적 또는 육체적 노동으로 직업 또는 영업에 종사하는 사람이란 채무자의 업태를 경제적으로 관찰하여 채무자 자신의 노역이 업무상 소득의 주요요인을 이루고 있는 것을 가리키고, 전문직종사자, 기술자, 노무자는 이를 예시하는 것이다. 그 노역이 타인에 고용되어 행하는 것인가 독립하여 행하는 것인가, 주된 업무인가 부업에 그치는 것인가는 문제되지 않는다. 그러나 소득의 주요원인이 주로 타인의 노동 또는 물적 설비에서 비롯되는 사람은 여기에 해당되지 않는다.

41 이와 같은 기준에서 보면, 건축가·음악가·연예인·문인·예술가처럼 자유직업에 종사하는 사람, 고용계약에 의하여 노무에 종사하는 근로자 등은 모두 여기에 해당한다. 공무원·사립학교교원·변호사·공증인·의사·치과의사·한의사와 종교의 직에 있는 사람은 물론, 학원강사·변리사·공인회계사·감정사·토지평가사·법무사·군인 등도 민사집행법 제195조 제6호에 해당한다. 종교의 직에 있는 사람은 목사, 신부, 승려를 말하고 종교의 종류나 종파를 불문한다. 자기의 노동을 주로 하는 성질의 영업에 종사하는 사람이면 되고 그 영업에 약간의 기계나 기구를 필요로 하는 경우여도 무방하다. 그러나 자기의 노동보다는 주로 물적 설비를 이용하여 영업을 경영하는 자는 여기에 해당되지 않는다. 스스로 진료에 종사하지 않고 다른 의사를 고용하여 진료에 종사케 하는 병원경영자나 의료법인도 민사집행법 제195조 제6호에 해당되지 않는다. 상인도 원칙적으로 해당되지 않는다. 상인은 그 노무에 의하여서라기보다 상품거래 및 그 물적 설비와 자본을 활용하여 영업을 경영하는 자이기 때문이다. 주류제조자도 이에 해당되지 않는

다. 그러나 작은 규모의 영업을 영위하는 소상인의 경우 자신의 노동이 주가 되고 물적 설비는 종된 지위를 차지하는 것이 일반적일 것이므로 여기에 해당되는 경우가 많을 것이다. 자기의 노동이 중심이 되어 운영하는 소규모의 음식점, 다과점, 다방의 경영자가 이에 해당된다. 사진업자로서 자신의 사진기술을 토대로 사진업에 종사하는 자, 택시나 화물자동차의 자영운전사 또는 화물운송인으로서 그 소유의 차량으로 운송에 종사하는 자도 여기에 해당된다. 이때 적은 수의 고용인을 두고 있어도 무방하다.

42 원칙적으로 현재 영업활동을 하고 있을 것을 요한다. 영업활동에 착수하기 직전이라도 무방하다. 업무활동이 질병이나 구금 그 밖의 사유로 일시 정지되어 있어도 관계없으나, 영업을 재개할 전망이 없는 경우에는 민사집행법 제195조 제6호의 적용을 받을 수 없다.

나. 보호대상 물건

43 업무상 없어서는 아니 될 물건인가는 채무자의 영업의 종류, 규모 및 태양, 동종의 영업에 종사하는 다른 사람과의 비교, 압류가 채무자에게 미칠 영향의 정도 등을 종합적으로 고려하여 결정하여야 할 것이다. 제복이나 도구는 이를 예시하고 있는 것이다. 제복에 관하여는 별다른 의문의 여지가 없으나, 도구에 관하여는 민사집행법 제195조 제4호의 농기구, 민사집행법 제195조 제5호의 고기잡이 도구와 같이 그 범위가 문제된다. ① 수공업자의 기계설비나 대리상의 배달용자동차, ② 자영운전자의 화물자동차, 수선용구 및 휘발유, ③ 사진업자의 사진기계, 배경의 도구 및 약품, ④ 토지건축업자의 믹서, 발동기, ⑤ 재단사의 재봉기, ⑥ 식육점의 저울, ⑦ 음악가나 학교 또는 학원의 교사나 강사의 악기, 실험기구, 전문서적, ⑧ 의사의 산소호흡기, 앰뷸런스 차량, ⑨ 약사의 약포장기, 기초약품, ⑩ 신부의 성작(聖爵), 성합(聖盒), ⑪ 타이어수리업자의 타이어교환기, 컴프레서 등은 여기의 도구에 해당한다고 볼 것이다. 이러한 도구는 압류 시에 채무자 자신이 이용하는 물건이든 고용인에 의하여 사용되는 것이든 불문한다. 목적물의 가치의 다과도 문제되지 않는다. 그러나 처분할 상품의 재고는 직업상 필요한 물건이 아니고, 가공할 원료도 상당한 양을 넘어서면 여기서의 도구에 해당되지 않는다. 음식점이나 다방에 비치된 텔레비전, 온도조절기(에어컨이나 난방기), 비디오기기 등도 일반적으로는 여기서의 압류금지물에 해당되지 않는다. 변호사, 공증인, 변리사, 법무사 등이 업무상 사용하는 책상이나 문방구와 같은

사무용 기기나 응접용 비품 등은 압류금지물이다. 과거에는 이들이 사용하는 컴퓨터나 복사기 등은 압류금지물이라 할 수 없다고 보았으나, 정보화, 전자화가 진전된 최근의 업무환경을 고려하면 이 역시 압류금지물이라고 보아야 한다.

44 민사집행법 제195조 제6호에 해당하는 물건이 여러 개 있을 때에는 채권자의 이익을 해하지 않는 범위 내에서 채무자의 이익을 고려하여 집행관이 스스로 압류금지물의 범위를 정하여야 할 것이다.

7. 제7호

45 '채무자 또는 그 친족이 받은 훈장·포장·기장, 그 밖에 이에 준하는 명예증표'

46 민사집행법 제195조 제7호는 훈장 등의 명예증표가 일반적으로는 거래의 대상으로 되지 아니하고 채무자 등의 명예감정을 존중할 필요가 있음을 고려한 규정이다.

47 훈장 등은 자국에서 받은 것이건 외국에서 받은 것이건 불문하며 약장을 포함하나, 복제품은 제외된다. 명예증표는 국가 또는 지방자치단체나 공법인으로부터 수여받은 명예를 표창하는 금·은배, 포장, 휘장 등을 말한다. 사인이나 사적 단체가 수여하는 상패나 메달 등은 여기에 해당되지 않는다고 봄이 일반적이다.

48 이러한 훈장 그 밖의 명예증표는 채무자 자신이 받은 것은 물론 그 친족이 받은 것을 포함한다. 여기의 친족은 민사집행법 제195조 제1호·제2호·제3호·제13호·제14호·제15호에서와는 달리, 채무자와 같이 사는 사람일 것을 필요로 하지 않는다. 친족이 받은 훈장 그 밖의 명예증표라는 것은 이를 받은 사람은 채무자의 친족이고, 현실적으로는 채무자가 소지하고 있는 것을 말한다. 그 친족은 이미 사망하였어도 무방하다(훈장 등을 채무자가 유산으로 상속받거나 증여받아 가지고 있는 경우 등). 이 경우 채무자가 그 훈장이나 명예증표를 금전적 가치의 대상 또는 골동품이나 미술품으로서 가지고 있는데 지나지 않으면 민사집행법 제195조 제1호의 적용을 받을 수 없다.

8. 제8호

49 '위패·영정·묘비, 그 밖에 상례·제사 또는 예배에 필요한 물건'

50 민사집행법 제195조 제8호는 상례·제사 또는 예배에 필요한 물건이 일반적으로 거래의 대상으로 되지 아니한다는 점과 채무자의 종교적 감정을 고려한 것이다.

51 상례·제사 또는 예배에 필요한 물건이라 함은 그러한 예절에 직접 사용되는 물건을 말한다. 따라서 여기에 예시되어 있는 위패·영정·묘비 외에 경전이나 묘석,

사찰 소유의 종,[10] 불단 등을 포함하나, 상례·제사 또는 예배의 참석자를 위한 접대용 시설물 등은 포함되지 않는다. 이러한 물건이 금전적으로 고가품인지는 문제되지 않는다. 또 상례, 제사 또는 예배에 필요한 것이어야 하므로 현재 사용되고 있어야 한다. 따라서 불상이라도 상품이나 골동품으로 소장하고 있는 경우, 장차 사용할 목적으로 이를 제작하여 둔 데 불과한 경우에는 압류금지물이 아니다. 그러나 미술품, 골동품으로 거래되는 물건이라도 예배 등에 사용할 목적으로 구입하는 경우도 있으므로 예배 등에 필요한 것인지는 채무자의 이용상황 등을 고려하여 판단할 문제이다.

9. 제9호

52 '족보·집안의 역사적인 기록·사진첩, 그 밖에 선조숭배에 필요한 물건'

53 민사집행법 제195조 제9호 역시 선조숭배에 필요한 물건은 일반적으로 거래의 대상으로 되지 아니한다는 점과 혈연관계가 중시되는 우리 국민의 감정을 고려한 것이다.

54 집안의 역사적인 기록(家乘)이란 한 집안의 역사적 사실을 기록한 책을 말한다.[11] 그 밖에 선조숭배에 필요한 물건으로는 선조의 문집을 들 수 있다. 민사집행법 제195조 제9호에서 족보·집안의 역사적인 기록·사진첩을 예시하고 있는 점에 비추어 선조숭배에 필요한 물건인지는 다소 엄격히 해석할 필요가 있다. 따라서 채무자가 주관적으로는 선조를 기억하고 기념하기 위하여 소지하고 있는 유물이나 기념품과 같은 물건이라도 객관적으로 거래의 대상으로 되고 재산적 가치가 있는 것일 경우에는 여기에 해당하지 않는다고 볼 수 있을 것이다.

10. 제10호

55 '채무자의 생활 또는 직무에 없어서는 아니 될 도장·문패·간판, 그 밖에 이에 준하는 물건'

56 민사집행법 제195조 제10호는 민사집행법 제195조 제6호와 같이 채무자의 생활 내지 직업유지의 보호를 목적으로 한다.

57 도장은 반드시 인감도장일 필요는 없고 일상생활이나 직업상 또는 거래상 사용되는 인장이면 족하다. 자연인의 도장뿐 아니라 법인의 인장도 포함되고 화가의

10 대법원 1965. 2. 10.자 64마1092 결정.
11 법원실무제요, 민사집행[IV], 사법연수원(2020), 28.

낙관도 여기에 해당한다. 금, 은과 같은 고가물로 만든 인장이나 문패, 간판이라도 실제 생활상 또는 거래상 사용되고 있는 이상 여기에 해당하지만, 다른 대체물이 있는 경우에는 '없어서는 아니 될' 물건이라고 할 수 없으므로 압류할 수 있다. 어떤 범위의 것이 생활 또는 직업상 없어서는 아니 될 물건에 해당하는가는 채무자의 생활상태, 직업의 종류 및 태양, 일상적인 거래처 등을 종합하여 판단할 것이다.

11. 제11호

58 '채무자의 생활 또는 직업에 없어서는 아니 될 일기장·상업장부, 그 밖에 이에 준하는 물건'

59 민사집행법 제195조 제11호 역시 일기장·상업장부는 일반적으로 거래의 대상이 되지 않음을 고려하고 채무자의 일상생활과 직업생활을 보호하기 위한 것이다.

60 일기장이나 상업장부에 준하는 물건으로는 근무일지 등을 생각할 수 있다. 이러한 물건은 채무자의 생활 또는 직업에 없어서는 아니 될 것이어야 하므로, 제3자의 상업장부나 유명인의 일기장과 같이 골동품에 유사한 것은 여기에 해당되지 않는다.

12. 제12호

61 '공표되지 아니한 저작 또는 발명에 관한 물건'

62 사회의 발전에 따라 저작이나 발명 등이 하나의 독립된 권리(이른바 지식재산권)로 보호되고 그 가치와 중요성이 증가하고 있고, 저작 또는 발명의 공표 여부에 관한 창작자의 의사를 존중할 필요도 있으므로, 민사집행법 제195조 제12호는 이를 고려하여 채무자의 지적인 노력의 산출물을 최대한 보호하고자 하는 것이다. 따라서 여기서의 '발명'은 특허권의 대상이 되는 발명에 한하지 아니하고 실용신안권의 대상이 되는 고안, 즉 자연법칙을 이용한 기술적 사상의 창작(실용신안법 제2조 제1호)을 포함하는 넓은 의미이다. 공표라 함은 저작물이나 발명물을 공연, 공중송신 또는 전시 그 밖의 방법으로 공중에게 공개하거나 저작물을 발행하는 것을 말한다(저작권법 제2조 제25호). 발행은 저작물 또는 음반을 공중의 수요를 충족시키기 위하여 복제·배포하는 것을 말한다(저작권법 제2조 제24호).

63 한편, 저작권법이 1957. 1. 28. 제정되면서 제28조에서 민사집행법 제195조 제12호와 같이 공표되지 아니한 저작물에 대하여는 저작권자의 승낙이 없는 한 압

류를 금지하고 있었으나, 1986. 12. 31. 전부 개정되면서부터는 그에 상응하는 규정을 별도로 두고 있지 않다.

13. 제13호

64 '채무자등이 학교·교회·사찰, 그 밖의 교육기관 또는 종교단체에서 사용하는 교과서·교리서·학습용구, 그 밖에 이에 준하는 물건'

65 민사집행법 제195조 제13호는 교육정책적, 종교적 차원에서 압류금지물을 규정하고 있다.

66 교육기관은 의무교육을 실시하는 기관인지, 정규인지, 비정규(예컨대, 대안학교, 외국인학교 등)인지 관계없다. 학원이 이에 해당하는지에는 의문의 여지가 있으나, 입법취지를 고려할 때 긍정하여야 할 것이다. 종교단체는 종교의 종류나 종파를 불문한다. 민사집행법 제195조 제8호와 중복되는 것이라고 볼 수도 있으나, 위 규정에서 보호하는 물건은 예배등에 '직접' 사용되는 것을 의미한다고 해석되고 있으므로 교리서나 학습용구 등을 여기서 별도로 규정하고 있는 것이다.

14. 제14호

67 '채무자등의 일상생활에 필요한 안경·보청기·의치·의수족·지팡이·장애보조용 바퀴의자, 그 밖에 이에 준하는 신체보조기구'

68 신체보조기구는 이를 착용하는 자의 일상생활에 필요불가결한 것이므로 인도적인 차원에서 압류를 금지하는 것이다.

69 전형적인 신체보조기구로는 장애인복지법이 정하는 장애인보조기구를 들 수 있다. 이는 장애인이 장애의 예방·보완과 기능 향상을 위하여 사용하는 의지(義肢, 의수와 의족을 이른다)·보조기 및 그 밖에 보건복지부장관이 정하는 보장구와 일상생활의 편의증진을 위하여 사용하는 생활용품을 말한다(장애인복지법 제65조 제1항).

70 패션용 색안경이나 미용용 신체보조기구는 이에 해당하지 않는다.

15. 제15호

71 '채무자등의 일상생활에 필요한 자동차로서 자동차관리법이 정하는 바에 따른 장애인용 경형자동차'

72 장애인용 경형자동차는 장애인의 일상생활에 필요불가결한 것임을 고려하여 인도적인 차원에서 압류를 금지하는 것이다.

73 장애인은 신체적·정신적 장애로 오랫동안 일상생활이나 사회생활에서 상당한

제약을 받는 자를 말한다(장애인복지법 제2조 제1항). 시장·군수 또는 자치구의 구청장은 장애인이 사용하는 자동차 등임을 식별하는 표지를 발급하여야 한다(제39조 제2항). 자동차관리법이 정하는 경형자동차는 배기량이 1,000cc(전기자동차의 경우 최고출력이 80킬로와트) 미만으로서 길이 3.6m, 너비 1.6m, 높이 2.0m 이하인 승용·승합·화물·특수자동차와 배기량이 50cc 미만(최고정격출력 4㎾ 이하)인 이륜자동차를 말한다(자동차관리법 시행규칙 제2조 [별표 1]).

16. 제16호

74 '재해의 방지 또는 보안을 위하여 법령의 규정에 따라 설비하여야 하는 소방설비·경보기구·피난시설, 그 밖에 이에 준하는 물건'

75 민사집행법 제195조 제16호는 사회공익적 목적에서 압류금지물을 규정하고 있다. '법령의 규정에 따라' 설비하여야 하는 것만을 압류금지물로 규정하고 있으므로 소방시설 설치 및 관리에 관한 법률 등의 법령규정상 설비의무가 부과되어 있지 않은 경우(예컨대, 소방시설 설치의무의 범위를 확대하는 소방시설 설치 및 관리에 관한 법률 개정 전 시점에 건축되어 의무 설치 대상이 아닌 공동주택의 소방설비 등)에는 여기에 해당되지 않는다고 할 것이다.

V. 다른 법령에 의한 압류금지

1. 압류가 금지되는 것

76 ① 국민기초생활 보장법에 따라 수급자에게 지급된 수급품(국민기초생활 보장법 제35조 제1항), 아동복지법에 따라 지급된 금품(아동복지법 제64조), 사회복지사업법에 따라 지급된 금품(사회복지사업법 제48조), 장애인복지법에 따라 장애인에게 지급된 금품(제82조 제1항), 한부모가족지원법에 따라 지급된 복지급여(제27조)는 압류가 금지된다. ② 우편을 위한 용도로만 사용되는 물건과 우편을 위한 용도로 사용 중인 물건(우편법 제7조 제1항)은 압류가 금지된다. 운송 중이거나 발송 준비를 마친 우편물에 대한 압류는 우편관서가 거부할 수 있다(제8조). ③ 신탁법에 의하여 신탁재산으로 된 유체동산에 대하여는 수탁자에 대한 집행권원으로 압류할 수 없음은 물론, 대외적으로는 수탁자만이 소유자이므로 신탁이 종료되기 전에는 신탁자에 대한 집행권원으로도 이를 압류할 수 없다(신탁법 제22조 제1항). 다만 신탁 전의 원인으로 발생한 권리 또는 신탁사무의 처리상 발생한

권리에 기한 경우에는 압류할 수 있다(제22조 제1항 단서). ④ 건설사업자가 도급받은 건설공사의 도급금액 중 그 공사(하도급 공사 포함)의 근로자에게 지급하여야 할 임금에 상당하는 금액(건설산업기본법 제88조 제1항)은 압류할 수 없다. ⑤ 공장 및 광업재단 저당법 제3조와 제4조의 규정에 따라 저당권의 목적이 되는 기계·기구, 그 밖의 공장의 공용물의 경우 저당권의 목적인 토지나 건물에 대한 압류의 효력이 저당권의 목적이 되는 물건(기계·기구, 그 밖의 공장의 공용물)에 효력이 미치고, 이와 같이 저당권의 목적이 되는 물건은 토지나 건물과 함께하지 아니하면 압류의 목적으로 하지 못한다(공장 및 광업재단 저당법 제8조). 공장 및 광업재단 저당법에 따라 공장재단을 구성하는 물건(공장 및 광업재단 저당법 제14조), 광업재단을 구성하는 물건(공장 및 광업재단 저당법 제54조, 제14조)에 대해서도 공장재단, 광업재단과 분리하여 압류의 목적으로 하지 못한다. ⑥ 전통사찰의 소유로서 전법(傳法)에 제공되는 전통사찰보존지의 건조물(전통사찰의 보존 및 지원에 관한 법률 제14조), 의료인의 의료 업무에 필요한 기구·약품, 그 밖의 재료(의료법 제13조) 등도 압류가 금지된다.

2. 매매·양도·소지 등이 금지되는 것

77 이러한 예로는, 마약·향정신성의약품·대마, 환각물질의 소지·매매 등 금지(마약류 관리에 관한 법률 제3조, 제4조, 화학물질관리법 제22조), 방제대상 병해충이 붙어 있거나 붙어 있다고 의심되는 식물 등의 양도, 이동의 제한, 금지(식물방역법 제36조 제1항 제2호), 정부가 보관하는 공유금이나 사유금 등 보관금증서의 매매, 양도 등 금지(정부보관금에 관한 법률 제3조), 신용카드의 양도, 양수 등 금지(여신전문금융업법 제15조), 국유문화유산 및 그 부지의 양도 등 금지(문화유산의 보존 및 활용에 관한 법률 제66조), 근로자에게 중대한 건강장해를 일으킬 우려가 있는 물질 등 유해·위험물질의 양도 등 금지(산업안전보건법 제117조), 총포 등의 소지 제한(총포·도검·화약류 등의 안전관리에 관한 법률 제10조), 위조의약품 등의 판매 등 금지(약사법 제61조), 향교재산의 매매, 양여 등 금지(향교재산법 제4조), 학교교육에 직접 사용되는 학교법인의 재산 중 시설·설비 및 교재·교구의 매도, 담보제공 금지(사립학교법 제28조 제2항, 제51조 본문, 제12조 제1항) 등을 들 수 있다. 이처럼 단순히 소지 또는 판매만을 금지하고 있는 것은 압류 또는 강제집행 자체의 장애가 되는 것은 아니나, 압류 후의 현금화에 영향을 미치는 사유가 된다.

78 전매품·경제통제품 등에 대하여 압류할 수 없다는 견해도 있으나, 법령에 특히 강제집행 또는 압류 금지의 취지를 규정하지 않는 이상 압류할 수 있다고 본다. 따라서 우표, 수입인지 및 판매자나 소비자가 소유하고 있는 제조 담배는 압류할 수 있다. 다만 검사를 받지 아니하였거나 검사에 불합격된 홍삼 등(인삼산업법 제19조 제2항), 허가를 받지 아니한 자가 제조한 소금 또는 품질검사를 받지 아니하거나 품질검사에 불합격된 소금(소금산업 진흥법 제51조) 등과 같이 일정한 경우에 판매 등이 금지되는 물건은 압류할 수는 있어도 현금화할 수 없는 경우가 있다.

제 196 조 [압류금지 물건을 정하는 재판]

① 법원은 당사자가 신청하면 채권자와 채무자의 생활형편, 그 밖의 사정을 고려하여 유체동산의 전부 또는 일부에 대한 압류를 취소하도록 명하거나 제195조의 유체동산을 압류하도록 명할 수 있다.
② 제1항의 결정이 있은 뒤에 그 이유가 소멸되거나 사정이 바뀐 때에는 법원은 직권으로 또는 당사자의 신청에 따라 그 결정을 취소하거나 바꿀 수 있다.
③ 제1항 및 제2항의 경우에 법원은 제16조 제2항에 준하는 결정을 할 수 있다.
④ 제1항 및 제2항의 결정에 대하여는 즉시항고를 할 수 있다.
⑤ 제3항의 결정에 대하여는 불복할 수 없다.

[관련조문] 민사집행법 제15조, 제16조 제2항, 제49조, 제50조, 제195조, 민사집행규칙 제7조

[참고문헌] 김상수, 민사집행법 제4판, 법우사(2015); 법원실무제요, 민사집행[IV], 사법연수원(2020); 강대성, "집행계약에 관한 연구", 박사학위 논문, 부산대학교(1989)

Ⅰ. 개설

1 민사집행법 제196조는 압류할 수 있는 물건을 압류가 금지되는 물건으로 정하여 그에 대한 압류를 취소하거나 압류가 금지되는 물건을 압류하도록 명할 수 있는 경우 및 그 절차를 규정하고 있다. 이에 따라 민사집행법 제195조의 압류금지물의 범위는 절대적인 것이 아니고 상대적인 것이 된다.

2 채권자와 채무자 사이에서 압류금지물의 범위를 정하는 계약이 허용되는지 및 그 효력이 문제될 수 있다. 비록 민사집행법 제195조의 압류금지물에 관한 규정이 절대적인 것은 아니라 하여도 그 본질은 강행규정이므로, 압류금지물을 압류의 대

상으로 삼기로 하는 내용의 계약(집행범위확장계약)은 허용되지 아니하는 것으로서 무효이다. 이와 반대로 민사집행법 제195조가 규정하는 것보다 더 넓은 범위의 물건을 압류금지물로 정하는 계약(집행범위축소계약)은 채무자를 더 두텁게 보호하는 결과가 되어 강행규정의 입법취지에 반하지 않으므로 허용하여도 무방하다.[1]

Ⅱ. 입법취지 및 입법례

1. 입법취지

3 민사집행법 제195조는 압류금지물에 관한 상세한 규정을 두고 있다. 다만, 개별 사례에 있어서는 채권자와 채무자의 세세한 생활형편 등을 고려할 때 압류를 허가하여도 민사집행법 제195조의 입법취지를 해하지 않거나 그 반대의 경우가 있을 수 있고, 그러한 경우 구체적 타당성을 도모하여 유연하게 대응하는 것이 민사집행법 제195조의 입법취지에도 더 부합한다. 이를 고려하여 민사집행법 제196조에서 집행법원이 압류금지물건을 정하는 재판을 하도록 규정하고 있는 것이다.

2. 입법례

4 일본 민사집행법 제132조도 거의 동일한 내용을 규정하고 있다. 집행법원이 신청에 의하여 채무자 및 채권자의 생활상황, 그 밖의 사정을 고려하여 압류의 전부 또는 일부의 취소를 명하거나 압류금지되는 동산의 압류를 허가할 수 있고 (일본 민사집행법 제132조 제1항), 사정의 변경이 있은 때에는 신청에 의하여 위 규정에 따라 압류가 취소된 동산의 압류를 허가하거나 그에 따른 압류의 전부 또는 일부의 취소를 명할 수 있다(제132조 제2항). 압류의 취소명령을 구하는 신청이 있는 때에는 집행법원은 그 재판의 효력이 발생할 때까지의 기간 동안 담보를 제공하게 하거나 제공하게 하지 아니하고 강제집행의 정지를 명할 수 있고 (제132조 제3항), 그 결정에 대해서는 불복할 수 없다(제132조 제5항). 일본 민사집행법 제132조 제1항·제2항의 신청을 각하하는 결정 및 그에 따라 압류를 허가하는 결정에 대해서는 집행항고를 할 수 있다(제132조 제4항).

1 상세는 강대성, "집행계약에 관한 연구", 박사학위 논문, 부산대학교(1989) 참조.

III. 압류금지물 범위변경의 재판

1. 압류의 취소와 허용(압류금지물의 확장·축소)

가. 개요

5 민사집행법 제195조의 압류가 금지되는 물건에 해당하지 아니하여 압류가 이루어진 경우, 법원은 전부 또는 일부에 대한 압류를 취소하도록 명할 수 있고(압류금지물의 범위 확장), 민사집행법 제195조의 압류가 금지되는 물건에 해당하여 압류하지 못한 경우에는, 법원은 그중 일부에 대하여 압류하도록 명할 수 있다(압류금지물의 범위 축소). 명령은 결정으로 하고, 당사자의 신청이 있어야 한다.

나. 당사자의 신청

6 압류금지물건을 정하는 재판은 법원이 직권으로 할 수 없고, 당사자의 신청에 따라 한다. 이 재판은 채권자와 채무자의 생활형편 등의 사정을 고려하여 구체적 타당성을 도모하려는 것인데, 당사자의 주장과 소명 없이는 법원이 그러한 사정의 유무를 알 수 없기 때문이다. 그러므로 이미 실시된 유체동산에 대한 압류를 해제함으로써 압류금지물의 범위를 확장하는 경우에는 채무자의 신청이 있어야 하고, 민사집행법 제195조에 규정되어 있는 압류금지물에 대한 압류를 허용함으로써 압류금지물의 범위를 축소하는 경우에는 채권자의 신청이 있어야 한다.

7 이 신청은 이른바 강제집행의 신청이 아니어서 민사집행법 제4조의 규정이 적용되지 아니하므로 서면 또는 말로 할 수 있고, 1,000원의 인지를 첩부하여야 한다(민사소송 등 인지법 제9조 제5항 제4호).

8 압류금지물 범위의 확장은 이미 실시한 압류의 전부 또는 일부를 해제하는 형태로 이루어지므로 이를 구하는 신청은 성질상 유체동산집행이 실시된 이후에 할 것을 요하나, 압류금지물 범위의 축소를 구하는 신청은 집행개시 전은 물론 그 이후에도 집행절차가 종결되기 전에는 언제든지 이를 할 수 있다.

다. 관할

9 압류금지물변경의 재판은 압류를 실시한 곳 또는 압류를 실시할 곳을 관할하는 지방법원의 단독판사의 전속관할에 속한다(민사집행법 제3조 제1항, 제21조, 법원조직법 제7조 제4항). 이는 사법보좌관이 행할 수 있는 업무의 범위에 속하지 않는다(사법보좌관규칙 제2조 제1항). 다만, 가압류의 경우에는 가압류재판을 한 법원의 관할에 속한다(민사집행법 제291조, 제278조).

라. 재판

1) 재판의 형식

10 이 재판의 형식은 결정이다. 따라서 법원은 변론 없이 재판할 수 있고, 변론을 열지 않는 경우에는 당사자, 이해관계인, 그 밖의 참고인을 심문할 수 있다(민사집행법 제23조 제1항, 민사소송법 제134조 제1항·제2항).

2) 재판의 고려사항

11 이 재판을 함에 있어서는 채권자와 채무자의 생활형편, 그 밖의 사정을 고려하여야 한다. '채권자와 채무자의 생활형편'이란 채권자가 채무자로부터 그 채권을 변제받지 못함으로써 받고 있는 경제적 곤궁의 정도와 채무자의 경제적 곤궁의 정도를 의미한다. 부양료채권, 이혼에 따른 위자료청구채권이나 재산분할청구권, 불법행위로 인하여 사망한 세대주의 유족이 가지는 손해배상채권 등에 기한 강제집행에 있어서는 채권자의 생활형편이, 증여나 유증에 의한 채권에 기한 강제집행에 있어서는 채무자의 생활형편이 통상 더 중요하게 고려될 것이다. '그 밖의 사정'이란 압류를 해제하거나 압류금지물의 범위를 축소함으로써 채권자 또는 채무자가 받게 되는 경제적 영향, 채무자가 성실히 채무를 이행할 의사가 있는지 여부 및 이 재판의 신청에 이르게 된 경위나 동기 등을 의미한다. 민사집행법 제196조 제1항은 그 밖의 다른 구체적인 기준을 제시하고 있지 아니하므로 법원에 폭넓은 재량을 부여하고 있는 셈이다.

3) 재판의 내용

12 압류금지물의 범위를 확장하는 재판(민사집행법 제196조 전단)은, 채무자의 신청의 전부 또는 일부를 인용하여 채권자의 집행위임에 의한 유체동산압류의 전부 또는 일부를 취소하는 것이고, 압류금지물의 범위를 축소하는 재판(제196조 후단)은 채권자의 신청의 전부 또는 일부를 인용하여 민사집행법 제195조의 압류금지물에 대한 압류를 허용하는 것이다.

13 압류금지물의 범위를 확장하는 재판에 있어서는 이미 실시한 압류를 취소하여야 하므로 그 취소되는 범위의 유체동산을 별지 목록 등을 이용하여 특정하여야 한다. 예를 들어 "채권자 ○○○, 채무자 ○○○ 사이의 ○○지방법원 20○○가합○○ 손해배상청구사건의 집행력 있는 판결정본에 기한 강제집행에 있어서 별지 목록 기재의 원동기장치 자전거 2대에 대한 압류를 취소한다."는 형식이

될 것이다.[2] 압류금지물의 범위를 축소하는 재판에 있어서는 민사집행법 제195조 각호에 해당하는 특정의 유체동산에 대하여 압류를 허용하는 취지를 주문에서 명백히 하여야 하나, 민사집행법 제195조 제2호나 제3호와 같이 압류금지물이 양적으로 범위가 정해진 경우에는 단순히 일정범위만을 지정하여도 무방하다. 이때 압류금지물을 축소할 수 있는 범위에 관하여는 제한이 없으나, 민사집행법 제195조 각 호에서 압류금지물을 정한 취지를 고려하여 채무자의 최저생활의 보장과 관련되는 항목(예컨대, 민사집행법 제195조 제1호 내지 제3호)에 대한 압류를 허용함에는 신중을 기하여야 할 것이다.

4) 재판의 고지

14 채권자 또는 채무자의 신청을 전부 또는 일부 인용하는 재판은 그 신청인과 상대방에게, 그 신청을 전부 기각하는 재판은 그 신청인에게 고지하여야 한다(민사집행규칙 제7조 제1항 제2호, 제2항).

2. 압류금지물 범위변경재판의 취소·변경

가. 개요

15 압류금지물의 범위변경의 재판이 있은 후 그 재판을 한 이유가 소멸하거나 사정이 변경된 때에는 법원은 직권 또는 당사자의 신청에 의하여 그 재판을 취소하거나 변경할 수 있다.

나. 요건

16 압류물 범위변경의 재판 후 그 이유가 소멸하거나 사정이 변경될 것을 요한다. '그 이유가 소멸한 때'라는 것은, 압류물의 범위변경의 재판이 다른 요건 없이 채권자와 채무자의 생활형편 등을 고려하여 이루어지는 것임을 고려할 때 '사정이 변경된 때'와 같은 의미라고 해석된다. 예컨대, 채무자의 생활형편을 중시하여 압류금지물의 범위를 확장하였는데 그 후 채무자가 다른 사람으로부터 다액의 재산을 증여받았다거나 상속을 받은 경우 또는 그 반대의 경우 등을 들 수 있다. 이와 같은 사유는 압류금지물 범위변경의 재판 이후에 새로이 생긴 것에 한한다.

2 법원실무제요, 민사집행[IV], 사법연수원(2020), 35.

다. 절차

1) 직권 또는 당사자의 신청

17 이 재판은 법원이 직권으로 하거나 당사자의 신청에 따라 한다. 그러나 사정변경이 있을 것을 요건으로 하므로 당사자의 사정변경을 알기 어려운 법원이 직권으로 이 재판을 할 여지는 거의 없을 것이다. 여기의 당사자는 제1항의 재판을 신청하였던 자와는 반대의 당사자를 의미한다. 당사자의 신청에는 인지의 첩부를 요하지 아니한다고 할 것이다(민사소송 등 인지법 제10조 단서).

2) 관할

18 이 재판은 압류금지물의 범위변경의 재판을 한 법원이 관할한다.

3) 재판

19 이 재판 역시 결정으로 한다. 따라서 변론을 열지 않는 경우에는 당사자, 이해관계인 그 밖의 참고인을 심문할 수 있다. 사정변경의 유무는 재판 시를 기준으로 하여 판단하여야 한다. 재판의 내용은 이미 하였던 압류금지물 범위변경의 재판을 취소하거나 변경하는 것이다. 즉, 압류금지물의 범위변경의 재판에 의하여 압류를 취소하였던 것에 대하여 다시 압류를 허용하거나 압류를 허용하였던 유체동산에 대하여 압류를 금지하는 등의 형태이다. 압류금지물의 범위변경의 재판을 일부 취소하여야 할 경우에는 그 재판을 변경할 것이다. 이것 역시 그 취소나 변경의 범위를 구체적으로 특정하여 명백히 하여야 한다. 이 재판은 직권에 의한 것이든 당사자의 신청에 의한 것이든 앞서의 압류금지물의 범위변경의 재판을 취소하거나 변경하는 내용이면 이를 채권자 및 채무자에게 고지하여야 한다(민사집행규칙 제7조 제1항 제2호).

IV. 불복방법

20 압류금지물의 범위변경의 재판과 그 취소 또는 변경의 재판에 대하여는 즉시항고를 할 수 있다(민사집행법 제196조 제4항). 즉시항고에는 집행정지의 효력이 없다(제15조 제6항). 신청을 전부 기각한 재판에 대하여 즉시항고를 할 수 있는지 문제되는데, 즉시항고가 가능하다는 견해와 집행에 관한 이의로 다툴 수 있다는 견해[3]로 나뉘어 있다. 민사집행법 제196조 제4항에서 즉시항고를 할 수 있다고 정한 '민사집행법 제196조 제1항 및 제2항의 결정'을 넓게 보아 당사자의 신청을

3 김상수, 민사집행법 제4판, 법우사(2015), 291.

전부 기각한 결정도 여기에 포함된다고 못 볼 바 아니고, 신청을 전부 기각한 결정도 신청을 전부 인용하거나 일부 인용한 결정에 대한 불복절차와 같은 절차로 처리하는 것이 불복방법을 번잡하게 하지 않는 측면도 있으므로, 즉시항고가 가능하다고 파악하여도 무리가 없다. 하급심 실무례도 즉시항고가 가능함을 전제로 항고심에서의 판단이 이루어지고 있다.[4]

V. 잠정처분

1. 개요

21 법원은 압류금지물의 범위변경의 재판 또는 그 취소나 변경의 재판에 앞서 민사집행법 제16조 제2항에 준하는 결정을 할 수 있다(민사집행법 제196조 제3항). 즉, 채무자에게 담보를 제공하게 하거나 또는 담보를 제공하지 아니하게 하고 강제집행의 일시정지를 명할 수 있고, 채권자에게 담보를 제공하게 하고 강제집행의 속행을 명할 수 있다. 강제집행의 속행은 압류금지물의 범위변경의 재판에 있어서는 이미 이루어진 압류에 기한 절차의 속행을, 압류금지물의 범위변경의 재판의 취소나 변경의 경우에는 앞서의 재판에 의하여 허용된 압류에 기한 절차의 속행을 의미한다.

2. 담보 제공 여부

22 채권자에 대하여 강제집행의 속행을 명하는 잠정처분은 반드시 담보를 제공하게 하고 하여야 하나, 채무자에 대하여 강제집행의 일시정지를 명하는 잠정처분에 있어 담보의 제공 여부는 법원의 선택에 달려 있다. 그러나 압류물의 범위변경의 재판이나 그 취소 또는 변경의 재판은 채무자의 생활형편 등을 고려하여 행하는 것이므로 채무자에 대하여 담보를 제공하도록 할지는 신중하게 판단할 필요가 있다.

3. 절차

23 잠정처분의 재판은 법원이 직권으로 하고, 강제집행의 신청인(채권자)과 상대방(채무자)에게 고지하여야 한다(민사집행규칙 제7조 제1항 제6호). 당사자에게는 신청권이 없고 신청하더라도 단지 직권발동을 촉구하는 의미가 있을 뿐이다. 이 재판에 대하여는 불복하지 못한다(민사집행법 제196조 제5항).

4 수원지방법원 2024. 1. 2.자 2022라6390 결정, 인천지방법원 2023. 8. 30.자 2022라5637 결정, 서울중앙지방법원 2023. 7. 4.자 2022라735 결정 등.

VI. 재판의 집행

24 압류금지물의 범위변경의 재판이나 이를 취소 또는 변경하는 재판의 정본이 집행관에게 제출되면 집행관은 이 재판에 의하여 압류가 금지된 유체동산에 대하여 아직 압류를 실시하지 않았으면 이를 압류할 수 없고, 이미 압류를 하였으면 민사집행법 제49조 제1호, 제50조 제1항을 유추하여 집행을 정지하고 이미 실시한 집행처분을 취소(압류의 해제)하여야 한다. 민사집행법 제196조 제3항에 따라 이들 재판에 앞서 잠정처분으로 집행의 정지가 명하여지고 그 정본이 집행관에게 제출된 때에는 집행관은 민사집행법 제49조 제2호에 따라 압류를 정지하여야 한다.

제 197 조 [일괄매각]

① 집행관은 여러 개의 유체동산의 형태, 이용관계 등을 고려하여 일괄매수하게 하는 것이 알맞다고 인정하는 때에는 직권으로 또는 이해관계인의 신청에 따라 일괄하여 매각할 수 있다.

② 제1항의 경우에는 제98조 제3항, 제99조, 제100조, 제101조 제2항 내지 제5항의 규정을 준용한다.

[관련조문] 민사집행법 제98조~제101조, 민사집행규칙 제52조, 제147조, 제151조

Ⅰ. 개설

1 유체동산의 매각은 각 압류물건마다 개별적으로 함이 원칙이다. 이를 개별매각이라고 한다. 압류는 집행력 있는 정본에 적은 청구금액의 변제와 집행비용의 변상에 필요한 한도 안에서 하여야 하고(민사집행법 제188조 제2항, 초과압류의 금지), 값비싼 물건(제200조), 금·은붙이(제209조), 유가증권(제210조), 미분리과실(제213조) 등과 같이 압류물의 종류와 성질에 따라 현금화에 적용되는 제한의 내용이 달라질 수 있기 때문이다. 그러나 대량의 동종상품과 같이 여러 개의 유체동산을 일괄하여 매각하는 것이 현금화하기에 보다 용이하고 매수인에게도 유리한 경우가 있으므로 민사집행법 제197조는 이러한 필요에 부응하기 위하여 여러 개의 유체동산을 일괄하여 매각하는 것을 예외적으로 허용하고 있다.

2 민사집행법은 여러 개의 부동산의 일괄매각(민사집행법 제98조 제1항), 부동산과 다른 종류의 재산의 일괄매각(제98조 제2항)에 관하여 규정하고 이를 선박이나 자동차의 매각에 적용하거나 준용하면서, 민사집행법 제197조에서 여러 개의 유체동산의 일괄매각을 규정하고 있다. 그러므로 부동산이나 선박, 자동차 등과 그 이용에 제공되고 있는 유체동산을 일괄매각하는 것은 민사집행법 제98조 및

그 준용규정에 의하여 해결되고, 여러 개의 유체동산 상호간의 일괄매각이 민사집행법 제197조에 의하여 규율된다.

Ⅱ. 입법취지 및 입법례 등

1. 입법취지

3 여러 개의 유체동산을 일괄하여 매각하는 것이 현금화하기에 보다 용이하고 매수인에게도 유리한 경우가 있고, 그러한 경우 일괄매각의 방법으로 현금화하는 것이 채권자, 채무자에게도 유리하며 효율적인 집행에도 도움이 된다. 민사집행법 제197조는 이러한 필요에 탄력적으로 대응하기 위하여 일괄매각을 예외적으로 허용하는 취지이다.

2. 입법론

4 유체동산에 대한 강제집행은 압류, 매각에 의한 현금화, 매각대금의 교부 및 배당의 순서로 이루어지므로 민사집행법은 유체동산에 대한 강제집행에 관하여 압류(민사집행법 제189조 내지 제196조), 압류물의 보존(제198조), 압류물의 매각(제199조 내지 제216조), 배당요구(제217조 내지 제221조), 매각대금의 교부 및 공탁(제222조)의 순서로 규정하고 있다. 유체동산을 개별매각할지 일괄매각할지의 문제는 압류의 범위나 방법에 관한 문제가 아니라 매각의 방법에 관한 문제이다. 따라서 민사집행법 제197조는 압류물의 보존에 관하여 규정하고 있는 민사집행법 제198조 앞이 아니라 매각에 관한 일반원칙을 규정하고 있는 민사집행법 제199조 다음에 위치하여야 체계에 맞는다고 볼 수 있다.

3. 입법례

5 일본 민사집행규칙 제113조도 '집행관은 매각하여야 하는 여러 개의 동산의 종류, 수량 등을 고려하여 이들 동산을 일괄하여 동일한 매수인에게 매수하게 하는 것이 상당하다고 인정하는 때에는 이들 동산을 일괄하여 매각할 수 있다'고 규정하여 필요한 경우 집행관의 재량으로 일괄매각의 방식을 활용할 수 있도록 하고 있다.

Ⅲ. 일괄매각하기 위한 요건과 시기

1. 요건

6 일괄매각은 여러 개의 유체동산의 형태, 이용관계 등을 고려하여 일괄매수하게 하는 것이 알맞다고 인정하는 때에 한다. 개별매각보다 일괄매각을 할 때 고가로 쉽게 현금화할 수 있는지를 고려하여야 할 것이다. 여관이나 음식점, 다방 등의 시설물과 같이 일체로서 이용되고 가치를 가지는 물건, 대량의 동종 상품과 같이 한꺼번에 처분함이 상당한 물건 등을 예로 들 수 있다. 일괄매수하게 하는 것이 알맞은지는 집행관의 재량에 맡겨져 있다.

7 유체동산의 일괄매각에는 민사집행법 제197조 제2항에 의하여 민사집행법 제99조가 준용된다. 집행관은 하나의 집행으로 압류한 여러 유체동산뿐만 아니라 여러 집행으로 압류한 여러 유체동산을 일괄매각할 수도 있고, 다른 집행관이 압류한 유체동산과 일괄매각할 수도 있다. 그러나 이 규정에 따라 일괄매각함에 있어서도 각 유체동산이 형태나 이용관계 등을 고려하여 일괄매수하게 하는 것이 알맞다고 인정되어야 하는데, 다른 집행관이 압류한 유체동산에 대하여 이 요건이 충족되는 경우는 상정하기 어려울 것이다.

2. 직권 또는 이해관계인의 신청

8 일괄매각은 집행관이 직권으로 하거나 이해관계인의 신청에 따라 한다. 이해관계인은 압류채권자, 채무자 외에 배당요구채권자도 포함된다. 이해관계인은 집행관의 일괄매각에 대하여 집행에 관한 이의를 제기할 수 있다.

3. 시기

9 개별매각이 원칙이므로 일괄매각은 일반적인 매각조건을 집행실시기관인 집행관이 변경하는 것에 해당한다. 그러므로 일괄매각할 것인지는 매각기일 이전에 정해져야 한다(민사집행법 제197조 제2항, 제98조 제3항).

10 매각기일은 최초의 매각기일만을 가리키지 않으므로 매각기일이 연기·속행되거나 재매각되는 경우에 있어서의 새로운 매각기일을 포함한다. 따라서 최초의 매각기일에서는 개별매각을 하였더라도 속행된 매각기일에서는 일괄매각을 실시할 수 있다.

11 일괄매각한다는 것은 특별매각조건은 아니더라도(이해관계인의 합의에 구속되지 않는다) 그에 유사한 조건이므로, 공고할 필요는 없으나(민사집행규칙 제146조 참조), 적어도 매각기일에 매수희망자 등 관계인에게 미리 고지하여야 한다(제147조 제1항, 제151조 제3항).

Ⅳ. 일괄매각 사건의 병합과 관할

1. 일괄매각사건의 병합

가. 하나의 집행으로 압류된 여러 개의 유체동산의 일괄매각

12 집행관이 하나의 집행으로 압류된 여러 개의 유체동산을 일괄매각할 수 있음은 당연하다. 이중압류에 해당하여 추가압류된 유체동산도 마찬가지이다.

나. 별개의 집행으로 압류된 여러 유체동산의 일괄매각

13 유체동산의 집행은 채권자의 집행위임마다 별개·독립의 사건이다. 그러므로 별개의 집행으로 압류된 여러 유체동산을 일괄매각함에 있어서는 그 각 집행사건을 병합하여야 한다(민사집행법 제197조 제2항, 제99조 제1항·제3항). 각 집행을 실시한 집행관이 서로 다른 경우에는 일괄매각하기로 한 집행관이 아닌 집행관은 사건을 일괄매각하기로 한 집행관에게 이송하여야 한다(제99조 제2항). 각 집행관의 소속법원이 다른 경우에도 마찬가지이다.

2. 일괄매각 사건의 관할

14 일괄매각 사건은 일괄매각하기로 한 집행관이 관할하여야 한다. 그런데 일괄매각할 여러 개의 유체동산이 각각 다른 법원 소속의 집행관에 의하여 압류된 경우에 있어서는 원래 집행사건의 관할은 전속관할이므로(민사집행법 제21조), 특별한 규정 없이는 일괄매각이 전속관할을 위반하여 이루어지는 것이 될 수 있다. 이에 민사집행법 제197조 제2항에서 준용하는 민사집행법 제100조는 일괄매각 사건에 민사소송법 제25조의 관련재판적 규정을 준용하고 있다. 이에 따라 일괄매각하기로 한 집행관은 다른 법원 소속 집행관이 압류한 유체동산에 대하여도 관할권을 가지게 된다.

V. 일괄매각의 절차

1. 각 유체동산의 최저매각가격 비율의 지정

15 일괄매각절차에서 각 유체동산의 대금액을 특정할 필요가 있는 경우 또는 각 유체동산이 부담할 집행비용액을 특정할 필요가 있는 경우에는 각각의 유체동산에 대한 최저매각가격의 비율을 정하여야 한다. 이 경우 각 유체동산의 매각대금액은 총 일괄매각한 대금액을 각 유체동산의 최저매각가격비율에 따라 나눈 금액으로 한다(민사집행법 제197조 제2항, 제101조 제2항).

16 각 유체동산의 대금액을 특정할 필요가 있는 경우로는 각 유체동산마다 압류채권자나 배당요구채권자의 범위가 다른 경우를 들 수 있고, 각 유체동산이 부담할 집행비용액을 특정할 필요가 있는 경우로는 일괄매각하는 유체동산의 일부가 값비싼 물건에 해당하여 그에 관하여 감정인의 감정료가 든 경우를 들 수 있다.

17 최저매각가격의 비율은 일괄매각하는 각 유체동산의 평가액에 따라 정해질 것이다. 그러므로 일괄매각에서 각 유체동산의 최저매각가격의 비율을 정할 필요가 있는 경우에는 각 유체동산의 평가액을 명확히 하여야 할 것이다.

2. 초과매각의 불허가

18 일괄매각하는 경우 그 가운데 일부의 매각대금으로 모든 채권자의 채권액과 강제집행비용을 변제하기에 충분하면 다른 유체동산의 매각을 허가하지 아니한다(민사집행법 제197조 제2항, 제101조 제3항 본문). 다만 분리하여 매각하면 그 경제적 효용이 현저하게 떨어지는 경우나 채무자의 동의가 있는 경우에는 그러하지 아니하다(제101조 제3항 단서).

19 초과매각에 해당하여 일부의 매각을 불허가하여야 하는 경우 어느 유체동산을 매각물건으로 할 것인지 채무자가 지정할 수 있다(민사집행법 제101조 제4항). 채무자의 지정은 매각허가되기 전에 서면으로 하여야 한다(민사집행규칙 제52조).

제 198 조 [압류물의 보존]

① 압류물을 보존하기 위하여 필요한 때에는 집행관은 적당한 처분을 하여야 한다.
② 제1항의 경우에 비용이 필요한 때에는 채권자로 하여금 미리 이를 내게 하여야 한다. 채권자가 여럿인 때에는 요구하는 액수에 비례하여 미리 내게 한다.
③ 제49조 제2호 또는 제4호의 문서가 제출된 경우에 압류물을 즉시 매각하지 아니하면 값이 크게 내릴 염려가 있거나, 보관에 지나치게 많은 비용이 드는 때에는 집행관은 그 물건을 매각할 수 있다.
④ 집행관은 제3항의 규정에 따라 압류물을 매각하였을 때에는 그 대금을 공탁하여야 한다.

[관련조문] 민사집행법 제49조, 제202조, 제212조, 제213조, 제296조 제5항, 상법 제67조 제2항, 제440조, 제442조, 민사집행규칙 제135조, 제136조, 제137조, 제138조, 집행관규칙 제18조, 집행관수수료규칙 제25조

[참고문헌] 법무부, 법무자료 제103집(1988)

Ⅰ. 개설

1 유체동산의 압류는 집행관이 그 물건을 점유함으로써 하고, 채무자 등에게 압류물을 보관시킨 경우에도 압류물에 대한 집행관의 점유는 계속되는 것이므로 집행관은 선량한 관리자로서 압류물을 보존하여야 한다. 민사집행법 제198조 제1항·제2항은 이에 관하여 규정하고 있다. 또, 종래 압류물의 보존을 위한 처분에는 그 가치감소의 방지나 과다한 보관비용의 회피를 위한 압류물의 조기 경매 등이 포함되는 것으로 해석되어 왔는데, 민사집행법 제198조 제3항·제4항은 강제집행이 정지된 경우에 있어 이를 명문화하였다.[1] 이는 가압류에 관한 민사집

[1] 법무부, 법무자료 제103집(1988), 291.

행법 제296조 제5항과의 균형을 고려한 것이다.

2 압류물의 보존을 위하여 집행관이 적당한 처분을 하는 것은 권한인 동시에 의무이다. 따라서 집행관이 압류물의 보존을 위한 처분을 해태하여 채무자에게 손해가 발생하면 집행관뿐만 아니라 국가도 손해배상책임을 진다. 채권자도 집행관에게 압류물의 보존에 필요한 적당한 조치를 강구하도록 주의를 촉구할 의무가 있고, 이를 태만히 한 때에는 채무자에 대하여 손해배상책임을 지게 된다는 견해도 있다.[2] 압류물의 보관을 위탁받은 채무자도 집행관의 보존처분을 필요로 하는 사유가 발생하면 집행관에게 그 사유를 통지하는 등의 조치를 취하여야 한다(대법원 1975. 2. 25. 선고 74다1590 판결). 오래된 판례 중에 압류물을 보관받은 채무자가 민사집행법 제198조의 규정에 의한 집행관의 보존처분을 필요로 하는 사유가 발생하였음에도 집행관에게 그 사유를 통지하는 등의 조치를 취하지 아니한 경우 채권자등의 손해배상액을 산정함에 있어 과실상계의 사유로 된다고 한 것도 있다.[3]

Ⅱ. 입법취지 및 입법례

1. 입법취지

3 집행관은 압류물의 보존을 위하여 적당한 처분을 하여야 하는 선관주의의무를 가지므로, 민사집행법 제198조에서 그 의무의 내용과 보존에 소요되는 비용의 예납방법을 명확히 규정하고, 집행관이 압류물 보존의 일환으로 긴급매각을 할 수 있는 요건과 그에 따른 매각금의 처리방법을 명문화한 것이다.

2. 입법례

4 일본 민사집행법 제137조 제1항에서 '일본 민사집행법 제39조 제1항 제7호 또는 제8호[4]에 열거하는 문서의 제출이 있는 경우, 압류물에 대하여 현저한 가액의 감소가 발생할 우려가 있는 때 또는 그 보관을 위하여 상응하지 아니하는 비용을 요하는 때에는 집행관은 그 압류물을 매각할 수 있다', 일본 민사집행법 제137조 제2항에서 '집행관은 전항의 규정에 의하여 압류물을 매각하는 때에는 그 매득

2 日大判 1918. 7. 10. (民錄 24, 1365).
3 조고판 1928. 2. 17. (民集 15, 20).
4 민사집행법 제49조 제2호·제4호에 대응하는 조문들이다.

금을 공탁하여야 한다'고 규정하여, 민사집행법 제198조 제3항·제4항과 같은 취지로 집행관의 긴급매각에 관하여 정하고 있다.

Ⅲ. 보존을 위한 처분

5 어느 경우에 압류물의 보존을 위한 처분이 필요하다고 볼 것이고, 그 처분의 내용은 무엇인가는 집행관의 재량에 맡겨져 있으나, 민사집행법 제198조 제1항의 규정상 이와 같은 처분은 집행관의 의무이기도 하므로, 채권자 및 채무자의 이익을 종합적으로 고려하여 판단하여야 한다. 일반적으로 인정되는 보존방법을 본다.

1. 보관인의 선임·변경

6 압류된 가축을 사육하여야 하는 경우, 고가의 분재로서 전문가의 손질을 요하는 경우, 압류물의 부피나 무게로 인하여 창고업자 등에 맡길 필요가 있는 경우 등에는 집행관이 보관인을 선임하여 압류물을 보관하게 할 수 있다. 다만, 집행관규칙 제18조의 규정상 금전, 그 밖의 귀중품은 집행관이 이를 직접 보관하여야 하고 제3자에게 보관시켜서는 안 된다. 보관인이 될 수 있는 사람의 자격에는 제한이 없고, 압류물의 보관에 적당하다고 인정되는 사람이면 된다. 법인이라도 무방하고 채권자도 보관인이 될 수 있다. 그러나 채무자는 민사집행법 제189조 제1항 단서에서 규정하고 있으므로 민사집행법 제198조의 규정에 의한 보관인에는 해당되지 아니한다. 보관인의 선임은 성질상 이미 선임된 보관인을 해임하고 다른 보관인을 선임하는 것을 포함한다. 압류물의 보관상 특히 필요하다고 인정하는 때에는 집행관의 관할구역 밖에 있는 자를 보관인으로 선임할 수 있고(민사집행규칙 제135조), 이때에는 집행법원의 허가를 받아 그 보관장소에서 압류물을 경매할 수 있다(제145조 제2항, 제151조 제3항).

7 민사집행법 제198조의 규정에 의하여 보관인을 선임한 경우에는 민사집행법 제189조 제1항 단서의 경우와는 달리, 봉인 그 밖의 방법으로 압류물임을 명백히 할 필요는 없으나, 적당한 방법으로 압류물임을 표시하여 둠이 적당하다. 보관인과 집행관 사이의 계약은 집행관이 국가기관의 지위에서 체결하는 것이므로 그 계약상 의무자는 집행관 개인이 아니라 국가이다. 따라서 보관인은 집행관 개인은 물론 채권자나 채무자에 대하여도 직접 보관비용의 상환을 청구할 수 없다.

8 집행관이 채무자·채권자 또는 제3자에게 압류물을 보관시킨 때에는 보관자의 표시, 보관시킨 일시·장소와 압류물, 압류표시의 방법과 보관조건을 적은 조서

를 작성하여 보관자의 기명날인 또는 서명을 받아야 한다(민사집행규칙 제136조 제1항). 보관조건이란 보관에 관하여 붙인 약관, 보관시키면서 지시한 사항이나 일정한 보고를 하도록 한 것 등을 말한다. 압류 시에 압류물을 채무자 등에게 보관시킬 때에는 압류조서와 위 보관에 관한 조서를 겸하여 1통의 조서를 작성하는 것이 가능하다. 그 이외의 경우에는 독립한 조서로 작성하는 수밖에 없다.

9 집행관이 보관자로부터 압류물을 반환받은 때에는 그 취지를 기록에 적어야 한다(제136조 제2항). 이 경우 압류물에 부족 또는 손상이 있는 때에는 집행관은 보관자가 아닌 압류채권자와 채무자에게 그 취지를 통지하여야 하고, 아울러 부족한 압류물 또는 압류물의 손상 정도와 이러한 압류물에 대하여 집행관이 취한 조치를 적은 조서를 작성하여야 한다(제136조 제3항). 압류물이 부족 또는 손상된 경우에 집행관이 취할 수 있는 조치로는 부족이나 손상의 원인규명, 부족물의 탐색, 이를 발견한 경우의 회수, 보관자에 대한 손상부분의 수리 권고, 그 보관인이 계속 보관하는 것이 부적당한 때에는 집행관의 직접점유로 옮기거나 다른 보관방식을 취하는 것 등을 들 수 있다. 보관인은 집행관과의 계약상 정해진 작위 또는 부작위 이외에 그 보관물에 관하여 특별한 조치가 필요하다고 인정하는 때에는 그 취지를 집행관에게 통지하여야 할 것이다.

2. 압류물의 점검

10 압류물을 채무자나 채권자 또는 제3자에게 보관시킨 경우에, 집행관은 압류채권자 또는 채무자의 신청이 있거나 그 밖에 필요하다고 인정하는 때에는 압류물의 보관상황을 점검하여야 한다(민사집행규칙 제137조 제1항). 이는 집행관이 압류의 집행기관 지위에서 당연히 부담하는 의무이다. 압류물의 보관상황 점검은 압류물의 부족 또는 손상의 유무와 정도를 확인하는 것이다. 압류물의 부족이나 손상이 점검의 현장에서 간단한 사실상의 조치로 즉시 회수하거나 회복할 수 있는 성질의 것인 때에는 집행관은 그러한 조치를 하여야 한다.

11 집행관은 특히 필요하다고 인정하는 때에는 압류물 보관자로 하여금 소속 법원의 관할구역 밖에서 압류물을 보관하게 할 수 있다(민사집행규칙 제135조). 이에 따라 압류물이 집행관의 관할구역 밖에 보관되어 있는 경우에는 집행관은 그 압류물의 점검을 위하여 직무집행구역 밖에서 직무를 집행할 수 있다.

12 집행관이 압류물을 점검한 때에는 점검의 내용과 결과 및 집행관이 취한 조치를 적은 점검조서를 작성하여야 한다(민사집행규칙 제137조 제2항 전단). 압류물의

부족이나 손상이 있는 경우에는 압류물의 보관자가 아닌 채권자 또는 채무자에게 그 취지를 통지하여야 한다(제137조 제2항 후단).

3. 압류물의 회수 등

가. 압류물건의 회수

13 압류에 의하여 압류물건에 대한 점유는 집행관에게 이전되고, 보관자는 그 점유보조자의 지위에 서게 된다. 그러므로 제3자가 정당한 권원 없이 압류물의 점유를 침탈한 때에는 집행관은 직접 이를 회수할 수 있다. 압류물을 보관하는 자가 집행관의 관할구역 밖으로 이주한 경우와 같이 압류한 물건이 집행관의 직무집행구역 밖에 있게 된 경우에도 이를 회수할 수 있다(민사집행규칙 제138조 제1항). 이는 압류물 회수의 실효성을 확보하기 위하여 집행관의 직무집행구역을 확장하여 인정한 것이다. 집행관이 직접 회수할 수 없는 경우에는 채권자의 신청에 따른 압류물 인도명령에 의해 회수하게 된다.

나. 사건의 이송

14 압류물이 집행관의 직무집행구역 밖에 있는 경우 이를 회수하기 위하여 지나치게 많은 비용이 든다고 인정하는 때에는 집행관은 압류채권자의 의견을 들어 사건을 압류물이 있는 곳을 관할하는 법원 소속의 집행관에게 이송할 수 있다(민사집행규칙 제138조 제2항).

15 압류물을 회수하기 위하여 지나치게 많은 비용이 드는 경우의 예로는 압류물이 있는 곳까지 이동하기 위한 교통비나 체재비, 압류물의 운반비용 등이 압류물의 객관적 가치에 비하여 지나치게 많이 드는 경우를 들 수 있다. 다만 이 경우 사건의 이송은 압류채권자에게 예측하지 못한 손해를 가져올 우려도 있으므로 이송 여부를 정하기에 앞서 압류채권자의 의견을 듣도록 하였다. 이송 여부에 대한 판단권은 집행관에게 있으므로 집행관은 압류채권자의 의견에 구속되는 것은 아니지만, 압류채권자 등 이해관계인의 입장을 고려하여 사건의 이송 여부를 신중하게 판단할 필요가 있다.

4. 조기매각

16 원래 유체동산의 매각은 압류일로부터 1주가 지나야 할 수 있으나(민사집행법 제202조 본문), 압류물의 보존비용이 그 압류물의 가액에 비하여 상당하지 않을 정도로 고액이 소요되는 경우 또는 생선, 청과물, 청량음료, 계절상품 등과 같이 시일의 경

과로 그 물건의 가격이 현저히 감소될 염려가 있는 경우에는 압류일로부터 1주가 경과되지 않더라도 그 물건을 매각할 수 있다(제202조 단서). 이 요건은 가압류에 있어서의 긴급매각(제296조 제5항)의 요건과 동일하다. 이 경우 매각기일의 공고(제203조 제2항)를 하여야 하는지에 관하여는 견해가 나뉠 수 있으나, 명문의 규정이 없는 이상 매각을 위한 기일의 공고를 생략할 수는 없다고 봄이 타당하다.

5. 긴급매각

17 유체동산에 대한 강제집행절차가 개시되어 그 절차진행 중에 강제집행의 일시정지를 명한 취지를 적은 재판의 정본(민사집행법 제49조 제2호의 서류)이 제출되거나 채권자가 변제를 받았다는 취지 또는 채무이행의 유예를 승낙한 취지를 적은 증서(제49조 제4호의 서류)가 제출된 때에는 강제집행을 정지하여야 한다(제49조, 제50조 제1항). 그 정지기간 중, 즉 정지의 사유가 소멸될 때까지 집행관은 압류물의 보관을 계속하여야 하고 현금화하지 못함이 원칙이다. 그러나 압류물을 조기에 매각하여야 할 경우와 같은 사유가 있는 때에는 집행관은 압류물을 매각할 수 있다(제198조 제3항). 이는 민사집행법 제296조 제5항 단서와 취지를 같이 하는 것으로서 실체법상 자조매각(상법 제67조 제2항)에 상응한다.

18 민사집행법 제198조 제3항에 따른 압류물 매각사유의 유무 및 매각을 할 것인지 여부는 집행관이 직권으로 판단할 사항이고 집행법원의 명령을 요하지 아니한다. 채권자나 채무자의 매각신청은 집행관의 직권발동을 촉구하는 의미가 있을 뿐이나, 이 경우 집행관은 압류물을 점검하는 등 적정한 직권행사를 하도록 하여야 할 것이다.

19 유체동산에 대한 강제집행에 있어서의 원칙적인 현금화방법은 입찰 또는 호가경매이고(민사집행법 제199조), 시가 있는 유가증권의 적의매각(제210조)을 제외하고는 집행관은 법원의 명령이 있는 경우에 한하여 매각 이외의 방법에 의하여 매각할 수 있다(제214조 제1항). 그러나 민사집행법 제198조 제3항에 의한 압류물의 매각은 특별한 사유가 있는 경우에 긴급히 행하는 것이므로 매각방법의 제한을 받지 아니하는 것으로 봄이 타당하다. 따라서 집행관은 재량에 의하여 적절한 매각방법을 정하면 된다. 매각이나 입찰의 방법을 이용할 수도 있다. 다만, 어느 경우에나 압류물이 적정한 가격으로 현금화되도록 노력하여야 한다.

20 민사집행법 제198조 제3항과 민사집행법 제202조 단서와의 관계가 문제되는데, 민사집행법 제198조 제3항은 강제집행이 정지된 경우만을 한정하여 규정하고

있으므로 집행절차가 정지되지 아니한 경우에는 긴급매각의 사유가 있다 하더라도 위 조항을 적용할 수 없고, 민사집행법 제202조 단서의 규정에 의한 조기매각을 할 수 있을 뿐이라고 해석하여야 할 것이다.

21 민사집행법 제198조 제3항에 의한 압류물의 매각대금은 공탁하여야 한다(민사집행법 제198조 제4항). 공탁된 매각대금은 압류물에 갈음하는 것으로서 민사집행법 제222조의 공탁과는 성질을 달리한다. 따라서 집행관은 집행정지사유가 소멸되면 공탁금을 출급받아 채권자에게 교부하거나 배당하여야 하고, 강제집행이 취소되거나 취하된 때에는 이를 채무자에게 교부하여야 한다.

6. 그 밖의 보존조치

22 어음, 수표 그 밖의 유가증권으로서 배서가 금지되지 아니한 것을 압류한 경우(민사집행법 제189조 제2항 제3호)에는 집행관이 채무자에 갈음하여 지급제시기간 내에 지급제시를 하고 미완성의 어음 등에 대하여는 채무자에게 보충을 최고하며, 제3채무자 등의 지급이 있으면 이를 수령하거나 지급거절증서를 작성하는(제212조) 등 그 유가증권의 실권방지를 위한 조치를 하여야 한다.

23 주권을 압류한 경우에 발행회사의 주식합병의 절차가 개시되어 주권제출의 공고(상법 제440조)가 있는 때에는 집행관은 발행회사에 주권압류의 취지를 알리고 주권을 발행회사에 제출함과 동시에 발행회사를 압류물의 보관자로 선임한 다음 신주권을 교부받거나 상법 제442조 제1항에 규정된 절차를 밟는 등의 조치를 하여야 할 것이다.

24 토지로부터 분리되기 전의 과실을 압류(민사집행법 제189조 제2항 제2호)한 경우에는 그 성숙 후에 한하여 매각할 수 있고(제213조 제1항), 매각을 위해서는 집행관이 수확하게 할 수 있으며(제213조 제2항), 이러한 수확 역시 압류물의 보존방법의 하나이다. 매각을 전제로 하지 아니하더라도 미분리과실의 보존을 위한 조치로서 그 성숙 후에 이를 수확하게 하고 적당한 자로 하여금 수확물을 보관하게 할 수 있다.

Ⅳ. 보존을 위한 처분의 비용

25 압류물의 보존을 위한 처분에 비용이 필요한 때에는 집행관은 그 비용을 채권자로 하여금 미리 내게 하여야 하고, 채권자가 여럿인 때에는 그 요구하는 액수에 비례하여 미리 내게 하여야 한다(민사집행법 제198조 제2항). 여기의 채권자는 집행채권자 및 이중압류채권자를 지칭하고 단순한 배당요구채권자는 이에 해당

하지 않는다. 요구하는 액수라는 것은 집행채권액을 의미한다.

26 집행관이 행하는 민사집행사건의 집행비용 예납에 관하여는 집행관수수료규칙이 적용되므로, 채권자가 비용을 미리 내지 않는 경우 집행관은 그 위임에 응하지 않을 수 있고(집행관수수료규칙 제25조 제1항), 집행관 집행미제사건 등 처리지침(행정예규 제496호)이 정한 절차에 따라 강제집행위임을 취하한 것으로 간주할 수 있다. 다만 강제집행신청인이 소송구조결정을 받은 경우에는 예외이다(집행규수수료규칙 제25조 제1항 단서). 사무를 개시한 후 예납금이 부족한 때에는 추가예납시킬 수 있고 채권자가 추납하지 아니한 경우에는 사무를 행하지 아니할 수 있다(제25조 제2항).

27 채권자는 비용예납의 의무를 지는데 그치므로 집행관의 압류물보존처분에 의하여 보관인인 제3자에게 비용이 생겨도 채권자는 직접 그 제3자에게 비용을 지급할 책임은 없다. 채권자 또는 채무자의 부당이득반환의무도 성립하지 않는다. 이 경우 제3자는 집행관과의 보관계약에 기하여 국가에 대해 비용상환을 청구할 수 있을 뿐이다.

28 압류물의 보존을 위한 처분에 소요된 비용은 집행비용으로서 압류물의 매각대금에서 우선변제된다.

V. 보존을 위한 처분에 대한 불복방법

29 압류물의 보존에 필요한 처분을 행하는 것은 집행관의 권한인 동시에 의무이므로 집행관이 취한 보존처분에 불복이 있는 채권자나 채무자는 집행에 관한 이의신청을 할 수 있다. 그러나 보관인은 집행관의 처분에 대하여 집행에 관한 이의를 할 수 없다.

제 199 조 [압류물의 매각]

집행관은 압류를 실시한 뒤 입찰 또는 호가경매의 방법으로 압류물을 매각하여야 한다.

[관련조문] 민사집행법 제5조, 제10조, 제108조, 제188조, 제201조~제203조, 제205조~제207조, 제209조, 제210조, 제214조, 제296조 제5항, 제216조, 제197조, 민법 제249조, 제514조, 제578조, 제580조 제2항, 형법 제315조, 상법 제65조, 민사소송법 제41조 제1호, 제50조, 집행관법 제15조, 민사집행규칙 제6조, 제57조, 제59조, 제60조, 제62조, 제64조~제66조, 제72조, 제145조~제151조, 제158조, 정보처리시스템에 의한 집행관 사무처리 규칙 제3조

[참고문헌] 주석 민법 물권(1)(제5판), 사법행정학회(2019); 김일룡, 민사집행법강의(제2판), 오래(2018); 이시윤, 신민사집행법(제8개정판), 박영사(2020); 전병서, 민사집행법(제4판), 박영사(2023); 법원실무제요, 민사집행[IV], 사법연수원(2020)
Musielak/Voit, ZPO(20. Aufl.), Vahlen(2023)

Ⅰ. 개설

1 민사집행법 제199조는 압류유체동산의 원칙적인 현금화방법을 규정하고 있다. 즉, 압류유체동산은 집행관이 입찰 또는 호가경매의 방법으로 매각하여야 한다. 그 구체적인 방법은 민사집행규칙 제145조 내지 제151조에서 규율하고 있다. 구 민사소송법은 경매에 의한 환가만을 허용하고 있었는데, 민사집행법이 제정되면서 입찰에 의한 환가도 허용하고 있다.

2 이에 대한 예외로 ① 압류금전(민사집행법 제201조, 현금화를 요하지 아니한다), ② 금·은붙이(제209조 후문), 시장가격이 있는 유가증권의 적당한 방법에 의한 매각

(제210조), ③ 강제집행이 정지된 경우의 긴급매각(제198조 제3항), ④ 집행법원의 명령에 의한 특별현금화(제214조), ⑤ 가압류물의 현금화 금지(제296조 제5항 본문), ⑥ 양도금지물의 현금화금지 등을 들 수 있다.

3 민사집행법은 환가가 공정하고 고가로 이루어지도록 하기 위하여, 값비싼 물건의 평가(민사집행법 제200조), 압류일과 매각일 사이의 기간(제202조), 매각일자, 장소 및 매각할 물건의 공고(제203조 제2항), 매각장소의 질서유지(제204조), 금·은붙이의 매각최저가격의 제한(제209조) 등에 관한 규정을 두고 있다.

4 입찰 또는 호가경매는 집행관이 집행기관으로서 실시하는 것이고, 여기에 채권자의 신청이나 집행법원의 명령이 별도로 필요한 것은 아니다.

Ⅱ. 입법취지 및 입법례

1. 입법취지

5 유체동산의 원칙적인 현금화 방법을 입찰 또는 호가경매로 규정함으로써, 여러 사람의 자유경쟁에 의하여 공정성을 확보함과 동시에 압류물이 가급적 높은 가격으로 현금화될 수 있도록 한 것이다.

2. 입법례

6 독일 민사소송법은 유체동산 매각을 공개된 호가경매의 방법에 의하도록 하면서(독일 민사소송법 제814조 제1항), 공개경매를 현장경매 또는 인터넷의 경매플랫폼을 통한 경매로 하게 한다(제814조 제2항). 채권자 또는 채무자의 신청이 있는 때에는 그와 다른 방법 또는 다른 장소에서 현금화할 수 있다(제825조 제1항). 유체동산 매각의 공개성이 실질적으로 보장되고 있지 못하다는 비판이 있는 우리 실무를 고려할 때 독일에서 운용 중인 인터넷에 의한 공개경매 방식의 도입도 검토해 볼만 하다.[1] 독일 민사소송법은 2009년부터 인터넷경매를 도입하여 그 구체적 시행을 주정부에 위임하고 있는데, 각 주가 경매 플랫폼을 'www.justiz-aukton.de'로 통일하였다.[2] 인터넷경매에 관하여 독일 민사소송법 제814조에서 정하고 있는 내용은 아래와 같다.

1 이시윤, 신민사집행법(제8개정판), 박영사(2020), 427. 여기서는 민사집행법 제214조에 의하여 KAMCO에 인터넷 경매인 onbid를 이용한 경매를 하도록 위탁하는 방안도 고려할 수 있다고 제시하고 있다.

2 독일의 인터넷 경매는 주로 일상용품이나 가전제품의 경우 활용되고 있는 것으로 보인다. Musielak/Voit, ZPO(20. Aufl.), Vahlen(2023), § 814, Rn. 1a.

7 독일 민사소송법 제814조(공개 경매)
(1) 압류물은 집행관에 의하여 공개적으로 경매하고, 값비싼 물건은 경매 전에 감정인에 의하여 평가한다.
(2) 공개경매는 집행관의 선택에 따라
1. 현장경매 또는
2. 인터넷에서 경매플랫폼을 통하여 일반적으로 접근할 수 있는 경매로 한다.
(3) 주 정부는 제2항 제2호에 따라 인터넷에서의 경매를 위하여 법규명령을 제정하여 다음 각 호의 사항을 정한다.
1. 경매가 허용되는 시간
2. 경매플랫폼
3. 경매참가의 허용과 배제, 경매참가의 허용 또는 배제가 자연인의 동일성증명을 전제로 하는 경우에는 늦어도 2013. 1. 1.부터는 전자적 동일성증명(신분증명법 제18조, 전자신분증법 제12조 또는 체류법 제78조 제5항)의 사용도 이 목적을 위하여 가능하여야 한다.
4. 경매의 개시, 종료, 중단
5. 경매조건과 제806조에 따른 담보책임의 배제에 관한 참여자에 대한 고지를 포함하여 그 밖의 경매의 법적 결과
6. 공개 전 채무자 인적 사항의 익명화와 매수신고인 데이터의 익명화 가능성
7. 그 밖에 준수해야 할 특별한 절차
주 정부는 법규명령을 제정하여 그 권한을 주 법무부에 위임할 수 있다.

8 일본 민사집행법 제134조도 입찰 또는 호가경매를 원칙적인 유체동산 매각의 방법으로 정하면서 최고재판소규칙으로 정한 방법에 의하여 매각할 수도 있도록 규정하고 있다. 최고재판소규칙이 정하고 있는 경매 또는 입찰 이외의 방법에 의한 매각방법은 일본 민사집행규칙 제121조, 제122조에서 규정하고 있는데, 이는 민사집행법 제214조의 특별현금화명령에 상응한다(☞ 상세는 민사집행법 제214조 주석 참조).

Ⅲ. 유체동산 매각의 방법

9 집행관은 압류를 실시한 후 채권자 또는 법원의 특별위임이 없어도 그 고유의 권한으로 이를 매각한다. 민사집행법 제199조는 압류물의 매각방법을 입찰 또는 호가경매로 제한하고 있는데, 민사집행규칙에서 두 방법 중 호가경매의 절차에 관하여 상세한 규정을 둔 다음 이를 입찰에 준용하는 체제를 취하고 있어, 호가

경매를 압류물의 원칙적인 매각 방법으로 상정하고 있다고 할 수 있다.

1. 호가경매

가. 의의

10 호가경매는 경매기일에 말로써 매수신청의 액을 서로 올려가는 방법으로 한다. 호가경매기일을 열고 그 기일에 매각을 실시하여 최고가·차순위매수신고일을 결정하는 점에서 기일입찰과 유사하다. 집행관이 매수신청의 액 가운데 최고의 것을 3회 부른 후 그 신청을 한 사람의 이름, 매수신청의 액을 말하고 그에게 매수를 허가한다는 취지를 고지하여 압류물을 매각하게 된다(민사집행규칙 제147조, 제72조 제1항). 호가경매에 있어 매수신청을 한 사람은 더 높은 액의 매수신청이 있을 때까지 신청액에 구속된다(제72조 제2항).

나. 호가경매기일의 지정·공고 및 통지

11 호가경매를 하는 경우, 집행관은 경매기일의 일시와 장소를 정하여야 한다(민사집행규칙 제145조 제1항 전문). 매각장소는 압류한 유체동산이 있는 곳이 되고, 채권자와 채무자의 합의가 있으면 합의한 장소가 된다(민사집행법 제203조). 경매기일을 지정하는 시기에 관하여는 특별한 규정이 없다. 값비싼 물건(제200조)과 같이 감정인으로 하여금 평가하게 하여야 하는 것은 그 감정이 완료된 직후에 지체 없이 경매기일을 지정하여야 하고, 그 밖의 물건은 집행관이 압류 시에 스스로 평가하여야 하므로 압류와 동시 또는 그 직후에 경매기일을 지정하여야 할 것이다.

12 경매기일은 부득이한 사유가 없는 한 압류일부터 1주 이상 1월 안의 날로 정하여야 한다(민사집행법 제202조 본문, 민사집행규칙 제145조 제1항). 부득이하게 압류일로부터 1주 이내에 매각하여야 할 경우로는 조기매각을 들 수 있고, 압류일로부터 1월 안의 날을 경매기일로 지정하기 어려운 사유가 있는 경우로는 감정평가에 상당한 기간이 소요되는 경우 또는 압류물의 특수성으로 인하여 매수희망자를 모으는 데에 상당한 기간이 필요한 경우 등을 들 수 있다. 조기매각하여야 할 사유가 없어도 채권자, 채무자, 배당요구채권자 등 이해관계인 전원의 합의가 있을 때에는 압류일부터 1주의 법정기간 경과 전에 호가경매를 할 수 있다. 이 경우 이해관계인은 연명으로 호가경매기일 단축신청서를 제출하여야 한다(☞ 상세는 민사집행법 제202조 주석 참조).

13 압류일과 호가경매기일 사이의 기간이 1월을 넘지 않도록 한 것은 압류만을 한

채 경매되지 아니하고 장기간 방치되는 사태를 방지하여 절차의 신속을 도모하려는 취지이다.

14 기간의 준수가 호가경매의 본질적 요소는 아니므로 이에 위반하여 호가경매기일을 지정·실시하였더라도 매각의 효력에는 영향이 없다. 따라서 1주의 법정기간이 경과하기 전 또는 부득이한 사정이 없음에도 압류일부터 1개월 이후에 경매기일을 열더라도 매수인은 매각목적물의 소유권을 적법하게 취득한다. 경우에 따라 집행관의 직무상 불법행위로 인한 손해배상책임은 문제될 수 있다. 채권자나 채무자는 매각의 종결 이전에 한하여 집행에 관한 이의를 하여 집행관으로 하여금 위 기간을 준수하게 할 수 있다.

15 호가경매기일의 일자와 장소는 민사집행규칙이 정하는 방법으로 공고하고, 공고에는 매각할 물건을 표시하여야 한다(민사집행법 제203조 제2항). 집행관은 입찰기일의 3일 전까지 사건의 표시, 매각할 물건의 종류, 재질, 수량, 평가액 등과 경매참가자의 자격, 대금지급기일 등을 공고하여야 한다(민사집행규칙 제146조 제1항)(☞ 상세는 민사집행법 제203조 주석 참조).

16 집행관은 또한 입찰기일과 장소를 각 채권자, 채무자 및 압류물보관자와 압류된 부부공유 유체동산을 경매하는 경우에는 그 배우자에게 통지하여야 한다(민사집행규칙 제146조 제2항). 호가경매의 통지는 집행관이 말로 함이 원칙이고, 말로 할 수 없을 때에는 통지서를 송달하는 방법에 의하여 할 것이나(민사집행법 제11조 제1항·제2항 참조), 그 통지는 집행기록에 표시된 주소지에 등기우편으로 발송하는 방법으로 할 수 있다(민사집행규칙 제146조 제3항).

17 호가경매의 실시에 앞서 채무자가 임의이행을 하는 때에는 이를 영수하고, 그 이행이 집행채권과 비용의 변상에 충분한 때에는 채무자에게 영수증서를 작성·교부한 다음 집행력 있는 정본을 교부하여 집행절차를 종결하여야 한다(민사집행법 제42조 제1항). 채무자가 그 의무의 일부를 이행한 때에는 영수증서를 작성·교부하고 집행력 있는 정본에 그 사유를 덧붙여 적은 다음 부족부분에 한하여 호가경매를 실시하여야 한다(제42조 제2항).

다. 매각할 유체동산의 열람

18 집행관은 경매기일 또는 그 기일 전에 매각할 유체동산을 일반인에게 보여 주어야 한다(민사집행규칙 제148조 제1항). 사전에 유체동산을 보여준 경우에는 매각기일에 유체동산을 매각장소에 가져오지 아니하여도 관계가 없다. 따라서 이러

한 경우에는 유체동산을 창고에 그대로 보관시킨 상태에서 법원 구내에서 매각을 실시하는 것도 가능하다. 미리 보여주기에 적합한 유체동산으로는 산림 속에 보관되어 있는 벌채목, 공장 내에 위치하고 있는 대형기계 등을 들 수 있다. 반대로 흩어지기 쉬운 유체동산이나 다른 유체동산과 구별이 어려운 유체동산 등은 매각 후에 분쟁이 생길 우려가 있으므로 미리 보여주는 것은 적당하지 않다. 사전에 보여주는 경우에는 그 일시와 장소를 정하여 공고하여야 한다(제146조 제1항 제5호). 다만 보여주기에 앞서 보관자의 사전 승낙을 받을 필요가 있다. 만일 보관자가 승낙하지 아니하면 사전에 보여줄 수 없으므로 집행관으로서는 압류물을 회수하거나 보관장소를 변경한 후에 보여주어야 한다.

19 이 경우 유체동산이 채무자가 점유하고 있는 건물 안에 있는 때에는 집행관이 일반인에게 보여주는 자리에 참석하여야 하고, 그 밖에 보관자의 신청이 있는 경우에도 마찬가지이다(민사집행규칙 제148조 제2항). 이는 채무자와 물건을 보여주는 사람 사이에 분쟁이 생길 위험이 크기 때문에 집행관이 그 자리에 참여하도록 하는 것이다. 그 밖의 경우에는 집행관이 참여할 의무가 없으나, 분쟁발생의 가능성 등을 고려하여 집행관이 재량으로 참여 여부를 결정할 수 있다.

20 집행관은 매각할 유체동산을 호가경매기일 전에 일반인에게 보여준 때와 그 자리에 집행관이 참여한 때에는 그 취지를 기록에 적어야 한다(민사집행규칙 제148조 제3항).

라. 매각조건의 고지

21 집행관은 경매기일을 개시함에 있어 매각조건을 고지하여야 한다(민사집행규칙 제147조 제1항). 매각조건에는 법정매각조건과 특별매각조건이 있다. 법정매각조건은 법률에 정해져 있는 것으로 매각대금의 지급과 목적물의 인도를 맞바꾸어야 한다는 것(민사집행법 제205조 제2항)등이 이에 해당한다. 특별매각조건은 이해관계인의 합의나 집행법원의 명령(제214조)에 의하여 법정매각조건을 변경하거나 이에 부가한 매각조건을 말한다. 예를 들어 매각대금의 지급과 목적물의 인도를 서로 맞바꾸지 아니하고 매각대금의 지급은 즉시 하게 하면서 목적물의 인도는 나중에 하게 하는 것(인도의 유예), 반대로 목적물의 인도는 즉시 하고 매각대금의 지급은 나중에 하게 하는 것(지급의 유예) 등이 이에 해당한다. 특별매각조건은 민사집행법 제203조의 규정상 공고사항은 아니고 호가경매를 개시할 때 관계인에게 이를 고지함으로써 충분하다(☞ 매각조건의 상세는 민사집행법 제205조 주석 참조).

22 집행관은 압류물의 매각가격이 고액으로 예상되는 때에는 호가경매기일부터 1주 안의 날을 최고가매수신고인이 대금을 지급할 기일로 정할 수 있다(민사집행규칙 제149조 제2항). 이 경우 매수신고를 하려는 사람은 집행관에게 매수신고가격의 10분의 1에 해당하는 액의 보증을 제공하여야 하는데, 집행관에게 입찰표와 함께 ① 금전, ② 은행법의 규정에 따른 금융기관이 발행한 자기앞수표로서 지급제시기간이 끝나는 날까지 5일 이상의 기간이 남아 있는 것, ③ 은행 등과의 사이에 지급보증위탁계약을 체결한 것을 증명하는 문서 등을 제출하는 방법으로 보증을 제공하여야 한다(제64조 본문). 다만 집행관은 상당하다고 인정하는 때에는 보증의 제공방법을 제한할 수 있다(제64조 단서). 보증은 매각대금의 일부로 산입하되, 매수인이 대금을 지급하지 아니하여 재매각하는 경우에 뒤의 매각가격이 처음의 매각가격에 미치지 못하는 때에는 그 차액을 한도로 매각대금에 산입된다(제149조 제4항·제5항). 매수신고의 보증이 지급보증위탁계약체결문서를 제출하는 방법으로 이루어진 경우에는, 집행관은 은행 등에 대하여 매각대금에 산입되는 액의 금전을 지급하라는 취지를 최고하여야 한다(제149조 제6항).

23 이와 같이 대금지급기일이 호가경매기일이 아닌 날로 따로 정해진 경우에만 보증을 제공하도록 규정되어 있으므로, 유체동산의 매각에서는 부동산의 경매에서와는 달리 일반적으로는 보증을 제공할 필요가 없다.

마. 집행관의 매수신청의 최고

24 집행관은 매각조건을 고지한 후 매수희망자에게 매수신청을 할 것을 최고한다. 매수신청의 최고는 매각할 물건을 들어 보이거나 지적하는 등의 방법으로 특정하여 한다. 압류한 물건 전부를 일괄매각하는 경우에는 그 취지를 고지하면 족하다.

바. 매수신청

1) 개요

25 매수신청은 말로 하고, 매수하려는 가액을 신고하는 방법으로 한다. 부부공유인 유체동산을 압류한 경우에 배우자는 우선매수할 것을 신고할 수 있는데, 그 신고 역시 말로 하고, 최고가매수신고가격과 동일한 가격으로 우선매수하겠다는 취지를 표시하여야 한다(민사집행법 제206조, 제140조) (☞ 배우자의 우선매수권에 관한 상세는 민사집행법 제206조 주석 참조). 매수신청은 소송행위에 준하는 것으로서 단순하여야 하고 조건이나 기한 등을 붙일 수 없다. 매수신청인은 더 높은 액의 매수

신청이 있을 때까지 신청액에 구속되므로(민사집행규칙 제147조 제4항, 제72조 제2항), 임의로 그 신청을 철회할 수 없다. 매수신청은 그보다 더 높은 액의 매수신청이 있거나 매각허가의 고지 없이 경매절차가 종결된 때에 실효된다. 매수신청인이 한 사람이라도 무방하다. 매수신청의 가액은 특별매각조건으로 최저매각가격을 정한 경우, 금·은붙이의 경우(민사집행법 제209조) 등을 제외하고는 아무런 제한이 없다. 다만, 매수신청의 가액이 지나치게 낮은 때에는 집행관은 경우에 따라 매각을 거부할 수도 있다. 부동산경매(제113조)와는 달리, 특별매각조건으로 보증제공을 정하지 않는 이상 매수신청 시에 보증금을 집행관에게 보관시킬 필요는 없다.

2) 매수신청의 제한

26 채무자는 매수신청을 할 수 없다(민사집행규칙 제158조, 제59조 제1호). 재매각에 있어서 앞의 매각에서의 매수인은 매수신청을 할 수 없다(민사집행법 제205조 제4항). 집행관 또는 그 친족은 그 집행관 또는 다른 집행관이 경매 또는 매각하는 물건을 매수하지 못한다(집행관법 제15조 제1항). 값이 비싼 물건을 평가하는 감정인이나 그 친족도 매수신청인이 될 수 없다(민사집행법 제200조, 집행관법 제15조 제2항). 집행법원을 구성하는 법관이나 법원사무관등(민사소송법 제41조 제1호, 제50조 유추), 집행관이 매각장소의 질서유지를 위하여 매수의 신청을 금지한 자(민사집행법 제204조, 제108조)도 매수신청을 할 수 없다.

27 법원은 총포도검, 마약류 등 법령의 규정에 따라 취득이 제한되는 물건에 관하여는 매수신청을 할 수 있는 사람을 정하여진 자격을 갖춘 사람으로 제한하는 결정을 할 수 있다(민사집행규칙 제158조, 제60조).

28 자격 없는 자에 의한 매수신청이 있을 때에는 집행관은 최고가매수신고인 여부를 가리지 않고 바로 이를 각하하여야 한다(☞ 매수신청인의 자격에 관한 상세는 민사집행법 제205조 주석 참조).

3) 대리인에 의한 매수신청

29 매수신청은 반드시 본인이 하여야 할 필요는 없고 대리인을 통하여 할 수 있다(☞ 이에 관한 상세는 민사집행법 제205조 주석 참조).

4) 집행관의 매수신청 자격 확인

30 집행관은 매수신청을 받음에 있어 주민등록증, 그 밖의 신분을 증명하는 서면이나 대리권을 증명하는 서면에 의하여 본인인지의 여부, 행위능력 또는 정당한 대

리권의 유무 등을 확인하여야 한다. 호가경매는 말로 매수신청의 액을 서로 올려 가는 방법으로 하는 것이므로 집행관은 호가경매기일을 개시하기에 앞서 매각에 참가하는 사람 중에 대리인이나 법인의 대표자가 있는지를 확인하고 미리 그들로부터 대리권이나 대표권을 증명하는 문서를 제출받는 것이 바람직하다.

사. 매각장소의 질서유지

31 집행관은 매각기일이 열리는 장소의 질서유지를 위하여 필요하다고 인정하는 때에는 그 장소에 출입하는 사람의 신분을 확인할 수 있다(민사집행규칙 제147조 제4항, 제57조 제1항). 집행관은 다른 사람의 매수신청을 방해한 사람과 이를 교사한 사람, 부당하게 다른 사람과 담합하거나 그 밖에 매각의 적정한 실시를 방해한 사람과 이를 교사한 사람, 민사집행절차에서의 매각에 관하여 형법상 일정한 죄로 유죄판결을 받고 그 판결확정일로부터 2년이 지나지 아니한 사람에 대하여 매각장소에 들어오지 못하도록 하거나 매각장소에서 내보내거나 매수의 신청을 하지 못하도록 할 수 있다(민사집행법 제108조). 집행관이 위 조치를 함에 있어 강제력의 사용이 필요한 때에는 경찰 또는 국군의 원조를 요청할 수 있고(제5조 제2항), 특히 매각장소가 집행법원의 청사 내인 때에는 집행법원에 원조를 요청할 수도 있다(민사집행규칙 제147조 제3항, 제57조 제2항).

32 최고가매수신고인, 그 대리인 또는 최고가매수신고인을 내세워 매수신고를 한 사람이 민사집행법 제108조 각 호 중 어느 하나에 해당되는 때는 매각불허가결정을 하여야 한다(민사집행법 제123조 제2항, 제121조 제4호 참조).

33 집행관은 민사집행법 제108조 제1호 내지 제4호에 해당하는 자에 대하여 매각장소에의 입장 금지, 매각장소에서의 퇴장 또는 매수의 신청 등을 금지할 수 있다 (☞ 매각장소의 질서유지에 관한 상세는 민사집행법 제204조, 제108조의 주석 참조).

아. 매각허가와 불허가

34 매각허가는 최고가매수신청인의 신청을 받아들여 그 사람을 매수인으로 지정하는 것을 말한다. 집행관은 매수신청의 액 가운데 최고의 것을 3회 부른 후 그 신청을 한 사람의 이름, 매수신청의 액 및 그에게 매수를 허가한다는 취지를 고지하여야 한다(민사집행법 제205조 제1항, 민사집행규칙 제147조 제2항 본문).

35 부부공유 유체동산에 대하여 배우자의 우선매수신고가 있는 때에는 최고가매수신청에 불구하고 그 배우자에게 매각을 허가하여야 한다(민사집행법 제206조).

36 최고가매수신고가격을 3회 불렀더라도 그것만으로 최고가매수신청인이 당연히 매수인으로 되는 것은 아니고, 집행관의 매각허가가 있어야 한다. 따라서 집행관은 최고가매수신고가격을 3회 부른 후라도 그 매수신청의 액이 상당하지 아니하다고 인정하는 경우에는 매수를 허가하지 아니할 수 있다(민사집행규칙 제147조 제2항 단서). 다만 매각에는 공적처분으로서의 성질이 있음에 비추어 최고가매수신고인의 성명과 가격을 말한 뒤에 그에게 매각을 허가하지 아니하는 것은 극히 신중을 기하여야 한다.

37 집행관이 정당한 사유 없이 매각을 거부하는 때에는 이해관계인은 집행에 관한 이의를 할 수 있다. 민사집행법 제205조 제1항이 "매각을 '허가'한다."고 규정하고 있는 것은 집행기관인 집행관에 의한 별도의 처분 내지 의사표시가 있을 것을 전제로 하는 것이라고 할 수 있다. 따라서 채무자는 그러한 결정이 있기 전까지는 집행채권과 집행비용을 지급하고 매각을 종결시키거나 민사집행법 제49조의 서류를 제출하여 매각을 저지할 수 있다(☞ 매각허가와 불허가에 관한 상세는 민사집행법 제205조 주석 참조).

자. 매각의 중지

38 여러 개의 압류된 물건을 순차로 매각하는 경우에 그 매각대금으로 채권자에게 변제하고 강제집행비용을 지급하기에 충분하게 되면 즉시 매각을 중지하여야 한다(민사집행법 제207조 본문). 매각의 중지는 이미 매각한 것을 제외하고 더 이상 추가로 매각하지 아니하는 것을 의미한다. 변제받을 채권자에는 집행을 신청한 채권자 뿐 아니라 이중압류채권자, 배당요구채권자 및 가압류채권자가 포함된다. 채권액은 원금뿐 아니라 이자 및 지연손해금을 포함한다.

39 매각의 중지에 관한 위 규정은 성질상 개별매각을 전제하는 것이므로 압류물을 일괄매각하는 경우에는 위와 같은 사유로 매각을 중지할 여지가 없다(제207조 단서).

40 집행관이 민사집행법 제207조에 위반하여 매각을 속행하는 때에는 관계인은 집행에 관한 이의를 할 수 있다. 그러나 일단 매각이 종료된 이후에는 집행관의 불법행위로 인한 손해배상책임은 별론으로 하고 매각 자체의 효력에는 영향이 없고, 매수인은 적법·유효하게 소유권을 취득하게 된다(☞ 매각의 중지에 관한 상세는 민사집행법 제207조의 주석 참조).

차. 매각의 불성립

41 호가경매기일에 매수신청이 없는 때에는 그 경매기일의 절차는 종료된다. 그 경

우 다시 경매하여 매각을 성립시킬 가능성이 있으면 호가경매기일을 새로이 지정하여 경매할 것이고, 경매를 통하여 매각을 성립시킬 가능성이 없는 때에는 집행법원의 명령에 따라 특별한 현금화 방법으로 매각할 수 있으며(민사집행법 제214조), 매수신청가격이 낮아 잉여의 가망이 없다고 인정하는 때에는 압류를 취소할 것이다(제188조 제3항).

카. 대금의 지급과 목적물의 인도

1) 개요

42 유체동산경매에 있어서는 부동산경매와는 달리, 대금지급과 물건을 인도할 날을 매각기일과 다른 날로 정한 경우를 제외하고는, 매각기일에 매각허가와 대금지급, 물건의 인도가 모두 이루어진다(☞ 아래의 설명 이외에 이에 관한 상세는 민사집행법 제205조의 주석 참조).

2) 대금의 지급

43 매각을 허가받은 매수인은 그 기일이 마감되기 전에 매각대금을 지급하여야 한다(민사집행법 제205조 제2항·제3항, 민사집행규칙 제149조 제1항 본문). 다만, 대금지급기일이 따로 정해져 있는 경우에는 그 기일에 대금을 지급하여야 한다(민사집행규칙 제149조 제1항 단서). 이때에는 그 대금지급기일에 대금이 지급되었는지 여부를 기록에 적어야 한다(제149조 제7항).

3) 목적물의 인도

44 집행관은 매수인의 대금을 수령하는 것과 맞바꾸어 목적물을 매수인에게 인도하여야 한다(민사집행법 제205조 제2항). 인도는 목적물에 대한 사실상의 지배를 이전하는 것이다. 집행관은 어느 누구의 대리인도 아니기 때문에 점유개정(민법 제189조)이나 목적물 반환청구권의 양도(제190조)에 의한 인도는 허용되지 않는다.

4) 매수인의 소유권 취득

45 유체동산호가경매에 있어서 매수인의 소유권 취득 시기에 관하여는, 견해의 대립이 없지 아니하나 민사집행법 제205조 제2항의 규정상 매수인이 대금과 서로 맞바꾸어 매각물을 인도받을 때 소유권을 취득한다고 보아야 한다. 따라서 채무자 등은 매수인이 목적물을 인도받아 그 소유권을 취득하기 전까지만 집행에 관한 이의를 할 수 있다. 또 매수인이 매각물의 소유권을 취득한 뒤에는 집행채권자는 강제집행의 신청을 취하할 수 없다.

46 매각절차상의 흠, 예를 들어 압류금지물건을 압류하여 매각한 경우 등의 사유가 있더라도 매수인의 소유권 취득에는 영향이 없다. 매각의 본질적 요소가 아니기 때문이다. 그러나 매각의 기초인 압류 자체가 무효이거나 부존재인 경우에는 매수인이 소유권을 취득할 수 없다.

47 매각물이 제3자 소유인 경우에 매수인이 소유권을 취득하는가에 관하여는 매각의 성질을 어떻게 보느냐에 따라 견해가 나뉜다. 판례 중에는 공법설의 입장에서 긍정설의 입장을 따른 것도 있고(대법원 1972. 4. 25. 선고 72다52 판결), 사법설의 입장에서 매수인이 적법하게 소유권을 취득할 수 없으나 선의취득의 법리에 의하여 보호될 수 있다고 한 것도 있다(대법원 1997. 6. 27. 선고 96다51332 판결). 동산의 매각절차에 따른 매수인의 소유권 취득 자체는 원시취득이 아니라 승계취득이므로 매수인은 선의취득의 법리에 따라 보호받아야 한다고 봄이 타당하다. 경매에는 담보책임에 관한 특별규정이 있다(민법 제578조, 제580조 제2항).

타. 재매각

48 매수인이 ① 매각조건에 정한 지급기일에 대금의 지급과 물건의 인도청구를 게을리하거나 또는 ② 지급기일을 정하지 아니한 경우로서 매각기일의 마감에 앞서 대금의 지급과 물건의 인도청구를 게을리한 때에는 집행관은 재매각을 실시하여야 한다(민사집행법 제205조 제3항). 재매각은 매수인이 대금지급의무를 게을리한 경우 매각을 취소하고 다시 매각을 하는 것으로, 최고가매수인이 대금은 지급하였으나 물건의 인도청구만을 게을리한 경우에는 재매각할 것이 아니다.

49 재매각의 절차는 전의 매각과 동일하다. 다만, 전의 매수인은 절차에 참가하지 못하고, 뒤의 매각대금이 처음의 매각대금보다 적은 때에는 그 부족한 액수를 부담하여야 하는 것(민사집행법 제205조 제4항)이 다르다. 부족액 부담의무의 성질은 실체법상의 손해배상책임이다. 따라서 채권자가 재매각에서 완전한 만족을 얻은 때에는 채무자가, 채권자가 완전한 만족을 얻지 못한 때에는 채권자가, 전의 매수인에 대하여 재판상 또는 재판 외에서 청구할 수 있다.

50 이 경우 뒤의 매각가격이 처음의 매각가격에 미치지 아니하는 때는 전의 매수인이 제공한 매수신고의 보증은 그 차액을 한도로 매각대금에 산입하고(민사집행규칙 제149조 제5항 전문), 나머지가 있는 때에는 이를 전의 매수인에게 반환한다. 만일 전의 매수인이 제공한 보증의 액이 양 매각가액의 차이보다 적은 때에는 보증 전액을 매각대금으로 산입하며, 그 부족한 액수는 전의 매수인이 여전

히 부담한다(민사집행법 제205조 제4항).

51 민사집행법 제205조 제4항 후단은 재매각의 경우 전의 매수인은 뒤의 매각대금이 처음의 매각대금보다 적은 때에는 그 부족한 액수를 부담하여야 한다고 규정하고 있는데, 보증이 제공되어 있는 경우에는 민사집행규칙 제149조 제5항 후문에 의하여 그 부담이 이루어진다. 부동산의 매각에 관하여는 대금을 납부하지 아니하면 전의 매수인은 보증금의 전액이 몰취되지만(민사집행법 제138조 제4항 후단), 동산의 경우는 매각대금에 포함되는 부분의 반환만을 청구할 수 없게 된다(☞ 재매각에 관한 상세는 민사집행법 제205조의 주석 참조).

파. 호가경매기일의 변경·연기·속행

52 호가경매기일은 함부로 이를 변경 또는 연기할 수 없음이 원칙이다. 그러나 부득이한 사유가 있는 경우(예를 들어 집행관의 질병 등으로 호가경매기일을 주재, 진행할 수 없는 경우 등)에는 집행관이 직권으로 이를 변경하거나 연기할 수 있다(☞ 상세는 민사집행법 제202조 주석 참조).

하. 호가경매조서의 작성

53 집행관은 호가경매조서를 작성하여야 한다(민사집행법 제10조, 민사집행규칙 제6조). 호가경매조서는 집행관의 집행행위의 내용을 명백히 하고 그 절차가 적법·공정하게 이루어졌음을 담보하는 것에 불과하므로 그 기재의 오류나 흠은 매각의 효력에는 영향이 없다. 실시한 집행의 내용으로 매수인의 표시, 매수신고가격 및 대금의 지급 여부, 배우자의 우선매수신고가 있는 경우에는 그 취지와 배우자의 표시, 적법한 매수신고가 없는 경우에는 그 취지, 대금지급기일을 정하여 호가경매를 실시한 때에는 대금지급기일과 매수인의 매수신고보증의 제공방법을 적어야 한다(민사집행규칙 제150조 제1항). 매수인 또는 그 대표자나 대리인은 호가경매조서에 서명날인하여야 하고, 서명날인할 수 없는 때에는 집행관이 그 사유를 적어야 한다(제150조 제2항). 호가경매절차에서 매수인은 민사집행법 제10조 제2항 제3호의 집행참여자에 해당되지는 아니하지만 이와 같이 하는 것이 호가경매절차를 명확하게 하는 데에 도움이 되기 때문이다. 매수인 등의 서명날인은 서명무인으로 갈음할 수 있다(제6조 제2항). 위 민사집행규칙 제150조 제2항은 민사집행법 제10조 제3항, 제116조 제2항 후문, 민사집행규칙 제123조 제8항 등과 동일한 취지의 규정이다. 매각을 허가하지 아니한 때에는 그 취지를 적어야 하며 금·은붙이에 관하여 시장가격 이하로 매수신청이 있어 매각을 허가하지 아니한

때는 신청이 있었던 매수신고가격 중 최고가격을 적어야 한다. 그 밖에 민사집행규칙 제150조 등에 명시되어 있지는 아니하나 특별매각조건이 있을 때에는 그에 관한 사항도 조서에 적어야 한다. 호가경매조서의 양식은 다음과 같다.

[양식] 유체동산호가경매조서

<table>
<tr><td>

○ ○ 지방법원
유체동산호가경매조서

</td></tr>
<tr><td>

사　　건 : 20　본　　(　부)
채 권 자 :
채 무 자 :
집행권원 :
청구금액 : 원금　　　원, 이자　　　원
경매기일 : 20　.　.　.　:
경매장소 :

1. 위 청구금액 및 집행비용의 변제에 충당하기 위하여 다음 사항을 고지하고 별지 목록 기재의 압류물건을 다음과 같이 경매하였다.

- 고 지 사 항 -

가. 매각허가는 최고가매수신고액을 3 회 부른 후에 한다.
나. 매각물은 대금과 서로 맞바꾸어 인도한다.
다. 매수인은 매각기일의 마감 전에 대금을 지급하고 매각물의 인도를 구하여야 한다. 이 조건을 이행하지 아니할 때에는 다시 그 물건을 매각한다.
라. 전항의 조건을 이행하지 아니하는 매수인은 재매각절차에 참가할 수 없으며, 뒤의 매각대금이 처음의 매각대금보다 적은 때에는 그 부족한 액수를 부담한다.
마. 채무자의 배우자는 그 공유 유체동산에 대하여 우선매수신고를 할 수 있다.
바. 이건 압류물건은 일괄하여 매각한다.
2. 호가경매를 실시한 결과 최고가매수신고액은　　　원이었다.
3. 최고가매수신고액을 3 회 불렀으나 더 높은 가격을 신고하는 사람이 없으므로, 그 최고가매수신고인을(더 높은 가격을 신고하는 사람이 없고 채무자의 배우자로부터 우선매수신고가 있으므로 이를 허가하여 배우자를) 매수인으로 정하고, 그 이름과 매수신고액을 고지하였다.

</td></tr>
</table>

4. 매수인이 매각대금을 지급하였으므로 매각물을 인도하고, 매각대금을 다음과 같이 처리하였다.

가. 매각대금 금 원
금 원 배우자 에게 교부

나. 집행비용 금 원 내역 경매수수료 금 원
감정수수료 금 원
노 무 비 금 원
여 비 금 원

다. 배당할 금액 금 원
금 원 채권자 에게 교부
금 원 배당요구자 에게 교부

라. 잔여금 원 채무자에게 교부

5. 위와 같이 이 건 채무액이 전부 변제되었으므로 그 영수증과 집행권원을 채무자에게 교부하였다.

6. 이 절차는 같은 날 : 에 종료하였다.

이 조서를 현장에서 작성하여 이해관계인에게 읽어(보여)주었으며, 이해관계인은 이에 승인하고 아래에 서명날인하였다.

2○○○. ○. ○.

집행관 (인)
매수인 성명 (인) 주민등록번호
주소
채권자 (인)
채무자 (인)
참여자 성명 (인) 주민등록번호
주소

주 1 : 여러 개의 물건이 개별적으로 경매에 부쳐진 경우에는 해당 물건의 압류목록번호를 특정하여 기재한다.

주 2 : 매각대금으로 각 채권자의 채권액과 집행비용의 전부를 변제할 수 없는 경우에는 위 "3"항 다음에 "매각금액은 금 원이나 각 채권자의 채권과 집행비용의 전부를 변제할 수 없으므로 20 . . . : 를 배당협의기일로 정하였다."라고 기재하고, "4"항과 "5"항을 삭제한다.

* 집행관사무소에 비치할 각종 문서의 양식에 관한 예규(행정예규 제1200 호) [별지 2] 2-32

[양식] 유체동산경매목록

경 매 목 록

번호	경매물품	규격	수량	평가액	매각가격	매수인	비고
1							
2							
3							
4							
일괄매각							

주 : 일괄매각을 한 경우에는 그 매각가격과 매수인은 하단의 "일괄매각"란에만 기재한다.

* 집행관사무소에 비치할 각종 문서의 양식에 관한 예규(행정예규 제1200호) [별지 2] 2-33

54 집행관은 민사집행규칙 제150조에 의한 호가경매조서를 개인휴대정보단말기(PDA) 등을 이용하여 정보처리시스템에 의하여 작성할 수 있고(행정예규 제1201호), 이와 같이 호가경매조서를 작성하는 경우 조서내용이 기록된 전자적 정보를 호가경매조서로 본다(정보처리시스템에 의한 집행관 사무처리규칙 제3조 제1항). 또한 이 경우 정보처리시스템에 서명을 입력한 때에는 그 입력정보를 민사집행규칙 제150조 제2항에 규정된 서명날인 또는 서명으로 본다(제3조 제2항).

2. 입찰

가. 의의

55 동산의 매각방법은 호가경매의 방법을 원칙으로 하고 특별한 경우 입찰의 방법을 채택하고 있다(민사집행법 제199조, 민사집행규칙 제145조 내지 제151조). 입찰은 입찰을 시킨 후 개찰하여 최고의 가액으로 매수신고를 한 입찰자에게 매각을 허가하는 방법이다(민사집행규칙 제151조 제1항·제2항). 입찰에는 미리 정해진 일시, 장소에서 한꺼번에 입찰하게 한 후 개찰하는 기일입찰방식과 입찰을 위한 일정한 기간을 정하여 그 기간 동안에 입찰하게 한 다음 정해진 일시에 개찰하는 기간입찰방식이 있으나, 유체동산의 매각에는 기일입찰 방식만이 허용된다(제151조 제3항, 제62조). 압류물의 평가액이 고액이거나 호가경매의 방법으로는 일반인의 참가가 곤란한 사정 등이 있는 경우 집행관은 입찰을 선택할 수 있다. 상장되지 아니한 회사의 주식이나 회사채 등이 그 예로 제시된다.[3]

3 이시윤, 신민사집행법(제8개정판), 박영사(2020), 427.

나. 절차의 개요

56 ① 압류일부터 1주 이상 1월 안의 날을 입찰기일로 정하여야 하고(민사집행법 제202조 본문, 민사집행규칙 제151조 제3항, 제145조 제1항), ② 그 입찰기일과 장소를 그 기일 3일 전까지 매각할 물건에 관한 사항 등과 함께 공고하며(민사집행규칙 제146조 제1항), ③ 각 채권자, 채무자 및 압류물 보관자, 압류된 부부공유 유체동산을 경매하는 경우에는 그 배우자에게 통지하여야 하고(제146조 제2항·제3항), ④ 집행관은 입찰기일 전에 매각할 유체동산을 일반인에게 보여 주어야 하며(제151조 제3항, 제148조 제1항 내지 제3항), ⑤ 집행관은 입찰기일에 입찰을 개시함에 앞서 매각조건을 고지하여야 하고(제151조 제3항, 제147조 제1항), ⑥ 대금지급기일을 따로 정할 수 있고 이때에는 입찰자가 보증을 제공하여야 하며(제151조 제3항, 제149조), ⑦ 채무자는 매수신청을 할 수 없고 법령의 규정에 따라 취득이 제한되는 물건에 대하여는 집행관이 매수신청인의 자격을 제한할 수 있고(제158조, 제59조 제1호, 제60조), ⑧ 집행관이 입찰장소의 질서유지를 위한 조치를 취할 수 있으며(제151조 제3항, 제57조 제1항, 제147조 제3항), ⑨ 집행관은 입찰기일조서를 작성하여야 하는 것(제151조 제3항, 제150조, 제6조) 등은 호가경매에서와 같다.

다. 입찰

57 입찰은 매각기일에 입찰표를 집행관에게 제출하는 방법으로 한다(민사집행규칙 제151조 제3항, 제62조 제1항). 입찰표에는 사건번호와 부동산의 표시, 입찰자의 이름과 주소, 대리인을 통하여 입찰하는 때에는 대리인의 이름과 주소, 입찰가격을 적어야 하는데, 입찰가격은 일정한 금액으로 표시하여야 하고 다른 입찰가격에 대한 비례로 표시하지 못한다(제62조 제2항). '1할 증', '100만 원 고'와 같이 다른 사람이 신고한 매수가격에 대하여 비례로 표시하여 가격을 호창할 수 있는 호가경매와 다르다. 입찰자의 대리인은 그 대리권을 증명하는 문서를, 법인의 대표자는 대표자격을 증명하는 문서를 집행관에게 제출하여야 하고(제62조 제3항·제4항), 공동으로 입찰하는 때에는 입찰표에 각자의 지분을 분명하게 표시하여야 한다(제62조 제5항). 입찰은 취소, 변경 또는 교환하지 못한다(제62조 제6항).

58 입찰기일에서 집행관은 입찰을 최고하여야 하는데, 그 최고는 입찰마감시각과 개찰시각을 고지하여야 하고, 그 최고 후 1시간이 지나지 아니하면 입찰을 마감하지 못한다(민사집행규칙 제151조 제3항, 제65조 제1항).

라. 개찰과 매각허가 또는 매각불허가

59 개찰은 입찰을 마감한 후 집행관이 입찰한 사람, 그 사람이 없을 때에는 적당하다고 인정하는 사람을 참여시키고 입찰표를 개봉하여 입찰목적물, 입찰자의 이름 및 입찰가격을 부르는 방법으로 한다(민사집행규칙 제151조 제3항, 제65조 제2항·제3항). 모든 입찰표에 대한 개찰이 끝나면 집행관은 최고의 가액으로 매수신고를 한 입찰자의 이름, 입찰가격을 말하고 그에게 매수를 허가한다는 취지를 고지하여야 한다(제151조 제2항). 그러나 집행관은 최고가 매수신고액이 상당하지 아니하다고 인정하는 경우에는 매수를 허가하지 아니할 수 있다(제151조 제3항, 제147조 제2항 단서).

60 최고가로 매수신고를 한 사람이 둘 이상인 때에는 집행관은 그 사람들에게 다시 입찰하게 하여 최고가매수신고인을 정하는데, 이 경우 입찰자는 전의 입찰가격에 미치지 못하는 가격으로 입찰할 수 없다(민사집행규칙 제151조 제3항, 제66조 제1항). 전의 입찰가격에 미치지 못하는 가격으로 입찰한 경우에는 입찰에 응하지 아니한 것으로 간주된다(제66조 제2항). 둘 이상의 최고가매수신고인 사이에서 다시 입찰하는 경우에 입찰자 모두가 입찰에 응하지 아니하거나 다시 두 사람 이상이 최고의 가격으로 입찰한 때에는 추첨으로 최고가매수신고인을 정한다(제66조 제2항). 추첨에 입찰자가 출석하지 아니하거나 추첨하지 아니하는 때에는 집행관은 법원사무관 등 적당하다고 인정하는 사람으로 하여금 대신 추첨하게 할 수 있다(제66조 제3항).

마. 매각대금의 지급

61 매수를 허가받은 최고가매수신고인은 대금지급기일이 따로 정해진 경우에는 그 기일에, 그 밖의 경우에는 입찰기일이 마감되기 전에 매수대금을 지급하여야 한다(민사집행규칙 제151조 제3항, 제149조 제1항·제2항). 집행관은 그 대금지급 여부를 기록에 적어야 하고(제149조 제7항), 대금을 수령하는 것과 맞바꾸어 목적물을 매수인에게 인도하여야 한다(민사집행법 제205조 제2항).

Ⅳ. 매각의 법적 성질

62 매각의 법적성질에 관하여는 견해의 대립이 있다.

1. 공법설

63 매각을 국가기관에 의한 공법상 처분으로 보는 입장이다. 여기에는 매각은 국가기관이 채무자나 목적물의 소유자로부터 소유권을 징수하여 이를 매수인에게 이전하는 처분이고, 따라서 그 성질은 공용징수에 유사한 것이지만 매수인이 매각대금을 지급하여야 소유권을 이전받는다는 점에서 매매에 유사할 뿐이라는 견해, 매수신청과 매수의 허가를 매매에 유사한 공법상의 계약으로 보는 견해, 매각은 소유권이전을 목적으로 하는 공법상의 형성처분이라는 견해 등이 있다. 공법설은 일본의 소수설이자 독일의 통설이다. 강제집행이 국가 통치작용의 성질을 띠는 점, 매수인은 목적물의 인도를, 집행관은 대금지급을 재판상 소구할 수 없고, 집행관이 목적물의 인도를 하지 않아도 집행에 관한 이의신청을 할 수밖에 없는 점 등을 주요근거로 한다.

2. 사법설

64 매각의 본질을 사법상 매매계약이라 보는 견해이다.[4] 여기에는 ① 집행관은 채무자의 대리인이 아니라 국가기관이지만 법률에 의하여 자기의 권한으로 매매를 하는 것으로서 스스로 매각의 당사자로 된다는 집행관매도인설, ② 국가가 매도의 의사표시를 하지만 목적물은 채무자의 소유물이기 때문에 그 효과는 채무자에 귀속되고 이로써 채무자는 매도인의 지위를 취득하게 된다는 채무자매도인설,[5] ③ 채권자가 압류에 의한 목적물에 대한 현금화 권한에 기하여 매매당사자가 된다는 채권자매도인설로 나뉜다.

3. 절충설

65 매각은 압류에 의하여 국가가 취득한 목적물에 대한 처분권에 기하여 이루어지는 것으로서 채무자의 의사와는 관계없이 강제적으로 소유권이전의 결과가 발생된다는 점에서는 공법상의 처분이나, 실체법적인 측면에서는 채무자를 매도인으로 하는 사법상의 매매와 동일한 효과가 발생된다고 하는 견해이다.

4. 판례

66 판례는 동산에 대한 강제집행은 특단의 사정이 없는 한 평온, 공연하게 집행된 것으로 추정된다고 하여 선의취득을 전제로 한 판시를 하거나,[6] 매각의 경우에

4 김일룡, 민사집행법강의(제2판), 오래(2018), 358.; 전병서, 민사집행법(제4판), 박영사(2023), 384.
5 일본의 판례가 이에 가깝다. 日大判 1919. 5. 3. (民錄 25, 729).
6 대법원 1967. 6. 13. 선고 67다601 판결.

도 채무자에게 부가가치세를 부과할 수 있다고 하여,[7] 채무자매도인설에 입각한 것이 있다. 또한, 제3자 소유물이 매각되었더라도 그 절차가 종결되기 전에 제3자가 집행에 관한 이의 또는 제3자이의의 소를 통하여 매각절차를 정지시키지 아니하여 매수인이 집행관으로부터 목적물을 인도받은 때에는 그 제3자의 소유권과 점유권은 상실된다거나,[8] 미성년자는 매각목적물을 매수할 수 없고 가령 매수되었다 하더라도 그 매수행위는 무효라고 하여[9] 공법설의 입장에 서있는 듯한 것도 있다. 이를 전체적으로 보면 판례는 절충설의 입장이라 볼 수 있다.

67 다만, 판례는 채무자의 소유가 아닌 동산에 대한 강제집행에서 매수인이 선의취득의 법리에 따라 이를 취득한다는 취지의 판시를 앞서 본 대법원 1997. 6. 27. 선고 96다51332 판결에서 한 이래 계속하여 같은 취지의 판시를 하고 있을 뿐,[10] 해당 쟁점에 관해서는 종전의 공법설을 취한 듯한 판시는 반복하지 않고 있다.

5. 검토

68 공법설이나 사법설 모두 ① 압류하지 않은 물건이나 압류가 무효인 경우에 매각하면 매수인이 선의이든 악의이든 관계없이 집행행위로서의 매각 역시 무효로 되고, ② 매각절차 자체에 관한 규정의 위배, 예컨대 매각의 공고, 매각일시와 장소, 매각조건의 위법이나 압류금지물의 압류 등의 사유가 있을 때에는 매각절차 내에서 집행에 관한 이의에 의하여 시정을 구할 수 있음에 그치고, 대금지급에 의하여 매각이 완결되면 매각의 효력에 영향이 없다는 점에는 차이가 없다.

69 차이가 있는 부분은 ① 매각절차에 있어 착오, 의사표시의 하자나 행위능력의 흠결이 있는 때와 ② 목적물이 채무자의 소유에 속하지 않고 제3자에 속하는 경우 매각의 효력이다. 공법설은 매각은 공용징수에 유사한 국가의 처분이기 때문에 민법의 법리가 적용될 여지가 없으므로, 매각절차가 완결된 뒤 착오나 의사표시의 하자를 들어 매각을 취소할 수 없고, 또 제3자는 매수인이 선의이든 악의이든 매각 목적물이 자기의 소유에 속함을 주장할 수 없다고 한다. 이에 대하여 사법설은 매각을 일종의 민법상 매매로 보기 때문에 매수신청에 착오, 의사표시의 하자 또는 행위능력의 흠결이 있는 때에는 매수인이 이를 들어 매수

7 대법원 1991. 7. 12. 선고 90누6873 판결.
8 대법원 1972. 4. 25. 선고 72다52 판결.
9 대법원 1967. 7. 12.자 67마507 결정.
10 대법원 1998. 3. 27. 선고 97다32680 판결, 대법원 1998. 6. 12. 선고 98다6800 판결.

신청을 취소할 수 있다고 하고, 또 목적물이 제3자의 소유물인 때에는 매각이 집행절차로서는 아무런 결함이 없는 경우라도 민법상 매매로는 무효이며, 다만, 이 경우에 매수인은 민법 제249조, 제514조, 상법 제65조에 따라 선의취득의 보호를 받을 수 있을 뿐이라 한다.

70 국내에서 공법설을 취하는 학자는 없는 것으로 보이고, 앞서 본 바와 같이 판례도 절충설의 입장으로 이해할 수 있다. 집행관의 압류가 공법상 처분의 성격을 가지고 있고 국가기관이 절차 진행을 주관하는 등 동산집행절차의 성격에 비추어 볼 때 매각은 공법상 처분으로서의 성격도 가진다고 할 것이지만, 민법 제578조에서 강제매각에도 매도인의 담보책임을 인정하고 있는 등 사법상 매매로서의 성격도 가지는 것이라고 보아야 할 것이다. 판례와 같이 이해함이 타당하다. 공법설과 사법설에 따른 결론의 차이가 있는 매수신청의 취소 가부 문제의 경우는 매각의 공법적 성격을 고려할 때 매수신청에 소송행위적 성질이 있다고 보아야 하므로 그 취소가 불가능하다고 봄이 타당하다. 채무자 소유가 아닌 동산을 매각한 경우의 효력에 관해서는 동산집행절차상 매각에 따른 매수인의 소유권 취득은 어디까지나 승계취득이므로,[11] 매수인은 선의취득의 법리에 따른 보호를 받을 수 있을 뿐이라고 해석하여야 할 것이다.

V. 매각의 공개

1. 공개의 원칙

71 매각은 공개의 원칙을 준수하여야 한다. 매각을 공개로 행하는 것은 누구에게나 매각신청의 기회를 주어 가능한 한 가장 높은 가격으로 현금화하려는 취지이다. 민사집행법은 이를 위하여 매각일자와 매각장소 및 매각할 물건을 공고하도록 하고 있다(민사집행법 제203조 제2항).

2. 담합의 효력

72 담합은 형사상 처벌대상이 되는 불법행위이다. 유체동산 매각절차에 있어서 담합이 있었을 경우 공개의 원칙과 관련하여 그 매각의 집행법상의 효력이 유효한지 여부에 관하여는 견해의 대립이 있다.

11 주석 민법 물권(1)(제5판), 사법행정학회(2019), 281(손철우); 대법원 2013. 11. 28. 선고 2013도459 판결.

가. 무효설

73 매각에 있어서의 공개의 원칙은 채권자는 물론 채무자 보호를 위한 매각의 본질적 규정으로서 매각의 유효요건이므로 이를 어긴 때에는 매각이 무효로 되고, 매수인은 소유권을 취득할 수 없다고 한다. 독일의 통설이다.

나. 유효설

74 담합계약은 공서양속에 반하여 무효이므로 담합을 어기고 매각신청을 하는 경우에 채무불이행의 문제가 생기지 않고 상대방이 담합금을 치르지 않을 때에 그 지급을 소송상 청구할 수 없지만 매각 자체가 무효로 되는 것은 아니라고 한다. 일본 판례의 태도이다.[12]

다. 검토

75 공개의 원칙을 준수하기 위한 절차인 매각에 관한 공고나 통지를 하지 않은 경우에도 그에 따른 매각이 유효하다고 보는 점 등을 고려할 때 담합에 의한 매수신청이 있더라도 그에 기한 매각이 당연히 무효로 된다고 보기는 어렵다. 또한 매수신청에 착오, 기망, 강박 등에 의해 의사표시의 흠이 있더라도 매수신청에는 소송행위적 성질이 있으므로, 이를 이유로 매수신청이나 매각을 취소하는 것도 허용되지 않는다는 것이 다수설이고[13] 타당하다. 담합에 의한 매수신청이 있는 경우 채권자나 채무자 등은 이에 대하여 집행에 관한 이의를 할 수 있게 된다.

3. 공개의 원칙의 제한

76 매각에 있어 공개의 원칙은 누구나 매각신청인이 될 수 있고 따라서 매수인이 될 수 있음을 뜻하지만, 일정한 경우 제한이 있다. 예컨대, 압류한 독약은 의사, 약사 및 약품영업자에 한하여 매수할 수 있고 총포, 화약류 등은 제조업자, 판매업자, 경찰서장의 허가를 받은 자에 한하여(총포·도검·화약류 등의 안전관리에 관한 법 제10조, 제12조) 매수인이 될 수 있다.

77 따라서 집행관은 매각을 실시함에 있어서 그 목적물이 거래나 취득이 제한되는 물건인지를 조사하여야 한다. 또한 매각은 공법상 처분으로서의 성질도 가지고 있는 것이므로 이 점에서 소송행위의 성질을 가지고, 따라서 매각에의 참가, 즉 매수신청과 그에 의하여 매각허가를 받음에는 소송행위능력이 요구된다.[14]

12 日大判 1941 2. 25. 등.
13 법원실무제요, 민사집행[IV], 사법연수원(2020), 91.
14 대법원 1969. 11. 19.자 69마989 결정.

제 200 조 [값비싼 물건의 평가]

매각할 물건 가운데 값이 비싼 물건이 있는 때에는 집행관은 적당한 감정인에게 이를 평가하게 하여야 한다.

[관련조문] 민사집행법 제10조, 제97조, 제188조, 제209조, 민사집행규칙 제134조 제2항, 제144조, 집행관수수료규칙 제20조, 제21조, 제25조

Ⅰ. 개설

1 민사집행법 제200조는 매각할 물건 중에 값이 비싼 물건이 있을 때에는 이를 매각하기에 앞서 집행관으로 하여금 의무적으로 적당한 감정인에게 그 거래가격을 평가하게 하고 있다.

2 부동산에 있어서는 법원이 감정인의 평가액을 참작하여 최저매각가격을 정하도록 규정되어 있으나(민사집행법 제97조), 동산에서는 값이 비싼 물건 중 금·은붙이는 그 금·은의 시가 이하로 매각하지 못하고(제209조), 초과압류와 무잉여압류가 금지(제188조 제2항·제3항)되는 외에 달리 최저매각가격과 같은 특별한 제한은 없다. 따라서 민사집행법 제200조의 규정에 의한 평가액은 동산의 매각에 있어 매각조건이 되는 것은 아니고, 압류물건의 가액 등에 정통하지 못한 집행관이 매각에 있어 참고자료로 활용되는 데에 그친다. 민사집행법 제200조가 매수인에 대하여 매각하는 물건이 그 평가액 상당의 가치를 가진다는 것을 보증하는 것은 아니다.

Ⅱ. 입법취지 및 입법례

1. 입법취지

3 값비싼 물건에 관하여 적정한 가격에 의한 매각이 이루어지게 함을 목적으로 한다. 초과압류, 무잉여압류의 해당 여부를 가리기 위하여 집행관이 압류 시에

압류물의 가액을 스스로 평가하여야 할 것이나, 값이 비싼 물건의 경우 다른 물건에 비하여 상대적으로 이해관계인에게 미치는 영향이 크므로 그 평가의 객관성을 유지할 필요가 있고, 통상 감정비용을 지출할 여력도 있으며 집행관이 직접 평가하기 곤란한 측면을 고려하여 민사집행법 제200조는 특히 값이 비싼 물건에 관하여 감정인의 평가를 의무화하고 있는 것이다.

2. 입법례

4 독일 민사소송법 제814조 제1항은 '압류물은 집행관에 의하여 공개적으로 경매하고, 값비싼 물건은 경매 전에 감정인에 의하여 평가한다'고 규정하여 같은 내용을 정하고 있다.

5 일본 민사집행규칙 제111조 제1항도 '집행관은 고가의 동산을 압류한 때에는 평가인을 선임하고, 그 동산의 평가를 하게 하여야 한다'고 규정하여 같은 취지이다.

Ⅲ. 값이 비싼 물건

6 값이 비싼 물건이라 함은 일반적으로 크기와 무게에 비하여 가치가 매우 높은 물건 또는 통상인이 그 시가를 알기 어려운 물건을 말한다. 이러한 기준은 사회통념에 의하여 거래의 실정에 비추어 판단할 수밖에 없다. 보석, 귀금속류, 기계류, 서화, 골동품, 수집우표, 영화필름, 비상장주식 등이 이에 속한다.

7 금·은의 합금물 중 민사집행법 제209조의 금·은붙이에 해당하지 않는 것은 일반적으로 민사집행법 제200조의 값이 비싼 물건에 해당한다. 그러나 실제 그 감정에 있어서는 민사집행법 제200조에 의하여 합금물로서의 가격뿐 아니라 민사집행법 제209조와의 관계상 금·은붙이 자체의 시장가격도 아울러 평가하게 하여야 할 것이다.

Ⅳ. 감정

1. 적당한 감정인

8 민사집행법 제200조의 감정인은 목적물의 객관적 거래가격을 평가하기에 족한 정도의 지식과 경험을 갖고 있는 사람이면 되고, 특히 고도의 전문적 지식이나 경험을 가진 자에 한하지 아니한다. 민사집행법 제200조가 '적당한'이라 표현하고 있는 것은 이를 가리킨다. 이 점에서 소송절차 내에서의 감정인과 구별된다.

2. 감정인 선임절차

9 감정인은 집행관이 선임한다. 값이 비싼 물건에 대한 평가액은 초과압류 등의 판단기준이 될 뿐만 아니라 매각에 있어서도 참고로 되는 것이므로 늦어도 매각기일까지는 선임되어야 한다. 채권자나 채무자가 집행관의 감정인선임에 이의가 있을 때에는 집행에 관한 이의를 할 수 있으나, 기피신청은 할 수 없다. 집행관은 필요하다면 다시 재감정을 시킬 수 있다.

10 감정가격이 부적당하다고 인정될 때에는 물론, 경제사정이 변동되어 시세가 본질적으로 변동되었을 경우나 감정 시점과 현금화 시점까지 상당한 시간적 간격이 생겼을 때, 표현상의 명백한 오류가 있을 때에 재감정을 필요로 한다.

3. 감정의 절차

11 감정의 방법에는 집행관이 현장에 임하지 않고 감정인에게 감정사항을 기재한 서면(평가감정촉탁서)으로 감정을 지시하는 감정위탁과 감정인을 대동하고 현장에 임하여 감정사항을 직접 지시하는 통상의 감정이 있다. 통상의 감정인 때에는 집행관이 감정조서를 작성하여야 한다(민사집행법 제10조). 평가감정촉탁서와 감정조서의 양식은 아래와 같다.

[양식] 유체동산평가감정촉탁서

평 가 감 정 촉 탁 서

감정인 귀하

20 본 (부)

채 권 자

채 무 자

위 당사자 사이의 유체동산 강제집행사건에 관하여 압류한 아래 물건의 평가감정을 촉탁하오니 평가서를 20 . . .까지 본 집행관에게 제출하시기 바랍니다.

2○○○. ○. ○.

○○지방법원 집행관

아 래

1. 물건의 소재지

2. 물건의 표시

[양식] 감정조서

감 정 조 서

20 본 (부)

채 권 자

채 무 자

위 당사자 사이의 유체동산 강제집행사건에 관하여 압류한 압류조서 목록 제 호 물건은 감정인에게 평가감정시킬 필요가 있으므로 감정인과 함께 에 도착하여 채무자에게 그 취지를 알리고 감정인에게 그 물건의 평가액을 감정시켜 별지 평가서를 제출하게 하였다.

이 절차는 20 . . . : 에 시작하여 같은 날 : 에 종료하였다.

이 조서는 현장에서 작성하여 집행참여자에게 읽어(보여) 주었으며, 집행참여자는 이에 승인하고 아래에 서명날인하였다.

2○○○. ○. ○.

집행관 (인)

채무자 (인)

감정인 (인)

참여자 이름 (인) 주민등록번호

주소

12 감정인은 평가서를 정해진 날까지 집행관에게 제출하여야 한다(민사집행규칙 제144조 제2항). 정해진 날이란 집행관이 정한 기일을 의미한다. 집행관은 평가에 소요되는 통상의 기간을 고려하여 매각기일 이전의 적당한 날을 평가서 제출기일로 정하여야 할 것이다. 평가서에는 사건의 표시, 유체동산의 표시, 유체동산

의 평가액과 평가일, 평가액 산출의 과정, 그 밖에 집행관이 명한 사항을 적는다(제144조 제2항). 평가서의 방식에 관하여는 부동산강제경매의 평가서와는 달리 아무런 규정이 없으므로 편리한 방식에 따르면 된다. 집행관은 평가서의 사본을 매각기일마다 그 3일 전까지 집행관 사무실 또는 그 밖에 적당한 장소에 비치하고 누구든지 볼 수 있도록 하여야 한다(제144조 제3항).

4. 감정비용

13 집행관은 감정인에게 민사소송비용법의 규정에 의한 일당, 여비와 상당한 감정료를 지급하여야 하고, 그 비용은 수수료로서 집행신청인으로부터 지급받는다(집행관수수료규칙 제20조 제4호, 제21조), 예납하지 아니하는 때에는 집행관은 위임에 응하지 아니할 수 있으나, 다만 강제집행 신청인이 소송구조를 받는 자인 경우에는 그러하지 아니하다(제25조 제1항). 집행신청인이 감정에 필요한 비용을 예납하지 아니하는 때에는 집행관은 감정을 명하지 아니하고 그 위임에 응하지 않을 수 있고(제25조 제1항), 집행관 집행미제사건 등 처리지침(행정예규 제496호)이 정한 절차에 따라 위임을 취하한 것으로 간주할 수 있다. 또한 감정을 개시한 후 예납금이 부족한 때에는 집행관은 추가예납 시킬 수 있고 추납하지 아니하는 때에는 사무를 행하지 아니할 수 있다(제25조 제2항). 감정이 종료한 때에는 집행관은 지체 없이 예납금의 정산을 하여야 하고, 이때 예납자의 청구가 있는 때에는 정산의 내용을 명시한 서면을 교부하여야 한다(제25조의2).

5. 감정의 효과

14 값이 비싼 물건에 대한 감정인의 평가액은 집행법원이 민사집행법 제214조 제1항에 의하여 이를 최저매각가격으로 하는 특별현금화를 명한 경우를 제외하고는 단순히 매각의 참고자료로 됨에 불과하다. 따라서 금·은붙이가 아닌 한 그 평가액 이하로 매각하여도 현저히 부당하게 저렴한 가격이 아니라면 위법한 것은 아니다. 다만, 당사자의 이익을 고려하여 평가액에 달하지 아니한 매수신청에 대하여는 매각을 허가하지 아니하고 매각기일을 속행하여 집행관이 적당히 평가액을 저감하고 다시 매각을 실시하는 것이 바람직하다. 또, 감정인이 값이 비싼 물건의 평가를 잘못하였더라도 매수인이 압류물을 부당히 고가로 매수함으로써 입게 되는 손해 또는 압류물이 부당히 저렴한 가격으로 매각됨으로써 채무자가 입게 되는 손해와의 사이에 상당인과관계는 인정하기 어렵다.

V. 위반에 대한 불복

15 집행관이 값이 비싼 물건에 대하여 감정인의 평가를 거치지 않고 매각하는 경우에는 이해관계인은 집행에 관한 이의를 할 수 있다. 그러나 전술한 바와 같이 민사집행법 제200조의 감정은 부동산에서와 같이 최저매각가액으로서 매각조건이 되는 것이 아니고 매각에서의 참고자료로 됨에 그치고 어떤 구속력이 있지 아니하므로 감정인이 부당하게 감정한 것만으로써는 이의할 수 없다.

VI. 값이 비싼 물건 이외의 압류물에 대한 감정

16 원래 집행관이 유체동산을 압류할 때에는 스스로 그 가액을 평가하여 압류조서에 기재하여야 한다(민사집행법 제10조, 민사집행규칙 제134조 제2항). 그런데 값이 비싼 물건이 아니더라도 압류물이 특수한 품목이거나 잘 거래되지 않는 것이어서 집행관 스스로에 의한 평가가 어려운 경우, 값이 비싼 물건인지 여부에 의문이 있는 경우, 압류물의 가액에 관한 관계인의 의견이 상호 간에 현저히 다른 경우 등 제3자에 의한 객관적인 평가가 필요한 경우에는 집행관은 적당한 감정인에게 그 평가를 하게 할 수 있다(민사집행규칙 제144조 제1항). 이때에도 감정인의 선임, 비용의 지급, 평가액의 구속력 등은 값이 비싼 물건의 감정에서 설명한 바와 같다. 채권자의 감정평가신청이 있으면 이를 존중하여야 한다.

제 201 조 [압류금전]

① 압류한 금전은 채권자에게 인도하여야 한다.

② 집행관이 금전을 추심한 때에는 채무자가 지급한 것으로 본다. 다만, 담보를 제공하거나 공탁을 하여 집행에서 벗어날 수 있도록 채무자에게 허가한 때에는 그러하지 아니하다.

[관련조문] 민사집행법 제208조, 민사소송법 제90조 제1항, 제213조 제2항, 민사집행규칙 제155조~제157조

[참고문헌] 방순원/김광년, 민사소송법(하), 한국사법행정학회(1993)
Musielak/Voit, ZPO(20. Aufl.), Vahlen(2023); 兼子一, 增補 强制執行法, 酒井書店(1967)

Ⅰ. 개설

1 금전이 압류된 경우에는 현금화를 필요로 하지 않으므로 집행관은 이를 지체 없이 채권자에게 인도하여 집행을 종료시키게 된다. 그러나 이는 집행채권자가 1인인 경우 또는 집행채권자가 여럿이더라도 압류금전으로 각 채권자의 채권액을 만족시킬 수 있거나 그 사이에 배당협의가 성립된 경우에 한하며, 그렇지 아니한 경우에는 압류금전을 공탁하여 배당하여야 한다(민사집행법 제222조, 제252조). 또, 집행관이 채권자로부터 강제집행의 위임을 받은 때에는 특별한 수권이 없더라도 채무자로부터 지급 그 밖의 이행을 받을 수 있으나(제42조), 그러한 임의변제금은 민사집행법 제201조의 압류금전에 해당하지 않는다. 따라서 집행관이 강제집행에 있어 채무자로부터 금전을 제출받은 때에는 그 의사를 확인하여 임의변제금으로 제출하는 것인지 압류물로서 제출하는 것인지 명백히 하여 둠이 바람직하다.

2 민사집행법 제201조의 금전은 현금화의 필요 없이 곧바로 채권을 만족시킬 수 있는 것이어야 하므로 국내에서 강제통용력이 있는 화폐, 즉 한국은행권을 말하고, 외국통화는 포함되지 않는다. 외국통화는 한국은행, 외국환은행, 환전상, 외국환평형기금 그 밖의 정부기관 또는 금융기관에 매각할 의무가 있지만, 시장이 형성되어 있으므로 집행관은 민사집행법 제210조의 규정에 의하여 위와 같은

기관에 적당한 방법으로 매각하여 현금화하거나 민사집행법 제214조의 규정에 의한 특별한 현금화 방법으로 현금화할 수 있다. 또, 우편환, 인지, 은행의 자기앞수표 등 일정한 금전을 목적으로 하는 증권은 일반적으로 금전과 동일시되나 현금화하여야 하므로(민사집행법 제210조) 민사집행법 제201조의 금전에는 해당하지 않는다.

Ⅱ. 입법취지 및 입법례

1. 입법취지

3 금전은 다른 유체동산과 달리 별도로 현금화할 필요가 없으므로, 현금화절차를 거치지 않고 지체 없이 채권자에게 인도하도록 정하면서, 마찬가지로 개성이 없고 쉽사리 분실될 수 있는 금전의 특성을 고려하여 집행관이 금전을 압류, 점유하면 그에 따른 위험부담이 채권자에게 넘어가도록 정한 것이다.

2. 입법례

4 독일 민사소송법 제815조는 제1항에서 '압류한 금전은 채권자에게 인도하여야 한다'고 규정하고, 제3항에서 '제2항 또는 제720조에 따라 공탁이 되지 않은 경우, 집행관에 의한 금전의 수거는 채무자 측의 지급으로 본다'고 규정하여 민사집행법 제201조와 같은 취지의 조항을 두고 있다.

Ⅲ. 압류금전의 채권자에의 인도

5 압류금전은 지체 없이 채권자에게 인도하여야 한다(민사집행법 제201조 제1항). 만일 채권자가 예납하지 아니한 비용이 있을 때에는 그 비용을 공제하고 인도하여야 한다. 본안소송의 소송대리인은 특별수권 없이도 집행관이 인도하는 압류금전을 영수할 수 있다(민사소송법 제90조 제1항). 압류금전만으로 집행비용과 채권자의 채권액을 만족시키고도 잔액이 있는 경우에는 그 잔액부분에 한하여 초과압류가 될 터이므로 집행관은 그 부분에 대한 압류를 취소하여야 할 것이나(민사집행규칙 제140조 제1항, 제142조), 취소하지 아니한 경우에는 그 나머지를 채무자에게 교부하여야 한다(제155조 제1항).

6 채권자가 집행관으로부터 금전을 인도받은 때에는 집행채권이 만족을 얻게 되므로 집행절차는 종료된다. 그런데 채권자의 압류금전에 대한 소유권취득시기에

관하여는 견해가 나뉜다. 일본의 판례 중에는 민사집행법 제201조 제2항 본문의 규정을 근거로 하여, 집행관이 금전을 점유한 때에는 그 금전이 채권자에게 교부된 것과 동일한 효과가 생겨 채권자의 소유로 된다고 한 것[1]이 있으나, 독일, 일본의 통설 및 우리 다수설은 금전이 채권자에게 인도됨으로써 비로소 채권자가 그 금전의 소유권을 취득하게 된다고 한다.[2] 판례도 같은 입장을 취하고 있다(대법원 1970. 9. 29. 선고 70다1869 판결). 이에 따르면, 압류금전이 채권자에게 인도되기 전까지는 그 소유권은 이전되지 아니하므로 그 금전의 원래의 정당한 소유자인 제3자로서는 제3자이의의 소를 제기할 수 있고, 채무자도 강제집행정지의 신청을 할 수 있다. 다만, 그에 의하더라도 집행관이 금전을 압류한 이후에는 배당요구를 할 수 없다(민사집행법 제220조 제1항 제1호).

Ⅳ. 집행관의 금전추심의 효과

1. 지급간주

7 민사집행법 제201조 제2항 본문은 집행관이 금전을 추심한 때에는 채무자가 지급한 것으로 본다고 규정하고 있다. 여기서 말하는 금전의 '추심'은 집행관이 채무자의 금전을 압류하여 점유하는 것을 의미한다. 이 점에서 채권, 그 밖의 재산권에 대한 강제집행에서의 추심과는 의미가 다르다. 집행관의 금전압류에 의하여 채무자의 지급이 의제된다.

8 전술한 바와 같이 압류금전의 소유권은 이를 채권자에게 인도한 때에 이전되는 것이므로 민사집행법 제2항 본문의 지급의제는 집행관이 금전을 압류, 점유하는 때에 즉시 채권자가 만족을 얻어 금전소유권을 취득하게 되거나 집행이 종료된다는 것을 의미하는 것이 아니다. 금전은 개성이 없고 쉽사리 분실될 수 있는 것이라는 점을 고려하여, 압류에 의하여 채무자가 금전에 대한 지배권을 상실한 이상 이를 채권자에게 지급한 것으로 의제함으로써 압류 후의 도난이나 분실 등으로 인한 채무자의 위험부담을 면제시켜 채권자의 위험부담으로 한다는 것을 의미한다. 압류한 금전을 채권자에게 인도하기 전에는 집행이 종료되는 것은 아니지만 그 경우에도 채무자의 고의·과실 없이 이행할 수 없게 될 때에는 채무

1 日大判 1918. 2. 21. (民錄 24, 272).

2 방순원/김광년, 민사소송법(하), 한국사법행정학회(1993), 247; Musielak/Voit, ZPO(20. Aufl.), Vahlen(2023), §815 Rn. 4; 兼子一, 增補 强制執行法, 酒井書店(1967), 179.

자는 면책된다(대법원 1970. 9. 29. 선고 70다1869 판결).

9 민사집행법 제201조 제2항 본문의 지급의제는 단순한 추정이 아니라 법률상의 의제이므로 압류 후에 금전이 도난, 분실되더라도 채무자의 지급의 효과에는 아무런 영향이 없고, 그 한도에서 채권자의 집행권원은 실효되어 다시 집행할 수 없다. 수인의 채권자가 공동압류를 한 경우에는 각 채권자가 그 금전에 의하여 배당받을 비율에 따라 지급의제의 효과가 발생한다고 할 것이다. 민사집행법 제201조 제2항의 규정은 집행관이 매각대금을 영수한 경우에 관한 제208조의 규정과 동일한 취지의 규정이다.

2. 예외

10 그러나 채무자가 담보를 제공하거나 공탁을 하여 집행에서 벗어날 수 있음을 허가받은 때에는 지급의제의 효과가 발생되지 않는다(민사집행법 제201조 제2항 단서). 예컨대 가집행선고부판결을 집행권원으로 하는 집행에 있어서 채무자가 담보를 제공하고 집행을 면제받을 것을 허가한 경우(민사소송법 제213조 제2항)를 들 수 있다. 이 경우에는 압류금전이 채권자에게 인도될 때까지 채무자가 담보를 제공하거나 공탁을 하고 집행의 취소를 구하면(제49조 제3호, 제50조 제1항) 그 금전을 채무자가 반환받을 수 있으므로 굳이 지급을 의제할 필요가 없기 때문이다. 다만, 가집행선고에 기한 강제집행도 단순한 보전집행이 아니라 종국적인 본집행이므로 채무자의 집행취소신청은 집행관의 금전압류 시부터 채권자에의 인도 시까지의 단기간 내에 이루어져야 한다.

3. 채무자의 임의지급과의 구별

11 채무자가 앞으로의 강제집행을 당할 것을 우려한 나머지 집행관에게 임의로 금전을 지급한 경우에는 민사집행법 제201조 제2항이 유추 적용되지 않는다. 집행관은 채권자의 대리인이 아니기 때문에 이러한 경우에는 그 금전을 현실적으로 채권자에게 인도할 때까지는 채무자가 여전히 위험을 부담한다.

12 또, 지급의제의 효과는 채무자의 지배권 밖에서 일어난 사고에 대하여 채무자의 재산을 보호함을 목적으로 하므로 채무자가 점유하는 제3자 소유의 금전이 압류된 때에는 적용될 수 없고, 이때에는 채무자가 위험을 부담한다.

V. 압류한 금전의 교부·배당

13 압류한 금전은 채권자에게 인도하여야 하는 것이지만, 채권자가 여럿이거나 압류한 금전에 잉여가 있는 경우의 처리에 관하여는 민사집행규칙 제155조, 제156조, 제157조에 상세히 규정되어 있다.

14 즉, 채권자가 한사람인 경우에는 그 채권자에게 교부하여 인도하고 잔액이 있으면 채무자에게 교부하며, 채권자가 여럿이고 압류한 금전으로 그 채권 전부를 만족시킬 수 있는 경우에는 각 채권자에게 채권액을 교부하고 잔액이 있으면 채무자에게 교부하여야 한다(민사집행규칙 제155조 제1항). 압류한 금전으로 각 채권자의 채권과 집행비용의 전부를 변제할 수 없는 경우에는 집행관은 2주 이내의 날을 배당협의기일로 지정하고 각 채권자에게 그 일시와 장소를 서면으로 통지하여야 한다. 이 통지에는 압류한 금전액, 집행비용, 각 채권자의 채권액의 비율에 따라 배당될 것으로 예상되는 금액을 적은 배당계산서를 붙여야 한다(제155조 제2항). 집행관은 그 배당협의기일까지 채권자 사이에 배당협의가 이루어진 때에는 그 협의에 따라 배당을 실시하여야 하는데, 배당협의기일 통지서에 붙인 배당계산서와 다른 내용의 협의가 이루어진 때에는 그 협의에 따라 배당계산서를 다시 작성하여야 한다(제155조 제3항). 배당협의가 이루어지지 아니한 때에는 집행관은 압류금전을 공탁하고 그 사유를 법원에 신고하여야 한다(제155조 제4항).

15 집행관이 민사집행규칙 제155조 제1항 또는 제3항에 따라 압류한 금전의 배당을 실시하는 경우, 배당을 받을 채권자의 채권에 관하여 정지조건 또는 불확정기한이 붙어 있는 때, 그 채권이 가압류채권자의 채권인 때, 강제집행의 일시정지나 담보권실행의 일시정지를 명한 취지를 적은 문서가 제출되어 있는 때에는 그 배당할 액의 금전을 공탁하고 그 사유를 법원에 신고하여야 한다(민사집행규칙 제156조 제1항). 그 사유신고서에는 사건의 표시, 압류채권자와 채무자의 이름, 공탁의 사유와 공탁금액을 적어야 하고(제157조 제2항), 공탁서와 사건기록을 붙여야 한다(제157조 제3항). 배당받거나 교부받을 채권자 또는 채무자가 출석하지 아니한 때에도 그 배당할 액에 상당하는 금전을 공탁하여야 한다(민사집행규칙 제156조 제2항).

제 202 조 [매각일]

압류일과 매각일 사이에는 1주 이상 기간을 두어야 한다. 다만, 압류물을 보관하는 데 지나치게 많은 비용이 들거나, 시일이 지나면 그 물건의 값이 크게 내릴 염려가 있는 때에는 그러하지 아니하다.

[관련조문] 민사집행법 제198조, 제213조, 제216조, 제296조, 민법 제157조, 민사집행규칙 제145조 제1항

Ⅰ. 개설

1 유체동산에 대한 강제집행은 현금화를 요하지 아니하는 금전을 제외하고는 압류물을 매각하는 등으로 현금화하여 그 매각대금 등을 채권자에게 교부함으로써 종료된다. 민사집행법은 매각을 원칙적인 현금화 방법으로 하면서, 금·은붙이(민사집행법 제209조), 유가증권(제210조)에 대하여는 부분적으로 적당한 방법으로 매각하는 것을 허용하고 있는 외에는, 법원의 명령이 있는 경우에 한하여 매각 이외의 방법에 의한 현금화를 허용하고 있다(제214조). 민사집행법 제202조는 매각이 유체동산을 현금화하는 일반적 방법임을 당연한 전제로 하여 그 매각일의 지정에 관하여 규정하고 있는 것이다.

Ⅱ. 입법취지 및 입법례

1. 입법취지

2 민사집행법 제202조 본문은 압류물의 현금화를 위한 매각일을 압류일로부터 1주 이후에 지정함을 원칙으로 하고 있다. 압류일로부터 매각일까지 사이에 상당한 기간을 둠으로써 채무자에게 임의변제나 청구에 관한 이의의 소, 집행에 관한 이의 등의 구제수단을 강구할 기회를 주는 한편, 여러 사람이 매각에 참가할 기회를 보장함으로써 그 경쟁을 통하여 압류물이 적정한 가격으로 현금화되도록 하여 집행당사자의 이익을 보호하고자 하는 데 그 취지가 있다. 다만, 민사집행법 제202조 단서에서 압류물 보관비용이 과다하거나, 시일이 지나면 압류물의

값이 크게 내릴 염려가 있으면 조기매각이 가능하도록 하여 상황에 따라 적절하게 대응할 수 있도록 하였다.

2. 입법례

3 독일 민사소송법 제816조 제1항은 '압류물의 경매는 압류한 날로부터 1주일의 경과 전에는 할 수 없다. 단, 채권자와 채무자가 조기의 경매에 합의하거나, 경매할 물건의 값이 크게 내릴 염려가 있거나, 장기간의 보관으로 말미암아 지나치게 많은 비용이 드는 것을 막기 위하여 필요한 경우에는 그렇지 않다'고 하여 같은 취지의 규정을 두고 있다.

4 일본 민사집행규칙 제114조 제1항은 '집행관은 경매의 방법으로 동산을 매각하는 때에는 경매기일을 여는 일시 및 장소를 정하여야 한다. 이 경우 경매기일은 부득이한 사유가 있는 경우를 제외하고 압류일부터 1주 이상 1개월 이내의 날로 하여야 한다.'고 규정하고 있다.

Ⅲ. 매각일의 지정

1. 원칙(법정기간의 준수)

5 집행관이 유체동산을 압류한 때에는 그 유체동산이 성숙되지 아니 한 미분리과실인 경우(민사집행법 제213조), 매각 이외의 방법에 의하여 현금화할 경우(제209조 후단, 제210조), 특별현금화명령이 있는 경우(제214조), 압류물의 평가를 위하여 감정을 하여야 하거나 그 밖에 부득이한 사유가 있는 경우를 제외하고는 압류물의 현금화를 위한 매각일을 지정하여야 한다. 매각일의 지정시기에 관하여는 특별한 규정이 없으나, 압류 직후에 하여야 한다고 해석된다.

6 매각일은 원칙적으로 압류일로부터 1주 이상의 기간을 두어야 하고, 1주의 기간에는 초일이 산입되지 아니한다(민법 제157조). 압류일과 호가경매기일 사이에 1주 이상의 기간을 두도록 한 것은 되도록 많은 매수희망자로 하여금 호가경매에 참여할 수 있도록 기회를 보장함과 아울러, 채무자에게 임의변제할 시간적 여유를 주고, 제3자 등으로 하여금 압류의 하자 등에 대하여 다툴 수 있는 기회를 보장하기 위함이다.

7 압류의 경합(민사집행법 제215조 제1항)에 의하여 추가압류를 한 때에는, 그 추가압류물이 동일한지에 따라 추가압류일과 매각일 사이에 1주 이상 기간을 두어야

할지를 결정한다. 즉 선행압류에 의하여 이미 호가경매기일이 지정되어 매각일이 추가압류일로부터 1주 이내일 경우, 추가압류물이 선행압류물과 동일할 때에는 별도로 1주 이상의 기간을 둘 필요 없이 선행압류에 의하여 경매를 진행하면 될 것이나, 추가압류물이 선행압류물과 다른 것이 있을 때에는 그 다른 부분에 대해서는 이에 대한 평가절차를 거쳐 별도로 호가경매기일을 지정하여 매각하거나, 선행압류물에 대한 호가경매기일을 연기하여 추가압류일로부터 1주 이상의 기간을 둔 후에 일괄매각하는 등의 조치를 취하여야 한다.

8 민사집행규칙 제145조 제1항은 호가경매에 의한 매각에 있어서는 압류일로부터 1월 안의 날을 경매기일로 지정하여야 한다고 규정하고 있어, 이 경우는 압류일로부터 1주 이상 1월 이내로 매각일을 지정하여야 한다.

2. 예외(조기매각)

9 일정한 경우에는 압류일로부터 1주가 경과되기 이전이라도 매각할 수 있다. 이를 조기매각이라 한다.

가. 법정 요건

10 압류물을 보존함에 과다한 비용이 소요되거나(가축 등) 시일의 경과로 그 물건의 가격이 현저히 감소될 염려가 있는 때(생선이나 채소 등)에는 조기매각할 수 있다(민사집행법 제202조 단서). 여기서 규정하는 사유는 민사집행법 제198조 제3항, 제296조 제5항에서와 같다(☞ 상세는 민사집행법 제198조의 주석 참조). 이 사유에 해당하는지는 집행관이 직권으로 판단한다. 집행관의 판단에 불복이 있는 때, 즉 조기매각하여야 할 사유가 있음에도 불구하고 집행관이 매각일을 지정하지 아니하는 경우 또는 조기매각할 사유가 없음에도 불구하고 집행관이 조기매각일을 지정한 경우 이해관계인은 집행에 관한 이의를 할 수 있다.

나. 당사자 간 합의에 따른 조기매각

11 민사집행법 제202조 본문이 압류일과 매각일 사이에 일정한 기간을 두도록 한 것은 집행당사자의 이익보호에 그 목적이 있으므로 채권자, 채무자, 배당요구채권자 등 이해관계인 전원의 합의가 있을 때에는 민사집행법 제202조 단서에 해당하는 사유가 없어도 조기매각을 할 수 있다. 다만, 당사자 사이의 합의는 압류 후에 하여야 한다.

IV. 매각일의 변경·연기·속행

12 매각일은 그 기일 도래 후 집행관이 매각절차를 개시함으로써 매각일이 개시된다. 그 개시 전에 매각일의 지정을 취소하고 다른 매각일을 지정하는 것을 매각일의 변경, 일단 기일을 개시하였으나 매각을 실시하지 아니하고 기일을 종료하여 매각 실시를 위한 새로운 날을 지정하는 것을 매각일의 연기, 기일을 개시하여 매각을 실시하였으나 매수신청인이 없는 등의 사유로 매각절차를 종료하지 아니하고 새로운 매각일을 지정하는 것을 매각일의 속행이라 한다.

13 매각일은 함부로 이를 변경 또는 연기할 수 없음이 원칙이다. 그러나 부득이한 사유가 있는 경우, 예컨대, 집행관의 질병 등으로 매각일에서의 절차진행을 주재할 수 없는 경우 등에는 집행관이 직권으로 매각일을 변경하거나 연기할 수 있다. 또, 채권자, 채무자 및 배당요구채권자의 합의가 있는 때에도 매각일을 변경, 연기할 수 있다. 이 경우 일방 당사자는 다른 당사자의 동의가 있는 경매기일 연기신청서를 제출할 수도 있고, 경매기일에 말로 연기신청을 하고 다른 당사자가 이에 동의할 수도 있다. 압류경합에 의하여 추가압류된 물건에 대한 매각일을 변경, 연기함에 있어서는 선행압류채권자의 동의도 있어야 한다. 경매기일을 연기하는 때에는 집행관은 경매연기조서를 작성하여야 한다.

14 매각목적물을 적정한 가격으로 매각하는 것은 이해관계인 모두에게 이익이므로 재감정의 필요성에 합리적 이유가 있으면 경매기일의 연기를 수긍할 수 있으나 그렇다고 하더라도 그 연기기간은 합리적인 범위로 제한되어야 한다(대법원 2003. 9. 26. 선고 2001다52773 판결).

15 일본 판례 중 압류유체동산에 대하여 제3자가 자기의 소유임을 주장하면서 제3자이의의 소를 제기하였다는 통지를 한 때에는 채권자는 제3자의 소유에 속하는지와 진실로 제3자이의의 소를 제기하였는지를 조사하여야 하고, 매각일까지 이를 조사할 수 없는 사정이 있는 때에는 채권자는 매각을 연기하는 등의 조치를 취할 의무가 있고, 이를 해태하여 제3자 소유물을 매각하였을 때에는 손해배상의 의무가 있다고 판시한 것[1]이 있는 반면, 위와 같은 제3자의 통지가 있더라도 채무자 또는 제3자가 적극적으로 그 증거자료를 제출하지 아니한 때에는 특

1 日最判 1955. 11. 25. (民集 9-12. 1852).

별한 사정이 없는 한 매각절차를 속행한 채권자에게 과실이 있다고 추정할 수 없다고 한 것[2]이 있는데, 동산집행의 집행기관은 집행관이고 매각일의 속행이나 연기, 변경 여부의 판단도 집행관이 하는 점 등에 비추어 볼 때 앞의 판결과 같이 보기는 어렵다.

16 매각일에 매각을 실시하였으나 매수신청인이 없는 경우에는 기일을 속행하여야 한다. 감정인 또는 집행관의 압류물에 대한 평가액에 비하여 현저히 저렴한 가액의 매수신청이 있는 경우에 집행관이 이를 허가하지 아니하고 직권으로 매각일을 속행할 수 있는지 문제된다. 부동산매각과는 달리 최저매각가격제도(한편, 독일 민사소송법 제817조 a는 통상의 매매가격의 반액을 최저경매가격으로 정하고 있다)를 두고 있지 않는 유체동산매각에 있어서는 채무자보호를 위하여 기일을 속행함이 바람직하다. 그러나 일단 매각을 허가한 때에는 그 매각은 유효하다고 할 것이다.

17 민사집행법 제202조 및 민사집행규칙 제145조 제1항의 규정은 최초의 호가경매기일을 변경하는 경우의 변경 후의 기일에 관하여도 유추 적용되는 것으로 보아야 하고, 따라서 변경 후의 기일이나 새 호가경매기일을 지정함에 있어서는 부득이한 사정이 없는 한 전의 호가경매기일로부터 1개월 이내로 지정하여야 한다고 보는 것이 타당하다.

V. 효과

18 기간의 준수가 호가경매의 본질적 요소는 아니므로 이에 위반하여 호가경매기일을 지정·실시하였더라도 매각의 효력에는 영향이 없다. 따라서 1주의 법정기간이 경과하기 전 또는 부득이한 사정이 없음에도 압류일부터 1개월 이후에 경매기일을 열더라도 매수인은 매각목적물의 소유권을 적법하게 취득한다. 경우에 따라 집행관의 직무상 불법행위로 인한 손해배상책임은 문제될 수 있다. 채권자나 채무자는 매각의 종결 이전에 한하여 집행에 관한 이의를 하여 집행관으로 하여금 위 기간을 준수하게 할 수 있다. 한편, 상당한 기간이 지나도 집행관이 매각하지 않으면 압류채권자는 집행관에게 일정한 기간 내에 매각하도록 최고할 수 있고(민사집행법 제216조 제1항), 만약 집행관이 이 최고에 따르지 않으면

2 日最判 1955. 2. 11. (民集 9-2, 164).

압류채권자는 법원에 필요한 명령을 신청할 수 있으며(제216조 제2항), 이때 법원이 발하는 매각실시명령은 사법보좌관의 업무이다(사법보좌관규칙 제2조 제1항 제8호).

제 203 조 [매각장소]

① 매각은 압류한 유체동산이 있는 시·구·읍·면(도농복합형태의 시의 경우 동지역은 시·구, 읍·면지역은 읍·면)에서 진행한다. 다만, 압류채권자와 채무자가 합의하면 합의된 장소에서 진행한다.
② 매각일자와 장소는 대법원규칙으로 정하는 방법으로 공고한다. 공고에는 매각할 물건을 표시하여야 한다.

[관련조문] 민사집행법 제214조, 민사집행규칙 제8조, 제10조 제2항, 제11조, 제145조, 제146조, 제150조, 제151조

[참고문헌] 이시윤, 신민사집행법(제8개정판), 박영사(2020); 남기정, "압류물의 이전보관방법과 이전된 압류물경매방법", 법조 제31권 제7호, 법조협회(1982)

Ⅰ. 개설

1 민사집행법 제203조는 매각의 장소와 매각의 공고에 관하여 규정하고 있다. 민사집행법 제203조 제1항은 행정구역을 기준으로 하여 매각장소를 정하고 있으므로 이는 '매각하여야 할 장소'를 뜻한다. 그 구역 내에서 구체적으로 매각이 실시되는 장소가 정하여지고, 매각의 공고에 이를 게시하게 된다.

Ⅱ. 입법취지 및 입법례

1. 입법취지

2 매각의 장소를 원칙적으로 압류한 유체동산이 있는 곳으로 한 것은 집행절차의 신속과 효율을 위한 것이다. 현금화를 위하여 굳이 유체동산을 현재 있는 곳에서 다른 장소로 옮길 이유가 없기 때문이다. 매각의 공고를 하도록 한 것은 일반인에게 널리 매각절차에 참가할 기회를 제공하여 압류물에 대한 고가의 매수신청을 유도함으로써 집행당사자의 이익을 보호함과 아울러 매각의 공개성과 그 공정성을 확보하자는 데 그 취지가 있다.

2. 입법례

3 독일 민사소송법 제816조 제2항은 '경매는 채권자와 채무자가 제3자의 장소에 관하여 합의를 하지 않는 한, 압류가 실시된 지역에서 또는 집행법원의 관할구역 안에 있는 다른 장소에서 한다', 제3항은 '경매의 시간과 장소는 경매할 물건을 개괄적으로 표시하여 공고하여야 한다'고 정하고 있는데, 제5항이 '제2항과 제3항은 인터넷경매에는 적용하지 아니한다'고 규정하고 있다.

4 일본 민사집행규칙 제114조 제2항은 경매기일의 장소와 관련하여 '집행관은 집행법원의 허가를 받은 때에는 소속 지방법원의 관할구역 외의 장소에서 경매기일을 열 수 있다'고 규정하고 있고, 일본 민사집행규칙 제115조는 집행관의 경매기일 공고와 관련하여 집행관이 경매기일을 정한 때에는 ① 사건의 표시, ② 매각할 동산의 표시, ③ 경매기일을 여는 일시 및 장소, ④ 매수신청을 할 수 있는 자의 자격을 제한한 경우 그 제한의 내용, ⑤ 매각할 동산을 경매기일 전에 일반인의 열람에 제공한 때에는 그 일시와 장소, ⑥ 대금지급일을 정한 경우 매수신청의 보증금액과 제공방법 및 대금지급일, ⑦ 매각할 동산이 귀금속 또는 그 가공품인 때에는 그 귀금속의 재료가 되는 금속(地金)의 가액을 공고하도록 하고, 경매기일을 여는 일시 및 장소는 채권자와 채무자에게 통지하도록 규정하고 있다.

Ⅲ. 매각장소

1. 원칙

5 매각은 압류한 유체동산이 있는 시·구·읍·면(도농복합형태의 시의 경우에는 동지역은 시·구, 읍·면지역은 읍·면. 이하 같다)에서 행함이 원칙이다(민사집행법 제203조 제1항 본문). 따라서 집행관은 압류한 유체동산이 있는 시·구·읍·면 안이라면 어떠한 장소를 매각장소로 정하여 매각하여도 무방하다. 우리나라에서는 오스트리아 등의 경우처럼 공영의 매각소를 두고 있지 않아 실제로는 압류한 유체동산이 있는 채무자의 주소지나 영업소에서 매각을 행하는 것이 실무이다.

6 그러나 채무자의 주소지를 매각장소로 하면 일반인이 용이하게 매각장소에 참석하기 어려워 매각의 공개성에 배치될 우려가 있다.[1] 앞서 본 바와 같이 인터

[1] 이와 관련된 상세한 비판은 이시윤, 신민사집행법(제8개정판), 박영사(2020), 426~427 참조.

넷 경매방식의 도입을 검토할 필요가 있고(☞ 민사집행법 제199조 주석 참조), 현행 법 아래에서 실무를 운용함에 있어서도 매각장소를 매수희망자의 접근이 용이한 놀이터, 음식점 등 공개된 장소로 정할 필요가 있다.

7 집행관이 직무집행 구역 밖에 있는 유체동산을 압류한 때(민사집행규칙 제133조)에는 집행관은 집행법원의 허가를 얻어 소속 법원의 관할구역 밖에서 경매기일을 열 수 있다(제145조 제2항).

2. 예외

8 다음과 같은 경우 압류지의 시·구·읍·면이 아닌 다른 장소를 매각장소로 정할 수 있다.

가. 채권자와 채무자의 합의가 있는 때(민사집행법 제203조 제1항 단서).

9 채권자와 채무자가 합의한 장소가 당해 집행관의 직무집행구역에 속하지 않아도 되는지에 관하여는 견해가 나뉠 수 있으나, 그러한 합의는 집행관을 구속할 수 없는 것으로 보아야 할 것이다.

나. 집행법원이 압류한 유체동산이 있는 곳 이외의 다른 장소를 매각장소로 지정한 때(민사집행법 제214조 제1항).

10 집행법원의 명령은 직권 또는 압류채권자, 배당요구채권자 또는 채무자의 신청에 의하여 한다. 여기의 집행법원은 압류한 유체동산이 있는 곳을 관할하는 법원을 가리킨다. 집행법원이 지정하는 장소는 당해 집행관의 직무집행구역이 아니라도 무방하다. 압류물을 채무자에게 보관시킨 경우(민사집행법 제189조 제1항 단서)에 채무자가 이사하면서 그 압류물을 직무집행구역 밖으로 옮긴 때에도 집행법원의 허가를 얻어 그 압류물이 현재 있는 곳에서 매각할 수 있다. 이 경우 집행법원의 허가를 얻지 못하면 그 압류한 유체동산을 집행관이 회수하여 매각할 수밖에 없을 것이다.[2]

다. 집행관이 압류물의 보관자에게 소속 법원의 관할구역 밖에서 압류물을 보관하게 한 때(민사집행규칙 제135조).

11 집행관은 유체동산을 압류함에 있어 특히 필요하다고 인정하는 때에는 압류물 보관자로 하여금 소속 법원의 관할구역 밖에서 압류물을 보관하게 할 수 있다.

2 남기정, "압류물의 이전보관방법과 이전된 압류물경매방법", 법조 제31권 제7호, 법조협회(1982), 123.

압류물의 보관에 특수한 설비가 필요하고 집행관의 직무집행구역 내 그러한 설비를 갖춘 보관자를 찾기 어려운 경우 등을 예상할 수 있다. 이 경우 집행관은 집행법원의 허가를 얻어 압류물의 보관장소에서 매각할 수 있다(민사집행규칙 제145조 제2항).

IV. 매각의 공고

1. 개요

12 집행관이 매각을 실시함에 있어서는 민사집행규칙이 정하는 바에 따라 매각일자와 장소를 공고하여야 한다(민사집행법 제203조 제2항).

2. 공고하여야 할 경우

가. 필요적 공고

13 매각을 실시함에 있어서는 어떠한 경우라도 공고할 것을 요한다. 매각일을 변경, 연기한 때에는 물론, 부패 또는 가격감소의 염려가 있어서 법정기간 경과 전에 매각하는 경우(민사집행법 제202조 단서)에도 그 매각일을 공고하여야 한다. 또 매각일을 공고한 후에 집행정지명령에 의하여 절차 진행을 정지하였다가 다시 속행하는 경우에도 매각일을 새로이 정하여 이를 공고하여야 한다. 재매각(제205조 제3항)의 기일도 공고하여야 한다.

나. 공익적 성격의 고려

14 매각의 공고에는 공익적 목적도 있으므로 매각에 의하여 압류물을 현금화하는 이상 채권자와 채무자가 미리 합의하여 공고를 하지 아니하기로 하더라도 그 합의는 효력이 없다. 이해관계인에게만 매각일을 통지함으로써 공고에 갈음할 수도 없다.

3. 공고할 사항

15 공고에는 매각일자와 장소, 그리고 매각할 물건을 표시하여야 한다. 매각의 장소는 민사집행법 제203조 제1항의 시·구·읍·면뿐 아니라 구체적인 장소를 말한다.

16 민사집행규칙은 다음 사항을 공고할 사항으로 규정하고 있다(민사집행규칙 제146조, 제151조 제3항). 사건의 표시, 매각할 물건의 종류·재질, 그 밖에 그 물건을 특정하는 데 필요한 사항과 수량 및 평가액(토지에서 분리하기 전의 과실에 대하여는

그 과실의 수확시기·예상수확량과 예상평가액), 평가서의 사본을 비치하는 때에는 그 비치장소와 누구든지 볼 수 있다는 취지, 매수신고할 수 있는 사람의 자격을 제한한 때에는 그 제한의 내용, 매각할 유체동산을 매각일 전에 일반인에게 보여주는 때에는 그 일시와 장소, 대금지급기일을 정한 때에는 매수신고의 보증금액과 제공방법 및 대금지급일이다.

4. 공고의 방법

17 공고는 법원게시판 게시, 관보·공보 또는 신문 게재, 전자통신매체를 이용한 공고 중 어느 하나의 방법으로 한다(민사집행규칙 제11조 제1항). 어떤 방법을 선택할 것인지는 집행관의 재량에 맡겨져 있지만, 매각할 물건이 특히 값이 비싼 물건인 경우, 매수신청인이 한정될 것으로 예상되는 특수한 물건일 경우, 다량의 물건을 일괄매각하려는 경우 등에 있어서는 신문 게재나 전자통신매체를 이용한 공고가 바람직하다.

18 공고는 매각일의 3일 전까지 하면 된다. 이것은 동산의 경매절차가 적정하게 이루어지기 위해서는 충분한 공고기간을 두어 될 수 있는 한 많은 매수희망자를 모으는 것이 바람직하다는 측면과 함께 동산집행의 특성상 매각절차를 신속하게 진행하는 것이 바람직하다는 요청을 고려하여 공고일과 매각일 사이에 필요한 최소한의 시간간격을 정한 것이다. 공고의 실효성을 위해서는 공고일과 매각일 사이에 충분한 간격을 둠이 바람직하고, 특히 신문 게재를 하는 경우 게재의뢰일과 실제 게재일이 다를 수 있음을 고려하여야 할 것이다.

19 집행관은 공고한 날짜와 방법을 기록에 표시하여야 한다(민사집행법 제11조 제2항). 유체동산호가경매공고 양식은 아래와 같다.

[양식] 유체동산호가경매공고

유체동산호가경매공고
사건 : 20 본 호 유체동산압류 (부) 1. 다음 물품을 20 . . . : 시(도) 구(군) 동(면) 번지에서 (일괄)매각합니다.

2. 매각할 물품은 20 . . . . : ~ : 사이에 위 매각장소에서 볼 수 있습니다.

- 다　음 -

번호	매각물품	규 격	수 량	평가액	비 고
1					
2					
3					
4					
5					
6					
7					
8					
9					
최저일괄매각가격 : 금　　원					

2○○○. ○. ○.

집행관

주 1 : 매수신청인의 자격을 제한한 때에는 그 제한의 내용도 함께 공고하여야 한다.

2 : 대금지급기일을 매각기일과 별도로 정한 때에는 매수신고의 보증금액과 그 제공방법 및 대금지급일도 함께 공고하여야 한다.

* 집행관사무소에 비치할 각종 문서의 양식에 관한 예규(행정예규 제 1200 호) [별지 2] 2-37

20 집행관은 위와 같이 매각을 공고하는 외에 경매의 일시와 장소를 각 채권자, 채무자 및 압류물보관자에게 통지하여야 하고, 민사집행법 제190조의 규정에 따라 부부공유 유체동산을 압류한 때에는 집행기록상 주소를 알 수 있는 배우자에게도 같은 사항을 통지하여야 한다(민사집행규칙 제146조 제2항). 통지의 상대방인 각 채권자에는 이중압류채권자나 배당요구채권자가 포함된다.

21 매각의 통지는 상당하다고 인정되는 방법으로 할 수 있는데(민사집행규칙 제8조 제1항), 집행기록에 표시된 주소지에 등기우편으로 발송하는 방법으로 할 수도 있다(제146조 제3항).

22 집행관은 통지의 취지와 방법을 기록에 표시하여야 한다(민사집행규칙 제8조 제2항).

23 동산호가경매기일통지서 양식은 아래와 같다.

[양식] 동산호가경매기일통지서

<table>
<tr><td>

○○지방법원
동산호가경매기일통지서

</td></tr>
<tr><td>

귀하
사　　건 : 20 본 호 유체동산압류(　부)
채 권 자 :
주　　소 :
채 무 자 :
주　　소 :
집행권원 :
위 집행권원에 의하여 20　.　.　. 압류한 물건에 대하여 경매의 일시와 장소를 다음과 같이 정하였으므로 통지합니다.
　매 각 일 시 :　　년　월　일　시
　매 각 장 소 :　　시(도)　구(군)　로
　최저(일괄)매각가격 :

2○○○. ○. ○.

집행관

※ 매각시각은 같은 날 처리할 집행사건 수 등의 사정 때문에 고지된 지정시각보다 다소 늦어질 수 있음을 알려드립니다.

</td></tr>
</table>

* 집행관사무소에 비치할 각종 문서의 양식에 관한 예규(행정예규 제 1200 호) [별지 2] 2-40

V. 위반의 효과

24 집행관이 민사집행법 제203조의 규정에 위반하여 매각의 공고를 하지 아니하고 매각의 통지도 하지 아니한 채 매각절차를 진행하는 경우 채권자나 채무자는 집행에 관한 이의를 하여 시정을 구할 수 있다. 그러나 일단 매각절차가 종결된 때에는 매각의 공고나 통지는 매각의 본질적 요소는 아니므로 매각은 유효하고 매수인의 소유권취득에는 아무런 영향이 없다. 다만, 경우에 따라서 집행관의 직무상 불법행위로 인한 손해배상책임이 문제될 수 있다.

제 204 조 [준용규정]

매각장소의 질서유지에 관하여는 제108조의 규정을 준용한다.

[관련조문] 민사집행법 제5조 제2항, 제20조, 제108조, 제121조, 제123조 제2항, 법원조직법 제58조, 형법 제136조, 제137조, 제140조, 제140조의2, 제142조, 제315조, 제323조, 제324조, 제325조, 제326조, 제327조, 민사집행규칙 제147조 제3항, 제57조 제2항

Ⅰ. 개요

1 민사집행법 제204조는 유체동산에 대한 매각장소의 질서유지에 관하여 부동산에 대한 매각장소에서의 질서유지에 관한 제108조를 준용하고 있다.

Ⅱ. 입법취지 및 입법례

2 매각은 다수의 매수희망자를 한자리에 모이게 하여 그들의 자유로운 경쟁을 통하여 압류물을 적정한 가격으로 매각, 현금화함을 목적으로 하는 것이나, 종래 직업적 경매브로커에 의하여 관계인의 이익이 침해되고 매각의 권위와 공정성이 실추되는 경우가 있었으므로 매각기일의 주재자인 집행관에게 법정에서의 질서유지를 위한 재판장의 권한에 준하는 질서유지권을 부여한 것이다.

3 일본 민사집행법 제135조도 매각장소의 질서유지 등에 관하여 부동산경매에 관한 조항을 준용하는 방식을 취하고 있다.

Ⅲ. 매각장소의 질서유지

4 집행관은 매각기일이 열리는 장소의 질서유지를 위하여 필요하다고 인정하는 때에는 그 장소에 출입하는 사람의 신분을 확인할 수 있다(민사집행규칙 제147조 제4항, 제57조 제1항). 집행관은 다른 사람의 매수신청을 방해한 사람과 이를 교사한 사람, 부당하게 다른 사람과 담합하거나 그 밖에 매각의 적정한 실시를 방해한 사람과 이를 교사한 사람, 민사집행절차에서의 매각에 관하여 형법 제136조(공무집행방해), 제137조(위계에 의한 공무집행방해), 제140조(공무상비밀표시무효)·제140조의2(부동산강제집행효용침해), 제142조(공무상보관물의 무효), 제315조(경매, 입찰의 방해), 제323조(권리행사방해), 제324조(강요), 제325조(점유강취, 준점유강취), 제326조(중권

리행사방해), 제327조(강제집행면탈)에 규정된 죄로 유죄판결을 받고 그 판결확정일로부터 2년이 지나지 아니한 사람에 대하여 매각장소에 들어오지 못하도록 하거나 매각장소에서 내보내거나 매수의 신청을 하지 못하도록 할 수 있다(민사집행법 제108조). 집행관이 위 조치를 함에 있어 강제력의 사용이 필요한 때에는 경찰 또는 국군의 원조를 요청할 수 있고(제5조 제2항), 특히 매각장소가 집행법원의 청사 내인 때에는 집행법원에 원조를 요청할 수도 있다(민사집행규칙 제147조 제3항, 제57조 제2항). 집행관의 원조요청을 받은 집행법원은 민사집행법 제20조의 규정에 의하여 공공기관의 원조를 요청하는 방법과 법정 등의 질서유지에 관한 법원의 권한을 동원하는 방법을 취할 수 있다.

5 압류표시가 부착된 유체동산을 포함한 점포 내 시설물 일체를 제3자에게 양도하고 점포 출입문의 열쇠를 넘겨주어 유체동산의 점유를 이전한 것은 압류표시 자체의 효력을 사실상 감쇄 또는 멸각시키는 행위에 해당하여 공무상비밀표시무효죄를 구성한다(대법원 2018. 7. 11. 선고 2015도5403 판결).

6 위와 같은 유죄판결의 확정사실은 확정일부터 15일 이내에 판결등본을 첨부하여 법원행정처장에게 보고하여야 하고, 법원행정처장은 위 사실을 각 지방법원(지원 포함)에 통지하며, 각 지방법원은 목록에 기재하여 비치하고 그 부본을 집행법원 및 집행관에게 송부한다(재민92-3 제2조, 제3조). 최고가매수신고인, 그 대리인 또는 최고가매수신고인을 내세워 매수신고를 한 사람이 민사집행법 제108조 각 호 중 어느 하나에 해당되는 때는 매각불허가결정을 하여야 한다(민사집행법 제123조 제2항, 제121조 제4호 참조).

7 집행관은 민사집행법 제108조 제1호 내지 제4호에 해당하는 자에 대하여 매각장소에의 입장 금지, 매각장소에서의 퇴장 또는 매수의 신청 등을 금지할 수 있다. 이들 조치 중 구체적으로 어떤 조치를 취할 것인가는 집행관의 재량에 맡겨져 있으나, 매각장소의 질서유지에 관한 조치는 집행관의 권능인 동시에 의무이므로 집행관은 경매참가자가 위 각 호에 해당한다고 인정하는 경우에는 반드시 위에 열거한 조치를 취하여야 한다. 다만 집행관이 그 조치를 간과하거나 소홀히 한 채로 매각을 허가하였더라도 그 경매 자체는 유효하다고 보아야 할 것이다. 집행관이 위 조치를 취한 때에는 그 취지와 조치의 개요를 경매조서에 적어야 한다(민사집행법 제10조 제2항 제2호, 민사집행규칙 제6조 제1항 제4호) (☞ 상세는 민사집행법 제108조 주석 참조).

제 205 조 [매각·재매각]

① 집행관은 최고가매수신고인의 성명과 가격을 말한 뒤 매각을 허가한다.
② 매각물은 대금과 서로 맞바꾸어 인도하여야 한다.
③ 매수인이 매각조건에 정한 지급기일에 대금의 지급과 물건의 인도청구를 게을리 한 때에는 재매각을 하여야 한다. 지급기일을 정하지 아니한 경우로서 매각기일의 마감에 앞서 대금의 지급과 물건의 인도청구를 게을리 한 때에도 또한 같다.
④ 제3항의 경우에는 전의 매수인은 재매각절차에 참가하지 못하며, 뒤의 매각대금이 처음의 매각대금보다 적은 때에는 그 부족한 액수를 부담하여야 한다.

[관련조문] 민사집행법 제108조, 제121조 제3호, 제123조 제2항, 제140조, 제199조, 제204조, 제206조~제208조, 제214조, 민법 제135조, 민사소송법 제41조 제1호, 제50조, 집행관법 제15조, 민사집행규칙 제59조, 제60조, 제62조, 제72조, 제137조, 제147조, 제149조, 제151조, 제158조

[참고문헌] 김상수, 민사집행법(제4판), 법우사(2015); 법원실무제요, 민사집행[IV], 사법연수원(2020); 제철웅, "집행채무자 아닌 제3자 소유 동산의 경매와 부당이득반환의무", 인권과 정의 제279호, 대한변호사협회(1999. 11.)
稲葉威雄, "競賣人が代金を支拂つたが物件を引き取らない場合, 再競賣が許されるか", 判例タイムズ No.182, 判例タイムズ社(1965)

Ⅰ. 개설

1 민사집행법 제205조는 매각기일에서 이루어지는 집행관의 매각허가, 매각물의 인도, 매수인의 대금지급의무 및 이를 게을리한 경우의 재매각과 손해배상의무에 관하여 규정하고 있다. 유체동산의 매각은 입찰 또는 호가경매의 방법으로 하는데(민사집행법 제199조), 민사집행법 제205조는 입찰과 호가경매 모두에 적용되는 규정이다.

Ⅱ. 입법취지 및 입법례

1. 입법취지

2 매각기일에서 집행관의 매각허가에 따라 매수인이 정해지고, 대금지급의무와 매각물의 인도의무가 상환으로 이루어진다는 것과 매수인이 대금지급의무를 게을리한 경우 재매각절차 및 그 경우 종전 매수인이 부담하는 손해배상의무를 정함으로써 유체동산의 매각절차를 명확히 한 것이다.

2. 입법례

3 독일 민사소송법 제817조 제1항 내지 제3항[1]이 민사집행법 제205조와 같은 취지의 내용을 규정하고 있다. 다만, 독일에서는 인터넷경매가 활성화되어 있으므로, 독일 민사소송법 제817조 제1항 2문 이하에서 인터넷경매에서는 경매종결 시에 최고가격을 신고한 사람에게 매각하고, 그에게 매각에 대하여 알려주어야 한다는 내용을 규정하고 있다. 또한 독일 민사소송법 제817조 제4항에서 '채권자에게 매각된 경우, 채권자는 강제집행의 비용을 공제한 후의 매각대금이 본인이 만족하는 데에 사용될 수 있는 범위에서 현금으로 지급할 의무를 면한다. 단, 채무자가 담보제공 또는 공탁으로써 집행을 면할 수 있는 경우에는 이를 적용하지 않는다. 채권자가 현금으로 지급할 의무를 면하는 경우, 그 액수는 채무자가 채권자에게 지급한 것으로 본다.'고 규정하여 채권자가 매수인이 되는 경우도 규율하고 있다.

4 일본 민사집행규칙은 민사집행법 제205조와 같은 취지의 내용을 규정하고 있다. 집행관이 경매기일에 매수신청액 중 최고의 것을 3회 부른 후 신청인의 성명, 매수신청액 및 그 자에게 매수를 허가하는 뜻을 알려야 하고, 그 매수신청액이 상당하지 아니하다고 인정되는 때에는 매각을 허가하지 않을 수 있다(일본 민사집행규칙 제116조). 매각이 허가된 때에는 매수인이 대금지급일이 정하여진 경우

1 독일 민사소송법 제817조(매각과 인도)
① 현장경매에서는 3번의 호가 후에 최고가매수신고인에게 매각한다. 인터넷경매에서는 경매 종결 시에 최고가격, 적어도 제817조a 제1항 제1문에 따라 도달해야 하는 최저매각가격을 신고한 사람에게 매각한다. 그에게 매각에 대하여 알려주어야 한다. 이 경우 민법 제156조를 준용한다.
② 매각된 물건은 대금이 지급되었거나 인도 시에 지급되는 때에 인도하여야 한다.
③ 최고가매수신고인이 경매조건에서 정한 시간까지, 또는 그러한 정함이 없는 경우에는 매각기일의 종결 전에 대금의 지급과 상환하여 인도를 요청하지 않으면, 그 물건은 재경매한다. 그 최고가매수신고인은 다시 매수신고를 할 수 없다. 그는 매각대금의 부족액에 대하여는 책임이 있고, 매각대금의 증가분에 대하여는 청구를 할 수 없다.

외에는 즉시 대금을 지급하고, 매수인이 대금을 지급한 때 집행관은 매각한 동산을 매수인에게 인도한다(제118조 제1항, 제126조). 대금지급일이 정해져 매수인이 보증을 제공하였는데 대금지급일에 대금을 지급하지 않아 압류물을 재매각하는 경우 후의 매각가액이 전의 매각가액에 미치지 아니하는 때에는 그 차액을 한도로 하여 전의 매수인이 제공한 보증을 매득금으로 하고 전의 매수인이 그 반환을 구할 수 없다(제118조 제6항·제7항). 재매각에서 전의 매수인은 매수신청을 할 수 없다(제125조).

Ⅲ. 매각의 실시

1. 매각의 준비

5 매각은 압류한 유체동산이 있는 시·구·읍·면에서 실시하고(민사집행법 제203조), 개별매각이 원칙(제197조 참조)이다. 집행관은 매각절차에 참가한 사람에게 매각할 물건을 제시하고 매각을 실시하므로, 이를 위하여 매각의 실시 전에 압류물을 점검할 필요가 있다(민사집행규칙 제137조). 또 매각의 실시에 앞서 채무자가 임의이행을 하는 때에는 이를 영수하고, 그 이행이 집행채권과 비용의 변상에 충분한 경우에는 채무자에게 영수증을 작성·교부하고 집행력 있는 정본을 교부하여 집행절차를 종결하여야 하며, 채무자가 의무의 일부를 이행한 경우에는 영수증을 작성·교부하고 집행력 있는 정본에 그 사유를 부기한 다음 부족 부분에 한하여 매각을 실시하여야 한다(민사집행법 제42조).

2. 매각조건의 고지

6 유체동산을 입찰 또는 호가경매의 어느 방법으로 매각하든 집행관은 미리 매각조건을 고지하여야 한다(민사집행규칙 제147조 제1항, 제151조 제3항). 매각조건이라 함은 압류물의 소유권을 매수인에게 이전(취득)시키기 위한 조건이다. 이에는 법정매각조건과 특별매각조건이 있다.

가. 법정매각조건

7 법률에 정하여져 있는 매각조건을 말한다. 유체동산의 매각에 있어서는 매각대금의 지급과 목적물의 인도를 맞바꾸어 한다는 것(민사집행법 제205조 제2항), 금·은붙이는 그 금·은의 시장가격 이상으로 매각하여야 한다는 것(제209조), 채무자 또는 채권자가 담보책임을 진다는 것(민법 제578조), 채무자가 하자담보책임은 지

지 아니한다는 것(제580조 제2항) 등이 이에 해당한다. 이러한 법정매각조건은 절대적인 것이 아니고 변경할 수 있으므로 이에 위반하여 매각이 실시되더라도 그 매각이 당연히 무효로 되는 것은 아니다. 법정매각조건에 관하여는 관계인은 그 매각의 종결 전에 한하여 집행에 관한 이의로 시정을 구할 수 있으나, 일단 매각이 완료된 후에는 집행에 관한 이의를 할 수 없고 매수인은 유효하게 매각 목적물의 소유권을 취득한다.

나. 특별매각조건

8 이해관계인의 합의 또는 집행법원의 명령(민사집행법 제214조)에 의하여 법정매각조건을 변경하거나 그에 부가한 매각조건을 말한다. 법정매각조건은 이해관계인의 이익을 위한 것이기 때문에 그들의 합의나 집행법원의 명령에 의하여 변경할 수 있다. 예컨대, 대금의 지급과 목적물의 인도를 서로 맞바꾸지 아니하고 대금의 지급은 즉시 하게 하면서 목적물의 인도는 나중에 하게 하는 것(매각물의 인도의 유예), 반대로 목적물의 인도는 즉시 하고 대금의 지급은 나중에 하게 하는 것(대금지급의 유예), 금·은붙이를 시장가격 이하로 매각하게 하는 것, 채무자나 채권자의 담보책임(민법 제578조)을 면제하거나 채무자의 하자담보책임(제580조 제2항)을 지게 하는 것, 매수신청에 보증을 요구하는 것, 최저매각가격을 정하는 것, 개별매각하지 아니하고 일괄매각하는 것(민사집행법 제197조) 등이 이에 해당한다.

9 이 중 매각물의 인도의 유예를 특별매각조건으로 한 경우에 그 유예기간 중에 매각물이 멸실되거나 분실된 때에는 견해가 나뉠 수 있으나, 민법상의 위험부담의 원칙에 따라 매도인이 그 위험을 부담하는 것으로 봄이 타당하다. 대금지급의 유예의 경우에 있어서는, 매수인이 매각물을 인도받은 때가 아니라 그 대금을 지급한 때에 비로소 매각물의 소유권을 취득하는 것으로 보아야 할 것이다. 이때 매수인이 그 대금을 지급하지 아니하는 경우에는 집행관이 채무자(원래의 매각물 소유자)를 대신하는 지위에서 낙찰 또는 매각허가에 의한 매매계약을 해제하고 매각물의 반환을 청구할 수 있는 것으로 봄이 타당하다.

3. 매수신청

가. 의의 및 성질

10 매수신청은 매각절차에 참가한 자가 집행관에 대하여 자기를 매수인으로 정하여 매각을 허가해 줄 것을 바라는 신청이다. 매수신청의 성질은 매각의 성질을

어떻게 보느냐에 따라 결론을 달리 한다. 매각을 사법상 매매로 보는 입장에서는 매수신청을 매매의 청약으로 보고, 매각을 공법상 처분으로 보는 입장에서는 공법상 처분 내지 계약의 체결을 구하는 신청으로 보며, 매각을 공법상 처분의 성질과 사법상 매매계약의 성질을 병유하는 것으로 보는 입장에서는 집행관에 대하여 공법상 처분을 구하는 신청이라는 면에서는 소송행위이고 매매계약의 체결을 구하는 면에서는 청약이 될 것이다.

11 판례는 매수신청에 소송행위의 성질이 있다고 보는 입장이다. 매수신청인에게 행위능력이 있어야 하므로, 미성년자의 매수신청 및 그에 대한 매각은 무효이다(대법원 1967. 7. 12.자 67마507 결정. 부동산경매에 관한 것이다). 따라서 미성년자의 매수신청은 법정대리인을 통해서 하여야 한다(대법원 1969. 11. 19.자 69마989 결정). 다만, 민사집행법 제190조의 규정에 따라 부부공유 유체동산을 압류한 경우에 배우자는 매각기일에 출석하여 우선매수할 것을 신고할 수 있고(민사집행법 제206조 제1항), 이 경우 배우자는 미성년자라도 상관없다(민법 제826조의2 참조). 매각은 공법상 처분으로서의 성격과 매매계약으로서의 성격을 모두 가지고 있다고 봄이 타당하므로(☞ 매각의 성질에 관한 상세한 논의는 민사집행법 제199조 주석 참조), 매수신청의 판례와 같이 소송행위적 성질을 고려할 필요가 있다.

나. 매수신청인의 자격

12 채무자는 매수신청을 할 수 없다(민사집행규칙 제158조, 제59조 제1호). 여기의 채무자는 당해 강제집행절차에서 채무자로 취급되는 자를 말하므로 절차법상의 채무자와 동일한 급부의무를 부담하는 실체법상의 연대채무자, 연대보증인 등은 이에 해당되지 않는다. 실질적으로는 채무자가 매수하면서 다른 사람을 내세워 매수신고를 하는 경우에도 마찬가지라고 보아야 한다(민사집행법 제123조 제2항, 제121조 제3호 유추). 그러나 채무자가 다른 사람의 대리인으로서 매수신청을 하는 것은 허용된다.

13 재매각에 있어서 앞의 매각에서의 매수인은 매수신청을 할 수 없다(민사집행법 제205조 제4항). 집행관은 채무자와 재매각절차에서 전의 매수인은 매수신청을 할 수 없음을 미리 알려야 한다[부동산등에 대한 경매절차 처리지침(재민2004-3) 제30조 제3항 유추 적용].

14 집행관 또는 그 친족은 그 집행관 또는 다른 집행관이 매각하는 물건을 매수하지 못한다(집행관법 제15조 제1항). 부동산강제집행절차에서는 '매각절차에 관여한

집행관'만 매수신청을 할 수 없도록 규정하고 있으나(민사집행규칙 제59조 제2호), 집행관이 집행기관인 유체동산집행에는 위 규정을 준용하지 않는다(제158조 참조). 집행관은 다른 사람을 통하여 또는 다른 사람의 대리인으로서도 매수신청을 할 수 없다. 집행관의 사무원도 동일하게 취급함이 타당하다.

15 값이 비싼 물건을 평가하는 감정인 및 그 친족도 매수신청인이 될 수 없다(집행관법 제15조 제2항, 민사집행법 제200조). 또한, 위 조항과의 균형상 값이 비싼 물건 이외의 압류물의 감정인(집행관규칙 제19조)도 당해 사건에서 매수신청을 할 수 없다고 봄이 타당하다. 부동산강제집행절차에서는 '매각 부동산을 평가한 감정인(감정평가법인이 감정인인 때에는 그 감정평가법인 또는 소속 감정평가사)'만 매수신청을 할 수 없도록 규정하고 있으나(민사집행규칙 제59조 제3호), 집행관이 집행기관인 유체동산집행에는 위 규정을 준용하지 않는다(제158조 참조).

16 집행참여자(민사집행법 제10조 제2항 제3호)에 대하여는 견해가 나뉠 수 있으나, 집행참여자란 사실만으로 매수신청자격을 부정할 이유나 근거는 없다고 할 것이다.

17 집행법원을 구성하는 법관이나 법원사무관등(민사소송법 제41조 제1호, 제50조 유추), 집행관이 매각장소의 질서유지를 위하여 매수의 신청을 금지한 자(민사집행법 제204조, 제108조)도 매수신청을 할 수 없다.

18 그 밖에 매수신청인의 자격에 대한 제한은 없으므로 압류채권자나 담보물권자 및 제3취득자는 매수신청인이 될 수 있고, 외국인도 별다른 제한 없이 매수신청인이 될 수 있다.

19 한편 법원은 법령의 규정에 따라 취득이 제한되는 물건에 관하여는 매수신청을 할 수 있는 사람을 정하여진 자격을 갖춘 사람으로 제한하는 결정을 할 수 있다(민사집행규칙 제158조, 제60조). 예를 들면 총포도검, 마약류 등에 매수신청을 할 수 있는 사람을 제한할 수 있다.

20 자격 없는 자에 의한 매수신청이 있을 때에는 집행관은 최고가매수신고인 여부를 가리지 않고 바로 이를 각하하여야 한다.

다. 대리인에 의한 매수신청

21 매수신청은 반드시 본인이 하여야 할 필요는 없으며 대리인을 통해서도 할 수 있다. 법인의 경우에는 대표자나 대리인이 매수신청을 하여야 한다. 매수신청인이 법인인 경우는 대표자의 자격을 증명하는 문서를 집행관에게 제출하여야 한다(민사집행규칙 제147조 제4항, 제62조 제3항). 매수신청인의 대리인은 대리권을 증

명하는 문서를 집행관에게 제출하여야 한다(제147조 제4항, 제62조 제4항).

22 집행관은 매수신청을 받음에 있어 주민등록증 그 밖에 신분을 증명하는 서면이나 대리권을 증명하는 서면에 의하여 본인인지 여부, 행위능력 또는 정당한 대리권의 유무를 확인하여야 한다. 무권대리인의 매수신청을 간과하고 매각을 고지한 경우에는 그 무권대리인이 매수인으로서의 책임을 진다(민법 제135조 참조). 여러 사람이 공동으로 매수신청을 할 수도 있으며 이 경우에는 불가분채무로서 각자 대금지급의무를 지게 된다.

라. 매수신청의 방식

23 매수신청은, 입찰에 있어서는 입찰서를 제출하는 방식으로 하고, 호가경매에 있어서는 말로 하며, 매수신청인이 압류물을 매수하려는 가액을 신고하는 방법으로 한다. 호가경매에 있어서는 매각기일에 매수신청의 액을 서로 올려가는 방법으로 한다(민사집행규칙 제147조 제4항, 제72조 제1항). 매수신청은 소송행위 준하는 것으로서 단순하여야 하고 조건이나 기한 등을 붙일 수 없다. 매수신청인의 수에는 제한이 없다. 매수신청의 가액은 특별매각조건으로 최저매각가격을 정한 경우, 금·은붙이인 경우 등을 제외하고는 아무런 제한이 없다. 다만, 매수신청의 가액이 지나치게 낮은 때에는 집행관은 경우에 따라 매각을 허가하지 아니할 수 있다(제147조 제2항 단서). 부동산매각에서와는 달리, 특별매각조건으로 보증금의 보관을 정하지 않는 이상 매수신청 시에 보증금을 집행관에게 보관시킬 필요는 없다.

24 민사집행법 제190조에 따라 부부공유 유체동산을 압류한 경우에 배우자는 매각기일에 출석하여 우선매수할 것을 신고할 수 있다(민사집행법 제206조 제1항). 이 신고 역시 말로 하면 되고 특별한 방식을 요하지 아니하나, 최고가매수신고가격과 동일한 가격으로 우선매수하겠다는 취지를 표시하여야 한다(제206조 제2항, 제140조 제1항). 이 신고가 있을 때에는 최고가매수신고인에 우선하여 배우자에게 매각을 허가하여야 한다(제140조 제2항).

마. 매수신청의 효력

25 매수신청인은 자기가 신청한 가액보다 고가의 다른 매수신청이 있을 때까지는 자기의 신청가액에 구속되므로(민사집행규칙 제147조 제4항, 제72조 제2항) 임의로 그 신청을 철회할 수 없다. 매수신청은 그보다 고액의 매수신청이 있거나 매각허가 없이 매각절차가 종결된 때에는 실효된다.

26 담합에 의한 매수신청이라 하더라도 앞서 본 바와 같이 그에 기한 매각허가가 당연히 무효로 되지는 않는다. 매수신청에 착오, 기망, 강박 등 의사표시의 하자가 있는 경우의 효력은 매수신청의 법적 성질에 관한 견해에 따라 다르게 보게 된다. 매각을 공법상 처분으로 보는 견해에서는 위와 같은 하자가 매각의 효력에 직접 영향을 미치는 것이 아니므로 그 하자를 이유로 매수신청이나 매각허가를 취소할 수 없다고 본다. 사법설의 입장에서는 일반적인 매매의 경우와 마찬가지로 위 하자를 이유로 매수신청이나 매각허가를 취소할 수 있다고 본다. 절충설에 의하여도 매수신청에 소송행위적 성질이 있음을 인정하는 이상 그 의사표시의 하자를 이유로 매수신청이나 매수를 취소하는 것은 허용되지 않는 것으로 봄이 타당하다.

4. 매각허가의 고지

가. 매각허가

27 매각허가는 최고가매수신청인의 신청을 받아들여 그 사람을 매수인으로 지정하는 것을 말한다. 집행관은 매각에 참가한 자에게 매수신청을 위한 충분한 기회를 부여한 후 그 매수신고인의 성명과 가격을 말한 뒤 매각을 허가한다(민사집행법 제205조 제1항). 호가경매에 있어서는 집행관이 매수신고액 가운데 최고의 것을 3회 부른 후 그 신청을 한 사람의 이름·매수신청의 액 및 그에게 매수를 허가한다는 취지를 고지함으로써 하고(민사집행규칙 제147조 제2항 본문), 입찰에 있어서는 입찰기일에 입찰을 시킨 후 개찰하여 집행관이 최고의 가액으로 매수신고를 한 입찰자의 이름·입찰가격 및 그에 대하여 매수를 허가한다는 취지를 고지함으로써 한다(제151조 제1항·제2항). 유체동산에 대한 입찰에 있어서는 기간입찰 방식이 채택되어 있지 않다. 매수신청을 한 사람이 한사람뿐이라도 무방하다. 최고가매수신청이 두 개 이상 있을 때에는 먼저 매수신청을 한 사람이 최고가매수신청인으로 되고, 동시에 수개의 최고가매수신청이 있을 때에는 집행관의 선택에 의하여 그 중 한 사람에게 매각을 허가하여야 한다. 부부공유 유체동산에 대하여 배우자의 우선매수신고가 있는 때에는 최고가매수신청에 불구하고 그 배우자에게 매각을 허가하여야 한다(민사집행법 제206조 제2항, 제140조 제2항). 이 경우에도 최고가매수신청가격을 먼저 정하여야 하므로 호가경매의 경우 집행관은 최고가매수신청가격을 3회 불러야 한다. 집행관의 매각허가로 매수인이 생기

면 그 밖의 자는 당해 동산에 관해 다시 매수의 신청을 할 수 없다. 매수인이 대금을 지급하기 전에 집행이 정지되거나 취소되면 매수인은 그 지위를 잃는다.

나. 최고가매수신고액을 3회 부른 후 또는 개찰한 후의 매각 불허가

28 그 가격이 3회 불린 최고가매수신고인 또는 개찰의 결과 최고의 가액으로 매수신고를 하였음이 밝혀진 사람은 행위능력이나 대리권에 흠결이 있는 경우를 제외하고는 당연히 매각허가를 받을 권리가 있다고 보는 견해도 있을 수 있으나, 민사집행규칙 제147조 제2항은 매수신청의 액이 상당하지 아니하다고 인정하는 경우에는 매수를 허가하지 아니할 수 있다고 규정하고 있으므로 그와 같이 보기는 어렵다. 다만, 매각에는 공적 처분으로서의 성질이 있음에 비추어 최고가매수신고인의 성명과 가격을 말한 뒤에 그에게의 매각을 허가하지 아니하는 것은 매우 신중히 하여야 한다. 일반적으로 최고가매수신고인에게 매수신청자격이 없는 경우, 최저매각가격의 정함이 있는데 그에 미달하는 최고가매수신고인 경우 등에 대하여 매각을 허가하지 아니하여야 할 것이고, 그 경우 매각기일을 속행 또는 연기하여야 한다.

29 최고가매수신청가격이 지나치게 낮은 경우도 집행관이 재량으로 매각 여부를 결정할 수 있다는 견해가 유력하다. 또 값비싼 물건에 있어서는 민사집행법 제200조의 규정 취지 등에 비추어 평가액에 미달하는 매수신청에 대하여는 매각을 허가하지 아니하고 매각기일을 속행 또는 연기하여 평가액을 낮춘 후 다시 매각함이 타당하다. 최고가매수신고인에게 위와 같은 매각불허가사유가 없는 한 집행관은 반드시 매각을 허가하여야 한다. 매각조건으로 공고되지 않은 사유로 매각을 거부할 수 없다. 집행관이 정당한 사유 없이 매각을 거부하는 때에는 이해관계인은 집행에 관한 이의를 할 수 있다.

30 집행관이 최고가매수신고인의 성명과 가격을 말하였더라도 그 매각을 허가하지 아니할 수 있으므로 채무자는 집행관이 매각허가를 고지하기 전까지는 집행채권과 집행비용을 지급하고 매각을 종결시키거나 민사집행법 제49조의 서류를 제출하여 매각을 저지시킬 수 있다.

다. 매각허가의 실효

31 매각허가는 압류를 전제로 하므로 압류가 부존재이거나 무효인 때에는 매수신청이나 매각허가 역시 무효이다. 매수신고인에게 행위능력이 없는 때에도 같다(대법원 1967. 7. 12.자 67마507 결정, 대법원 1969. 11. 19.자 69마989 결정).

32 최고가매수신고인 이외의 사람에게 매각을 허가하는 등의 사유로 이해관계인이

집행에 관한 이의를 하여 집행법원의 취소 결정이 있는 때에도 매각허가의 효력이 상실된다.

5. 매각의 중지

33 여러 개의 물건이 압류된 경우에 이를 순차로 매각하여 그 매각대금으로 채권자에게 변제하고 집행비용에 충분하게 된 때에는 즉시 매각을 중지하여야 한다. 그러나 일괄매각의 경우에는 그러한 제한이 없다(민사집행법 제207조).

6. 매각의 불성립

34 매각기일에 매수신고가 없거나 매수신고가 있더라도 그 가격이 현저히 저렴하여 집행관이 매각을 허가하지 아니한 때에는 그 기일을 속행 또는 연기하고 새로운 기일을 정하거나 민사집행법 제214조의 규정에 의한 특별한 현금화의 방법을 취하고, 매수신청가격이 낮아 잉여의 가망이 없다고 인정하는 때에는 민사집행법 제188조 제3항의 규정에 따라 압류를 취소하여 집행절차를 종결할 수도 있다.

IV. 매각허가의 효과

1. 개요

35 유체동산매각에 있어서는 부동산매각과는 달리, 대금지급과 물건을 인도할 날을 매각기일과 다른 날로 정한 경우를 제외하고는 매각기일에 매각허가와 대금지급, 물건의 인도가 모두 이루어진다.

2. 대금의 지급

36 매수인은 매각조건에서 별도의 대금지급기일을 정한 때에는 그 기일에, 그 정함이 없는 때에는 매각기일이 마감되기 전에 매수대금을 지급하여야 한다(민사집행법 제205조 제2항·제3항, 민사집행규칙 제149조 제1항 본문). 대금지급기일이 따로 정해져 있는 경우에는 그 대금지급기일에 대금이 지급되었는지를 기록에 적어야 한다(제149조 제7항).

37 매수인이 여러 사람인 때에는 각자 전액을 지급할 의무가 있고 그들 사이의 관계는 불가분채무이다. 대금은 현금으로 지급하여야 한다. 금융기관이 발행한 자기앞수표는 현금에 준하여 취급된다.[2] 채권자가 매수인인 경우에 다른 배당요구

2 법원실무제요, 민사집행[IV], 사법연수원(2020), 96.

채권자가 없을 때에는 매각대금과 집행채권을 대등액에서 상계할 수 있으나, 다른 배당요구채권자가 있는 때에는 그들과 배당협의가 성립한 경우에 한하여 상계할 수 있다. 매각대금은 집행관에게 지급한다. 집행관은 집행기관으로서 이를 영수하며, 담보를 제공하거나 공탁을 하여 집행에서 벗어날 수 있도록 채무자에게 허가한 때를 제외하고는 집행관이 매각대금을 영수한 때 채무자가 지급한 것으로 본다(민사집행법 제208조). 매수인이 대금지급의무를 게을리하면 재매각한다(제208조 제3항).

3. 매각물의 인도

38 집행관은 매수인의 대금을 수령하는 것과 맞바꾸어 매각물을 매수인에게 인도하여야 한다(민사집행법 제205조 제2항). 인도는 매각물에 대한 사실적 지배를 이전하는 것이다. 집행관은 어느 누구의 대리인도 아니기 때문에 점유개정(민법 제189조)이나 목적물 반환청구권의 양도(제190조)에 의한 인도는 허용되지 않는다.

39 매각에 의한 목적물의 인도는 평온·공연하게 이루어진 것으로 추정된다(대법원 1967. 6. 13. 선고 67다601 판결). 또한 유체동산 경매에 있어서 매수인은 대금의 지급과 상환으로 목적물을 인도받은 때에 해당 동산에 대한 소유권을 취득하는 것이고, 집행관으로서는 경매 목적물의 소유권에 대한 다툼이 없도록 하고 대금을 납부한 매수인이 그 목적물을 언제든지 가져갈 수 있는 상태에 둠으로써 인도의무를 다한 것이라고 보아야 한다. 따라서 그 목적물의 소유권 귀속이나 취거 또는 수거의 당부 자체에 관한 문제가 아니라, 목적물의 성상 또는 상황적인 요인 등으로 비롯된 매수인과 목적물을 보관하는 자 또는 그 밖의 이해관계인 등 사이에 단지 현실적인 목적물의 분리·취거 내지 그 비용 부담 등에 대한 의견 차이로 매수인이 현실적으로 목적물을 분리·취거하지 않거나 못하고 있다 하더라도, 이는 특별한 사정이 없는 한 그들 사이에서 자율적으로 협의·해결되어야 할 목적물의 분리·취거 방법 등과 관련한 사실상의 문제에 불과한 것이고, 그 때문에 집행관의 매수인에 대한 관계에서의 목적물 인도 자체가 이루어지지 않은 것이라 볼 수는 없다.[3]

3 법원실무제요, 민사집행[IV], 사법연수원(2020), 98.

40 매수인이 대금을 지급하였음에도 불구하고 인도를 하지 않는 경우에 집행관을 상대로 그 인도를 소구할 수는 없고, 집행에 관한 이의로 다투어야 한다. 이와 반대로 매수인이 대금지급을 하고도 인도를 받지 않는 경우에는 수령지체에 해당하여 집행관이 목적물을 공탁할 것이라는 견해가 있다.[4] 앞서 본 바와 같이 집행관으로서는 대금을 납부한 매수인이 그 목적물을 언제든지 가져갈 수 있는 상태에 둠으로써 인도의무를 다한 것이라고 보아야 하므로, 매수인의 수령지체가 있어도 집행관이 인도의무를 이행하지 못하게 되는 상황을 상정하기는 어려우나, 매각에는 사법상 매매의 성격도 있어 채권자가 변제를 받지 않으면 목적물을 변제공탁할 수 있다고 할 것이므로, 집행관이 그와 같은 사유로 공탁하고자 할 때 이를 막을 이유는 없다고 할 것이다.

4. 매수인의 소유권 취득

가. 매수인의 소유권 취득시기

41 유체동산매각에 있어서 매수인의 소유권 취득시기에 관하여는 매각의 성립, 즉 매각허가의 고지에 의하여 소유권을 취득한다는 견해가 있을 수 있으나, 민법이 물권변동에 관하여 형식주의를 취하고 있는 점과 민사집행법 제205조 제2항의 규정을 고려할 때 매수인이 대금의 지급과 서로 맞바꾸어 목적물을 인도받을 때 소유권을 취득한다고 보아야 한다. 따라서 채무자 등은 매수인이 목적물을 인도받아 그 소유권을 취득하기 전까지만 집행에 관한 이의를 할 수 있다. 또 매수인이 목적물의 소유권을 취득한 뒤에는 집행채권자는 강제집행의 신청을 취하할 수 없다.

나. 매각절차상 하자와 매수인의 소유권 취득

42 매각절차상의 하자, 예를 들어 압류금지물을 압류하여 매각한 경우, 집행정지서류가 제출되었음에도 매각절차를 진행하여 매각한 경우, 매각조건이나 매각의 일시·장소를 잘못한 경우 등의 사유가 있더라도 매수인의 소유권 취득에는 영향이 없다. 이와 같은 것들은 매각의 본질적 요소가 아니기 때문이다. 담합에 의한 경우라도 매각 자체가 무효로 되지는 않는다(☞ 이에 관한 상세는 민사집행법 제199조 주석 참조). 그러나 매각의 기초인 압류 자체가 무효이거나 부존재인 경우에는 매수인이 소유권을 취득할 수 없다.

4 稻葉威雄, "競賣人が代金を支拂つたが物件を引き取らない場合, 再競賣が許されるか", 判例タイムズ No.182, 判例タイムズ社(1965), 104.

다. 제3자 소유물의 매각과 매수인의 소유권 취득

43 압류된 물건이 제3자의 소유인 경우에도 매수인이 소유권을 취득하는지에 관하여는 견해가 나뉜다. 매각이 공법상 처분으로서의 성질을 가진다는 점을 중시하는 입장에서는, 매수인의 소유권 취득을 원시취득이라고 하면서 매각물이 누구의 소유인가를 불문하고 매수인의 선의·악의에 관계없이 매수인은 그 소유권을 취득한다고 주장한다. 이에 반하여 매각의 사법상 매매로서의 성질을 중시하는 입장에서는, 매수인의 소유권 취득은 승계취득이고 제3자 소유물을 매수한 경우에는 적법하게 소유권을 취득할 수 없다고 하며, 민법 제578조, 제580조 제2항 등은 이를 전제로 하는 것이라고 한다. 다만 뒤의 견해에서는 매수인이 민법상 선의취득의 법리에 의하여 보호될 수 있다고 본다.[5] 뒤의 견해가 다수설이다.[6]

44 판례 중에는 앞의 견해에 따른 것도 있고, 뒤의 견해에 따른 것도 있다. 즉 채무자가 점유하는 제3자 소유의 목재에 대하여 인도강제집행한 사안에서, "집행관이 이 사건 목재에 관한 채무자의 점유를 풀고 이를 점유한 후 다시 매수인에게 인도한 이상 매수인은 이 사건 목재에 관한 점유권과 소유권을 적법하게 취득하였다 할 것이고, 이 사건 목재가 제3자의 소유에 속한다고 하더라도 제3자가 이러한 사유를 원인으로 하여 이 사건 강제집행이 종료되기 이전에 집행방법에 대한 이의를 하거나 제3자이의소송을 제기하고 그 집행정지를 하여 두지 아니한 이상 이미 이 사건 목재에 대한 인도강제집행이 완료되었다면 이 집행이 당연무효가 될 수 없다."(대법원 1972. 4. 25. 선고 72다52 판결)고 하여 앞의 견해를 지지하는 것으로 보이는 것도 있고, 집행채무자가 제3자에게 양도담보로 제공한 유체동산에 대하여 채권자가 강제집행을 신청하여 배당을 받은 사안에서, "집행채무자의 소유가 아닌 경우에도 강제집행절차에서 그 유체동산을 경락받아 경락대금을 납부하고 이를 인도받은 경락인은 특별한 사정이 없는 한 그 소유권을 선의취득의 방법으로 취득하고 이에 따라 양도담보권자는 그 소유권을 상실하게 된다."(대법원 1997. 6. 27. 선고 96다51332 판결)고 판시하여 뒤의 견해에 따른 것으로 보이는 것도 있다. 매각은 공법상 처분으로서의 성격과 매매계약으로서의 성격을 모두 가지고 있다고 봄이 타당하고, 매수인의 소유권 취득은 승계취득에 해당하므로, 다수설과 같이 보는 것이 타당하다(☞ 상세한 논의는 민사집행법 제199조 주석 참조).

5 일본의 판례이다. 日大判 1934. 10. 26. (民集 8, 229), 日最判 1967. 5. 30. (民集 21-4, 1011).
6 법원실무제요, 민사집행[IV], 사법연수원(2020), 99.

라. 매수인의 선의취득과 배당받은 채권자의 부당이득반환의무

45 채무자 아닌 사람의 소유에 속하는 유체동산을 경매한 매각절차에서 그 동산을 매수하여 매각대금을 납부하고 이를 인도받은 매수인이 동산의 소유권을 선의취득한 경우 그 동산의 매각대금은 채무자의 것이 아니므로 채권자가 이를 배당을 받았다고 하더라도 채권은 소멸하지 않고 계속 존속한다. 따라서 배당을 받은 채권자는 이로 인하여 법률상 원인 없는 이득을 얻고 소유자는 매각에 의하여 소유권을 상실하는 손해를 입게 되므로 그 동산의 소유자는 배당을 받은 채권자에 대하여 부당이득으로서 배당받은 금원의 반환을 청구할 수 있다(대법원 2003. 7. 25. 선고 2002다39616 판결).[7]

마. 선의취득한 매수인과 배당받은 채권자가 동일한 경우 부당이득반환의 대상

46 채무자 아닌 사람의 소유에 속하는 유체동산을 경매하여 그 매각대금을 배당받은 채권자가 매수인으로서 선의취득자의 지위를 겸하고 있는 경우, 배당받은 채권자가 법률상 원인 없이 이득을 한 것은 배당액이지 선의취득한 동산이 아니다. 따라서 유체동산의 전소유자가 임의로 그 동산을 반환받아 가지 않는 이상 동산 자체를 반환받아 갈 것을 요구할 수는 없고 단지 배당금을 부당이득으로 반환할 수밖에 없다(대법원 1998. 6. 12. 선고 98다6800 판결).[8]

바. 매도인의 담보책임

47 매수인의 소유권 취득의 성질이 어떠한지와 무관하게 매각에는 담보책임에 관한 특별규정이 있다(민법 제578조, 제580조 제2항). 다만, 유체동산집행에서의 매수인에 관해서 선의취득의 규정이 적용된다고 보면, 매도인의 담보책임에 관한 민법 제578조의 규정은 일반적으로 적용될 여지가 없고, 다른 한편 매도인의 하자담보책임에 관한 민법 제580조 제1항의 규정도 적용되지 않으므로(제580조 제2항), 결국 매수인은 자신의 위험으로 유체동산을 매수하는 것이 된다.[9]

V. 집행조서(호가경매조서·입찰조서)의 작성

48 집행관이 매각기일을 실시한 때에는 호가경매조서 또는 입찰조서를 작성하여야

7 일본 판례도 같은 입장이다. 日大判 1932. 10. 24. (民集 11, 2187).
8 상세한 논의는 제철웅, "집행채무자 아닌 제3자 소유 동산의 경매와 부당이득반환의무", 인권과 정의 제279호, 대한변호사협회(1999. 11.), 159 이하 참조.
9 김상수, 민사집행법(제4판), 법우사(2015), 301.

한다(민사집행법 제10조, 민사집행규칙 제6조, 제150조, 제151조 제3항). 이러한 집행조서는 집행관의 집행행위의 내용을 명백히 하고 그 절차가 적법, 공정하게 이루어졌음을 담보하는 것이므로 그 기재의 오류나 하자는 매각의 효력에는 영향이 없다. 집행조서에는 제10조 제2항 각 호의 사항 외에 매수인의 표시·매수신고가격 및 대금의 지급 여부, 배우자의 우선매수신고가 있는 경우에는 그 취지와 배우자의 표시, 적법한 매수신고가 없는 때에는 그 취지, 대급지급기일을 정하여 호가경매를 실시한 때에는 대급지급일과 매수인의 매수신고보증의 제공방법 등을 적어야 하고(민사집행규칙 제150조 제1항), 매수인 또는 그 대표자나 대리인은 조서에 서명날인하여야 하고, 그들이 서명날인할 수 없는 때에는 집행관이 그 사유를 적어야 한다(제150조 제2항, 제151조 제3항).

VI. 재매각

1. 재매각의 요건

49 매수인이 ① 매각조건에 정한 지급기일에 대금의 지급과 물건의 인도청구를 게을리하거나 또는 ② 지급기일을 정하지 아니한 경우로서 매각기일의 마감에 앞서 대금의 지급과 물건의 인도청구를 게을리한 때에는 집행관은 재매각을 실시하여야 한다(민사집행법 제205조 제3항). 재매각은 매수인이 대금지급의무를 게을리한 효과로서 매각허가를 취소하고 다시 매각을 하는 것으로서, 원래의 채무자의 계산으로 행한다. 민사집행법 제205조 제3항은 매수인이 '대금의 지급과 물건의 인도청구를 게을리한 때'에는 재매각하여야 한다고 규정하고 있으나, 이는 대금의 지급과 맞바꾸어 매각물을 인도하여야 한다는 것을 의미할 뿐이고, 매수인이 대금은 지급하였으나 물건의 인도청구만을 게을리하고 있는 경우에는 재매각할 것이 아니다.

2. 재매각의 절차

50 재매각의 절차는 전의 매각과 동일하다. 따라서 재매각에 있어서도 집행관의 목적물에 대한 점유가 확보되고, 매각할 물건을 일일이 제시하여야 할 것이므로 전의 매각에서 특별매각조건에 의하여 대금지급이 유예되어 목적물이 전의 매수인에게 인도된 경우에는 이를 회수하여야 한다. 다만 전의 매각과 달리, 재매각절차에서는 전의 매수인이 절차에 참가하지 못하고, 뒤의 매각대금이 처음의 매각대

금보다 적은 때에는 그 부족한 액수를 부담하여야 한다(민사집행법 제205조 제4항).

3. 전의 매수인에 대한 제재

가. 재매각절차에의 참가금지

51 재매각에 있어서 전의 매수인은 매각절차에 참가하지 못한다. 매수대금의 지급을 게을리하였으므로 대금지급능력이 없거나 매수할 의사가 없는 것으로 보기 때문이다.

나. 부족액의 부담

52 재매각에서의 매각대금이 처음의 매각대금보다 적은 때에는 전의 매수인은 그 부족한 액수를 부담하여야 한다. 이 책임의 성질은 실체법상의 손해배상책임이다. 따라서 채권자가 재매각에서 완전한 만족을 얻은 때에는 채무자가, 채권자가 완전한 만족을 얻지 못한 때에는 채권자가 전의 매수인에 대하여 재판상으로 또는 재판 외에서 부족액의 부담을 청구할 수 있다.

53 이 경우 뒤의 매각가격이 처음의 매각가격에 미치지 아니하는 때는 전의 매수인이 제공한 매수신고의 보증은 그 차액을 한도로 매각대금에 산입하고(민사집행규칙 제149조 제5항 전문), 나머지가 있는 때에는 이를 전의 매수인에게 반환한다. 만일 전의 매수인이 제공한 보증의 액이 양 매각가액의 차이보다 적은 때에는 보증 전액을 매각대금으로 산입하며, 그 부족한 액수는 전의 매수인이 여전히 부담한다(민사집행법 제205조 제4항).

54 위와 같이 민사집행규칙 제149조 제5항 전문에 따라 전의 매수인이 제공한 매수신고의 보증을 그 차액을 한도로 매각대금에 산입할 경우 매수인은 매수신고의 보증금액 가운데 매각대금에 산입되는 금액에 상당하는 부분의 반환을 청구할 수 없다(민사집행규칙 제149조 제5항 후문). 민사집행법 제205조 제4항 후단은 재매각의 경우 전의 매수인은 뒤의 매각대금이 처음의 매각대금보다 적은 때에는 그 부족한 액수를 부담하여야 한다고 규정하고 있는데, 보증이 제공되어 있는 경우에는 민사집행규칙 제149조 제5항 후문에 의하여 그 부담이 이루어진다. 부동산의 매각에 관하여는 대금을 납부하지 아니하면 전의 매수인은 보증금의 전액이 몰취되지만(민사집행법 제138조 제4항 후단), 동산의 경우는 매각대금에 포함되는 부분의 반환만을 청구할 수 없게 되는 점이 다르다. 즉 유체동산매각에는 민사집행법 제138조 제4항, 제147조 제1항 제5호와 같은 규정이 없으므로 보증금

중 전의 매수인이 부담하여야 할 차액을 넘는 부분은 매각절차의 종결 후에 전의 매수인에게 반환하여야 할 것이다. 이와 같이 보증금액 가운데 반환을 청구할 수 없는 부분은 다시 매각을 실시한 결과 새로운 매수인과 매수가격이 정하여지기까지는 확정되지 아니하므로 결국 재매각의 실시가 종료할 때까지 그 전액을 반환할 수 없게 된다.

55 재매각절차에서 보다 고가로 매각되었어도 전의 매수인이 그 차액을 청구할 수는 없다.

제 206 조 [배우자의 우선매수권]

① 제190조의 규정에 따라 압류한 유체동산을 매각하는 경우에 배우자는 매각기일에 출석하여 우선매수할 것을 신고할 수 있다.
② 제1항의 우선매수신고에는 제140조 제1항 및 제2항의 규정을 준용한다.

[관련조문] 민사집행법 제140조, 민법 제826조의2, 제190조, 제221조, 민사집행규칙 제154조

[참고문헌] 법원실무제요, 민사집행[Ⅳ], 사법연수원(2020)
小室直人, 夫婦財産に對する强制執行, 現代家族法大系2, 有斐閣(1980)

Ⅰ. 개설

1 민사집행법 제206조는 부부공유 유체동산을 압류한 경우에 채무자 아닌 배우자에게 우선매수권을 인정하고 있다. 공유자인 배우자는 민사집행법 제206조의 우선매수권 외에 그 공유지분에 해당하는 매각대금의 지급요구권(민사집행법 제221조)이 있다.

Ⅱ. 입법취지 및 입법례

1. 입법취지

2 실체법인 민법 제830조 제2항이 귀속불명재산을 부부의 공유로 추정하고 있음에 반하여, 절차법인 민사집행법 제190조는 부부공유의 유체동산 중 채무자가 단독으로 점유하거나 그 배우자와 공동으로 점유하는 것을 일단 채무자의 단독소유인 것과 같이 압류할 수 있게 하고 있다. 공유자인 배우자에게 우선매수권을 부여함으로써 이와 같은 실체법과 절차법 사이의 괴리를 완화하는 한편, 민사집행법 제190조의 규정에 의하여 압류되는 물건의 특수성, 즉 부부가 가정생활에서 공동으로 점유·사용하는 물건이거나 채무자가 점유·사용하는 물건은 그 사용자 내지는 소유자로 하여금 매수하도록 하는 것이 현금화에 용이할 뿐 아

니라 보다 고가로 현금화할 수 있다는 점을 고려한 것이다. 이 점에서 민사집행법 제206조는 부동산의 공유지분매각에서 공유자에게 인정되는 우선매수권(민사집행법 제140조)과 취지를 같이 한다.

2. 입법례 및 입법론

3 민사집행법 제206조에 관하여는 입법론상 재고할 여지가 있다. 민사집행법 제190조, 제221조는 모두 압류된 부부공유 유체동산 중 채무자의 지분에 해당하는 부분만을 매각·현금화하는 것이 아니라 그 압류물 전체를 매각·현금화한 것을 전제하고 있다. 그런데 매각되는 유체동산 중 채무자의 지분을 제외한 나머지 부분은 그 배우자의 소유에 속하는 것이므로, 민사집행법 제206조의 규정대로면 채무자 아닌 배우자는 자신의 소유물을 매수하는 셈이 되어 부당하다. 부동산 지분의 매각에서는 그 목적물이 다른 사람의 공유지분이므로 이러한 문제가 발생하지 않는다. 독일 민법 제1362조 제1항 전문이 '부부 일방 또는 쌍방의 점유에 있는 동산은 부 또는 처의 채권자를 위해서는 채무자의 소유에 속하는 것으로 추정한다'고 규정하고, 독일 민사소송법 제739조에서는 위와 같은 경우 강제집행에 있어서는 제3자의 권리를 해하는 경우를 제외하고는 채무자만을 소지자 및 점유자로 본다고 규정함으로써 실체법의 규정에 의하여 해결하려는 태도를 취하고 있고, 일본 민사집행법의 입법과정에서 채무자 아닌 배우자에게 공유지분에 해당하는 매각대금의 분배청구권만을 부여하기로 하는 논의가 이루어졌던 것[1](실제 입법이 되지는 않아 일본 민사집행법에는 우선매수권이나 매각대금 지급청구권 규정이 없다)은 위와 같은 고려를 바탕으로 하는 것으로 볼 수 있다. 독일 민법 제1362조 제1항과 같은 실체법상 간주규정을 두고 있지 않은 우리 법제 아래에서는 채무자 아닌 배우자의 보호는 매각대금의 지급청구권으로써 충분하다고 할 것이다.

Ⅲ. 우선매수권의 내용

1. 의의

4 민사집행법 제190조의 규정에 따라 압류한 부부 공유의 유체동산을 매각하는 경우에 배우자는 매각기일에 출석하여 최고가매수신고가격과 같은 가격으로 우선매수할 것을 신고할 수 있고, 이 신고가 있으면 최고가매수신고가 있더라도

1 小室直人, 夫婦財産に對する强制執行, 現代家族法大系2, 有斐閣(1980), 77.

그 배우자에게 매각을 허가하여야 한다(민사집행법 제206조 제2항, 제140조 제2항). 이를 배우자의 우선매수권이라 한다. 우선매수신고는 민사집행법 제190조의 규정에 따라 압류한 유체동산을 매각하는 경우에 할 수 있으므로, 배우자가 공유지분을 가지지 아니하는 채무자 단독소유인 유체동산을 매각하는 경우에는 이를 행사할 수 없다.

2. 우선매수신고의 방법 및 시기

5 우선매수신고는 매각기일에 출석해서 하여야 한다. 신고의 방법에는 특별한 방식을 요하지 아니하므로 일반의 매수신청과 같이 말로 하면 되고, 최고가매수신고가격과 동일한 가격으로 우선매수하겠다는 취지를 표시하여야 한다(민사집행법 제206조 제2항, 제140조 제1항). 이 신고는 호가경매의 경우 매각기일의 종료, 즉 집행관이 최고가매수신고가격을 3회 부른 후 매각을 허가하기 전까지, 입찰의 경우 최고가매수신고인에게 매각을 허가하기 전까지 하여야 한다. 매각기일이 개시된 후면 매수신고가 있기 전에는 물론 최고가매수신고인이 정하여진 이후라도 무방하나, 부동산공유지분의 매각에서와는 달리, 매각기일에 출석하여 신고하여야 하므로 매각기일 개시 전의 서면에 의한 신고는 허용되지 않는다. 형식상 민사집행법 제140조 제1항 전단의 보증제공의무에 관한 규정도 준용되나, 일반적으로 유체동산매각에서는 매수신고에 보증의 제공을 요하지 아니하므로 배우자의 우선매수신고에도 보증을 제공할 필요는 없다. 다만, 특별매각조건으로 매수신청에 보증의 제공을 요구한 경우에는 배우자가 우선매수신고를 할 때도 보증을 제공하여야 할 것이다. 우선매수신고는 대리인에 의하여서도 할 수 있다. 우선매수신고를 함에는 매수신청과 같이 의사능력과 행위능력이 있어야 하나, 이는 채무자의 배우자가 하는 것이므로 미성년자라도 무방하다. 혼인함으로써 성년으로 의제되기 때문이다(민법 제826조의2).

IV. 우선매수신고의 효과

1. 최고가매수신고인이 정해지기 전

6 최고가매수신고인과 그 매수신고가격이 정하여지기 전의 우선매수신고는 매수가격을 특정하지 않은 채, 단순히 최고가매수신고가격과 같은 가격으로 매수하겠다는 신고를 하고, 매각의 결과 정하여지는 최고가매수신고가격이 곧 우선매

수신고가격이 된다. 집행관은 최고가매수신고 가격 등을 부르기 전에 우선매수신고가 있는 경우에는 그에 불구하고 매각절차를 진행하여 최고가매수신청인과 최고가 매수신청가격을 정하여야 한다. 그 가격이 우선매수가격이 되기 때문이다.

2. 최고가매수신고인이 정해진 후

7 이에 비하여, 최고가매수신고인이 정하여진 이후에 하는 우선매수신고는 그 최고가매수신고가격을 우선매수신고가격으로 하는 것이고 그 이후 기왕의 최고가매수신청인 또는 다른 매수신청인은 더 이상 매수신청을 할 수 없다.[2] 우선매수신고는 채무자 아닌 배우자에게 부여된 권리이므로 포기할 수도 있다.

3. 배우자에 대한 매각허가

8 적법한 우선매수신고가 있는 경우에는 최고가매수신고에 불구하고 채무자의 배우자에게 매각을 허가하여야 한다(민사집행법 제206조 제2항, 제140조 제2항).

V. 제206조에 위반한 매각허가에 대한 불복

9 적법한 우선매수신고가 있음에도 불구하고 집행관이 이를 무시한 채 최고가매수신고인에게 매각을 허가한 경우, 우선매수신고를 한 배우자는 집행에 관한 이의로써 다툴 수 있다. 그 배우자 이외의 사람은 불복할 이익이 없다.

2 법원실무제요, 민사집행[Ⅳ], 사법연수원(2020), 91.

제 207 조 [매각의 한도]

매각은 매각대금으로 채권자에게 변제하고 강제집행비용을 지급하기에 충분하게 되면 즉시 중지하여야 한다. 다만, 제197조 제2항 및 제101조 제3항 단서에 따른 일괄매각의 경우에는 그러하지 아니하다.

[관련조문] 민사집행법 제53조, 제101조 제3항 단서, 제188조 제2항, 제197조 제2항, 제101조 제3항, 제53조, 제258조 제6항, 민사집행규칙 제140조, 제141조, 제142조

Ⅰ. 개설

1 매각은 채권자의 채권만족을 위하여 국가가 강제적으로 채무자의 재산을 현금화하는 것이므로 채권자의 채권 전액이 변제되고 강제집행의 비용이 변상되면 그 목적을 달성하여 더 이상의 매각은 불필요하므로, 민사집행법 제207조는 그 내용을 규정하고 있는 것이다. 그러나 일괄매각에서 재산을 분리하여 매각하면 그 경제적 효용이 현저하게 떨어지는 경우나 채무자가 초과매각에 동의한 경우 (☞ 민사집행법 제197조 주석 참조)에는 성질상 매각의 한도를 적용할 필요가 없으므로, 민사집행법 제207조 단서에서 예외를 규정하고 있다.

Ⅱ. 입법취지 및 입법례

2 민사집행법 제207조는 과잉압류를 금지하는 민사집행법 제188조 제2항과 취지를 같이한다.

3 독일 민사소송법 제818조는 '매각대금으로 채권자를 만족시키고 강제집행비용을 변제하기에 충분한 경우 경매를 즉시 정지한다'고 규정하여 같은 취지의 조문을 두고 있다.

Ⅲ. 매각중지의 기준

1. 원칙

4 여러 개의 압류된 물건을 순차로 매각하는 경우에 그 매각대금으로 채권자에게 변제하고 강제집행비용을 지급하기에 충분하게 되면 즉시 매각을 중지하여야 한다. 매각의 중지는 이미 매각한 것을 제외하고 더 이상 추가로 매각하지 아니하는 것을 의미한다. 민사집행법 제207조의 채권자에는 압류물의 매각대금으로 배당을 받을 자, 즉 집행채권자, 이중압류채권자, 배당을 요구한 채권자 및 가압류채권자가 포함된다. 채권액에는 원본뿐만 아니라 이자 및 지연손해금도 포함된다.

5 강제집행비용은 민사집행법 제53조의 규정에 의하여 채무자가 부담할 비용, 즉 강제집행 준비비용과 그 실시비용을 말한다(그 구체적인 범위에 관하여는 민사집행법 제53조 주석 참조). 강제집행의 비용은 채권자가 예납하여야 하는 것이지만(민사집행법 제18조), 압류물의 매각대금으로부터 우선적으로 변상받는다(제53조 제1항).

6 유체동산집행에 있어서는 집행관이 매각대금을 영수한 때까지 배당요구를 할 수 있으므로(민사집행법 제220조 제1항 제1호) 민사집행법 제207조의 채권액과 강제집행비용도 이때를 기준으로 산정하여야 한다. 따라서 채권액 계산에 있어 이자 및 지연손해금도 매각대금을 영수한 때, 즉 매각기일까지의 것만을 가산하여야 하고 실제로 배당하는 날까지의 것을 가산하여서는 아니 된다.

2. 예외(일괄매각)

7 유체동산의 일괄매각은 두 가지 형태로 이루어진다. 하나는 여러 개의 유체동산을 일괄매각하는 것이고(민사집행법 제197조), 다른 하나는 부동산 등과 유체동산을 일괄매각하는 것이다(제98조 제2항).

8 어느 경우나 일괄매각 대상인 재산 가운데 일부의 매각대금으로 채권자의 채권액과 강제집행비용을 변제하기에 충분하면 다른 재산의 매각을 허가하지 아니하는 것이 원칙이지만, 여러 개의 유체동산을 분리하여 매각하면 그 경제적 효용이 현저하게 떨어지는 경우나 채무자의 동의가 있는 경우에는 일부의 매각대금만으로 채권자의 채권액과 강제집행비용을 변제하기에 충분하더라도 일괄하여 매각할 수 있다(민사집행법 제197조 제2항, 제101조 제3항 단서). 민사집행법 제207조를 적용하지 않고 일괄매각을 하는 것이 채권자와 채무자 모두에게 유리하거나 채무자가 그와 같은 매각을 원하기 때문이다.

Ⅳ. 중지 후의 조치

1. 압류의 취소

9 민사집행법 제207조의 규정에 해당하여 매각을 중지한 때에는 아직 매각하지 아니한 나머지 압류물에 대한 압류를 취소하여야 한다(민사집행규칙 제140조 제1항). 집행관은 그 압류물을 수취할 권리 있는 사람에게 압류취소의 통지를 하고 그 소재장소에서 이를 인도하여야 하며, 그 압류물을 수취할 권리 있는 사람이 압류물을 보관 중인 때에는 그 취지를 통지하면 된다(제142조 제1항). 압류물을 수취할 권리를 갖는 사람이 채무자 이외의 사람인 때에는 집행관은 채무자에게 압류가 취소되었다는 취지를 통지하여야 한다(제142조 제2항).

10 채무자가 압류물의 수취권자인 경우 채무자가 민사집행법 제207조의 규정에 의하여 압류가 취소되는 압류물의 수취를 거부하거나 태만히 하는 때에는 집행관은 집행법원의 허가를 얻어 그 물건을 매각하여 비용을 뺀 나머지 대금을 공탁하여야 한다(민사집행규칙 제142조 제3항, 민사집행법 제258조 제6항).

2. 매각잉여금의 처리

11 민사집행법 제207조의 규정에 의하여 매각을 중지하더라도 이미 실시한 매각의 매각대금으로 채권액과 집행비용을 변상하고도 잉여가 있을 수 있다. 이 잉여금은 채무자에게 지급할 것이지만, 채무자의 주소가 불명한 때에는 집행관은 민법 제487조의 규정에 따라 변제공탁을 할 수 있다.

Ⅴ. 잉여의 가망이 없는 경우와 매각의 가망이 없는 경우의 압류의 취소

1. 잉여의 가망이 없는 경우

12 압류물을 현금화하여도 집행비용 외에 남을 것이 없는 경우에는 집행하지 못한다(민사집행법 제188조 제3항). 이는 집행개시의 장애사유이다. 그러한 장애사유가 없다고 판단하여 집행에 착수하여 유체동산을 압류하였으나, 매각에 이르기 전에 매각하더라도 압류채권자의 채권에 우선하는 채권과 집행비용 외에 남을 것이 없겠다고 인정하는 때에는 매각절차를 속행할 아무런 이유가 없으므로 압류를 취소하여야 한다(민사집행규칙 제140조 제2항).

2. 매각의 가망이 없는 경우

13 압류물에 관하여 상당한 방법으로 매각을 실시하였음에도 매각의 가망이 없는 때에는 집행관은 그 압류물의 압류를 취소할 수 있다(민사집행규칙 제141조).

VI. 위반의 효과

14 집행관이 민사집행법 제207조에 위반하여 매각을 속행하는 때에는 관계인은 집행에 관한 이의를 할 수 있다. 그러나 일단 매각이 종료된 이후에는 집행관의 불법행위로 인한 손해배상책임은 별론으로 하고, 매각 자체의 효력에는 영향이 없으며, 매수인은 적법·유효하게 소유권을 취득하게 된다.

제 208 조 [집행관이 매각대금을 영수한 효과]

집행관이 매각대금을 영수한 때에는 채무자가 지급한 것으로 본다. 다만, 담보를 제공하거나 공탁을 하여 집행에서 벗어날 수 있도록 채무자에게 허가한 때에는 그러하지 아니하다.

[관련조문] 민사집행법 제42조, 제201조 제2항, 제205조 제2항·제3항, 제222조, 제19조, 민사집행규칙 제155조, 제156조

[참고문헌] 민사집행규칙해설, 법원행정처(2002)

Ⅰ. 개설

1 민사집행법 제208조는 집행관이 금전을 추심한 경우에 관한 민사집행법 제201조 제2항과 동일한 취지의 규정이다. 그 지급의제의 의미와 효과도 민사집행법 제201조 제2항에서와 같이 위험부담의 전환에 그친다. 또 민사집행법 제208조의 '매각대금'은 압류물의 매각에 의한 매각대금뿐 아니라 금·은붙이의 적당한 방법에 의한 매각(민사집행법 제209조 후단), 시가 있는 유가증권의 적당한 방법에 의한 매각(제210조), 집행법원의 명령에 의한 현금화(제214조 제1항) 등에 의하여 현금화한 금전을 포함한다.

Ⅱ. 입법취지 및 입법례

2 민사집행법 제201조 제2항과 마찬가지로 금전의 특성을 고려하여 집행관이 현금으로 제공되는 매각대금을 영수하면 그에 따른 위험부담이 채권자에게 넘어가도록 정한 것이다.

3 독일 민사소송법 제819조도 '집행관에 의한 매각대금의 수령은 채무자 측으로부터의 지급으로 본다. 단, 채무자가 담보제공 또는 공탁으로써 경매를 면할 수 있는 경우에는 그렇지 않다'고 규정하여 같은 취지의 조항을 두고 있다.

Ⅲ. 매각대금 영수의 효과(지급의제)

1. 위험부담의 이전(채무자의 면책)

4 집행관이 압류물의 매각대금을 영수한 때에는 원칙적으로 채무자가 지급한 것으로 본다(민사집행법 제208조 본문). 이는 압류물이 불특정물인 금전으로 변환되어 집행관의 보관 아래 있게 됨을 고려하여, 그 후의 도난이나 분실로 인하여 채권자에게 교부하지 못하게 되는 때에는 채무자는 면책되고 채권자가 그 위험을 부담한다는 것을 의미하고, 그 매각대금의 소유권이 곧바로 채권자에게 이전된다는 의미는 아니다. 집행관의 매각대금 영수 시에 그 매각대금의 소유권이 채권자에게 이전된다는 견해도 있을 수 있으나, 원래 강제집행절차는 압류물을 현금화하여 그 매각대금을 채권자에게 교부하여야 종료되는데, 매각대금은 압류물에 갈음하는 것이므로 그 소유권이전도 실제로 이를 채권자에게 교부(인도)하는 때에 이루어지는 것으로 봄이 타당하다. 따라서 매각대금이 채권자에게 교부되기 전까지는 채무자는 강제집행의 정지, 취소나 집행에 관한 이의를 할 수 있고, 관계인 역시 집행에 관한 이의, 제3자이의의 소 등을 제기할 수 있으며, 채무자가 파산하게 되면 채권자의 강제집행은 효력을 잃고(채무자 회생 및 파산에 관한 법률 제348조 제1항 본문) 매각대금이 파산재단에 속하게 되어 파산관재인이 집행관에게 매각대금의 교부를 청구할 수 있게 된다. 그러나 다른 채권자의 배당요구는 집행관의 매각대금 영수 시까지만 할 수 있다(민사집행법 제220조 제1항 제1호).

2. 법률의 규정에 의한 간주효과

5 민사집행법 제208조 본문의 규정에 의한 지급의제는 단순히 법률상 또는 사실상 추정에 그치는 것이 아니므로 반증에 의하여 그 적용을 배제할 수 없다. 압류물이 채무자의 소유에 속하지 아니하는 경우에는 민사집행법 제208조 본문의 지급의제의 효과가 생기지 않고, 앞서 본 바와 같이 채권자가 추후 매각대금을 교부받더라도 채권은 소멸하지 아니하며, 그 교부받은 금전을 소유자인 제3자에게 부당이득으로서 반환하여야 한다.[1]

1 일본 판례의 입장도 그러하다. 日大判 1932. 10. 24. (民集 11, 2187).

3. 지급의제의 구체적 내용

가. 절차법적 효과

6 절차법상으로는 매각대금이 채권자에게 교부되지 않아도 매각대금 중 채권자에게 배당될 한도 안에서는 채권자의 집행권원이 실효됨을 뜻한다. 따라서 그 범위 안에서는 다시 채무자의 재산을 압류하여 집행하지 못한다. 나아가 배당절차에서 집행관이 매각대금을 각 채권자에게 배당함에 있어 매각대금을 영수하여 채무자로부터 지급된 것으로 법률상 간주되는 날까지의 이자를 지급하면 된다.

나. 실체법적 효과

7 실체법상으로는 집행관이 채권자에게 매각대금을 교부하지 못하여도 채권자에게 배당비율대로 유효하게 변제한 것으로 간주된다. 채무자로서는 집행관이 매각대금을 멸실, 도난 그 밖의 사유로 채권자에게 교부하지 못하여도 이중변제의 위험을 부담하지 않는다. 그러나 채권자의 집행권원에 표시된 청구권이 부존재할 경우(예컨대 가집행선고부 판결이 상소심에서 취소된 경우)에는 집행권원의 실효라는 절차법상 효력만 발생할 뿐 실체법상 변제의 효력은 발생하지 않는다. 이때 집행관이 매각대금을 영수하였다는 것만으로 채권자가 법률상 원인 없는 이득을 하였다고 할 수 없다.

IV. 예외(지급의제효과의 불발생)

8 예컨대 가집행선고 있는 집행권원에 기한 강제집행에 있어서 채무자가 담보를 제공하거나 공탁을 하면 집행에서 벗어날 수 있음이 허가된 경우에는 지급의제의 효과가 발생되지 않는다(민사집행법 제208조 단서). 이때에는 채무자가 담보를 제공하거나 공탁을 하고 집행의 취소를 구하면 그 금전이 채무자에게로 되돌아갈 가능성이 있기 때문이다. 다만, 가집행선고에 기한 강제집행도 단순한 보전집행이 아니라 종국적인 본집행이므로 채무자의 집행취소신청은 집행관의 금전압류 시부터 채권자에의 인도 시까지의 단기간 내에 이루어져야 한다.

V. 매각대금 영수 후의 절차

1. 매각대금의 교부 또는 배당

가. 교부(채권액 전부의 변제가 가능한 경우)

9 집행관이 매각대금을 영수한 때에는 집행비용을 공제한 나머지를 채권자에게 교부한다(민사집행법 제53조 제1항, 제201조, 제222조 제1항의 반대해석). 채권자가 한사람인 경우에는 또는 채권자가 두 사람 이상으로서 매각대금으로 각 채권자의 채권과 집행비용 전부를 변제할 수 있는 경우에는 집행관은 채권자에게 채권액을 교부하고, 나머지가 있으면 채무자에게 교부하여야 한다(민사집행규칙 제155조 제1항).

나. 배당(채권액 전부의 변제에 부족한 경우)

10 매각대금으로 각 채권자의 채권과 집행비용의 전부를 변제할 수 없는 경우에는 집행관은 2주 이내의 날을 배당협의기일로 지정하고 각 채권자에게 그 일시와 장소를 서면으로 통지하여야 하는데, 그 통지에는 매각대금, 집행비용, 각 채권자의 채권액 비율에 따라 배당될 것으로 예상되는 금액을 적은 배당계산서를 붙여야 한다(민사집행규칙 제155조 제2항).

11 배당협의기일에 배당협의가 이루어지면 집행관은 그에 따라 배당을 실시하여야 한다(민사집행규칙 제155조 제3항). 배당협의기일에 배당협의가 이루어지지 아니한 때에는 매각대금을 공탁하고 그 사유를 집행법원에 신고하여야 한다(민사집행규칙 제155조 제4항, 민사집행법 제222조). 그 사유신고에 의하여 집행법원의 배당절차가 즉시 개시되고, 그 절차에 관하여는 부동산 강제경매에 있어서의 배당절차가 널리 준용된다(민사집행법 제256조). 배당절차는 사법보좌관의 업무이다(사법보좌관규칙 제2조 제1항 제10호).

다. 공탁(채권자에게 즉시 지급할 수 없는 사유가 있는 때)

12 집행관이 매각대금을 교부하거나 배당을 실시함에 있어, 채권자의 채권에 정지조건 또는 불확정기한이 붙어 있는 때, 가압류채권자의 채권인 때, 담보권 실행을 일시정지하도록 명한 재판의 정본이 제출되어 있는 때에 있어서는, 그 채권자에게 교부하거나 배당할 액을 공탁하여야 한다(민사집행규칙 제156조 제1항). 유체동산에 대한 집행절차에서 집행관이 매각대금이나 배당액을 공탁한 후 법원에 사유신고서를 제출하는 경우에 접수담당 법원사무관 등은 사유신고서에 구체적으로 어느 사유에 따른 사유신고인지가 명확히 기재되어 있는지 확인해야 한다

13 [재판예규 제1740호 '집행사건에 있어서 배당액등의 공탁 및 공탁배당액등의 관리절차에 관한 예규(재민92-2) 제3조 제1항]. 이러한 사유에 의한 공탁의 경우 그 공탁사유가 소멸된 때에 집행법원(사법보좌관)이 배당기일을 정하여 배당을 실시한다(민사집행법 제256조, 제161조).

14 채권자가 교부 또는 배당할 금액을 수령하기 위하여 출석하지 아니한 때에도 그 금액을 공탁하여야 한다(민사집행규칙 제156조 제2항). 채권자 또는 채무자가 배당금을 지급받기 위해서는 집행관으로부터 지급위탁서를 교부받아 공탁관에게 지급을 청구하면 된다. 이 경우 집행관이 집행법원에 사유서를 제출할 필요가 없다.[2]

15 채권자에게 교부하거나 배당하고 난 나머지를 채무자에게 교부하여야 하는 경우에, 채무자의 주소를 알 수 없는 때에는 집행관은 민법 제487조에 의하여 변제공탁할 수 있다.

2. 집행의 종료

16 집행관이 매각대금을 교부하거나 배당할 때까지 집행은 종료되지 않는다. 집행관이 매각대금의 일부를 집행채권자와 배당요구채권자에게 교부하고 나머지를 다른 배당요구채권자를 위해 보관하고 있을 경우에도 강제집행은 아직 종료되었다고 할 수 없다. 따라서 집행관이 유체동산의 매각대금을 영수만 하고 있는 때에는 집행정지결정이 가능하고 그 경우 집행관은 채권자에 대한 매각대금의 교부를 정지하여야 한다.

3. 배당 후의 조치

17 집행관이 매각대금을 채권자에게 교부하여 채권전액이 만족된 경우에는 집행력 있는 정본을 채권자로부터 회수하여 채무자에게 이를 교부하여야 하고(민사집행법 제42조 제1항 후단), 배당하여 채권의 일부만이 만족된 경우에는 집행력 있는 정본에 그 사유를 덧붙여 적고 영수증서를 채무자에게 교부하여야 한다(제42조 제2항).

2 민사집행규칙해설, 법원행정처(2002), 422.

제 209 조 [금·은붙이의 현금화]

금·은붙이는 그 금·은의 시장가격 이상의 금액으로 일반 현금화의 규정에 따라 매각하여야 한다. 시장가격 이상의 금액으로 매수하는 사람이 없는 때에는 집행관은 그 시장가격에 따라 적당한 방법으로 매각할 수 있다.

[관련조문] 민사집행법 제199조, 제200조, 제214조, 집행관규칙 제18조

[참고문헌] 법원실무제요, 민사집행[IV], 사법연수원(2020)

Ⅰ. 개설

1 유체동산매각에 있어서는 부동산매각과는 달리 최저매각가격제도를 두지 않고 있으나, 민사집행법 제209조는 금·은붙이에 관하여 특칙을 두고 있다.

Ⅱ. 입법취지 및 입법례

1. 입법취지

2 민사집행법 제209조는 금·은의 경우 그 가액이 객관적이고 거래 또한 용이한 사정을 고려하여 일반 유체동산매각의 특칙으로 금·은붙이의 경우 시장가격 이상의 금액으로 매각하는 것을 원칙으로 규정함으로써 집행당사자, 특히 채무자의 보호를 꾀하고 있다. 민사집행법 제209조의 취지가 집행당사자의 이익 보호에 있는 이상 그 동의가 있는 때에는 금·은붙이라도 시장가격 이하로 매각할 수 있다.

2. 입법례

3 독일 민사소송법 제817a조 제3항에서도 같은 취지에서 '금·은붙이는 금·은의 시장가격 이하로 매각되어서는 아니 된다. 매각을 허가할 수 있는 매수신고가 없는 경우, 집행관은 금·은의 시장가격에 달하는 가격으로 적당하게 매각할 수 있다. 단, 통상의 매매가격의 반액 이하로는 매각할 수는 없다'고 규정하고 있다.

4 일본 민사집행규칙 제124조는 '귀금속 또는 그 가공품은 재료가 되는 금속(地金)의 가액 이상의 가액으로 매각하여야 한다'고 규정하여 금·은붙이보다 더 넓은

범위에 관하여 특칙을 두고 있다.

Ⅲ. 금·은붙이의 현금화

1. 일반 현금화 규정에 따른 매각

5 금·은붙이는 그 금·은의 시장가격 이상의 금액으로 일반 현금화의 규정에 따라 매각하여야 한다(민사집행법 제209조 본문). 금·은붙이라 함은 금·은의 세공물, 금 또는 은을 재료로 하는 것을 말한다. 금 또는 은의 합금물도 그 함유량에 비추어 사회통념상 금·은붙이라고 볼 수 없는 것을 제외하고는 민사집행법 제209조의 금·은붙이에 해당한다. 보석 등의 귀금속이라 하더라도 금·은 이외의 것에는 민사집행법 제209조가 적용되지 않는다.

6 일반 현금화의 규정에 따라 매각한다는 것은 호가경매나 입찰의 방법으로 매각하여 현금화하는 것을 의미한다.

7 금·은붙이는 원래 값이 비싼 물건에 속하므로 그 매각에 앞서 감정인으로 하여금 평가하게 하여야 할 것이나(민사집행법 제200조), 민사집행법 제209조의 규정상 대상 물건에 대한 일반적인 시가 평가 외에 금·은 자체의 시장가격, 즉 금 또는 은의 양 및 금속으로서의 가치를 별도로 감정·평가하게 하여야 한다. 금·은붙이의 시장가격 이상으로의 매각은 법정매각조건이므로 그 시장가격에 미달하는 가격의 매수신청을 받아들여서는 안 된다. 금·은붙이매각조서의 양식은 아래와 같다.

[양식] 금·은붙이매각조서

금·은붙이매각조서
사　　건 : 20　　본　　　(　　부) 채 권 자 : 채 무 자 : 집행권원 : 청구금액 : 원금　　　　원, 이자　　　　원 경매기일 : 20　　.　　.　　. 경매장소 :

1. 위 청구금액 및 집행비용의 변제에 충당하기 위하여 다음 사항을 고지하고 별지 목록 기재 압류물건을 다음과 같이 매각하였다.

- 고 지 사 항 -

가. 매각대금은 금·은의 시장가격 이상의 금액이어야 한다.
나. 매각물은 대금과 서로 맞바꾸어 인도한다.
다. 금·은의 시장가격은 별지 목록 기재와 같다.
라. 매수인은 매각기일의 마감 전에 대금을 지급하고 매각물의 인도를 구하여야 한다. 이 조건을 이행하지 아니할 때에는 다시 그 물건을 매각한다.
마. 전항의 조건을 이행하지 아니하는 매수인은 재매각절차에 참가할 수 없으며, 뒤의 매각대금이 처음의 매각대금보다 적은 때에는 그 부족한 액수를 부담한다.
바. 채무자의 배우자는 그 공유 유체동산에 대하여 우선매수신고를 할 수 있다.

2. 매수신고인 이 매수신고하였다.
3. 최고가매수신고액을 3 회 불렀으나 더 높은 가격을 신고하는 사람이 없으므로, 그 최고가매수신고인을(더 높은 가격을 신고하는 사람이 없고 채무자의 배우자로부터 우선매수신고가 있으므로 이를 허가하여 배우자를) 매수인으로 정하고, 그 이름과 매수신고액을 고지하였다.
4. 매수인이 매각대금을 지급하였으므로 매각물을 인도하고, 매각대금을 다음과 같이 처리하였다.

가. 매각대금	금 원				
	금 원	배우자 에게 교부			
나. 집행비용	금 원	내역	경매수수료	금	원
			감정수수료	금	원
			노 무 비	금	원
			여 비	금	원
다. 배당할 금액	금 원				
	금 원	채권자 에게 교부			
	금 원	배당요구자 에게 교부			
라. 잔여금	원 채무자에게 교부				

5. 위와 같이 이 건 채무액이 전부 변제되었으므로 그 영수증과 집행권원을 채무자에게

교부하였다.
6. 이 절차는 같은 날 : 에 종료하였다.
이 조서를 현장에서 작성하여 이해관계인에게 읽어(보여)주었으며, 이해관계인은 이에 승인하고 아래에 서명날인하였다.

2○○○. ○. ○.

집행관 (인)
매수인 (인)
채권자 (인)
채무자 (인)
참여자 이름 (인) 주민등록번호
주소

주 1 : 여러 개의 물건이 개별적으로 경매에 부쳐진 경우에는 해당 물건의 압류목록번호를 특정하여 기재한다.

주 2 : 매각대금으로 각 채권자의 채권액과 집행비용의 전부를 변제할 수 없는 경우에는 위 '3'항 다음에 "매각금액은 금 원이나 각 채권자의 채권과 집행비용의 전부를 변제할 수 없으므로 20 . . . : 를 배당협의기일로 정하였다."라고 기재하고, '4'항과 '5'항을 삭제한다.

2. 적당한 방법에 의한 매각

8 금·은붙이에 대하여 매각을 실시하였으나 그 시장가격 이상의 가격에 의한 매수신청이 없을 때에는 집행관은 그 취지를 매각조서에 기재한 후 매각 이외의 적절한 방법으로 시장가격에 따라 매각할 수 있다(민사집행법 제209조 후단). 시장가격에 따른다는 것은 시장가격의 수준에 이르는 가격으로 매각한다는 의미이다. 이 매각에는 집행법원의 허가를 요하지 아니한다. 이 매각에는 매각장소나 공고에 관한 규정(제203조)은 적용되지 아니하나, 성질상 압류물의 현금화 방법에 해당하므로 대금지급과 목적물의 인도(제205조 제2항), 매각의 한도(제207조), 매각대금 영수의 효과(제208조), 채권자의 매각의 최고(제216조), 배당요구(제217조~제221조) 등의 규정은 그대로 적용되거나 준용된다. 또한 이 매각에 관하여도 매각조서를 작성하여야 한다. 금·은붙이는 귀중품에 해당하고, 집행관이 그 직무상 보관하는 금전 그 밖의 귀중품은 금고 또는 자물쇠 장치가 되어 있는 견고한 용기에 넣어서 보관하여야 하므로(집행관규칙 제18조), 그 장소는 집행관 사무실일 경우가 많을 것이다.[1]

1 법원실무제요, 민사집행[Ⅳ], 사법연수원(2020), 109.

IV. 위반 효과

9 민사집행법 제209조는 공익적 규정이 아니고 집행당사자의 이익을 위한 규정이므로, 집행관이 민사집행법 제209조에 위반하여 금·은붙이를 시장가격 이하로 매각하거나 적의 매각하더라도 그 매각 자체의 효력에는 영향이 없다.

10 다만, 집행관의 직무상의 불법행위를 들어 손해배상을 구할 수 있고, 금·은붙이가 매수인에게 인도되기 전까지는 집행에 관한 이의신청을 할 수 있을 뿐이며, 일단 집행관이 매각대금을 영수하고 금·은붙이를 매수인에게 인도한 이후로는 매수인 또는 채권자에 대한 부당이득반환청구는 허용되지 않는다.

제 210 조 [유가증권의 현금화]

집행관이 유가증권을 압류한 때에는 시장가격이 있는 것은 매각하는 날의 시장가격에 따라 적당한 방법으로 매각하고 그 시장가격이 형성되지 아니한 것은 일반 현금화의 규정에 따라 매각하여야 한다.

[관련조문] 민사집행법 제189조 제2항 제3호, 제199조, 제211조, 제212조, 제214조, 제233조

[참고문헌] 이시윤, 신민사집행법(제8개정판), 박영사(2020); 법원실무제요, 민사집행[IV], 사법연수원(2020)

Ⅰ. 개설

1 민사집행법 제210조는 유가증권의 현금화 방법에 관한 특별규정이다. 유가증권은 일반적으로 증권에 화체되어 있는 권리의 행사 및 이전에 증권의 소지를 요하는 것을 말하는데, 민사집행법 제210조의 적용대상은 그 중 배서가 금지되지 아니한 것에 한정된다(민사집행법 제189조 제2항 제3호). 민사집행법은 어음·수표 그 밖에 배서로 이전할 수 있는 증권으로서 배서가 금지된 증권채권의 압류는 법원의 압류명령으로 집행관이 그 증권을 점유하여 하도록 규정하고 있으므로(제233조), 배서로 이전할 수 있는 유가증권 중 배서가 금지되지 아니한 것은 민사집행법 제210조에 의하여, 배서가 금지된 것은 채권 그 밖의 재산권의 집행방법에 의하여 각각 현금화하게 된다. 민사집행법 제210조에 의하여 현금화된 유가증권이 기명식인 경우 매수인을 위한 조치에 관하여는 민사집행법 제211조가 규정하고 있다.

Ⅱ. 입법취지 및 입법례

1. 입법취지

2 금·은의 경우와 마찬가지로 유가증권은 그 가액이 객관적이고 거래 또한 용이한 사정을 고려하여 일반 유체동산매각의 특칙으로 그 시장가격이 있는 것은 시장가격에 따라 매각하고, 시장가격이 형성되지 아니한 경우에만 일반 현금화 방식에

따라 매각하도록 함으로써 집행당사자, 특히 채무자의 보호를 꾀하고 있다. 시장가격이 있는 것은 적당한 방법으로 매각하도록 한 것은 어음·주식·사채 등은 호가경매나 입찰의 방식을 따르지 않는 독자적인 시장 또는 거래소가 형성되어 있는 경우가 대부분이고 그곳에서 거래함이 효율적이고 신속한 사정을 고려한 것이다.

2. 입법례

3 독일 민사소송법 제821조가 같은 취지에서 '압류한 유가증권이 거래소 가격 또는 시장가격이 있는 때에는 집행관은 매각일의 가격으로 적당하게 매각하고, 이러한 가격이 형성되지 않은 때에는 일반규정에 따라 경매한다'고 규정하고 있다.

4 일본 민사집행규칙 제123조 제1항은 '거래소의 시세가 있는 유가증권은 그 날의 시세 이상의 가격으로 매각하여야 한다'고 규정하고 있고, 그와 같은 유가증권에 대해서는 경매 또는 입찰 이외의 방법에 의한 매각이나 집행관 이외의 자에게 압류물의 매각을 실시하게 하는 데 있어 집행법원의 허가가 필요하지 않도록 하고 있다(일본 민사집행규칙 제123조 제2항).

Ⅲ. 제210조의 적용을 받는 유가증권

1. 의의

5 민사집행법 제210조가 적용되는 유가증권은 민사집행법 제189조 제2항 제3호에 의하여 유체동산집행의 대상으로서 압류된 것, 즉 배서가 금지되지 아니한 것에 한정된다. 배서가 금지된 유가증권은 법원의 압류명령에 의하여 집행관이 그 증권을 점유함으로써 압류하며(민사집행법 제233조), 채권집행의 방법으로 현금화한다. 국내에서 강제통용력을 가지는 내국화폐(한국은행권)는 민사집행법 제201조의 적용을 받으므로 민사집행법 제210조의 유가증권에 해당하지 아니한다.

6 외국화폐가 민사집행법 제210조의 유가증권에 해당하는지에 관하여는, 외국화폐는 그 자체가 일정한 권리 내지 재산권이지 유가증권이라고 할 수 없으므로 민사집행법 제214조의 적용을 받아야 한다는 견해도 있을 수 있으나, 외국화폐에 대하여는 시장가격이 형성되어 있으므로 민사집행법 제210조에 따라 적당한 방법으로 매각할 수 있다.[1]

1 법원실무제요, 민사집행[Ⅳ], 사법연수원(2020), 109.

2. 구체적 범위

가. 적용대상

1) 지시증권

7 어음·수표·대물상환증·창고증권·선하증권·기명주식 등이 이에 해당한다. 다만, 배서가 금지되어 있지 않은 것이어야 한다.

2) 무기명채권증권(소지인출급식증권)

8 무기명식 수표·국채(국채법 제5조 제1항)·지방채·공채·사채(상법 제478조) 등이 이에 해당한다. 그 밖에 외국의 정부·공공단체·외국법인이 발행한 채권·무기명주권(제336조)·투자신탁수익증권·상품권·승차권·입장권 등도 무기명증권에 해당한다.

9 다만, 국채의 경우 국채법 전부 개정에 따라 2015. 7. 1.부터 별도의 증권을 발행하지 아니하고 전산정보처리조직을 이용하여 국채등록부에 전자적인 방식에 의하여 등록하는 방식으로 바뀌었고(국채법 제8조 제1항 본문. 같은 조 단서에 따르면 전시·사변이나 이에 준하는 국가비상사태 등의 경우에나 증권이 발행된다), 주식·지방채·사채 등과 관련하여서도 주식·사채 등의 전자등록에 관한 법률이 시행된 2019. 9. 16.부터 유가증권의 발행을 금융기관의 디지털 등록에 의하도록 하는 전자증권제도가 시행되어 종이증권을 발행하지 않게 되었으므로, 이들에 대하여는 종이 유가증권의 존재를 전제로 한 민사집행법 제210조가 적용될 여지가 거의 없다. 앞서 본 바와 같이 이러한 변화를 고려하여 유가증권에 관해서는 집행제도 전반을 재검토하여야 한다는 지적이 있다.[2] 위와 같이 전자등록된 국채나 주식·지방채·사채 등은 주식·사채 등의 전자등록에 관한 법률 제2조 제4호·제1호에 정한 '전자등록주식등'에 해당하고, 이는 민사집행법상 '그 밖의 재산권'(민사집행법 제251조)에 해당하며,[3] 민사집행규칙 제182조의2 이하에서 이에 대한 강제집행의 방법을 정하고 있다.

나. 비적용대상

1) 면책증권

10 면책증권(민법 제526조)은 유가증권이 아니므로 민사집행법 제210조의 적용을 받지 않는다. 면책증권은 증권 자체에 권리가 화체된 것이 아니라 그 증서의 소지

2 이시윤, 신민사집행법(제8개정판), 박영사(2020), 415.
3 법원실무제요, 민사집행[IV], 사법연수원(2020), 110.

인에게 변제하면 그 자가 비록 진정한 채권자가 아닌 경우에도 채무자가 선의인 한 그 책임을 면하는 것에 그치기 때문이다. 철도수화물인환증·휴대물예치증·은행예금증서·의복표 등이 이에 해당하고, 이러한 증권에 표시된 권리에 대하여서는 채권에 대한 집행방법에 의할 것이다.

2) 증거증권

11 순수한 증거증권에 대해서도 민사집행법 제210조가 적용되지 않는다. 예컨대, 차용증서나 유한회사가 그 사원에 발행한 지분에 관한 증서, 신용금고가 그 회원에게 발행한 출자증권, 건설공제조합출자증권,[4] 보험증권 등이다.

IV. 현금화

1. 시장가격 있는 유가증권

12 주식회사의 주권·국채나 공채·사채 등과 같이 증권거래소에 상장되어 있거나 시장이 형성되어 객관적인 거래가격이 있는 유가증권은 집행관이 매각하는 날의 시장가격에 따라 적당한 방법으로 매각한다. 압류한 곳에 거래소 또는 시장이 없어도 인터넷이나 방송·신문·전화를 이용하여 동일한 경제권에 속하는 근접지의 거래시세를 알 수 있을 때에는 시장가격 있는 것에 해당한다.

13 무엇이 적당한 방법인지는 집행관이 재량으로 선택·결정하면 되므로 매각일시·장소와 공고에 관한 민사집행법 제203조는 적용되지 않으나, 민사집행법 제205조 제2항은 준용된다. 따라서 다른 채권자는 매각의 종료 시, 즉 매각대금의 지급과 유가증권의 인도가 있을 때까지 배당요구를 할 수 있다. 채권자가 매각일시나 매각가격을 지정하여 유가증권의 매각을 신청하더라도 집행관이 그에 기속되지는 않는다. 증권업자에게 유가증권의 매각을 위탁하거나 한국은행에 외국화폐의 매각을 의뢰하는 것과 같이 중개인을 통하여 매각하는 것도 여기의 적당한 방법에 해당한다. 이때는 중개업자에 대한 수수료와 공과금을 공제한 잔액이 매각대금이 된다.

14 시장가격 있는 유가증권의 현금화는 당사자의 합의 또는 집행법원의 명령이 없는 한 적당한 방법으로 매각하여 현금화하여야 하고, 경매하거나 입찰할 것이 아니다. 그 매각에 관하여도 집행조서를 작성하여야 한다. 유가증권매각조서와

4 대법원 1977. 2. 8.자 76마497 결정.

유가증권목록의 양식은 아래와 같다.

[양식] 유가증권매각조서

유가증권매각조서

사 건 : 20 본 (부)
채 권 자 :
채 무 자 :
집행권원 :
청구금액 : 원금 원, 이자 원
경매기일 : 20 . . .
경매장소 :

1. 위 청구금액 및 집행비용의 변제에 충당하기 위하여 다음 사항을 고지하고 별지 목록 기재 유가증권을 다음과 같이 매각하였다.

\- 고 지 사 항 -

가. 유가증권의 가격은 한국거래소에서 매매가 성립된 당일의 시세에 의한다.
나. 매각대금은 증권인도일에 증권과 서로 맞바꾸어 지급한다.

2. 위와 같은 조건으로 ○○증권주식회사에 매각을 위탁하고 위 회사는 이를 승낙하였다.

3. 수탁회사가 20 . . .상장에 의한 매각대금 및 계산서를 제출하였으므로 정산한 후 증권을 인도하고, 매각대금을 다음과 같이 처리하였다.

매각대금 금 원
위탁수수료 금 원
거래세 금 원
집행비용 금 원
배당할 금액 금 원
금 원 채권자 에게 교부
금 원 배당요구자 에게 교부
잔여금 금 원 채무자에게 교부

4. 위와 같이 이건 채무액이 전부 변제되었으므로 그 영수증과 집행권원을 채무자에게 교부하였다. 이 조서를 현장에서 작성하여 이해관계인에게 읽어(보여)주었으며, 이해관계인은 이에 승인하고 아래에 서명날인하였다.

2○○○. ○. ○.

집행관 (인)
채권자 (인)
채무자 (인)
수탁자 ○○증권주식회사 대표이사

[양식] 유가증권목록

번호	매 각 물	수량	매각가격	매수인	비 고
1	○○주식회사 주권 액면금 원 주권번호 제 번 내지 제 번 명의인 채무자	매			

2. 시장가격이 형성되지 아니한 유가증권

시장가격이 형성되지 아니한 유가증권은 유체동산의 현금화에 관한 일반규정에 따라 매각하여야 한다. 일반 현금화의 규정은 민사집행법 제199조에서 정한 호가경매 또는 입찰의 방법으로 매각하여 현금화하는 것을 의미한다. 이와 같이 일반 현금화 방법에 의하게 되어 있지만, 집행관으로서는 집행당사자로 하여금 민사집행법 제214조에 따라 집행법원(사법보좌관)에 특별현금화명령을 신청하도록 권고하여 그 명령에 따라 매각하는 것이 바람직하다.[5]

5 법원실무제요, 민사집행[IV], 사법연수원(2020), 115.

16 어음, 수표 등의 지시증권의 경우에는 일반적으로 그 액면가를 현금화의 기준으로 할 것이나, 필요에 따라 적절히 평가할 수 있고, 특히 지급거절된 어음이나 수표의 경우에는 액면가보다 감액하여 매각하여야 할 것이다.

제 211 조 [기명유가증권의 명의개서]

유가증권이 기명식인 때에는 집행관은 매수인을 위하여 채무자에 갈음하여 배서 또는 명의개서에 필요한 행위를 할 수 있다.

[관련조문] 민사집행법 제210조, 상법 제336조, 제337조, 제479조, 국세징수법 제93조

[참고문헌] 이시윤, 신민사집행법(제8개정판), 박영사(2020)

Ⅰ. 개설

1 민사집행법 제211조는 집행관이 민사집행법 제210조의 규정에 따라 유가증권을 현금화한 경우 그 후속절차로 집행관이 매수인을 위하여 채무자에 갈음하여 배서나 명의개서에 필요한 행위를 할 수 있도록 규정하여 유가증권에 화체된 권리가 매수인에게 적법하게 이전될 수 있도록 하고 있다. 집행관은 고유의 권한으로 이와 같은 행위를 할 수 있고 집행법원의 명령 등이 필요하지 아니하다.

Ⅱ. 입법취지 및 입법례

1. 입법취지

2 권리의 이전에 따른 대항요건의 취득에 관하여 배서나 명의개서가 필요한 유가증권을 민사집행법 제210조의 규정에 따라 매각하여 현금화한 경우 양도인의 지위에 서는 채무자 스스로 배서하거나 명의개서에 필요한 절차를 이행하여야 할 것이나, 많은 경우 이를 기대하기 어렵다. 민사집행법 제211조는 이를 고려하여 집행기관인 집행관이 그 고유의 권한으로 채무자에 갈음하여 배서 등을 할 수 있게 함으로써 유가증권의 매수인을 보호함과 아울러 현금화의 실효성을 확보하려는 것이다. 다만, 앞서 본 바와 같이 전자증권제도 시행에 따라 이 규정을 현행과 같이 유지할 것인지는 검토가 필요한 상황이다.[1]

3 체납처분에 있어서는 국세징수법 제93조가 민사집행법 제211조와 같은 취지에

1 이시윤, 신민사집행법(제8개정판), 박영사(2020), 425.

서, 매각재산에 대하여 체납자가 권리이전의 절차를 밟지 아니하는 경우 관할 세무서장이 체납자를 대신하여 그 절차를 밟는다고 규정하고 있다.

2. 입법례

4 독일 민사소송법 제822조는 '유가증권이 기명식인 경우에 집행관은 집행법원으로부터 매수인의 이름으로 개서를 하고 이에 필요한 의사를 채무자에 갈음하여 진술할 권한을 수여받을 수 있다'고 규정하고, 일본 민사집행법 제138조는 '집행관은 유가증권을 매각한 때에는 매수인을 위하여 채무자를 대신하여 배서 또는 명의서환에 필요한 행위를 할 수 있다'고 규정하여 같은 취지의 조항을 두고 있다.

Ⅲ. 배서

5 무기명식 유가증권을 매각한 경우에는 집행관이 매각대금의 지급과 상환으로 매수인에게 그 유가증권을 인도함으로써 증권에 표창된 권리가 완전히 매수인에게 이전되므로 별도의 조치를 취할 필요가 없다. 지시증권의 최후의 배서가 백지식 배서인 경우에도 같다.

6 그러나 어음·수표와 같이 그 권리의 이전에 배서가 필요한 경우에는 집행관이 채무자에 갈음하여 배서한 후 매수인에게 그 증권을 인도하여야 한다. 물론 채무자가 스스로 배서를 하는 경우에는 집행관이 배서할 필요가 없다.

7 배서의 방법으로는 '민사집행법 제211조의 규정에 따라 채무자 ○○○에 갈음하여 매수인 ○○○를 위하여 배서한다'와 같이, 집행관이 민사집행법 제211조에 의하여 배서한다는 취지를 명백히 하고, 그 직위를 표시하여 기명날인하면 된다. 이 배서는 채무자에 갈음하여 하는 것이므로 권리이전적 효력과 자격수여적 효력이 있고 담보적 효력도 있다. 따라서 매수인은 어음·수표 등의 선의취득 및 인적항변 절단에 의한 보호를 받게 된다. 다만, 담보적 효력에 있어서는 원래 배서를 하여야 할 지위에 있는 채무자가 담보책임을 지며 집행관이 지는 것은 아니다. 또한, 기한 후 배서인 경우에는 지명채권양도의 효력밖에 없다.

Ⅳ. 명의개서

8 권리이전의 대항요건으로서 명의개서가 필요한 것으로는 기명주식(상법 제337조), 기명사채(제479조) 등이 있다. 주권은 교부에 의하여 이전되므로(제336조) 명의개

서를 필요로 하지 아니한다. 명의개서는 기명주식에 있어서는 주주명부에 취득자의 성명과 주소를 기재함으로써, 기명사채에 있어서는 사채원부에 취득자의 성명과 주소를 기재하고 채권에 그 성명을 기재함으로써 하는 것이므로 집행관은 회사에 대하여 명의개서를 청구하여야 한다. 그 청구서에는 배서에 준하여 매수인의 성명과 주소를 표시하고, 민사집행법 제211조의 규정에 의하여 집행관이 양도인인 채무자를 갈음하여 명의개서를 청구한다는 취지를 기재하고 집행관의 직위를 표시하여 기명날인하면 된다. 이 청구서에는 매각조서 또는 호가경매조서 등과 같은 권리이전 원인서류를 첨부하여야 한다. 명의개서 청구서의 양식은 아래와 같다.

[양식] 주식명의개서 청구서

주식명의개서 청구서

사　　건 : 20　　본 (　　부)
채 권 자 :
채 무 자(명의인) :
위 사건에 관하여 별지 매각조서 등본에 표시된 귀사 발행의 주식을 매각하였던바, 아래에 적은 매수인에게 매각되었으므로 위 주식을 매수인 명의로 명의개서할 것을 청구합니다.

매수인　　이름
　　　　　주소

2○○○. ○. ○.

집행관　　　　　　(인)

주식회사　　　　귀중

제 212 조 [어음 등의 제시의무]

① 집행관은 어음·수표 그 밖의 금전의 지급을 목적으로 하는 유가증권(이하 "어음등"이라 한다)으로서 일정한 기간 안에 인수 또는 지급을 위한 제시 또는 지급의 청구를 필요로 하는 것을 압류하였을 경우에 그 기간이 개시되면 채무자에 갈음하여 필요한 행위를 하여야 한다.

② 집행관은 미완성 어음등을 압류한 경우에 채무자에게 기한을 정하여 어음등에 적을 사항을 보충하도록 최고하여야 한다.

[관련조문] 민사집행법 제198조, 제210조, 민법 제523조~제526조, 상법 제480조, 수표법 제2조, 제29조, 제40조, 제41조, 우편환법 제16조, 우편대체법 제27조, 어음법 제2조, 제10조, 제38조, 제44조, 제45조, 제76조, 제77조

[참고문헌] 김상수, 민사집행법(제4판), 법우사(2015); 박두환, 민사집행법, 법률서원(2002); 법원실무제요, 민사집행[Ⅳ], 사법연수원(2020)

Ⅰ. 개설

1 지급제시나 지급청구를 하여야 하는 유가증권에 있어서는, 그 지급제시나 지급청구를 하지 아니하면 그 유가증권에 화체되어 있는 권리가 소멸하게 되므로 유가증권을 압류한 집행관이 지급제시나 지급청구를 하는 것은 압류한 유가증권으로 표창되는 권리를 보존하는 것이 된다. 따라서 민사집행법 제212조는 성질상 압류물의 보존에 관한 민사집행법 제198조의 특칙에 해당한다.

Ⅱ. 입법취지 및 입법례

2 집행관은 유체동산을 압류하면 이를 보존할 선관주의의무를 부담하므로 유가증권의 실권방지를 위한 조치를 하여야 한다. 지급제시 등이 필요한 유가증권의 경우에는 일정한 기간 안에 인수 또는 지급을 위한 제시 또는 지급의 청구를 하거나 미완성 유가증권의 보충을 최고하는 것이 그와 같은 선관주의의무를 이행하여 소구권 상실을 방지하는 방법이므로, 민사집행법 제212조에 어음 등 유가증권에 관하여 특칙을 둔 것이다.

3 이는 압류물의 보존에 관한 규정이므로 체계상 매각 등 현금화 및 그 후속절차에 관한 부분보다는 현금화하기 전의 보존행위에 관한 민사집행법 제198조 뒤에 위치하도록 규정하는 것이 바람직하다.

4 일본 민사집행법 제136조도 민사집행법 제212조 제1항과 같은 내용을 규정하고 있다.

Ⅲ. 제212조의 적용을 받는 유가증권

5 민사집행법 제212조가 적용되는 것은 어음·수표 그 밖의 금전의 지급을 목적으로 하는 유가증권으로서 일정한 기간 안에 인수 또는 지급을 위한 제시 또는 지급의 청구를 필요로 하는 것이다. '그 밖의 금전의 지급을 목적으로 하는 유가증권'에는 각종 국채·공채·사채 등이 포함된다.

6 각종 국채·공채·사채 등은 일반적으로 인수 또는 지급을 위한 제시를 필요로 하지 않지만, 만기 후 상당기간이 경과하여 시효의 완성이 임박한 경우에 있어서는 시효의 중단을 위하여 지급을 청구할 필요가 있으므로 이 역시 민사집행법 제212조에서 말하는 '지급의 청구를 필요로 하는 것'에 해당된다고 해석할 여지도 있으나, 민사집행법 제212조의 문언이 '그 기간의 시기가 도래하였을 때'인 점에 비추어 볼 때 그와 같이 보기는 어려울 것이다.

Ⅳ. 지급제시 등

7 집행관이 민사집행법 제212조의 적용을 받는 유가증권을 압류한 경우에 인수 또는 지급을 위한 제시나 지급청구의 기간이 개시되면 집행관은 채무자에 갈음하여 필요한 행위를 하여야 한다(민사집행법 제212조 제1항). 어음이나 수표는 그 권리행사를 위하여 일정한 기간 안에 인수를 위한 제시(어음법 제21조 이하)·지급제시(어음법 제38조, 제77조, 수표법 제29조)를 필요로 한다. 따라서 집행관이 이들 유가증권을 압류하였는데 그 매각이 완료되기 전에 인수제시·지급제시를 위한 기간이 개시된 경우에는, 집행관은 선관주의의무의 일환으로 채무자에 갈음하여 각각의 방식에 따라 인수제시 또는 지급제시를 하여야 한다. 우편환증서, 우편대체법상의 지급증서 등의 경우에는 법정기간 내에 지급청구를 하여야 한다(우편환법 제16조, 우편대체법 제27조). 어음이나 수표에 있어 지급제시를 위해서는 배서의 연속에 의하여 적법한 소지인임을 증명하여야 하는데, 집행관이 배서를 받을 수는 없으므로 집행관은 압류조서에 의하여 지급제시의 자격을 증명하여 지

급제시하여야 할 것이다.[1] 주권의 압류 후 현금화되기까지의 사이에 주식의 소각, 병합, 분할, 전환, 매수에 의해 주주가 금전 또는 신주식을 받게 된 경우에 관해서는 규정이 없으나, 집행관은 압류물의 보존행위로서 회사로부터 이를 수령하여야 한다.[2]

8 인수제시·지급제시 또는 지급청구의 결과 지급인이 지급하면 이를 영수하고, 인수 또는 지급을 거절한 경우 권리의 행사를 위하여 거절증서의 작성이 요구되는 때에는 그 거절증서도 작성하여야 한다. 집행정지서류의 제출에 의해 집행절차가 정지되어 있는 기간 중에도 같다. 지급인이 지급을 한 경우 그 지급금은 압류물의 매각대금과 같이 취급되고 별도의 현금화절차가 필요 없다.

V. 미완성의 어음·수표에 대한 백지보충의 최고

9 어음이나 수표의 필요적 기재사항 중 일부가 백지로 된 어음이나 수표도 유가증권으로서 유체동산집행의 대상이 되므로 이를 압류할 수 있다.

10 만기가 적혀 있지 아니한 어음은 일람출급식어음으로 보고(어음법 제2조 제1호, 제76조 제1호), 지급지가 적혀 있지 아니한 경우에는 지급인의 명칭에 부기한 지 또는 발행지를 지급지로 보거나 발행지에서 지급할 것으로 보게 되고(어음법 제2조 제2호, 제76조 제2호, 수표법 제2조 제1호·제2호), 발행지가 적혀 있지 아니한 경우에는 발행인의 명칭에 부기한 지를 발행지로 보게 된다(어음법 제2조 제3호, 제76조 제3호, 수표법 제2조 제3호). 판례는 나아가 어음면 또는 수표면의 기재 자체로 보아 국내어음으로 인정되거나 국내수표로 인정되는 경우에는 그 어음면상 또는 수표면상 발행지의 기재가 없다 하더라도 이를 무효의 어음이나 무효인 수표로 볼 수는 없다고 함으로써(대법원 1998. 4. 23. 선고 95다36466 전원합의체 판결, 대법원 1999. 8. 19. 선고 99다23383 전원합의체 판결) 그 요건을 완화하고 있다.

11 그러나 이들 이외의 요건흠결이 있을 때에는 제시를 하더라도 지급인의 은혜적 조치가 있는 경우를 제외하고는 인수 또는 지급이 이루어지리라고 기대하기 어려운 한편, 집행관 스스로 백지를 보충할 권한이 있다고는 할 수 없으므로 민사집행법 제212조 제2항은 이러한 경우 집행관이 채무자에게 기한을 정하여 백지보충을 최고하도록 하였다.

1 박두환, 민사집행법, 법률서원(2002), 491.
2 김상수, 민사집행법(제4판), 법우사(2015), 293.

12 집행관이 채무자에게 고지하는 기한은, 인수 또는 지급을 위한 제시기간의 만료일 이전으로서 집행관이 인수 또는 지급을 위한 제시를 함에 소요되는 기간을 고려하여 정하여야 한다. 그러나 집행관이 고지한 기한에 실권의 효과가 있는 것은 아니므로, 채무자는 집행관이 정한 기한이 도과된 이후에도 매각이 종료되기 전에는 백지보충권을 행사할 수 있다. 최고서의 양식은 아래와 같다.

[양식] 최고서

최 고 서

사　　건 : 20　본　(　부)
채 권 자 :
채 무 자 :

위 사건에 관하여 미완성의 어음을 압류하였습니다. 미완성된 어음의 기재사항을 20　.　.　.까지 우리 집행관 사무소로 출석하여 보충하시기 바랍니다.

2○○○. ○. ○.

집행관　　　　(인)

귀하

13 채무자가 백지보충의 최고를 받더라도 그에 응할 의무가 있는 것은 아니라고 해석된다. 채무자가 최고를 받고도 백지보충을 하지 아니하는 경우에는 백지인 채로 현금화할 수밖에 없고, 매수인이 백지보충권을 취득하게 된다.[3] 채무자가 백지보충을 하지 아니한 채 인수 또는 지급을 위한 제시기간이 도과한 때에는, 민사집행법 제212조 제1항에 의한 집행관의 제시의무는 면제된다고 할 것이나,[4] 수취인 또는 발행일자가 백지인 경우 등과 같이 거래의 실정이 일반적으로 백지가 보충되지 아니한 채로도 인수 또는 지급이 이루어지는 때에는 일응 제시를 하여 봄이 바람직하다.

3 법원실무제요, 민사집행[IV], 사법연수원(2020), 112.
4 박두환, 민사집행법, 법률서원(2002), 491.

14 백지보충이 되지 아니한 채로 제시기간이 도과되어 그 어음·수표를 현금화할 가능성이 없게 되는 경우 등에는 민사집행법 제188조 제3항의 무잉여압류금지 규정에 해당할 수 있고, 이때 민사집행규칙 제141조에 따라 압류를 취소할 수 있다.

15 명문의 규정은 없으나, 채무자가 집행관의 최고에 따라 백지를 보충한 때에는 그 취지 및 보충의 내용을 집행조서에 명백히 하여 둠이 바람직하다.

제 213 조 [미분리과실의 매각]

① 토지에서 분리되기 전에 압류한 과실은 충분히 익은 다음에 매각하여야 한다.
② 집행관은 매각하기 위하여 수확을 하게 할 수 있다.

[관련조문] 민사집행법 제189조 제2항, 제195조, 제196조, 제214조, 민법 제101조, 제102조, 민사집행규칙 제134조 제2항

[참고문헌] 김상수, 민사집행법(제4판), 법우사(2015); 법원실무제요, 민사집행[IV], 사법연수원(2020)

Ⅰ. 개설

1 원래 토지에서 분리되기 전의 과실은 토지의 정착물이지만, 1월 이내에 수확할 수 있는 것은 독립된 유체동산집행의 대상으로서 압류할 수 있다(민사집행법 제189조 제2항 제2호). 민사집행법 제213조는 토지에서 분리되기 전에 유체동산으로서 압류한 과실의 매각에 관한 특칙으로, 압류일과 매각일 사이에 1주 이상 기간을 두도록 정한 민사집행법 제202조 본문의 예외 규정이다.

Ⅱ. 입법취지 및 입법례

1. 입법취지

2 토지에서 분리되기 전에 압류한 과실을 조기에 매각하는 경우에는 성숙 여부에 대한 위험부담을 매수인이 지는 결과 부당하게 저렴한 가격으로 매각될 우려가 있다. 이는 채권자, 채무자뿐 아니라 사회경제적으로도 불이익함을 고려하여 과실이 충분히 익은 다음에 매각하도록 하는 취지이다. 민사집행법 제213조는 이처럼 집행당사자의 이익 보호를 목적으로 하므로 관계인의 합의가 있거나 민사집행법 제214조에 의한 집행법원의 명령이 있는 때에는 압류한 과실이 성숙되기 전이라도 매각할 수 있다.

2. 입법례

3 독일 민사소송법 제824조는 '토지에서 분리되지 아니한 채 압류된 과실의 경매는 숙성한 후에야 허용된다. 경매는 과실의 분리 전 또는 후에 할 수 있다. 후자의 경우에 집행관은 수확을 하게 하여야 한다.'고 규정하고 있다. 같은 취지의 조항으로 경매의 시점을 더 구체적으로 정하고 과실의 분리 후에 경매를 할 경우 집행관으로 하여금 수확을 반드시 하도록 정하고 있는 점에서 차이가 있다.

4 일본 민사집행규칙 제112조은 '토지에서 분리하기 전에 압류한 천연과실은 수확시기가 도래한 후가 아니면 매각하여서는 아니 된다'고 규정하여 민사집행법 제213조 제1항과 같은 취지를 정하고 있다.

Ⅲ. 매각의 시기

1. 충분히 익은 다음

5 미분리과실은 충분히 익은 다음에 매각하여야 한다(민사집행법 제213조 제1항). 어느 때를 충분히 익은 때로 볼 것인지는 사회통념에 의하여 결정할 문제인데, 압류가 가능한 시점과의 균형상 '수확이 가능하게 된 때'를 의미하는 것으로 새겨야 할 것이다. 민사집행법 제189조 제2항 제2호는 '토지로부터 분리하기 전의 과실로서 1월 이내에 수확할 수 있는 것'을 유체동산으로 규정하고 있으므로 집행관은 미분리과실을 압류함에 있어 그 수확가능한 시기 및 수확한 경우의 예상평가액 등을 고려하여야 하고, 압류조서에 과실의 수확시기, 예상수확량과 예상평가액을 적어야 한다(민사집행규칙 제134조 제2항). 압류할 수 있는 시점이 이와 같으므로, 그 매각도 압류일로부터 1월 내외의 시기에 이루어지게 된다.

2. 임의규정

6 관계인의 합의 또는 집행법원의 명령에 의한 경우를 제외하고, 집행관이 민사집행법 제213조 제1항의 규정에 위반하여 충분히 익기 전의 과실을 매각하는 경우에는 관계인은 집행에 관한 이의로써 다툴 수 있다. 그러나 일단 매각이 종료되면 매각대금이 부당하게 저렴함을 이유로 채권자 또는 채무자가 집행관 등의 손해배상책임을 소구하는 것은 별론으로 하고 매각 자체의 효력에는 영향이 없다.

Ⅳ. 미분리과실의 수확

7 집행관은 미분리과실을 매각하기 위하여 이를 수확하게 할 수 있다(민사집행법 제213조 제2항). 본래 압류된 미분리과실은 집행관이 점유·보관하는 것이고, 압류물을 매각한 때에는 집행관이 매수인에게 이를 인도하여야 할 권한과 의무를 지고 있는 것인데, 민사집행법 제213조 제2항은 압류물의 보존방법으로서 수확할 수 있을 뿐 아니라,[1] 매각 자체를 위해서도 집행관이 그 권한으로 수확할 수 있다는 것을 규정한 데에 그 의미가 있다. 수확에 소요되는 비용은 집행비용으로서 채권자가 예납하여야 한다. 매각을 위하여 미분리과실을 수확하게 할 것인지는 집행관이 재량으로 판단할 사항으로, 집행관은 이를 수확하여 매각할 수도 있고 수확하지 아니한 채 매각할 수도 있다.

Ⅴ. 매각

1. 분리 전의 매각

8 집행관은 과실을 수확하지 아니하고 토지에 정착되어 있는 상태로 매각할 수 있다. 이 경우도 집행관은 매수인의 대금지급과 서로 맞바꾸어 압류한 과실을 인도하여야 하므로(민사집행법 제205조 제2항), 그 인도의 방법 및 매수인의 과실에 대한 소유권취득시기 등이 문제된다. 미분리과실의 압류는 그 생육하고 있는 토지의 일정 범위에 압류의 표시를 하고 채무자의 보관에 맡기는 방법으로 함이 일반적이다. 따라서 매수인에 대한 인도는 압류의 표시를 제거하고 과실에 대한 사실상의 지배를 매수인에게 이전하는 방법에 의할 수밖에 없다. 매수인의 소유권취득시기에 관하여는, 민법 제102조 제1항이 '천연과실은 그 원물로부터 분리한 때에 이를 수취할 권리자에게 속한다'라고 규정하고 있어 매수인이 과실을 수확한 때에 비로소 그 소유권을 취득하는 것으로 볼 여지도 있다. 그러나 미분리과실을 독립된 유체동산으로 보아 압류와 매각을 허용하는 이상 그 소유권이전의 시기만을 토지의 정착물임을 전제로 취급할 합리적인 이유가 없고, 미분리과실이라도 그 매각의 목적물은 그 물건 자체의 소유권이라고 할 것이므로, 매수인이 집행관으로부터 미분리과실을 인도(사실상 지배의 이전)받음으로써 즉시

1 김상수, 민사집행법(제4판), 법우사(2015), 293; 법원실무제요, 민사집행[Ⅳ], 사법연수원(2020), 59.

소유권을 취득한다고 봄이 타당하다.

9 토지에서 분리되지 아니한 상태로 매각한 경우에는 매수인이 그 자신의 비용으로 수확하여야 한다. 매각을 함에 있어 그와 같은 사실을 매각조건으로 하는 것이 바람직하다. 매수인은 미분리과실을 수확하기 위하여 그 생육되어 있는 토지에 출입할 수 있고, 토지의 소유자는 이를 용인할 의무가 있다.

2. 분리 후의 매각

10 집행관은 미분리과실을 수확하여 매각할 수도 있다(민사집행법 제213조 제2항). 집행관은 제3자 또는 채무자에게 위탁하여 수확한 후 그 보존을 위한 적당한 처분을 하여야 한다. 집행관이 수확한 과실은 일응 그 수확 당시에 이를 수취할 권리를 가진 자의 소유에 속하지만(민법 제102조 제1항), 압류의 효력은 지속된다. 그 수확이 민사집행법 제213조 또는 제198조의 규정에 의한 집행관의 조치로서 이루어진 것이 아니라 제3자 또는 채무자가 임의로 한 것인 경우 수확물에 대한 압류의 효력이 지속되는지에 관하여 견해가 나뉠 수 있으나, 수확물에 대하여 추급할 수 있는 범위 내에서는 집행관이 압류물의 보존조치의 일환으로 이를 회수할 수 있다고 할 것이다.

제 214 조 [특별한 현금화 방법]

① 법원은 필요하다고 인정하면 직권으로 또는 압류채권자, 배당을 요구한 채권자 또는 채무자의 신청에 따라 일반 현금화의 규정에 의하지 아니하고 다른 방법이나 다른 장소에서 압류물을 매각하게 할 수 있다. 또한 집행관에게 위임하지 아니하고 다른 사람으로 하여금 매각하게 하도록 명할 수 있다.
② 제1항의 재판에 대하여는 불복할 수 없다.

[관련조문] 민사집행법 제199조, 제202조, 제209조, 제210조, 제241조

[참고문헌] 법원실무제요, 민사집행[IV], 사법연수원(2020)

Ⅰ. 개설

1 민사집행법 제214조는 압류한 유체동산에 대한 원칙적인 매각방법(호가경매나 입찰), 매각장소(유체물이 있는 시·군·읍·면), 매각의 주체(집행관)와 다른 특별한 방법 등을 통하여 압류물을 현금화할 수 있는 근거를 마련하고 있다.

2 민사집행법 제214조의 특별한 현금화 방법은 특수한 기계류나 고가의 수집품 등과 같이 다수의 매수희망자를 기대할 수 없는 경우나 총포·화약류·독극물·마약류와 같이 법령에 의하여 일정한 자격이나 허가가 있어야만 취득할 수 있는 물건을 현금화하는 경우에 주로 이용될 수 있을 것이다. 채권과 그 밖의 재산권에 대한 집행에도 민사집행법 제214조와 같은 취지의 규정이 있다(민사집행법 제241조).

Ⅱ. 입법취지 및 입법례

1. 입법취지

3 압류한 유체동산은 원칙적으로 입찰 또는 호가경매의 방법으로 매각하여야 한다(민사집행법 제199조). 이는 여러 사람의 공개적인 경쟁을 통하여 보다 공정한

절차로, 보다 고가로 압류물을 현금화하려는 데 그 취지가 있다. 그런데 압류물의 종류에 따라서는 입찰 또는 호가경매의 방법으로 현금화하는 것이 불가능하거나 고가로 현금화할 수 없는 경우도 있으므로 민사집행법 제199조는 그러한 경우에 장소나 매각의 주체를 달리하여 매각하거나 다른 방법으로 현금화할 수 있는 길을 터놓음으로써 압류물이 적정하게 현금화되도록 하는 것이다. 입찰이나 호가경매 이외의 특별한 현금화 방법은 자칫 절차의 공정성이 문제될 여지가 많아 어떤 방법으로 현금화할 것인지를 강제집행의 실시기관인 집행관에게 일임하는 것은 적절하지 않은 측면이 있으므로 민사집행법 제214조는 특별한 현금화 방법을 집행법원의 명령으로 하도록 규정하고 있다.

2. 입법례

4 독일 민사소송법 제825조 제1항에서 '채권자 또는 채무자의 신청이 있는 때에는 집행관은 압류물을 앞의 조문에서 규정한 것과 다른 방법으로 또는 다른 장소에서 현금화할 수 있다. 집행관은 실행하려고 하는 현금화에 대하여 피신청인에게 통지하여야 한다. 집행관은 이 통지의 송달 후 2주가 경과하기 전에는 피신청인의 동의 없이 물건을 현금화할 수 없다.', 제2항에서 '집행법원은 채권자 또는 채무자의 신청이 있는 때에는 집행관이 아닌 다른 사람에 의한 압류물의 경매를 명할 수 있다'고 규정하고 있다. 필요한 때에는 일반적인 경우와 다른 현금화 방법을 활용할 수 있도록 하는 취지는 민사집행법 제214조와 같다. 민사집행법 제214조와 달리 채권자 또는 채무자의 신청에 따라 하도록 하고, 방법과 장소를 달리하는 현금화는 집행관이 하도록 하되 피신청인의 동의가 없는 한 피신청인에 대한 통지 후 2주가 경과하여야 할 수 있도록 하면서, 집행관이 아닌 사람이 하는 경매의 경우 집행법원이 명하도록 하고 있다.

5 일본 민사집행규칙 제121조, 제122조에서 집행관이 동산의 종류, 수량 등을 고려하여 상당하다고 인정할 때에는 집행법원의 허가를 받아 경매 또는 입찰 이외의 방법으로 압류물의 매각을 실시하거나, 집행관 이외의 사람에게 압류물의 매각을 실시하게 할 수 있도록 정하고 있다. 민사집행법 제214조와 달리 집행법원의 허가를 신청하는 주체를 집행관으로 규정하고 있고, 집행관은 허가신청에 앞서 압류채권자의 의견을 들어야 하며, 허가신청을 함에 있어서는 매각의 실시방법 등을 밝히도록 하고 있다.

Ⅲ. 특별한 현금화 방법의 요건과 절차

1. 요건

가. 직권 또는 당사자 등의 신청

6 집행법원은 직권으로 집행관으로 하여금 특별한 현금화 방법으로 매각하게 할 수 있다. 그러나 유체동산에 대한 강제집행의 실시기관은 집행관이므로, 집행법원이 직권으로 그와 같은 명령을 하는 경우는 상정하기 어렵다. 실질적으로는 집행관의 신청에 따라 직권발동을 하게 됨이 보통일 것이다.

7 신청은 압류채권자, 배당요구채권자 또는 채무자가 할 수 있다. 그러한 지위에 있는 사람이 여럿일 때에는 각자가 단독으로 신청할 수 있다. 채무자 회생 및 파산에 관한 법률 제348조 제1항 단서의 규정에 의하여 파산관재인이 강제집행절차를 속행하는 때에는 그 파산관재인이 채무자에 갈음하여 민사집행법 제214조의 신청을 할 수 있다. 그러나 집행관은 물론, 매각에 참가하여 압류물을 매수하려고 하는 자 등에게는 신청권이 없으므로 이들의 신청은 집행법원의 직권발동을 촉구하는 의미가 있을 뿐이다. 신청을 함에 있어서는 현금화 방법을 구체적으로 특정하여야 하고, 그 사유를 소명하여야 한다. 이 신청은 압류 이후 매각이 완료되기 이전에 하여야 한다.

나. 절차의 적법 및 유효

8 특별한 현금화 방법을 채택하기 위해서도 강제집행 자체가 적법하여야 하고, 압류가 유효하여야 한다.

다. 특별한 현금화의 필요성

9 일반 현금화의 규정에 의하지 아니하고 다른 방법으로 매각함으로써 보다 고가로 현금화될 것이 기대되거나 현금화가 보다 용이하게 되는 경우라야 한다. 일단 일반 현금화의 규정에 따라 매각을 시도하여 보았으나 성공하지 못하였다는 사정은 특별한 현금화 방법의 필요성을 인정할 유력한 자료가 될 것이다.

2. 절차

10 관할은 압류물이 있는 곳을 관할하는 지방법원의 전속관할에 속한다(민사집행법 제3조, 제21조). 이는 사법보좌관이 행하는 업무이다(사법보좌관규칙 제2조 제1항 제8호). 특별현금화명령의 양식은 아래와 같다.

[양식] 특별현금화명령

○ ○ 지 방 법 원

결　정

사　　건 : 20　타기　　특별현금화(매각명령)
신 청 인(배당요구채권자) :
채 권 자 :
채 무 자 :

주　문

○○지방법원 소속 집행관은 ○○지방법원 20　가단　　대여금 청구사건의 집행력 있는 판결정본에 기초하여 압류한 별지 목록 기재 물건을　　　로 운반하여 그곳에 거주하는　　　　에게 매각할 수 있다.

이　유

신청인의 이 사건 신청은 이유 있다고 인정되므로 민사집행법 제 214 조 제 1 항에 따라 주문과 같이 결정한다.

2○○○. ○. ○.

판사(사법보좌관)　　　　　㊞

주 : 특정인에 대한 임의매각을 명하는 경우

11 집행법원이 특별한 현금화 방법으로 매각하게 하는 것은 명령의 형식이지만, 그 성질은 결정으로 보아야 할 것이다. 이 재판은 변론 없이 할 수 있다(민사집행법 제3조 제2항). 그러나 필요한 경우에는 당사자, 이해관계인, 그 밖의 참고인을 심문할 수 있다(민사집행법 제23조 제1항, 민사소송법 제134조 제2항). 이 재판은 신청인에게 고지하여야 하고(민사집행규칙 제7조), 집행관에게도 고지하여야 한다. 집행법원은 재판에 앞서 민사집행법 제16조 제2항을 유추 적용하여 잠정처분을 할 수 있으나, 채무자의 신청이 집행절차의 지연책으로 이용될 수 있음을 주의할 필요가 있다.[1]

1 법원실무제요, 민사집행[Ⅳ], 사법연수원(2020), 118.

3. 불복의 배제

12 집행법원의 재판에 대하여는 불복할 수 없고(민사집행법 제214조 제2항), 특별항고로만 불복할 수 있다. 채권과 그 밖의 재산권에 대한 특별현금화명령에 대하여는 즉시항고를 할 수 있는 것(제241조 제3항, 제251조)과 구별되는 점이다.

13 [판례] 대법원 2011. 5. 6.자 2011그37 결정
채권자가 채무자 소유 주식에 대한 압류명령을 받아 특별현금화명령을 신청함에 따라 집행법원이 그 주식을 일정액의 금전 지급에 갈음하여 채권자에게 양도하는 특별현금화명령을 하자, 채무자가 이에 대하여 즉시항고를 제기한 사안에서, 주권은 민사집행법상 유체동산으로 간주될 여지가 있으나 주권이 표창하는 주식은 이에 해당하지 않는 것이어서 주식에 대한 특별현금화명령에 대하여는 민사집행법 제241조 제3항에 의하여 즉시항고를 할 수 있다고 하였다.

Ⅳ. 특별한 현금화 방법의 내용

14 특별한 현금화의 방법은 크게 ① 호가경매 또는 입찰과 매각의 시기, 조건, 현금화방법 등을 달리하는 경우, ② 현금화 장소를 달리하는 경우, ③ 현금화 주체를 달리하는 경우로 나눌 수 있다.

1. 현금화 방법을 달리하는 경우

가. 법정기간 경과 전의 매각

15 압류일과 매각일 사이에는 압류물을 보관하는데 지나치게 많은 비용이 들거나 시일이 지나면 그 물건의 값이 크게 내릴 염려가 있는 때가 아닌 한 1주 이상의 법정기간을 두어야 하는데(민사집행법 제202조), 그러한 요건이 갖추어지지 않는 경우에도 특별한 현금화의 필요가 있으면 집행법원은 압류일로부터 1주가 경과되기 전에 매각할 것을 명할 수 있다.

나. 매수대금의 지급 또는 압류물 인도의 유예

16 특별매각조건으로 정하지 아니한 경우에도 매각일 이후로 대금지급을 유예하거나 대금지급 없이 압류물을 먼저 인도하게 할 수 있다.

다. 최저매각가격 또는 최고매각가격의 지정

17 금·은붙이나 시장가격 있는 유가증권이 아니더라도 최저매각가격 또는 최고매각가격을 지정하여 매각가격의 한계를 정할 수 있다. 통제가격 있는 물건에 대

하여는 ① 그 통제가격으로 임의매각 시키거나 ② 그 가격을 최고매각가격으로 정하여 그 이하로 매각시키되 여러 사람이 같은 가격으로 매수신청을 한 때에는 추첨의 방식으로 매수인을 정할 것 등을 명할 수 있다.

라. 매수신청인의 자격 제한

18 독극물이나 총포·화약류 등과 같이 판매 또는 소지에 제한이 있는 물건을 현금화함에 있어서는 매수신청인을 법령상 일정한 허가나 자격을 가진 사람으로 제한할 수 있다.

마. 집행관에게 적절한 매각방법을 선택하게 위임하는 것

19 민사집행법 제209조 후문, 제210조에 해당하지 아니하는 경우에도 집행관으로 하여금 입찰이나 호가경매가 아닌 수의계약 등 다른 적당한 방법으로 현금화하도록 명할 수 있다. 이러한 방법에 의한 매각도 강제집행의 일환으로 이루어지는 집행행위이므로, 집행관은 일반규정에 따른 매각의 경우와 마찬가지로 집행조서를 작성하여야 한다. 매각대금 역시 강제집행의 결과로 얻는 매각대금이므로 집행관이 매각대금을 영수하면 민사집행법 제208조에서 정한 지급의제의 효력이 생긴다. 또 목적물의 인도는 일반규정에 따른 매각에서의 목적물의 인도와 다를 바 없으므로 대금의 지급과 맞바꾸어 매수인에게 목적물이 인도되었을 때 매수인에 대한 소유권 이전의 효과가 발생하고, 이에 의하여 집행이 종료된다.

바. 채권자에의 압류목적물의 양도

20 채권집행에 관한 민사집행법 제241조의 양도명령에 준하여 채권자의 신청이 있는 경우 일정한 대금으로 압류물을 채권자에게 양도할 것을 명할 수 있다. 이는 일반규정에 따른 매각이 실효를 거둘 수 없는 경우에 압류목적물을 상당한 대금으로 채무의 지급에 갈음하여 채권자에게 양도하는 것이다. 그 대금액은 집행법원이 감정평가액 등을 종합적으로 참작하여 결정하여야 할 것이다. 이 양도명령은 성질상 채권자의 신청에 기하여서만 할 수 있고, 그 의사에 반하여서는 할 수 없으며, 압류가 경합하거나 배당요구채권자가 있는 경우에는 압류물의 매각대금으로 배당하여야 하므로 양도명령을 할 수 없다고 봄이 타당하다. 채권자가 신청한 대금이 지나치게 저렴한 경우 그 신청을 기각할 것이다. 양도명령이 있는 경우 그 대금이 채권액 이하인 때에는 채권자의 대금지급을 요하지 아니하고 집행관이 압류물의 점유를 채권자에게 이전함으로써 집행이 종료되고, 그 대

금이 채권액을 상회하는 때에는 채권자의 채권액초과분의 대금지급과 상환으로 집행관이 압류물을 채권자에게 인도함으로써 집행이 종료된다. 채권자는 압류물을 인도받음으로써 그 소유권을 취득하게 된다.

2. 압류한 유체동산이 있는 곳이 아닌 장소에서의 매각

21 채권자와 채무자의 합의(민사집행법 제203조 제1항 단서)가 없더라도 집행법원은 압류한 유체동산이 있는 시·구·읍·면 이외의 장소에서 매각하게 할 수 있다.

22 집행관은 직무집행구역 밖에서 압류를 하거나 압류물을 보관하게 할 수 있고(민사집행규칙 제133조, 제135조), 직무집행구역 밖에서 압류물을 회수할 수 있으므로(제138조), 이들 규정과의 균형상 집행법원이 특별현금화명령으로 압류지 이외의 장소를 매각장소로 지정함에 있어서는 집행관의 관할구역 또는 집행법원의 관할구역의 제한을 받지 않는다고 할 것이다.

3. 집행관 아닌 다른 사람에 의한 매각(위탁매각)

23 집행법원은 집행관 아닌 다른 사람에게 압류한 유체동산을 매각하도록 명할 수 있다(민사집행법 제214조 제1항 후단). 예컨대, 압류물의 특성을 고려할 때 공증인, 매각에 경험이 있는 사람, 부동산업자, 은행 또는 골동품상 등에게 매각을 위임하는 것이 집행관으로 하여금 매각하게 하는 것보다 고가로 매각할 가능성이 있는 경우가 이에 해당한다. 집행관 아닌 다른 사람에 의한 매각은 특별현금화명령의 성질상 그 방법에 제한이 없는 것으로 보아야 한다. 따라서 매각을 명령받은 사람은 호가경매나 입찰 또는 임의매각 등 적당한 방법으로 매각하면 된다. 이 명령을 받은 사람은 집행관을 대신하여 압류물을 매각하고, 대금을 영수하며, 매수인에게 목적물을 인도한다. 위탁매각을 맡은 제3자는 특별한 명령이 없는 한 현금화와 그에 부수되는 행위를 할 권한이 있을 뿐이므로 매각대금의 채권자에의 교부·배당 또는 공탁 등은 할 수 없다. 이는 여전히 집행관에게 유보되어 있다. 매각을 실시하는 사람에게 지급할 보수는 집행비용에 산입된다. 따라서 매각을 실시한 사람은 매각대금에서 스스로 지급받을 수수료, 그 밖의 집행비용을 공제한 잔액을 집행관에게 인도하여야 한다. 민사집행법 제208조의 매각대금을 영수한 효과의 발생시기에 관하여는 견해가 나뉠 수 있으나, 위탁매각을 맡은 제3자가 일정한 범위 안에서 집행관을 대신하는 지위에 있다는 점과 민사집행법 제208조의 취지를 고려하면, 제3자가 매각대금을 영수한 때에 같은 효과가 발생하는 것으로 봄이 타당하다.

제 215 조 [압류의 경합]

① 유체동산을 압류하거나 가압류한 뒤 매각기일에 이르기 전에 다른 강제집행이 신청된 때에는 집행관은 집행신청서를 먼저 압류한 집행관에게 교부하여야 한다. 이 경우 더 압류할 물건이 있으면 이를 압류한 뒤에 추가압류조서를 교부하여야 한다.
② 제1항의 경우에 집행에 관한 채권자의 위임은 먼저 압류한 집행관에게 이전된다.
③ 제1항의 경우에 각 압류한 물건은 강제집행을 신청한 모든 채권자를 위하여 압류한 것으로 본다.
④ 제1항의 경우에 먼저 압류한 집행관은 뒤에 강제집행을 신청한 채권자를 위하여 다시 압류한다는 취지를 덧붙여 그 압류조서에 적어야 한다.

[관련조문] 민사집행법 제87조, 제110조, 제219조, 제271조, 제272조, 제274조, 제291조, 국세징수법 제59조, 제61조, 지방세징수법 제66조, 제67조, 채무자회생 및 파산에 관한 법률 제348조, 민사집행규칙 제152조

[참고문헌] 김일룡, 민사집행법강의(제2판), 오래(2018); 김홍엽, 민사집행법(제7판), 박영사(2022); 박두환, 민사집행법, 법률서원(2002); 이우재, 배당의 제문제(제2판), 진원사(2012); 전병서, 민사집행법(제4판), 박영사(2023); 법원실무제요, 민사집행[Ⅳ], 사법연수원(2020); 김경욱, "민사집행에 있어서 압류채권자에 대한 평등주의와 우선주의", 민사집행법연구 한국민사집행법학회지 제8권, 한국사법행정학회(2012); 김홍규, "금전채무집행에 있어서 우선주의, 평등주의, 집단우선주의 비교연구, 민사법의 제문제, 박영사(1984); 송영천, "강제집행과 보전처분의 경합", 재판자료 제36집, 법원도서관(1987); 전원열, "민사집행법상 평등주의의 재검토", 법조 제69권 제3호(통권 제741호), 법조협회(2020); 조재연, "강제집행과 체납처분의 경합", 재판자료 제36집, 법원도서관(1987)

Ⅰ. 개설

1 민사집행법은 동산집행에 있어 초과압류를 금지하고(민사집행법 제188조 제2항) 이중압류를 허용하면서(제215조), 배당요구권자의 범위를 민법·상법, 그 밖의 법률에 따라 우선변제청구권이 있는 채권자로 제한함으로써(제217조), 순수한 채권자평등주의에서 벗어나 우선주의에 접근하고 있다.

Ⅱ. 입법취지 및 입법례

1. 입법취지

2 민사집행법은 동산집행에 있어서도 부동산집행과 마찬가지로 이중압류를 허용하고 있다. 채권자평등주의를 취하더라도 일본과 같이 이중압류를 금지할 수도 있어 평등주의와 반드시 이어진다고 보기는 어렵다.[1] 그러나 민사집행법은 동산집행의 배당요구권자를 우선변제청구권이 있는 채권자로 제한하고 있어 이중압류까지 금지하면 실질적으로 우선주의와 다를 바 없게 되므로, 평등주의의 관점에서 이중압류를 허용하고 있다고 볼 수 있다. 이중압류의 경우 선행압류채권자와 후행압류채권자 사이의 이해관계를 조화시켜야 하는 등 여러 문제가 발생하므로 집행관이 집행을 실시하는 구체적인 방법 등을 법정하고 있다.[2]

2. 입법례

3 독일 민사소송법은 우선주의[3]를 취하면서 초과압류를 금지하고 이중압류를 허용한다(독일 민사소송법 제803조, 제804조, 제826조, 제827조 등). 스위스법상의 군단우선주의[4] 아래에서도 역시 이중압류가 허용됨에 비하여, 프랑스 구 민사소송법은 철저한 평등주의[5]를 취하여 초과압류를 허용하되 이중압류를 금지하였고(구 프랑

1 다만, 일본의 경우 아래에서 보는 바와 같이 후행압류신청사건이 선행사건에 병합되고, 후행신청이 배당요구의 효력을 가지게 된다.

2 김일룡, 민사집행법강의(제2판), 오래(218), 353~354.

3 압류에 의하여 채권자는 압류질권을 취득하게 되고, 이러한 압류질권은 다른 채권자에 대한 관계에서 계약에 의하여 얻어진 점유질권과 동일한 권리를 채권자에게 주며, 선행압류에 의한 압류질권은 후행 압류에 의한 압류질권에 우선한다. 각국의 입법례의 상세는, 김경욱, "민사집행에 있어서 압류채권자에 대한 평등주의와 우선주의", 민사집행법연구: 한국민사집행법학회지 제8권, 한국사법행정학회(2012); 김홍규, "금전채무집행에 있어서 우선주의, 평등주의, 집단우선주의 비교연구, 민사법의 제문제, 박영사(1984) 참조.

4 최초 압류를 한 주채권자의 압류집행 후 30일 이내에 압류신청을 한 모든 채권자가 최초의 압류채권자와 함께 하나의 군단을 형성하고, 이 군단 내의 모든 채권자는 사법상 우선권 등이 없는 한 자신의 채권에 비례하는 평등한 배당을 받게 되며, 그 후 시점에 압류를 하게 되는 두 번째 주채권자와 그로부터 30일 이내에 부대압류하는 채권자들이 다시 두 번째 채권자군단을 이루어 첫 번째 채권자군단보다 후순위로 그 군단 내에서는 평등배당을 받게 된다.

5 전체 채권자는 집행권원이 있는지를 묻지 않고 모두 평등한 대우를 받게 된다. 압류한 집행채권자와 그 후에 절차에 참가한 채권자는 채권액에 비례하여 평등하게 배당을 받게 된다. 그러나 프랑스는 부동산집행에 있어서는 금전지급판결을 얻은 채권자가 재판 저당권을 취득하고 그 판결을 채무자 소유 부동산등기부에 등기하여 제3자에 대해 우선권을 주장할 수 있도록 해왔으며, 채권집행에 있어서도 1991년 법률 개정으로 귀속압류를 도입하여 채권의 압류에 의하여 원칙적으로 피압류채권이 압류채권에게 귀속되는 효과를 인정함으로써 귀속압류명령을 먼저 획득한 집행채권자가 배타적 만족을 얻을 수 있도록 하여, 실상은 우선주의에 가깝게 집행절차가 운용되고 있다. 상세는 전원열, "민사집행법상 평등주의의 재검토", 법조 제69권 제3호(통권 제741호), 법조협회(2020), 7~50 참조.

스 민사소송법 제596조 이하, 제609조, 제611조, 제622조 등), 일본 민사집행법은 평등주의를 취하면서 초과압류와 이중압류를 모두 금지한다(일본 민사집행법 제125조, 제128조. 후행 압류에 의한 동산집행사건은 선행 동산집행사건에 병합하게 되고, 후행압류 신청에는 배당요구의 효력을 인정하며, 선행 사건의 신청을 취하하거나 그 신청에 관한 절차가 정지되거나 취소되면 병합 시 후행 사건을 위하여 압류된 것으로 보게 된다).

Ⅲ. 집행의 경합

1. 의의

4 채무자 소유의 일반재산은 모든 채권자를 위한 책임재산을 이루므로 집행절차에서 동일한 재산에 대한 집행채권자 및 채권이 복수이면 이들이 서로 경합하는 경우가 생긴다. 이를 집행의 경합 또는 복수집행이라고 하며, 동시압류(공동압류)·이중압류 및 배당요구가 이에 해당한다.

2. 집행의 경합의 종류

가. 동시압류(공동압류)

5 집행관이 여러 개의 채권 또는 여러 사람의 채권자를 위하여 동일한 재산을 동시에 압류하는 것을 동시압류 또는 공동압류라고 한다. 금전압류의 경우에는 명문의 규정이 있지만(민사집행법 제222조 제2항), 그 밖의 경우에도 동시압류가 가능하다. 이에는 ① 공동상속인, 동일한 사고에 기한 여러 피해자 등에 의한 집행위임과 같이 처음부터 여러 개의 채권에 기한 또는 여러 사람의 채권자로부터의 집행신청에 의하여 동시에 압류를 하는 경우와 ② 하나의 집행신청이 있은 후 그 집행개시 전에 다른 채권에 의한 또는 다른 채권자로부터의 집행신청이 있어 이를 병합하여 집행(압류)하는 경우가 있다.

6 동시압류의 경우에는 압류에서부터 현금화에 이르기까지 집행절차가 1개로서 진행되고 집행의 단순화, 비용의 경감 등의 효과를 얻게 된다. 압류의 절차는 단독압류에 준하며 특별히 다르게 취급할 문제가 없다. 집행조서는 하나로 작성되고, 채권 또는 채권자 사이에 집행신청의 선후에 따른 우열은 없으며 실체법상의 우선순위에 따라 매각대금을 배당받는다. 다만, 집행법상의 법률관계는 집행신청을 한 채권 또는 채권자별로 독립하여 성립되므로, 하나의 채권 또는 채권자에 의한 집행신청의 취하나 집행정지, 취소 등은 다른 채권 또는 채권자에 의

한 집행절차에는 아무런 영향을 미치지 않는다.

나. 이중압류

7 이미 채무자의 재산에 대한 강제집행(압류 또는 가압류)이 이루어진 후 그 종결 전에 다른 채권에 의한 또는 다른 채권자로부터 동일한 재산에 대한 강제집행의 신청에 의하여 다시 압류하는 것을 이중압류라고 한다.

8 이중압류의 절차와 효과 등은 집행대상에 따라 다르다. 민사집행법 제215조는 유체동산집행에서의 이중압류를 규정하고 있다.

다. 배당요구

9 채권자 스스로는 강제집행을 신청하지 아니하고 다른 채권자의 신청에 의하여 개시된 집행절차에 편승·참가하여 압류물의 매각대금으로부터 자기 채권의 만족(변제)을 받으려는 신청이 배당요구이다. 이것 역시 넓은 의미에서 집행의 경합에 해당한다. 배당요구에는 시기적 제한이 있다(민사집행법 제220조 등). 유체동산집행에 있어서는 채권, 그 밖의 재산권에 대한 집행이나 부동산집행에서와는 달리, 민법·상법, 그 밖의 법률에 따라 우선변제청구권이 있는 채권자에 한하여 배당요구를 할 수 있다(제217조). 동시압류가 원시적인 집행의 경합이라면 이중압류와 배당요구는 후발적인 집행의 경합에 해당한다.

IV. 이중압류(압류의 경합)

1. 의의

10 유체동산을 압류 또는 가압류한 후 매각기일 전에 다른 강제집행의 신청이 있는 때에는 집행관은 이미 압류된 물건 외에 더 압류할 물건이 있는지 여부를 조사하여 그러한 물건이 있으면 이를 추가압류하여 집행신청서와 추가압류조서를 먼저 압류한 집행관에게 교부하고, 그러한 물건이 없으면 집행신청서만을 먼저 압류한 집행관에게 교부하여야 한다(민사집행법 제215조 제1항). 그 집행신청서를 교부받은 집행관(먼저 압류한 집행관)은 먼저 압류한 유체동산에 대하여 뒤에 강제집행을 신청한 채권자를 위하여 다시 압류한다는 취지를 압류조서에 덧붙여 적는다(제215조 제3항). 실제로 다시 압류를 하는 것은 아니고 단순히 압류조서에 다시 압류한다는 취지를 덧붙여 적는 것에 지나지 아니하지만, 그것에 의하여 관념적으로는 압류물에 대하여 재차 압류가 이루어지는 것이다. 이를 이중압류

또는 압류의 경합이라 한다.

2. 이중압류의 요건

가. 당사자

11 이중압류는 동일한 채무자에 대한 강제집행에서 생기는 문제이다. 채무자가 다른 경우에는 비록 압류목적물이 동일하더라도 이중압류를 할 수는 없다. 어느 채무자의 소유물로서 이미 압류된 물건이 다른 채무자의 소유물임을 내세워 다른 채권자가 압류하기 위해서는 먼저 그 채무자를 대위하여 제3자이의의 소를 제기하여 선행압류의 효력을 배제한 후 압류하여야 한다. 여러 연대채무자에 대하여 집행하는 경우에도 각 채무자마다 이중압류 여부가 정하여진다. 이때 각 채무자마다 집행력 있는 정본에 적은 청구금액의 범위 안에서 집행할 수 있으나(민사집행법 제188조 제2항), 매각 자체는 실제 채권액을 만족하는데 충분한 범위 안에서 하여야 한다(제207조). 뒤에 압류하는 채권자는 앞에 압류한 채권자와 다른 사람임이 보통이나, 같은 채권자라도 다른 채권에 기하여 다시 강제집행의 신청을 한 때에는 이중압류를 하여야 한다. 동일한 채권이라도 그 청구금액을 확장하려는 경우에도 이중압류를 하여야 한다. 강제집행 개시 후의 청구금액의 확장은 배당요구의 효력밖에 없는데(대법원 1983. 10. 15.자 83마393 결정), 유체동산 집행에서의 배당요구는 민법·상법, 그 밖의 법률에 따라 우선변제청구권이 있는 채권자만이 배당요구를 할 수 있기 때문이다.

12 압류의 효력에 관하여 개별상대효설을 취하고 있는 통설[6] 및 판례 이론에 의하면, 압류 또는 가압류 후에 채무자가 목적물을 점유개정의 방법으로 양도한 경우 그 목적물은 앞의 압류채권자 또는 가압류채권자에 대한 관계에서만 상대적으로 채무자의 소유로 취급될 뿐이고, 다른 채권자 또는 다른 채권에 대한 관계에서는 제3자의 소유로 취급되므로, 그 채무자에 대한 다른 채권자는 선행집행절차에 참가할 수 없게 된다.

나. 선행집행의 존재

13 이중압류는 유체동산에 대한 압류 또는 가압류가 있은 후에 다시 강제집행을 하는 것이다. 압류 또는 가압류가 일단 적법하게 이루어진 이상 그 후 압류의

6 김일룡, 민사집행법강의(제2판), 오래(2018), 352; 김홍엽, 민사집행법(제7판), 박영사(2022), 327; 전병서, 민사집행법(제4판), 박영사(2023), 371.

표시 등이 훼손되었더라도 이를 다시 압류하는 것은 이중압류에 해당한다. 선행 압류가 형식상 존재하지만 실질적으로는 무효인 경우에도 이를 다시 집행하는 것은 이중압류에 해당하므로 그에 따른 절차를 밟아야 한다. 그 압류가 무효인지를 집행관이 가릴 수 없기 때문이다. 집행관이 집행위임을 받아 집행할 장소에 임하였을 뿐 아직 구체적인 집행에 착수하지 아니한 시점에 다시 다른 강제집행의 신청이 있는 경우는 동시집행에 해당하고 이중압류에는 해당하지 아니한다.

14 민사집행법 제215조가 직접 적용되는 것은 압류·가압류 후에 '다른 강제집행'의 신청이 있는 경우이다. 따라서 후행집행은 원칙적으로 압류를 의미한다. 후행집행이 가압류인 경우에는 민사집행법 제291조의 규정에 따라 민사집행법 제215조가 준용된다. 이에 대하여는 민사집행법이 이중압류를 허용하는 한편, 배당요구권자를 실체법상의 우선변제청구권자로 제한한 근본적인 이유가 가장채권의 배당요구에 의한 집행채권자의 이익침해를 방지하고자 함에 있으므로, 민사집행법 제291조의 '강제집행에 관한 규정'을 제한적으로 보아 가압류의 집행방법 및 집행절차에 한하여 본집행에 관한 규정이 준용되는 것으로 해석하고, 민사집행법 제215조 제3항의 압류의 효력범위 확장에 관한 규정은 가압류에 준용되지 않는 것으로 해석하여야 한다는 견해가 있을 수 있다. 그러나 실무상 유체동산에 대한 가압류신청에 있어서는 상당한 금액의 현금공탁을 조건으로 가압류가 발령되고 있고, 가압류에 따른 이중압류를 허용하여도 실제 그에 따라 가압류를 한 채권자에게 교부 또는 배당할 매각대금은 공탁되어(민사집행규칙 제156조 제1항 제2호) 가압류에 의한 본집행이 된 후에야 배당 등이 이루어지게 된다. 이러한 사정에다가 선행집행이 무효이거나 취소되는 경우가 있을 수 있음을 고려할 때 민사집행법 제291조를 그처럼 제한적으로 해석할 필요는 없을 것이다.

15 후행집행이 가압류인 경우에도 민사집행법 제215조가 준용된다는 견해에 따르면, 가압류 후 압류 또는 가압류를 한 경우 선행 가압류의 효력이 후행 압류 또는 가압류로 인한 추가압류물 또는 추가가압류물에도 미치는가에 관한 문제가 있을 수 있는데, 민사집행법 제215조 제3항의 규정상 이를 긍정함이 타당하다.

16 한편, 가압류 후 본집행에의 이행은 민사집행법 제215조의 이중압류에는 해당하지 않는다.

다. 다른 집행절차와의 관계

1) 담보권실행경매

17 선행집행 또는 후행집행의 내용이 담보권실행을 위한 경우에도 민사집행법 제215조의 이중압류의 규정이 준용되는지에 관하여 견해가 나뉠 수 있다. 민사집행법 제215조는 담보권 실행을 위한 경매에도 준용되므로(민사집행법 제271조, 제272조) 선행집행 또는 후행집행의 내용이 담보권 실행을 위한 경우에도 이중압류에 해당한다.[7] 선행집행이 질권 등 담보권의 실행을 위한 압류인 경우에 관하여, 다른 강제집행채권자의 압류가 있다고 하여 담보권의 목적물이 아닌 물건에까지 담보권의 실행에 의한 압류의 효력이 확장되는 것으로 인정할 수는 없으므로 이중압류가 허용되지 아니한다는 견해[8]가 있으나, 담보권 실행을 위한 압류가 선행되어 있다고 하여도, 우선변제되고 남는 부분이 있을 수 있으므로 그 물건에 대하여 다시 압류하는 것 자체를 허용하지 않을 이유는 없다고 봄이 타당하다. 다만 담보권실행을 위한 매각은 목적물에 대한 우선변제권의 실현과정이고 평등주의가 적용되는 것은 아니므로 성질상 담보권이 설정되어 있지 아니한 추가압류물에 대한 압류효력의 확장은 인정할 수 없다. 공유물분할을 위한 경매와 같은 이른바 형식적 경매의 경우에도 추가압류물에 대한 압류효력의 확장은 인정할 수 없다.[9]

2) 유치권

18 선행집행이 유치권의 실행을 위한 매각이고 후행집행이 강제경매 또는 담보권실행을 위한 경매인 경우에는 선행집행절차가 정지되고 후행집행 절차에 의하여 진행하며 후행집행절차가 취소되면 앞의 유치권에 의한 매각절차를 속행하게 된다(민사집행법 제274조). 한편, 유치권에 의한 경매절차가 개시된 유체동산에 대하여 유치권자의 승낙이 있어야 함에도 그 승낙 없이 민사집행법 제215조에 따라 다른 채권자가 강제집행을 위하여 압류한 다음 민사집행법 제274조 제2항에 따라 유치권에 의한 경매절차를 정지하고 채권자를 위한 강제경매절차를 진행한 경우, 강제경매절차에서 목적물이 매각되더라도 유치권자의 지위에는 영향

7 법원실무제요, 민사집행[IV], 사법연수원(2020), 124.
8 박두환, 민사집행법, 법률서원(2002), 510.
9 법원실무제요, 민사집행[IV], 사법연수원(2020), 124.

을 미칠 수 없고 유치권자는 그 목적물을 계속하여 유치할 권리가 있다(대법원 2012. 9. 13.자 2011그213 결정).

3) 교부청구 또는 참가압류

19 압류된 물건에 대하여 국세징수법에 의한 교부청구 또는 참가압류를 할 수 있음은 법문상 명백하다(국세징수법 제59조, 제61조, 지방세징수법 제66조, 제67조).[10] 교부청구나 참가압류는 민사집행법 제215조의 이중압류와는 성질을 달리한다. 선행집행의 내용이 가압류인 경우에도 국세징수법에 의한 체납처분을 함에는 아무런 영향이 없고(국세징수법 제26조), 후행 체납처분에 의한 공매절차가 종결되면 선행 가압류의 효력은 소멸되고 국세에 충당하고 남은 환가금에 대한 채무자의 반환채권에 선행 가압류의 효력이 미친다고 볼 수 없다(대법원 1989. 1. 31. 선고 88다카42 판결).

20 선행집행이 체납처분이고 후행집행이 민사집행법상의 압류인 경우를 상정할 수 있는데, 체납처분에 의한 압류와 민사집행법상의 압류가 별개임을 전제로 하는 이상, 체납처분에 의하여 세무공무원이 점유하고 있는 물건을 다시 집행관이 점유할 수는 없으므로 그 세무공무원이 임의로 제출하지 않는 한 민사집행법에 의한 압류집행은 불가능하게 된다고 할 것이다.

4) 가처분

21 가처분은 압류·가압류와는 그 목적과 집행방법 및 효과를 달리 함이 원칙이므로, 강제집행 중인 물건에 대한 가처분이나 가처분된 물건에 대한 강제집행은 상호 그 내용이 모순·저촉되지 않는 한 허용된다. 다만, 가처분된 물건이 강제매각된 경우의 효력에 관하여는 강제집행우위설, 가처분우위설, 가처분상대우위설 등의 대립이 있으나, 통설은 가처분상대우위설을 취한다.[11] 판례도 같은 입장이다(대법원 2009. 12. 24. 선고 2008다10884 판결, 대법원 2014. 6. 26. 선고 2012다116260 판결).

22 가처분과 가처분이 경합하는 경우에 선행가처분이 집행관의 목적물 점유를 내용으로 하는 것일 때에는 민사집행법 제215조에 준하여 취급하여야 할 것이다.

5) 파산

23 압류 또는 가압류 후에 그 재산이 파산재단에 속하게 된 때에는 그 압류·가압류

10 강제집행과 체납처분의 관계에 관하여는 조재연, "강제집행과 체납처분의 경합", 재판자료 제36집, 법원도서관(1987), 106 참조.

11 송영천, "강제집행과 보전처분의 경합", 재판자료 제36집, 법원도서관(1987), 128.

는 효력을 잃는다(채무자 회생 및 파산에 관한 법률 제348조). 파산재단보전을 위한 가압류(제323조) 집행이 된 물건에 대하여는 다시 압류 또는 가압류를 할 수 있다고 할 것이나, 그 절차의 속행을 중지하는 것이 타당하다.

라. 집행장소와의 관계

24 유체동산집행은 다른 집행과는 달리 특정 목적물에 대하여 하는 것이 아니라 일정한 장소를 단위로 하여 이루어지므로(민사집행법 제189조 참조), 선행압류 또는 가압류의 집행장소와 다른 곳에서 집행하는 경우도 민사집행법 제215조의 이중압류에 해당하는지가 문제된다. 이는 압류의 잠재적 효력이 미치는 범위에 관한 문제라고도 할 수 있는데, 이에 관하여는 여러 가지로 견해가 나뉠 수 있다. 그러나 민사집행법 제215조 제1항이 이중압류의 경우에도 아직 압류되지 않은 물건에 대한 추가압류가 가능하다고 규정하고 있는 점, 동산집행신청서에 집행 목적물의 소재장소를 기재하여야 하는 점 등에 비추어 볼 때 장소를 기준으로 하여 압류의 효력이 미치는 범위를 결정함이 합리적이다.[12]

25 따라서 동일한 집행관의 관할구역 내에서 갑지 및 을지를 집행장소로 하는 선행압류가 있은 후 을지 및 병지를 집행 장소로 하는 후행압류신청이 있을 때에는 집행장소가 중복되는 을지에서의 집행에 한하여 이중압류절차를 취하고, 병지에서의 집행은 독립하여 압류를 하여야 할 것이다. 장소를 기준으로 하더라도, 구체적으로 어느 범위 내에서 집행장소가 동일하다고 볼 것인지는 유체동산집행의 실제에 비추어 집행관이 압류물을 수색함에 있어 사회통념상 일체적으로 고찰하여 행동하여야 할 일정한 범위를 동일한 장소로 보아야 할 것이다. 일반적으로는 지번에 의하여 특정될 것이나 구체적 상황에 따라 판단하여야 한다. 채무자의 주거는 방마다 별개로 볼 것이 아니라 전체로서 하나의 장소로 보아야 하고, 여관과 같이 방마다 별개로 사용되고 있는 경우에도 전체로서 하나의 동일한 목적에 제공되고 있으면 전체로서 하나의 집행장소가 되며, 공장과 같이 여러 필지상에 존재하는 여러 개의 건물과 시설로 이루어진 복합적인 것이라도 사회통념상 하나의 집행장소라 할 것이다.

마. 시기

26 이중압류는 이미 압류 또는 가압류가 실시된 이후에 한하고, 그 이전에는 동시

12 박두환, 민사집행법, 법률서원(2002), 510.

압류로 될 뿐이다. 그 종기는 매각기일까지이다. 동산집행에 있어서의 이중압류는 우선변제청구권이 없는 일반채권자가 배당에 참가할 수 있는 유일한 방법이므로 배당요구의 시적 한계와 일치시킬 필요도 있지만, 초과압류의 금지(민사집행법 제188조 제2항)와 무잉여압류의 금지(제188조 제3항) 및 매각의 한도(제207조)와의 관계상 매각기일에 이르기 이전에 매각할 물건의 범위를 확정할 필요가 있으므로 민사집행법 제215조 제1항은 이중압류의 시적 한계를 매각기일에 이르기 전까지로 정하고 있다. 따라서 매각기일 이후에 동일 채무자에 대한 강제집행의 신청이 있는 때에는 독립하여 압류하여야 한다.

27 민사집행법 제215조 제1항이 말하는 매각기일이란 '첫 매각기일'을 의미하는 것이 아니라, '실제로 매각이 된 매각기일'이다. 대법원도 부동산과 채권에 대한 이중압류는 배당요구의 종기와 관계없이 매각대금의 완납, 제3채무자의 공탁 또는 지급 등 집행대상 재산이 채무자의 책임재산에서 벗어날 때까지 가능한 것으로 폭넓게 인정되고 있고, 유체동산 매각절차에서는 매각 또는 입찰기일에 매수 허가 및 매각대금 지급까지 아울러 행해짐이 원칙인 점(민사집행규칙 제149조 제1항, 제151조)에 비추어 볼 때, 민사집행법 제215조 제1항에서 '매각기일에 이르기 전'이라 함은 '실제로 매각이 된 매각기일에 이르기 전'을 의미하는 것으로서 그때까지의 이중압류는 허용된다고 보아야 한다고 판시하고 있다. 동산집행절차에서 이중압류는 우선변제청구권이 없는 일반채권자가 배당에 참가할 수 있는 유일한 방법인 점, 우선변제청구권이 있는 채권자의 배당요구의 종기가 집행관이 매각대금을 영수한 때 등으로 정해져 있는 점(민사집행법 제220조 제1항) 등에 비추어 보더라도, 앞서 본 법리와 달리 민사집행법 제215조 제1항의 '매각기일'을 '첫 매각기일'로 해석하여 이중압류의 종기를 앞당기는 것은 바람직하지 않다고 한다(대법원 2011. 1. 27. 선고 2010다83939 판결).

3. 이중압류의 절차

가. 추가압류할 물건이 없는 경우

28 후행집행신청을 받은 집행관이 선행집행장소를 수색하여 추가압류할 물건이 없는 때에는 집행신청서를 선행집행을 한 집행관에게 교부하여야 한다. 그 교부에 의하여 후행집행신청의 위임이 선행압류를 한 집행관에게 이전된다. 후행집행신청을 받은 집행관은 추가압류할 물건의 유무를 확인하기 위하여 선행집행을 실

시한 집행관에게 그 압류조서의 열람을 청구할 수 있다(민사집행규칙 제152조). '집행신청서'는 그 부속서류 일체를 포함한다. 선행집행을 한 집행관은 그 압류조서에 후행집행신청을 한 채권자를 위하여 압류물을 다시 압류한다는 취지를 덧붙여 적어야 한다(민사집행법 제215조 제4항). 민사집행법 제215조가 이중압류를 인정한 취지 중에는 경합하는 각각의 집행관계를 명백히 하자는 것도 포함되어 있으므로, 압류물을 채무자가 보관하고 있는 경우에는 별도로 봉인, 그 밖의 방법으로 후행집행신청에 의한 압류가 이루어졌음을 명백히 하여 두어야 한다.[13] 유체동산에 선행압류가 있은 후에 강제집행의 위임을 받은 집행관은 후행압류에 대해서도 별도로 압류표시를 하여 그 효력이 발생하도록 조치하여야 할 의무가 있고, 이러한 압류표시를 하지 않은 경우 후행압류는 무효라 판단한 하급심 판례가 있다(서울중앙지방법원 2007. 7. 25. 선고 2006가합52285 판결[14]).

29 이중압류의 경우 집행관은 그 사유를 배당에 참가한 채권자와 채무자에게 통지하여야 한다(민사집행법 제219조). 먼저 압류한 집행관이 선행 압류절차의 이해관계인에게 중복압류 채권자가 생겼음을 통지하여 추가압류나 청구이의의 소 등으로 대비하도록 하려는 취지이다. 통지의 절차는 민사집행법 제11조에 의하고, 채무자의 경우 외국에 있거나 있는 곳이 분명하지 아니한 때에는 통지할 필요가 없다(제12조). 이 통지는 이중압류의 효력발생요건은 아니므로 그 통지가 없더라도 그 효력에는 영향이 없다. 통지서의 양식은 아래와 같다.

[양식] 통지서

통 지 서

사 건 : 20 본 (부)
채 권 자 :
채 무 자 :

13 박두환, 민사집행법, 법률서원(2002), 508.

14 집행관이 그와 같은 조치를 하지 않아 후행압류가 무효임에도 후행압류의 효력이 발생한 것처럼 취급하여 후행압류의 집행위임을 선행압류의 집행기관에 이전한다는 조치를 취한 것에는 직무상 과실이 있다고 판단하면서도, 후행집행채권자가 채무자에 대한 채권 및 그 집행권원을 여전히 보유하고 있으므로 집행관의 직무상 과실로 인하여 그 채권 액수에 해당하는 손해를 입었다고 할 수는 없다고 보아 그 손해배상청구를 기각하였다.

위 유체동산 강제집행사건의 압류물건에 관하여 ○○○가 ○○지방법원 20 본 (부)로 다시 압류를 신청하였음을 통지합니다.

2○○○. ○. ○.

집행관 (인)

귀하

나. 추가압류할 물건이 있는 경우

30 후행집행신청을 받은 집행관이 집행장소를 수색하여 추가압류할 물건을 발견한 때에는 이를 압류하고 그에 대한 추가압류조서를 작성하여 집행신청서와 함께 선행집행을 한 집행관에게 교부하여야 한다. 추가압류한 물건을 그 집행관 스스로 점유하고 있는 때에는 그 물건을 선행집행을 한 집행관에게 인도하여야 할 것이다. 선행집행을 한 집행관은 그 압류조서에 후행집행신청을 한 채권자를 위하여 다시 압류한다는 취지를 덧붙여 적어야 함은 앞서와 같다. 덧붙여 적음에 있어서는 추가압류물이 있다는 취지도 기재하여야 하고, 추가압류조서는 집행기록에 편철하여야 한다(실무에서는 추가압류조서를 포함한 후행사건기록 전체를 선행사건 기록에 편철하고 있다). 먼저 압류한 집행관이 채권자·채무자 등에게 이중압류의 통지를 하여야 함은 앞서 본 바와 같다. 추가압류조서의 양식은 아래와 같다.

[양식] 추가압류조서

추 가 압 류 조 서

사 건 : 20 본 (부)
채 권 자 :
채 무 자 :
집행권원 :
청구금액 : 원금 원, 이자 원
집행비용 : 금 원
집행일시 : 20 . . .

집행장소 :

1. 위 집행권원에 의한 채권자의 위임에 따라, 위 집행장소에서 채무자를 만나 임의로 변제할 것을 고지하였으나 불응하므로 위 청구금액과 집행비용의 변제에 충당하기 위하여 채무자의 재산을 압류하여야 할 것이나, 압류채권자 ○○○가 먼저 압류하였으므로 아직 압류되지 아니한 물건을 추가압류하기 위하여 조서를 작성하였다.
2. 별지 목록 기재 물건을 ○○○를 참여시키고 추가압류 하여 본 집행관이 이를 점유하고 표시를 하여 압류물임을 명백히 하고 채권자의 승낙을 얻어 채무자에게 보관시켰다.
3. 보관인에게 압류물의 점유는 집행관에게 옮겼으므로 누구든지 이를 처분하지 못하며, 이를 처분 또는 은닉하거나 압류표시를 훼손하는 경우에는 벌을 받을 것임을 고지하였다.
4. 먼저 압류한 집행관에게 이 조서를 교부하였다.
5. 이 절차는 20 . . . : 에 시작하여 그날 : 에 종료하였다.
6. 이 조서는 현장에서 작성하여 집행참여자에게 읽어(보여)주었으며, 집행참여자는 이에 승인하고 아래에 서명날인하였다.

2○○○. ○. ○.

집행관 (인)
채권자 (인)
채무자 (인)
참여자 이름 (인) 주민등록번호
주소

다. 직무집행구역 밖에서의 압류와의 관계

31 집행관은 그 임명받은 본원 또는 지원의 관할구역 밖에서는 직무집행을 할 수 없음이 원칙이나, 동시에 압류하고자 하는 여러 개 물건 중 일부가 직무집행구역 밖에 있는 경우에는 그 물건에 대하여도 압류할 수 있다(민사집행규칙 제133조). 이에 따라 동일한 집행장소에서 선행집행을 실시한 집행관과 후행집행을 실시할 집행관이 각기 다른 법원 또는 지원에 소속되어 있는 경우가 발생할 수 있다. 이 때에는 후행집행을 실시할 집행관은 선행집행을 실시한 집행관에게 압류조서의

송부를 요청하여 추가압류물의 존부를 확인한 다음, 위 가, 나항에 준하여 집행신청서와 추가압류조서를 선행집행을 실시한 집행관에게 송부하여야 할 것이다. 선행집행이 가압류이고 후행집행이 압류인 경우에는 후행집행에 기하여 절차를 진행함이 합리적이라고 할 수 있으나, 민사집행법 제215조의 규정상 이 경우도 선행집행을 실시한 집행관이 후행 압류에 기한 매각을 실시하여야 할 것이다.

라. 압류물의 보관장소가 변경된 경우

32 이중압류의 해당 여부를 장소단위설에 따라 정하는 경우 압류물을 보관하는 채무자가 이사 또는 전거한 경우의 처리방법에 관하여 견해가 나뉠 수 있다. 하나는 그 압류물이 원래 있었던 장소를 표준으로 하여 이중압류 여부를 결정하여야 한다는 것이고, 다른 하나는 그 압류물의 현재 소재지를 표준으로 하여야 한다는 것이다. 현행법이 압류물을 제3자가 점유하게 된 경우의 인도명령제도(민사집행법 제193조), 압류물이 집행관의 직무집행구역 밖에 소재하게 된 경우의 압류물 회수제도(민사집행규칙 제138조) 등을 두고 있는 취지에 비추어 보면, 압류물의 이동은 일시적인 것으로 취급하여야 할 것이므로 앞의 견해가 타당하고, 현행 실무도 그러하다.[15] 따라서 후행집행신청을 받은 집행관이 이중압류절차에 의할 것인가 독립압류를 할 것인가는 선행압류물의 현재 소재장소를 표준으로 할 것이 아니고 원래의 집행장소와 후행집행장소의 동일 여부에 따라 정하여진다.

4. 이중압류의 효과

가. 압류의 효력

33 이중압류는 그 형식과 절차가 보통의 압류와 다르고 관념적인 것이기는 하나, 독립된 압류이므로 그에 따른 효과, 즉 채무자의 처분권상실, 시효중단, 일정범위 안에서의 법정질권의 성립(민법 제648조, 제650조) 등은 일반의 압류와 동일하고, 이중압류채권자는 집행채권자로서 압류물의 매각대금으로부터 자기 채권액에 비례하여 배당받을 수 있는 지위에 서게 된다.

나. 집행위임의 이전

34 이중압류가 이루어지면 뒤에 집행신청을 한 채권자의 집행위임은 선행집행을 실시한 집행관에게 이전된다(민사집행법 제215조 제2항). 집행위임이 이전된다고

15 법원실무제요, 민사집행[Ⅳ], 사법연수원(2020), 129.

하는 것은 뒤에 강제집행을 실시한 채권자로부터 실제로 집행위임을 받은 집행관은 강제집행 실시기관으로서의 권한과 의무를 면하고, 선행집행의 집행관이 그 권한과 의무를 지게 됨을 의미한다. 따라서 후행집행신청을 받은 집행관은 매각 등의 집행행위를 할 수 없다. 다만, 후행집행신청을 받은 집행관이 선행압류사실을 모르고 민사집행법 제215조에 의한 이중압류절차를 취하지 아니한 채 별도로 압류하고 매각까지 한 경우에는 그 매각은 유효하고, 선행압류의 효력은 소멸된다고 할 것이다.[16]

35 선행집행이 가압류이고 후행집행이 압류인 경우에는 후행집행의 집행관에의 위임이 선행가압류를 집행한 집행관에게 이전되는 것이 아니라 선행 가압류집행의 위임이 후행 압류집행의 위임을 받은 집행관에게 이전된다는 견해[17]가 있으나, 민사집행법 제215조 제1항 및 제2항의 문언상 이 경우도 선행 가압류를 집행한 집행관에게 후행 압류의 위임이 이전된다고 할 것이다.

다. 압류의 효력확장

36 이중압류가 이루어지면 각 압류한 물건은 강제집행을 신청한 모든 채권자를 위하여 압류한 것으로 본다(민사집행법 제215조 제3항). 즉, 후행집행신청에 의하여 추가압류된 것이 없는 경우에는 선행집행사건에서 압류된 물건은 선행집행신청을 한 채권자뿐만 아니라 후행집행신청을 한 채권자를 위하여서도 압류된 것으로 보고, 추가압류물이 있는 경우에는 그 추가압류물은 선행집행채권자를 위하여서도 압류된 것으로 되는 한편, 후행집행채권자는 선행압류물과 추가압류물 모두에 대하여 압류의 효력을 주장할 수 있게 된다. 결국 이미 압류된 물건과 추가압류물을 합하여 집행재단을 형성하고 각 채권자의 압류 또는 가압류의 효력이 그 재단 전부에 미치는 것이다. 따라서 이중압류 뒤에는 압류채권자 모두를 위한 공동집행이 되므로 모든 압류채권자는 먼저 압류한 물건 및 추가로 압류한 물건 전체를 현금화한 대금에서 배당을 받을 수 있고, 선행압류가 취소되어 소멸하더라도 선행압류의 압류물은 추가압류된 물건과 일체를 이루어 집행목적물이 된다. 이를 압류물의 일체성이라 한다. 다만, 선행압류물과 추가압류물을 합하면 초과압류에 해당할 때에는 채무자는 일부목적물에 대한 집행의 취소를 신청할 수 있다.[18]

16 이우재, 배당의 제문제(제2판), 진원사(2012), 1229; 법원실무제요, 민사집행[IV], 사법연수원(2020), 129.
17 박두환, 민사집행법, 법률서원(2002), 508.
18 김일룡, 민사집행법강의(제2판), 오래(2018), 355.

37 이 점에서 각 채권자는 공동압류의 채권자와 유사한 지위에 서고, 그 압류물의 매각대금으로부터 평등하게 배당받게 된다. 이와 같은 효력의 발생시기에 관하여는 선행압류를 한 집행관이 압류조서에 이중압류의 취지를 덧붙여 적은 때에 발생한다는 견해[19]가 있으나, 압류조서의 작성은 압류의 효력발생요건이 아니므로(대법원 1984. 8. 21. 선고 84도885 판결), 후행집행신청을 받은 집행관이 그 집행신청서 또는 추가압류조서를 선행집행을 실시한 집행관에게 교부한 때에 발생하는 것으로 봄이 타당하다.

38 일단 유체동산을 압류한 채권자는 압류물의 가격이 저하되거나 배당요구 등으로 인하여 집행채권을 만족할 수 없게 된 경우에는 추가압류를 할 수 있는데, 이와 같이 선행채권자에 의하여 동일한 장소에서 추가압류가 있는 경우에는 그 추가압류는 후행채권자를 위하여서도 효력이 있다.

라. 각 압류의 독립성

39 이중압류의 경우 후행압류도 독립한 압류이다. 이중압류 후의 집행절차가 어느 압류에 의한 것인지에 관하여 명문의 규정은 없다. 선행압류에 기하여 절차가 진행되는 것이라고 해석하는 견해[20]도 있으나, 유체동산집행에 이중압류를 허용한 취지가 집행절차를 단일화한다는 점에도 있으므로 압류가 경합된 채로 집행절차가 진행되는 것이라 보아야 할 것이다. 따라서 각 압류에 관한 집행신청의 취하나 집행의 취소, 정지 등의 사유는 다른 압류 및 매각의 실시에 아무런 영향도 미치지 아니한다. 다만, 경우에 따라 초과압류에 해당하여 압류가 취소될 수는 있다. 후행압류가 취소되거나 그 신청이 취하되더라도 그것만으로는 추가압류물에 대한 압류를 취소할 수 없다. 또, 선행압류에 대하여 집행정지의 재판이 있은 후, 후행집행신청에 의하여 추가압류한 경우, 집행정지의 효력은 추가압류물에 대하여는 미치지 아니하므로 추가압류물에 대한 매각절차를 진행할 수 있다. 예를 들어 갑의 신청에 따라 채무자 소유의 a, b 유체동산이 압류되고 이어 을의 신청에 의해 동일 채무자 소유의 a, b 유체동산 뿐만 아니라 c 유체동산이 추가로 압류되었는데, 그 후 선행 압류에 대하여만 집행정지의 재판이 있는 경우, a, b, c 유체동산은 위 집행정지의 재판과 관계없이 매각되고 그 매각대금 중 갑의 배당액은 공탁된다. 그 후 위 집행정지의 재판이 집행속행으로 끝나면 그 공탁금

19 박두환, 민사집행법, 법률서원(2002), 508.
20 박두환, 민사집행법, 법률서원(2002), 508.

은 갑에게 지급되고, 집행취소로 끝나면 을 또는 채무자에게 지급된다.

마. 집행비용[21]

40 이중압류의 경우에 부동산집행과 같이 선행 압류에 의하여 절차를 진행한다는 명문의 규정(민사집행법 제87조)이 없으므로 여러 압류가 경합된 상태에서 절차가 진행되는 것으로 보아야 하지만 집행비용에 관한 한 선행 압류의 압류채권자가 지출한 비용만이 우선변제의 대상이 되고, 다른 압류채권자가 지출한 비용은 공익비용이 아니므로 우선변제를 받을 수는 없으며, 이러한 비용은 집행채권의 원금, 이자와 함께 그 채권자의 채권금액에 산입하여 배당하게 된다. 다만 유체동산집행의 경우에 후행 압류 시에 추가압류를 하였으면 추가압류에 든 비용은 우선 배당하여야 한다.

21 법원실무제요, 민사집행[Ⅳ], 사법연수원(2020), 130, 131.

제 216 조 [채권자의 매각최고]

① 상당한 기간이 지나도 집행관이 매각하지 아니하는 때에는 압류채권자는 일정한 기간 이내에 매각하도록 최고할 수 있다.

② 집행관이 제1항의 최고에 따르지 아니하는 때에는 압류채권자는 법원에 필요한 명령을 신청할 수 있다.

[관련조문] 민사집행법 제202조, 민사집행규칙 제145조 제1항, 제151조

Ⅰ. 개설

1 압류일과 매각일 사이에 1주의 기간을 두기만 하면 언제를 호가경매기일로 정하느냐 하는 것은 원칙적으로 집행관의 재량이다(대법원 2003. 9. 26. 선고 2001다52773 판결). 그러나 경우에 따라 매각절차를 진행함에 아무런 장애가 없음에도 불구하고 집행관이 그 의무를 게을리하여 매각하지 아니하는 경우가 있을 수 있으므로, 민사집행법 제216조는 그러한 때에 압류채권자가 집행절차 진행의 촉진을 위하여 취할 수 있는 조치를 규정하고 있다.

Ⅱ. 입법취지

2 집행관이 매각을 상당한 기간 하지 않을 경우 채권자가 집행관에게 매각을 최고하고 집행관이 그에 따르지 않을 경우에는 집행법원에 필요한 명령을 신청할 수 있도록 함으로써 집행절차가 신속하게 이루어질 수 있도록 하는 취지이다.

Ⅲ. 구체적 내용

1. 최고

3 상당한 기간이 지나도 집행관이 매각하지 아니하는 때에는 압류채권자는 일정한 기간 이내에 매각하도록 최고할 수 있다(민사집행법 제216조 제1항).

4 원래 매각기일은 압류일로부터 1주 이후부터 1월 이내의 날로 지정함이 원칙이고(민사집행법 제202조, 민사집행규칙 제145조 제1항, 제151조), 그 지정이 동산압류조서의 기재사항으로 되어 있으므로 압류와 동시에 매각일을 지정하여야 할 것이다. 따라서

민사집행법 제216조 제1항의 '상당한 기간'은 민사집행법 제202조 단서에 해당하는 사유가 있는 경우를 제외하고는 대체로 압류일로부터 1월 내외의 기간을 의미한다.

5 '압류채권자'에는 제215조의 이중압류채권자가 포함된다. 그러나 단순한 배당요구채권자는 여기의 압류채권자에 해당하지 않고, 가압류채권자는 본압류로 이전하기 전에는 목적물을 현금화할 권한이 없으므로 역시 여기의 압류채권자라 할 수 없다.

6 '일정한 기간'은 매각일자와 장소의 공고(민사집행법 제203조 제2항), 매각의 통지(민사집행규칙 제146조 제2항) 등에 소요되는 기간을 고려하여야 하므로 대체로 1주 이상의 기간을 의미한다고 해석된다. '최고'는 상대방에 대하여 일정한 행위를 할 것을 청구하는 것이다. 민사집행법 제216조 제1항의 최고를 받은 집행관은 그 최고가 정당하다고 인정하는 때에는 즉시 기일을 정하여 매각을 실시하고, 그 최고가 부당하다고 인정하는 때에는 이를 각하하는 처분을 하면 된다. 집행관이 압류채권자가 정한 기일까지 매각을 실시하지 아니하고 최고를 명시적으로 각하하지도 아니하는 때에는 최고에 불응하는 것으로 볼 것이다.

2. 불복절차

7 집행관이 명시적 또는 묵시적으로 압류채권자의 최고를 각하한 때에는 압류채권자는 다시 법원에 필요한 명령을 신청할 수 있다(민사집행법 제216조 제2항). 이 신청서에는 1,000원의 인지를 첩부하여야 하고(민사소송 등 인지법 제9조 제5항 제4호) 집행사건부에 등재한다. 매각을 실시할 집행관이 소속되어 있는 집행법원의 전속관할에 속한다(민사집행법 제3조, 제21조). 이 신청은 성질상 집행에 관한 이의와 같다. 따라서 집행법원은 그 신청이 부당하다고 인정한 때에는 결정으로 이를 기각하고, 정당하다고 인정한 때에는 집행관에 대하여 집행처분, 즉 매각을 지정한 일시까지 실시할 것을 명하여야 한다. 이 재판은 결정으로 하므로 당사자, 이해관계인 그 밖의 참고인을 심문할 수 있고, 신청을 기각하는 결정은 신청인에게, 신청을 인용하는 결정은 신청인 및 집행관에게 각각 고지하여야 한다(민사집행규칙 제7조 참조). 민사집행법 제216조 제2항에 따라 집행관에게 매각실시명령 등 필요한 명령을 하는 것은 사법보좌관의 업무이다(사법보좌관규칙 제2조 제1항 제8호).

3. 유추 적용

8 민사집행법 제216조는 성질상 매각 후의 절차인 매각대금의 교부 또는 배당에 관하여도 유추 적용할 것이다.

제 217 조 [우선권자의 배당요구]

민법·상법, 그 밖의 법률에 따라 우선변제청구권이 있는 채권자는 매각대금의 배당을 요구할 수 있다.

[관련조문] 민사집행법 제88조, 제218조, 제220조, 제221조 제2항, 제247조, 민법 제168조 제2호, 제178조 제1항, 제329조, 상법 제339조, 제340조, 제468조, 제777조, 제893조, 근로기준법 제38조, 선원법 제152조의2, 근로자퇴직급여 보장법 제12조, 고용보험 및 산업재해보상보험의 보험료징수 등에 관한 법률 제30조, 국민건강보험법 제85조, 선원보험업법 제15조, 보험업법 제103조, 자본시장과 금융투자업에 관한 법률 제400조, 담보부사채신탁법 제82조, 동산·채권 등의 담보에 관한 법률 제8조, 국세징수법 제56조, 지방세징수법 제66조, 민사집행규칙 제132조의2

[참고문헌] 김일룡, 민사집행법강의(제2판), 오래(2018); 박영호 외 2인, 민사집행실무총서(Ⅱ)(제2판): 채권집행, 한국사법행정학회(2023); 이시윤, 신민사집행법(제8개정판), 박영사(2020); 이우재, 배당의 제문제(제2판), 진원사(2012); 법원실무제요, 민사집행[Ⅳ], 사법연수원(2020); 김경욱, "민사집행에 있어서 압류채권자에 대한 평등주의와 우선주의", 민사집행법연구 한국민사집행법학회지 제8권, 한국사법행정학회(2012); 김홍규, "금전채무집행에 있어서 우선주의, 평등주의, 집단우선주의 비교연구, 민사법의 제문제, 박영사(1984)
最高裁判所事務總局, 執行官提要, 法曹會(2023)

Ⅰ. 개설

1 채권은 궁극적으로는 채무자의 일반재산을 현금화하여 만족을 얻게 되므로 채무자의 일반재산은 모든 채권자를 위한 공동담보를 이룬다. 그러한 채권자 중의 일부가 채무자의 특정재산에 대하여 강제집행, 즉 매각을 통한 현금화를 위한 조치에 착수한 경우에, 다른 채권자가 그 절차에 참가하여 채무자의 재산을 현금화하여 얻게 될 매각대금 중에서 자기의 채권액에 해당하는 금액의 지급을 구하기 위하여 그 집행절차에 참가하는 것이 배당요구제도이다.

2 민사집행법 제217조는 유체동산집행에 있어서는 실체법상 우선변제청구권이 있는 채권자에 한하여 배당요구를 할 수 있도록 하고 있다. 집행력 있는 정본을 가지지 아니한 자는 아예 배당에서 제외하고, 집행력 있는 정본을 가진 자라도 민사집행법 제215조에 의하여 이중압류를 하지 않는 이상 배당절차에 참가할 수 없게 하고 있다. 압류 이전에 목적물을 가압류한 채권자는 압류채권자에 해당하므로 배당을 받게 된다. 이는 채권집행에 있어서는 실체법상 우선변제청구권이 있는 채권자와 집행력 있는 정본을 가진 채권자가 배당요구를 할 수 있고(민사집행법 제247조), 부동산집행에 있어서는 실체법상 우선변제청구권이 있는 자, 집행력 있는 정본을 가진 자 외에 경매개시결정이 등기된 뒤에 가압류한 채권자가 배당요구를 할 수 있는 점(제88조)과 대비된다.

Ⅱ. 입법취지 및 입법례

1. 입법취지

3 동산집행에 있어서는 압류물을 특정하여 집행신청이 이루어지지 않아 초과압류금지의 원칙(민사집행법 제188조 제2항)이 적용된다. 배당요구는 이중압류와 달리 추가 압류가 허용되지 않으므로 초과압류금지의 원칙과의 관계상 이미 압류된 물건만으로 배당요구채권자들까지 만족을 시켜야 하게 되는 사정을 고려하여 압류채권자의 이익을 해하지 않도록 배당요구채권자의 범위를 제한하고 있는 것이다.[1]

2. 입법례

4 배당요구를 어느 범위에서 인정하고 어떤 효력을 부여할 것인가 하는 점에 관하여는 입법례에 따라 ① 압류 또는 집행절차참가의 순서를 기준으로 매각대금으로부터 변제받을 수 있는 우선순위를 정하는 독일법계 및 영미법계의 우선주의, ② 집행절차에 참가한 시간적 단계별로 채권자군단을 구성하여 군단별로 우선순위를 정하는 스위스법계의 군단우선주의, ③ 제한 없이 모든 채권자를 평등하게 취급하는 프랑스, 이탈리아 등 라틴법계의 평등주의 입장이 구분이 있는데, 압류채권자와 배당요구채권자를 어떻게 취급할 것인지는 결국 각국의 입법정책에 달려

1 김일룡, 민사집행법강의(제2판), 오래(2018), 356; 이시윤, 신민사집행법(제8개정판), 박영사(2020), 423.

있는 문제이다.[2] 일본 민사집행법 제133조는 '선취특권 또는 질권을 가진 자는 그 권리를 증명하는 문서를 제출하여 배당요구를 할 수 있다'고 규정하여 민사집행법 제217조와 유사하게 배당요구의 범위를 제한하고 있다. 다만, 일본 민사집행법 제125조에서는 이중압류를 금지하면서도 후행압류신청사건을 선행압류신청사건에 병합하여 후행압류신청에 배당요구의 효력을 인정하고 있다. 선취특권이나 질권이 없더라도 집행정본 등에 기하여 후발집행신청을 하는 등 집행대상물의 확대에 노력한 채권자에 대해서는 배당요구의 효력을 인정하여 주는 것이다.

Ⅲ. 배당요구권자의 범위

5 민법·상법, 그 밖의 법률에 따라 우선변제청구권이 있는 채권자가 배당요구를 할 수 있다.

1. 우선특권 등

6 상법 제468조(사용인의 우선변제권), 제777조(선박우선특권 있는 채권), 제893조(구조자의 우선특권) 등 상법상 각종 우선특권 또는 우선변제권, 근로자의 임금채권(근로기준법 제38조, 선원법 제152조의2), 퇴직금채권(근로자퇴직급여 보장법 제12조), 고용보험·산업재해보상보험의 보험료채권(고용보험 및 산업재해보상보험의 보험료징수 등에 관한 법률 제30조), 건강보험료채권(국민건강보험법 제85조), 선원보험료채권(선원보험법 제15조), 보험업법 제103조(영업보증금에 대한 우선변제권), 자본시장과 금융투자에 관한 법률 제400조(채무변제순위), 담보부사채신탁법 제82조(우선변제의 순위)에 의하여 우선특권 또는 우선변제권이 인정되는 채권 등이 이에 해당한다.

2. 질권

7 질권은 목적물건에 대한 점유를 요건으로 하므로(민법 제329조), 일반적으로는 질권자의 배당요구를 상정하기 어렵다. 다만, 질권자가 임의로 압류를 승인한 경우 그에 의하여 우선권을 잃는 것은 아니므로 이때는 민사집행법 제217조의 배당요구를 할 수 있다.

2 각국의 입법례와 관련하여서는 민사집행법 제215조의 설명 부분을 참조하고 상세한 내용은, 김경욱, "민사집행에 있어서 압류채권자에 대한 평등주의와 우선주의", 민사집행법연구: 한국민사집행법학회지 제8권, 한국사법행정학회(2012); 김홍규, "금전채무집행에 있어서 우선주의, 평등주의, 집단우선주의 비교연구, 민사법의 제문제, 박영사(1984) 참조.

3. 동산담보권, 저당권

8 동산·채권 등의 담보에 관한 법률에 따른 동산담보권자는 우선변제권이 있으므로(동산·채권 등의 담보에 관한 법률 제8조) 배당요구를 할 수 있다. 동산은 저당권의 대상적격이 없으므로 동산저당권자의 배당요구의 가부는 문제될 여지가 없으나, 저당권의 효력이 미치는 저당목적물의 종물인 동산(민법 제358조)이나 저당목적물로부터 분리된 동산 또는 저당부동산 위의 미분리과실(제359조)이 압류된 때에는 그 동산의 매각대금에 대하여 배당요구를 할 수 있다.

9 동산·채권 등의 담보에 관한 법률 제2조 제7호에 따른 담보권자에게는 집행관이 매각기일에 이르기까지 집행을 신청하거나 배당요구종기까지 배당요구를 하여 매각대금의 배당절차에 참여할 수 있음을 고지하여야 하는데(민사집행규칙 제132조의2), 집행관의 압류 전에 등기된 동산담보권을 가진 채권자는 다른 채권자의 신청에 의한 유체동산 강제집행절차에서 배당요구를 하지 않아도 당연히 배당에 참가할 수 있다는 것이 판례(대법원 2022. 3. 31. 선고 2017다263901 판결)여서, 위와 같은 집행관의 동산담보권자에 대한 고지의무는 그 제도적 효용이 크지 않게 되었다.

4. 조세 등의 교부청구

10 조세(국세기본법 제35조 제1항, 지방세기본법 제71조 제1항 이하, 관세법 제3조 제1항)나 공과금(도로법 제69조, 하천법 제67조 등) 등의 교부청구(국세징수법 제56조, 지방세징수법 제66조)에 관하여는, 단순히 조세 등의 존재를 통지하여 그 우선지급을 구하는 신청으로 보는 견해도 있으나, 배당요구에 준하는 것으로 보고 배당요구의 시적 한계에 관한 규정(민사집행법 제220조)을 적용하는 것이 타당하다.

11 판례는 조세채권의 경우 부동산경매개시결정등기 이전에 체납처분에 의한 압류등기 또는 국세징수법 제31조 제2항 및 지방세징수법 제33조 제2항에 의한 보전압류의 등기가 마쳐져 있지 않은 이상 교부청구 당시 체납되어 있고 또한 과세관청이 배당요구종기까지 집행법원에 교부청구를 하여야만 배당받을 수 있다(대법원 1993. 3. 26. 선고 92다52733 판결)는 입장을 취하고 있는데, 동산에 대한 강제집행의 경우에도 과세관청이 미리 압류하지 아니하였다면 배당요구의 종기까지 집행관에게 교부청구를 하여야 배당받을 수 있다고 보는 것이 타당하다. 그러나 교부청구는 집행기관에 대하여 체납된 조세의 변제를 최고하는 행위일 뿐 공정력을 갖는 행정처분이 아니므로 이미 결손처분이 이루어진 조세에 대하여 교부청구를 하거나 교부청구 후 결손처분이 이루어진 경우에는 집행법원으로부터 배당을 통하여 우선변제

를 받을 수 없다(대법원 2001. 3. 20.자 2000마5809 결정). 또한 지방자치단체의 장이 결손처분을 하였다가 체납처분의 일환으로 지방세의 교부청구를 하는 과정에서 결손처분의 취소 및 그 통지에 관한 절차적 요건을 준수하지 않았다면, 강제집행절차에서 적법한 배당요구가 이루어지지 아니한 경우와 마찬가지로 해당 교부청구에 기해서는 배당을 받을 수 없다(대법원 2019. 8. 9. 선고 2018다272407 판결 참조).

12 다만, 지방세징수법상 결손처분에 관한 규정은 삭제되었고, 지방자치단체의 장은 체납처분이 종결되고 체납액에 충당된 배분금액이 그 체납액보다 적을 경우 등의 사정이 있는 경우 정리보류(지방세징수법 제106조)를 할 수 있다는 규정이 신설되었다. 지방세징수법상 정리보류절차는 결손처분절차와 다르다. 지방자치단체장은 구 지방세징수법상 결손처분을 한 후 압류할 수 있는 다른 재산을 발견한 경우 결손처분을 취소하여야 하지만, 지방세징수법상 정리보류의 경우 별도 '정리보류 취소'에 관한 규정을 두고 있지 않고, '체납처분을 하여야 한다'고 규정하고 있다. 국세징수절차에서도 국세징수법 제86조 등 결손처분 관련 규정이 삭제되었고, 국세징수사무처리규정 제141조 제1항 제1호·제4호·제5호에서 정리보류에 관하여 규정하고 있다. '정리보류' 후 체납처분청에서 별도 체납처분을 하지 않고, 배당요구종기가 도과한 후 교부청구만 한 경우 정리보류 처리된 금액에 대하여 배당요구의 효력을 인정할 수 있을지 문제될 수 있다. 정리보류와 관련된 현행 규정에서 결손처분과 달리 그 취소 및 통지절차를 별도로 규정하고 있지 않다는 점에서 배당요구 효력이 인정될 여지가 있다.[3]

5. 배당요구권이 문제되는 경우

가. 양도담보권자 또는 소유권유보부매매의 매도인

13 이들에 대하여도 배당요구를 할 수 있다거나 그 선택에 따라 배당요구 또는 제3자이의의 소를 제기할 수 있다는 견해가 있을 수 있으나, 이들이 주장하는 권리는 유체동산에 대한 담보권이 아니라 소유권이므로 제3자이의의 소에 의하여 소유권을 주장할 것이고 배당요구를 허용할 것은 아니라고 할 것이다.[4]

3 박영호 외 2인, 민사집행실무총서(Ⅱ)(제2판) 채권집행, 한국사법행정학회(2023), 768.

4 이시윤, 신민사집행법(제8개정판), 박영사(2020), 423도 같은 취지이고, 법원실무제요, 민사집행[Ⅳ], 사법연수원(2020), 133도 동산양도담보권자의 경우 배당요구를 할 수 없다는 취지이다. 最高裁判所事務總局, 執行官提要, 法曹會(2023), 125도 동산양도담보권자는 일본 민사집행법 제38조에 따라 제3자이의를 하여야지 배당요구를 할 수는 없다는 입장이다.

14 판례는 집행증서를 소지한 동산양도담보권자와 관련하여 다음과 같이 판시하고 있다. 동산에 관하여 양도담보계약이 이루어지고 양도담보권자가 점유개정의 방법으로 인도를 받았다면 그 청산절차를 마치기 전이라 하더라도 양도담보권자는 담보목적물에 대한 사용수익권은 없지만 양도담보권설정자를 제외한 제3자에 대한 관계에 있어서는 그 물건의 소유자임을 주장하고 그 권리를 행사할 수 있다(대법원 1971. 3. 23. 선고 71다225 판결, 대법원 1999. 9. 7. 선고 98다47283 판결). 동산을 목적으로 하는 양도담보설정계약을 체결함과 동시에 채무불이행 시 강제집행을 수락하는 공정증서를 작성한 경우, 양도담보권설정자가 그 피담보채무를 불이행한 때에는 양도담보권자는 집행증서에 기하지 아니하고 양도담보의 약정 내용에 따라 이를 사적으로 타에 처분하거나 스스로 취득한 후 정산하는 방법으로 현금화할 수도 있지만, 집행증서에 기하여 담보목적물을 압류하고 강제경매를 실시하는 방법으로 현금화할 수도 있다. 만약 후자의 방법에 의하여 강제경매를 실시하는 경우 그와 같은 방법에 의한 매각절차는 형식은 강제경매절차에 따르지만 그 실질은 일반 강제집행절차가 아니라 동산양도담보권 실행을 위한 현금화절차로서 그 압류절차에서 압류가 경합된 양도담보권설정자의 다른 채권자는 양도담보권자에 대한 관계에서 압류경합권자나 배당요구권자로 인정될 수 없다. 따라서 현금화로 인한 매득금에서 현금화비용을 공제한 잔액은 양도담보권자의 채권변제에 우선적으로 충당하여야 하고 양도담보권자와 압류경합자인 다른 채권자 사이에서 각 채권액에 따라 안분비례로 배당할 것이 아니다(대법원 1994. 5. 13. 선고 93다21910 판결, 대법원 1999. 9. 7. 선고 98다47283 판결, 대법원 2004. 12. 24. 선고 2004다45943 판결, 대법원 2005. 2. 18. 선고 2004다37430 판결). 이는 양도담보권자의 권리행사방식에 관하여 제3자이의설을 취함과 동시에 집행증서를 가지고 있는 경우에는 집행증서에 기하여 담보목적물을 압류하고 강제집행을 실시하는 방법으로 현금화할 수도 있다고 보는 것으로,[5] 배당요구는 배제하고 있는 취지로 이해할 수 있다.

나. 부부공유 유체동산을 압류한 경우의 배우자

15 민사집행법 제190조의 규정에 따라 부부공유 유체동산을 압류한 경우 그 배우자는 그 목적물에 대한 우선매수권(민사집행법 제206조)을 행사하거나 자기 공유

5 이우재, 배당의 제문제(제2판), 진원사(2012), 1233.

지분에 대한 매각대금의 지급을 요구할 수 있고(제221조) 민사집행법 제217조에 따른 배당요구를 할 수는 없다. 지급요구는 자기소유물의 매각대금의 반환을 구하는 것으로서 배당요구와는 본질을 달리한다. 다만, 지급요구의 방식과 절차 및 시적한계 등에 관하여는 배당요구에 관한 규정이 일부 준용된다(민사집행법 제221조 제2항).

다. 유치권

16 민법 제322조 제1항의 규정상 유치권에는 우선변제권이 인정되지 아니하므로 유치권자는 배당요구채권자에 해당하지 않는다.

라. 집행력 있는 정본소지자

17 이들은 배당요구를 할 수 없고, 민사집행법 제215조의 규정에 의하여 이중압류를 하여 배당에 참여할 수 있을 뿐이다. 민법·상법, 그 밖의 법률에 따라 우선변제청구권이 있는 채권자는 집행력 있는 정본을 가졌는지 여부와 무관하게 배당요구를 할 수 있다. 우선변제청구권이 있는 채권자가 집행력 있는 정본을 가진 때에는 민사집행법 제215조의 규정에 따라 이중압류를 할 수도 있고, 단순히 민사집행법 제217조에 따라 배당요구만을 할 수도 있다.

마. 집행채권자의 추가 배당요구

18 집행력 있는 정본을 가진 채권자가 그 채권액 중 일부만을 청구금액으로 표시하여 강제집행을 한 후 그 청구금액을 확장할 수 있는지 문제되는데, 실체법상의 우선변제청구권자에 한하여 배당요구를 할 수 있으므로 집행채권자가 그 청구금액을 확장하여 배당받기 위해서는 추가로 이중압류를 하여야 한다. 따라서 집행채권자가 청구금액을 확장하는 내용의 채권신고서 등을 제출하였다고 하더라도, 그 신고는 배당요구의 효력 밖에 없는 것이어서(대법원 1983. 10. 15.자 83마393 결정), 집행채권자가 실체법상의 우선변제청구권자에 해당하지 아니하는 한 적법한 배당요구로 취급될 수 없다.

19 한편 부동산집행의 경우 경매신청서에 청구금액으로서 원리금의 기재가 있는데 경매개시결정서에는 원금만이 기재되어 있는 경우라도 채권자는 매각대금에서 원리금의 변제를 받을 수 있는데(대법원 1968. 6. 3.자 68마378 결정), 이는 동산의 경우(신청서와 압류조서 사이)에도 마찬가지라고 보아야 한다.

바. 압류 후 채무자의 처분행위가 있은 경우

20 압류에는 상대적 효력이 있을 뿐이므로 압류 이후에도 채무자는 그 목적물을 처분할 수 있다. 민사집행법 제217조의 우선변제청구권자는 압류 후 채무자의 처분행위(이는 점유개정의 방법에 의하게 될 것이다)가 있는 경우에도 배당요구를 할 수 있는지 문제되나, 압류의 효력에 관하여 개별상대효설을 취하는 통설 및 판례에 의하면, 위와 같은 경우에는 실체법상 우선변제청구권이 있어도 배당요구를 할 수 없다.

Ⅳ. 배당요구의 효력

1. 배당받을 지위의 취득

21 적법한 배당요구가 있는 때에는 압류금전 또는 매각대금 등에서 배당받을 지위를 취득한다. 압류채권자와 배당요구채권자, 배당요구채권자 상호간의 배당우선순위는 채권자 전원의 협의에 의하거나 실체법의 규정에 의하여 정하여진다. 배당요구를 한 후 다른 채권자가 이중압류를 하여 압류물이 추가된 때에는 그 추가된 압류물에 대하여도 배당요구의 효력이 미친다(☞ 민사집행법 제215조 제3항, 민사집행법 제215조 주석 참조). 채권의 일부만 배당요구한 경우에 배당요구하지 아니한 채권을 추가하거나 확장할 수 없다(대법원 2005. 8. 25. 선고 2005다14595 판결).

2. 배당기일을 통지받을 권리의 취득

22 배당요구는 다른 채권자의 집행절차에 참가·편승하여 채권액의 지급을 구하는 것이므로 배당요구채권자가 스스로 강제집행절차를 추진하여 갈 권능은 일반적으로 없다. 다만, 특별한 현금화 방법에 관한 명령을 신청할 수 있고(민사집행법 제214조), 배당요구채권액은 초과압류(제188조 제2항), 매각의 한도(제207조) 등을 정하는 표준이 된다.

3. 시효중단의 효력

23 배당요구는 민법 제168조 제2호의 압류에 준하여 소멸시효중단의 효력이 인정된다(대법원 2002. 2. 26. 선고 2000다25484 판결). 중단된 소멸시효는 배당표가 확정된 때부터(대법원 2009. 3. 26. 선고 2008다89880 판결) 다시 진행한다(민법 제178조 제1항).

4. 배당요구의 취하 등

24 배당요구는 채권자가 자유롭게 철회할 수 있다. 배당요구는 그 기초가 된 압류가 취소되거나 압류채권자가 신청을 취하한 때에는 효력을 상실한다. 배당요구에 의한 소멸시효중단의 효력도 소급하여 소멸되나(민법 제175조, 대법원 2010. 9. 9. 선고 2010다28031 판결), 배당요구가 채무자에게 통지된 경우에는 민법 제174조의 최고로서의 효력은 인정될 것이다.

5. 부당이득반환청구와의 관계

25 민법·상법, 그 밖의 법률에 의하여 우선변제청구권이 있으면서도 배당요구를 하지 아니한 사람 또는 배당요구를 하였으나 배당받지 못한 채권자가 당해 강제집행절차 외에서 후순위자를 상대로 부당이득반환청구를 할 수 있는지에 관하여는 견해가 나뉘어 있다(☞ 상세는 민사집행법 제151조, 제155조 주석 참조).

26 판례는 제한적으로 긍정하는 견해를 취하고 있다. 적법한 배당요구가 필요함에도 이를 하지 않아 배당에서 제외된 선순위 채권자는 대신 배당받은 후순위 채권자를 상대로 부당이득반환을 청구할 수 없다(대법원 1997. 2. 25. 선고 96다10263 판결, 대법원 1998. 10. 13. 선고 98다12379 판결). 그러나 적법한 배당요구를 하였음에도 배당받을 권리 있는 채권자가 자신이 배당받을 몫을 받지 못하고 그로 인해 권리 없는 다른 채권자가 그 몫을 배당받은 경우에는 배당이의 여부 또는 배당표의 확정 여부와 관계없이 배당받을 수 있었던 채권자가 배당금을 수령한 다른 채권자를 상대로 부당이득반환 청구를 할 수 있다(대법원 2019. 7. 18. 선고 2014다206983 전원합의체 판결). 채무자가 제3자에게 양도담보로 제공한 동산에 대하여 일반 채권자가 강제집행을 신청하여 배당을 받은 경우, 매각으로 인하여 매수인이 그 소유권을 선의취득의 방법으로 취득하고 그에 따라 양도담보권자가 그 소유권을 상실한 때에는, 일반 채권자는 채무자 아닌 제3자 소유의 동산에 대한 매각대금을 배당받음으로써 법률상 원인 없이 이득을 얻고 그로 인하여 양도담보권자가 손해를 입었으므로 양도담보권자에 대하여 이를 부당이득으로서 반환할 의무가 있다(대법원 1997. 6. 27. 선고 96다51332 판결).

제 218 조 [배당요구의 절차]

제217조의 배당요구는 이유를 밝혀 집행관에게 하여야 한다.

[관련조문] 민사집행법 제217조, 제219조, 제220조, 제252조, 민사집행규칙 제158조, 제48조

Ⅰ. 개설

1 민사집행법 제218조는 배당요구의 방식과 절차를 규정하고 있다. 유체동산에 대한 강제집행의 실시기관은 집행관이므로 배당요구 또한 집행관에게 하도록 하고 있다.

Ⅱ. 입법취지 및 입법례

2 배당요구의 방식과 상대방을 밝혀 배당요구의 절차를 명확히 하려는 조항이다. 일본 민사소송법 제133조는 배당요구를 할 수 있는 채권자를 선취특권 또는 질권을 가진 자로 정하는 동시에 '그 권리를 증명하는 문서를 제출하여' 배당요구를 한다고 정하고 있다.

Ⅲ. 배당요구의 방식과 절차

1. 당사자능력 및 소송능력

3 배당요구는 다른 채권자가 압류한 채무자의 금전, 그 밖의 유체동산의 매각대금에서 자기의 채권에 대한 변제를 구하는 것이므로 집행법상의 소송행위의 일종이다. 따라서 배당요구를 함에는 당사자능력 및 소송능력이 있어야 한다.

2. 이유를 명시한 서면의 제출

4 배당요구는 그 이유를 밝혀서 하여야 한다. 이유를 밝힌다는 것은 무엇을 근거로 하여 어느 만큼의 배당을 요구하는지를 밝히는 것이다. 구체적으로는 채권(이자, 비용, 그 밖의 부대채권을 포함한다)의 원인과 액수를 적은 서면으로 하여야 하며, 배당요구의 자격을 소명하는 서면을 붙여야 한다(민사집행규칙 제158조, 제48조).

다만, 국세 등의 교부청구에 있어서는 교부청구서에 체납자, 채권자, 교부청구의 대상인 체납세액의 내용이 기재되어 채권의 원인 및 액수를 특정하기에 충분하면 되고, 그 채권액을 계산할 수 있는 구체적인 증빙서류까지 붙여야 하는 것은 아니다(대법원 2001. 5. 8. 선고 2001다12393 판결).

5 배당요구는 민사집행절차의 개시를 구하는 기본신청이 아니므로 민사집행법 제4조가 직접 적용되는 것은 아니나, 집행절차상 중요한 신청이고 계산상 오류와 불필요한 분쟁의 회피를 위하여 민사집행규칙에 위와 같이 별도의 명문의 규정을 두어 서면으로 하도록 정하고 있는 것이다. 배당요구의 서면에는 배당요구를 한다는 취지가 기재되면 되고 반드시 배당요구서라고 기재되어야만 하는 것은 아니므로 권리신고라고 기재되어 있더라도 배당요구의 효력을 인정하여야 한다(부동산경매절차에서의 배당요구에 관한 대법원 1999. 2. 29. 선고 98다53547 판결 참조).

3. 배당요구의 상대방

6 배당요구는 집행관에게 하여야 한다. 유체동산집행의 실시기관은 집행관이기 때문이다.

제 219 조 [배당요구 등의 통지]

제215조 제1항 및 제218조의 경우에는 집행관은 그 사유를 배당에 참가한 채권자와 채무자에게 통지하여야 한다.

[관련조문] 민사집행법 제11조, 제12조, 제215조, 제218조

[참고문헌] 법원실무제요, 민사집행[IV], 사법연수원(2020)

Ⅰ. 개설

1 민사집행법 제219조는 이중압류 및 배당요구가 있는 때에는 집행관이 이를 채권자 및 채무자에게 통지할 것을 규정하고 있다. 즉, 집행관은 압류가 경합된 경우(민사집행법 제215조 제1항)와 실체법상 우선변제청구권이 있는 자의 배당요구(제217조)가 있는 때에는 그 사유를 배당에 참가한 각 채권자와 채무자에게 통지하여야 한다.

Ⅱ. 입법취지

2 이는 선행압류채권자로 하여금 추가압류를 준비하게 하고, 이미 집행절차에 참가하고 있는 다른 배당요구권자로 하여금 새로운 배당요구에 대하여 스스로 그 진위 내지 정당성에 관하여 조사하여 배당이의 등을 준비할 수 있도록 하려는 것이다.

Ⅲ. 통지의 방법

3 통지의 절차는 민사집행법 제11조의 규정에 따른다. 통지를 함에는 배당요구서의 부본을 함께 송달하거나 교부함이 타당하다. 채무자가 외국에 있거나 있는 곳이 분명하지 아니한 때에는 통지할 필요가 없다(민사집행법 제12조).[1] 배당요구에 관한 통지서의 양식은 아래와 같다.

1 법원실무제요, 민사집행[IV], 사법연수원(2020), 140.

[양식] 통지서

통 지 서
사 건 : 20 본 (부)
채 권 자 :
채 무 자 :
위 사건에 관하여 별지 배당요구서 부본과 같이 배당요구가 있음을 통지합니다.
2○○○. ○. ○.
집행관 ㊞
채권자 귀하

Ⅳ. 통지 누락과 배당요구의 효력

4 통지는 배당요구의 효력발생요건이 아니므로 그 통지가 없더라도 배당요구의 효력에는 영향이 없다.

Ⅴ. 통지를 받은 채무자의 구제수단

5 종전의 구 민사소송법은 배당요구의 통지를 받은 채무자는 그 인정 여부를 집행관에게 통지하고, 채무자가 인정하지 아니하는 경우에는 배당요구를 한 채권자가 일정한 기간 내에 채무자를 상대로 채권확정의 소를 제기하도록 규정하고 있었으나, 민사집행법은 이를 폐지하였다. 그 결과 배당할 매각대금이 각 채권과 집행비용의 전부를 지급할 수 있는 경우에는 집행관이 채권자에게 채권액을 교부하고 나머지를 채무자에게 교부하여야 하고(민사집행규칙 제155조 제1항), 매각대금이 각 채권자의 채권과 집행비용의 전부를 지급할 수 없는 경우에 있어 각 채권자 사이에 배당협의가 이루어진 때에는 그에 따라 배당을 실시하며(제155조 제3항), 배당협의가 이루어지지 아니한 때에 한하여 매각대금을 공탁하고 그 사유를 법원에 신고하여야 하고(민사집행법 제222조, 민사집행규칙 제155조 제4항), 그 공탁에 의하여 비로소 집행법원에 의한 배당절차가 개시되는 것이고(민사집행법 제252조 제1호), 그 집행법원에 의한 배당절차에서 비로소 다른 채권자나 채무자가 배당에 대한 이의를 하고 배당이의의 소를 제기할 수 있다(제151조부터 제161조까지).

제 220 조 [배당요구의 시기]

① 배당요구는 다음 각호의 시기까지 할 수 있다.

1. 집행관이 금전을 압류한 때 또는 매각대금을 영수한 때
2. 집행관이 어음·수표 그 밖의 금전의 지급을 목적으로 한 유가증권에 대하여 그 금전을 지급받은 때

② 제198조 제4항에 따라 공탁된 매각대금에 대하여는 동산집행을 계속하여 진행할 수 있게 된 때까지, 제296조 제5항 단서에 따라 공탁된 매각대금에 대하여는 압류의 신청을 한 때까지 배당요구를 할 수 있다.

[관련조문] 민사집행법 제188조, 제198조 제4항, 제201조, 제205조 제2항, 제207조, 제210조, 제221조, 제222조, 제296조 제5항

Ⅰ. 개설

6 민사집행법 제220조는 현금화절차를 종료하고 배당절차에 들어가는 각각의 시점을 배당요구의 종기로 정하고 있다.

Ⅱ. 입법취지

7 이는 초과압류 및 무잉여압류의 금지(민사집행법 제188조), 과잉매각의 금지(제207조) 등의 규정 취지를 살리고 배당절차의 혼란과 지체를 피하기 위한 것이다.

Ⅲ. 배당요구의 시적 한계

1. 시기(始期)

8 배당요구를 언제부터 할 수 있는지에 관하여는 특별한 규정이 없으나, 성질상 집행개시 후, 즉 집행관이 압류할 물건의 소재지에 이르러 집행에 착수한 때부터라고 할 수 있다. 배당요구는 다른 채권자의 강제집행절차에 참가하여 그 매각대금으로부터 자기 채권의 변제를 구하는 것이므로 적어도 다른 채권자에 의한 강제집행의 착수가 있은 이후에 성립될 수 있는 것이기 때문이다.

2. 종기

9 **가.** 배당요구의 종기는 유체동산의 종류 및 현금화시기에 따라 아래와 같이 다르게 정해진다.

1) 금전을 압류한 경우(제1항 제1호)

10 압류금전은 별도의 현금화절차를 요하지 아니하고 즉시 채권자에게 인도하여야 하고 이로써 채무자가 지급한 것이 되므로(제201조) 그 압류 이전에 한하여 배당요구를 할 수 있다. 집행관이 금전을 추심한 경우에도 같다.

2) 압류물을 매각·현금화하는 경우(제1항 제1호)

11 이 경우에는 집행관이 매각대금을 영수한 때까지 배당요구를 할 수 있다. 일반적으로 매각물의 인도는 대금지급과 서로 맞바꾸어(상환하여) 하는 것이 원칙이므로(민사집행법 제205조 제2항) 집행관의 매각대금 영수는 매각결정기일에 이루어지게 된다. 다만 특별매각조건 또는 집행법원의 특별현금화명령에 의하여 매각물의 인도일과 대금지급기일을 달리 정한 경우에는 매각결정기일이 아니라 그 대금지급기일에 집행관이 대금을 영수한 때가 배당요구의 종기로 된다. 특별현금화명령에 의하여 집행관 이외의 사람이 현금화하는 경우에는 그 사람이 매각대금을 영수한 때가 배당요구의 종기로 된다.

12 압류의 경합 여부는 압류장소를 단위로 하여 정하여야 할 것이므로 압류장소가 다르면 현금화절차도 별개로 이루어지게 된다. 따라서 이 경우에는 각 현금화절차에서 집행관이 매각대금을 영수한 때까지 배당요구를 할 수 있다. 동일 장소에서 압류한 여러 개의 유체동산이라도, 당초부터 매각기일이 분리·지정된 경우는 물론, 매각기일에서 일부만이 매각되고 나머지 물건에 대하여는 매수신청이 없어 매각기일이 연기되거나 속행된 경우에도 배당요구는 각각의 매각기일을 기준으로 하여 집행관이 매각대금을 영수한 때까지 할 수 있을 뿐이다.

3) 금전의 지급을 목적으로 하는 유가증권을 압류한 경우(제1항 제2호)

13 집행관이 유가증권을 압류한 때에는 시장가격이 있는 것은 매각하는 날의 시장가격에 따라 적당한 방법으로 매각하고 그 시장가격이 형성되지 아니한 것은 일반 현금화의 규정에 따라 매각하여야 한다(제210조). 이때에는 그 매각대금을 영수한 때가 배당요구의 종기로 된다.

14 그런데 어음·수표 그 밖의 금전의 지급을 목적으로 하는 유가증권에 대하여는, 위와 같은 현금화를 하기 전에 그 권리행사기간이 도래한 때에는 집행관이 채무자에 갈음하여 인수 또는 지급을 위한 제시나 지급청구를 하여야 하고(민사집행법 제212조 제1항), 그 결과 집행관이 제3채무자로부터 그 금전을 지급받을 수도 있다. 이 경우에는 별도의 현금화절차를 필요로 하지 않으므로 집행관이 그 지급을 받은 때까지 배당요구를 할 수 있다(제220조 제1항 제2호).

4) 긴급매각의 경우(제2항)

15 집행정지 중에 압류물을 긴급매각하고 그 매각대금을 공탁한 경우(민사집행법 제198조 제3항·제4항)에는, 그 정지사유가 해소되어 집행을 속행하게 되면 별도의 현금화절차를 요하지 아니하고 배당절차에 들어가게 되므로 강제집행을 속행하게 된 때까지 배당요구를 할 수 있다.

16 가압류물을 긴급매각하여 그 매각대금을 공탁한 경우(민사집행법 제296조 제5항 단서)에는 압류의 신청을 한 때까지 배당요구를 할 수 있다(제220조 제2항). '압류의 신청'은 가압류가 본압류로 이전되는 것뿐만 아니라 가압류채권자 이외의 채권자가 중복하여 압류신청하는 것을 포함한다. 따라서 가압류의 본압류로의 이전 또는 다른 채권자의 압류신청 중 먼저 행해지는 때가 배당요구의 종기로 된다.

나. 일자가 아닌 시각 기준

17 배당요구의 종기는 일자를 기준으로 하는 것이 아니라 특정한 시각을 기준으로 하여 정하여지므로 그 종기에 근접하여 배당요구가 있는 때에는 배당요구서 또는 집행조서 등에 접수일시 및 매각대금의 영수일시 등을 기재하여 선후관계를 명백히 하여 둘 필요가 있다.

제 221 조 [배우자의 지급요구]

① 제190조의 규정에 따라 압류한 유체동산에 대하여 공유지분을 주장하는 배우자는 매각대금을 지급하여 줄 것을 요구할 수 있다.
② 제1항의 지급요구에는 제218조 내지 제220조의 규정을 준용한다.
③ 제219조의 통지를 받은 채권자가 배우자의 공유주장에 대하여 이의가 있는 때에는 배우자를 상대로 소를 제기하여 공유가 아니라는 것을 확정하여야 한다.
④ 제3항의 소에는 제154조 제3항, 제155조 내지 제158조, 제160조 제1항 제5호 및 제161조 제1항·제2항·제4항의 규정을 준용한다.

[관련조문] 민사집행법 제154조~제161조, 제190조, 제206조, 제218조~제221조, 민법 제830조, 민사집행규칙 제48조, 제153조, 제154조, 제158조

[참고문헌] 법원실무제요, 민사집행[IV], 사법연수원(2020)

Ⅰ. 개설

1 채무자가 단독으로 또는 그 배우자와 공동으로 점유하는 부부공유 유체동산을 채권자가 유체동산 압류의 방법으로 압류할 수 있으므로(민사집행법 제190조), 채무자가 아닌 배우자의 권리구제를 위하여 민사집행법 제221조를 규정한 것이다. 채무자 아닌 배우자의 권리구제수단으로서는 민사집행법 제221조 외에 배우자의 우선매수권(제206조)이 있다.

Ⅱ. 입법취지 및 입법례

1. 입법취지

2 부부공유의 유체동산을 배우자 일방의 채권자가 유체동산압류의 방법에 따라

압류하게 한 것은 채권자의 집행편의와 집행의 신속을 위한 것일 뿐, 그 유체동산을 채무자의 소유로 간주하는 것은 아니므로 매각대금 중 채무자 아닌 배우자의 공유지분에 해당하는 부분은 당연히 그 배우자에게 지급하여야 한다. 그러나 집행을 위임하는 채권자나 집행을 실시하는 집행관으로서는 점유의 외관만을 표준으로 하여 집행하는 것이므로 그 유체동산이 채무자의 단독소유인지 배우자와 공유하는 것인지를 확인할 방도가 없다. 채권자나 집행관이 이를 확인하여 매각대금 중 배우자의 공유 지분에 해당하는 부분을 지급하여야 한다면 부부공유 유체동산을 유체동산압류의 방법으로 압류할 수 있게 한 취지가 몰각되고 만다. 이에 민사집행법 제221조는 채무자 아닌 배우자가 배당요구에 준하여, 적극적으로 자기의 공유 지분에 해당하는 매각대금의 지급을 요구하게 하고, 이에 대하여 이의 있는 채권자는 배당이의의 소에 준하여 공유관계부인의 소를 제기하도록 하고 있는 것이다.

2. 입법례

3 독일 민법 제1362조 제1항 전문은 '부부 일방 또는 쌍방의 점유에 있는 동산은 부 또는 처의 채권자를 위해서는 채무자의 소유에 속하는 것으로 추정한다'고 규정하고, 독일 민사소송법 제739조에서는 위와 같은 경우 강제집행에 있어서는 제3자의 권리를 해하는 경우를 제외하고는 채무자만을 소지자 및 점유자로 본다고 규정함으로써 부부공유 유체동산에 대한 집행 문제를 실체법의 규정에 의하여 해결하고 있어 민사집행법 제206조 및 제221조와 같은 규정이 없고, 일본 민사집행법에도 우선매수권이나 매각대금 지급청구권 규정이 없다.

Ⅲ. 배우자의 지급요구

1. 의의와 성질

4 채무자가 점유하거나 그 배우자와 공동으로 점유하는 부부공유 유체동산을 압류하여 매각한 경우, 그 배우자는 공유지분을 주장하여 매각대금의 지급을 요구할 수 있다(민사집행법 제221조 제1항). 부부공유 유체동산은 압류에서부터 매각에 이르기까지는 채무자의 단독소유와 마찬가지로 취급하되, 매각대금의 분배단계에서는 배우자의 지급요구를 통하여 원래의 법률관계에 따르도록 한 것이다.

5 '지급요구'는 매각대금 중 자기의 공유지분에 해당하는 몫의 분배를 구하는 것이다. 지급요구를 할 수 있는 배우자는 채무자가 아니므로 매각대금 중 그의 공유지분에 해당하는 몫에 대하여는 압류채권자나 배당요구채권자가 아무런 권리도 취득할 수 없다. 따라서 이 지급요구는 배당요구와는 본질을 달리한다. 다만, 매각대금의 분배를 구하는 점에서는 배당요구와 유사하므로 그 절차와 방식, 시기 등에 관하여는 배당요구에 관한 규정이 준용된다(민사집행법 제221조 제2항).

2. 지급요구의 대상

6 지급요구의 대상이 되는 '매각대금'의 의미에 관하여 견해가 나뉠 수 있으나, 집행에 소요된 집행관의 수수료 등은 채무자 아닌 배우자가 부담할 것이 아니므로, 집행비용을 공제하기 전의 매각대금 그 자체를 의미하는 것으로 봄이 타당하다. 실무도 이와 같아서 집행관사무소에 비치할 각종 문서의 양식에 관한 예규(행정예규 제1200호) [별지] 2-32의 유체동산호가경매조서는 집행비용을 빼기 전의 것을 의미한다는 전제 아래(채무자 아닌 배우자가 부담할 것이 아니라는 의미), 지급요구가 있을 때에는 집행비용의 공제에 앞서 배우자에 대하여 그 지분에 해당하는 몫을 지급하도록 하고 있다.[1]

3. 지급요구의 방법과 절차

7 지급요구의 절차에서는 배당요구에 관한 규정이 준용된다. 따라서 지급요구는 이유를 밝혀 집행관에게 하여야 한다(민사집행법 제218조). 그 이유를 밝힌다는 것은 지급요구를 하는 사람이 채무자의 배우자이고, 압류물이 채무자와의 공유에 속함을 명시하고, 공유지분의 비율 등을 명백히 하는 것을 의미하며, 이를 소명하는 서면을 붙여야 한다(민사집행규칙 제158조, 제48조). 서면으로만 해야 하는 배당요구와 달리 지급요구는 매각기일에 출석하여 말로 할 수 있으나, 매각기일에 출석하지 아니하는 경우에는 서면으로 하여야 한다(제153조).

4. 지급요구의 통지

8 배우자의 지급요구가 있는 때에는 집행관은 그 사유를 배당에 참가한 각 채권자와 채무자에게 통지하여야 한다(민사집행법 제221조 제2항, 제219조). 채권자 등으로 하여금 지급요구의 당부를 미리 조사하여 대비하고 공유관계부인의 소를

[1] 법원실무제요, 민사집행[IV], 사법연수원(2020), 141.

준비할 수 있게 하려는 것이다.

5. 지급요구의 시기

9 지급요구의 시적 한계에 관하여는 배당요구와 동일한 제한이 있다(민사집행법 제221조 제2항, 제220조). 따라서 집행관이 금전을 압류한 때에는 그 금전압류 시까지, 그 밖의 물건을 압류한 때에는 그 매각대금의 영수 시까지, 어음·수표 그 밖의 금전의 지급을 목적으로 하는 유가증권을 압류하여 집행관이 그 지급을 받은 때에는 그 지급 시까지 각각 배우자가 지급요구를 할 수 있다. 긴급매각에 의한 매각대금이 공탁된 경우에는 그 동산집행을 속행할 수 있을 때까지, 가압류물의 긴급매각에 의한 매각대금이 공탁된 경우에는 본압류로 이전될 때까지 각각 지급요구를 할 수 있다(제220조). 원래 지급요구는 채무자 아닌 배우자의 소유권 주장이므로 그 권리가 소멸될 수 없겠으나, 집행의 신속과 안정을 위하여 시적 한계를 둔 것이다. 이 시기 안에 지급요구가 없으면 매각대금 전액이 압류채권자 및 배당요구채권자에게 지급된다. 이러한 지급 내지 배당이 실체법상의 권리를 확정하는 것은 아니므로, 채무자 이외의 소유에 속하는 동산이 매각된 경우와 마찬가지로, 배우자로서는 위와 같이 지급받은 압류채권자 등을 대상으로 자신의 지분에 상응하는 금액에 관한 부당이득반환을 구할 수 있다고 봄이 타당하다(대법원 1998. 6. 12. 선고 98다6800 판결, 대법원 2008. 6. 26. 선고 2008다19966 판결의 취지 참조).[2]

IV. 공유관계부인의 소

1. 의의

10 채무자 아닌 배우자의 지급요구가 있는 경우, 이에 이의가 있는 채권자는 그 배우자를 상대방으로 소를 제기하여 압류물이 채무자와 그 배우자의 공유가 아니라 채무자의 단독소유라는 것을 확정받음으로써 부당한 지급요구를 배제할 수 있다(민사집행법 제221조 제3항). 이를 공유관계부인의 소라고 한다. 배우자의 공유주장에 집행권원이 필요한 것은 아니므로 압류물이 그 주장과 같이 채무자와 그 배우자의 공유에 속하는지를 확정하는 방법으로는 공유관계를 주장하는 배

2 부당이득반환을 구할 수 있다는 입장을 취한 하급심 판례로 서울중앙지방법원 2011. 12. 16. 선고 2011가소1981127 판결이 있다.

우자 스스로 채무자 또는 이의가 있는 채권자를 상대로 소를 제기하여 확정하게 하는 방법과 이의가 있는 채권자가 소를 제기하여 공유주장을 다투게 하는 방법이 있을 수 있다. 민사집행법 제221조는 배당이의의 소와의 균형을 고려하고 부부공유 유체동산에 대하여 압류를 허용하는 것 자체가 예외적 조치임을 감안하여 후자의 방법을 택하고 있다.

2. 법적 성질

11 배당이의의 소에서와 같이 견해가 나뉠 수 있으나, 민사집행법 제221조 제3항이 '공유가 아니라는 것을 확정하여야 한다'고 규정하고 있으므로 공유관계부인의 소는 확인의 소라 보아야 한다. 그 소송의 결과에 따라 집행관이 배우자에게 매각대금을 지급하거나 지급하지 않게 되는 것은 판결의 부수적 효과 내지 반사적 효과이다.

3. 소송절차

12 공유관계부인의 소는 배당이의의 소에 준한다.

가. 관할

13 원칙적으로 집행관이 속한 집행법원의 관할에 속한다(민사집행법 제221조 제4항, 제156조 제1항 본문). 다만, 소송물이 단독판사의 사물관할에 속하지 아니할 때에는 집행법원 소재지를 관할하는 합의부가 관할한다(제156조 제1항 단서). 그러나 당사자의 합의가 있는 때에는 단독판사가 관할한다(제156조 제3항). 소송물의 가액은 원고의 채권액을 한도로 한 목적물, 즉 압류물의 가액의 1/2이다(민사소송 등 인지규칙 제16조 제7호). 이들 관할은 전속관할이다(민사집행법 제21조).

나. 제소기간[3]

14 공유관계부인의 소를 제기한 채권자가 매각기일부터 1주 이내에 소를 제기한 사실을 증명하는 서류를 제출하지 아니한 때에는 그 이의가 취하된 것으로 간주되므로(민사집행법 제154조 제3항) 공유관계부인의 소는 매각기일부터 1주 이내에 제기하여야 한다. 소 제기의 증명은 수소법원의 소제기증명서, 변론기일통지서 등을 제출하는 방법으로 하면 된다.

3 법원실무제요, 민사집행[Ⅳ], 사법연수원(2020), 143.

15 집행관은 이의채권자가 소정 기간 내에 관할법원에 공유관계부인의 소를 제기하였는지, 그 소가 이의와 관계가 있는 적법한 소인지를 심사하여야 하며, 소의 내용이 위와 같은 사항을 흠결한 때에는 그 소제기의 증명은 배우자에 대한 매각대금의 지급을 유보하는 효력을 가지지 않는다. 1주의 법정기간은 집행관이나 당사자가 연장할 수 없고 추후보완도 허용되지 않는다. 공유관계부인의 소가 소정 기간 내에 제기되었으나 그 소 제기 증명서를 소정 기간 경과 후에 제출한 경우에도 이의는 취하된 것으로 간주된다(대법원 2011. 5. 26. 선고 2011다16592 판결).

다. 당사자

16 배우자의 공유주장에 대하여 이의가 있는 채권자가 원고적격자이고, 공유를 주장하는 배우자가 피고적격자이다. 채권자에는 집행채권자뿐 아니라 배당요구채권자도 포함된다. 여러 채권자가 공동소송인이 되어 소를 제기한 때에는 유사필수적 공동소송이 된다. 합일확정의 필요가 있기 때문이다. 여러 채권자가 각각 별개의 소를 제기한 경우에는 병합하여 심리·판결하여야 한다. 채무자는 원칙적으로 당사자적격이 없다. 다만, 채무자는 경우에 따라 채권자 또는 배우자 측에 보조참가할 수 있을 것이다.

라. 소의 이익

1) 집행이 종료된 경우

17 일반적으로 채무자 아닌 배우자가 지급요구를 한 때부터 집행절차가 종료될 때, 즉 매각대금의 지급이 완료될 때까지에 한하여 소의 이익이 인정된다. 따라서 매각대금이 배우자에게 지급된 이후에 제기된 공유관계부인의 소는 확인의 이익이 없어 부적법하다. 다만 이 경우에도 배우자의 지급요구에 이의가 있는 채권자가 배우자에 대하여 소로써 우선권 그 밖의 권리를 행사하는 데에는 영향이 없으므로(민사집행법 제221조 제4항, 제155조) 채권자는 배우자를 상대로 부당이득반환청구를 할 수 있다.

2) 채권자 모두를 만족시킬 때

18 배우자의 지급요구가 있으나 매각대금으로 배우자, 압류채권자 및 배당요구채권자를 모두 만족하게 할 수 있는 경우에는 채권자가 공유관계부인의 소를 제기하더라도 그 소의 이익이 없다.

3) 배우자가 지급요구를 철회한 경우

19 소송이 종결되기 전에 배우자가 지급요구를 철회한 경우에도 사후적으로 소의 이익이 소멸하여 소의 이익이 없다.

4) 수개의 유체동산 중 일부에 관해서만 지급요구가 있는 경우

20 여러 개의 유체동산 중 일부에 관하여만 배우자의 지급요구가 있는 경우에 나머지 부분에 관하여는 채무자의 단독소유라는 확정을 구할 이익이 없다.

마. 청구의 내용

21 소장에 기재할 청구취지는 압류물이 채무자와 그 배우자의 공유가 아니라는 취지 예컨대, '피고(배우자)는 원고(채권자)가 ○○○(채무자)에 대한 ○○지방법원 20○○차○○○○호 대여금 사건의 집행력 있는 지급명령 정본에 기초하여 20○○. ○○. ○○. 압류한 별지 목록 기재 각 유체동산에 관하여 1/2의 공유지분을 가지지 아니함을 확인한다.'와 같이 기재한다. 청구원인은 압류물이 채무자와 배우자의 공유가 아니고 채무자의 특유재산이라는 것을 기재함으로써 충분하다. 그 증명책임은 소를 제기한 채권자에게 있다.

바. 원고의 불출석에 의한 소취하의 의제

22 공유관계부인의 소를 제기한 채권자가 첫 변론기일에 출석하지 아니하면 소를 취하한 것으로 간주된다(민사집행법 제158조). 이는 소송의 신속을 통하여 집행절차의 조기종결을 목적으로 한다. '첫 변론기일'은 최초로 지정된 변론기일이 아니라 실제로 변론을 행하는 최초의 기일을 말하고, 제1심의 변론기일에 한한다. 최초의 변론기일이므로 속행된 2회 이후의 기일에의 불출석에 대하여는 그 적용이 없다. 피고(배우자)의 출석 여부는 소취하 간주효과의 발생에 영향을 미치지 아니한다(대법원 1967. 6. 27. 선고 67다796 판결).

23 원고가 출석하였더라도 변론하지 아니하거나 퇴정한 경우에도 취하간주된다.

4. 판결

24 공유관계부인의 소를 심리한 결과, 소송요건을 갖추지 못한 때에는 각하 판결을 하고, 원고의 주장이 이유 없을 때, 즉 압류물이 배우자의 주장과 같이 채무자와의 공유인 때에는 청구를 기각하여야 하며, 원고의 청구가 이유 있을 때에는 청구를 인용하는 판결을 하여야 한다. 배우자가 주장하는 공유지분의 비율이 잘못된 경우, 즉 배우자가 주장하는 바와 같이 압류물이 채무자와의 공유이기는 하

나 그 공유지분의 비율이 배우자가 주장하는 것보다 적은 경우에는 민사집행법 제157조가 준용되는 결과, 원고의 청구를 일부인용하고 나머지 청구는 기각하여야 할 것이다.

V. 배우자에게 지급할 금액의 공탁과 지급 또는 배당

25 공유관계부인의 소가 제기된 때에는 집행관은 지급요구를 한 배우자에게 지급할 금액에 상당하는 매각대금을 공탁하여야 한다(민사집행법 제221조 제4항, 제160조 제1항 제5호).

26 공탁금은 공유관계부인의 소의 결과에 따라 배우자에게 지급하거나 채권자에게 배당하여야 한다(민사집행법 제221조 제4항, 제161조 제1항). 채권자에게 배당함에 있어서는 성질상 소를 제기한 채권자뿐 아니라 다른 채권자에게도 배당을 실시하여야 할 것이다(제161조 제2항). 그 배당에 있어 채권자 상호간의 배당에 대한 이의는 종전의 매각기일에서 주장할 수 없었던 사유만을 주장할 수 있다(제161조 제4항).

제 222 조 [매각대금의 공탁]

① 매각대금으로 배당에 참가한 모든 채권자를 만족하게 할 수 없고 매각허가된 날부터 2주 이내에 채권자 사이에 배당협의가 이루어지지 아니한 때에는 매각대금을 공탁하여야 한다.

② 여러 채권자를 위하여 동시에 금전을 압류한 경우에도 제1항과 같다.

③ 제1항 및 제2항의 경우에 집행관은 집행절차에 관한 서류를 붙여 그 사유를 법원에 신고하여야 한다.

[관련조문] 민사집행법 제156조, 제201조, 제208조, 제252조~제256조, 민사집행규칙 제155조~제157조

[참고문헌] 박두환, 민사집행법, 법률서원(2002); 법원실무제요, 민사집행[IV], 사법연수원(2020)

Ⅰ. 개설

1 유체동산 집행에서 압류물의 매각절차가 종료되면 그 매각대금 등을 채권자에게 교부(지급)하거나 배당하여 집행채권의 만족에 이르게 된다. 민사집행법 제222조는 매각대금 등을 영수한 집행관이 채권자에게 교부 또는 배당하여야 할 경우와 그 절차를 적극적으로 규정하는 형식이 아니라 소극적으로 집행관이 교부 또는 배당을 실시하지 못하는 경우와 그 절차를 규정하고 있다. 민사집행법 제222조의 취지에 따라 민사집행규칙 제155조부터 제157조까지가 집행관의 매각대금 처리에 관하여 상세히 규정하고 있다.

2 이들 규정은 유체동산집행에서의 배당절차에 이중적인 구조를 취하고 있다. 유체동산에 대한 강제집행에서 현금화가 이루어지고 나면 그 매각대금 등은 1차적으로 집행관이 교부 또는 배당을 하고, 매각대금 등으로 배당에 참가한 모든 채권

자를 만족하게 할 수 없고 채권자 사이에 배당협의가 이루어지지 아니한 때에 비로소 집행법원에 의해 배당절차가 진행된다. 이는 마치 부동산강제관리절차에서 수익을 배당할 때 관리인이 일정한 단계까지는 배당절차를 실시하지만 배당협의가 이루어지지 못한 경우에는 집행법원이 배당절차를 실시하는 것과 유사하다.

3 배당 등이 이루어지는 절차의 대강은 다음과 같다. ① 채권자가 한사람인 경우 또는 채권자가 두 사람 이상이라도 매각대금 등으로 각 채권자의 채권과 집행비용의 전부를 변제할 수 있는 경우에는 집행간은 채권자에게 채권액을 교부하고, 나머지가 있으면 채무자에게 교부함으로써 변제절차가 종료된다(민사집행규칙 제155조 제1항). ② 압류금전이나 매각대금으로 각 채권자의 채권과 집행비용의 전부를 변제할 수는 없으나 채권자 사이에 배당협의가 성립된 경우에도 집행관이 그 협의에 따라 배당을 실시한다(제155조 제2항·제3항). ③ 채권자가 여럿이고 채권자 모두를 만족하게 할 수 없으며 배당협의도 이루어지지 않은 때에는 집행관이 매각대금 등을 공탁하고 집행절차에 관한 서류를 붙여 그 사유를 법원에 신고하여야 하고(민사집행규칙 제155조 제4항, 민사집행법 제222조), 집행법원이 배당을 실시한다(민사집행법 제252조 제1호).

Ⅱ. 입법취지 및 입법례

1. 입법취지

4 민사집행법 제222조는 매각대금 등으로 모든 채권자를 만족하게 할 수 있거나 채권자 사이에 배당협의가 성립하여 이해관계의 대립이 특별히 없는 경우에는 유체동산집행의 집행기관인 집행관이 독자적으로 교부·배당절차를 진행하도록 하고, 배당에 법률적 판단이 필요한 단계로 넘어가면 집행법원이 2차적으로 배당절차를 실시하도록 하는 취지이다.

2. 입법례

5 일본 민사집행법 제139조, 제142조도 민사집행법 제222조와 같이 유체동산집행에서의 배당절차에 관하여 이중적인 구조를 취하고 있다. 채권자가 1인인 경우나 2인 이상이어도 매득금으로 전부에 대한 변제가 가능한 경우 및 채권자가 2인 이상이고 모두를 만족시킬 수 없으나 채권자 간에 배당협의가 이루어진 때에는 집행관이 교부 또는 배당을 담당하고, 그렇지 않은 경우에는 집행관이 집

행법원에 그 사정을 신고하여(사정신고는 서면으로 해야 하고 그 기재사항에 관해서 일본 민사집행규칙 제130조가 정하고 있다) 집행법원이 배당 등의 절차를 실시하도록 하고 있다.

Ⅲ. 집행관에 의한 매각대금 등의 교부

1. 채권액의 교부

6 채권자가 한사람인 경우, 채권자가 둘 이상이라도 압류금전 또는 매각대금(어음·수표금을 지급받은 경우에는 그 지급금)으로 모든 채권자를 만족하게 할 수 있는 경우에는 채권자 사이에 이해의 대립이 없어 배당을 실시할 필요가 없다. 따라서 집행관은 압류금전 또는 매각대금으로 각 채권자의 채권액을 지급하고 나머지가 있으면 채무자에게 교부하여야 한다(민사집행법 제201조 제1항, 민사집행규칙 제155조 제1항).

7 유체동산집행에 있어 압류금전이나 매각대금을 교부 또는 배당받을 자는 ① 유체동산을 압류한 채권자, 선행가압류채권자, 이중압류채권자, ② 압류목적물 또는 현금화의 종류에 따라 민사집행법 제220조의 기간 내에 배당요구를 한 우선변제청구권 있는 채권자, ③ 민사집행법 제221조의 규정에 따라 지급요구를 한 배우자 등이다. 압류채권자에는 선행가압류채권자 및 이중압류채권자가 포함된다. 교부 또는 배당하여야 할 압류금전 또는 매각대금은 집행비용을 공제한 잔액이 원칙이지만, 배우자의 지급요구가 있는 경우 그 배우자에게 지급할 금액은 집행비용을 공제하기 전의 매각대금을 기준으로 하여 공유지분 비율에 따라 산출한 금액이 된다.

8 채권자의 채권액이란 압류채권자에 있어서는 집행권원에 기재된 청구채권의 범위 내에서 강제집행신청서에 기재한 청구채권액, 배당요구채권자에 있어서는 그 배당요구서에 기재된 청구채권액을 말하고, 이자와 지연손해금 등의 부대청구를 포함한다. 부대청구는 금전압류 시 또는 매각대금 영수 시까지의 것에 한하지 아니하고, 채권자가 특히 기간을 명시하여 청구하는 경우를 제외하고는 매각대금 등의 지급일까지의 것으로 보아야 한다. 가압류채권자에 있어서는 가압류결정에 청구금액으로 표시된 채권액을 말한다.

2. 매각대금 등의 교부절차

9 집행관이 매각대금 등을 채권자에게 교부하는 절차, 방법에 관하여는 아무런 규정이 없으므로, 집행관으로서는 확실하고 안전한 방법으로 교부하면 된다고 할 것이다. 채권자가 한 사람인 경우이거나 매각대금 등이 여러 채권자의 채권액 전부를 만족하게 할 수 있는 경우이므로 반드시 교부기일을 지정·소환할 필요가 없고, 각 채권자, 채무자에게 개별적으로 통지하여 교부금을 수령하도록 하여도 무방하다. 참고자료로서 매각대금 등의 교부표를 작성하는 것이 좋을 것이나, 의무적인 것은 아니다.

10 매각대금 등의 교부는 압류물을 매각하여 대금을 지급받은 후 그 현장에서 즉시 실시할 수도 있다. 그러나 배당요구서가 집행현장이 아닌 집행관사무소에 제출된 경우에는 배당요구의 시적 한계와 관련하여 분쟁이 발생될 여지가 있으므로 미리 집행관사무소에 연락하여 확인한 후 교부함이 타당하고, 집행조서에는 교부일시를, 집행관사무소에 제출·접수된 배당요구서에는 그 접수일시를 각각 명백히 하여 둘 필요가 있다.

11 매각대금 등의 교부에 따른 조치에는 민사집행법 제42조의 규정이 적용된다. 집행관은 채권자로부터 집행력 있는 정본 또는 채권증서를 제출받아 채무자에게 교부하고, 채권의 일부를 교부받는 채권자(일부청구의 경우)에게는 집행력 있는 정본 또는 채권증서를 제출하게 하여 그 사유를 덧붙여 적어서 반환하고 채권자로부터 영수증서를 제출받아 채무자에게 교부하여야 한다.

3. 매각대금 등을 교부할 수 없는 경우[1]

가. 불확정채권인 경우

12 매각대금 등으로 각 채권자의 채권과 집행비용의 전부를 변제할 수 있거나 채권자 사이에 배당협의가 이루어졌더라도 배당 등을 받을 채권자의 채권의 일부 또는 전부가 불확정채권인 경우, 즉 ① 정지조건 또는 불확정기한이 붙어 있는 채권, ② 가압류채권자의 채권, ③ 강제집행이나 담보권 실행을 일시정지하도록 명한 재판의 정본이 제출되어 있는 채권에 대하여는 집행관이 직접 교부할 수 없고, 그 배당 등의 액에 상당하는 금액을 공탁하고 집행관계서류를 첨부하여

1 법원실무제요, 민사집행[IV], 사법연수원(2020), 148~149.

집행법원에 사유를 신고하여야 한다(민사집행규칙 제156조 제1항, 제155조 제1항·제3항, 제157조 제2항·제3항).

나. 당사자가 불출석한 경우

13 집행관은 배당 등을 수령하기 위하여 출석하지 아니한 채권자 또는 채무자에 대한 배당 등의 액에 상당하는 금액을 공탁하여야 한다(민사집행규칙 제156조 제2항). 나중에 그 채권자가 지급을 청구하면 집행관은 지급위탁서의 송부, 배당액 지급증의 교부 등 배당액 지급방법에 준하여 처리한다. 채무자가 출석하지 아니한 경우도 채무자에게 지급할 금원이 있으면 이를 공탁하였다가 채무자가 그 지급을 청구하면 배당액 지급방법에 의하여 처리한다.

다. 집행정지서류가 제출된 경우

14 집행관이 금전을 압류한 이후 또는 매각대금을 영수한 이후 채권자에게 교부하기 전에 집행정지서류가 제출된 경우에는 민사집행규칙 제156조 제1항 제3호에 의하여 처리한다. 집행관은 배당 등을 받을 채권자의 채권에 관하여 민사집행법 제49조 제2호 또는 유체동산을 목적으로 하는 담보권 실행을 위한 경매절차에서 민사집행법 제266조 제1항 제5호에 적은 문서(집행의 일시정지를 명한 취지를 적은 재판의 정본)가 제출되어 있는 때에는, 그 채권자에 대한 배당 등의 액에 상당하는 금액을 공탁하고 그 사유를 법원에 신고하여야 한다. 이 사유신고서에 적어야 하는 사항은 사건의 표시, 압류채권자와 채무자의 이름, 공탁의 사유와 공탁금액(민사집행규칙 제157조 제2항)이고, 공탁서 원본과 사건기록을 붙여 신고하여야 한다(제157조 제3항).

15 제출된 서류가 민사집행법 제49조 제1호·제3호·제5호·제6호의 서류인 경우에는 그 채권자를 배당에서 제외하고 그 채권자에 대한 배당금을 채무자에게 교부하여야 한다(민사집행규칙 제50조 제3항 제1호 참조).

16 만약 제출된 서류가 민사집행법 제49조 제4호의 서류인 때에는 배당액을 그 채권자에게 그대로 지급하고(민사집행규칙 제50조 제3항 제3호 참조) 그로 말미암아 발생하는 이중변제의 문제는 당사자 사이의 부당이득문제로 해결하여야 한다.

IV. 집행관에 의한 매각대금 등의 배당

1. 배당을 실시할 경우

17 채권자가 두 사람 이상이고 압류금전이나 매각대금 등으로 각 채권을 만족하게 할 수 없는 경우에도 채권자 사이에 배당협의가 성립된 때에는 집행관은 그 합의된 내용에 따라 배당을 실시하여야 한다(민사집행규칙 제155조 제3항 전문). 그러나 배당받을 채권자 중 일부 또는 전부가 불확정채권 등에 해당하는 경우에는 앞서 본 바와 같이 집행관은 그에 배당할 금액을 공탁하고 집행법원에 사유신고를 하여야 한다(제156조).

2. 배당협의

가. 배당협의기일의 지정·통지

18 배당협의는 배당의 순위 및 내용, 즉 어느 채권자에게 얼마의 금액을 배당할 것인가에 관하여 각 채권자의 의견을 조정하는 것이다. 민사집행법 제222조 제1항은 배당협의의 방법에 관하여 아무런 언급이 없다. 그러나 협의불성립을 이유로 집행법원에 매각대금 등을 공탁할 때에는 배당협의가 이루어지지 아니한 취지와 그 사정의 요지를 사유신고서에 기재하여야 하므로(민사집행규칙 제157조 제1항 제5호), 이를 확정하기 위하여 매각허가된 날부터 2주 이내의 날을 배당협의 기일을 지정하고 각 채권자에게 그 일시 및 장소를 서면으로 통지하여야 한다(제155조 제2항 전문). 그 통지에는 매각대금 또는 압류금전, 집행비용, 각 채권자의 채권액 비율에 따라 배당될 것으로 예상되는 금액을 적은 배당계산서를 붙여야 한다(제155조 제2항 후문). 배당협의기일통지서의 양식은 아래와 같다.

[양식] 배당협의기일통지서

○○지방법원 배당협의기일통지서
귀하 사 건 : 20 (부) 채 권 자 : 채 무 자 :

위 사건에 관하여 배당협의기일을 20 . . . : 로 지정하였으니 ○○지방법원 집행관사무소로 출석하여 주시기 바랍니다.

첨부 : 배당계산서 1 부

2○○○. ○. ○.

집행관 ㊞

주의 : 1. 출석할 때에는 강제집행신청 또는 배당요구 신청 당시 사용하였던 인장과 주민등록증을 지참하여야 합니다.

2. 대리인이 출석할 때에는 본인의 인감증명을 첨부한 위임장과 대리인의 인장 및 주민등록증을 지참하여야 합니다.

* 집행관사무소에 비치할 각종 문서의 양식에 관한 예규(행정예규 제 1200 호) [별지 2] 2-41

19 '매각허가된 날부터'라고 되어 있으나, 금전압류의 경우에는 그 압류한 날이, 어음·수표 그 밖에 금전지급을 목적으로 하는 유가증권의 지급을 받은 때에는 그 지급받은 날이 각 기산일로 된다. 대금지급기일이 매각일과 다른 날로 지정된 경우에 있어서는, 그 대금지급기일로부터 2주 이내의 날을 배당협의기일로 지정하면 된다는 견해[2]가 있다.

20 배당협의기일은 그 종기만이 정하여져 있으므로 집행관이 매수인으로부터 매각대금을 지급받는 날에 모든 채권자가 출석하고 있는 때에는 그 날을 배당협의기일로 정하여 시행할 수도 있다. 통지를 할 자는 배당을 받을 자, 즉 압류채권자와 배당요구채권자이고, 채무자는 배당협의를 할 수 있는 자가 아니므로 통지할 필요가 없다. 부부공유 유체동산의 매각대금에 대한 배우자의 지급요구(민사집행법 제221조)는 배당요구에 준하는 절차와 방식으로 하는 것이지만, 배당요구와는 본질이 다르므로 그 배우자도 통지의 대상은 아니다.

나. 배당계산서의 작성·첨부

21 통지에는 매각대금이나 압류금전, 집행비용, 각 채권자의 채권액 비율에 따라 배당될 것으로 예상되는 금액을 명시한 배당계산서를 붙여야 한다(민사집행규칙 제155조 제2항 후문). 배당계산서의 양식은 아래와 같다.

2 박두환, 민사집행법, 법률서원(2002), 524.

[양식] 배당계산서

배 당 계 산 서

사　　　　　건　:20　（　부)
매 각 대 금(압류금전)　:금　　　원
배우자 우선지급(공유지분)　:금　　　원
집 행 비 용　:금　　　원
배 당 할 금 액　:금　　　원

배당 순위	채권자	채권의 종　류	채권액	배당금	집행비용	지급 합계금	수령인

* 집행관사무소에 비치할 각종 문서의 양식에 관한 예규(행정예규 제1200호) [별지 2] 2-42

22 통지비용은 여기의 집행비용에 산입된다. '배당될 것으로 예상되는 금액'은 민법·상법 그 밖의 법률에 따라 우선변제청구권이 있는 경우에는 그 우선순위에 따른 금액과 그 밖의 채권자 사이의 채권액 비율에 의한 평등배분액을 가리킨다(☞ 채권 사이의 우선순위에 관하여는 민사집행법 제150조, 제254조 주석 참조). 이 배당계산서는 부동산집행 등에 있어서의 배당표와는 전혀 성질을 달리하는 것으로서 단순히 채권자가 할 배당협의의 준비자료에 지나지 않고 구속력은 없다.

다. 배당협의 및 배당실시

23 배당의 실시에 관한 채권자의 의견표시는 반드시 배당기일에 출석하여 말로 하여야 할 필요는 없고, 서면으로 제출하여도 무방하다. 채권자가 배당협의기일을 통지받고 그 기일까지 이의를 제기하지 아니한 때에는 집행관이 작성한 배당계산서에 따라 배당하는 것에 동의한 것으로 볼 것이다. 이 동의간주는 집행관이 작성한 배당계산서에 따른 배당실시에 대한 것이므로 배당협의기일에 일부 채권자 사이에서만 배당계산서와 다른 내용의 협의가 성립되었다 하더라도 그 협의가 배당계산서에 이의를 제기하지 아니한 다른 채권자에게까지 효력이 미치지는 아니한다. 이 경우에는 협의불성립으로 처리하여 매각대금 전액을 집행법원에 공탁할 것이다. 협의가 성립되기 위해서는 가압류채권자 또는 집행정지서

류가 제출된 채권자를 포함하여 모든 채권자의 찬성이 필요하다(채무자의 찬성은 필요 없다). 그러므로 협의에는 모든 채권자가 참여하여야 하며, 다만 불출석한 채권자가 서면에 의하여 승낙하거나 동의서를 제출한 경우에는 협의가 성립된 것으로 처리하여야 한다.[3]

24 모든 채권자의 찬성이 있어도 협의로 결정할 수 있는 내용에는 한계가 있다. 예를 들어 특정채권자의 집행채권액을 넘는 배당을 인정하는 것은 집행권원에 부합되지 아니하는 배당을 인정하는 것이므로 설령 채무자의 동의까지 있다고 하더라도 허용되지 않는다. 또한 가압류채권 또는 집행정지 중의 채권을 위하여 공탁되어야 할 금전을 현실적으로 교부하는 것을 내용으로 하는 협의도 인정되지 않는다. 즉 현실적으로 교부할 것인지 혹은 공탁할 것인지는 배당의 실시방법으로서 배당계산의 내용은 아니며, 이를 인정하는 것은 배당요구에 관한 일반원칙에 반하는 것이기 때문이다. 이러한 제한에 저촉되지 아니하는 이상, 채권자 상호 간에 평등주의를 깨뜨리는 내용의 협의는 가능하다.[4]

25 집행관은 배당협의기일까지 배당계산서에 이의가 제기되지 않은 경우에는 당초의 배당계산서에 따라, 배당협의기일에 채권자 전원의 합의로 배당계산서와 다른 내용의 합의가 이루어진 경우에는 그 합의내용에 따라 각각 배당을 실시하고, 그 밖의 경우에는 매각대금을 공탁하고 사유신고를 하여야 한다. 다만, 배당협의기일까지 협의가 성립되지 않았더라도 집행관이 매각대금을 집행법원에 공탁하기 전에 채권자 사이에 배당협의가 성립된 때에는 그 협의에 따라 배당을 실시하여야 한다. 채권자 사이에 배당협의가 이루어져 배당을 실시하는 경우에, 그 배당협의의 내용이 집행관이 작성하여 배당협의기일통지서에 붙인 배당계산서의 내용과 다른 때에는, 그 배당협의에 따라 배당계산서를 다시 작성하여야 한다(민사집행규칙 제155조 제3항 후문).

26 집행관에 의한 배당이 실시되는 경우에도 민사집행법 제42조가 적용되므로 집행관은 그에 따른 조치를 하여야 한다. 집행관은 채권자로부터 집행력 있는 정본 또는 채권증서를 제출받아 채무자에게 교부하고, 채권의 일부를 교부받는 채권자(일부청구의 경우)에게는 집행력 있는 정본 또는 채권증서를 제출하게 하여 그 사유를 덧붙여 적어서 반환하고 채권자로부터 영수증서를 제출받아 채무자

3 법원실무제요, 민사집행[IV], 사법연수원(2020), 151.
4 법원실무제요, 민사집행[IV], 사법연수원(2020), 151~152.

에게 교부하여야 한다.

27 배당받을 채권자 또는 배당하고 남은 나머지를 교부받을 채무자가 기일에 출석하지 아니한 때에는 그 배당액 또는 교부액을 공탁하여야 한다(민사집행규칙 제156조 제2항).

3. 채무자의 불복방법[5]

28 채무자가 위와 같은 집행관의 매각대금 등의 교부 또는 배당절차에 불복하는 방법은, ① 집행력 있는 집행권원의 정본을 가진 압류채권자에 대하여는 청구이의의 소를 제기하여 민사집행법 제46조에 규정한 잠정처분을 얻어 집행관에게 제출하여야 하고, ② 우선변제청구권을 가진 배당요구채권자에 대하여는 채무부존재확인의 소 등 채무에 관한 이의의 소를 제기하여 그 채권에 관한 우선변제권 또는 질권의 실행을 일시 금지하는 잠정처분을 얻어 그 정본을 제출하여야 한다.

V. 집행법원에 의한 배당

1. 집행관에 의한 매각대금 등의 공탁과 사유신고

29 전술한 바와 같이 집행관은 ① 매각대금 등으로 채권자 전부를 만족하게 할 수 있지만 그 중 일부 또는 전부가 불확정채권 등인 경우 그에 대한 교부액 ② 매각대금 등으로 채권자 전부를 만족하게 할 수 없지만 배당협의가 성립하였으나 그 중 일부 또는 전부가 불확정채권 등인 경우 그에 대한 배당액 ③ 매각대금 등으로 채권자 전부를 만족하게 할 수 없고 배당협의도 성립되지 아니한 경우 그 매각대금 등을 공탁하고 집행절차에 관한 서류를 붙여 그 사유를 집행법원에 신고하여야 한다(민사집행법 제222조 제3항, 민사집행규칙 제156조 제1항). 사유신고서 양식은 아래와 같다.

[양식] 사유신고서

사 유 신 고 서
사　　건 : 20　본 제　　호 채 권 자 : 채 무 자 :

5 법원실무제요, 민사집행[IV], 사법연수원(2020), 152.

집행권원 :
매각대금(압류금전) : 금 원
집 행 비 용 : 금 원
공탁금액(배당할 금액) : 금 원

아래와 같은 사유로 위 금액을 공탁하고 사건기록을 첨부하여 사유신고합니다.

- 공 탁 사 유 -

1. 채권에 정지조건 또는 불확정기한이 붙어 있음.
2. 가압류채권자의 채권임.
3. 강제집행 또는 담보권 실행을 일시 정지하도록 명한 재판의 정본이 제출됨.
4. 매각대금으로는 각 채권자들의 채권을 충족할 수 없고 배당협의기일에 배당협의가 이루어지지 아니함.

첨부 : 1. 공탁서 1부
2. 집행기록 책

2○○○. ○. ○.

집행관 (인)

주 : 집행비용은 채권자가 예납하지 아니하여 집행관이 매각대금에서 공제한 경우에만 기재한다.
* 집행관사무소에 비치할 각종 문서의 양식에 관한 예규(행정예규 제 1200 호) [별지 2] 2-43

30 부부공유 유체동산의 매각대금에 대한 배우자의 지급요구에 대하여 채권자가 이의하여 공유관계부인의 소를 제기한 경우에도 집행관은 그 배우자의 공유지분에 해당하는 매각대금을 공탁하고 사유신고를 하여야 한다(민사집행법 제221조 제4항, 제160조 제1항 제5호).

31 매각대금 등의 공탁에 있어 사유신고는 서면으로 하고 사건의 표시, 압류채권자와 채무자의 이름, 매각대금 또는 압류금전의 액수, 집행비용, 배당협의가 이루어지지 아니한 취지와 그 사정의 요지를 적어야 한다(민사집행규칙 제157조 제1항). 불확정채권 등에 대한 교부·배당액의 공탁에 있어서는 사건의 표시, 압류채권자와 채무자의 이름 외에, 공탁의 사유와 공탁금액을 적어야 한다(제157조 제2항).

어느 경우에나 사유신고서에는 공탁서와 사건기록을 붙여야 한다(제157조 제3항).

2. 집행법원의 배당 실시

32 배당의 실시집행법원은 사유신고의 내용에 따라 민사집행법 제252조 이하의 규정에 따른 배당을 실시하거나, 정지조건 있는 채권 등에 대하여는 그 조건성취 여부에 따라, 가압류채권에 대하여는 본안소송의 결과에 따라, 공유관계부인의 소가 제기된 경우에는 그 결과에 따라, 각각 채권자나 채무자 또는 배우자에게 배당하거나 지급한다. 집행법원이 실시하는 배당은 사법보좌관의 업무이고(사법보좌관규칙 제2조 제1항 제10호), 부동산 강제경매에 있어서의 배당절차가 널리 준용된다(민사집행법 제256조) (☞ 배당절차에 관한 상세는 민사집행법 제252조 주석 참조).

VI. 관련 문제

1. 변제의 충당[6]

33 채권자가 한 사람이고 채권도 1개인 때에는 민법 제479조 제1항에 따라 비용, 이자, 원본의 순서로 변제에 충당하여야 하고 채권이 여러 개인 때에는 원본 상호간에는 민법 제477조의 규정에 의한 법정변제충당의 방법에 따라 충당을 한다.

2. 제3자 소유의 유체동산이 매각된 경우[7]

34 유체동산 강제집행절차에서 목적물이 채무자의 소유가 아닌 경우에도 이를 매각받아 매각대금을 완납하고 목적물을 인도받은 매수인은 특별한 사정이 없는 한 그 소유권을 선의취득한다(대법원 1997. 6. 27. 선고 96다51332 판결). 이러한 경우 그 유체동산의 매각대금은 채무자의 것이 아니어서 채권자가 이를 배당받았다고 하더라도 그 채권은 소멸하지 않고 계속 존속한다고 할 것이므로, 배당을 받은 채권자는 이로 인하여 법률상 원인 없는 이득을 얻고 소유자는 매각에 의하여 그 소유권을 상실하는 손해를 입게 되었다고 할 수 있다. 따라서 그 유체동산의 소유자는 배당을 받은 채권자에 대하여 부당이득으로서 배당받은 금원의 반환을 청구할 수 있다(대법원 1998. 3. 27. 선고 97다32680 판결). 그런데 채권자에 대한 부당이득반환청구는 그 집행을 장담하기 어려운 데다가 지나치게 우

6 법원실무제요, 민사집행[IV], 사법연수원(2020), 154.
7 법원실무제요, 민사집행[IV], 사법연수원(2020), 154~155.

회적인 일이므로, 그 소유권의 대상물인 매각대금이 집행단계에서 처리되지 않고 존재하고 있다면 그 단계에서 취득할 수 있도록 하는 것이 소유자인 제3자를 두텁게 보호하는 것일 뿐만 아니라 소송경제에도 부합하고 분쟁의 일회적 해결이라는 측면에서도 바람직하다. 그리하여 판례는 물건에 대한 매각절차는 종료되었으나 배당절차는 아직 종료되지 않은 경우에는 소유자인 제3자가 여전히 제3자이의의 소를 제기할 이익이 있다고 판시하였다(대법원 1997. 10. 10. 선고 96다49049 판결). 이에 따르면 종전의 소유자는 목적물이 매각된 뒤에도 채권자를 상대로 제3자이의의 소를 제기하여 강제집행을 일시정지하는 잠정처분(민사집행법 제48조 제3항, 제46조)을 얻어 변제절차를 정지시킨 다음, 그 소송에서 승소하면 판결정본과 판결확정증명서를 제출하여 집행기관인 집행관으로부터 매각대금을 반환받을 수 있다.

찾아보기

사항색인

(ㄱ)

(ㅅ)

(ㅇ)

(ㅈ)

(ㅊ)

(ㅌ)

(ㅍ)

(ㅎ)

판례색인

주석 민사집행법(Ⅲ) [제5판]

2003 년 12 월 10 일 제 1 판 1 쇄 발행
2007 년 1 월 31 일 제 2 판 1 쇄 발행
2012 년 4 월 30 일 제 3 판 1 쇄 발행
2018 년 10 월 31 일 제 4 판 1 쇄 발행
2024 년 11 월 15 일 제 5 판 1 쇄 인쇄
2024 년 11 월 30 일 제 5 판 1 쇄 발행

집필대표 민 일 영
발 행 인 이 욱 한
발 행 처 韓國司法行政學會

서울특별시 서대문구 경기대로 57 석당빌딩 501 호
전 화 (02) 362-2045~8
팩 스 (02) 312-2070
등 록 1965 년 8 월 27 일 9-94

정가 78,000 원

ISBN 978-89-8109-013-5
세 트 978-89-8109-864-3

※ 낙장·파본은 교환하여 드립니다.

www.law.or.kr(홈페이지) www.lexcom.co.kr(도서쇼핑몰)